중등 교원 임용 시험 대비

최병식 편저

최병식
전공체육

체육교수론 **체육교육학 II**

합격기준 박문각 임용

동영상강의 www.pmg.co.kr

PMG 박문각

CONTENTS

차 례

최병식
전공체육
체육교수론 체육교육학 II

Chapter 05. 체육과 교육과정의 내용 선정 조직론

Chapter 06. 교수 · 학습 이론

Chapter 07. 체육 교수 방법론

CONTENTS

차례

01. 19세기 초 · 중반

02. 19세기 말과 20세기 초

03. 20세기 중반 이후

Chapter

01

체육 교육 사상의 변화

Chapter 01 체육 교육 사상의 변화

1 19세기 초 · 중반

1. 체조 시스템

(1) 19세기 후반의 미국 체육은 유럽식 체조시스템과 미국식 체조시스템에 의해서 지배되고 있었다. 유럽식 체조시스템은 독일의 얀과 스웨덴의 링의 것이 가장 널리 보급되었다.

(2) 유럽식 체조시스템에 공통적으로 깔려 있던 아이디어는 '민족주의'였다.

(3) 유럽식 체조는 개인적 발달을 목표로 했지만, 집단적 단결을 조장하는 성격을 가지고 있기도 했다. 이로 인해 군사훈련으로 이용되기도 했다.

시스템	목적	참여자	프로그램
독일	국가 재부흥, 강건하고 굳세고 용맹스런 청소년 육성	노동자 계층과 하류계층, 남자 아동과 성인	개별화됨
스웨덴	국가발전, 건강치료, 교육, 심미적 차원	군인, 교사	구령에 따른 동작, 자세교정
덴마크	민족주의	군인, 교사	구령에 따른 형식체조, 개별화 금지

(4) 19세기 유럽식 체조시스템에 스며있었던 이 같은 민족주의는 역사와 사회가 다른 미국에서는 살아남을 수 없었다. 미국식 체조시스템과의 경쟁에 있어서 유럽식 시스템들은 민족주의의 이념보다는 이 프로그램에 규칙적으로 참여함으로써 얻어지는 신체적, 도덕적 혜택과 건강상의 이익에 대해서 강조하기 시작하였다.

시스템	목적
독일식 체조	기구를 활용하여 전쟁시와 비상시에 대비한 건강하고 강한 청소년을 기르고 개인적 능력을 향상
스웨덴식 체조	정확한 동작을 활용하여 건강, 정확한 표현력, 그리고 운동 수행의 아름다움을 증진
히치코크식 시스템	가벼운 기구를 활용하여 운동을 하게 함으로써 건강위생을 강조
서전트식 시스템	기구를 활용한 개별화된 운동을 통하여 위생적, 교육적, 교정적 효과를 추구
YMCA식 시스템	전인적 자질의 개발
미국식 시스템	여러 시스템으로부터 빌려오고 변형시켜 절충적 시스템을 개발

2. 건강중심적 기독교주의

(1) 초기 미국 역사에 강한 영향을 미쳤던 청교도주의 철학은 일과 관련되지 않는 신체활동을 용납하지 않는, 놀이적 색채를 띤 모든 활동을 억압했던 경직된 삶의 관점이었다.

(2) 19세기 중반 동부지역이 발전하고 산업혁명이 무르익고 중산계층이 성장하고 도시들이 발달하기 시작하자 청교도주의 철학은 그 영향력을 점자 잃어가게 되었다. 종교와 스포츠가 '건강중심적 기독교주의'라는 철학을 통하여 일종의 타협을 이룬 것도 바로 이러한 맥락이다.

(3) 건강중심적 기독교주의에 관심을 쏟게 한 중요한 역할을 한 사람이 Emerson이다. 그의 철학은 스포츠와 건강에 핵심적 지위를 부여하고 있었다. 그는 윤리적 용기와 신체적 용기가 몸의 체력에 '부분적'으로 의존하고 있다는 생각을 전적으로 반대했다. 그는 '훌륭하고 뛰어난 일을 하기 위해서는 최고의 건강상태를 유지하고 있어야 한다'고 말했다.

(4) 건강중심적 기독교주의는 체력과 운동 능력을 정신적, 도덕적, 종교적 목적이 개발되고 유지되는 중요한 통로라고 주장하는 철학이다.

(5) 건강중심적 기독교주의는 신속히 전파되어 나갔으며, '브라운의 학창시절'이라는 1850년대 베스트셀러 소설을 통하여 더욱 유명해지게 되었다. 이 책에는 영국 엘리트 계층의 남자 중학교인 럭비학교에서의 생활이야기가 실려 있었다. 이 럭비학교 교장은 토마스 아놀드라는 사람이었는데, 아놀드는 영국의 철학과 교육에 대한 지대한 자부심을 가진 사람으로 남성스러움, 용기, 애국심, 도덕심, 단체를 중시하는 마음, 그리고 지적 독립심 등을 기르는 교육이 중요하다고 믿고 있었으며, 스포츠와 건강은 이 같은 목표들을 실천시키는 중요한 활동으로 간주하였다. 19세기 후반의 영국에서는 이 같은 철학을 '아놀드주의'라고 불렀다.

(6) '브라운의 학창시절'은 럭비학교에서 스포츠와 건강이 차지했던 실제 역할보다 그 중요성이 더욱 부각된 아주 낭만적이 소설이었다. 그럼에도 불구하고, 이 소설은 일반인에게 광범위하게 읽혀졌다. 이들은 모두 스포츠는 도덕적 삶의 한 부분이라는 생각에 동감하였다. 이러한 생각이 일반적으로 받아들여지는 풍토였기 때문에 19세기 후반 미국에서는 스포츠가 그렇게 빠른 속도로 발전할 수 있었던 것이다.

3. 이상적인 남성상과 여성상

(1) 건강중심적 기독교주의는 체육이 사람들에게 받아들여지는데 도움을 주었으며, 이것은 여자보다는 남자들에게 더 효과적으로 작용하였다. 19세기에는 이상적인 남성상과 여성상에 대하여 지극히 폐쇄적인 고정관념이 일반화되어 있었다.

(2) 19세기 여자는 동정심, 순결, 복종심, 가정중심적 사고방식 등 소위 말하는 '여성의 미덕' 속으로 사회화되었다. 따라서 격렬한 운동과 스포츠는 적합하지 않다고 생각되었다.

(3) 19세기 남자는 지나치게 여성화되어 가고 있으며 미국이 위대한 나라가 되려면 이들이 좀 더 남성다워져야 한다고 생각하는 미국 남자들이 많이 있었다.

(4) 여자를 위한 체육 프로그램은 19세기부터 개발되기 시작하였으나, 남자의 그것에 비하면 아주 느린 속도로 그리고 아주 상이한 형태로 발전하였다.

(5) 19세기가 체육의 제 분야가 모두 발달했던 시기였지만, 이것은 여자보다는 남자에게 보다 적용되는 시기였다. 그 당시 지배적이던 이상적인 남성상과 여성상으로 인하여 여성들의 완전한 체육 참여가 허용되지 않았기 때문이다.

4. 아마추어리즘과 페어플레이 정신

(1) 건강중심적 기독교주의 철학은 종교, 스포츠, 건강을 하나로 통합시킴으로써 새로운 시민종교를 탄생시켰다.

(2) 스포츠 활동에 대한 미국인의 태도와 실천은 영국적 이상들에 의해 많은 영향을 받았다. 19세기 후반 스포츠가 부흥하게 되자, 사람들은 '아마추어리즘'과 '페어플레이 정신'을 구현하고자 하였다. 19세기의 아마추어리즘은 거의 전적으로 부자들의 영역이었다. 아마추어 스포츠인이 된다는 말은 부잣집 아들이라는 것을 의미하였다. 또한 운동만을 하면서 살지 않으며 그것으로부터 어떤 금전적 대가도 받지 않는다는 것을 의미하였다.

(3) 페어플레이와 좋은 경기 등은 영국 상류층에서 중요시 여기던 윤리적 미덕들이었다. 이러한 미덕들이 바로 부유한 미국 스포츠 광들에게 중요한 것으로 여겨지게 되었던 것이다.

(4) 윤리적 행동 규칙으로 아마추어리즘과 페어플레이 정신이 가장 명확하게 보여진 것은 제1회 근대올림픽 게임에서였다. 쿠베르탱은 고대 올림픽 게임의 웅장함과 신화적 의미를 그대로 재연하고 싶었다. 그는 19세기 여러 국가에서 중요시되던 아마추어리즘과 페어플레이 정신에 의거하여 올림픽 게임을 부활시켰다.

2 19세기 말과 20세기 초

1. 신체육

(1) Thomas Wood는 1893년 시카고에서 개최된 국제 교육학회에서 '새로운' 체육에 대한 자신의 견해를 발표하였다. Wood의 발표는 '체조 중심의 체육'으로부터 '신체를 통한 교육으로서의 체육' 철학으로 넘어가는 분수령을 마련하였다. 이 철학은 20세기 체육계의 지배적인 사상이 되었고, '진보주의 교육이론'이 신체육의 철학적 근거를 마련해 주었다.

(2) 미국의 진보주의 교육운동에 있어서 가장 중요한 사람은 Jone Dewey이다. 듀이는 민주사회에 있어서 평화적인 개혁을 가져오는 길은 교육뿐이며, 교육은 아이들이 적극적 참여자가 되는 의미 있는 경험이 되어야 한다고 믿었다.

(3) 진보주의 교육에서는 '하는 것'이 '아는 것'과 동일하게 중요시되었다. 그는 또한 '인간의 총체성'을 강력하게 믿었고, 신체와 정신은 서로 분리될 수 없으며, 모든 교육적 활동은 지적·도덕적·신체적 결과를 동시에 가져다준다고 믿었다. 이 같은 믿음 때문에 놀이, 스포츠, 게임과 같은 활동들은 듀이와 그의 추종자들에게 많은 환영을 받았다.

(4) 듀이는 체육의 강력한 지지자였으며, 그의 지지는 체육이 사회적 목적을 성취시키고자 할 때 더욱 강화되었다. 듀이는 우드와 함께 그리고 나중에 헤더링턴이 가세하여 '신체를 통한 교육'을 널리 전파시키는 중심인물이 되었다.

2. 유럽의 교육사상

(1) 진보주의 교육의 영향 속에서 발전된 미국 신체육의 철학은 18세기 중반 프랑스의 루소에 의해 완성된 '자연주의'로부터 그 근원을 찾을 수 있다. 루소의 가장 중요한 저작 가운데 '에밀'이라는 작품이 있었는데, 이 속에는 남자아이와 여자아이를 위한 이상적인 교육의 모습이 그려져 있었다.

(2) 루소의 교육철학은 아주 복잡하며, 정치철학 및 사회철학과 매우 밀접하게 연결되어 있었다.

① 루소는 인간은 선하게 태어나지만 사회에 발을 디디게 됨으로써 악하게 되어버린다고 믿었다. 그는 개인을 완전한 자유 속에서 자라도록 도와주는 '자연적인' 교육 프로그램을 주장하였다. 그는 모든 종류의 신체적 경험을 이용하라고 했으며, 특히 체조, 스포츠, 게임 등과 같은 신체활동에 대한 적극적 관심과 열의를 보였다.

② 신체와 정신의 상호 관련성에 대한 그의 생각은 듀이 철학의 핵심이 된 '총체적' 관점에 영향을 미쳤다. 루소는 체육이 '경쟁'과 '협동'의 중요한 성격 특성을 기르는 데 역할을 한다고 보았기 때문에 학교에 체육시설을 설치할 것을 주장하였으며, 게임과 스포츠의 이용을 장려하였다.

(3) 루소에서 시작하여 듀이에게까지 미친 영향의 사슬에 가장 처음으로 해당되는 사람은 바세도우였다. 바세도우는 1774년 독일에 '박애학교'라는 학교를 설치하고, 루소가 제시는 했지만 실천하지 못한 자연주의 철학을 실제에 실현시킬 수 있었다.

① 바세도우는 루소의 주장을 따라 경험적 학습이 중요시되는 자연주의적 교육을 주창하였다.

② 체조, 게임, 스포츠, 그리고 놀이 활동 등이 박애 학교의 중요 교육과정이었다.

(4) 페스탈로찌는 전 유럽의 교육개혁가들 중 가장 영향력이 있던 사람으로 모든 지식은 경험과 활동에 근거한다고 믿었다.

① 기본적 교육 방법으로 경험학습을 이용하였으며, 신체 훈련을 중요한 교육내용으로 삼았다. 이 신체 훈련에는 스포츠, 게임, 체조뿐만 아니라 육체노동도 포함되었다.

② 체조의 목적은 '아동의 신체를 그가 원래부터 가지고 있었던 지적, 정서적 측면과 다시 일치시키고 조화시키는 것'이라고 주장하였다.

③ 독일의 체조 개발자인 얀은 초기에 페스탈로찌의 교육이론에 의해 영향 받은 학교에서 교사생활을 하였다.

(5) 듀이의 진보주의 교육 사상에 영향을 준 사람으로는 독일 교육자인 프뢰벨이다.

① 프뢰벨은 삶의 총체성과 활동의 총체성을 믿고 있었다.

② 유치원을 처음으로 창안한 사람이며, 유아교육에 있어서 놀이 활동을 강조하였다.

③ 프뢰벨은 스포츠와 게임은 아동의 신체적 능력뿐만 아니라 지력과 성격 함양에도 공헌을 한다고 가르쳤다.

(6) 듀이는 프뢰벨의 아이디어에 엄청난 영향을 받았으며 대부분의 생각을 그의 진보주의 교육철학에 포함시켰다. 우드가 '신체육'을 주장하고 헤더링턴이 '신체를 통한 교육으로서의 체육'의 개념을 세련시킨 것은 이와 같은 철학적 사상과 교육이론 속에서였다. 이들의 노력은 체육의 철학적 기반이 진보주의 교육이론의 영역 내에 확고하게 자리 잡도록 해주었다.

3. 철학적 개념으로서의 놀이

(1) 루소는 아동의 교육에서 자연적 놀이가 차지하는 가치를 인정하였다. 바세도우와 페스탈로찌는 학교의 기본교육과정으로 '자연적인 놀이' 뿐만 아니라, 게임과 체조 같은 '형식화된 놀이'도 포함하도록 만들었다. 그러나 아동의 교육에 있어서 놀이가 중심이 되도록 결정적 역할을 한 사람은 프뢰벨이었다.

(2) 프뢰벨에게 있어서 놀이는 아동시기에 있어서 가장 자연스러운 자기 표현방법이었다. 따라서 놀이는 자기 자신과 자기 주변의 세계에 대하여 배우는 가장 기본적인 매개체가 되는 것이다.

(3) 듀이는 아동기에 있어서 놀이를 진보주의 교육의 기본 원리로 만들었다. 진보주의 교육이 미국 교육계에 점차 강력한 영향력을 키워가자, 놀이는 합법적인 교육내용일 뿐 아니라 더 나아가 근본적으로 필요로 되는 것이라는 생각이 널리 받아들여지게 되었다.

(4) 고대 문화와 관습에 대해 우리가 알고 있는 바는 놀이 활동이 개인과 사회생활에 중심적인 역할을 하고 있었다는 사실이다. 그러나 기독교 사상은 수백 년 동안 놀이 활동을 금기시하였다. 즉 게임과 스포츠의 형태로 행해진 신체활동은 반 기독교적 행위로 간주되어 장려되지 않았다.

(5) 놀이와 신체활동의 개념이 다시 주목을 받게 된 것은 루소와 같은 사상가가 출현하기 시작하면서부터이다. 그러나 이 개념이 중요한 특성으로 인정받기 시작한 것은 19세기부터이다. 놀이가 하나의 중요한 교육적 과정으로 인정받는 데에는 프뢰벨의 사상이 큰 역할을 하였다.

(6) 프뢰벨이 놀이 개념을 합법적인 교육적 개념으로 재정립하는 것에 도움을 준 것에 반하여, 독일의 쉴러는 놀이의 개념이 일반 철학분야에서 중요한 탐구의 대상이 되도록 만드는 일에 공헌을 하였다.

(7) 쉴러는 교육에서는 프뢰벨에게 영향을 미쳤고, 철학에서는 니체에게 영향을 미쳤다. 20세기 초반이 되면서부터는 놀이의 개념은 중요한 철학적 개념의 하나로 그리고 교육이론의 대상로서 다시금 확고한 자리를 차지하게 되었다. 20세기 초기 미국에서 만연했던 '놀이터 증가 운동'(the playground movement)과 YMCA와 기독교 청년회 같은 단체들이 스포츠와 체력증강 운동을 광범위하게 채택한 사실을 통해서도 역시 알 수 있다.

(8) 놀이의 개념은 헤더링턴과 신체육을 주장하던 다른 체육지도자들의 사상 속에도 명백하게 반영되어 있다. '신체를 통한 교육' 철학의 주장자들은 여러 가지 목적 특히, 사회적 목적을 추구하기 위해서 놀이 활동을 매체로 이용하였다. 이 과정에서 명심해야 할 것은, 놀이의 '개념'이 철학적으로 그리고 교육학적으로 인정되고 난 후에야, 놀이를 이용한 프로그램이 실시되었다는 사실이다.

4. 20세기 초반

(1) 19세기에는 체육 분야에 있어서는 사상과 실제 참여가 만개되었던 참으로 발전이 가득했던 시기였다. 건강중심적 기독교주의는 신체활동과 경쟁을 인정하였을 뿐 아니라 그것을 좋은 것으로 인정하게 되었다. 윤리적 측면의 발달이 스포츠와 체력 개념에 접목되기 시작하였다.

(2) 이상적 사람은 신체적으로 튼튼하고, 다양한 기술을 가지고 있고, 도덕적으로 온당한 사람으로 규정되었다. 교육은 협소하고 교과중심적인 개념으로부터 아동중심적인 개념으로 확장하게 되었다. 후자의 개념에서 신체활동은 아동에게 적합한 교육에 있어서 가장 중요한 요소의 하나로서 인정되었다.

(3) 20세기 초반이 되자, 다양한 철학적 입장들은 통합되어 하나의 체육교육철학을 형성하기 시작하였다. 이 철학은 그 후 약 50년간 지배적인 체육교육철학으로서 체육의 전 분야에 영향을 미쳤다.

(4) 20세기 체육교육철학은 신체육을 주장한 우드에 의해 가장 명료한 모습으로 그려졌다. 그리고 헤더링턴, 캐시디, 윌리암스, 내쉬 등은 그 모습을 더욱 세련되게 만들었다. 이 사상은 "체육활동에 참여하는 것은 지적, 신체적, 사회적, 도덕적 발달을 가져다주기 때문에 가치 있다."는 주장을 한다. 이 같은 주장은 청소년의 성장에 아주 중요한 역할을 한다. 따라서 학교에서 체육과목을 반드시 포함시켜야 한다고 믿었다.

(5) 놀이는 아동이 가장 자연스러운 형태로 학습하는 방법으로 인정되었다. 스포츠는 중요한 교육적 경험을 학생들에게 제공한다고 여겨졌다. 아직까지는 여성을 위한 활동이나 참여기회가 균등하게 제공되지 않았지만, 여자다움과 여성이 할 수 있는 체육활동에 대한 사회전반의 인식에 있어서 형식적인 변화가 있었던 시기였다. 성인의 체육참여는 근대생활에 필요한 여가활동의 기회를 제공하는 것으로 중요시되었다.

(6) 이 통합적 철학이 20세기 초반부에 널리 퍼지게 된 것이다. 이 시기는 체육 분야가 발전하여 하나의 가시적 전문영역으로 성장하게 되며, 나중에는 각 하위 분야들이 점차로 세분화되는 기초를 마련한 시기였다.

3 20세기 중반 이후

1. 휴먼무브먼트와 움직임 교육

(1) 1900년 이후 1950년에 이르는 기간은 체육 분야의 통합과 성장이 이루어진 기간이며, 1950년 이후 현재까지는 분화가 진행되고 있는 기간이다.

(2) 20세기 초반부터 그 세력을 확장시켰던 '신체를 통한 교육으로서의 체육'의 아이디어는 1950년대 '휴먼무브먼트'(human movement) 철학의 등장과 함께 최초의 강력한 도전을 받게 된다.

(3) 1948년 라반은 '현대교육무용'이라는 책을 출판하였다. 이 책은 휴먼무브먼트 철학의 이론적 기반을 상세하게 기술하였을 뿐만 아니라, 그것으로부터 도출되는 실제적 지침들도 자세히 적혀 있었다.

(4) '신체를 통한 교육으로서의 체육' 철학을 기반으로 하는 체육교사 프로그램의 문제가 대두됨으로써 이를 계기로 '체육학문화 운동'(the disciplinary movement)이 발생하였다. 스포츠 심리학, 스포츠 생리학, 스포츠 사회학 등과 같은 체육학의 하위 학문 분야들이 발전하기 시작하였다. 이 분야들은 각자를 서로 연결시킬 철학적 틀이 필요하였고, '휴먼무브먼트' 철학이 이 목적에 아주 적합하다는 것을 발견하였다.

(5) '휴먼무브먼트' 철학은 그 영향력과 설득력이 강하여 각 대학에서 초기에 학문적 세분화를 위한 기초로서, 학부 전문 교육을 위한 교육과정 개발의 틀로서, 초중고 체육교과의 개선을 위한 기초로서, 초중고 체육교과의 개선을 위한 기반으로서의 역할을 하였다.

(6) 움직임 교육은 교육과정과 교육방법에 있어서 기존의 그것과는 전적으로 다른 것이었다. 체육교육과 움직임 교육 간에는 분명히 해야 할 근본적 차이가 한 가지 있다.

① 체육교육(physical education)에서는 어떤 종목(배구, 육상, 무용) 그 자체가 교육과정을 구성하는 구조적 기초가 된다. 각 종목에서 배우는 운동기능은 단순한 것에서 복잡한 것으로 계열화되고 아이들의 신체적 성숙도나 일반적 준비 정도에 적합한 상태로 아이들에게 제시된다.

② 움직임 교육의 교육과정은 교육체조, 교육무용, 교육게임으로 구분되기 시작하였다. 교육방법은 '탐색'과 '발견'이 이용되었다. 수업분위기는 비경쟁적이고 성취감을 얻을 수 있도록 만드는 분위기였다.

(7) 체육의 학문적 세분화가 점차 강화되어 감에 따라, 이 '휴먼무브먼트' 철학에 기초하여 각 분야를 연결시키려는 경향이 점차 사라지기 시작하였다. 최근에는 '스포츠'라는 개념을 그 연결 고리로서 이용하는 경향이 점차 일고 있다. 스포츠 과학 또는 스포츠 의학 등의 명칭이 체육과의 공식 명칭으로 이용되고 있는 사례가 지속적으로 늘고 있다. 그러나 이 같은 경향에도 불구하고 '휴먼무브먼트' 철학은 미국 체육계에 특히, 교사교육과 학교체육 분야에 계속해서 강력한 영향을 미치고 있는 아이디어이다.

2. 인간주의 스포츠와 인간주의 체육교육

(1) 체육에서 영향을 미치는 철학적 사상들은 그 사회의 지배적인 시대적, 사회적, 지적 분위기를 반영하고 있다. 이 경향이 가장 강력하게 드러난 것은 1960년대와 1970년대 유행했던 '인간주의 철학사조'가 체육 분야에 영향을 미친 경우였다.

(2) 제 3의 심리학이라고 불린 '자아의 심리학'은 개인의 성장과 자아의 발달을 통한 개개인의 잠재능력을 최고도로 발달시키는 것에 초점을 맞추었다.

(3) 스푸트니크 쇼크 이후 사회적 동향은 과학과 수학에 대한 관심과 인간주의적 교육에 대한 관심이었다. 인간주의적 교육의 철학은 교육 분야에서 열린교육, 정서교육, 가치관 확립 등을 강조하게 만들었고, 성적과 평가를 위한 경쟁을 경시하게 만들었다.

(4) 체육 분야에서는 헤리슨(Donald Hellison)이 '인간주의적 체육교육'이라는 책을 출판하여 영향을 미쳤다. 이 책은 인간중심적 체육교육을 위한 이론적 기초를 제공하였다. 이 접근 방법은 인성발달, 자기 표현력 함양, 그리고 대인관계의 향상 등을 학교체육의 제 일차적 목표로 강조하였다.

3. 놀이 교육과 스포츠 교육

(1) 전통적 방식의 체육교육에서는 신체활동을 신체적, 정신적, 사회적, 정서적 가치 등 다양한 외재적 교육목적을 성취하기 위해 이용해 왔다. 1970년대 들어 일단의 학자들은 체육활동은 그 자체로서 가치를 가져야 한다고 주장하기 시작하였다. 미시니는 오래전부터 이 관점을 주장하였다. 이 같은 생각은 Daryl Siedentop에 의해 '놀이 교육'이라는 개념으로 구체화되었다.

(2) 놀이 교육의 목적은 아이들로 하여금 운동 기술을 습득하고 신체 활동에 대한 애정을 갖도록 돕는 것이다. '놀이 교육자'(play educator)들은 가치 있는 문화 활동을 전수하고 발전시키는 사람으로 간주된다. 놀이 교육의 사상은 교육과정 개발을 위한 처방이라기보다는 하나의 철학 사조였기 때문에 실제에 적극적으로 반영되지 못하였다.

(3) 1986년 이와 비슷한 관점이 '스포츠 교육'(sport education)이라는 이름으로 주장되었다. 스포츠 교육의 목적은 아이들에게 좋은 스포츠의 기능, 지식, 태도를 교육시켜서, 아이들 스스로가 스포츠를 즐기고 참여하며 보다 건전한 스포츠 문화에 보다 적극적인 공헌자가 되도록 하는 것이다.

(4) 스포츠 교육은 몇 가지 중요한 이론적 가정에 기초하고 있다.

① 스포츠는 놀이로부터 유래한다는 것이다. 즉 스포츠는 경쟁성을 띤 운동놀이가 제도화된 형태이다.

② 스포츠는 우리 문화의 중요한 한 영역이며 우리 문화의 건강과 생명력에 영향을 미치는 중요한 역할을 한다는 것이다. 즉 많은 사람들이 좋은 스포츠에 참여하면 할수록 문화는 점점 강화된다.

③ 스포츠가 놀이의 한 단계 발전된 형태이며 문화의 건강에 중요한 역할을 한다면, 체육 교육의 내용은 스포츠가 되어야 한다는 것이다. 즉 체육 교육의 핵심과제는 훌륭한 스포츠인과 훌륭한 스포츠 문화를 발전시키는 것이 되어야 한다.

(5) 놀이 교육은 구체적인 교육과정을 개발하는 것으로까지는 발전되지 못했지만, 스포츠 교육은 구체적 교육 프로그램을 만들었다.

MEMO

01. 신체를 통한 교육
02. 신체를 통한 교육 철학의 실천
03. 신체를 통한 교육 철학의 평가

최병식
전공체육
체육교육학 Ⅱ
체육교수론

Chapter

02

신체육

신체육

1 신체를 통한 교육

(1) 1893년 토마스 우드는 체육교육분야에 있어서 가장 중요한 생각은 신체를 위한 교육에 있는 것이 아니라, 신체 활동이 교육을 완성시키는 데 있어서 차지하는 역할에 있다고 강조했다.

(2) 1910년 헤더링턴은 '근본적 교육'이라는 논문을 발표했다. 이 논문은 '신체를 통한 교육'의 관점을 체계적이고 분명하게 표명한 최초의 논문이다. 그리하여 헤더링턴은 '(미국)근대체육의 아버지'라는 호칭을 얻게 되었다.

(3) 헤더링턴은 명확하게 정의된 용어들을 사용하면서 '신체육'(the new physical education)의 영역과 범주를 함께 서술하였다("교육적 과정의 4영역은 신체적 교육, 심동적 교육, 정의적 교육, 그리고 인지적 교육이다.").

(4) 헤더링턴이 언급한 4영역(신체적 교육, 심동적 교육, 정의적 교육, 인지적 교육)의 구분방법은 신체를 통한 교육으로서의 체육에 관한 아이디어가 소개되거나 실제로 적용되는 경우에 있어서 아주 효과가 있었다.

2 신체를 통한 교육 철학의 실천

(1) 신체를 통한 교육이라는 아이디어는 20세기 전반 부흥한 진보주의 교육의 목적과 완전하게 일치하였다.

(2) 20세기 전반 미국의 교육은 민주사회에서 생활하기 위해 필요한 능력을 청소년들에게 길러주려는 목적을 추구하였다.

① 윌리엄스는 '그러므로 신체를 통한 교육은 생활적응교육이 좋은 삶에 미치는 공헌에 의해서 판별되는 것과 마찬가지 논리로 판별될 것이다'라고 말함으로써 이 일반교육의 목적을 체육교육 속에 그대로 반영하였다.

② 이 같은 일반교육을 실현하기 위하여 헤더링턴에 의해서 처음으로 1910년 신체적, 심동적, 인지적, 정의적 발달의 4가지 목표가 채택되었다.

(3) 1964년 Charles Bucher는 체육 교육의 목적을 개념 정의하였는데, 이것은 헤더링턴의 그것과 너무도 흡사하여 이 4가지 목표가 얼마나 일반화되어 있으며 오래 지속적인 영향을 미치고 있는가를 여실히 보여주고 있다.

신체적 발달의 목표	신체의 각종 조직 기관의 발달을 통하여 학생의 신체적 근력을 증진시키는 활동 프로그램을 다룬다.
기능적 발달의 목표	신체 움직임을 유용하게 하는 것, 에너지를 최대한으로 효율적으로 사용하는 것, 그리고 이것을 능숙하고, 우아하고, 예술적으로 행하는 것과 관련을 맺고 있다.
정신적 발달이 목표	지식의 축적, 그리고 이 지식을 분석하고 해석하는 능력과 관련을 맺고 있다.
사회적 발달의 목표	개인적 적응, 그룹에의 적응, 그리고 사회의 일원으로서의 적응을 할 수 있도록 돕는 것과 관련을 맺고 있다.

(4) 신체육은 신체적, 인지적, 인성적 발달 목적과 같이 다양한 목적을 성취하기 위해서 아주 많은 교육과정 활동들을 필요로 한다고 여겨졌다. 각각의 목적 영역의 성취에 보다 적합한 활동들이 따로 있으며, 따라서 학생의 '전인적 발달'(whole child)을 확실하게 성취하기 위해서 아주 '다양한' 종류의 활동이 아이들에게 제공되어야 한다는 것이다. 이 같은 접근 방식은 후에 '종합상자형 체육 프로그램'이라고 불려지게 되었다.

(5) 신체를 통한 교육에서 주장한 4개 영역의 목표는 종합상자형 프로그램을 통하여 추구되었다. 4영역의 목표들은 모두 동등한 중요성을 갖는 것으로 인정되었기 때문에, 체육교육 전문가들은 각 영역의 목표들이 어느 정도씩은 성취될 수 있도록 수업과 프로그램을 계획하였다.

3 신체를 통한 교육 철학의 평가

1. 전반적 장점

(1) 지난 수십 년 동안 체육 분야는 관련 인력 측면, 실천적 측면, 그리고 학문의 질적 측면에서 엄청난 성장을 보았다.

(2) 아주 다양한 종류의 신체활동들이 체육교육의 프로그램에 포함될 수 있었다는 점이다.

(3) 체육이 학교교과의 하나로서 합법적인 위치를 널리 인정받게 된 것이다.

2. 신체적 발달의 목표

(1) 체력을 조작적으로 정의한다면 턱걸이, 팔굽혀 펴기 등을 포함하는 체력 테스트에서 일정 수준에 도달하는 능력이다.

(2) 신체를 통한 교육은 이 목표의 성취를 위해서 거의 도움이 되지 못했다. 즉 실제적으로 충분한 신체적 자극이 충분치 않아 학생들의 체력이 저하되고 있다.

(3) 체력은 목적에 부합된 것을 발달시켜야 한다. 건강관련체력이 관심이라면 심폐지구력은 건강관련체력의 가장 중요한 요소이고, 운동수행관련 체력이 관심이라면 종목에 가장 적합한 체력요소가 중요한 요소이며, 이를 측정하고 발달시켜야 할 것이다.

(4) 신체를 통한 교육의 철학에서 체력적 목표가 어느 정도 성취되었는가는 한 번 되돌아 볼 필요가 있다.

3. 심동적 발달의 목표

(1) 운동기능 발달의 목표는 제 일차적으로 체육프로그램에 참가하여 운동기능을 습득하는 것을 말한다. 그러나 이 목표가 어느 정도로 달성되었는가를 명확하게 측정하는 것은 거의 불가능하다.

① 학교체육 말고도 다른 체육관련 기관들이 학교에서 배우는 종목의 기능을 향상시키는 것에 영향을 미치고 있다. 이 같은 사실이 체육교육을 통해서 정확히 얼마정도의 기능이 향상되는가를 측정하는 것을 어렵게 만든다.

② 타당도와 신뢰도가 높은 운동기능테스트 방법이 아직 믿을 만할 정도로 마련되어 있지 않다.

(2) 신체를 통한 교육에 기초한 체육프로그램이 일반적으로 실천되는 상황을 근거로 하여 운동기능습득의 목표가 얼마나 성취되었는가에 대한 판단을 내려야 한다.

① 신체를 통한 교육에서 종합상자형 프로그램을 강조하고 운영해왔다. 하지만 이러한 수업에서 운동기능향상이 이루어질 가능성은 거의 없다. 또한 운동수행을 회피하는 학생까지 나오게 된다.

② 운동기능발달의 목표를 평가하는 것과 관련된 한 가지 문제점은 교육과정을 개발하는 사람들이 종목과 기능을 동일시한다는 것이다. 따라서 종목에 따른 기능을 다 배우는 것이나 기술 향상 정도를 높이는 모든 문제에서 시간의 소요 문제가 있다. 따라서 학생들은 기능의 습득이 이루어지지 못한 상태에서 종목에 대한 흥미도 느낄 수 없게 된다.

4. 정신적 발달의 목표

(1) 정신적 발달이라는 말은 첫째, 체육 활동에 참여하는 것이 인지적 발달에 도움을 가져다준다는 것을 의미한다. 둘째, 그 종목의 역사, 규칙, 전술, 용구 등에 대한 지식과 체육전반에 대한 지식을 얻는다는 것을 의미한다.

(2) 정신적 발달의 두 번째 의미는 첫 번째 것보다는 훨씬 일반적으로 알려져 있는 것이다. 종목의 역사, 사용되는 용구, 시설의 규격, 사용되는 전략, 건강, 체력, 응급조치 등 기타 관련되는 내용에 관한 지식은 정신적 개념들이라고 간주한다.

(3) 스포츠, 게임, 건강 및 체력에 관한 지식을 습득하는 것을 비판하는 것은 어렵다. 어떤 종목의 만족감을 얻기 위해서는 필요한 규칙이나 전술에 대하여 어느 정도 지식이 있어야 하는 것은 분명하다. 그러나 이 정도를 벗어나 지나친 지식 중심적 형태의 체육 수업 진행으로 체육을 앉아서 배워버리며 가끔 운동장이나 체육관에 나가서 배우는 것이 '체육'인지에 대해서는 한번 생각해 보아야 할 것이다.

5. 사회적 발달의 목표

(1) 사회적 발달의 의미도 마찬가지로 2가지 방식으로 이해될 수 있다.

① 첫 번째 해석은 학생들은 체육 활동에 참여함으로써 인간관계 기술을 습득하고, 바람직한 태도를 개발하며, 훌륭한 덕목들을 함양한다는 것이다.

② 두 번째 해석은 체육 활동에 참여함으로써 학생들은 좋은 스포츠맨십을 형성한다는 것이다. 이것은 전자보다는 다소 구체적인 해석이다.

(2) 체육 프로그램에 참여함으로써 습관, 태도, 그리고 가치관 등이 변화했다는 것을 증명해주는 연구결과나 증거는 거의 없는 것이 현실이다.

(3) 스나이더는 체육교육 전문가들은 어떤 종목에 관련된 아주 구체적인 형태의 적합한 행동들을 개발하도록 하는 보다 세부적 목표를 추구하는 것이 바람직하다는 주장을 하였다. 이를 위해서 가장 먼저 필요한 것은 '훌륭한 스포츠맨은 어떻게 행동해야 하는가?'를 아주 구체적으로 명확하게 규정해 놓는 것이다. 만약 이 같은 행동들이 아주 구체적인 형태로 그려진다면, 이 행동들은 가르쳐질 수 있게 된다.

(4) 교사가 일관성 있게 행동하고, 학생이 동일시하고 싶어 하는 그러한 성격의 사람이라면, 이 같은 스포츠맨십 관련 행동들을 가르치기는 보다 수월해질 것이다.

01. 체육과 교육학의 구성
02. 신체적, 심동적, 인지적, 정의적 영역별 구성
03. 체육의 정의 및 목적
04. 체육 개념의 형성
05. 체육교육과정의 정의 및 개발

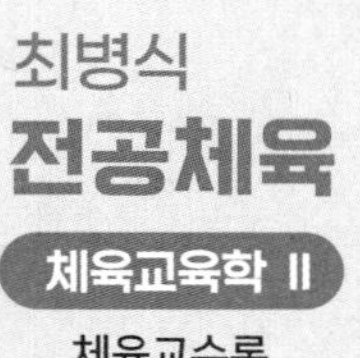

Chapter

03

체육과 교육학의 이해

Chapter 03 체육과 교육학의 이해

1 체육과 교육학의 구성

체육 교육학은 체육과 교육 목표론, 체육과 교육 내용구조론, 체육과 교육 교수론, 체육과 교육 교재론, 체육과 교육 평가론 등으로 구성된다.

1. 체육과 교육학의 상호 작용적 관계

(1) 체육과의 목표는 체육과 교육의 내용과 방법을 거쳐 평가된다.

(2) 내용 구조는 목표에 따라 형성되며 가르치는 방법을 거쳐 평가된다.

(3) 체육과 교수론과 교재론은 체육과 목표를 달성하기 위하여 내용이 제시하는 대로 가르쳐서 평가된다.

(4) 체육과 평가는 체육과 목표의 달성을 위하여 내용이 얼마나 잘 조직되었고, 그 내용에 따라 얼마나 잘 가르쳐졌는가에 따라 이루어짐을 나타내고 있다.

2. 교육과정 구성의 원리

(1) 최소 필요량의 원리

(2) 지역성의 원리

(3) 시대성의 원리

(4) 사회와 개인의 융화의 원리

(5) 계속 발전성의 원리

2 신체적, 심동적, 인지적, 정의적 영역별 구성(Annarino)

1. 신체적 영역의 원리, 내용, 교수 전략과 평가 사이의 관계

(1) 원리

① 생리학적 변화의 정도와 형태는 3가지 변인(강도, 지속 시간, 빈도)에 의해 결정된다.

② 연습 프로그램에서의 운동의 강도와 시간량은 개인의 차에 따라 달리해야 한다.

③ 여러 가지의 스포츠는 다양한 수준의 체력 요소들을 필요로 한다.

④ 콘디셔닝 프로그램의 관리, 설계, 선택은

㉠ 이 프로그램은 필요로 하는 목표를 달성할 수 있는가?

㉡ 신체의 역학적 원리에 위배되지 않는가?

㉢ 운동에 포함되는 관절군과 근육군은 무엇인가?

㉣ 이 프로그램에서 개인의 출발점에서의 어려움과 운동 강도의 기초를 어디에 두어야 할까?

(2) 목표

① 근력

② 근지구력

③ 심폐지구력

④ 유연성

(3) 내용

① 일반적인 운동

② 체조

(4) 교수 전략

① 서키트 트레이닝

② 인터벌 트레이닝

③ 웨이트 트레이닝

④ 아이소메트릭스

⑤ 미용 체조

(5) 평가

팔굽혀 펴기, 윗몸 일으키기, 가슴 들어올리기, 다리 들어올리기, 쪼그려 뛰기, 제자리 멀리 뛰기, 600야드 달리고 걷기, 45초 달리기, 보폭 검사, 50야드 전력 질주, 왕복 달리기

2. 심동적 영역의 원리, 내용, 교수 전략과 평가 사이의 관계

(1) 원리

① 학생들이 그들 자신의 능력에 알맞게 진보될 수 있도록 해 주어야 한다.

② 학생들이 더 넓고 깊게 학습할 수 있는 기회를 제공해 주어야 한다.

③ 교수 자원 및 인적 자원을 최대로 이용할 수 있어야 한다.

④ 각 아동은 개성에 적합하게 계속적인 활동을 하여야 한다.

⑤ 학습은 학년 정규 수업 시간에 제한을 받아서는 안 된다.

⑥ 한 가지 운동 기능을 학습하는 데 걸리는 시간은 개인에 따라 다르다.

⑦ 기능 숙달의 다양한 수준은 학습자가 결정해야 한다.

(2) 목표

① 지각 운동

② 기본 움직임

③ 스포츠와 춤 기술

(3) 내용

① 발달적 내용

② 기본 움직임 활동

③ 자기 평가 활동

④ 리듬 댄스 활동

⑤ 게임 활동

⑥ 팀 활동

⑦ 둘이 하는 활동

⑧ 개인 활동

⑨ 수상 활동

⑩ 야외 교육 활동

(4) 교수 전략

강의법, 연습법, 정보 처리 학습, 인본주의, 완전 학습, 시스템 분석, 능력 본위 학습, 과제 직접 지도, 개별화 수업, 과제 학습, 문제 해결 학습, 유도 발견 학습, 움직임 탐구 학습, 계약 학습, 동료 학습, 지시 학습

(5) 평가

기능 평가, 체크리스트, 운동 적성 평가, 지각 운동 평가, 상대 평가, 절대 평가, 형성 평가, 총괄 평가

3. 인지적 영역의 원리, 내용, 교수 전략과 평가 사이의 관계

(1) 원리

인지적 발달은 6가지 기본 단계 또는 학습의 단계로 구성되어 있다(지식 → 이해 → 적용 → 분석 → 종합 → 평가).

(2) 목표

① 지식

② 사실

③ 정보

④ 지적 기능과 능력

(3) 내용

① 게임 규칙

② 안전 측정

③ 게임 예절

④ 용어

⑤ 여러 가지 전략

⑥ 활동 효과

⑦ 판단

⑧ 문제

(4) 교수 전략

직접 지도, 지시 학습, 과제 학습, 계약 학습, 유도 발견 학습, 완전 학습, 개별화 학습, 정보 처리 학습, 움직임 탐구 학습, 문제 해결 학습

(5) 평가

지필 검사, 유도 발견 학습, 관찰 체크리스트, 상대 평가, 절대 평가, 형성 평가, 총괄 평가, 등급 척도

4. 정의적 영역의 원리, 내용, 교수 전략과 평가 사이의 관계

(1) 원리

학습 기회 제공의 교수 환경 조성(감수 → 반응 → 가치 확인 → 조직화된 가치 → 상호 작용)

(2) 목표

① 신체 활동에 대한 건강한 반응

② 자아 실현

③ 자아 존중

④ 자아 개념

(3) 내용

① 긍정적 상호 작용

② 감상

③ 즐거움

④ 신체 인지

⑤ 포부 수준

⑥ 자아 – 지각

⑦ 감정

⑧ 사회 적응

⑨ 태도

⑩ 가치 분류

⑪ 스포츠맨십

(4) 교수 전략

시범, 게임 시뮬레이션, 가치 분류, 움직임 탐구, 역할 놀이

(5) 평가

사회적 행동, 정의적 행동도구, 인성 검사, 체크리스트, 태도 평정 척도, 일화기록법, 가치 평가, 자아 개념 척도

3 체육의 정의 및 목적

1. 교육의 입장에서 진술한 정의

(1) Williams

체육은 종류에 따라 선택되고, 결과에 따라 지도되는 인간 신체 활동의 총체이다.

(2) Nixon

체육은 신체 활동과 그에 따른 반응, 그리고 그 반응에 따른 개인적 결과에 관계되는 모든 교육 과정이다.

(3) Nash

체육은 전체 교육과정의 일면이며, 활동함으로써 각 개인이 지닌 본래성을 유기적 · 근신경적 · 지적 · 정서적으로 향상하게 한다.

2. 기술과 과학의 입장에서 진술한 정의

(1) Cassidy

체육은 기본적인 운동 패턴에 중점을 두는 경험에 의하여 야기되는 개인 변화의 총체이다.

(2) Felshin

체육은 기술과 과학 그리고 중요한 과정으로 운동에 관한 학문이다.

3. 체육의 목적

(1) **윌리엄스**

체육의 목적은 개인이나 그룹에게 숙련된 리더십을 길러주고, 신체적으로 유익하고 정신적으로 자극을 받아 만족을 얻고 사회적으로 건전한 방향으로 행동할 수 있는 기회를 가질 수 있도록 적당한 시설을 제공해 주는 데 있다.

(2) **북 월터**

체육의 목적은 사회적 · 위생적 기준에 의해서 선택된 전체 신체 활동에 참여하여 교육을 받음으로써 신체적 · 정신적 · 사회적으로 통합하고, 적응되는 개인을 발달시키는 데 있다.

4 체육 개념의 형성

스포츠를 비롯한 신체 활동에 교육적인 의미를 부여하여 인간 형성의 중요한 과정으로서의 학교교육 분야에 속하게 되면서 "체육(physical education)"이라 칭하게 되었다. 1910년 이전의 체육은 신체 문화나, 신체 훈련으로 불리던 것이 19세기 초부터 체육이라는 개념으로 사용하기 시작했고, Vanderzwaag와 J. C. Warren이 1831년에, A. L. Pierson이 1840년에 체육이라는 용어를 저서의 타이틀로 사용했으며, 그 후 1861년에 Spencer가, 1869년 Maclaren이 사용함으로써 일반화되었다.

1. 신체의 교육(education of the Physical)

(1) 신체 활동을 통해 체력, 운동기능을 숙달시킴으로써 신체적으로 건강한 인간을 육성하는데 중점을 두었다.

(2) 심신 이원론 시대에 어울리는 개념으로 단지 신체를 발달시키는 것에 초점이 맞추어졌다.

(3) 1881년 미국의 히치콕이 "엠버스트 대학 일반 평의원의 체육과 건강 분야의 20세기 실험 보고서"를 발표한 후 신체의 교육이 체육개념의 핵심을 이루게 되었다.

(4) 맥클로이는 "신체의 교육은 적당한 신체의 교육을 위한 생리학적 필요조건"이라고 지적했다.

(5) 체육이 질병의 예방과 치료에 효과가 있다는 전제로 학교 교육으로 인정되었다.

(6) '신체의 교육'이라는 체육의 개념은 '신체를 통한 교육'에 이르는 과정의 역할을 한 셈이다.

2. 신체를 통한 교육(education through the Physical)

(1) 신체 활동 경험을 통해 전인 교육을 추구한다.

(2) 신체를 통한 교육은 진보주의적 개념에 근거한 운동 형식으로서 신체 훈련, 체조, 스포츠, 운동경기, 유희 등을 포괄하는 개념으로서 신체 활동을 통한 인간의 개성과 성격의 바람직한 발달을 목표로 한다.

(3) 19세기 후반부터 20세기 초에 이르러 진보주의 교육의 영향으로 Luther Gulick, Thomas Wood, Hetherington 등은 체육을 새 체육 개념으로 발전시켰다.

(4) Hetherington 등이 체육의 목적을 확인하기 위한 초점으로 사용함으로써 이 개념이 중요성을 띠기 시작했다.

(5) 인간은 신체적 · 정신적 · 사회적인 요소가 합쳐진 소위 전인이라는 개념 아래 체육에서 신체의 교육뿐만 아니라 신체의 교육을 통하여 정신적 사회적으로도 바람직한 인간을 육성함으로써 전인적 인간의 육성에 도움을 준다는 입장을 취하게 되었다.

신체를 통한 교육의 체육 발전에의 공헌
• 학문적인 면에서 질적이나 양적으로 체육을 더욱 발전시키는 계기가 되었다. • 체육 프로그램을 다양한 종목으로 발전시켰다. • 학교 교육과정의 한 교과로서 인정받게 하는 데 결정적인 기여를 하였다.

5 체육교육과정의 정의 및 개발

1. 체육교육과정

교육목적과 연계하여 설정된 체육 교육의 목표와 그 목표에 근거하여 타당성 있게 내용과 범위가 체계적으로 나타나 있으며 학교의 합리적인 계획과 교사의 체계적인 지도 아래 이루어지는 지식 및 경험과 이와 관련된 문화 내용을 교육적으로 재구성한 국가 및 사회적 수준의 계획이라고 정의하고 있다. 일반적으로 체육과 교육과정은 신체 활동의 지식과 경험 및 이와 관련된 체육 문화를 교육적으로 재구성하여 학습자에게 의도적으로 가르칠 수 있도록 구성해 놓은 교육 계획이라고 할 수 있다.

2. 체육교육과정의 특성

(1) 체육교육과정은 건강한 인간을 육성하려는 가치 규범을 내포하고 있다. 즉 신체적 · 정서적으로 건전한 인간으로 길러 보다 질 높은 삶을 가꿀 수 있도록 하려는 교육적 의도를 담고 있다.

(2) 체육교육과정은 인간이 자연환경에 적응 및 극복하려는 활동 및 경험, 신체의 생리적 · 심리적인 잠재 능력에 대한 지식 및 경험과 인간관계에 있어서 의사전달과 집단 상호 작용을 통한 생활 경험 등의 사회 공동체가 가꾸어 온 문화적 내용을 선정하여 교육적으로 조직한 것이다.

(3) 체육교육과정은 교육적 성취 의도, 즉 체육 목적과 내용을 담은 교육 계획을 전달하는 자료이다. 현행 체육과 교육과정은 교과서, 교사용 지도서, 각종 교수 학습 자료, 평가 기준과 지도 원리 등을 제시하고 있다.

(4) 체육교육과정은 학교 현장에서 가르쳐 질 수 있어야 하고 가르쳐야 하는 것에 대한 의사 결정이다.

3. 체육교육과정 개발의 원리

(1) 학습자 요구 반영의 원리

(2) 사회적 요구의 반영 원리

(3) 교과 요구의 반영 원리

(4) 평가의 원리

(5) 교과 편재 및 시간 배당 설정 원리

(6) 교육과정의 효율적 운영의 원리

4. 체육교육과정 계획에서 고려해야 할 내용(Willgoose)

(1) 남녀 통합 교육과정 고려

(2) 도시와 농어촌의 지역성 고려

(3) 학습을 위한 선택 교육과정 고려

(4) 교육과정에 대한 체육 교사들의 의견 고려

(5) 다문화 체육 교육내용 선정

(6) 광범위하고 다양한 프로그램 선정

(7) 학습자의 흥미 고려

(8) 학습자의 성숙 고려

(9) 학습자 평가자료 고려

(10) 체육 교육의 개념 고려

MEMO

Chapter

04

체육과 교육의 목표론

Chapter 04 체육과 교육의 목표론

1 교육 목표

1. 교육 목표 설정

Tyler는 사회적 요구, 학습자 요구, 교과 전문가의 요구를 3가지의 교육 목표 기초 자원으로 들고 있다.

(1) 현대 사회와 사회 이념

사회 이념이 문화 속에 내면화된 가치 체계나 생활 양식 및 관습을 통하여 표현되어 이루어진 개념이 재해석되고 구체화되어 교육 목표 설정의 자원이 된다.

(2) 학습자 요구

학습자의 성장과 발달에 대한 개념과 원리는 중요한 교육 목표의 자원이 된다. 그것은 학습자가 교육과정의 중심이 되기 때문이다.

(3) 교과 전문가 요구

교과 자체나 교과의 기본 영역은 교육 목표 설정의 자원이 된다.

2. 교과 목표의 분류

(1) 인지적 영역

인간의 특성 중 인지적 특성은 기억력, 사고 능력, 추리력, 분석력, 적용 능력 등 인간의 정신적인 작용을 말한다. 인지적 영역의 분류는 주로 복합성의 원칙에 의하여 6가지 행동 유형으로 분류된다.

지식	정보와 지식의 상기	기본 정신 기능
이해	번역, 해석, 추론 능력	
적용	개념, 원리, 이론 사용 능력	
분석	요소, 관계, 조직 원리 분석 능력	고등 정신 기능
종합	부분과 요소의 종합 능력	
평가	내적 준거와 외적 준거에 의한 판단 능력	

(2) 심동적 영역

Bloom 등의 목표 분류는 각 행동 유형을 체계적으로 구성하는 데 도움이 되었으나 심동적 영역의 분류 작업은 완성하지 못했다. Harrow의 운동 행동의 분류는 가장 낮은 단계부터 가장 높은 단계까지 6가지 동작이 위계적으로 구성되어 있으며, 교육 목표가 구조화되어 있다.

반사 동작	어떤 자극에 대한 반응으로 의식적인 의지가 없이 유출된 동작(분절, 분절간, 초분절 반사 운동)
기초적 기본 동작	반사 작용을 결합함으로써 형성되는 선천적 동작 유형이며 복잡한 숙련 동작을 위한 기초가 된다(비이동, 이동, 조작).
지각 능력	학습자가 자기의 환경에 적응하도록 자료를 제공해주는 각종 지각적 유형에서부터 오는 자극의 해석(운동 지각, 시각, 청각, 촉각, 협응 변별 능력)
신체 능력	고도로 숙련된 동작의 발달에 필수적인 신체 기관의 기능적 특징(지구력, 근력, 유연성, 민첩성)
숙련 동작	선천적 동작 유형에 기초를 둔 복잡한 동작 과제를 수행할 때의 효율성 정도(단순, 복합, 복잡 적응 기능)
동작적 의사 소통	안면 표현에서 세련된 안무에 이르기까지 신체적인 동작을 통한 의사 소통(표현 동작, 해석 동작)

(3) 정의적 영역

정의적 특성은 감정이나 정서를 나타내는 전형적인 인간의 속성으로 정의할 수 있으며 흥미, 태도, 가치관, 자아 개념, 인성, 도덕성, 정신 건강, 동기, 포부 수준, 성취 동기, 사회성 등의 보편적인 개념으로 세분화할 수 있는 다변인 복합체라고 할 수 있다. 다섯 가지 위계적인 분류의 준거는 내면화의 수준이 사용되었다.

수용화	개념, 과정, 사물에 대한 관심과 감지
반응화	자진 반응 및 만족
가치화	가치의 수용, 선호 및 확신
조직화	가치의 개념화 및 가치 체계 조직
인격화	가치의 일반화, 내면적 일관성 및 통솔

(4) 행동 목표(수업 목표) 분류

행동적 목표 진술은 1920년대의 Bobbitt에서 시작하여 Thorndike, Watson, Skinner 등의 이론적 바탕 위에서 발전하여 오다가 Tyler에 의해 근본적으로 거론되었다.

① 행동 목표 분류의 장점

㉠ 수업 목표 도달을 위해 수업 설계자나 교사가 할 일을 구체적으로 제시해 준다.

㉡ 수업 목표의 명시는 그것에 도달하려는 학습자들의 학습을 촉진시키며 학습 효과를 더 높일 수 있다.

㉢ 수업 목표는 수업 과정이 끝난 후 실시되는 평가의 자료가 되기 때문에 구체적이고 세분화된 교수 목표는 학습 평가의 타당도와 신뢰도를 높일 수 있으며, 아울러 평가의 결과와 수업의 질을 높일 수 있도록 재투입한다는 면에서 효과를 낳을 수 있다.

㉣ 수업 목표가 세분화되면 길러야 될 행동이 분명해져서 어떠한 수업 매체를 선정할 것인가가 명확해진다.

② 행동 목표 진술 방법

㉠ Tyler

ⓐ 교육 목표는 내용과 행동 두 가지 요소가 포함되도록 진술되어야 한다.

ⓑ 행동적 수업 목표를 진술하는 데 다음 세 가지에 유의해야 한다.

첫째, 교수 목표는 학습자의 행동으로 진술해야 한다.

둘째, 학습자의 행동만을 진술하는 것이 아니라 그 행동의 내용도 함께 진술되어야 한다.

셋째, 기대되는 학습자 행동은 충분히 세분화되어야 한다.

예 우리 몸의 3대 영양소를(내용) 안다(행동).

㉡ Gagne의 행동 목표 진술 방법의 조건

ⓐ 어떤 유형의 검사 문항에 주어지는 환경적인 상황이다.

ⓑ 조건은 어떤 도구를 사용하여 내세우는 도구, 제약 조건이다.

ⓒ 어떤 관찰 가능한 방법으로 표현되는 행위 동사이다.

ⓓ 학습자들이 직접 행동하는 대상을 말한다.

ⓔ 어떤 유형 학습의 행동을 위하여 학습된 능력으로 나뉜다.

예 약물이 주입된 살균 주사기와 탈지면 그리고 약물 치료 카드가 주어지면(상황) 학습자는 살균 기법을 활용하여(도구) 모의 환자의 대퇴에 약물을 주사함으로써(행위 동사) 근육 내에 주사액 투여를(대상) 실행할 수 있다(학습 능력).

2 체육과 교육 목표

1. 체육 교육 목표 분류

(1) 인지적 영역의 목표(Bloom)

인지적인 사고와 능력으로서 학습자가 힘든 장거리 달리기를 할 때 왜 자기의 심장이 평소보다 더 빨리 뛰는가를 설명할 수 있는 능력 또는 파트너와 매트 위에서 앞구르기를 수행하는 것을 관찰하고 정확한 폼을 기술할 수 있는 능력 등이 이 영역의 목표에 해당된다. 이 목표는 신체에 대한 지식, 사고 능력과 이러한 지식들의 이해력 및 건강에 관한 지식 등을 다룬다.

① 지식

학습자의 기억이나 상기와 같은 심리적 과정에 관련된 목표들이 해당된다. 이 기억과 상기의 내용은 특수 사실과 보편적 법칙 방법과 절차 형태와 구조 등의 여러 영역에 걸친다.

예 학생은 라켓의 부분별 명칭을 알고 확인할 수 있다.

② 이해

이해로부터 시작하여 평가에 이르는 다섯 개의 분류목은 지식 자체를 다룬다기보다 지식을 어떤 모양으로 사용하고 처리하는 지적 기능에 관련되어 있다.

예 학생은 지역 사회의 스포츠 형성에 영향을 미친 사건과 세력에 대해 기술할 수 있다.

③ 적용

학습자들은 여러 가지 추상화된 개념이나 법칙을 구체적인 새로운 문제 사태에서 그 해결을 위하여 사용할 수 있어야 할 것이다.

예 학생은 생리학적 지식을 적용하여 개인의 체력관리 프로그램을 개발할 수 있다.

④ 분석

어떤 전달 내용을 그 구성요소와 부분으로 분해하여 그 속에 포함된 개념간의 상대적 위계관계가 분명해지도록 하는 심리적 과정을 분석이라고 한다.

예 학생은 테니스에서 전술의 가치와 다양성을 분석할 수 있다.

⑤ 종합

요소나 부분을 결합하여 하나의 새로운 전체를 구성하는 심리적 과정을 종합이라고 한다.

예 학생은 생리학적 지식을 이용하여 장거리달리기의 경기력을 향상시킬 수 있다.

⑥ 평가

일정한 목적에 비추어 소재나 방법으로 가치나 중요성을 저울질하고 판단하는 심리적 과정을 평가라 할 수 있다.

예 학생은 특정 운동과 신체활동, 그리고 시민들을 위한 프로그램에 포함된 체력 프로그램의 가치를 판단할 수 있다.

(2) 심동적 영역의 목표(Harrow)

운동 활동과 신체적 활동을 취급하는 영역의 목표를 심동적 영역의 목표라고 하며, 이 영역의 목표는 학습자의 신체적·기능적 발달에 공헌할 수 있는 체육 교과만의 고유한 영역이다.

① 반사 운동

본질적으로 불수의적인 동작이다. 그것은 출생 시에는 기능적이며 성숙을 통해 발달한다. 이것이 기본적·기초적 동작의 선행 요인이다.

예 학생은 잠재적 위험 상황을 알고 피할 수 있다.

② 기본적 기초 운동(이동, 비이동, 조작)

기본적 기초 동작 유형은 생후 1년의 학습자에게서 일어난다. 이 수준에 포함된 동작은 학습자의 반사 동작에 기초를 두고 훈련이 없이 나타나는 선천적인 운동 유형이다. 이 동작 유형은 지각적 신체적 능력의 증진을 위한 시발점의 역할을 하며 숙련 동작의 발달에 필수적인 것이다.

예 학생은 달리고, 걷고, 뛰고, 도약할 수 있다.

③ 지각 능력

효율적인 기능 발휘를 위해 지각적 능력은 학습자의 정의적·인지적 그리고 심리 운동적 영역의 발달에 필수적인 것이다. 이러한 능력은 학습자가 자극을 해석하는데 도움을 주어 환경에 필요한 적응을 하게 해 준다. 오늘날 인지적 탁월성과 심리 운동적 활동의 탁월한 수행에 높은 가치를 부여한다.

예 학생은 던져진 공을 향해 쫓아갈 수 있다.

④ 신체 능력

근력, 지구력, 유연성, 민첩성 등 신체적 능력은 학습자가 심리 운동 영역에서 효율적인 기능을 발휘하는 데 필수적이다.

예 학생은 체조를 할 수 있다.

⑤ 숙련 동작

동작 기능은 숙련이나 숙달 정도의 발달을 함축하고, 동작 유형은 어떤 동작을 수긍할 수 있고 실연하는 것을 말한다. 숙련 동작은 어떤 복잡한 동작 과제를 수행할 때의 효율성 정도의 학습 결과이다. 운동 경기 기능, 무용 기능, 오락 기능 및 조작 기능이 이 분류 수준에 속한다.

예 학생은 장애물 통과 훈련을 완수할 수 있다.

⑥ 동작적 의사소통

안면 표현, 자세 및 몸짓에서부터 까다로운 현대 무용 안무에 이르기까지 광범위한 종류의 의사소통적 동작을 포괄한다.

예 학생은 '화창한 날 활짝 핀 꽃처럼' 움직일 수 있다.

(3) 정의적 영역의 목표(Krathwohl)

학습자의 태도, 가치, 사회적 행동, 감정 등이 바람직한 방향으로 발달되는 것을 도모하며, 학습자 자신의 체력 향상을 위해 규칙적인 신체 활동에 참가하도록 하는 것은 정의적 목표 영역에 포함된다. 스포츠맨십, 긍정적 자아의식, 차례 기다리기 등과 같은 행동 역시 정의적 목표에 포함된다.

① 감수

어떤 현상이나 자극에 대하여 긍정적인 반응을 보이는 가장 낮은 수준의 정의적 행동이다. 이 수준에서 관심을 갖는 것은 학습자로 하여금 특정 현상이나 자극의 존재에 대하여 감수성을 갖게 하는 일이다.

예 공중에서 거꾸로 선 자세를 취하는 등 다양한 활동을 시도할 수 있다.

② 반응

적극적 참여를 나타내는 것으로서 특정한 자극이나 현상에 대하여 주의를 나타낼 뿐만 아니라, 그것에 대하여 어떤 방식으로 반응을 나타낸다. 특히 특별한 행동을 즐겨하고 이에 반응하는데 만족감을 느끼며 흥미를 갖는 것 등이 이 단계의 학습이다.

예 어느 정도의 위험이 있는 활동에 도전적으로 참여하여 즐길 수 있다.

③ 가치화

어떤 사물이나 현상 또는 행동에 대하여 그 의미와 가치를 부여하는 내면화의 정도를 말한다. 특히 이 수준에서는 단순한 가치와 의미만을 인정할 뿐 아니라, 나아가서 적극적으로 책임을 지고 가치를 추구하는 행동을 포함한다.

예 개인의 움직임 능력과 관련된 긍정적 자아상을 기를 수 있다.

④ 조직화

여러 가지 가치를 종합하고 자기 나름의 내재적으로 일관성 있는 가치 체계를 확립해 나가는 단계이다. 여기에서 여러 가지 가치의 비교와 서로의 연관을 통해서 체계적으로 통합하는 활동이 따른다. 이 수준의 학습은 보다 구체적으로 하나의 가치를 개념화하는 단계에서부터 이를 한 개인의 가치관으로 조직화하는 단계에 이르기까지의 모든 과정을 포함한다.

예 개인의 체력과 운동경기 능력 신장을 위한 프로그램을 계획하고 실행할 수 있다.

⑤ 가치 또는 가치 복합에 의한 인격화

가치의 조직화가 이루어지고 그것이 한 개인의 생활을 지배하게 되면 그는 독특한 개인적 생활 양식을 갖게 된다. 이 수준의 정의적 행동은 포괄성과 일관성이 있으며 따라서 충분히 예측할 수 있는 행동 체계를 갖게 되고, 수시로 한 개인의 행동을 통제하게 된다. 즉 완전히 체계화된 인생의 철학과 가치관이 확립되어 있어서 그것이 일관적인 체계를 가지고 모든 사물, 사건 행동에 나타나는 단계이다.

예 삶의 한 방법으로서 규칙적인 신체활동을 수용할 수 있다.

2. 체육 교육의 행동 목표 분류

(1) Annarino 등의 행동 목표 분류

① 신체 영역

근력, 지구력, 유연성 등

② 심동 영역

운동 지각 능력, 기초 운동 기능 등

③ 지적 영역

지식이나 지적 기능 및 능력 등

④ 정의적 영역

신체 활동에 대한 건전한 반응, 자기 실현, 자기 존중 등

(2) 체육 교육의 행동 목표 진술 방법

① Mager

Mager는 수업 목표를 설정・진술하는 데 다음의 세 가지 기본 개념에 기초하여 진술하도록 제시하고 있다.

㉠ 학습자가 표출해내는 관찰 가능한 행동

㉡ 학습이 종결될 때의 종착 행동

㉢ 종착 행동이 평가되는 기준 또는 검사가 되는 준거

예 운동장 100m 트랙을(조건) 16초 이내에(수락기준) 뛴다(행동).

② 영역별 행동 목표 진술

㉠ 심동적 영역

예 50m를 7초 이내로 달릴 수 있다(체력 발달의 목표).
농구의 2분간의 슛팅에서 적어도 15개 이상을 성공시킬 수 있다(운동 기능).

㉡ 정의적 영역

예 운동 경기 장면에서 고통스러움을 참으면서 끝까지 노력하는 태도를 기른다.

㉢ 인지적 영역

예 10가지의 여러 종목의 운동 경기 규칙 목록 중에서 최소한 5가지 이상의 농구 경기 규칙을 구별할 수 있다.

MEMO

01. 교육 내용 선정과 조직
02. 체육과 교육 내용 선정의 근거
03. 체육과 교육의 내용

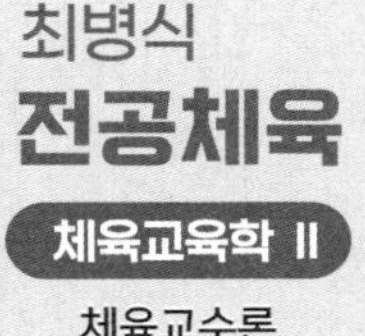

Chapter

05

체육과 교육과정의 내용 선정 조직론

Chapter 05 체육과 교육과정의 내용 선정 조직론

1 교육 내용 선정과 조직

1. 교육 내용 선정의 원칙

(1) 교육 목표의 일관성

교육 목표를 실현할 수 있는 내용이어야 한다.

(2) 기본 개념의 중시

지식의 구조, 기본 개념, 일반 원리를 가르쳐야 한다.

(3) 탐구 학습의 강조

학문 중심 교육과정에서 탐구 학습을 강조하며, 탐구 학습 방법이 전이가 높다.

(4) 지도 가능성의 검토

학교의 시설, 학습자의 능력 및 선수 학습과 관련지어 현실적으로 지도 가능한가의 문제를 고려해야 한다.

(5) 하나의 경험과 목표 달성 정도

어떤 목표를 달성하기 위해 선정된 내용은 그 목표 달성에 공헌함과 동시에 다른 목표 달성에도 기여할 수 있어야 한다.

(6) 경험의 비중복성

학교 외에 지도될 수 있는 내용은 교육 내용 선정에서 제외시켜야 한다.

(7) 지역성의 고려

지역 사회의 실태 조사, 학부모의 의견 조사, 학습자들의 요구와 같은 실증적인 기초 자료에 입각하여 내용 선정이 되어야 한다.

2. 교육 내용(학습 내용)의 조직

(1) 교육 내용 조직의 방향

① 조직의 방향이 수직적(종적) 견지에서의 조직은 선정된 학습 내용의 순차성과 계열성에 따른 배열을 의미하며, 시간적 전후 관계를 고려하는 것이다.

② 수평적(횡적) 견지에서의 조직은 학습 경험, 즉 교육 내용을 서로 어떻게 통합적 · 병렬적으로 구성하느냐이다.

③ 실제적인 학습을 위한 중심적이며 핵심적인 주제, 문제, 학습 단원, 즉 학습을 조직하는 중심을 어떻게 선정하여 짜느냐 하는 문제이다.

(2) 학습 내용 조직의 원리

① 학습 경험의 계속성이 보장되도록 조직하여야 한다.

② 학습 경험의 계열성을 고려하여야 한다.

③ 학습 경험의 통합성을 고려하여야 한다.

④ 학습 경험은 기본적 기능의 발전을 고려하여 조직하여야 한다.

계열화를 결정하는 데 영향을 미치는 요인
① 학생들의 발달과 성숙도 혹은 준비도 ② 학생들의 관심과 동기 ③ 선수 학습 기능과 지식의 규정(과제 분석)

수직적 계열화와 수평적 계열화	
수직적 계열화 (vertical sequencing)	수직적 계열화는 연간 프로그램 내용의 연속성을 다룬다. 나선형의 연속성 원리에 기초해 좀 더 높은 수준의 지도로 나선적 상승을 하도록 새로운 지도 내용을 구성한다.
수평적 계열화 (horizontal sequencing)	학기나 학년 단위 내에서 내용의 순서를 결정하는 것이다. 수평적 계열화의 학습 지도는 구역 단원이나 복합 단원으로 구성된다.

2 체육과 교육 내용 선정의 근거

1. 운동 능력

Fleishman은 200개 이상의 서로 다른 심동 과제들과 수천명의 피험자를 이용하여 연구한 결과 11개의 능력에 입각하여 운동 수행을 설명했다. 이것들은 여러 가지 운동 과제의 성취에 기초가 되는 요인이다.

(1) 통제의 정확성
주로 대근육 운동을 조절하는데 관여

(2) 사지의 협응력
많은 사지 운동의 동시 협응성

(3) 반응 정위
정확성과 협응성에 관계없이 올바른 반응 선정

(4) 반응 시간
어떠한 자극에 반응한 속도

(5) 속도 조절
변화하는 단서들에 계속적인 운동 적응

(6) 팔운동 속도
정확성이 중요하지 않은 곳의 속도

(7) 손 교치성
속도 조건 아래서 큰 물체의 조작

(8) 손가락 교치성
정확성과 조절을 가지고 조그만 물체를 조작

(9) 팔 · 손 안정성
움직이거나 움직이지 않을 때 운동 통제

(10) 손목 손가락 속도
타이핑 운동

(11) 조준
연필의 정확성과 속도를 요구하는 인쇄물 테스트

2. 운동 발달의 단계

Gallahue는 운동 발달 단계를 4단계로 설명하고 있다.

(1) 반사 움직임 단계
반사 움직임 단계는 출생에서 1세까지의 시기로 생후 1년간 계속된다. 운동 발달의 정보 입력과 해독에 해당된다.

(2) 초보 움직임 단계
초보적인 움직임 단계는 1세에서 2세까지의 시기로 유아는 안정성, 이동, 조작 운동 등을 포함한다.

(3) 기본 움직임 단계

기본 움직임 단계는 시초 단계, 초등 단계, 성숙 단계의 3단계로 구분된다. 안정성, 이동, 조작 운동의 발달을 포함한다.

(4) 스포츠 관련 운동 단계

스포츠 관련 운동 단계는 일반적 스포츠 기능 발달 단계, 구체적 운동 기능 발달 단계, 전문적 스포츠 기능 발달 단계로 구분시키고 있다.

① 일반적 스포츠 기능 발달 단계
기본 움직임 기능을 스포츠 관련 기능과 연관되는 기능 수행에 적용 또는 결합시키는 시작 단계이다.

② 구체적 스포츠 기능 발달 단계
복합적인 스포츠 기능인 간이 게임과 구체적인 스포츠 활동을 통해서 기능이 점차 숙달되는 시기이다.

③ 전문적 스포츠 기능 발달 단계
움직임 발달 과정이 절정에 이르게 되고 제한된 수의 운동 활동에 참여하려는 욕망이 강하게 나타나는 시기이며, 전 단계에서의 운동 활동에 대한 흥미, 노력, 선택 활동이 이 단계로 전이되어 더욱 더 숙달된다.

Chapter 05

3. **학습자의 운동 발달 단계와 학습 수준**: 움직임 기능 학습 단계

(1) 움직임 능력의 습득은 간단한 것에서부터 복잡한 것으로 발달한다.

(2) 어린이들은 그들 능력의 발달과 숙련 측면에서 일반적인 것에서부터 특별한 것으로 점진적으로 발달해 간다. 이들 두 가지 개념에 근거하여 탐구, 발견, 조합, 선정, 숙달된 수행의 순으로 기능을 학습하게 된다.

(3) 게임과 스포츠, 리듬, 혹은 자기 실험 활동에서 사용되는 새로운 안정성, 이동, 조작 기능이 발달하는데 포함될 때 일반적으로 학습 경험의 순서는 다음과 같다.

① 학습자는 비교적 독립된 하나하나의 과제에 대한 움직임을 탐구한다.

② 학습자는 다른 사람들의 수행을 관찰하기 등의 방법을 통해 각 움직임을 더 잘 수행할 수 있는 수단과 방법을 발견한다.

③ 학습자는 서로 분리된 움직임을 조합하고 다양한 방법으로 그 움직임을 실험한다.

④ 학습자는 움직임을 조합하는 가장 좋은 방법을 다양한 게임 리드, 비공식적인 시합 방법, 그리고 표현을 통해서 선택한다.

⑤ 학습자는 선택된 움직임을 높은 수준으로 세련시키고 공식적·비공식적 시합 혹은 여가 시간 수행을 통해 특별한 활동을 수행한다.

4. 체육 교육 내용 선정 준거

(1) 체육 교육(학습) 내용의 준거

Annarino는 학교 체육 교육 내용으로 다음과 같이 제안하고 있다.

① 학교의 전반적인 교육 내용과 밀접하게 관련되는 교육 내용으로 학교의 교육목표를 만족시키는 내용

② 학습자의 정의적, 인지적, 심동적 발달을 촉진하는 학습 경험을 제공해 줄 수 있는 내용

③ 학습자의 흥미, 요구, 능력에 맞는 내용

④ 학습자의 일상 생활과 관련이 되고 성숙 단계에 알맞은 경험을 줄 수 있는 내용

⑤ 지역 사회의 요구와 관련된 교육 내용

⑥ 적당한 시설, 장비, 시간 할당, 지도 체계 등의 광범위하고 바람직한 학습자 활동을 제공해 줄 수 있는 내용

⑦ 교사의 전문적 성장을 도와주는 내용

(2) 체육 교육 내용 선정의 근거

① 학습자의 연령에 적합한 내용인가?

② 체육 교육의 목표와 관련이 잘 맞는가?

③ 학교가 지향하는 철학과 잘 맞는가?

④ 자기 표현의 기회를 줄 수 있는 종목인가?

⑤ 계속성, 계열성, 통합성의 원리에 적합한가?

⑥ 학습자의 여가 충족을 시켜 줄 수 있는 내용인가?

⑦ 학습자의 지식 – 이해 수준을 감안하여 내용 선정을 하였는가?

⑧ 걷기, 달리기, 뛰기, 던지고 받기 등과 같은 자연 운동을 포함시켰는가?

⑨ 학습자의 성장 – 발육 – 발달에 공헌할 수 있는 전신 운동이 포함되었는가?

⑩ 가치관, 태도, 미적 감상 능력 등의 정의적 측면의 발달에 도움이 되는 내용인가?

⑪ 학교 현실에 맞는 관리상의 문제를 고려하여 내용 선정을 하였는가?

⑫ 예산 또는 교사의 능력에 맞는 내용 선정을 하였는가?

⑬ 소속감, 성취감, 자기 존중의 욕구 충족을 시킬 수 있는 종목인가?

⑭ 학교의 기존 시설 – 용구의 적절성을 감안하여 내용 선정을 하였는가?

⑮ 학습자의 발달 요구에 맞게 운동의 난이도를 고려하였는가?

3 체육과 교육의 내용

1. 움직임 교육

체육이 신체의 교육에서 신체를 통한 교육으로 발전되고 Laban에 의해 자기 중심의 신체 활동 즉, 움직임 교육으로 발전되어 왔다. Laban은 인간 움직임의 기본 원리를 4가지 주제인 신체, 노력, 공간, 관계를 중심으로 분석하였고, Magaret H. Doubler는 구조적 · 역동적 · 정성적 고려, 율동적 분석을 통해 움직임의 원리를 설명하고 무용, 스포츠, 기타 여러 체육 활동에 관련되는 움직임에 관해서 강습회를 연 것이 움직임 교육을 수용하는 촉매로서 작용하게 되었다. 이러한 움직임 교육은 다양한 시도를 통해 발전하였고, 오늘날 학문적 대상은 인간의 움직임에 접근되고 있으며, 이에 따라 전문성의 입장에서는 자율적 참여, 문제 해결력의 신장, 창의력의 고양, 즐거움의 경험 등을 도모할 수 있는 과정 중심의 움직임 교육에 접근되고 있다.

(1) 움직임 교육의 개념

움직임 교육은 아동이 숙달된 동작으로 움직일 수 있도록 해주며 동시에 그렇게 움직이는 것이 왜 중요한가에 대하여 이해할 수 있도록 도와준다. 또한 움직임에 관한 개념들과 움직임 원리들에 관한 지식도 다루고 있다. 이러한 지식은 움직임에 대하여 아동들이 보다 잘 이해하며 자신의 신체 경험에 보다 잘 적응하도록 도움을 주며, 다음과 같은 점을 강조하고 있다.

① 학생의 개인적인 발달이 주요 관심사이다.

② 학생의 성공적인 움직임 경험은 자신감과 자아상을 높이는데 기여한다.

③ 학습자들은 그들에게 무엇인가를 의미하는 방법에 있어서 학습자 자신의 움직임을 알아야 한다.

④ 창의성을 권장하며, 모든 가능한 방법을 동원하도록 열린 교육의 형태를 취한다.

⑤ 움직임 지도는 남녀 학습자의 연령에 적합한 내용을 적절한 도전의 형태로 도입시킨다.

⑥ 움직임 학습 진행은 단순한 동작에서 보다 복잡한 동작으로 한 단계 한 단계씩 학습하도록 조직하여야 한다.

(2) 움직임 교육 지도 방법

① 움직임 교육은 탐구력, 문제 해결력, 창의력 등에 역점을 두고 문제 해결적인 지도 방법을 이용하여 개인의 반응을 강조하는 새로운 체육 지도의 방법론으로 대두되고 있다.

② 움직임의 탐구는 유도 발견 학습 개념(Mosston)으로 학습자를 위한 학습 탐구 준비를 교사가 하되 학습자에게 해답은 절대 주지 않음으로써 탐구 의욕을 자극시킨다. 학습자는 다양한 움직임 변형으로 움직임의 느낌을 자신이 찾도록 동기 유발시키는 것이다. 이것은 학습자가 전적으로 자신의 해답을 찾도록 유도했을 때만이 가능하다.

③ 움직임 교육의 지도는 운동의 과제를 학습자에게 제시하여 그 과제를 학습자 스스로 생각하고 탐구하여 해결하게 하는 문제 해결식의 학습 방법을 사용하게 된다.

④ 움직임 교육의 평가는 교사의 평가, 체크리스트, 아동 자신의 자기 평가 및 동료 간의 상호 평가나 동료 평가 방법 등이 활용된다.

⑤ 움직임 교육과 전통적 체육 지도 방법 비교

역할	구분	움직임 교육	전통적 체육 교육
교사 역할	1. 학습 과정면 2. 지도 방법면 3. 수업 활동면	• 학습자를 교육함 • 창의적임 • 학습자의 안내자임	• 학습자를 훈련시킴 • 전통적 지도 방법을 답습함 • 학습자의 지도자임
학습자 역할	1. 동기 유발 2. 개인차 3. 수업 활동 4. 독립심 5. 상황 대처 6. 평가 7. 성장률 8. 성공 여부 9. 경쟁	• 학습자 자신으로부터 나옴 • 고려됨 • 논리적·지적으로 타당하게 활동함 • 강함 • 호기심 있고 지적인 태도로 임함 • 자기 스스로 행함 • 자신의 기준에 따라 발달함 • 학습자 자신의 목표에 의거함 • 학습자 자신과 경쟁함	• 교사로부터 나옴 • 고려되지 않음 • 명령을 따라 활동함 • 자주 결핍됨 • 자주 어려움을 나타냄 • 교사가 행함 • 학급 성장률의 기준에 근거함 • 교사의 목표에 의거함 • 급우들과 경쟁함

2. 체육 교육의 목표 개념

(1) 최근의 체육 교육과정은 목표 개념 중심의 체제로 접근하고 있다.

(2) 목표 개념은 개인의 의미를 중요시하는 체육 교육과정 모형인 목표·과정 중심 교육과정(PPCF) 개념틀에 포함된 내용으로 개인의 목적을 달성하는데 인간 움직임이 어떻게 기능하는가를 논리적으로 분석하여 도출한 것으로 개인적 발달, 환경 극복, 사회적 상호 작용이라는 3가지 핵심 개념으로 이루어진다.

(3) 3가지 핵심 개념은 다시 움직임 기능과 관련하여 생리적 효율성, 심리적 안정성, 공간적 정향, 물체 조작, 의사소통, 집단 상호 작용, 문화적 참여 등의 7가지 주요 개념과 23가지 개념 요소로 세분된다.

3. 체육 교육 내용

(1) 현대의 체육 교육 내용

① 팀 스포츠

야구, 농구, 축구, 소프트볼, 배구, 하키 등

② 개인 및 대인 활동

수영, 양궁, 에어로빅, 댄스, 탁구, 조깅, 펜싱, 골프, 스키, 레슬링, 배드민턴, 스쿼시, 유도, 테니스, 서킷 트레이닝 등

③ 레크리에이션 활동

볼링, 캠핑, 카누, 하이킹, 사이클링, 포크댄스, 사교댄스, 현대무용, 오리엔티어링 등

④ 기타 활동

체조, 럭비, 수구 등

(2) 체력 운동

① 건강 관련 체력

근력, 근지구력, 심폐지구력, 유연성, 신체 구성

② 운동 수행 관련 체력

협응력, 민첩성, 평형성, 운동 속도, 순발력 등

최병식

전공체육

체육교육학 II

체육교수론

Chapter

06

교수 · 학습 이론

Chapter 06 교수 · 학습 이론

1 교수 기능의 체계적 개발

1. 체육 교수의 효율성에 대한 연구 동향

체육 교수의 효율성 연구는 응용 행동 심리학에 근거하여 교수 과정에 초점을 두고 자연적인 수업 상황 내에서 관찰 가능한 교사 행동과 학생 행동을 통하여 교수 효율성과 관련된 변인을 찾고자 하는 연구 유형이다.

(1) 기술 분석 연구

기술 분석 연구는 체계적인 관찰 방법을 이용하여 체육 수업 내의 실제 상황을 이해하고자 교사와 학생 행동을 관찰 · 기술하는 연구로서 Anderson에 의하여 주도된 연구이다.

(2) 과정 결과 연구

과정 결과 연구 유형은 환경적인 변인을 통제하고 교사 행동과 학생의 학습 성취 결과를 비교하여 효과적인 교수 행동을 찾아내려고 한 연구이다. 이러한 과정-결과 연구 유형은 최근까지 약 20년간 교사의 기대, 수업 관리, 지도 방법, 교사와 학생의 상호 작용, 운동 수행 피드백 등을 연구 과제로 연구되어 왔다.

(3) 학습 시간 연구

학습 시간 연구 유형은 학습 시간을 설정하여 교수 효율성을 학생의 학습 시간에서 찾으려는 연구이다. Siedentop 등은 체육 수업 상황에 적합한 체육 실제의 학습시간 관찰 도구(ALT-PE : Academic Learning Time-Physical Education)를 개발하여 학습 성취 결과의 대리 변인으로서 실제 학습 시간을 사용한 많은 연구를 수행함으로써 체육 수업 상황에 적용 가능한 연구 성과를 거두고 있다.

(4) 비교 연구

비교 연구 유형은 체육 수업 중에 교사, 학생, 교육과정, 수업 상황 등의 변인 사이에 어떠한 차이가 나타날 것인가를 밝히려는 연구이다.

2. 교수

(1) 교수의 기본 과제

학생들이 학습하고 성장하는 것을 도와줄 수 있는 방법을 발견하고, 학생들이 기능, 지식 및

태도를 향상시킬 수 있도록 교육적인 경험을 계획하고, 학생들이 학습 경험을 통하여 학습 활동이나 교과를 모두 즐길 수 있는 방법으로 수업을 운영하는 것이다.

(2) 교수의 예술적 측면과 과학적 측면

효과적인 교수(effective teaching)란 어떤 학습 환경의 구체적인 요구에 적절히 대응하기 위해 고도로 발달된 기능 체계를 예술적으로 구사하는 것(또는 능력)이다.

3. 교수 연습법

교수법은 크게 수업을 얼마나 잘 조직하고 운영하여 학생들의 실제 학습 시간을 확보해 줄 것인가의 수업 운영 측면, 학생들의 올바른 행동을 증가하고 부적절한 행동을 제거할 수 있는 학습자 관리 측면, 긍정적인 수업 분위기를 이끌 수 있는 수업 분위기 측면으로 나눌 수 있다. 또한 학습 과제 제시에 해당하는 교수 기능으로 학생들의 발달 단계와 성취도를 고려한 발문이나 구체적이고 긍정적인 피드백, 효율적인 시범, 적절한 학습 교재 및 교구의 활용과 같은 교수 기능이 있다. 교수 기능과 전략은 여러 가지 방법으로 향상될 수 있다.

(1) 1인 연습

① 가끔 기술을 혼자 연습하는 것이 매우 유용할 때(특히 어떤 기술을 처음 배우려고 할 때)가 있다.

② 자신이 혼자 거울 앞에서 자신의 비언어적 행동을 연습하거나, 다음에 다시 들어보기 위해 녹음기를 사용하여 언어적 행동을 녹음하거나, 자신이 가르치는 것을 보면서 분석하기 위해 비디오 시스템을 이용하여 교수 기능을 개선하는 방법이다.

(2) 동료 교수(peer teaching)

① 소집단의 동료들로 모의적인 수업 장면을 만들어 교수 기능을 연습하는 방법으로, 이 방법은 교사들이 제한된 몇 가지 교수 기능에만 초점을 맞출 수 있도록 수업 시간을 짧게 계획할 수 있다.

② 가능하다면 이 수업 활동을 비디오로 촬영한 다음, 나중에 다시 그것을 관찰하여 평가와 피드백의 정보로 사용될 수 있다.

(3) 축소 수업: 마이크로티칭(microteaching)

① 마이크로티칭은 제한된 범주 안에서, 한 가지 구체적인 내용으로 소수의 학생들을 대상으로 한다는 의미에서 동료 교수법과 유사하나 실제 학생들을 활용한다는 측면에서 차이가 있다.

② 동료 교수법과는 달리, 마이크로티칭은 보통 일정한 시간 내에서 이루어진다.

③ 동료 교수 연습과 마찬가지로, 이 수업 활동은 비디오로 촬영해 사용하면 매우 효과적이다.

(4) 반성적 교수(reflective teaching)

① Cruikshank에 의하여 개발된 반성적 교수 연습법은 동료 교수 연습법과 비슷하지만, 몇 가지 부가적인 특징들을 더 지니고 있다.

② 반성적 교수법에서는 학생들을 6~8명으로 구성된 몇 개의 소집단으로 나눈 다음, 각 집단에서 1명의 교사를 선택한다. 선택된 교사들에게는 가르칠 내용이 주어진다. 가르칠 내용은 다른 학습자가 사전에 경험하지 않은 것으로 구성되어야 한다.

③ 학생들에게는 구체적인 학습 목표와 수업 후의 평가 방법이 설명되어야 하고, 교수 과제는 교사들이 가르치기로 계획한 날로부터 최소한 하루 전에 그들에게 배부되어야 한다.

④ 수업이 시작되면, 학생들을 소집단으로 분리한 후 선정된 교사가 각 집단을 가르치게 된다.

⑤ 지정된 시간(보통 10~15분)이 종료되면, 학생들은 과제의 학습 정도에 관한 평가를 받게 되고, 자기를 가르친 교사의 교수 방법을 평가하는 질문지에 답하게 된다. 그런 후 전체 학생들이 모여서 각 집단의 학습 결과를 논의하고 그들을 가르친 교사들의 교수법에 관해서 서로 의견을 교환하게 된다.

⑥ 학습 자료와 학생들의 반응은 수업을 반성할 수 있는 기초 자료가 된다. 이러한 반성적 토의를 통해서 교수에 관한 이해력과 통찰력이 성장하게 된다. 반성적 교수법은 경제적이며 효과적인 교수 기능 연습법이다.

(5) 현장에서의 소집단 교수

① 실제적 상황에서 수업상의 부담을 다소 줄인 상태에서 실제의 학생들을 대상으로 교수 기능을 연습하는 방법이다. 따라서 학생의 수를 줄이고(보통 5~10명), 10~20분의 단위 수업 또는 일련의 단위 수업을 소집단 학생에게 가르치는 것이다.

② 현장에서의 소집단 교수는 수업 내용 지도와 관련된 교수 기능을 연습하는데 유용하며, 수업 운영과 관련된 교수 기능을 연습하는 데는 효과적이지 못하다.

(6) 현장에서의 대집단 단시간 교수

① 수업 운영이나 수업 조직과 관련된 기능과 전략을 전체 학생들을 대상으로 5~10분 정도의 제한된 시간에 연습하는 방법이다.

② 현장에서의 대집단 단시간 교수는 수업의 시작, 수업 용구의 준비와 처리, 효율적인 학생 이동, 그리고 그 밖의 수업 운영이나 수업 조직에 관련된 과제들을 연습하는 데 목적이 있다.

(7) 실제 교수

① 직전 교사들이 실제의 수업에 들어가기 전에 하는 마지막 연습으로 주로 교육실습이 이에 해당된다.

② 다양한 교수 기능에 대한 실제 적용을 연습하는 방법으로 교수에 대한 이해도와 통찰력이 향상된다.

구분	내용
1인 연습	• 거울을 이용하거나 녹음기·VTR로 수업 장면을 녹화하여 적절한 단어구사법이나 비언어적 의사소통법을 연습 • 교사의 언어구사력, 표정관리, 피드백 제시 등 개별 교수행동 개발에 적합(예비교사나 초임교사가 단순 교수기능을 처음 배울 때 유용)
동료 교수	• 소집단의 동료들(예비교사나 초임교사들)과 모의 수업 장면을 통한 연습 • 몇 가지 교수기능에 대해 제한된 모의 수업 상황을 만들어 연습
축소 수업	• 몇 가지 교수기능에 초점을 맞추어 소수의 실제 학생들을 활용한 교수 연습 • VTR 등 매체활용
반성적 교수	• 6~8명으로 구성된 소집단에 교사가 1명씩 배당되어 학습 목표와 평가 방법을 설명한 다음 수업을 실시 • 수업에 참가한 학생들의 질문지 자료를 토대로 수업을 한 교사와 학생들, 다른 관찰자들이 모여 교수법에 관해 '반성적 토의'를 하며 교수기능을 향상시키는 방법 • 객관적인 자료를 바탕, 경제적이고 효율적인 교수기능 연습법
현장에서의 소집단 교수	• 소집단의 실제 학생들(5~10명)을 대상으로 제한된 수업시간(10~20분) 동안 수업을 진행하여 교수기능을 연습하는 방법 • 수업내용 지도와 관련된 교수기능을 연습하는데 효과적
현장에서의 대집단 단시간 교수	• 학급 전체 학생을 대상으로 수업 시간을 5~10분으로 축소하여 연습 • 수업운영이나 수업조직과 관련된 교수기능을 연습하는데 효과적
실제 교수	• 학급 전체 학생을 대상으로 하는 실제 수업 • 실제 수업 상황을 경험하고 총체적인 교수기능을 연습하는데 효과적

4. 교수 기능의 발달 단계

Siedentop은 대부분의 교사들이 비슷한 발달 단계를 거치면서 교수 기능을 획득한다는 사실을 발견하고, 1단계에서 5단계에 이르는 교수 기능의 발달 단계를 제시하였다. 이러한 단계는 피드백의 제공, 칭찬, 부적절한 행동의 제지, 질문 등과 같은 상호작용 기능을 획득하여 세련화시키려고 노력하는 교사들에게 두드러지게 나타난다. 5단계가 최종 목표로 하고 있는 단계이지만, 이전에 모든 단계들을 거칠 필요가 있다.

(1) **제1단계** : 초기 곤란 단계

① 초임 교사가 수업 초기에 겪는 단계로 직전 교육 중 획득한 교수 기능조차 발휘하지 못하는 단계이다. 상호 작용, 특히 칭찬 등과 같은 방법에 어려움을 겪는 단계이다.

② 초기적 단계에 불과하며, 1인 연습이나 소집단 동료 교수법를 통해 극복할 수 있다.

(2) **제2단계** : 다양한 기능의 학습 단계

① 일반적으로 칭찬하고, 구체적인 피드백을 제공하고, 열정적으로 대하는 것을 처음 배울 때에는, 상호작용에 필요한 레퍼토리를 조금 밖에 갖지 못하기 때문에 같은 표현들을 되풀이하여 사용하게 될 것이다. 예를 들면, 긍정적 피드백을 제공함에 있어서 교사는 "잘했어"라는 포괄적인 표현을 사용하게 된다.

② 교사가 다양한 방법의 발문이나 피드백, 시범, 칭찬, 매체의 활용 등과 같은 교수 기능을 수업에 활용하는 단계이다.

(3) **제3단계** : 동시적 처리 방법의 학습 단계

① 이 단계는 한 가지 기능이나 전략을 향상시키는데 초점을 맞추면서 동시에 다른 문제를 처리할 수 있게 되는 단계이다.

② 이 단계는 매우 중요하다. 왜냐하면, 교사들이 한 가지 기능을 습관적으로 사용할 수 있을 정도로 숙달하였다는 것을 의미하기 때문이다. 이 능력은 교사로 하여금 교수의 다른 중요한 측면에서 주의를 기울일 수 있도록 한다.

③ 교사가 수업을 운영하고 조직하는 교수 기능 개선에 관심을 가지며 동시에 피드백 제공, 과제 제시 방법 등과 같은 기능을 수업에 활용하는 단계이다.

(4) **제4단계** : 교수 기능의 적절한 이용에 관한 학습 단계

① 피드백을 효과적으로 제공하는 방법을 학습하는 것과 적절한 순간에 적합한 피드백을 줄 수 있는 것은 다르다.

② 이 단계는 자신의 교수 기능을 적절하고 정확하게 수업에 적용하는 방법을 학습하는 단계로 구체적 목표 설정과 과제 제시, 피드백 제공 등이 숙달되는 단계이다.

(5) **제5단계** : 자신감과 예측력의 습득 단계

① 마지막 단계는 교수 기능을 연습하여 사용할 수 있을 뿐만 아니라, 학생들이 보이는 반응과 그 기능이 어떠한 효과를 미쳤는지를 알 수 있게 되는 단계이다.

② 자신이 가진 교수 기능을 다양하게 구사할 수 있고 자신감과 열의를 가지며 수업에 발생되는 여러 상황을 예측하여 계획하고 실제 수업에 적용할 수 있는 단계이다. Kounin이 말하는 '상황 파악'의 능력을 획득하게 되는 단계이다.

5. 교사의 책무성

(1) 교육적 책무성

전문 교육자에게 지도를 통해 생긴 변화에 대한 책임을 묻는 경우로 교육적 책무성이 승인되는 이유는 다음과 같다.

① 교육이 국민의 세금에 의해 이루어지며 교육 경비, 즉 경제적 자원을 쓰는 것에 대한 책무성이 요구되었다.

② 교사와 학부모의 대립적 상황의 발생에 따라 책무성을 추궁하게 되었다.

③ 학생들의 성취도에 대한 책임 발생에 따라 교육적 책무성이 요구되었다.

(2) 교사의 과제 지도를 위한 책무성 체계의 수립

공식적 형태와 비공식적 형태의 책무성 체계는 서로 역상관의 관계에 있다. 즉 공식적 형태의 책무성 체계가 확고할 경우 상대적으로 비공식적 형태의 책무성 체계가 필요 없으며, 공식적 형태의 책무성이 확립되지 못한 경우 강력한 비공식적 책무성 체계가 필요하다.

① 공식적 형태의 책무성

㉠ 교사의 단원에 대한 과제의 올바른 파악

㉡ 학생의 과제 완수에 대한 관찰 체계의 개발

㉢ 학생의 과제를 성취할 수 있는 동기 유발의 유인 체제 마련

② 비공식적 형태의 책무성

㉠ 비공식적 형태의 책무성 체계는 교사의 적극적 감독이다.

㉡ 교사는 과제 관련 활동에 대한 적극적 지원을 한다.

㉢ 교사는 과제 무관 활동에 대한 강력한 통제를 한다.

2 교수 및 교수 결과의 사정

1. Siedentop의 완전 교수 사정 모델

(1) 교수 사정을 위한 3가지 변인

① 교사의 교수 과정 변인

㉠ 학습 지도, 질문, 피드백의 제공, 잘못된 행동의 중단, 적절한 행동에 대한 칭찬과 같은 교수 기능이 이에 해당된다. 또한 교사의 교수 과정 변인은 수업 조직, 행동 관리, 학생의 장소 이동, 수업 활동의 흐름을 방해하는 행동의 처리 등의 전략을 포함한다.

㉡ 이 변인은 교사의 교수 수행력과 직접 관련되는 것으로서 수업 중인 교사를 직접 관찰하여 측정할 수 있다.

② 학생의 학습 과정 변인

㉠ 학습 기여 행동이나 학습 방해 행동과 직접 관련된 것으로 학습 장소 이동 시간의 양, 수업 중 잘못된 행동의 정도, 수업 중 각 학생의 유효 학습 시간량, 기능 연습의 횟수, 수업 중 과제에 집중한 시간의 비율, 정보 수집에 소비된 시간량 등이 포함된다.

㉡ 이 변인은 학생의 학습에 직접 관련된 것으로서 수업 중인 학생들을 직접 관찰하여 측정할 수 있다.

③ 학생의 학습 결과 변인

㉠ 학생의 학습 성취, 즉 학습 및 성장의 증거로 간주되는 학습자의 변화를 포괄하는 것으로 기능 습득, 게임 운영 능력의 향상, 높은 수준의 체력 향상, 과제에 대한 지식 습득, 체육에 대한 태도 변화 등이 포함된다.

㉡ 이들 변인은 단원이 끝난 후 테스트나 여러 가지 평가 도구에 의해 쉽게 평가할 수 있게 된다. 단기간의 학습결과 측정과 장기간의 학습 결과 측정을 구별하여 실시하는 것이 효과적이다.

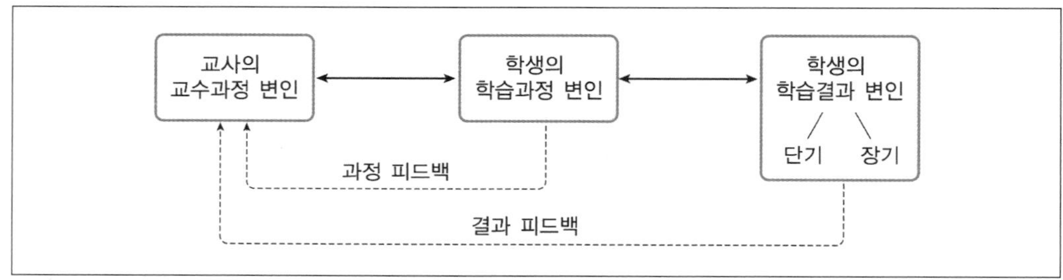

◆ 완전 교수 사정 모델

(2) 완전 교수 사정 모델을 위한 두 가지 보조 장치

① 사정된 정보를 이용하여 교수 전략을 수정하는 일련의 피드백

㉠ 피드백에는 두 가지 형태가 존재하는데, 하나는 학생의 학습 과정 변인에 관한 정보를 이용하여 교수 전략을 수정하는 피드백이고, 또 다른 피드백은 학생의 학습 결과에 대한 정보를 이용하여 교수 전략을 수정하는 것이다.

㉡ 이러한 두 가지 형태의 피드백은 학생의 학습 과정과 학습 결과로부터 얻은 정보를 활용하여 교수 전략을 수정 개선하는데 기여한다.

② 교사의 교수 과정 변인과 학생의 학습 과정 변인간의 상호 작용

교사가 학생에게 영향을 주지만 교사도 학생으로부터 직접적인 영향을 받는다. 따라서 교사와 학생의 상호 작용에 대한 이해를 하지 못하면 과오를 범하기 쉽다.

- 측정(measurement) : 대상(사물이나 사람)의 속성에 체계적으로 수치를 부여하는 것
- 평가(evaluation) : 측정치에 대해 양적·질적 특성을 파악한 후 가치판단을 하는 것
- 사정(assesment) : 다양한 측정결과를 바탕으로 대상의 전체적인 모습을 조명하는 것

2. 실제 상황에서의 교수 사정

교수 사정은 세 가지 수준 또는 다른 세 가지 측면에서 바라볼 수 있으며, 이들 교수 사정의 수준들은 교사의 교수 기능을 개선하고 평가하는데 도움이 되는 정보를 수집하는데 사용된다. 각 수준별 정보는 학생을 직접 관찰하여 얻어진다.

- 수준 I : 개별적 교수 행동(discrete teaching behavior)
- 수준 II : 분석적 교수 단위(analytic teaching units)
- 수준 III : 준거적 과정 변인(criterion process variables)

(1) **개별적 교수 행동의 사정** : 피드백, 강화, 질문, 격려

① 개별적 교수 행동의 사정은 교사가 통제된 상황하에서 기능을 연습시키는 교수 기능의 초기 발달 단계에 적합하다.

② 교수 학습 과정에서 중요하다고 할 수 있는 피드백, 강화, 질문, 격려 등과 같은 교수 행동을 사정하는 데 초점을 두고 있다.

③ 개별적 교수 행동의 발생 빈도를 계산하여 그것을 수업 길이나 단위 시간당 비율의 함수로 나타내거나, 일정 간격으로 교사를 관찰하여 특징적인 교사의 행동을 기록하는 방법 등이 있다.

④ 개별적 교수 행동은 발생 빈도뿐만 아니라 정확성에 의해서도 사정된다. 피드백 진술의 적절성 여부의 관찰 결과로부터 얻어진 정보는 총 피드백 진술 수에서 적절한 피드백 진술이 어느 정도 비율을 차지하는가를 수치로 나타낸다.

(2) **분석적 교수 단위** : 수업 운영 장면, 교사 피드백 제공과 관련된 일련의 과정

① 개별적 교수 행동은 교수 기능의 개선에 필요한 풍부하고 복합적인 정보를 제공하지 못한다.

② 수업의 운영, 조직, 지도와 같은 교사의 특정 기능과 관계가 깊은 정보를 얻어내기 위해서 교수 학습 과정에 대한 새로운 관찰법을 개발할 필요가 있다. 두 가지 이상의 개별 활동 또는 교수 과정 변인과 학습 과정 변인의 결합으로 구성되는 단위를 분석적 단위라 한다.

③ 중요한 분석적 단위 중의 하나가 수업 운영 장면이다. 수업 운영 장면이란 교사가 수업 운영 행동을 시작하여 다음 학습 지도 활동 또는 연습 활동이 시작되기 전까지의 일련의 시간이라고 정의할 수 있다. 한 수업에서 수업 운영 시간은 수업 운영 장면에 소비된 시간의 총합이 된다. 수업 운영 장면은 부분적으로는 교사의 행동 여하에 따라, 또는 학생의 행동 여하에 따라 판단되는 일종의 분석적 단위이다.

④ 또 하나의 유용한 분석적 단위는 수업 중에 흔히 발생하는 교사의 자극(지시) → 학생의 반응 → 교사의 피드백이라는 일련의 과정이다. 이 분석적 단위는 개별 행동들이 결합된 형태이다. 이런 일련의 과정을 하나의 단위로서 사정하게 되면 개별적인 행동으로 구분하여 검토하는 것보다 한층 의미 있는 정보를 얻을 수 있다.

(3) **준거적 과정 변인**: 실제 학습 시간, 적절한 학습과제의 시행 횟수

① 종합적인 측면에서 실제 교수를 사정할 필요가 있다. 학업 성취도와 관련된 자료는 단원이나 학기가 끝난 후에야 최종적으로 수집되는 것이기 때문에, 우리가 필요로 하는 것은 수업 단원 중에 수시로 학업 성취도를 직접 나타내주는 일종의 측정치이다. 이것은 준거적 과정 변인의 사정, 즉 학생의 학습 성취도에 대한 직접적인 근거를 제공하는 과정 중심적 변인의 개념화를 통해서 얻어질 수 있다. 또한 수업 중에 직접 이루어지는 과정 평가는 기존의 학습 결과 측정보다 학생의 학습 성취도를 보다 잘 알 수 있게 해 준다.

② 준거적 과정 변인 중에 하나는 실제 학습 시간이다. 체육에서 실제 학습 시간은 학생의 학습을 측정하는 객관적 준거가 된다. 체육의 실제 학습 시간(ALT-PE)은 학생이 성공적으로 어떤 학습 과제에 참여한 시간인데, 시간 단위로 측정된다. 가장 자주 사용하는 측정방법은 구간 기록법이다.

③ 준거 과정을 사정하는 두 번째 방법은 학생이 성공적으로 참여한 학습 과제의 시행 횟수를 계산하는 것이다.

④ 체육의 실제 학습 시간이나 적절한 학습 시행 횟수에 의해 측정된 학생의 반응 기회는 교사의 교수 기능을 사정하는 가장 좋은 준거적 과정 변인이다. 또한 이러한 측정치는 개별적 교수 행동과 분석적 단위에 대한 진단과 사정에도 좋은 정보가 된다.

체육 실제 학습 시간(Academic Learning Time-Physical Education : ALT-PE)
체육 수업에서 학생이 적절한 학습과제에 성공적으로(또는 성취감을 느끼면서) 참여한 시간을 의미한다. 여기에는 첫째, 적절한 과제 수준, 둘째, 학습 과제에 대한 성공 지향성, 셋째, 학습 과제에 참여한 시간의 세 가지 요소가 포함된다. 따라서 ALT-PE가 높으면 학생의 학업성취가 향상되므로, 우수한 교사는 학생의 ALT-PE를 향상시키는 수업 전략을 사용한다.

3. 학습 환경의 이해

(1) 교수·학습 환경을 이해, 분석하고 평가하는 데는 반드시 분리시켜야 하는 세 가지 영역이 존재한다(Soar & Soar). 그 세 가지 영역이란 학습 구조의 정서적 분위기, 학생 행동의 관리 방법, 학습 과제의 선정 및 실행 방법이다.

(2) 교수·학습 과정의 세 가지 영역은 각각 독립된 별개의 영역이다. 교수·학습 과정의 한 측면만을 보고 다른 측면도 모두 이해한 것으로 행동해서는 안 된다.

(3) 학습과 행동이 교사의 엄격한 통제를 받는 고도로 구조화된 학습 환경에서도 정서적 분위기는 매우 긍정적일 수 있고, 교사가 학습 과제를 선정하고 실행하면서도 학생들의 유동적 행동을 허용해 주는 경우도 있으며, 어떤 환경에서는 교사가 학생의 행동을 고도로 통제하고 구조화하지만 학습 과제의 선정과 실행은 학생들이 주도하는 수도 있다.

교수 · 학습 환경의 3가지 차원과 교사 유형과의 관계

교사 유형	정서적 분위기	학생 행동의 관리	학습 과제의 선정 및 실행
1	긍정적	구조적	교사 주도적
2	긍정적	유동적	교사 주도적
3	긍정적	구조적	학생 주도적
4	긍정적	유동적	학생 주도적
5	부정적	구조적	교사 주도적
6	부정적	유동적	교사 주도적
7	부정적	구조적	학생 주도적
8	부정적	유동적	학생 주도적

(4) 위의 모델에서 제시하는 극단적 입장을 대표하는 교사를 찾기란 쉽지 않다. 현실적 입장에서 위의 모델을 하나의 연속체로 보아야 한다. 즉 교사들은 정서적 분위기라는 연속체의 부정적 극단과 긍정적 극단 사이의 어떤 지점에서 교수 행동을 수행한다. 학생 행동의 관리와 학습 과제의 선정 및 실행도 동일하다.

(5) 체육 교수에 관한 수집된 정보를 분석하고 평가하는 하나의 준거로서 이 모델을 이용하자면 추가해야 할 것이 있다. 교수를 관찰할 때 교사와 학생의 현재 상호작용만을 관찰대상으로 하기 쉽다. 물론 교사와 학생의 상호작용 유형을 관찰하고 분석하는 것이 수업 환경을 분석하는 데 중요하지만, 현재의 상호작용은 기존에 확립된 수업 구조 측면에서 검토되어야 한다.

(6) 확립된 수업 구조란 과거 학습 장면에서 확립된 행동 양식과 상규적 활동들을 의미하며, 교사의 지시와 감독이 없어도 상규적으로 수행할 수 있도록 학생들에게 내면화된 행동 양식을 의미한다.

(7) 현재의 상호작용은 가시적이며 쉽게 식별할 수 있지만, 확립된 구조는 비가시적이며 주의 깊게 관찰하지 않으면 쉽게 식별할 수 없다.

(8) 체육 수업 시 학생들이 교사 조언이나 교정 없이 장소와 과제를 쉽게 이동한다면, 그곳에는 이미 교사의 계속적인 주의 없이 수업이 진행되는 확립된 구조가 만들어졌다고 설명할 수 있다. 학생들은 이미 수업의 중요한 상규적 활동을 학습했으며, 따라서 교사의 상호작용보다는 이미 확립된 구조에 의해 수업을 진행하게 된다.

(9) 우수 교사는 학년 초에 이미 수업 구조를 확립하여 각 수업 활동을 이 구조에 의거하여 진행하는 경향이 강하다. 실제로 상호작용에 크게 의존하여 수업을 운영하는 교사는 학업 성취도가 미흡한 학습 환경을 유발하기가 쉽다.

4. 교수 기능의 개선을 위한 일반 계획

(1) 관련 교수 행동의 측정

① 올바른 정의를 통해 측정이 가능할 뿐만 아니라 보다 신뢰성 있는 측정 체계의 개발도 가능하다.

② 체계적 관찰법에 의해 자신의 교수에 대한 측정 및 평가를 할 수 있다.

(2) 행동적 용어로의 재정의

① 교사와 학생의 수업 참여의 중요한 특징, 질, 요소 등이 유용한 교육 목표가 되려면 이들은 행동적 용어로 재정의 되어야만 한다.

② '행동적'이란 용어는 관찰 가능한 인간의 행동을 의미한다. 어떤 용어가 명료한 행동적 정의 없이 사용되면 각자 그 용어를 다르게 해석하여 혼란과 오해가 야기될 수 있다.

(3) 구체적인 목표 설정

① 교수 기능 개선을 위한 목표는 교수 경험의 성격에 따라 많을 수도 있고 적을 수도 있다. 교수 목표의 숫자 여하를 불문하고 각 목표는 구체적이어야 한다.

② 구체성을 획득하기 위한 두 가지 방법

㉠ 교수 기능의 정확한 정의와 의미가 모든 교사들에 의해 공유되고 이해될 수 있도록 한다.

㉡ 준거(기준)적 목표를 설정하는 것이다. 이것은 시간 기준이나 퍼센트(%) 기준 등을 사용하여 설정할 수 있는 것으로, 목표가 현실적이고 과제 지향적으로 되도록 하는 것이 중요하다. 목표가 지나치게 높게 설정되었을 경우 실패할 확률이 높아진다.

(4) 진단과 처방을 위한 기초선 자료의 활용

① 최초의 목표 설정 방법에는 세 가지가 있다.

㉠ 체육 분야의 연구 결과를 활용하여 목표를 설정한다.

㉡ 학생과 교사의 경험을 토대로 목표를 설정한다.

㉢ 자신이 직접 시행한 결과 및 자신의 교수와 관련하여 수집한 자료, 즉 기초선 자료를 토대로 하여 목표를 설정한다.

② 위의 세 가지 방법을 결합하여 활용하는 것은 더 좋은 방법이다. 즉, 체육에 관한 기술적 연구 결과를 염두에 두고 이것을 교수 상황에 비추어 수정하고, 다시 이것을 자신의 교수 경험으로부터 수집한 기초선 자료를 토대로 결합시킴으로써, 교수 목표 설정의 현실적 준거 체계가 개발된다.

③ 기초선 자료(baseline data)는 자신의 교수 경험을 기술한 결과들로서 다음 단계의 목표들을 설정하고 비교하는 데 활용할 수 있다.

④ 교수 수행의 기초선 자료를 수집하는데 1시간 이상의 수업을 이용하는 것이 좋다. 만약 2~3시간의 수업을 이용할 경우 여기서 얻은 교사 행동 및 학생의 학습 과정에 관한 자료는 두 가지 방식으로 활용될 수 있다.

㉠ 기초선 자료는 교수 행동의 장단점을 밝혀 줄 것이다.

㉡ 기초선 자료는 교수 기능 개선의 기준을 설정하는 근거를 제공할 뿐만 아니라, 평가를 위해 그 이후의 교수 수행을 기초선과 비교하고자 할 때 그 근거로 활용한다.

(5) 목표의 성취와 유지

① 목표 달성을 염원하고 교수 기능을 향상시키는 노력을 게을리 하지 않으면 교수 목표는 달성될 수 있다.

② 목표 유지란 일단 하나의 목표를 달성한 후 새로운 목표를 설정하되 동시에 이전 목표로부터 습득한 새로운 기능을 유지하려는 노력을 계속하는 것을 의미한다.

③ 교수 목표의 달성은 다소 쉬울 수 있으나 교수 목표의 유지는 비교적 어려울 수 있다.

(6) 독자적인 교수 수행의 유지

① 교수 기능을 개선하고 유지하는 데는 특별한 노력이 필요하며 정기적으로 자신의 교수 수행을 점검해 보아야 한다. 이에는 추측이나 직관이 아닌 명백한 증거가 요구된다.

② 교사는 체육관이나 운동장에서 일어나는 일들에 대해 스스로 책임을 떠맡는 존재라는 것을 이해하여야만 한다.

3 효율적 교수의 이해

1. 효율적 교수의 특징

유능한 교사는 강제적, 부정적, 징계적 학습자 관리 기술에 의존하지 않고 학생들이 높은 비율로 학습 활동에 적절히 참여토록 하는 교사이다.

(1) 효율적 교수의 특징

① 학습 내용에 배당된 시간 비율이 높다.

② 학습자의 과제 참여 비율이 높다.

③ 학습 내용이 학습자의 학습 능력에 적합하다(성공 지향적 학습).

④ 따뜻하고 긍정적인 학습 분위기를 조성한다.

⑤ 따뜻하고 긍정적인 학습 분위기 속에서 학습자의 과제 참여 비율을 높게 유지하는 학습 구조를 개발한다.

효율적 교수의 특징이 특정한 교수법을 지칭하는 것이 아니라는 사실을 염두에 둘 필요가 있다. 비공식적 수업이라 할지라도 높은 비율의 학습 시간을 확보할 수 있다면 그것은 효율적 교수라 할 수 있으며, 공식적 수업이라 할지라도 산만하게 운영되는 경우 그것은 비효율적 교수로 간주될 수 있다. 교수의 효율성 자체보다는 그것이 어느 정도 높은 비율의 실제 학습 시간을 확보할 수 있게 하느냐가 더 큰 문제가 되어야 한다.

(2) Rosenshine의 직접지도법(direct instruction)

① 학교 현장에서 높은 비율의 실제 학습 시간을 보장하는 일반적 교수법으로 직접지도법이 있다.

② 직접지도법은 계열화, 구조화된 학습 체계를 사용하는 학문 중심적 · 교사 중심적 수업 형태를 말한다.

③ 직접지도법은 학습자에게 학습 목표가 명확히 제시되고 학습 지도에 할애된 시간이 충분하고도 지속적이며, 학습 내용이 광범위하고, 학습자의 수행이 탐지되며, 학습자가 많은 정답을 낼 수 있도록 낮은 인지 수준의 질문들이 제기되고, 학생에 대한 직접적이고 학업 관련적인 교수 활동을 말한다.

④ 직접지도에서는 교사가 학습 지도 목표를 설정하고 학습자의 능력에 맞는 적절한 학습 체제를 선택하며, 지도 에피소드를 진행시켜 나간다. 직접 지도에 있어서 상호 작용은 구조화되긴 하지만 결코 권위주의적인 성향을 띠지 않으며, 학습은 즐거운 학습 분위기에서 이루어진다.

⑤ 직접지도의 중요한 목표는 일련의 계열화된 학습 제재나 과제를 통하여 학습자를 이끌어 가는 것이다.

2. 효율적 교수 전략

효율적 교수란 학생들이 어떤 결과를 얻느냐 하는 것에 의해 규정된다. 유용한 교수 전략을 채택하고자 할 때 고려해야 할 것은 높은 비율의 실제 학습 시간을 부여함으로써 학습 성취와 태도의 향상에 얼마나 크게 기여할 수 있느냐의 여부를 기준으로 교수 전략의 유용성을 평가해야 한다는 점이다.

(1) 학업 성취도와 관련된 다섯 가지 변인(Rosenshine & Frust)

① 명확한 과제 제시

학습 지도, 시범, 토론 등이 학생들에게 명확히 전달되는 것뿐만 아니라 명확한 과제 전달에 의한 시간의 절약까지를 의미한다.

② 교사의 열의

긍정적인 학습 분위기를 조성하는 데 기여할 뿐만 아니라 활발한 학습을 진행하는 원동력으로 작용한다.

③ 수업 활동의 다양화

지루함을 막아줌으로써 학생들이 학습 내용에 몰두할 수 있게 만든다.

④ 과제 지향적 교수 행동

수업 내용이 줄넘기든 축구든 간에 교육의 가장 중요한 목적이 교과 학습을 중시하는 것을 의미한다. 교과 학습은 우수 교사가 가장 중시하는 변인이다.

⑤ 수업 내용

교과에서 가르치는 내용을 강조, 교과를 강조하는 변인이다.

(2) 우수 교사와 비우수 교사의 차이(Medley)

영역	우수 교사	비우수 교사
수업 분위기	• 비난을 거의 하지 않는다. • 비판을 적게 한다. • 칭찬을 많이 한다. • 긍정적 동기 유발을 한다.	• 비난을 많이 한다. • 비판을 많이 한다. • 칭찬을 적게 한다. • 부정적 동기 유발을 한다.
학생 행동의 관리	• 수업 중단 행동을 적게 한다. • 수업 관리 시간이 적다. • 학생 행동을 구조화한다.	• 수업 중단 행동을 많이 한다. • 수업 관리 시간이 많다. • 학생 행동을 구조화하지 않는다.
학습 과제의 운영	• 학습 활동 시간이 많다. • 교사의 감독을 받지 않는 학생 개인 활동이 거의 없다. • 전체 학생을 대상으로 일제 수업을 실시한다.	• 비 학습활동 시간이 많다. • 교사의 감독을 받지 않는 학생 개인 활동이 많다. • 소집단 및 개별 수업을 실시한다.

Chapter 06

(3) 학습 파괴 행동을 예방하고 과제 지향적인 수업을 유지하는 데 유용한 교수 기능(Kounin)

① 상황 파악(with-it-ness)

교사가 학생들이 무엇을 하고 있는지 항상 알고 있다는 사실을 학생들에게 전달하는 것, 즉 교사가 자신의 머리 뒤에도 눈이 있다는 것을 학생들에게 알리는 것

② 동시 처리(overlapping)

교사가 동시에 두 가지 일을 처리하는 것

③ 유연한 수업 전개(smoothness)

교사가 수업 활동의 흐름을 중단하지 않고 부드럽게 이끌어 가는 것

④ 여세 유지(momentum)

교사가 수업 진행을 늦추거나 학생의 학습 활동을 중단시키지 않고 계속해서 활력 있는 수업을 전개해 나가는 것

⑤ 집단 경각(group alerting)

교사가 모든 학생들을 과제에 몰두하도록 지도하는 것

⑥ 학생의 책무성(accountability)
교사가 학생에게 수업 중 과제 수행에 대한 책임감을 부여하는 것

3. 비효율적 교수 전략

(1) Medley는 학업 성취도를 저하시키는 교수 전략과 관련된 요인으로 학생에 대한 비판의 과다, 수업 방해 학생 행동에 대한 지나친 질책, 수업 관리 시간의 과다, 수업 운영 구조화의 미숙, 학생 행동의 관리를 위한 빈번한 상호 작용, 실제 학습 시간의 부족, 수업 내용의 빈약함 등을 지적하고 있다.

(2) Everston과 Brophy의 연구는 수업의 중단, 학생 스스로의 학습 과제 선택, 자율 학습의 채택, 학생의 인내력 결여, 높은 비율의 일탈 행동 등이 학업 성취 및 태도 함양에 대한 부정적인 영향을 미치는 것을 밝혀냈다. 또한 정서적으로 부정적인 학습 분위기가 학생 성취도의 저하와 학교에 대한 혐오감을 유발하게 된다고 주장한다.

(3) 체육수업 시 비우수 교사는 학생 자유 방임 활동, 무감독 상태의 무계획적인 운동 기능 연습, 준비 운동, 구체적인 교육 목적 없는 게임 등에 많은 시간을 소비한다. 뿐만 아니라 수업 시작을 늦게 하고, 수업 종료를 빨리 하며, 수업 중 이동 시간이 많고, 학습자 관리 시간이 과다하며, 체육 외적인 활동에 많은 시간을 소모함으로써 결국 실제 체육 학습 시간의 감소를 초래하게 된다.

4. 직접적 학습 지도의 관련 변인

(1) 학습자의 발달 상태

① 학생들의 연령 증가에 따른 심동적·인지적·정의적 영역의 발달 단계에 맞는 적절한 교수가 적용되어야 한다.

② 학생들이 개인적으로 여러 측면에서 성숙 단계에 접어들었으면서도 학습자로서 미성숙 상태에 있는 경우 직접적 지도가 가장 효과적인 교수법으로 활용 가능하다.

(2) 학습자의 적성

① 낮은 적성과 높은 적성으로 구분된다. 적성이 낮은 학생들은 고도로 학습 의욕을 북돋워주는 분위기에서 많은 학업적 반응과 유용한 피드백을 받을 수 있는 고도로 구조화된 학습 환경에서 최상의 학습을 기대할 수 있다. 즉 통제된 직접적 지도법이 효과적이다.

② 적성이 높은 학생들은 개인적인 활동이 허용되는 자발적 학습 전략을 통해 보다 유익하고 빠르게 학습할 수 있다. 즉, 능력별 자율 학습 전략이 효과적이다.

(3) 학습자의 사회·경제적 상태

① 학업적 기능이 서투르고, 학업에 필요한 태도와 자신감이 결여된 학생들은 그렇지 않은 학생들보다 보호적이고 학습 의욕을 북돋아주는 고도로 구조화된 교육적 환경이 필요하다.

② 효율적인 교수 행동의 긍정적인 분위기는 교육적으로 불리한 사회・경제적 상태에 놓인 학생들이 많은 학업적 반응을 필요로 하는 고도로 구조화된 학업적 환경에 보다 쉽게 적응할 수 있게 해준다.

(4) **학습할 교과의 내용**

① 학습할 내용이 학교 밖에서 이루어지는 경우 학교 밖에서 습관을 형성한 채 학교에 입학하면 효율적 교수는 더욱 어렵게 된다.

② 학습할 교과의 내용은 학생들이 사전에 습득한 지식에 많은 영향을 받는다.

4 체육 교수 활동의 이해

1. 교수 활동에 관한 기술적 분석

(1) **수업 운영**(managing)

① 수업 활동을 조직하고 변경하며, 용구의 배치를 지시하고, 상규적 수업 활동을 수행하는 등의 목적에서 표출되는 언어적・비언어적 교사 행동을 말한다.

② 일반적으로 교사가 수업 운영에 할애하는 평균시간은 전체시간의 20~22% 정도이다.

(2) **교수 수행**(instruction)

① 강의, 설명, 시범, 교과에 관한 정보의 전달 등과 같은 학습 내용과 관련된 언어적・비언어적 행동을 말한다.

② 체육 수업 중 교사행동의 30% 정도를 차지한다.

(3) **학습 관찰**(monitoring)

① 교사가 상호 작용 없이 학생들을 지켜보는 것을 말한다.

② 체육 수업 중 교사 행동 시간의 20~45% 정도를 차지한다.

(4) **상호 작용**(interacting)

① 수업 중 학생 행동의 칭찬, 부정적 행동에 대한 질책, 피드백의 제공, 학생들의 아이디어와 감정 수용 등의 교사행동을 의미한다.

② 교사가 상호 작용에 소비하는 시간은 3~16% 정도를 차지한다.

2. 학생 활동에 관한 기술적 분석

(1) **수업 운영**(managing)

학생들의 팀 결정, 위치 이동, 연습 대열편성, 수업장면의 전환, 출석 확인 등의 활동을 의미한다.

(2) 정보 수용(information-receiving)

수업조직, 규칙 및 안전, 과제 등의 정보를 수용하는 활동을 의미한다.

(3) 과제(운동) 참여(moter-engaging)

기능연습, 반복연습, 간이게임, 게임, 체력운동, 준비운동, 정리운동 등의 활동을 의미한다.

(4) 대기(waiting)

교수 및 연습 활동 전, 후 또는 도중에 과제에 참여하지 않은 채 기다리는 활동을 의미한다.

(5) 학습자의 시간 사용

학생의 수업 활동에 관한 기술적 분석 연구에 의하면 학생들은 체육 수업 시간에 수업 운영, 정보 수용, 과제(운동) 참여, 대기에 수업 시간의 약 25% 정도씩을 사용하는 것으로 나타났는데, 전체 수업 시간 중에서 25%에 해당되는 운동 참여 시간은 그리 높은 수치가 아니며 학생의 실제 학습 기회를 충분하게 제공하지 못한다.

(6) 체육에서 학습자의 실제 학습 시간(ALT-PE)이 적은 이유

① 교사들의 수업 운영 및 수업 조직 측면에 문제점이 있다. 실제 학습 시간의 비율이 낮은 가장 중요한 요인은 교사들의 수업 운영 및 조직 기술상의 미숙이다. 따라서 수업 운영 시간이나 대기 시간, 정보 수용 시간 등에 할당된 시간을 줄이고 실제 운동 참여 시간을 높여야 한다.

② 수업 계획 자체가 부적절하다.

3. 학습 시간 모델에 따른 효율적인 체육 교수(McLeish)

(1) 학습 효과는 학습할 기회의 수와 양에 직접 비례하여 증대된다.

(2) 실제 연습을 통해 인지적, 정의적, 심동적 기능을 숙달시킴으로써 학습 효과를 극대화 할 수 있다.

(3) 다른 사람의 기술 수행을 관찰함으로써 학습 효과를 극대화 할 수 있다.

(4) 효율적인 교수란 학생들이 실패의 횟수를 최소화하면서 계속적으로 기능을 발달시켜 나갈 수 있는 수준에서 연습 시간의 양을 극대화 할 수 있도록 수업을 구조화하는 것이다.

4. 교수 효율성에 관한 그 밖의 몇 가지 변인

교수 효율성 연구에서 주체가 되는 두 가지 변인인 교사의 활동 시간과 학생의 학습 시간에 영향을 미치는 몇 가지 기타 변인들을 살펴보면 다음과 같다.

(1) 교사의 교수 행동에 있어서 남녀 교사의 차이는 없다.

(2) 남녀 교사의 성적 차이, 즉 교사의 성이 학생 활동의 차이를 초래하지는 않는다.

(3) 경험이 풍부한 교사는 대체로 약간 다른 교수 패턴(특히 학습 내용과 관련된 피드백의 빈번한 제공)을 가지고 있다.

(4) 지식이 풍부하고, 기능이 우수하며, 교수에 관해 보다 바람직한 태도를 가진 체육교사들은 주지 교과목의 유능한 교사들과 비슷한 교수 행동 패턴을 보여주는 경향이 있다.

(5) 학습 활동의 내용에 따라 학생의 학습 시간에 많은 차이가 나타난다.

5 체육 수업의 생태

생태학이란 생명체의 서식과 유기체와 그것의 환경과의 관계를 연구하는 분야로, 생태란 전형적으로 하나의 체계에서 발생되는 변화가 다른 체계의 변화에 영향을 미치는 서로 상호작용하는 무수한 체계들로 구성된다. 생태적 접근의 목적은 효과적인 체육 교수의 기능과 전략을 전체적인 구조에서 해석하고 이해하는 것을 도와주는 데 있다.

1. 체육 수업 생태의 과제 체계

체육 수업은 운영관련 과제 체계, 학습관련 과제 체계 및 사회적 행동관련 과제 체계의 3가지 중요한 과제 체계들로 구성되어 있으며, 이러한 3가지 과제 체계들이 상호작용하여 체육 수업의 생태를 형성하게 된다.

(1) **과제**

과제란 목표와 그 목표 달성을 위한 일련의 활동으로 정의된다.

① 운영 과제

㉠ 교사와 학생이 함께 수업 활동에 참여하는데 필요한 조직적 및 행동적 측면과 관련된 과제이다.

㉡ 예를 들어, 교사가 "배구 시합에 필요한 6명으로 팀을 구성하라."는 과제를 학생들에게 전달하였다면 그것은 운영 과제이다.

② 학습 과제

㉠ 학생들이 학습 내용에 참여하는 것과 관련된 과제이다.

㉡ 예를 들어, 교사가 "두 사람이 서로 2m 떨어진 거리에서 언더핸드 패스로 공을 서로 주고받는다."라는 과제를 학생들에게 전달하였다면 그것은 학습 과제이다.

③ 사회적 행동 과제

㉠ 학생들이 체육 수업에서 의도하는 사회적 상호 작용과 관계가 있다.

㉡ 사회적 행동 과제의 예는 친구와 배구 시합에 즐겁게 참여하는 것에서부터 수업에 지장을 주는 행동에 이르기까지 다양하다.

㉢ 사회적 행동 과제는 운영 과제와 학습 과제처럼 공공연히 전달되는 것이 아니라 학생들 간에 은밀하고 교묘하게 전달된다. 따라서 학생들에 의한 사회적 행동 과제의 수행은 가끔 다른 과제 체계들과 결합되어 여러 가지 지도상의 문제를 야기한다.

(2) 과제 체계

과제 체계는 수업 과제의 성취를 위한 규정된 패턴이다. 따라서 체육의 과제 체계는 대개 체육 수업에서 자주 반복되는 과제들로 구성된다.

① 운영 과제 체계

운영 과제 체계는 체육관 입실, 출석 점검, 이동, 수업 조직, 용구 배치, 규칙 준수, 수업 종료 등과 같은 다양한 운영 과제들로 구성된다.

② 학습 과제 체계

학습 과제 체계는 연습 수행, 게임 참가, 체력 증진, 시험, 사회적 또는 정서적 발달을 위한 활동 등과 같은 모든 학습 과제들로 구성된다.

③ 사회적 행동 과제 체계

㉠ 사회적 행동 과제 체계는 다른 과제 체계보다 정의하기가 어렵다. 사회적 행동 체계는 예측이 어렵고 관찰이 용이하지 않기 때문이다. 사회적 행동 체계는 수업에서 개인이나 집단에 의해서 일어나는 모든 사회적 의도이다.

㉡ 개인이나 집단은 같은 교수·학습 상황에서 각기 다른 사회적 행동을 추구할 수 있다. 즉, 어떤 학생들은 학습 과제 체계의 범위 내에서 서로 사회적으로 상호작용하는 법을 찾는가 하면, 다른 학생들은 학습 과제 체계에 방해되는 사회적 상호작용을 추구한다. 그러한 경향성 때문에 사회적 행동 과제 체계는 다른 두 과제 체계보다 그 변수가 크며, 분석하기도 더욱 어렵다. 분명한 것은 체육수업에서 사회적 행동 과제 체계가 발생하고 있으며, 다른 두 과제 체계에 영향을 미치고 있다는 것이다.

2. 과제와 그 전개

(1) 운영 과제 체계와 학습 과제 체계는 보통 교사의 언어적 기술에 의한 요구 과제(stated task)로 제시된다.

(2) 학생들에 의해 전개되는 실천 과제(actual task)는 원래 그 과제가 어떻게 제시되느냐보다는 교사가 학생들의 과제 수행에 어떻게 반응하느냐에 의해서 결정된다.

(3) 운영 과제와 학습 과제는 다음과 같은 순서로 전개되는 경향이 있다.

① 교사가 어떤 과제를 진술한다.

② 학생들은 그 과제에 반응한다. 학생들의 과제 반응은 요구 과제와 일치 또는 불일치한다. 즉, 학생들은 과제를 교사가 요구하는 대로 수행하거나 다른 형태로 수정하여 반응한다.

③ 교사는 학생들의 운동 수행을 관찰하고 때로는 그것에 반응한다.

(4) 결국, 실천 과제는 '요구 과제 → 학습자 반응 → 교사의 관찰 → 교사의 반응'의 과정을 거치게 되며, 이러한 과정을 조건 형성적 과제 전개라고 한다(Alexander). 이와 같은 순차적 과정을 조건 형성적 과제 전개로 지칭하는 이유는 교사가 학생들의 행동에 반응하여 행동하기 때문이다.

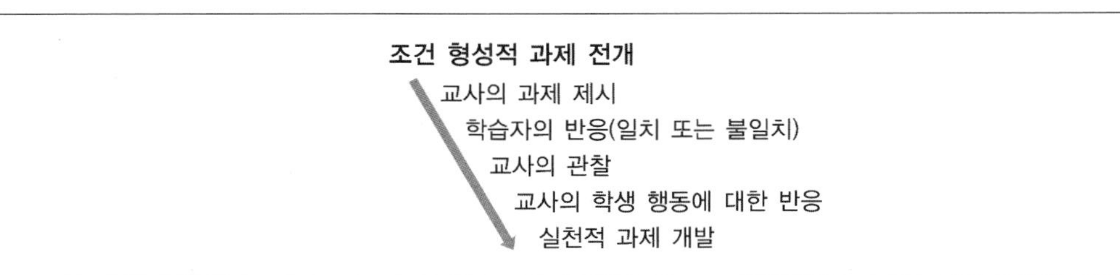

⊙ 조건 형성적 과제 전개(Alexander)

(5) 교사가 학생들의 행동에 어떻게 반응하느냐 하는 것은 그들의 사회화 과정에도 매우 중요한 영향을 미친다. 따라서 비록 사회적 행동 과제가 교사의 요구 과제에서 출발하는 것은 아니지만 이 과제 체계의 전개 패턴 역시 운영 과제 체계 및 학습 과제 체계의 패턴과 매우 비슷한 양상을 띠고 있다.

3. 생태학적 모델의 주요 개념

과제 전개에 대한 이해는 책무성, 명료성과 모호성, 모험, 과제의 범위 등과 같은 개념들을 잘 파악함으로써 더욱 분명해 질 수 있다.

(1) 책무성

① 책무성이란 교사가 학생들에게 적절한 사회적 행동이나 과제 참여 또는 과제의 수행 결과에 대한 책임을 확립하고 유지하는 것을 말한다.

② 책무성은 체육 수업에서 다양한 형태로 나타난다. 평가에 목적을 둔 검사, 교사의 피드백, 교사의 칭찬이나 비난, 교사의 적극적인 장학, 도전과 경쟁, 운동 수행 결과에 대한 인정, 운동 수행 결과의 기록 등이 책무성의 범주에 속한다.

③ 과제 체계란 결국 교사가 운영 과제 체계와 학습 과제 체계에 대해서 학생들에게 어떤 책임을 부과하는 것이다.

④ 학생들의 사회적 행동에 대한 교사의 책무성 역시 중요하지만, 사회적 행동 과제 체계에 대한 책무성은 주로 운영 과제 체계와 학습 과제 체계의 범위 내에서 사회적 관계를 유지하기 위하여 부과된다.

⑤ 만약 그러한 사회적 행동 과제 체계가 운영 과제 체계와 학습 과제 체계를 위협할 때에는 교사가 개입하여 그것을 통제하고 조정하여 그 방향을 수정토록 한다.

(2) 명료성과 모호성

① 명료성과 모호성은 과제의 정의에서 명확성과 일관성의 정도를 나타내는 개념으로 처음 제시되는 요구 과제와 궁극적으로 받아들여지는 실천 과제 모두에 관계된다.

② 완전하게 명시되는 요구 과제는 학생들이 과제를 수행하게 될 조건, 그들에게 기대되는 운동 수행, 그리고 운동 수행에 따른 결과를 명시해줌으로써 명료성을 경험하게 된다.

③ 과제가 명료하게 진술되지 않으면, 학생들은 그들에게 기대되는 과제의 내용을 정확히 알지 못한다. 이처럼 학생들이 어떤 조건에서 무엇을 어느 수준으로 해야 하는지 그리고 어떤 수행의 결과가 수반되는지 알지 못할 때 애매한 상황에 처하게 되며, 그 결과 모호성을 경험하게 된다.

(3) 모험

① 모험은 과제의 모호성, 과제의 난이도 및 과제에 적용된 책무성 간의 상호작용 결과로 나타난다. 요구 과제의 의도가 모호하면 그 내용이 분명해질 때까지 학생들은 모험적으로 과제에 참여하게 된다.

② 강한 책무성이 수반되는 어려운 과제 역시 학생들에게 모험적 과제를 수행하게 한다.

(4) 과제의 범위

① 과제의 범위는 학생들에게 과제 성취에 대한 책무성을 얼마나 강하게 부과하는지 그리고 과제의 성취 조건이 얼마나 분명한지와 밀접한 관계가 있다.

② 제한적이고 일관된 범위의 과제 제시는 분명한 과제 전달과 일관된 책무성의 적용을 통해서 달성될 수 있다.

4. 과제 체계 내 타협

(1) 타협은 과제의 수행 조건이나 기준을 변화시키기 위한 학생의 노력으로 정의된다. 과제 체계의 생태적 균형은 교사가 학생들의 그러한 타협 노력에 어떻게 반응하느냐에 의해서 결정된다.

(2) 체육 수업에서의 과제 내 타협은 연습 중 과제를 수정함으로써 과제의 요구를 타협한다. 즉, 학생들은 교사가 어떤 학습 과제를 제시하면 그것을 수행하지만 가끔 그가 제시한 과제와 다르게 수정하여 실행한다.

(3) 과제의 수정은 요구 과제보다 더 어렵고 도전적이거나 요구 과제보다 더 쉽게 성공을 경험할 수 있는 방향에서 이루어질 수 있다.

(4) 교사가 학생들이 수정한 과제를 수용하면 그것이 곧 학생들의 실천 과제가 되며, 수업에서 과제의 타협은 이러한 경향을 띠고 있다. 학생들의 이러한 과제 타협은 학습의 진행 과정을 통해서 지속적으로 일어나게 된다.

(5) 예를 들어, 교사가 서로 3m 떨어져서 상대방의 머리 높이로 언더핸드 패스를 하되 머리 위 90cm 이상을 넘지 않도록 하라는 과제를 제시한다고 하자. 이때 어떤 학생들은 그 과제 진술이 자신의 운동 능력에 비해 너무 쉽다고 생각되어 그 과제를 약간 어렵게 수정하여 머리 위 90cm보다 훨씬 높게 패스한다. 또 다른 학생들은 그 과제 진술이 자신에게 너무 어려우므로 머리 위 90cm보다 낮게 패스하거나 패스 높이와 상관없이 패스한다. 좀 더 심하게 과제를 수정하는 학생들은 언더핸드 대신 오버핸드로 패스하기도 한다.

(6) 교사가 학생들의 과제 수정 행동에 어떻게 반응하느냐 하는 것은 실천 과제의 결정뿐만 아니라 학생들이 어느 정도 범위에서 과제를 수정할 수 있는지를 파악하는 데에도 중요한 영향을 미친다. 학생들은 수정된 과제에 대한 교사의 반응을 고려하여 과제 수행의 수정 범위를 결정한다.

5. 과제 체계 간 타협

(1) 과제의 타협은 세 가지 과제 체계 간에도 일어난다.

(2) 수업의 생태적 균형이 유지되기 위해서는 과제 체계들이 다양한 방법으로 타협을 하게 된다. 교사들은 학생들로부터 운영 과제 체계의 협력을 얻기 위해 학습 과제 체계의 요구를 경감해 주거나 필요한 경우 그들의 사회적 행동 과제 체계를 일정한 범위에서 수용하게 된다. 어떤 경우는 학생들이 운영 과제 체계의 요구에 협조하는 한 학습 과제의 수행을 중단하고 사회적 행동 과제에 참여하는 것을 수용하게 된다.

(3) 각기 다른 과제 간 타협은 서로 다른 수업의 생태를 결정하게 된다. 세 가지 과제 간 타협에 의한 체육 수업의 생태를 연구한 결과, 학생들의 협력을 얻기 위한 교사-학생 간 타협의 정도는 교수·학습 환경, 교사의 학생에 대한 학업 성취 기대 및 교사의 교수 기능 수준에 의해서 결정된다.

(4) 운영 과제 체계, 학습 과제 체계, 사회적 행동 과제 체계들이 어떻게 서로 상호작용하고 영향을 끼치느냐에 따라 체육 수업의 생태가 달리 결정된다.

6. 장학과 책무성

(1) 장학은 바람직한 사회적 행동, 과제 참여 및 학업 성취에 대해서 학생들에게 책임을 부여하는 교사 행동을 말한다.

(2) 교사는 운동 수행 결과의 인정, 긍정적인 언어적 상호작용, 운동 결과의 기록, 과제의 도전, 운동수행 – 성적 부여 등과 같은 많은 다양한 책무성들을 사용하고 있으며, 그러한 책무성들이 제대로 실천되도록 적극적인 장학을 펼쳐야 한다.

(3) 장학의 가장 중요한 측면은 학습 활동의 탐지이며, 탐지는 학생들의 학습 활동을 특별한 목적에서 관찰하거나 확인하는 것을 말한다. 대개 교사가 학생들을 관찰하는 특별한 목적은 그들이 수행하는 과제가 교사에 의해 제시된 과제와 얼마나 일치하거나 다른지를 파악하는데 있다.

6 예방적 수업 운영

1. 수업 운영을 관찰하기 위한 관점

수업 운영 시간, 수업 운영 장면의 길이와 빈도, 이동, 체육 수업의 상규적 활동, 수업 흐름의 방해 등은 수업 운영 기술의 개발과 수업 운영 기술의 평가를 관찰하는 준거로 작용한다. 숙련된 수업 운영자는 많은 유용한 학습 시간, 활동간 신속한 이동, 높은 학습 과제 참여 비율, 낮은 수업 활동의 중단 등의 특성을 보여주는 교사라 할 수 있다. 수업 운영적 상호 작용이란 수업을 조직하고, 한 장소에서 다른 장소로 이동하거나 활동을 전환하며, 용구나 수업 형태에 관해서 지시하고, 장비를 배치하며, 비학업적 학생 행동에 관한 훈계를 하는 등의 언어적 또는 비언어적 교사 행동을 가리킨다.

(1) **수업 운영 시간**(관리 시간)

① 수업 운영 시간이란 학생들이 수업의 조직, 이동, 그 밖의 학습과 관련이 없는 과제에 사용한 시간의 총체를 말한다. 즉, 학습 지도가 이루어지지 않는 시간, 시범이 이루어지지 않는 시간, 연습이 실행되지 않는 시간, 다른 사람의 운동 수행에 관한 관찰이 이루어지지 않는 시간을 말한다.

② 관리 에피소드의 총합에 대기 시간의 총합을 더한 값과 같다.

㉠ 출석 점검

㉡ 학습 용구의 배치

㉢ 대기

㉣ 팀의 조직

㉤ 한 장소에서 다른 장소로의 이동

㉥ 예정된 학교 행사에 관한 토론

(2) **수업 운영 장면**(관리 에피소드)**의 길이**

① 수업 운영 장면은 단일 단위의 수업 운영 시간으로, 교사에 의한 하나의 수업 운영 행동(혹은 미리 정해진 신호)으로 시작하여 다음 정보 전달이나 활동이 시작될 때까지의 시간을 말한다.

② 개개 수업 운영 장면들의 전체 시간과 전체 대기 시간을 합친 것은 한 시간의 수업에서 일어난 전체 수업 운영 시간과 동일하다.

㉠ 학생들이 정렬된 상태에서 교사의 수업 시간 지시를 기다리는 것(공식적인 수업 시작 시간부터 학습 지도에 관한 최초의 신호가 있을 때까지의 시간)

㉡ 교사가 호각을 불어서 학생들을 운동장의 한 장소에 모이게 하는 것(호각을 부는 시각부터 학생들이 모여서 최초의 학습 지도나 시범이 이루어질 때까지의 시간)

㉢ 설명을 끝낸 교사가 학생들에게 각자의 위치로 가서 수업 활동을 시작하도록 지시하는 것(교사가 학생들을 분산시키기 위해서 신호를 보내는 시각부터 학생들이 실제로 활동을 시작할 때까지의 시간)

㉣ 교사가 활동 중인 학생들을 멈추게 한 후 피드백을 제공하거나 추가 지도를 하는 것(학생들을 멈추게 하는 신호를 하는 시각부터 피드백이나 추가 지도를 제공할 때까지의 시간)

㉤ 교사가 진행 중인 활동을 멈추게 하고 다른 활동을 지시하는 것(진행 중인 활동을 멈추라는 신호를 하는 시각부터 다음 활동을 시작할 때까지의 시간)

㉥ 체육관에서 수업 내용을 설명한 교사가 학생들에게 운동장에 나가 활동하도록 지시하는 것(체육관에서 수업 내용 설명이 끝나는 시각부터 운동장에서 활동을 시작할 때까지의 시간)

㉦ 출석 점검(출석 점검을 시작하는 시각부터 다음 활동을 시작할 때까지의 시간)

(3) 이동 시간

① 학생들이 수업 환경에서 한 장소에서 다른 장소로 이동하는 데 소비한 시간으로, 이동은 모든 체육 수업 시간에 필연적으로 일어나는 현상이다.

② 각각의 이동시간이 그렇게 길지는 않을지 모르지만, 이들 시간이 누적되면 전체 수업 시간의 상당 부분을 차지할 수 있다.

㉠ 팀이 코트를 바꾸어야 할 때

㉡ 학생들이 한 장소에서 다른 장소로 이동할 때

㉢ 하나의 운동 연습에서 다른 운동 연습으로 전환할 때

㉣ 게임 시 교대가 이루어질 때

(4) 상규적인 수업 활동의 구조

① 상규적 활동이란 빈번히 일어나는 수업 운영 활동 중 교사와 학생이 미리 약속한대로 행해지는 행동으로써, 그것이 제대로 확립되어 있지 않을 때에는 수업의 흐름을 깰 수도 있다.

② 상규적 수업 활동의 구조는 판별하기 어려울 뿐만 아니라 체육 수업의 관찰 시 빠뜨리기 쉽다.

③ 우수한 교사는 학년 초에 중요한 상규적인 활동들에 대처하는 방법을 가르친다. 뿐만 아니라 그에 대한 연습 기회 및 관련 피드백을 부여하여 학생들이 두세 차례의 수업이 이루어

지고 나면, 운동장이나 체육관에서의 상규적 활동들은 그 구조에 따라 운영되며 교사의 지속적인 똑같은 상호작용에 의존하지 않게 된다. 따라서 수업 진행을 방해하는 학생 행동의 예방이 가능하다.

④ 상규적 활동을 통제하기 위해서 교사가 자주 지속적인 상호작용을 반복하는 것은 그 교사의 비능률적인 수업 운영을 증명하는 것이 된다.

⑤ 교수의 효율성을 높이기 위한 중요한 목적의 하나는 구체적 상황별로 상규적 활동들을 정의하고 이러한 활동들에 대처하는 적절한 행동을 의도적으로 가르치는 것이다. 그렇게 함으로써 수업은 교사의 계속적인 관심이나 주의가 없어도 중단 없이 부드럽게 진행되어 갈 수 있다.

㉠ 교사의 지시에 어떻게 반응하는가?

㉡ 학생이 교사의 주의나 관심을 필요로 할 때 어떻게 그것을 해결하는가?

㉢ 장소를 이탈한 공을 어떻게 회수하는가?

㉣ 동료나 동료의 공이 자신의 연습 활동을 침해하였을 때 어떻게 반응하는가?

㉤ 언제 물을 마실 수 있고 화장실에 갈 수 있는가?

(5) 수업 진행의 방해

① 어떤 일이 수업 활동의 진행을 중단시키거나 지연시킬 때 수업의 흐름은 깨지게 된다.

② 수업 진행의 방해 요인은 수업의 여세를 파괴하는 부적절한 학생 행동이나 교사에 의해 야기되는 유연한 수업 전개를 방해하는 행동들을 말한다.

㉠ 교사의 수업 활동을 침해하는 학생

㉡ 불필요할 정도로 활동을 세분화시키는 것

㉢ 수업 활동을 시작하게끔 하고 그것의 계획된 목표가 달성되기 전에 그 활동을 중단시키는 것

㉣ 하나의 활동을 중단하고 다른 활동을 시작하였다가 다시 최초의 활동으로 귀환하는 것

㉤ 전체 학급이 동시에 할 수 있는 활동을 한 사람씩 하게 하는 것

수업 운영의 효율성을 관찰하기 위한 준거
• 수업 운영에 소비된 시간이 최소화되어야 한다. • 수업 운영 장면의 길이를 최소화시켜야 한다. • 이동 시간을 최소화시켜야 한다. • 상규적인 수업 활동을 구조화시켜야 한다. • 수업 진행의 방해 요인을 처치해야 한다.

2. 수업 운영의 효율성을 높이기 위한 기술

학생들이 적절한 상규적 체육 수업 활동을 체득하여 확립된 구조 내에서 자율성을 발휘하게 된다면 전반적인 교육 효과를 향상시키는데 도움이 되는 다른 조직적 행동도 아울러 배울 수 있게 된다.

(1) 최초 활동의 통제

① 수업의 시작 전 수업의 방향에 대해 학생들에게 미리 알려 줌으로써 수업 운영시간을 줄이는 방법이다.

② 최초 활동 내용을 게시판에 게시하거나 체육관 입구의 벽에 부착시킨다. 게시 내용으로 학생들의 집합 장소, 수업 시작 시간, 활동 내용 등이 포함되어야 한다. 예를 들어, 기계 체조 시간에 분단별 학습을 할 경우 게시된 내용에는 각 분단이 어디에서 첫 번째 활동을 해야 하는지가 명시되어 있어야 한다.

③ 최초 활동 내용과 장소를 미리 게시함으로써, 학생들의 주의를 모아 그날의 첫 번째 활동을 조직하는 등의 번잡스러움을 피할 수 있다.

④ 미성숙한 어린 학생들을 위해서는 최초 활동 종목과 장소에 관한 큰 도해를 그려 게시하는 것이 효과적이다.

(2) 수업 시간의 엄수

① 수업의 시작은 교사 마음대로 아무 때나 해서는 안 된다. 수업의 시작 시간은 명확히 지켜져야 한다. 교사는 시간 엄수하여 수업을 시작할 책임이 있다.

② 수업 시간의 엄수는 최초 활동의 게시와 함께 유연한 수업 시작을 가능하게 만든다.

(3) 출석 점검 시간의 절약

① 출석 점검에 사용되는 시간을 절약하여 수업 지도나 연습, 경기 등에 사용한다면 수업은 보다 효과적으로 이루어질 수 있다.

② 출석을 점검을 하는 동안에는 부적절한 학생 행동이 일어날 가능성이 매우 높다.

③ 출석 점검 방법

㉠ 학생들이 체육관에 도착하자마자 자동적으로 출석 서명을 하게 하는 방법이 있다. 이것은 일종의 자기 행동 기록법(behavioral self-recording)으로서, 교사는 가끔 서명 명부 확인을 통해 출석 및 지각 유무를 쉽게 점검할 수 있다. 이러한 공개적인 서명 방식은 지각을 줄이는 효과를 올리기도 한다.

㉡ 최초 수업 활동이 시작될 때 수업 보조 학생을 통한 출석 유무를 점검케 하는 방법이 있다. 이것은 학생들의 시간을 소비하지 않으면서도 나름대로 교사의 통제하에 출석 점검을 실시하는 방법이다.

㉢ 학생 시간을 소비하더라도 출석을 점검해야 할 필요성이 있다고 생각한다면, 출석 점검 시간을 최소화 할 수 있도록 번호 부르기 방식이나 전체 인원 파악 방식 등을 고려하는 것이 좋다.

㉣ 수업이 상규적인 준비 운동이나 활동으로 시작되는 경우라면 각각의 학생들에게 활동 장소를 지정해 주는 것도 유용한 출석 점검 전략이다.

(4) 주의 집중에 필요한 신호의 교수

① 체육 수업에서 가장 일반적인 신호 방법은 호각의 사용이 있다.

② 학생들이 신호에 잘 따르도록 하기 위해서는 먼저 신호 방법과 의미를 분명하게 설명해 주어야 한다.

③ 신호를 사용할 때는 학생들이 얼마나 충실하게 그 신호에 반응했는가, 즉 학생들이 얼마나 신속하게 그 신호에 반응했는지에 관한 피드백을 주어야 한다.

(5) 높은 비율의 피드백과 긍정적인 상호 작용의 활용

① 높은 비율의 피드백과 긍정적인 상호 작용을 활용함으로써 학생들이 신속히 수업 조직을 갖추거나 활동 내용을 변화시킬 수 있다.

② 교사는 성취도가 느린 학생들이 심각한 문제를 발생시키지 않는 한 그들을 관대하게 대해야 한다. 그 대신, 성취도가 빠른 학생들에게 긍정적으로 반응하면 성취도가 느린 학생들은 차차 본 궤도에 오르게 된다.

③ 저학년 학생들에 대해서는 양적인 내용의 피드백과 칭찬을 동시에 사용하는 것이 보다 효과적이다.

④ 고학년 학생에 대해서는 효과적인 수업 운영 구조를 확립함으로써 보다 많은 시간을 연습과 경기에 활용할 수 있다는 점을 설명하고 필요할 때에만 주의를 모으고 칭찬하는 것이 보다 효과적이다.

(6) 학생 수업 운영 시간의 기록 게시

① 신속하고 효과적으로 수업 체계를 갖추는 것이 얼마나 중요한 것인가를 강조하는 가장 간단한 방안으로 각 학급이 소비한 수업 운영 시간을 기록하여 추후 체육관 게시판에 게시하는 방법이 있다.

② 수업이 종료된 후에 학급별로 각 수업 운영 장면들에 소비한 시간을 합산한 다음 그것을 게시한다. 모든 학급의 수업 운영 시간을 같은 용지에 기록하여 게시하면 학생들은 쉽게 자기 반과 다른 반과의 차이를 비교할 수 있다.

③ 이러한 기록 공개와 그로 인한 경쟁심 고취는 학생들에게 수업 운영 시간을 감소시키고자 하는 동기를 유발시킬 수 있다.

(7) 열정, 격려, 주의 환기의 활용

① 열정(enthusiasm)

㉠ 열정은 효과적인 교수와 밀접한 관계가 있다.

㉡ 수업의 여세를 유지하고 수업의 침해를 예방하는 교사의 언어적·비언어적 행동을 통해 열정의 존재를 확인하게 된다.

② 격려(hustle)

㉠ 격려는 학생의 행동에 활기를 불어넣기 위해서 사용되는 교사의 언어적·비언어적 행동이다. 격려는 학생들에게 학습 과제에 대한 노력을 배가하도록 북돋아 주는 의사 전달 형태의 하나이다.

㉡ 교사가 "빨리 빨리", "계속해", "힘내" 등과 같은 긍정적인 언어를 사용하면 그것은 격려 행동을 하는 것이라고 말할 수 있다.

㉢ 격려는 손뼉을 치거나 열정적인 몸동작을 하는 등의 비언어적 방법으로도 표현할 수 있다.

③ 주의 환기(prompt)

㉠ 주의 환기는 수업 시간에 요구되는 올바른 행동 방법을 상기시켜 주는 교사의 언어적 행동이다. 주의 환기는 학생들에게 항상 준비 태세를 갖추게 하고 수업 진행 상황에 대한 관심을 촉발시키며, 새로운 행동이 요구되는 초기 학습 상황에 특히 유용하다.

㉡ 주의 환기는 기술, 전략, 활동 또는 적절한 행동 방법 등과도 밀접한 관련을 가지고 있다. 교사가 격려나 주의 환기 등과 같은 상기어(reminder)들을 긍정적이고 열성적으로 사용하면 수업 방해 행동과 수업 이탈 행동을 예방할 수 있다.

㉢ 주의 환기는 부적절한 학생 행동이 발생하기 이전에 일관성을 가지고 자주 실시하는 것이 효과적이다. 그러나 많은 교사들은 부적절한 학생 행동이 발생한 후에야 주의 환기를 시키고 있는 것이 사실이다.

(8) 즉각적인 성과를 위한 수업 운영 게임의 이용

① 수업 운영 게임(management game)은 학생들이 하나의 게임 형태 내에서 수업 운영 목표를 성취하면 그에 대한 보상을 받도록 하는 행동 수정 기법의 일종이다.

② 수업 운영 게임은 어떤 수업 운영 목표를 성취하도록 하는 외적 동기를 제공한다. 외적 동기란 대개 보상으로 주어지는 자유시간이다.

③ 수업 운영 게임을 실행하는데 필요한 단계

㉠ 수업 운영 게임의 규칙을 분명하게 진술하여 게시하거나 규칙적으로 학생들에게 상기시킨다.

㉡ 학생들에게 주어지는 보상에 대해 분명히 밝힌다.

㉢ 각 개인이나 팀이 수업운영 게임을 통해 가치 있는 보상을 받을 수 있다는 것을 강조한다.

㉣ 수업 운영 게임의 규칙을 일관성 있게 적용한다.

④ 수업 운영 게임은 집단책임제를 사용함으로써 가장 잘 실행될 수 있는데, 집단책임제란 집단(팀, 분단, 학급전체) 전체의 수행 성적을 토대로 보상이 주어지는 것을 말한다. 집단 간 경쟁이 목적이 아니며, 게임의 기준이 초점이 된다.

수업 운영 게임의 예

문제 상황	초임교사가 수업 운영으로 골머리를 앓고 있었다. 수업 운영에 많은 수업 시간이 허비되고 있었고, 학생들의 수업 방해 행동도 너무 많았다.
게임 규칙	이때, 한 가지 관리 게임을 채택하여 전 학급을 대상으로 실시하였다. 포상은 수업 시간 중 학생들이 원하는 활동을 할 수 있는 자유 시간(분 단위)을 주는 것이었다. 포상을 받기 위해서는 모든 학생들이 다음의 목표를 성취하여야만 했다. • 운동장에 나오게 되면 미리 게시해 둔 시작 과제 행동을 읽고 정해진 장소에 가서 8분 동안 연습한다(상: 매 수업마다 2분 자유 시간을 얻음). • 교사가 주목 신호로 호루라기를 불면 반드시 5초 내로 주목하고 조용히 한다(상: 매번 1분 자유 시간을 얻음). • 하나의 과제 활동에서 다음 과제 활동으로 옮겨갈 때, 교사의 신호가 주어진 후 15초 내로 다음 활동을 한다(상: 매번 1분의 자유 시간을 얻음).
실시 결과	누적된 자유 시간은 매주 금요일 체육 수업 시간에 사용하게 하였다. 자유 시간에는 학생들 각자가 원하는 활동(축구, 농구, 휴식 등)을 할 수 있도록 했다.

3. 수업 흐름의 관리

Kounin은 예방적 수업 운영 측면의 중요성을 설명하는 개념들을 제시하였다. 이들 중 일단의 개념들은 유연한 수업 전개를 방해하는 상황들을 기술하는데 사용되고, 다른 개념들은 수업의 여세를 방해하는 사건들을 기술하는데 사용된다. 수업의 유연성(smoothness)의 개념은 수업 활동의 진행에 있어 중단이 없는 것을 말하고, 수업의 여세성(momentum)은 수업 활동 내 또는 수업 활동과 수업 활동사이의 움직임 진행 비율이 유지되고 그러한 움직임의 진행 비율이 둔화되지 않는 것을 말한다. Kounin이 제시한 개념들로는 동시 처리, 학습 활동의 침해, 탈선, 중도 포기, 전환-회귀, 과잉설명, 분단화 등이 있다.

(1) **동시 처리**: 동시에 한 사건 이상을 처리하는 것

① 동시 처리는 최초의 수업 활동의 여세를 유지하면서 수업에 방해가 되는 사건을 성공적으로 처리할 수 있는 교사의 능력을 말한다.

② 교사가 두 사건을 동시에 성공적으로 처리할 수 없을 때 수업의 진행이 중단되고 수업의 여세는 상실되고 만다.

③ 본래의 주된 활동에 주의를 기울이면서 수업에 방해가 되는 사건을 손짓, 말, 눈짓 등으로 간단히 처리하는 교사는 수업 전개의 유연함과 수업의 여세를 유지할 수 있다.

(2) 학습 활동의 침해

① 학습 활동의 침해란 교사가 학생들이 어떤 활동에 종사하고 있는 것을 고려하지 않고 부적절한 시기에 자기 멋대로 학생들의 현재 활동을 중지시키는 것을 말한다.

② 유연한 교사는 학생들의 학습 활동에 개입하는 시기를 잘 포착한다. 잦은 학습 활동의 침해는 활동의 흐름을 중단시키고 수업의 여세를 파괴한다. 따라서 활동이 자연적으로 중단될 때를 기다렸다가 개입하는 것이 장기적으로 보다 효과적이다.

(3) 탈선

① 탈선은 수업과 무관한 일에 정신을 쏟는 것으로, 교사가 수업 계획에서 벗어나 계획했던 목표와 무관한 일에 빠져버리는 경우를 말한다.

② 우수한 교사는 수업 시간의 많은 부분을 학습 지도에 투자함으로써 좀처럼 수업 목표에서 탈선하지 않는다.

(4) 중도 포기와 전환-회귀: 계획된 활동을 완성하지 못하는 것

① 중도 포기는 예정했던 결과를 획득하기 전에 활동이 중단되는 것을 의미한다.

② 전환-회귀는 어떤 활동을 하다가 중단하고 다른 활동으로 전환하였다가 다시 최초의 활동으로 돌아오는 것을 말한다. 전환-회귀는 수업의 유연성을 파괴하고 수업의 여세를 둔화시킨다.

(5) 과잉 설명

① 과잉 설명이란 학생들이 이해하는데 필요한 것 이상으로 행동하거나 설명하는 것으로 학생들의 수업 분단 조직에 관해서 필요 이상 지루하게 설명하거나 간단한 규칙을 설명하는데 필요 이상의 시간을 길게 설명하는 것을 말한다.

② 과잉 설명은 수업의 여세를 파괴하고, 학생들은 많은 시간을 대기에 소비하게 된다. 교사가 어떤 학생의 과제 이탈 행동이나 하나의 세부 운동기능, 수업 조직 방법 등에 대해 지나치게 상세하게 설명하게 되면 나머지 학생 대부분은 교사의 과잉 설명이 끝날 때까지 기다려야만 한다.

(6) 세분화: 활동 단위 선택적 착오

① 집단 세분화는 전체 집단이 동시에 할 수 있는 활동을 한 사람씩 개별적으로 하게 하는 것으로, 집단 세분화는 활동을 하지 않는 나머지 학생들을 오랫동안 대기하게 함으로써 효율적 교수가 되지 못한다. 교사들은 흔히 학생 통제 문제를 고려하여 전체 학급을 동시에 어떤 활동을 참가시키는 대신 한 번에 한두 명씩만 활동하도록 하고 나머지 학생들은 대열에서 기다리게 한다. 이러한 전략은 집단 세분화를 초래하여 학생들을 오랫동안 기다리게 함으로써 부적절한 학생 행동을 유발하기가 쉽다.

Chapter 06

② 활동 세분화라는 실수를 교사들은 자주 범한다. 이것은 그 자체로서 별다른 의미가 없는 활동에 지도 초점을 맞추는 것을 의미한다. 교사들은 종종 스포츠 기능을 지나치게 상세히 분석하면서 이것이 결국 게임 상황에서 의미 있는 전체적 기량으로 통합될 수 있을 것이라고 생각하는데, 학생들은 그것을 제대로 이해하지 못하는 수가 많다. 학습 활동 또는 연습 활동은 의미 있는 활동 단위를 토대로 하여 이루어져야 한다.

4. 예방적 수업 운영 기술의 평가

(1) 수업 시간 별로 수업 운영에 소비한 전체 시간을 정규적으로 측정한다. 측정 결과는 분단위로 하거나 전체 수업 시간에 대한 백분율로 표시한다.

(2) 개인의 수업 운영 장면들을 추적하기 위한 관찰 체계를 개발한다. 관찰 결과는 각 수업 운영 장면별 평균 시간으로 표시한다. 수업 운영 장면들은 수업 조직 장면, 이동 장면, 용구 배치 장면, 기타 활동 관련 장면 등으로 나눌 수 있다.

(3) 수업 중 이동을 추적하기 위한 관찰 체계를 개발한다. 교사가 이동에 대해 특별한 주의를 기울인다면 상당한 수업 활동 시간을 벌 수 있다. 이동 시간을 추적하는 관찰 체계는 수업 운영 기술을 평가하거나 피드백을 부여하고자 할 때 유용하게 사용된다. 이러한 관찰 체계는 이동 시간과 대기 시간을 구분하여 추적할 수 있도록 세분화하여 사용하는 것도 무방하다.

(4) 상규적 체육 활동들이 교사의 유동적 상호작용에 의존하지 않고 수행되는 정도를 알아보기 위해 체크리스트와 평가 정책을 개발한다. 이를 위해서는 먼저 연령, 지역 학교의 요구, 교사의 의도 등을 고려한 상규적 체육 활동의 내용들을 포함해야 한다. 그 다음에는 그러한 상규적 체육 활동들이 교사의 계속적인 감독이나 지도 없이 얼마나 신속하고 능률적으로 이루어지느냐를 관찰해야 한다.

(5) 수업의 유연성과 여세를 추적하기 위한 관찰 체계를 개발한다. 이 체계는 수업의 유연성과 여세에 관한 착오 비율이 어느 정도인가를 파악하기 위하여 활용된다.

7 학습자 관리 기술

1. 학생 행동 평가의 유형(Williams & Anandam)

(1) 과제 관련 행동

수업 내용과 활동에 참여하는 학생의 모든 행동

예 시범이나 학습 지도를 하는 동안 교사를 주목하는 것, 적절한 태도로 활동에 참여하는 것, 참여해야 할 시간에 참여하는 것, 적절한 태도로 학습 지도에 응하는 것

(2) 적절한 사회적 상호작용

교육적인 활동을 저해하지 않는 학생 간 상호 작용 또는 학생 교사 간 상호 작용

예 웃음, 격려, 다른 학생과의 대화

(3) 과제에 무관심한 행동

어떤 행동을 해야 될 때 참여하지 않지만 다른 학생을 혼란시키거나 방해하지 않는 것

예 서서 돌아다니는 것, 멍하니 응시하는 것

(4) 방해 행동

학습 활동을 방해하는 행동

예 대열의 학생을 미는 행동, 적절하게 학습에 참여하는 학생들을 방해하는 행동, 교사가 시범을 보이거나 학습 지도하는 동안 잡담하는 행동

2. 행동 수정의 기본 전략

적절한 학습자 관리를 위해서는 자주 행동 수정이 필요하다. 어떤 행동은 빈도를 줄여야 하는 경우도 있고, 행동 빈도를 증가시켜야 할 필요성이 있는 경우도 있다. 모든 행동 수정은 적용되는 기본 원리가 있다. 이러한 원리들을 적절히 사용한다면 교사의 학습자 관리 기술의 기초가 될 수 있다.

(1) 구체적으로 진술하라.

수정하고자 하는 행동이 무엇인지 교사와 학생이 이해할 수 있도록 구체적으로 진술해야 한다.

(2) 행동 수정의 수반성(contingency)을 신중하게 처리하라.

수반성이란 행동과 결과와의 관계를 의미한다. 그것은 신중하게 판단되어야 한다. 예를 들면, "만약 A라는 행동을 하면 B가 일어날 것이다", "20분간 과제에 집중하면 5분은 자유 시간을 주겠다" 등으로 대응할 수 있다.

(3) 조금씩 변화시켜라.

하루에 세상을 변화시키려고 하거나 1주일에 학생의 성격을 변화시키려고 하지 말아야 한다. 작지만 중요한 문제 행동부터 시작하여 구체적으로 정의하고, 그것에 대한 결과를 제공한 다음 변화를 관찰한 후, 다음 단계로 넘어가야 한다.

(4) 단계적 변화를 추구하라.

작고 지속적인 향상에 만족하고, 조그만 결과에 대해서 큰 변화를 기대하지 말아야 한다.

(5) 일관성을 유지하라.

결정한 수반성을 견지하고 항상 똑같은 방법으로 적용해야 한다. 자주 변하는 수반성은 학생들을 혼란시킬 뿐만 아니라 수반성을 불신하는 결과도 초래할 수 있다. 학생의 일관성 있는 행동을 원한다면 분명한 수반성을 확립하여 그것을 유지해야 한다.

Chapter 06

(6) 현재 수준에서의 출발하라.

시급한 문제를 정의하고 그것을 수정하고, 그런 다음 점차적으로 그 폭을 넓혀가야 한다. 수년 동안 문제를 일으켜 온 학생이 하루아침에 훌륭한 모범생이 되는 것을 기대하지 말아야 한다.

3. 적절한 행동의 향상에 필요한 기술

(1) 수업의 규칙을 분명히 하라.

① 학생들의 수업 중 기대되는 행동에 대해 미리 수업 규칙을 마련해 학기 초에 시행함으로써 올바른 행동을 유도할 수 있다.

② 행동에 필요한 수업 규칙은 효과적인 수업 운영의 기초가 된다. 규칙은 학생들에게 명확하게 전달되어야 한다. 규칙은 모든 학생들이 숙지하고 이를 상기할 수 있도록 잘 보이는 곳에 게시하여야 한다. 사용 가능한 규칙을 사전에 학생들과 의논한 다음 이를 수렴하여 최종적인 규칙을 결정할 수도 있다.

수업 규칙 제정의 원칙과 내용

구분	범주	내용	실례
제정 원칙	① 규칙은 짧고 명확해야 한다. ② 규칙은 학생의 연령 수준에 적합한 언어나 기호로 전달되어야 한다. ③ 규칙은 5~8개 사이여야만 전달하기 쉽고 학생들이 기억하기 쉽다. ④ 가능하면 긍정적인 어법으로 진술하라. 그러나 긍정적 실례와 부정적 실례가 모두 제공되어야 한다. ⑤ 규칙은 학교의 규칙과 일관성을 띠어야 한다. ⑥ 규칙을 따를 때의 결과와 그렇지 않을 때의 결과에 일관성이 있어야 한다. ⑦ 부과할 수 없거나 부과할 의사가 없는 규칙은 만들지 않도록 한다.		
규칙 내용	범주	내용	실례
	안전	용·기구 취급과 학급 친구들을 대하는 것과 관련된 적절한 행동	체조 용구는 허락하에서만 사용한다, 축구공을 사람 몸에 직접 차지 않는다 등
	타인 존중	교사와 학급 동료를 대하는 것과 관련된 적절한 행동	친구를 격려하고 응원하라, 말대꾸하지 마라, 모욕 주지 마라 등
	수업 환경 존중	용·기구와 시설을 사용하는 것과 관련된 적절한 행동	공 위에 앉지 말라, 운동장을 깨끗하게 이용하라, 사용한 용·기구는 제자리에 가져다 놓아라 등
	동료 지원	친구를 돕고, 서로 함께 나누고, 격려하는 것과 관련된 적절한 행동	기구와 공간을 함께 나누어 사용하라, 놀리지 말라, 친구를 격려하라 등
	최선	시간을 잘 활용하고 과제연습에 집중하고, 배우려는 노력을 하는 것과 관련된 적절한 행동	제시간에 출석하라, 열심히 연습하라, 언제나 최선을 다하라 등

(2) 긍정적인 상호 작용을 통한 적절한 행동을 유도하라.

① 적절한 행동을 하도록 학생들을 유도하는 최선의 방법은 그들이 적절한 행동을 할 때 긍정적인 방법으로 그들과 상호작용하는 것이다.

② 비우수 교사의 특징은 부정적인 수업 분위기에서 찾아볼 수 있다. 이러한 환경에서는 학생들의 학업 성취 수준이 낮고 학교 경험에 흥미가 없다.

③ 긍정적 상호작용의 형태

㉠ 일반적인 긍정적 상호작용

예 그렇지, 고마워, 좋아, 바로 그렇게 하는 거야, 잘했어, 멋진데, 훨씬 나은데, 바로 그거야, 참 훌륭했어 등

㉡ 비언어적인 긍정적 상호작용

예 미소 짓는다, 손을 젓는다, 박수를 친다, 윙크한다, 어깨를 두드린다, 머리를 쓰다듬는다, 끌어안다 등

㉢ 구체적인 내용의 긍정적 상호작용

예 그때 수업 조직할 때 1분단 정말 잘했어, 영수야 주목해줘서 고마워, 영희가 철수를 도와주는 것 모두들 보았지?, 그건 정말 훌륭한 대답이었어, 전체 학급이 그 연습에 열심히 해 주었어 등

㉣ 가치를 갖는 긍정적 상호작용

예 그렇게 조용해야 하는 거야 이제 팀에 들어가서 뛰어도 돼, 대답이 훌륭해 자세히 경청한 것이 분명해, 오늘 잘했어 계속 그렇게 하면 여기에서 많이 배울거야 등

④ 긍정적 상호작용은 각기 다른 목적의 3가지 형태로 이루어진다.

㉠ 첫째, 상호작용은 교사와 개인 학생 간에 은밀히 일어날 수 있다. 이것은 개인이 적절한 행동을 할 수 있도록 동기 유발 시키는 것을 목적으로 하고 있다.

㉡ 둘째, 공개적인 개인적 상호작용이 일어날 수 있다. 이것은 개인적인 상호작용을 다른 학생들이 의식하게 되므로 공개적이어야 한다. 이러한 상호작용은 모방적 효과(modeling effect)의 원인이 된다. 왜냐하면 다른 학생의 승인된 행동을 보는 학생들이 그 행동을 모방하기 때문이다.

㉢ 셋째, 집단의 일부 또는 전체 집단과 상호작용할 수 있다. 여기에서는 각 개인이 상호작용을 통해서 만족감을 얻을 수 있고 행동의 집단적 준거가 강화된다.

(3) 다양한 방법의 사용하라.

① 언어적 상호작용의 종류를 다양화한다.

② 비언어적 상호작용의 비율을 높인다.

③ 집단 지향적 상호작용과 상호작용의 형태를 다양화한다.

(4) 부적합한 행동의 단서를 무시하고 긍정적인 상호 작용을 하라.

① 교사가 처음 긍정적인 상호작용 방법을 사용할 때 어떤 학생들이 부적절한 행동을 하는 동안에도 다른 학생과 긍정적인 상호작용을 계속해야 한다.

② 교사는 학생이 부적절한 행동을 할 경우라도 수업에 특별히 방해가 되지 않는 한 그의 행동을 무시하고, 적절한 행동을 유도하기 위하여 긍정적으로 상호작용해야 한다.

4. 부적절한 행동의 감소에 필요한 기술

(1) 부적절한 행동을 무시하라.

① 학교에서 적절한 행동을 개발하고 계속적인 동기를 부여하는 것은 세 가지 기본 전략과 함수적 관계에 있다.

㉠ 명확한 규칙의 적용

㉡ 적절한 행동을 유지하기 위한 긍정적 상호작용의 적용

㉢ 다른 학생들에게 방해되지 않는다면 부적절한 행동을 무시하는 것

② 부적절한 행동을 무시하면서 적절한 행동에 대해 긍정적인 상호작용의 비율을 높이는 것은 수업의 유연한 진행에 반드시 필요하며 좋은 학습 분위기를 만들어 주게 된다.

③ 부적절한 학생 행동이 자주 일어나면 이러한 수업 분위기가 조성될 수 없다는 것은 분명하다. 목표는 학생들을 벌하는 것이 아니라 적절한 학생 행동을 개발하고 유지하는 것이라 볼 때 문제는 부정적 상호작용이 없어야만 이러한 목표가 달성될 수 있다.

(2) 언어적 제지를 효과적으로 이용하라.

① 학교에서 가장 흔한 벌의 형태는 언어적 질책, 즉 제지이다. 잘못된 행동을 말로 그만두게 하는 것은 유용한 기술이며 특히 효과적으로 사용하면 더욱더 그렇다.

② 분명하게 제지해야 한다. 명백한 제지는 학생들이 무엇을 잘못했는지를 알리는 구체적인 내용을 포함해야 한다.

③ 바람직하지 못한 행동에 대한 제지는 단호해야 한다. 단호함이란 교사의 제지가 진심이라는 것을 학생들에게 알리기 위하여 제지 후에 교사가 취하는 행동을 말한다.

④ 적절한 시기에 제지토록 해야 한다. 즉, 잘못된 행동에 대해서 즉시 이를 제지하여 더 이상 확산되지 않도록 해야 한다.

⑤ 목표 학생을 정확하게 확인하여 제지하여야 한다.

⑥ 제지가 효과적이기 위해서 반드시 벌을 가할 필요는 없다. 효과적이기 위해서 가혹할 필요는 없다.

(3) 구체적이고 효과적인 벌의 전략을 사용하라.

벌이란 어떤 행동에 대가를 적용함으로써 그 행동을 감소시키고자 하는 것으로 주의 깊고 능숙하게 사용해야 한다. 다음은 부적합 행동을 감소시키는데 효과적인 행동 수정 전략들이다.

① 삭제 훈련(omission training)

㉠ 교사는 학생이 어떤 특정한 행동에 관여하지 않은 데 대해서 보상을 주는 것이다.

㉡ 예를 들어, 설명 도중 떠들지 않거나 동료와 다투지 않은 것에 대하여 칭찬하거나 점수를 주고 그 점수가 5점이 되면 어떤 특혜를 주는 것 등이다.

② 적극적 연습(positive practice)

㉠ 어떤 학생이 부적절한 행동에 참가할 때마다 적절한 행동을 일정 횟수로 계속하도록 하는 것을 말한다.

㉡ 예를 들어, 기구를 올바르게 치우지 않으면 다시 가져다 올바르게 치우기를 5번 계속시킨다.

③ 퇴장(time-out)

㉠ 위반 행동에 대한 벌로써 일정한 시간 동안 게임 활동에 참가할 수 없도록 하는 것이다. 이 전략이 효과를 발휘하기 위해서는 체육 수업이 학생들에게 즐거워야 한다.

㉡ 퇴장은 보통 2분 내로 하며 규칙의 위반에 대해 구체적으로 적용된다.

㉢ 퇴장의 벌을 받기 위한 공간은 동료 학생들과 사회적 접촉이 단절된 곳이어야 한다.

㉣ 퇴장 시간은 측정되어야 한다.

④ 보상 손실(reward cost)

㉠ 학생이 부적합한 행동을 함으로 해서 어떤 것을 상실하는 것을 말한다. 보상 손실은 사회에서 가장 자주 일어나는 벌칙의 형태로, 사회에서 교통 규칙을 어겨 벌금을 내는 것과 같다.

㉡ 예를 들면, 학생이 퇴장 전략에서 시간을 잃는다든가 점수를 잃게 되어 그에 따른 특권, 교내 스포츠와 같은 다른 활동에 참가할 수 있는 기회를 상실하는 것을 일컫는다.

삭제 훈련	교사가 학생에게 특정의 잘못된 행동에 참여하지 않은데 대해서 보상을 해주는 것이다.
적극적 연습	학생이 부적절한 행동을 할 때 일정한 횟수의 적절한 행동을 되풀이 하게 시키는 것이다.
퇴장	수업 위반 행동에 대한 벌로서 일정한 시간 동안 체육 활동에 참가를 금지시키는 것이다.
보상 손실	학생의 수업 위반 행동에 대한 벌로서 학생에게 유익하거나 소중한 어떤 것(보상)을 상실시키는 것이다.

5. 행동 수정 전략의 공식화

교사들은 자신의 교수 행동을 능숙하고 체계적으로 사용하여 부적합한 행동을 감소시키고 적합한 행동을 확립하여 이를 유지하기 위해서 여러 가지 활동을 펼친다. 수업의 규칙을 정하는 것, 학생들을 자주 격려하는 것, 정력적으로 활동하는 것, 사소한 수업 방해 행동을 무시하고 적절한 행동을 위해 긍정적인 상호작용을 하는 것, 부적절한 행동을 능숙하게 제지하는 것 등은 바람직한 행동과 따뜻한 수업 분위기를 향상하고 유지하는데 필요하다. 그러나 때때로 상황이 심각해져서 특별히 즉각적인 주의를 요할 때가 있다. 그러한 경우에 위반 학생이나 집단, 심지어는 학급 전체의 통제 기능에 보다 강력한 권위를 부여하기 위해서 기본적인 행동 수정 전략을 공식화 할 필요가 있다. 다음은 공식화된 행동 수정 전략을 통해 학생들의 행동을 수정할 수 있는 여러 가지 기법들이다.

(1) **행동 공표**(behavior proclamation)

① 행동 공표는 개인이나 집단 또는 전체 학급에서 적용될 수 있는 수반성에 관한 공식적인 성명 또는 발표를 말한다.

② 공표는 완수되어야 할 행동이나 회피해야 할 행동과 그러한 수반성을 만족시켰을 때 제공되는 보상을 진술한다.

③ 이 전략에서는 교사가 필요한 행동 수준과 주어질 보상을 결정한다. 학생들의 행동을 주기적으로 관찰하여 소정의 기대 행동이 성취될 때 보상을 주게 된다.

④ 학생들이 해야 하는 것과 해서는 안 되는 것을 명확하게 진술해야 하며, 주어질 보상은 바람직한 행동을 유발시킬 수 있을 정도로 충족해야 한다.

—◇ **바람직한 행동** ◇—

학생 이○○는 (1) 모든 게임에 참가한다.
(2) 체육 시간에 4주 동안 동료들과 논쟁을 하지 않는다.

이러한 바람직한 행동에 대해서 이○○ 학생은 모범학생 그룹의 일원이 되기 위한 추천을 받을 수 있는 자격을 얻게 된다.

체육교사 김○○

행동 공표에 관한 실례

(2) **행동 계약**(behavior contracts)

① 행동 계약은 학생이 행동을 정의하고, 보상을 결정하고, 수반성을 확립하는데 직접 참여한다는 면에서 행동 공표와 다르다.

② 학생과 문제에 대해 협상하는 것을 원치 않는 교사는 행동 계약을 사용할 필요가 없다.

③ 학습과 발달 측면에서 볼 때 행동 계약은 학생들에게 자기-관리 기술에 이르는 방법을 가르쳐 준다는 의미에서 행동 공표에 비해 한 차원 향상된 단계이다.

④ 행동 계약은 학생들을 그것에 참여하게 함으로써 자기 관리 기술을 학습할 기회를 제공한다.

⑤ 행동 계약에서는 참가하는 모든 사람이 서명하는 것이 중요하다. 행동 계약을 성공적으로 사용하는 교사들은 그것에 참가하는 교사와 학생이 자신의 역할을 충실히 이행하도록 하기 위해서 제3의 사람으로 하여금 서명토록 한다.

⑥ 행동 계약은 개인뿐만 아니라 집단에 대해서도 이루어질 수 있다.

—◇ **행동 계약** ◇—

학생 이철수군과 체육교사 홍길동 선생님은 다음 계획이 앞으로 4주 동안 효력을 발생한다는 것에 동의한다.

이철수군 :
1. 체육 시간에 체육복을 착용한다.
2. 동료와 잡담하거나 장난치는 등의 수업 방해를 하지 않는다.
3. 모든 활동에 참가하여 기술을 향상시키기 위해 열심히 노력한다.

홍길동 선생님 :
1. 철봉에서 철수를 개인적으로 지도한다.
2. 철수가 위에서 언급한 3가지를 할 때마다 1점씩 가점한다.
3. 이 계약 기간 동안 철수가 5점을 획득하면 2주 동안 2학년 학생들을 보조할 수 있는 혜택을 갖는다.

계약자 이철수(학생)
홍길동(지도교사)
이영철(교장)

행동 계약에 관한 실례

(3) **바람직한 행동 게임**(good behavior game)

① 학급 집단의 모든 학생들이 규칙에 맞는 행동을 할 경우 일정한 점수를 부여한다. 총점이 보상 기준에 도달할 경우 집단 전체의 학생들이 좋아하는 활동에 참가하도록 보상을 줌으로써 바람직한 행동을 유발하게 하는 게임 방식이다.

② 자주 부적절한 행동을 하는 집단에 대해 적절한 행동을 하도록 하는 효과적인 방법 중 하나가 바람직한 행동 게임이다. 이것은 많은 학교에서 성공적으로 사용되어 왔다.

③ 행동 게임은 수업 운영과 수업 조직을 위해서도 사용될 수 있다.

(4) **대용 보상 체계**(token system)

① 가장 널리 알려진 행동 수정 기법으로서 대용 보상 체계는 학문적, 수업 운영적, 수업 조직적인 결과에 대해 사용될 수 있는 공식적인 프로그램으로서 학생들은 다양한 보상과 바꿀 수 있는 토큰(token)에 관심을 쏟는다.

② 대용 보상 체계를 개발하기 위해서는 그 체계에 포함되어야 하는 모든 행동들을 신중하게 정의하여야 한다. 그런 다음 보상이 결정되어야 한다.

③ 보상을 결정하는 최상의 방법은 학생들로 하여금 좋아하는 정도에 따라 가능한 보상들의 서열을 매기게 하는 것이다. 가장 매력적인 것이 가장 강력한 보상이다.

④ 체육에서 사용되는 전형적인 보상은 공개적으로 널리 공표하는 방법, 운동 종목 선택의 기회 부여, 과외 체육 시간 부여, 현장 견학, 특권 부여 등을 들 수 있다.

⑤ 일단 행동 규범과 보상의 범위가 정해지면, 그때 선행 점수를 얻는데 필요한 양의 행동과 각기 다른 보상을 얻는데 필요한 양의 선행 점수 등을 결정하게 된다.

6. 행동 수정의 기본 원리

정적 강화와 부적 강화는 모두 행동의 발생 빈도를 증가시킨다는 점에서 동일하다. 다른 점은 정적 강화는 바람직한 행동을 함으로써 원하는 것(예 칭찬 · 휴식 · 음식 · 돈 · 게임 등)을 얻게 되는 것이고, 부적 강화는 바람직한 행동을 함으로써 원하지 않는 것(예 꾸지람 · 화장실 청소 등)을 피할 수 있다는 점이다.

효과 \ 작용	자극 제시	자극 제거
행동 증가	정적 강화	부적 강화
행동 감소	정적 처벌 (형태 1벌)	부적 처벌 (형태 2벌)

(1) 정적 강화

① 행동 공표

성취해야 할 행동과 그 수반성을 성취했을 때 얻을 수 있는 보상에 관한 공식적인 진술이다.

② 행동 계약

학습자가 기대 행동을 정의하고 보상을 결정하고 수반성을 결정하는 데 참여한다는 면에서 행동 공표와 다르다.

③ 토큰 시스템

토큰을 획득하고 축적하여 다양한 보상과 교환하는 형식적인 프로그램이다.

④ 프리맥 원리

일어나지 않는 행동의 결과(발달 내지 개선되어야 할 행동)로 자주 일어나는 행동(학습자들이 좋아하는 행동)에의 접근이 가능한 긍정적 강화 원리이다.

⑤ 부조화 행동의 차별 강화

감소시키고자 하는 행동과 동시에 일어날 수 없는 것의 반대 행동(바람직한 행동)을 강화함으로써 부적절한 행동을 감소시키는 행동 수정 기법이다.

예 공부하는 행동과 떠드는 행동은 동시에 양립할 수 없다. 떠드는 행동에 어떤 벌을 제공하는 것이 아니라 공부하는 행동에 정적 강화를 함으로써 떠드는 행동을 약화시키거나 제거시키는 것이다. 이때 떠드는 행동을 증상 행동, 공부하는 행동을 상반 행동이라 한다.

⑥ 다른 행동의 차별 강화

어떤 구체적인 행동이 일정 기간 동안 발생되지 않을 때 그것을 강화하는 행동 수정 기법이다.

예 심하게 피부를 긁어 상처가 아물지 않는 학생의 경우 그 학생이 2분 간격으로 몸을 한 번도 긁지 않았을 때 강화를 주고 그 간격을 점점 늘려 나가는 것

프리맥의 원리
선호하는(좋아하는 혹은 높은 빈도의) 반응(행동)은 바람직하지만 덜 선호하는 바람직한 반응(행동)을 강화하여 그 행동의 발생 빈도를 증가시킬 수 있다는 긍정적 강화원리이다. 학생이 좋아하는 활동을 이용하여 학생이 좋아하지 않지만 바람직한 활동에 대한 학습 동기를 부여하는 데 이용할 수 있다. 예 공부를 싫어하는 학생에게 공부하는 습관을 키워주기 위하여 공부를 30분 하면 학생이 좋아하는 오락게임을 30분 동안 할 수 있도록 한다.

(2) 부적 강화

① 도피

기존의 자극을 제거시키는 것이다. 예 장난치는 학생에게 소리를 내어 제어하는 것

② 회피

어떤 반응이 자극을 제거하기보다는 피하게 하는 것이다. 예 혼나기 싫어서 일찍 등교하는 것

(3) 형태 1벌

① 회복적 과수정

파괴 행위를 한 사람으로 하여금 파괴된 상황을 최초의 상태 이상으로 회복시키도록 하는 것을 말한다.

② 긍정적 연습 과수정

부적절한 행동에 참가하는 학습자에게 올바른 행동을 수차례 반복시키는 것을 말한다.

(4) 형태 2벌

① 타임 아웃

반응에 따라서 일정 기간 동안 강화를 받을 수 있는 기회를 박탈하는 것을 말한다.

② 반응 대가

부적절한 행동의 결과로 구체적인 양의 보상을 손실하고 그 결과 그 행동이 다시 일어날 가능성이 감소하는 벌의 한 형태를 말한다.

8 상호 작용 기능

1. 상호 작용 기능의 수행

(1) 일관성 있는 상호 작용

① 교사의 성공적인 상호작용을 위한 주요 전제는 긍정적인 상호작용이 학생들에게 진지하고 사려 깊게 지각되어야 한다는 것이다. 따라서 상황에 적절하고 일관성 있는 상호작용을 해야 한다.

② 일관성 있는 행동을 보여주기 위해서는 두 가지 사실을 염두에 두어야 한다.

㉠ 학생들에 대해 인정할 행동, 무시할 행동, 제지할 행동을 충분히 생각한 후에 결정해야 한다.

㉡ 교사가 학생들을 동등하게 대하느냐의 문제이다. 학생들이 똑같은 행동 범주에 속하는 행동을 했을 때 특별한 이유가 없는 한 모두에 대해 같은 대우를 해야 한다.

(2) 주요 학생 행동에 관한 직접적 상호 작용

① 학생의 사소한 행동에 대해서 지나치게 따뜻하고 성실한 반응을 보이는 것은 진실성이 결여된 행동으로 인식될 수 있다. 인간관계의 발전이라는 관점에서는 학생 행동의 주요 측면에 관해서 상호작용하는 것이 더욱 효과적이다.

② 중요한 학생 행동은 교육적 맥락에서 가치 있는 행동이 무엇이냐를 검토하여 판단할 수 있지만, 이러한 경우의 문제점은 중요한 학생 행동의 여부가 교사 개인 및 교육 제도의 견해를 반영하여 결정되는 것이라는 점이다.

③ 인간관계의 발전을 목적으로 하는 경우에는 학생의 관점에서 학생 행동의 중요성이 검토되어야 한다. 학생들과 개인적으로 좀 더 좋은 관계를 형성하고자 할 때 가장 좋은 방법은 학생들과 더불어 그들의 중요 관심사에 관해 상호작용하는 것이다. 교사는 대개의 경우 학생들을 관찰함으로써 그들이 중요하게 생각하는 것을 발견할 수 있다.

④ 교사가 학생들의 관심사에 관해서 그들과 직접 상호작용할 때 바람직한 인간관계가 발전되어 나간다. 일단 그러한 인간관계가 형성되면, 비로소 교사가 중요하다고 생각하는 문제에 관해서 학생과 상호작용할 수 있다.

⑤ 처음에는 학생들의 관점으로부터 출발하여 점차 그 관계를 발전시켜 결국에는 교사가 교육적인 환경에서 중요하다고 생각하는 것을 학생들이 이해할 수 있도록 만들어야 한다.

(3) 과제와 상호 작용의 일치

① 상호 작용은 과제와 밀접한 관련성을 가지고 이루어져야 한다. 이것은 상호 작용이 구체적인 내용을 포함함으로써 가능하다.

② 구체적인 내용의 피드백을 부여함으로써 교사는 학생이 실시한 기술을 평가하고 있다는 것뿐만 아니라, 학생의 운동 수행을 세심하게 관찰했다는 사실을 학생들에게 알릴 수 있다.

③ 구체적인 내용의 피드백이 미소를 짓거나 어깨를 두드리는 것과 같은 비언어적 요소와 결합하여 이루어질 때 더욱 효과를 발휘할 수 있게 된다.

(4) 학교 외 문제에 관한 학생과의 상호 작용

① 학생들은 교사가 교육적으로나 개인적으로 자신에게 관심을 쏟고 있다는 것을 지각할 때 보다 밀접한 인간관계를 형성하려고 노력하게 된다.

② 학교 외 문제에 관한 상호작용은 학생과 계속적인 상호작용을 해나가는 데 필요한 정보를 제공해 줄 뿐만 아니라 교사가 수업 외의 학생 행동에까지 관심을 가지고 있다는 것을 학생들에게 인식시켜 주게 된다.

③ 개인적 상호작용은 대부분 수업 시간 이외 상황에서 이루어져야 하며, 개인적 상호작용이 수업 중에 필요한 경우라도 그로 인해 수업의 초점이 흐려져서는 안 된다.

(5) 학습 지도와 인간관계의 개선을 위한 열정의 유지

① 교사가 열정을 쏟아야 할 3가지 영역

㉠ 교사는 교과 내용(농구, 체조, 움직임교육 등)에 관해서 열정적이어야 한다.

㉡ 교사는 운동 기능을 학습하거나 개선하는데 열정적이어야 한다.

㉢ 교사는 가르치는 학생들의 기능 수준에 상관없이 학생들에 대해 열정적이어야 한다.

② 열정적인 교수와 관련된 요인

㉠ 긍정적인 교수 스타일

㉡ 교사가 가르치는 활동과 관련하여 전달하는 메시지

㉢ 수업의 시작 및 전환과 관련된 것

㉣ 학생에 대한 교사의 기대

㉤ 열정의 대상

(6) 학생의 감정과 정서에 기초한 교사-학생간의 상호 작용

① 교사와 학생간의 상호 작용은 정규 교과 과정에만 기초하여 이루어지는 것은 아니다.

② 개인적인 인간관계란 학생의 감정에 기초한 상호작용을 통해 형성된다.

③ 학생은 자신의 감정을 자유롭게 표현하고 교사가 자신의 감정에 관심을 갖고 있다고 인정할 때 교사와 학생 간에는 진정한 상호작용이 일어날 수 있다.

④ 교사는 여러 가지 방식으로 자신의 감정을 표현하는 학생들과 긍정적으로 상호작용하는 기술을 개발해야만 한다.

⑤ 교사는 학생들이 자신의 감정을 표현하도록 격려해야 하고, 보다 중요한 것은 그들이 긍정적인 감정을 표현하도록 권장해야 한다.

⑥ 학생이 자신의 긍정적 감정을 보다 공개적으로 표현하는 방법을 알게 됨에 따라 정의적 행동의 긍정적 측면을 더욱 잘 이해하게 된다.

2. 의사소통으로서의 상호 작용

(1) 의사 전달 기능

① 발언하는 사람의 주체를 분명히 해야 한다.

㉠ 메시지 전달의 주체를 밝히는 것은 매우 중요하다. 나, 나에게, 나의, 나의 것 등과 같은 대명사를 사용하는 것은 발언하는 사람의 주체를 분명히 하는데 도움이 된다.

㉡ 발언하는 사람의 주체를 분명히 함으로써 메시지를 전달받는 사람에게 신뢰감을 심어 줄 수 있다.

② 판단하기보다는 기술해야 한다.

㉠ 학생들에게 전달할 메시지는 내용이 분명하게 기술되어야 하며, 가치 판단이 추구되어서는 안 된다.

㉡ 메시지를 전달함에 있어서 가치 판단은 의사소통에 방해가 된다.

③ 학생들의 관점을 이해해야 한다.

㉠ 우리는 세상을 자신이라는 제한된 관점에서 보는 경향이 있다.

㉡ 학생들의 개인적인 성장에 도움을 주고 싶다면 메시지를 전달할 때 그들의 관점을 고려하는 것이 중요하다.

④ 감정에 민감해야 한다.

㉠ 메시지 전달자 자신과 수신자의 감정에 민감할 필요가 있다.

㉡ 우리는 매일 다른 감정을 느낄 뿐만 아니라 하루에도 여러 번 감정이 변하는 것을 경험하는데, 이러한 감정들은 비록 의사소통과 직접적인 관련성을 맺고 있는 것은 아니지만 종종 전달하는 메시지에 포함된다.

㉢ 학생들로부터 메시지를 수용할 때에도 메시지를 전달할 때와 똑같은 민감성이 요구된다.

⑤ 비언어적 단서에 유의해야 한다.

㉠ 메시지를 전달할 때 비언어적 행동을 하지 않는다는 것은 거의 불가능하다.

㉡ 메시지 수용자들은 종종 언어적인 메시지보다 비언어적 메시지에 더욱 민감한 반응을 보인다.

㉢ 효과적으로 의사소통을 하는 사람들은 상대방의 얼굴을 보면서 이야기하는데, 그것은 얼굴 표정을 통해 언어적 표현과 유사한 메시지를 읽을 수 있기 때문이다. 신체 움직임과 자세 역시 메시지를 전달한다.

⑵ 의사 수용 기능

① 수용한 메시지를 정확히 이해하기 위해 그것을 의역해야 한다.

㉠ 의역은 전달자가 보낸 메시지를 자신의 단어로 재진술하는 것을 말한다.

㉡ 의역의 이점

ⓐ 메시지를 정확하게 이해할 수 있게 해준다.

ⓑ 전달자가 얼마나 분명하게 메시지를 전달하는가에 관한 피드백을 제공해 준다.

ⓒ 청취자가 전달자의 메시지에 귀를 기울이고 있다는 사실을 분명하게 알려준다.

ⓓ 메시지를 전달하는 사람의 관점을 통찰하여 그의 견해를 이해할 수 있게 해준다.

② 효과적인 주의 집중 기술을 이용해야 한다.

㉠ 다른 사람의 얘기를 들을 때 우리는 여러 가지 행동, 특히 비언어적 행동을 취한다. 눈동자의 마주침, 자세, 표정 등은 모두 주의 집중 행동에 기여하게 된다.

㉡ 주의 집중 행동들은 메시지를 수용하는 사람이 그것을 전달하는 사람에게 자신이 얼마나 열심히 주의를 기울이고 있느냐 하는 것을 알려준다.

㉢ 메시지를 전달자는 주의 집중 행동들을 통해 정보 수용자가 얼마만큼 그 메시지에 관해 관심을 기울이고 있는가를 파악할 수 있게 된다.

③ 메시지 전달자의 비언어적인 단서에 유의해야 한다.

㉠ 비언어적 단서는 전달자의 감정, 기분 상태, 그 밖의 다른 가능성을 암시해 준다.

㉡ 비언어적 단서는 메시지를 정확히 이해하는 데 도움이 된다.

④ 자신의 감정과 그것이 메시지에 미치는 영향을 고려해야 한다.

㉠ 흥분하거나 어떤 문제에 집착하게 되면 전달되는 메시지를 제대로 알아듣지 못하는 수가 있다.

㉡ 메시지 전달자에 대해서 불만이 있는 경우 그가 전하는 메시지의 의미를 부정확하게 추론할 가능성이 높아진다.

㉢ 메시지를 수용하는 사람이 감정적으로 격앙되거나 주의가 산만할 때, 혹은 다른 일을 생각하고 있을 때 오해가 발생하기 쉽다.

㉣ 오해를 피하기 위해 메시지 전달자는 자신의 감정에 민감해야 한다.

(3) **의사소통 방해 요인**(Johnson)

① 명령이나 지시

"불평하기 말고 주의나 집중해!"

② 협박

"계속 그렇게 말을 안 들으면, 그냥두지 않겠어!"

③ 설교나 훈계

"좀 더 올바르게 행동할 수 없니?", "그렇게 밖에 행동할 수 없어?"

④ 시기상조의 충고나 해결책의 제시

"체육복은 어머니한테 부탁해서 준비해 두는 것이 좋을 거야."

⑤ 판단, 비판, 비난

"게으름뱅이 같은 녀석", "너희들은 항상 말썽을 부리는군!"

⑥ 낙인

"너는 항상 초등학생처럼 행동하는구나!", "너는 언제나 어린애처럼 행동하는구나!"

⑦ 심문이나 추궁

"도대체 무엇 때문에 그런 짓을 했어?", "왜 나한테 먼저 물어보지 않았니?"

⑧ 화제의 전환

"우리 그것에 관해서는 다음에 얘기하는 것이 어때?", "지금은 그것을 논의할 때가 아니야."

(4) 지원적 관계(helping relationship)에 필요한 기능

학생을 대하는 데 사용되는 효과적인 의사소통 기능과 상호작용 기능을 일컬어 지원적 관계 요인이라 할 수 있다. 지원한다는 것은 용이하게 만들어 준다는 뜻이다. 즉 학생 대신 문제를 해결해 주는 것이 아니라 그들이 자신의 문제를 스스로 해결할 수 있도록 도와주는 것이다. 일반적으로 효과적 지원을 위해서는 감정이입, 존중, 진실성, 따스함과 같은 4가지 주요 조건들이 충족되어야만 한다.

① 감정 이입(empathy)

㉠ 감정 이입은 어떤 문제를 가지고 있는 사람의 입장에서 그것을 지각하는 기술이다.

㉡ 감정 이입은 동정이 아니다. 교사가 학생의 입장에서 어떤 문제를 이해하는 것과 그 학생에 대해 동정심을 갖는 것은 전혀 다르다.

㉢ 교사는 학생의 눈을 통해 학생이 가지고 있는 문제를 바라보고 그것을 학생의 관점에서 이해하려고 노력해야 한다.

㉣ 감정 이입은 문제를 정확히 탐색하는데 꼭 필요한 것으로서 그것이 없이는 유용한 해결책도 나오기가 어렵다.

② 존중(respect)

㉠ 지원적 관계에서 존중이란 지원자(교사)가 학생 스스로 문제를 충분히 해결할 수 있다고 믿고 행동하는 것을 말한다.

㉡ 문제에 직면하고 있는 사람에게 어떤 해결 방법을 강요함으로써 해결될 수 있는 문제는 거의 없다.

㉢ 존중이란 학생이 어떤 해결책을 찾으려 노력하고 있을 때 지원해 주는 것을 의미한다.

③ 진실성(genuineness)

㉠ 진실성은 지원자(교사)가 학생을 솔직하게 대하는 것을 말한다.

㉡ 수업 지도 과정에서 교사의 언행은 진실해야 할 뿐만 아니라 교사가 정말로 믿고 있는 것과 일치해야 한다. 학생들은 교사의 거짓 행동이나 언행을 쉽게 알아챈다.

㉢ 학생이 교사의 진실성을 의심하게 될 때 교사와 학생간의 의사소통 가능성은 크게 줄어든다.

④ 따스함(warmth)

㉠ 지원적 관계에서 따뜻함의 특성은 수업 분위기를 설명할 때 따스함의 개념과 유사하다.

㉡ 교육적 환경(학업적 측면과 행동적 측면)에서 따스함은 일관성이 있고 긍정적인 상호 작용을 함으로써 형성될 수 있다.

㉢ 미소, 눈의 마주침, 열정 등과 같은 개인적, 비언어적 행동들 역시 교사와 학생 간에 따스한 인간관계를 확립하는데 도움이 된다.

9 체육의 인간주의적 접근

1. 교육적 환경과 처방적 환경

(1) **학업적 환경**(education setting)

학업 성취에 일차적 목표를 둔 환경

(2) **처방적 환경**(therapeutic setting)

개인의 자아 성장과 발달에 목표를 둔 환경

(3) 학업적 환경이 정의적 영역의 목표를 달성할 수 없고, 처방적 환경이 학문적 영역의 목표를 전혀 달성할 수 없다는 의미는 아니다.

(4) 이러한 구분은 환경이 추구하는 일차적 목표의 차이에서 나온 것이며 인간주의적 교육을 실시하는데 매우 중요하다. 교사는 자신의 교육 목표를 무엇에 두어야 할지 분명히 결정해야 한다.

(5) 학생들의 학업 성취를 효과적으로 달성한 교사가 학생의 태도와 자아 성장 목표를 더욱 효과적으로 수행한다. 즉 학문적 성장과 학업 성취를 일차적 목표로 했을 때 정의적 목표에서 중요한 것을 성취할 가능성이 적어진다고 말할 수 없다.

(6) 학문적 영역에서 학업 성취는 자아 성장 및 자아 개념을 증진시키며, 학습이 화기애애한 분위기에서 이루어질 경우 학생들은 자신 및 자신이 학습하고 있는 교과목, 그리고 학교에 대해 보다 긍정적인 태도를 기를 수 있다.

(7) 중요한 것은 교육 환경이 양자택일의 사항이 아니며, 우수한 교사는 이 두 영역의 목표를 동시에 성취할 수 있다.

(8) 처방적 목표가 일차적인 것이 될 때 두 영역의 목표를 동시에 달성할 수 있을 것인지에 대해서는 의문의 여지가 있다. 자아 성장과 자아 개발을 일차적 목표로 추구하는 과정에서 학업 성취가 침해될 우려가 있다. 이런 경우 교육 목표를 달성하지 않은 학생들을 실사회로 배출하는 인간주의적 입장에 대해 진지하게 문제제기 할 수 있다.

2. 양성 평등

(1) 여성들이 갖고 있는 제한적인 고정 관념들의 많은 것들은 운동장이나 게임 상황에서 학습된 것이다.

(2) Griffin은 체육에서 남녀 불평등이 분명히 드러나는 현상을 몇 가지 제시하고 있다.

① 단체 스포츠에서는 남녀 간의 기능 차이에 관계없이 남학생이 게임을 지배한다.

② 교사들은 가끔 게임하기 전에 팀을 조직하는데 이때 마지막으로 선정되는 대상이 대개 여학생이다.

③ 교사들은 여학생보다는 남학생에게 더 많은 피드백을 제공한다.

④ 반장이나 시범자로 선정이 되는 학생들은 대부분이 남학생들이다.

⑤ 교사들은 학생에게 성 고정 관념적 발언을 한다.

⑥ 교사들은 좀처럼 학생들 간에 일어나는 성차별 관련 고정 관념적 상호작용을 수정하려고 노력하지 않는다.

⑦ 교사들은 가끔 무심코 성관련 고정 관념적 활동 형태의 역할 모델이 된다.

(3) 교사들은 자신의 주의를 어떻게 학생들에게 분배하는지에 대해서 의식할 필요가 있으며, 모든 학생들이 동등한 학습과 운동 시간의 기회를 가질 수 있도록 해야 한다. 그리고 교사들은 메시지 전달과 학생과의 상호작용에 민감할 필요가 있다.

(4) 교사들은 어떤 스포츠는 여학생들의 활동이고 어떤 스포츠는 남학생들의 활동이라고 규정하는 고정 관념을 버려야 한다.

(5) 교사들이 성에 대한 고정 관념을 무너뜨리기 위해서 구체적인 노력을 한다면 인간주의적 교육 환경이 개선될 수 있다. 이것은 세 가지 방법(전략)을 통해서 가능하다.

① 교사의 촉진행동(prompting)

고정 관념을 깨뜨리고 남녀평등을 향상시킬 수 있는 한 가지 좋은 방법은 교사의 적극적이고 지속적인 촉진행동이다. 교사는 기회가 있을 때마다 분명하고 일관성 있는 메시지를 제공하는 것이다. 부적절한 상황이 발생할 때까지 교사들이 기다릴 필요는 없다. 교사들은 의도적으로 성 고정 관념을 초월하기 위한 행동 지침을 내려야한다.

② 학생 행동에 대한 교사의 개입

성에 대한 고정 관념을 가지고 상호 작용하는 학생들을 시정하거나 고정 관념 없이 행동하는 학생 행동을 독려한다.

③ 역할 모델

역할 모델은 구체적인 역할에 대한 행동을 교사가 보여줌으로써 학생들이 비슷한 행동 패턴을 학습할 수 있도록 하는 것을 말한다.

3. 체육에서 자아 성장의 증진

(1) 자신에 대한 긍정적인 태도 함양

① 자신에 대한 긍정적인 태도는 학생들이 기능을 숙달하고 능력을 획득하여 자신에게 부여된 과제를 수행하고 보다 가치 있는 목적을 달성할 수 있는 인간으로 자신을 생각할 때 정상적으로 개발된다.

② 체육에서 기능의 발달과 적절히 경쟁할 수 있는 능력을 기르는 것은 자기 성장에 매우 중요하다. 교사들은 다음과 같은 구체적인 내용을 통해서 학생 자신에 대한 긍정적인 태도를 형성할 수 있다.

㉠ 학생 자신의 퍼포먼스를 기꺼이 표현하도록 한다.

㉡ 자신에 관해서 긍정적으로 진술하도록 한다.

㉢ 성취에 대한 긍정적인 기대를 갖고 새로운 과제에 착수하도록 한다.

㉣ 위험을 무릅쓰고 '실행하는 사람'이 되도록 한다.

(2) 타인에 대한 긍정적인 태도 함양

① 자신의 능력에 대한 자기 평가는 주로 다른 사람들이 우리들에게 어떻게 반응하는가에 의해서 조건 지어진다. 다른 사람들이 우리가 할 수 있는 일과 그것을 하는 방법에 대해 호의적으로 생각할 때 우리도 우리들 자신을 호의적으로 생각하게 된다.

② 다른 사람들로부터 호의적 반응을 체계적으로 수용하지 못할 경우 일반적으로 자아 개념이 충분히 발달하지 못하게 된다. 자기 성장은 우리 주변의 세계가 우리들에게 어떻게 반응하는가와 함수관계를 맺고 있다.

③ 우리 주변 사람들이 호의적으로 반응하는 주요 요소 중의 하나는 그들에게 긍정적 태도를 보여주는 것이다. 우리가 다른 사람에게 친절할 때 다른 사람들도 우리에게 친절하게 된다. 자기 성장을 촉진하는 주요 기능 중의 하나는 다른 사람에게 긍정적으로 반응하는 방법을 체계적으로 학습하는 것이다.

④ 학생들이 서로 긍정적으로 반응할 때 교육 환경의 분위기가 매우 우호적이고 인간적이게 된다. 학생들이 그들의 학습과 수행에서 상호 지원적일 때 보다 우호적인 교육 환경이 조성되어 학습 성취의 가능성은 높아지며 자기 성장에도 크게 공헌하게 된다.

⑤ 자기 성장과 관련된 세 가지 중요한 기능은 다른 학생의 성취에 관해서 긍정적인 진술을 할 수 있는 능력, 칭찬, 자신과 다른 특성을 가진 사람에 대한 관용이다(Stephens).

4. 책임 있는 행동의 증진

책임 있는 행동을 증진시키기 위해서 필요한 기술들로서 결과의 수용, 윤리적 행동, 일관성 있는 상규적 행동, 협력적 행동 등이 포함된다.

(1) 결과의 수용

① 학생들이 책임 있는 성인으로 성장하려면 지나치게 다른 사람을 불평하거나 비난함이 없이 결과를 수용하는 방법을 배워야 한다.

② 자신이 생각하기에 불공평한 결과들까지 항상 수용해야 한다는 것을 의미하지는 않는다. 여기에 관련된 것은 학생들에게 공정한 결과와 공정치 못한 결과와의 차이점을 이해할 수 있도록 가르쳐서 공정한 결과는 성숙한 자세로 수용하고, 공정하지 못한 결과들은 수정하고 새롭게 지도하려는 적절한 방법을 획득하게 하는 것이다.

③ 공정한 결과를 수용하는데 필요한 일반적 기능은 보다 구체적인 세부 기능들의 학습과 기능 증진을 통해서 습득하게 되는데 그러한 구체적 기능에 관한 세 가지 예는 다음과 같다. 자신의 불행과 사고를 보고한다, 자기 행동이 다른 학생의 권리를 침해했을 때 그것을 사과한다, 규칙 위반의 결과가 정당할 때 불평이나 비난 없이 그것을 수용한다(Stephens).

(2) 윤리적 행동

① 훌륭한 스포츠맨십이란 스포츠 현장에서 일어나는 일반적인 도덕적 행동이다. 스포츠 환경에서 도덕적 행동은 규칙을 준수하고, 부당하게 상대방을 이용하지 않으며, 상대 팀을 존경하는 것을 의미한다. 이러한 높은 수준의 기능들은 보다 기본적인 윤리적 기능에 기초를 두고 있다.

② 책임 있는 스포츠맨이 되기 위해서는 보다 기본적인 기능을 습득해야 한다. 기본적인 윤리 기능으로는 진실과 거짓을 구별하는 능력, 자신의 행동을 탐지하고 자신의 위반 행동을 보고할 수 있는 능력, 동료 학생들이 독려해도 부적절한 행동에 참가하지 않을 수 있는 능력 등이 있다.

(3) 협력적 행동

① 체육 수업이 학생들에게 적절한 영향을 미치기 위해서는 교사와 학생, 학생과 학생 간에 협력적 관계가 이루어져야 한다. 협력적 상황이 제공되지 않을 때 학습과 즐거움이 거의 일어나지 않을 것이다.

② 학생들은 협력적 기술이라고 할 수 있는 많은 기술들을 학습할 수 있다. 협력적 기술은 연습 상황에서 용구를 공유하는 것, 어떤 과제에 대해서 한 사람 또는 그 이상의 파트너와 협력하는 것, 팀의 구성원으로서 어떤 구체적인 역할을 하는 것, 집단의 결정에 공헌하고 그것을 수용하는 것 등이 있다.

10 수업 계획 및 학습 지도

1. 수업 계획과 교수 방법과의 관계

체육 교사는 다양한 교수 방법을 이용할 수 있다. 체육관련 문헌에서 다루는 교수 형태는 크게 직접 지도, 과제 지도, 탐구 지도로 분류된다. 수업 계획 시 교사는 가르쳐야 할 내용 수준에 가장 적합한 교수 형태를 선택해야 한다.

(1) 직접 지도

① 직접 지도는 교실에서 이루어지는 교수의 효율성과 가장 밀접하게 관계되는 교수 형태이다.

② 직접 지도는 목표가 학생에게 제시되고, 연습에 할당되는 시간이 많으며, 학생의 운동 수행을 주의 깊게 관찰할 수 있고, 수업 통제가 빈번하다. 또 온화하고 화기애애한 학습 분위기에서 높은 비율의 수업 관련 피드백을 제공하면서 교사가 학습 지도를 통제하고 조절할 수 있다.

(2) 과제 지도

① 과제 지도는 교사의 언어적 학습 지도를 통해 학습의 진도를 조절하는 교수 형태가 아니라 학습 과제를 학습 장면으로 프로그래밍 하는 교수 형태이다.

② 과제 지도법을 이용할 경우 교사의 통제하에 집단적으로 학습 진도를 전개하지 않고 학생이 개별적으로 자신의 과제 학습 진도에 맞추어 과제를 발전시킨다.

③ 과제 지도는 일명 '스테이션 지도'라고도 하며, 그것은 각 스테이션마다 상이한 과제가 제공되기 때문이다. 학생은 스테이션 내에서 과제를 바꿀 수 있고, 스테이션 사이에서도 과제를 바꿀 수 있다.

④ 수반적 수업 운영(Contingency Management Teaching)도 일종의 과제 지도 방식인데 이는 강한 동기를 유발하는 시스템 내에서 과제 달성에 대한 보상의 형태로 새로운 과제가 제시될 수 있기 때문이다.

(3) 탐구 지도

① 탐구 지도 형태는 대개 '유도 발견' 또는 '문제 해결' 지도 형태를 띤다. 이에 대한 주요 특징은 중요한 과정 목표를 실현하는데 있다.

② 유도 발견 학습은 면밀히 준비된 교사의 학습 지도를 학생들이 일련의 다양한 경험을 통해 설정된 학습 목표에 도달하게 하는 학습 방법이다.

③ 문제 해결 학습은 교사가 최초의 학습 과제를 제시하고 그 후 학생은 각각 독특한 방법, 충분히 적합하다고 생각되는 다양한 방법으로 과제를 해결하는 학습을 말한다. 학생은 제시된 문제에 대하여 여러 가지 해결 방법을 모색하여 결국에는 한 가지의 납득할 만한 해결 방법을 찾아낸다.

2. 수업 계획 시 일반적인 고려사항

(1) 잠재적인 학습 보조 자료 및 교구를 확인하라.

① 학습 보조 자료

㉠ 학습 보조 자료는 제재를 보다 선명하게 하는데 이용되는 도구, 기계 장치를 말한다.

㉡ 환등기, 칠판, 자석 전략판, 괘도, 루프필름, 유인물 등이 이에 해당한다.

② 교구

㉠ 교구는 기능 지도에 사용되는 도구와 장비를 말한다.

㉡ 교구의 사용 목적은 학생이 좀 더 쉽고 효과적으로 학습하도록 학습 환경을 개선하는 데 있다.

㉢ 교구는 학습 지도 시스템에서 세 가지 중요한 기능을 발휘한다.

ⓐ 교구는 학습자의 반응 영역을 제한한다.

예 멀리뛰기에서 뛰어넘는 높이를 달성하기 위해 모래밭에 줄이나 허들을 설치하여 뛰어넘을 때 줄이나 허들에 의해 학생 행동의 범위가 제한된다.

ⓑ 교구는 피드백 제공에 이용될 수 있다.

예 서브의 목표 지역을 설정하면 학생들은 공이 목표 지역에 낙하했는지 여부를 서비스 넣는 학생 자신이 판단할 수 있다.

ⓒ 교구는 단위 시간당 연습량을 증가시키는 데 이용될 수 있다.

예 테니스 투구기를 이용하거나 벽에 공을 칠 경우 스윙의 연습 횟수를 증가시킬 수 있다.

(2) 동기 유발 장면을 평가하라.

① 학습 중 동기 유발 장면의 분석은 학습 지도 계획을 작성하는데 필요한 가장 유용한 단일 정보이다. 동기는 학습 과정의 중요한 변인이다.

② 교사가 학생들의 동기 수준을 고려하지 않고 학습 지도 계획을 작성하는데 많은 시간을 소비할 경우 실제 학습 지도를 실행하는 단계에서 많은 실망감을 느끼게 될 것이다.

③ 구체적이고 행동적인 목표와 적절하게 계열화된 활동, 그리고 빠른 속도의 학습 지도 계획은 학생들의 긍정적인 동기 유발 행동을 유도한다.

④ 긍정적인 동기 유발 분위기는 학습을 촉진시키고, 학생들은 학교와 교사가 학생들이 스포츠 기능의 학습에 긍정적 접근 경향성을 기르도록 도와주기 위해서 존재한다는 것을 깨닫게 된다.

교수 장면에서 필요한 동기를 분석하는 방법
• 협력 교사와 상담하라. • 학교의 다른 교과 교사와 상담하라. • 학생을 관찰하라. • 성취에 대한 일반적이고 구체적인 태도를 평가하라. • 학생의 태도를 직접 평가하라.

(3) 외적 동기유발 시스템을 조성하라.

① 체육에 대한 동기가 부족한 학생을 가르치고자 할 때 외적 동기 시스템이 필요하다.

② 수반성 수업 운영은 외적 동기 시스템으로 이용될 수 있다. 수반성은 하나의 학습 과제 달성과 하나의 보상 시스템과의 관계를 진술한 것이다. 바람직한 교육적 결과를 유도하기 위한 보상 시스템을 동기 유발 요인으로 이용하는 것을 수반성 수업 운영 시스템이라 한다. 학습 지도 시스템을 이용하는 자체가 수반성 수업 운영 시스템을 반 이상 이용하는 것과 같다.

㉠ 중요한 학습 지도 과제를 행동 용어로 구체화한다.

㉡ 학습 지도 과제를 작성하기 위하여 학습 지도 목표를 계열화한다.

㉢ 교수 장면에 적합하지만 교수 장면 외에는 일반적으로 이용할 수 없는 보상을 선택한다.

㉣ 과제 달성과 획득한 보상과의 정확한 수반성을 명확히 한다.

③ 보상은 인위적 강화물에서부터 자연적으로 일어나는 강화물까지 다양하다. 비교적 상급 학년에서는 성적을 보상시스템으로 이용할 수 있고, 저학년에서는 배지, 별표, 우수 기능 집단의 회원증 수여 등을 이용할 수 있다.

④ 보상 시스템을 확립하기 위한 가장 효과적인 방법은 학교에서 자연스럽게 나타나고 있는 것을 보상으로 이용하는 것이다. 즉 학생이 좋아하는 활동을 조사한 후 그 자체를 보상 활동으로 이용하는 것이다. 이와 같은 보상 활동을 이용할 경우 학생들은 자신이 좋아하는 활동에 참여할 수 있고 다른 활동의 학습에도 동기를 부여받게 된다. 이러한 방법을 프리맥 원리라 한다. 프리맥 원리(Premack principle)는 학생이 좋아하는 활동을 이용하여 좋아하지 않는 활동에 학습 동기를 부여하는 것을 말한다.

⑤ 수반성 수업 운영에서 동기 유발의 수단으로 점수를 이용하는 것이 가장 일반적이다. 각 과제에 따른 점수가 부여되고, 과제를 달성한 후 점수를 받게 되며 이 점수를 자신이 선택한 보상으로 취급하게 된다. 점수를 자유 시간의 양으로 전환하여 보상으로 이용하는 것도 효과적이다. 자유 시간 동안 학생들은 자유 활동으로 지정된 활동에 참가할 수 있다. 이 방법을 사용할 때 주의할 점은 전환 방식을 단순화하는 것이다.

⑥ 고등학생으로서 적절한 동기 수준을 유지하고 있고 교사가 개별화 학습 지도 방법을 선택할 경우, 학년에 따른 수반성 수업 운영 시스템을 이용하여 학습 지도 목표를 제시하는 것이 바람직하다.

(4) 강의와 시범을 신중하게 계획하라.

① 강의와 시범은 새로운 활동을 소개하고 활동의 다양한 전략을 보이며 고도의 기능을 가르치며 동기 유발의 목적으로 사용된다.

② 매체를 적절히 활용해 설명 및 시범에 사용되는 시간을 절약할 수 있다.

③ 강의와 시범에 필요한 준비물은 수업 개시 전에 준비되어 있어야 한다.

3. 수업 계획

① 장기 프로그램을 계획을 적절히 반영하여 일일 수업 계획을 잘 작성하면 다음과 같은 중요한 목적을 달성할 수 있다.

㉠ 교사는 수업 계획을 보고 수업 중 성취해야 할 내용을 상기할 수 있다.

㉡ 수업 계획은 주요 목표를 어떻게 달성할 것인가에 대한 방법을 구체적으로 기술한 수업 매뉴얼 역할을 한다.

㉢ 일일 수업 계획은 수업 결과를 평가하는 데 이용할 수 있으며, 실제로 반드시 이용해야 한다.

㉣ 특정 단원의 일일 수업 계획들은 단원 설계 및 학습 지도를 재검토하고 향상시킬 수 있는 최선의 방법을 제공한다.

㉤ 교사가 결근했을 경우 대리 교사는 일일 수업 계획서를 보고 학생의 학습 활동의 흐름을 방해하지 않고 계속하여 가르칠 수 있다.

② 훌륭한 수업 계획의 특징

㉠ 활동의 중요한 목적을 분명하게 기술한다.

㉡ 목표를 달성하기 위하여 각 활동이 어떻게 개발되었으며, 활동 간에 어떤 상호관계가 있는지에 대한 명확한 증거를 제시한다.

㉢ 수업의 각 장면에 사용되는 시간이 표시되어 있다.

㉣ 좋은 수업 계획은 활동 전개를 원활하게 하고 실제로 학습자가 과제에 참여한 시간을 극대화하기 위하여 활동의 계열화에 필요한 수업의 조직적 요인과 수업의 관리적 요인들을 통제하게 된다.

(1) 수업에서 과제 기능을 단계적으로 전개하라.

체육 수업은 수업의 전반적인 목표 달성에 필요한 계열화된 일련의 과제로 볼 수 있다. Rink는 목표 달성의 발전 단계를 과제 제시, 과제 세련, 과제 확대, 과제 응용의 네 가지로 분류하고 있다.

① 과제 제시

학생에게 "이것을 하라"와 같은 메시지를 전달하는 것이다. 이것은 학생에게 새로운 정보와 새로운 일련의 활동을 시작하기 위한 새로운 방향을 제시한다.

예 "반대 손으로 드리블 해 볼까", "이번에는 언더핸드 패스 연습을 해보자"

② 과제 세련

학생을 과제 실행의 상이한 방법 혹은 보다 좋은 방법으로 안내함으로써 운동 수행의 질적인 측면을 개선하기 위한 계획이다. 과제를 세련화하는 것은 과제의 발전 계열에서 기초를 튼튼히 하는 것과 같다.

예 "자, 공을 약간만 높여서 패스해 보자", "그것 다시 한 번 해봐, 공을 좀 더 천천히 굴려봐"

③ 과제 확대

하나의 기능에 다른 부분을 추가하고, 기능의 초점을 바꾸며, 다른 차원을 추가하고, 다양한 해결 방안을 찾으며, 각각의 분리된 기능을 의미 있게 연결하는 것과 같은 과제의 내용을 양적으로 확대하려는 계획이다.

예 테니스의 경우 서브 토스를 먼저 지도하고 서브의 자세를 추가 지도하는 경우

④ 과제 응용

학생의 초점을 기능 자체로부터 기능 결과로 바꾸는 계획으로 학생 자신의 발달 수준이나 능력을 평가한다. 농구에서 자유투를 많이 성공시킨 학생에게는 간이 게임이나 실제 게임과 유사한 경기에 참여하게 하는 것도 과제 응용의 한 방법이다.

예 농구에서 "20회의 자유투를 시도하여 득점을 기록해 봐", 배드민턴에서 "셔틀콕을 땅에 떨어뜨리지 않고 10회 계속해서 쳐봐"

(2) 과제 목표를 이용하라.

① Rushell과 Siedentop의 학습 지도 목표 진술

㉠ 학습 지도 목표는 조건, 과제, 평가 기준 측면에서 진술되는 것이 바람직하다.

ⓐ 벽에서 3.6m 떨어진 지점에 서서 벽 3m 높이에 그려진 목표 지점을 향하여 계속해서 8회 오버헤드 패스를 한다.

ⓑ 위의 예문을 조건, 과제, 기준으로 나누어 기술하면 다음과 같다.

장면(조건)	과제	기준
벽에서 3.6m 떨어진 지점에 선다.	8회 계속해서 오버헤드 패스를 한다.	벽의 3m 높이에 그려진 목표 지점을 향하여 패스한다.

㉡ 주어진 과제의 학습 지도 목표 수준을 높이는 방법에는 과제 실행의 조건을 바꾸는 방법과 과제 평가의 기준을 조절하는 방법이 있다.

② 학습 지도 목표가 작성되면 다음과 같은 방법으로 이용될 수 있다.

㉠ 각 과제에 따라 학생들이 무엇을 해야 할 것인지를 그들에게 정확하게 전달할 수 있다.

㉡ 과제 교수 형태에서 학생들에게 같은 메시지를 문자나 도해의 형태로 전달할 수 있다.

㉢ 목표는 학생과 교사에게 한 과제가 달성된 시점을 알려주는 수단을 제공한다.

㉣ 학생이 주어진 과제를 달성하는데 필요한 시간(시행 횟수)을 관찰할 수 있다.

(3) 운동 수행을 관찰하기 위한 시스템을 개발하라.

① 학습 목표의 달성여부를 확인하기 위한 관찰 체계가 있어야 한다.

② 교사 중심 수업 또는 학생 중심 수업에 맞는 관찰 체계를 사용하고, 관찰 자료를 교수·학습 개선이나 학생의 이해에 사용할 수 있다.

(4) 게임 중 학습 지도 원리를 상기하라.

① 구체적인 목표를 지향하면서 즐거운 게임을 플레이 할 수 있다.

② 게임의 목적은 중요한 학습 지도 목표에 학생들의 관심을 집중시키는 것이다. 이것은 게임을 더 교육적이 되게 하며 결국 게임을 즐겁게 만든다.

(5) 수업 계획 일정표(time script)를 작성하라.

① 수업 계획에서 마지막으로 고려할 것은 실질적인 수업 계획 일정표를 작성하는 것이다.

② 일정표는 수업의 각 부분에 필요한 시간이 어느 정도인가를 표시하는 일종의 도표식 방법이다.

③ 수업 계획 일정표를 몇 차례 작성하여 수업을 실시해보면 교사는 특정 과제에 필요한 시간을 정확히 판단할 수 있고 교사가 수업에서 기대할 수 있는 학업 성취량을 합리적으로 조정할 수 있다.

4. 학습 지도의 실제

(1) 학습자의 안전 확보

① 수업 계획 단계에서도 안전이 고려되어야 하지만 특히 수업 실행 단계에서는 우선적으로 고려되어야 한다.

② 위험이 수반된 활동을 할 때 교사는 안전 수칙을 강조해야 한다. 안전 수칙을 설명하고 수시로 강조하여 학생들에게 충분히 인지시키고 만약 학생이 이러한 점을 소홀히 할 경우 책임을 추궁해야 한다.

③ 모든 스포츠 활동은 상해의 가능성을 가지고 있다. 활동의 특성과 그 활동이 이루어지는 공간의 관점에서 안전에 관한 규칙이 강조되어야 한다.

④ 심리적 안전성도 좋은 학습 환경을 만드는 데 중요하다. 학생은 안전하게 행동할 필요가 있으며, 자신이 하고 있는 것에 대한 안전감을 느껴야 한다.

⑤ 교사는 위험한 학생 행동에 항상 주의를 기울여야 한다. 위험한 행동은 즉시 중단시키고 그 행동이 왜 위험한가에 대해 구체적인 피드백을 주어야 한다. 교사가 학생의 학습에 가장 밀접하게 접근하는 방법은 학생들을 적극적으로 감독하는 일이다.

(2) 경제적인 정보 전달

① 수업 중 교사는 학습 시간을 소비하지 않고 다양한 방법을 이용하여 학생들에게 많은 정보를 효과적으로 제공할 수 있다.

② 유인물이나 포스터를 제작해 사용할 경우 학습 지도 목표, 규칙, 운동장의 도해, 공격 및 방어 전략의 도해와 기타 학습 자료 등을 포함시켜 학생에게 전달할 수 있다.

(3) 수업 중 과제 제시 시간의 단축

① 시간을 단축하고 명료성을 높이는 데 가장 중요한 요인은 철저한 수업 계획이다. 과제 제시는 가장 적절한 정보만 전달하는 것이다.

② 과제 제시 기능의 개선에 도움이 되는 제안들

㉠ 신중하게 계획해야 한다.

㉡ 정보를 제한해야 한다.

㉢ 학생이 이해할 수 있는 용어를 사용해야 한다.

㉣ 천천히 말해야 한다.

③ 과제 제시는 새로운 제재와 단원, 그리고 새로운 전략을 도입하고자 할 때 매우 중요하다.

④ 학습 자료는 복잡한 제재를 명확히 할 수 있다. 복잡한 운동 과제를 제시할 때는 청각적인 방법보다 시각적인 방법을 이용하는 것이 효과적이다.

⑤ 시각적 과제 제시는 짧은 시간에 분명한 의사전달을 할 수 있다. 운동 학습의 초보적 발달 단계에서 학습자가 알아야 할 제반 사항은 시범과 시각적 영상의 중요한 부분을 지적하는 데 이용되어야 한다. 즉, 시각적 영상 중에서 가장 중요한 점을 학생에게 강조한다.

⑥ 과제 제시는 조직적으로 이루어져야 하는데, 이러한 목적을 달성하기 위해서 학생은 주요 요소를 정확히 관찰할 수 있고 교사의 설명을 명확하게 경청할 수 있는 장소에 있어야 한다. 또한 교사가 학생에게 과제를 제시하는 동안 학생을 감독하고 과제 제시만을 바라보도록 학생들을 조직적으로 정렬하여야 한다.

⑦ 적합한 장소(예 테니스 발리는 테니스 네트 근처에서)에서 과제를 제시하는 것이 학생 주의를 유지하고 과제 이해를 촉진시키는 동시에 목표 달성을 위해 소비되는 시간을 최소화 할 수 있다.

(4) 신중한 시범 계획

① 생생한 시범은 하나의 기술을 모델시하는 가장 좋은 수단이 되며 이 시범을 통하여 학생들은 자신이 하고 있는 것보다 이상적인 기술을 습득할 수 있다.

② 시범은 즉흥적으로 이루어져서는 안 되며 철저한 준비를 거쳐 자연스럽게 이루어져야 한다.

③ 시범은 짧은 시간에 기술의 특정 측면과 관련된 한정된 양의 정보를 전달할 수 있다.

④ 시범에 필요한 지침

㉠ 시범을 보이는 사람은 좋은 모델이 되어야 한다.

㉡ 시범에 필요한 모든 용구가 미리 준비되어야 한다.

㉢ 시범은 학생에게 시각적, 개념적으로 이해할 수 있도록 해야 한다.

㉣ 1회의 시범에서 보일 수 있는 중요한 부분의 수를 제한해야 한다.

ⓜ 학습 자료가 과제의 중요한 부분을 강조하며 과제를 명확히 규정하고, 학습 시간을 지나치게 소비하지 않는다면 시범보다는 학습 자료를 이용하는 것이 좋다.

ⓑ 학습 과제에 관련된 안전사항을 강조해야 한다.

ⓢ 시범을 보일 때 학습 과제가 안전사항과 관련이 있으면 이에 대한 주의를 주어야 한다.

ⓞ 학생이 시범의 요점을 이해하고 있는가를 확인하기 위하여 학생으로부터 피드백을 얻어야 한다. 시범의 요점을 확인하는 간헐적 질문을 통해 가능하다.

⑤ 좋은 시범은 기능의 기본적이며 구조적인 요인을 학생에게 명확한 방법으로 제시하는 것을 의미한다.

⑥ 시범을 보일 경우, 기능 발휘를 자유자재로 할 수 있어야 한다. 즉, 아주 정확한 폼을 유지하며 여러 각도에서 시범을 보이는 것이 이상적이다. 반드시 우아하거나 높은 수준의 기능을 보일 필요가 없으며, 지나치게 자세한 것을 강조하게 되면 학생이 오히려 혼란에 빠질 염려가 있다.

(5) 학생 연습의 적극적 감독

① 교사는 학생의 학습 공간을 돌아다니며 학생들이 연습 시간을 유효적절하게 이용하는가를 감독해야 하며 학생들이 교사에게 지금 감독을 받고 있으며 자신의 과제에 몰두해야 한다는 책임 의식을 갖도록 계속적인 피드백과 조언을 해야 한다.

② 적극적인 감독은 여러 가지 이유에서 중요하다.

㉠ 적극적인 감독은 학생들이 과제에 몰두하게 하는 가장 좋은 방법이다.

㉡ 학생의 안전을 예방할 수 있으며 학생들이 주어진 과제를 잘못 수행할 경우 즉각적으로 과제를 수정할 수 있다.

㉢ 학생이 앞으로 무엇을 할 것인가를 알게 된다. 즉, 교사가 학생 자신의 행동을 알고 있다고 학생이 느끼는 것은 중요하다.

㉣ 학생에게 공평하게 피드백을 제공할 수 있다.

③ 적극적으로 감독하는 방법

㉠ 최선의 방법은 교사가 가능한 많은 학생이 시야에 들어올 수 있는 위치에 자리를 잡는 것이다. 즉, 교사는 학생이 학습하고 있는 주위 공간을 돌아다니면서 감독하는 방법이 가장 좋은 감독 전략이며, 특히 수업 시작 직후 과제의 요점을 설명할 때 이 방법은 중요한 의미를 지닌다.

㉡ 학생이 교사의 감독 패턴을 예견할 수 없도록 해야 한다. 단순하게 시계 방향으로 움직이면서 학생의 연습을 감독할 경우 학생들은 교사가 자신의 학습 공간에 접근할 경우만 학습에 몰두하게 된다. 교사는 일정 거리를 가로질러 다니면서 감독하는 것이 좋다. 이러한 전략은 학생을 과제에 집중하도록 할 뿐만 아니라 가능한 한 많은 학생에게 가능한 많은 피드백을 제공하는데 도움이 된다.

(6) 긍정적 피드백의 증가

① 긍정적 피드백은 학생의 올바른 운동 수행에 피드백을 제공하여 학생의 운동 수행을 강화하고, 교사-학생의 긍정적인 상호 작용을 도와 건전한 학습 분위기를 조성한다.

② 교사가 교정적 피드백과 함께 수시로 긍정적 피드백을 주게 되면 학습 분위기는 매우 긍정적일 것이며, 교정적인 피드백은 교사-학생의 긍정적 관계에 부정적 영향을 미치지 않게 되어 학생 학습을 촉진하게 될 것이다.

③ 1회의 교정적 피드백에 4회의 긍정적 피드백을 제공하는 것이 운동 기능의 학습 환경에 가장 바람직하다.

(7) 피드백 진술의 개선

① 피드백의 상호작용이 학습에 도움이 되기 위해서는 학생의 연령과 발달 수준에 일치하도록 진술되어야 한다.

② 교사는 모든 피드백의 진술 내용을 결합하여 보다 다양하고 효과적인 피드백을 학생의 학습에 이용할 수 있다.

③ 교사의 피드백은 학생의 학습을 촉진하는 데 직접적인 효과가 있으며 또한 간접적인 효과도 무시할 수 없다.

(8) 학습 지도 목표와 관련된 피드백의 제공

① 교사가 범하게 되는 일반적인 오류 중의 하나는 학습에 관련된 피드백을 제공하지 않고 일반적인 운동 수행과 관련된 피드백을 제공하는 것이다.

② 피드백이 주어지는 순간에 작용하는 학습 지도 목표와 관련된 피드백을 주는 것이 효과적이다.

(9) 충분한 피드백 시간의 제공

① 교사가 전달한 피드백은 그 자체에 많은 양의 정보를 내재하게 된다. 교사의 피드백에는 학생이 운동 수행 결과를 보면서 얻을 수 없는 폼과 관련된 내용과 그 밖의 기교적인 내용이 포함되어 있다.

② 가장 좋은 피드백 전달 방법은 교사가 이상적인 운동 수행을 달성하기 위해 연습하고 있는 학생 곁에 머물면서 학생의 운동 수행에 도움이 되는 일련의 피드백을 주는 것이다. 이 방법은 수업 시간 동안 학생 개개인에게 한 번의 피드백을 준다는 측면보다 적어도 학생에게 주어진 피드백이 학생의 운동 수행에 효력이 있다는 면에서 가치가 있다.

(10) 집단 지향적 피드백과 모델링의 사용

① 개인의 운동 수행에 대한 피드백을 집단에 적용시킬 때 이를 집단 지향적 피드백이라 한다.

② 집단 지향적 피드백은 모델링의 다른 측면으로 볼 수 있다. 모델링은 한 개인의 행동을 다른

학생이 모방하는 모델로 사용하는 것이며 그 반대의 경우에도 해당된다. 즉, 한 학생의 잘못된 운동 수행은 다른 학생이 그와 같은 잘못된 운동 수행을 방지하는데 이용할 수 있다.

③ 모델링과 집단 지향적 피드백은 교수・학습의 효과를 높이는 중요한 도구이다. 왜냐하면 모델링은 학생들에게 운동 수행을 보여주며, 운동 기능의 다양한 측면들에 대한 각각의 피드백이 주어져 복잡한 행동을 쉽게 이해하도록 하기 때문이다.

④ 모델링과 집단 지향적 피드백은 학생 개인의 연습보다는 집단의 운동 수행에 관심을 두기 때문에 자주 이용해서는 안 된다. 집단적 피드백을 지나치게 자주 이용하는 것은 바람직하지 않으며, 오히려 짧은 시간에 복잡한 기능의 요점을 가르칠 때 사용하는 것이 좋다. 그러나 특별한 기능 학습에 초점을 두고 가르칠 경우 집단 지향적 피드백을 자주 이용할 수 있다.

⑤ 집단 지향적 피드백과 모델링의 적용 원리

㉠ 집단의 주의 집중에 필요한 신호 체계가 이루어져 피드백 주는 시간을 최소로 할 수 있는 수업의 경우, 집단 지향적 피드백은 더욱 효과가 있다.

㉡ 피드백의 대상이 되는 운동 수행의 요점을 빠르고 직접적으로 설명해야 한다.

㉢ 정보 내용과 가치적 내용을 포함하는 피드백을 신속하고 정확하게 제공해야 한다.

㉣ 모델링은 짧고 열정적으로 하여 학생들이 자신의 과제에 복귀할 수 있도록 해야 한다.

(11) 질문과 코멘트, 사고 표현의 독려

① 질문과 코멘트는 장려되어야 하지만 어린 학생들과의 수업에서 학생이 관심을 끌기 위해서 하는 질문과 코멘트는 자제하도록 세심한 주의를 기울여야 한다.

② 교사는 학생의 적절한 질문과 코멘트에는 긍정적인 방법으로 상호 작용을 하고 학생이 주의를 끌려는 행동을 하고 있다는 생각이 들면 이것을 무시해야 한다.

(12) 교수 방법으로서 발문의 이용

① 발문은 교사의 언어적 학습 지도의 방법 중 가장 중요한 것의 하나이다. 발문은 문제 해결 교수 방법과 탐구적 교수 방법의 핵심이며 교사 중심 학습 지도법과 개별화 학습 지도법에 필수적인 요소이다.

② 학습 지도법의 일부분으로서 발문의 사용은 학습 지도 목표의 일부분으로 이해되는 것이 합당하다. 발문을 통하여 과제를 진술하고 과제가 수행되는 조건을 정하게 된다.

③ 학습 지도 목표의 진술과 같이 발문도 명확하고 정확해야 한다.

④ 발문의 종류에는 회고적, 집중적, 분산적, 가치적 발문이 있으며, 이러한 발문들은 각각 다른 목적으로 사용되므로 목적에 부합되는 발문을 사용해야 한다.

(13) 교수 대행자로서 학생의 이용

① 학습 지도 시스템에서 교사가 학습의 유일한 대행자가 될 필요는 없다.

② 학습 지도를 확대하고 그 효과를 높이는 방법으로 학습 지도의 대행자로 학생을 이용하는 것이다.

③ 학생은 학습하는 학생의 연령과 발달 수준이 비슷하기 때문에 학생에게 적합한 시범을 보여줄 수 있다.

④ 교사가 학생을 교사로 이용하는 두 가지 기본적인 방법

㉠ 체육 교사를 위한 협력자 클럽을 조직하는 것이다. 상급생에게 하급생을 지도하는 역할을 줄 수 있다.

㉡ 동일 학급의 학생을 이용하여 다른 학생들을 가르치도록 하는 것이다. 이 방법은 Mosston이 명명한 상호 학습 방법과 매우 유사하다.

(14) 학생 운동 수행의 관찰

① 교사가 학습 지도 시스템의 구성 요소를 검토할 때, 학생의 운동 수행에 관한 일관된 지식이 시스템의 효율적 운영을 판단하는 정보를 제공한다는 사실을 알아야 한다.

② 만약 문제가 발생할 경우 시스템의 어느 구성 요소가 잘못 기능하고 있는가는 학생의 운동 수행에 관한 정보를 통해서 알 수 있다.

③ 관찰 시스템은 여러 종류의 체크리스트를 사용할 수 있다. 체크리스트에 의한 관찰 시스템은 관찰자와 운동 수행의 관찰 관점의 차이에 따라 다르다.

㉠ 관찰자: 교사, 교사대행 학생, 파트너, 학생

㉡ 운동 수행의 관찰 관점: 학습 과제의 달성, 학습 목표의 달성, 각 목표별 시행 회수

(15) 학습의 여세 유지

① 예방적 수업 운영의 중요한 기술들은 수업의 페이스를 유지하는 것과 관계가 깊다. 수업의 페이스를 조절하는 것은 정열적 활동과 비정열적 활동 간의 적절한 균형을 의미한다.

② 수업의 페이스 조절은 교사의 활동 전개 방법과 활동의 흐름을 원활하게 전개하는데 투여되는 수업 내용과 깊은 관계를 맺고 있다.

㉠ 유연한 전개(smoothness)의 개념은 활동의 흐름이 중단하거나 정체하지 않는 것을 의미한다.

㉡ 여세 유지(momentum)의 개념은 활동 간 또는 활동 내의 움직임의 비율과 깊은 관계가 있으며, 그러한 움직임은 수업 과제의 수준보다 지나치게 높거나 낮은 움직임을 도입하지 않는 것을 의미한다. 여세 유지는 교사의 동시적 처리 기능(동시에 두 가지 이상의 기능을 수행하는 기능)의 개발을 의미한다. 또한 교사가 수업 진행 중인 활동을 방해하지 않도록 활동을 제어하는 것이라고 할 수 있다.

③ 교사가 부적절한 행동을 하게 될 때 학습의 여세 유지는 이루어지지 않는다. 교사의 태만과 중도 포기는 여세 유지를 손상시키는 부적절한 활동이다.

④ 여세 유지는 수업 성공의 관건이 된다. 교사는 신중한 계획과 효과적인 교수 활동을 통해서 설정된 학습의 여세 유지에 특별히 관심을 기울여야 하며 수업의 여세 유지에 적절하지 않은 계획이나 수업 진행은 수정되어야 한다.

11 운동 과제의 제시

1. 학습 과제 전달 방법

(1) 언어적 전달: 발문(질문)과 피드백

① 발문의 인지적 활동에 따른 4가지 범주(Baird 외 3인)

회고적 (회상형) 발문	• 기억 수준의 대답만을 필요로 하는 질문이다. • 예, 아니오 형태로 대답할 수 있는 대부분의 질문이 이 범주에 속한다. 예 • 드리블 할 때 공에 시선을 두는가? • 레인에 몇 초 동안 머물 수 있는가? • 오른손잡이의 선수를 방어할 때 어느 손을 사용하는가? • 1-3-1 지역 방어 시 가장 중요한 선수는 어디에서 움직이는가?
집중적 (수렴형) 발문	• 이전에 경험했던 제재의 분석 및 통합에 필요한 질문이다. • '옳다' 또는 '그르다'의 대답을 요구한다. • 두 가지 이상의 기억 항목을 적절한 방법으로 적용하기를 요구하기 때문에 문제 해결이나 추론에 의해 행해진다. 예 • 1-2-2 지역 방어와 1-3-1 지역 방어는 어느 점이 비슷한가? • 당신이 상대편 선수와 농구 골대 중간에 서는 이유가 무엇인가? • 상대편 선수가 슛하고 리바운드하기 위해 오른쪽으로 움직일 때 당신의 역할은 무엇 인가? • 드리블하고 갈 때 당신 앞에 있는 팀 동료가 길을 열어준다면 당신은 무엇을 해야 하는가?
분산적 (확산형) 발문	• 이전에 경험하지 않은 제재의 해결에 필요한 질문이다. • 질문의 형태는 높은 수준의 문제 해결과 추론을 요구한다. • 학생들로부터 다양한 대답을 창출하기 때문에 창조적이고 경험적으로 검증되지 않은 대답이어도 된다. 여러 가지 다양한 대답들이 모두 정답일 수 있다. 예 • 패스트 브레이크 시 어떠한 방법으로 공을 패스할 수 있는가? • 게임 종료 3분 전에 3점을 앞섰다면 어떤 공격전환으로 이용할 것인가? • 키는 크지만 빠르지 않은 상대편과 대항하여 어떻게 리바운드 할 수 있는가? • 빠르지만 키가 작고 힘이 부족한 상대편 선수와의 경기에서 어떤 종류의 이동공격이 좋은가?
가치적 발문	• 취사선택, 의견, 태도 등을 표현하는 데 필요한 질문이다. • 대답은 옳거나 그르다는 형태로 판단될 수 없다. 예 • 방어 시 상대편 선수의 손을 잡는 것을 어떻게 생각하는가? • 당신이 파울을 얻었을 때 주심이 호각을 불지 않았다면 어떻게 행동할 것인가? • 점수를 많이 얻는 것과 팀이 승리하는 것 중에서 하나를 선택해야 한다면 어떤 것을 선택할 것이며 그 이유는 무엇인가? • 게임 종료 직전 시간을 벌기 위하여 상대편의 파울을 유도하는 불가피한 경우 당신은 어떻게 할 것인가?

② 발문의 내용

질문은 광의의 내용 또는 협의의 내용으로 구성될 수 있다(Baird 외 3인).

㉠ 광의의 발문(발산적 발문) : 학생의 대답을 필요 이상으로 제한하지 않는다. 비록 그 발문이 회고적 발문일 경우라도 학생의 대답을 제한하지 않는다.

예 "농구 경기에서 방어 전술의 주요 원리는 무엇인가?"

㉡ 협의의 발문(선택적 발문) : 학생의 대답을 제한하는 기준을 두고 과제를 설명한다.

예 "농구 경기에서 개인 방어 전술의 5가지 주요 원리는 무엇인가?"

③ 발문의 요령

㉠ 질문은 명확해야 한다.

㉡ 학생의 대답을 반복하지 않는다.

㉢ 질문은 하나의 대답만을 유도한다.

㉣ 질문을 되풀이하지 않는다.

㉤ 학생에게 질문에 답할 시간을 준다.

㉥ 질문은 중요한 순서에 따라 제시한다.

㉦ 학생의 이름을 부르기 전에 질문한다.

㉧ 상호작용이 질문 수준과 일치하는가를 확인한다.

㉨ 좀 더 많은 학생이 참여할 수 있도록 재차 질문한다.

㉩ 너무 많은 질문은 교사의 지배가 강하다는 것을 의미한다.

④ 피드백

㉠ 피드백 진술

분류	평가적 피드백 (어떤 과제를 얼마나 잘 수행했는지에 관한 가치 판단이 학습자에게 직접 전달)	교정적 피드백 (해야 할 것과 해서는 안 될 것에 관한 정보를 학습자에게 제공)
일반적 피드백	잘했어.	그렇게 하지마.
구체적 피드백	다리를 충분히 펴는 것은 참 잘하는 거야.	발가락이 앞쪽을 가리키도록 해.
긍정적 피드백	철수는 표적에 적중하는군.	무릎을 고정시켜.
부정적 피드백	중학생도 너보다는 낫겠네.	무릎을 구부리지 않으려고 노력해.
개인 피드백	너, 공 위에 앉지마.	볼에 한 스텝 가까이 접근하라고.
집단 피드백	이 집단은 열심히 노력하지 않고 있군.	자신의 위치에서 연습하도록.
학급 피드백	이 학급은 100% 향상됐어.	볼을 친 다음 반드시 홈 베이스로 돌아가도록 하세요.
일치 피드백	너의 패스가 리시브를 멈추게 했어.	리시브를 약간 더 리드하라고.
불일치 피드백	빈 공간의 선수를 찾을 때까지 드리블하지 않도록 해.	모든 사람에게 골고루 패스해야지.

- Siedentop은 피드백을 학업관련 피드백과 사회적 행동관련 피드백으로 분류하고 학업 관련 피드백은 다시 결과의 인정 여부에 따라 긍정적 피드백, 교정적 피드백, 부정적 피드백으로, 정보의 구체성에 따라 일반적 피드백과 구체적 피드백으로, 표적에 따라 학급전체, 소집단, 개인 피드백으로 분류하고 있다.
- Rink는 피드백을 반응의 정확성 여부에 따라 평가(evaluative) 피드백과 수정(corrective) 피드백으로 분류한 다음 일반적 피드백 분류 방식으로 분류하고 있다. 평가 피드백과 수정 피드백은 과제의 초점과의 일치 여부에 따라 일치 또는 불일치 피드백으로, 결과의 인정 여부에 따라 긍정적 또는 부정적 피드백으로, 구체성에 따라 일반적 또는 구체적 피드백으로, 표적 대상에 따라 학급, 집단, 개인 피드백으로 분류할 수 있다.

㉡ 과제에 대한 피드백의 기능

ⓐ 피드백은 학습자의 운동 수행에 대한 교정의 역할을 한다.

ⓑ 피드백은 학습자에게 운동 수행에 관한 정보를 제공하는 원천으로서 작용한다. 정보의 원천으로서의 피드백은 결과에 대한 지식 또는 운동 수행에 관한 지식과 관계가 있다.

ⓒ 결과에 대한 지식은 운동 수행을 목표 달성의 관점에서 관찰한다.

ⓓ 수행에 관한 지식은 운동 수행의 메커니즘과 운동의 정확성이나 효율성에 관한 느낌이나 의식과 더욱 관계가 있다.

ⓔ 행동주의자들은 피드백을 강화의 일차적 수단으로 보고 있다.

ⓕ 피드백은 동기 유발의 기능을 갖는다.

㉢ 피드백의 특성

ⓐ 긍정적 피드백이 부정적 피드백보다 효과적이다.

ⓑ 학생들의 과제 수행에 맞게 일치나 불일치 피드백을 사용한다.

ⓒ 운동 과제에 맞게 피드백은 개인, 집단, 학급으로 부과될 수 있다.

ⓓ 구체적 피드백의 제공이 효과적이나, 어린 학생이나 자아 개념이 높지 않은 학생들은 일반적 피드백이 효과적이다.

(2) 시범

① 시범은 정확해야 한다.

② 시범은 기능의 핵심 측면을 강조해야 한다.

③ 시범은 어떤 기능이 왜 그렇게 수행되어야 하는지에 대한 정보를 제공해야 한다.

④ 시범은 과제의 연습에 적절한 형태로 이루어져야 한다.

⑤ 학생의 시범을 이용한다.

⑥ 시범 후 학습자의 이해 여부를 확인해야 한다.

⑦ 시범은 창조적인 표현, 문제 해결, 그리고 표현 활동에 대해서도 사용된다.

(3) 매체

학습자의 요구에 적합한 그림, 차트, 필름, 멀티미디어 자료와 같은 매체를 사용해야 한다. 교육 매체는 학생들에게 동기를 유발하고 교사로 하여금 자신의 시범과 학습자 반응을 동시에 관찰할 수 있게 해 준다.

2. 과제 제시의 명료성

(1) 학습자 지향

교사가 학생에게 그들이 무엇을 수행하게 될 것인가에 대해 알려 줌으로써 학생들은 수업의 일부분을 전체와 관련하여 이해하게 된다.

(2) 과제 제시의 개별화

학습자나 교사의 경험을 참고하는 것은 과제 전달에 도움이 되며, 교사가 수업에 참여하는 학생들의 경험을 직접 참고할 때 그것을 과제 제시의 개별화라 한다.

(3) 과제 전달을 논리적인 순서로 계열화

수업 내용의 논리적 정리는 과제 전달을 촉진하게 되며 운동 기능의 교수에서는 가장 중요한 동작부터 제시하는 것이 논리적인 절차이다. 교사는 운동 기능을 동작의 실행 순서에 따라 과제를 계열화하는 것이 좋다.

(4) 예와 예가 아닌 것을 비교 제시

운동의 질적 측면은 예와 예가 아닌 것을 비교하여 제시할 때 더욱 효과적으로 이해할 수 있다.

(5) 학습자의 과거 경험을 이용

이미 학습된 내용이나 기능과 어떻게 같거나 다르다는 것을 보여줌으로써 그들이 새로운 정보를 보다 효과적으로 사용할 수 있다.

(6) 이해하기 어려운 내용의 반복 설명

학생의 이해를 위해 반복 설명을 필요로 하며, 동일한 내용에 대해 다른 방법으로 반복 설명할 때 과제 전달의 효과성이 증대된다.

(7) 학습자의 이해를 확인하기 위한 질문

학생들의 이해를 확인하기 위한 질문을 함으로써 과제 전달의 효과를 확인할 수 있다. 교사는 질문을 통해 과제 제시를 수정하거나 변화시킬 수 있다.

(8) 수업 자료의 역동적인 제시

목소리의 활용, 비언어적 행동, 타이밍 등은 과제 전달의 효율성을 증가시킨다. 부드러운 목소리와 강한 목소리를 대비시키거나, 느린 과제 전달과 신속한 과제 전달을 대비시킴으로써 학습자의 주의를 효과적으로 집중시킬 수 있다.

12 교수 활동과 그 결과의 측정도구

1. 전통적 교수 평가(사정) 방법

(1) 직관적 관찰

직관적 관찰은 체계적 관찰법이 아니며, 관찰자는 어떤 구체적인 내용을 관찰하려는 의도나 형식을 갖추어 관찰을 시작하지 않는다. 또는 직관적 관찰 방법을 사용하는 관찰자는 대개 구체적인 정보를 수집하여 그것에 근거하여 결론을 내리지 않는다. 대부분의 교수 과정은 이 관찰법에 의해서 관찰된다.

- 교사: 홍길동
- 학년/학급: 2학년 3반
- 관찰자: 이순자
- 수업 내용: 패스와 캐치
- 날짜: 10월 3일

〈교사의 장점〉
- 과제를 정확하게 전달한다.
- 집단에 적합한 과제를 제시한다.
- 장비를 적절하게 잘 배열한다.

〈교사의 단점〉
- 말하기 전에 학생의 주의집중을 기다리지 않는다.
- 과제가 비생산적인 행동을 유발한다.
- 구체적인 피드백이 부족하다.

① 목적

㉠ 직관적 관찰 방법을 사용하는 관찰자들은 자신의 판단에 의하여 발생한 내용과 그것의 가치에 대한 결론을 내린다.

㉡ "잘 조직했어." 또는 "학생들 사이를 돌아다닐 필요가 있어." 등과 같은 코멘트를 기록하는 장학관은 직관적 관찰법을 사용하고 있다.

② 장점

㉠ 교수·학습 과정에서 일어나는 문제들을 쉽게 확인할 수 있다.

㉡ 구체적인 과제 이탈 대상이 없을 때 유용하게 사용할 수 있다.

㉢ 구체적인 도구를 사용하여 관찰할 때처럼 제한을 받지 않고 모든 학습 지도 사건들을 자유스럽게 관찰할 수 있다.

㉣ 직관적 관찰은 도구의 사용 방법이나 수집된 자료의 분석을 위한 특별한 훈련을 필요로 하지 않아 매우 실용적인 관찰법이다.

③ 단점

㉠ 신뢰성과 타당성의 부족으로 그릇된 결론에 도달할 가능성이 매우 높다.

㉡ 데이터가 체계적인 방법으로 수집되지 않기 때문에 교수 행동의 발달 과정을 계속해서 기록하기 어렵다.

④ 적용

㉠ 직관적 관찰은 관찰할 구체적 사건이나 행동이 없을 때 가장 유용하게 사용된다.

㉡ 직관적 관찰은 가설을 설정하는 데 크게 도움이 된다.

직관적 판단법	직관적 판단법(intuitive judgment)은 교수에 관한 통찰력과 경험이 있는 장학사나 선임교사가 교사의 교수활동을 보고 그것에 대한 전체적 판단을 내리는 방법이다. 이 방법은 교사의 행동에 초점을 맞추기는 하나 학생에게는 충분한 관심을 집중하지 못한다. 그러나 이 방법도 체계적 관찰 방법에 첨가될 경우, 그 유용성을 인정받을 수 있다.
목견적 관찰법	교사 양성 과정에서 자주 사용하고 있는 피드백의 형태는 목견적(육안) 관찰법(eyeballing)이다. 이 방법은 장학사나 협력교사가 교사의 지도 행동을 일정 시간 관찰한다. 그들은 수업 내용을 요약하거나 자료를 기록하지 않는다. 수업 종료 후에는 수업 활동에 관해서 함께 토의한다.

(2) 일화기록법

일화기록법을 사용하는 관찰자는 광범위한 행동 범주를 결정하고 그러한 범주와 관련하여 일어나는 모든 사건이나 행동을 기록한다. 기록은 보통 무엇이 일어나고 있는지를 사실적으로 기술한다.

- 학생: 김현준, 16세
- 교사: 김길영
- 날짜: 4월 10일
- 수업 내용: 체조
- 관찰자: 이순희
- 시간: 제3교시

현준은 앉아서 교사의 수업 시작을 기다린다. 수업이 시작되자 현준은 옆에 있는 학생을 돌아보며 "수업이 끝날 때까지 기다릴 수 없어"라고 말한다. 교사는 계속해서 물구나무서기에 관해서 설명한 다음 학생들에게 파트너를 구하라고 지시한다. 현준은 길동에게로 다가간다. 교사는 짝을 지은 학생들에게 연습할 매트를 찾도록 한다. 학생들이 매트 위에 누워 있다. 그러한 학생들을 발견한 교사가 학생들에게 빨리 연습하라는 재촉을 한다. 이 말을 들은 현준과 길동이가 매트에서 천천히 일어난다. 현준은 손과 무릎을 매트에 대고 반쯤 일어난 자세를 취하고 여전히 적극적인 연습을 하지 않는다. 이것을 본 교사가 현준에게 다가와 다리를 차올릴 수 있는지 묻는다. 현준이 일어나 다리를 차올릴 모습을 취한다. 교사가 돌아서서 다른 학생에게로 가는 것을 보고 현준은 다시 손과 무릎을 매트에 대고 다음 과제의 제시를 기다린다.

① 목적

㉠ 일화기록은 사건이나 행동을 사실적으로 기술함으로써 교사들이 무엇을 하는지, 학생들이 무엇을 하는지, 또는 교사 행동과 학생 행동 간에 어떤 관계가 있는지를 알 수 있다.

㉡ 일화기록에서 중요한 것은 발생한 사건의 옳고 그른 것을 평가하지 않고 객관적으로 기록한다는 것이며 사건에 관한 판단은 일화기록이 완료된 후 이루어져야 한다.

② 장점

㉠ 일화기록은 교수・학습 과정에서 일어나는 많은 사건들에 관해 타당하고 신뢰성 있는 데이터를 수집할 수 있는 유익한 관찰법이다.

㉡ 자료를 정해진 범주에서 수집하지 않을 뿐만 아니라 실제로 일어난 일을 사실적으로 기술하므로 기록된 내용을 여러 가지 관점에서 분석해 볼 수 있다.

㉢ 수업 관찰 중 가치 있는 정보의 손실을 방지하여 준다.

㉣ 상실되기 쉬운 환경적 맥락을 그대로 기술할 수 있다.

③ 단점

㉠ 관찰 후에 상세한 기록을 의미 있는 정보로 분류하는 데 엄청난 시간이 필요하며, 자료 분석에서는 고도의 통찰력과 분석력이 요구된다.

㉡ 일화기록은 단순한 것 같지만 편견 없이 사실적으로 잘 기록하기 위해서는 상당한 훈련이 필요하다.

㉢ 동일한 현상을 다른 관찰자가 다르게 기록할 수 있다.

④ 적용

㉠ 일화기록은 가설을 설정하지 않고 자료를 수집하는 데 유용하게 사용될 수 있다.

㉡ 일화기록이 완료되면 교사는 어떤 내용이 실제로 일어났는지 검토하고, 발생한 내용과 그들 간의 가능한 관계를 이해하기 위해서 노력해야 한다.

㉢ 일화기록법은 어떤 문제에 중요한 구체적인 행동을 사전에 예측할 수 없을 때 교사들이 사용하는 유용한 관찰법이다.

> 일화기록법(anecdotal records)은 관찰자가 '인상적인' 수업 장면을 기록하여 평가에 활용하는 방법이다. 즉, 관찰자는 수업 중 발생하는 사건이나 수업 행동을 주관적인 판단에 따라 상세하게 기록한다. 기록은 무엇이 일어나고 있는지를 사실적으로 기술한다. 이 방법은 주관적 관찰법이지만 목견적 관찰법보다 광범위하고 신뢰성이 높다.

(3) 평정척도

평정척도는 어떤 관찰 현상을 질적 또는 양적 수준으로 분류한다.

- 학생: 홍길동
- 교사: 이철수
- 날짜: 3월 5일
- 수업 내용: 드리블
- 관찰자: 김미진
- 시간: 1시

	1	2	3	4	5	6	7	8	9	10
모두 정확 반응								√		
대부분 정확 반응	√		√		√	√				√
대부분 부정확 반응		√		√					√	
모두 부정확 반응							√			

기록 방법: 교사가 한 가지 이상의 해결 방법을 요구하는 과제를 제공할 때 관찰자는 학생들의 반응이 개념적으로 정확한 해결 방법인지를 결정한다.

예 교사 과제: 볼을 가능한 한 여러 방향으로 드리블한다.
학습자 반응
- 볼을 두 손으로 드리블한다.
- 볼을 뒤로 드리블한다.
- 볼을 땅에 굴린다.
- 볼을 한 손으로 드리블한다.
- 볼을 공중으로 던진다.

관찰자는 다섯 번 시행에서 세 번이 개념적으로 정확한 반응이었으므로 "대부분 정확 반응"을 기록하였다.

① 목적

㉠ 평정척도는 관찰되어야 할 행동이 확인되고 그러한 행동의 구체적인 수준들이 기술되었을 때 사용한다.

㉡ 평정척도는 질적 데이터를 양적으로 기술하는 기록법이다. 이것은 어떤 사건의 질을 관찰하고 그 사건에 수준이나 또는 수치를 부여하는 관찰법이다.

② 장점

㉠ 평정척도는 다른 관찰 도구가 처리하기 어려운 행동의 질적 차원을 기록하는데 적합한 도구이다.

㉡ 평정척도는 신뢰성을 고려하여 주의 깊게 사용할 때 매우 유익한 자료를 수집할 수 있다.

㉢ 평정척도를 계획하는 교사들은 연구할 차원과 그 차원에서 변별되어야 할 수준의 수를 선택해야 한다. 변별해야 할 수준이 적을수록 신뢰성이 높다.

③ 단점

㉠ 평정척도는 매우 간단한 관찰 도구이다. 그러나 평정척도는 개발하기 쉬운 반면 신뢰성 있는 데이터를 수집하는 데에는 한계가 있다.

㉡ 관찰자들이 어떤 평정척도 시스템을 신뢰성 있게 사용하기 위해서는 훈련이 필요하다.

㉢ 평정척도의 사용에서 가장 심각한 문제는 그것의 지나친 남용이다. 때때로 관찰 행동을 신중하게 정의하지 않거나 적절한 훈련을 받지 않고 이 관찰 도구를 사용하는 것을 볼 수 있다. 그러한 경우 평정척도는 주관적으로 양화된 무가치한 자료 밖에 제공할 수 없다.

④ 적용

㉠ 평정척도는 행동의 질적 차원에 관한 정보를 수집하기에 적합한 도구이다.

㉡ 교사나 학습자 행동의 적절성, 학습자의 운동 기능 수준, 반응의 창의성, 반응의 양 또는 기술 반응의 형태적 특징에 관한 자료를 수집할 때 유용하게 사용될 수 있다.

항상 그렇다	1	2	3	4	5	6	7	8	9	결코 그렇지 않다

일반적으로 평정척(rating scale)은 많은 선택점(choice points)을 가질수록 더욱 정확하고 정교하다. 이러한 유형의 평정척 도구가 반드시 신뢰성이 높다고 할 수는 없다. 평정척이 정확하게 세분화된다고 반드시 신뢰성이 높아지는 것은 아니다. 사실, 선택점이 적을수록 오히려 신뢰성은 높다. 그러나 선택점이 적을수록 정확한 정보를 얻을 확률은 그만큼 낮아진다. 결국 신뢰성은 있으나 부정확한 정보를 선택할 것인가, 아니면 정확하지만 신뢰성이 낮은 정보를 선택할 것인가의 문제에 부딪치게 된다. 평정척도를 유사 과학적(pseudo-scientific) 평가 방법이라고 하는 이유는, 선택점이 많을수록 정확한 정보를 얻을 수 있는 반면 신뢰성이 떨어지기 때문이다(신뢰도와 정확도가 상충).

점검표와 평정척도

점검표(checklist)는 표적 행동이나 사항의 발생 유무를 체크하여 평가하는 방식으로, 오랫동안 널리 이용되어 왔다. 점검표는 대체로 "예" 혹은 "아니오"로 기술되어 있으나 때때로 "예"와 "아니오" 사이에 "가끔", "때때로", "드물게", "결코" 등의 반응을 포함하여 구성하기도 한다. 반면에 평정척도(rating scale)는 표적 행동이나 사항에 대해 많은 선택점을 가지도록 정교하게 구성된다.

항목 \ 평가	예	아니오
체육복 착용		√
과제 참여	√	
정시 집합		√

점검표의 예

내용	평점 1: 전혀 그렇지 않다. 5: 매우 그렇다.				
	1	2	3	4	5
1. 수업과정 중에 형성평가 계획이 적절하게 수립되어 있다.				√	
2. 형성평가의 문항이 수업목표 성취도를 충분히 반영하고 있다.					√
3. 형성평가가 학생들의 학습동기를 유발시킬 수 있는 요소들로 구성되어 있다.			√		
4. 교사의 형성평가 실행이 공정하고 일관성이 있다.				√	

평정척도의 예

2. 체계적 관찰(평가) 방법

개념	전통적 교수 사정 도구는 신뢰성과 객관성에 많은 문제가 제기되어 왔다. 체계적 관찰법은 행동 범주의 명확한 정의, 즉 빈도, 시간, 비율, 계열성 등을 이용함으로써 신뢰성과 객관성을 높일 수 있는 측정 도구이다.
장점	• 객관성을 높일 수 있는 자료 수집 방법이다. • 관찰할 행동 범주를 정의하여 결정할 수 있다. • 인상이나 의견이 아닌 관찰 가능한 행동을 직접 관찰할 수 있다. • 효율적인 교수 특성에 관한 중요한 발견점을 유도하였다. • 교수 연구와 교수 기술의 향상을 위한 기초가 된다. • 신뢰성을 높이려면 다양한 행동 범주를 정확하게 정의해야 한다. • 배우기 쉽고 사용하기 편리하다.
단점	• 정의된 행동 범주만이 관찰된다. • 창의적 수업 등 복합적인 수업 장면을 측정하기 힘들다. • 행동 범주에 대한 명확한 정의를 내리지 못할 경우 신뢰성을 떨어뜨릴 수 있다.

(1) 사건 기록법

사건기록은 교수에서 가장 자주 사용되고 있는 관찰 방법이다. 사건기록은 행동이나 사건이 발생하였는지 발생하지 않았는지를 확인해서 기록한다. 관찰자들은 시범과 같은 행동이 발생하면 그것을 체크한다. 따라서 어떤 사건의 발생 빈도는 수업에서 그 행동이 발생한 수에 의해 결정된다.

• 교사: 주길호
• 관찰자: 이재석

• 수업내용: 소프트볼
• 날짜: 5월 7일
• 과제수:

피드백 표적	1	2	3	4	5	6	7	8	9	10	전체	%
학급	√											
집단		√										
개인			√	√								
긍정적 또는 부정적												
긍정적	√	√		√								
부정적			√									
구체성												
일반적				√								
구체적	√	√	√									
피드백의 유형												
평가적	√		√	√								
교정적		√										
단서에 적합												
적합	√	√	√	√								
부적합												

수업의 길이(분) ______________________

분당 피드백의 수 ______________________

사건 기록지

① 목적

㉠ 사건기록은 주로 어떤 행동의 발생 여부나 빈도를 확인할 필요가 있을 때 사용된다.

㉡ 교사 또는 학생 행동을 사건기록으로 관찰하는 교사들은 각 행동을 신중히 정의하고 그 정의에 근거하여 행동이나 사건을 신뢰성 있게 기록할 수 있도록 연습해야 한다.

② 장점

㉠ 교사와 학생의 상호 작용에 대한 기록을 간단히 측정할 수 있다.

㉡ 사건기록은 타당하고 신뢰성 있는 자료를 얻을 수 있는 체계적인 관찰 방법이다.

㉢ 관찰자가 발생 여부의 판단에 의해 기록하기 때문에 매우 실용적인 자료 수집 방법이다.

㉣ 신뢰성 있는 자료 수집의 가능성은 한 번에 관찰해야 할 행동 수, 판단에 요구되는 관찰자의 추론의 수준이 증가함에 따라 감소한다.

③ 단점

㉠ 사건기록의 타당성은 행동의 변별에 사용되는 정의의 적절성에 달려 있다. 행동 범주에 대한 적절성의 문제가 있을 경우 타당성이 떨어질 수 있다.

㉡ 맥락 또는 적절성을 처리하는데 한계가 있으므로 신중하게 사용해야 한다.

④ 적용

㉠ 사건기록은 어떤 행동의 발생에 관한 양적 정보가 필요할 때 유용하게 사용된다.

㉡ 맥락 또는 적절성을 처리하는데 한계가 있으므로 신중하게 사용되어야 한다.

사건 기록법(event recording)은 일정 시간 내에 일어나는 개별적인 사건을 누가 기록하는 방법을 말한다. 예컨대, 교사와 학생간의 긍정적인 상호작용을 기록하거나 학생들의 규칙 위반 행동을 기록하는 것이 이에 해당된다.

(2) 지속시간 기록법

지속시간 기록은 시간의 사용에 관한 정보를 제공하는 관찰 도구이다. 이 관찰 기술은 교수·학습 과정의 구체적인 차원에 대해 시간이 어떻게 또는 얼마나 사용되는지에 관한 자료를 제공한다. 관찰자는 학습자가 다음 활동에 참여할 때 타임 라인(Time line)에 행동 범주를 기록하거나 실제로 소비한 시간을 기록한다.

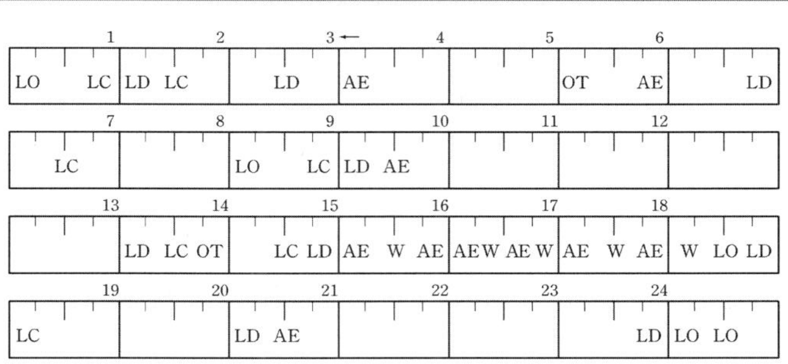

기록 방법: 관찰자는 학습자가 다음 활동에 참여할 때 타임 라인에 행동 범주를 기록한다.

- LC(Listening to Teacher): 교사에 경청(내용)
- LD(Listening to Teacher): 교사에 경청(행동)
- LO(Listening to Teacher): 교사에 경청(조직)
- AO(Active: Getting Ready for Actvity): 활동의 준비
- AE(Active: Engaged in Activity): 활동에 참여
- W(Waiting Turn): 차례의 대기
- OT(Off Task): 비과제

지속시간 기록지(타임라인)

- 교사: 김홍길
- 수업수:
- 날짜: 3월 5일
- 수업 내용: 농구
- 관찰자: 김길동

게임 플레이의 단계에 소비한 시간

단계		전체 시간	%
1단계	30초, 40초, 20초	90초	5
2단계	40초, 100초, 100초, 148초	388초	22
3단계	10초, 10초	20초	1
4단계	500초, 800초	1300초	72
수업 시작 시간: 10시 45분			전체 수업 시간 1798초
수업 종료 시간: 11시 30분			

기록 방법: 관찰자는 학생들이 게임 플레이의 네 단계 중 한 단계에서 연습하기 시작할 때 초시계로 시간을 측정하기 시작한다. 그 단계에서 연습이 끝나면 측정을 중단한다. 각 단계에 소비한 실제 시간의 양이 적절한 라인에 기록된다. 수업이 종료되면 각 단계에 소비한 시간을 합한 다음 전체 수업 시간으로 나누어 각 단계에 소비한 시간의 퍼센트를 구한다.

지속시간 기록지(실제시간)

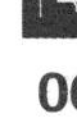

① 목적

㉠ 지속시간 기록에서 사용되는 기본 도구는 초시계이다. 관찰자들은 어떤 사건의 시작에서 끝까지의 시간을 기록한다. 그런 다음 그 사건에 대한 시간을 합하여 수업이나 단원에 대한 전체 시간을 얻는다.

㉡ 지속시간 기록의 방법에는 타임 라인을 사용하는 방법과 실제로 소비한 시간을 기록하는 방법 등이 있다. 타임 라인을 사용하는 관찰자는 어떤 사건이 발생하여 종료될 때마다 타임 라인에 기록한다. 타임 라인의 사용은 사건들 간의 관계를 유지할 수 있는 장점이 있다. 실제로 소비한 시간을 기록하는 방법은 계열성이 중요하지 않고 무엇에 얼마만큼의 시간을 한 단원에서 소비하였는지에 초점을 둔다.

㉢ 지속시간 기록은 교사의 시간 사용에 관한 정보를 제공해 준다.

㉣ 지속시간 기록은 학생들이 수업에서 자신의 시간을 어떻게 사용하는지를 이해하는데 필요한 정보를 제공한다. 대부분의 지속시간 관찰 도구는 학습 지도의 경청, 대기, 조직, 기능의 수행 또는 게임 등과 같은 독립적인 행동 범주에서 학생들의 시간 사용을 기록할 수 있도록 개발된다.

② 장점

㉠ 빈도에 의한 측정의 오류를 방지하고 결과를 백분율로 환산함으로써 정확한 학생 학습 참여 정도를 관찰할 수 있다.

㉡ 지속시간 기록은 오랫동안 지속되는 개념의 이해에 필요한 자료를 수집하는 데 적합한 관찰법이다.

㉢ 지속시간 기록은 약간의 노력과 훈련으로 타당하고 신뢰성 있는 자료를 얻을 수 있다.

③ 단점

㉠ 신속하게 변화하는 행동 관찰에는 부적합하다. 기록할 행동이 자주 변하면 그만큼 신뢰성 있는 자료를 얻기가 어려울 뿐만 아니라 실용성이 없는 자료를 수집하게 된다. 예를 들어, 평균 5초 동안 제공하는 교사의 언어 행동을 기록하는 것은 타당하지 못하다.

㉡ 구체적인 행동을 관찰하는 다른 관찰 방법과 마찬가지로 지속시간 기록에서도 어떤 사건의 발생 여부에 대한 정확한 정의가 내려져야 한다. 행동 범주가 명확하지 않으면 신뢰성을 떨어뜨릴 수 있다.

④ 적용

㉠ 지속시간 기록은 교사와 학생들의 시간 사용에 관한 유익한 정보를 제공한다.

㉡ "관찰, 방향 제시, 문제 행동의 처리 또는 활동의 조직에 소비하는 시간이 얼마인가?"라는 교사의 질문은 지속시간 기록을 통해 얻은 자료에 의해 해결될 수 있다.

㉢ 학습자의 시간 사용, 실제 연습 시간과 관련된 행동, 그리고 연습 시간을 제한하는 학습자 행동들도 지속시간 기록법을 사용함으로써 필요한 자료를 수집할 수 있다.

사건 기록법으로는 학생의 참여 정도에 관한 유용한 정보 습득이 불가능하기 때문에, 학생의 행동을 시간 단위(분, 초)로 측정하는 방법을 이용할 필요가 있다. 지속시간 기록법(duration recording)은 수업 행동의 지속 시간을 시간 단위(분, 초)로 측정하는 방법으로서, 교사의 학습 지도 시간의 양과 학생의 수업 참여 시간의 양 등을 이해하는데 활용이 가능하다.

(3) 동간(간격) 기록법

동간기록에서는 관찰자가 일정한 기간 동안 관찰하여 미리 결정된 행동 범주들 중 어떤 범주가 관찰할 내용을 가장 잘 기술하는지를 결정한다. 동간기록 관찰 체계는 기록 간격과 관찰 간격을 번갈아 사용한다.

O	O	O	C	C	I	I	I	I	I	I	I
I	I	O	O	O	O	O	I	I	I	I	O
O	O	NC	NC	NC	O	R	NC	R	R	I	NC
E	NC	NC	NC	R	R	O	I	I	I	O	O
O	O	O	O	E	R	R	I	R	R	R	NC

관찰 방법: 관찰자는 각 5초 간격에 대해 다음의 행동 범주들 중 어느 범주가 교사가 참여하는 수업 지도 기능을 가장 잘 기술하는지 지시한다.

행동(C)
조직(O)
제시(I)
세련(R)
확대(E)
응용(A)
내용 무관(NC)

관찰된 간격의 전체 수 ____________________

"/"는 활동의 시작과 끝을 의미한다.

전체 행동 ____________ %행동 ____________
전체 조직 ____________ %조직 ____________
전체 제시 ____________ %제시 ____________
전체 세련 ____________ %세련 ____________
전체 확대 ____________ %확대 ____________
전체 응용 ____________ %응용 ____________
전체 내용 무관 ____________ %내용 무관 ____________

▲ 동간 기록지

① 목적

㉠ 수업에서 시간 사용에 관한 구체적 기술이 필요할 때 사용한다.

㉡ 동간기록은 관찰 간격 내에 한 가지 이상의 행동이 일어나지 않을 때 사용될 수 있다.

② 장점

㉠ 일반적으로 시간 간격이 짧을수록 타당하고 신뢰성 있는 자료를 수집할 가능성이 높다. 동간기록에서는 행동을 관찰하고 기록하는데 시간의 제한을 받게 된다. 또한 체육 수업에서 발생하는 대부분의 행동들은 시간의 길이로서 나타나며 변별에 필요한 시간은 3~5초이다.

㉡ 동간기록에서는 행동이 순서적으로 기록되므로 계열성에 관한 정보를 획득할 수 있다.

㉢ 두 관찰자에게 동시에 관찰하게 함으로써 관찰 체계의 신뢰성을 확보할 수 있다. 그러한 목적의 달성을 위해 관찰자로 하여금 함께 앉아 서로 신호를 보내거나 녹음된 단서를 사용하게 할 수 있다.

③ 단점

㉠ 관찰 간격과 기록 간격을 반복하며 얻은 결과가 실제로 일어난 것과 다를 수 있다. 즉, 기록 간격 동안 발생한 행동들이 기록되지 않을 수 있다.

㉡ 행동 범주에 대해 명확히 정의 내리지 못할 경우 신뢰성이 떨어질 수 있다.

④ 적용

㉠ 간격 기록은 수업에서 시간의 사용에 관한 구체적인 기술이 필요할 때 지속시간 기록과 같은 방법으로 사용될 수 있다. 교사 행동은 관찰자가 원하는 어떤 구체적인 수준에서 변별될 수 있다.

㉡ 동간기록 시스템의 개발에서 중요한 것은 간격의 길이에 관한 결정이다. 관찰 내용에 대한 적절한 간격을 결정함으로써 하나의 간격에서 한 가지 이상의 행동이 일어나는 것을 피할 수 있다.

㉢ 측정 단위가 작은 간격 기록은 행동의 계속적인 기록을 가능하게 한다. 측정 단위가 작을수록, 행동 범주를 보다 철저하게 변별할수록 수업의 실제 내용을 보다 완전하게 기술할 수 있다.

㉣ 동간기록에서는 항상 시간에 맞추어 관찰과 기록을 해야 한다. 따라서 초시계나 관찰과 기록을 알리는 녹음테이프가 자주 사용된다.

간격 기록법(interval recording)은 행동을 단시간 간격으로 관찰하고 어떤 행동이 각 시간 간격을 대표하는지를 결정하는 방법을 말한다. 예컨대, 전체 시간을 5~10초의 동일한 간격(동간)으로 구분하여 첫 번째 간격에서는 행동을 관찰하고 두 번째 간격에서는 그 간격을 대표하는 행동을 기록한다. 관찰시작 시간과 기록시작 시간을 미리 녹음테이프에 녹음한 다음 이어잭에 연결하여 기록 및 분석에 사용한다.

(4) **집단적 시간표집법**[플라체크(Placheck)법, 순간적 시간표집법]

시간표집에서는 관찰자가 일정한 간격을 두고 어떤 수업 사건의 발생 여부를 결정한다. 보통 시간표집의 관찰 간격은 동간기록보다 길다.

학생 행동 분석

학급: 제5차시 축구　　교사: 홍길동　　학생수: 30명

관찰자: 원영철　　관찰시간: 13:30 ~ 14:00(30분)

(3분마다 1회씩 집단적 시간 표집)

학생행동 \ 시간	1:30	1:33	1:36	1:39	1:42	1:45	1:48	1:51	1:54	1:57	평균(명)	비율(%)
과제 참여 행동	20	30	28	26	27	30	30	29	30	28	27.8(명)	92.7(%)
일탈 행동	10	0	2	4	3	0	0	1	0	2	2.2(명)	7.3(%)

집단적시간표집 기록지

- 교사: 이재원
- 수업 내용: 무용
- 학년: 2
- 날짜: 12월 10일
- 관찰자: 김동현

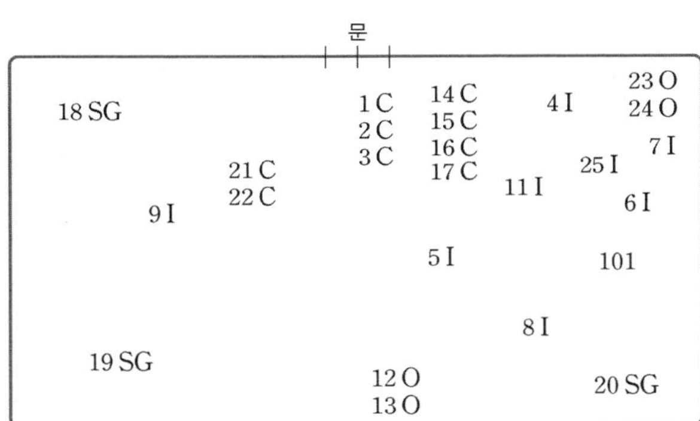

기록 방법: 관찰자는 1분 간격으로 교사가 연습 지역의 어디에 위치하는지 일련 번호로 표시하고, 지향하는 표적을 함께 기록한다.

개인(I), 소집단(SG), 학급(C), 관찰(O), 장비(E)

시간표집 기록지

① 목적

㉠ 시간표집은 신속하게 변화되지 않는 수업 사건들을 관찰하기 위해 사용된다. 어떤 순간에 과제에 참여하고 있는 학생 수를 점검하기 위해 이 관찰 방법을 사용한다. 관찰자는 매 2~3분마다 학습 활동에 적극적으로 참여하는 학생들과 부적절한 행동을 하는 학생 수를 셀 필요가 있을 때 시간표집 관찰법을 사용할 수 있다.

㉡ 시간표집도 교사의 위치를 결정하는 데 유용하게 사용될 수 있다.

② 장점

㉠ 시간표집은 매우 짧은 시간에 유익한 정보를 수집할 수 있게 한다.

㉡ 시간표집은 별도의 관찰 시간을 거의 소비하지 않으므로 다른 수업 사건에 대한 다른 관찰법의 사용을 가능하게 한다.

㉢ 시간표집은 별도의 관찰 시간이 필요하지 않으므로 교수 활동을 수행하면서 전체 학생들이나 개인 학생들에 관한 정보를 수집할 수 있는 장점이 있다.

㉣ 관찰 행동이 적절하고 명확하게 정의되면 신뢰성과 타당성이 높은 자료를 수집할 수 있다.

㉤ 시간의 간격이 짧을수록 표집 오차를 적게 반영하는 자료를 수집할 가능성이 높다.

③ 단점

㉠ 시간표집은 신속하게 변화하는 행동을 관찰하는 데 부적합하다. 예를 들어, 교사 피드백에 관한 정보를 수집하기 위하여 시간표집을 사용하는 것은 부적합하다. 피드백은 수업의 어떤 과정에서는 연속해서 일어나고, 어떤 과정에서는 거의 일어나지 않는다.

㉡ 행동 범주에 대해 명확히 정의 내리지 못할 경우 신뢰성이 떨어질 수 있다.

④ 적용

㉠ 시간표집은 수업 전반에 걸쳐 일어나는 학습 지도 사건이나 특징들에 관한 정보를 수집하는데 유용한 관찰 방법이다.

㉡ 시간표집을 사용하여 수업 내용을 기록할 수 있다. 즉, 시간표집 기록법을 통해 다른 기능과 기능 발달의 다른 단계에 얼마만큼의 시간이 실제로 소비되었는지를 결정할 수 있다.

㉢ 시간표집을 사용하는 교사들은 그들이 원하는 수업 사건, 연구할 차원의 결정 방법, 그리고 그 차원에 관해 타당한 자료 수집에 필요한 적절한 간격을 결정해야 한다. 적절한 간격은 매우 작은 시간 단위로 시작하여 표집지가 수업의 실제를 반영하는 수준까지 시간 단위를 증가시키면서 결정한다.

집단적 시간표집법(group time sampling)은 한 집단의 전체 구성원에 대해서 정기적인 데이터를 수집하는 방법으로, 플라첵(Placheck : planned activity check)이라고도 한다. 수업 관찰 중 규칙적인 시간 간격(10초 이내)으로 학생들을 신속하게 둘러보고 어떤 행동에 참여하는 학생들의 숫자를 헤아린다. 학생의 수업참여 정도, 노력 정도, 적절한 행동 등과 같은 사항을 관찰하는 데 적합하다.

(5) 자기 기록법

① 목적

㉠ 자기 기록법은 관심 있는 행동을 제3의 관찰자의 힘을 빌리지 않고 기록하는 방법을 말한다.

㉡ 이 방법은 교사가 자신의 교수 기능을 개선하는 장학 자료로 활용하는데 유용하다.

② 장점

㉠ 교사 자신의 교수 행동에 대한 객관적인 자료의 수집이 가능하다.

㉡ 교사 스스로 관찰할 행동범주를 결정할 수 있다.

㉢ 기초 자료와 지속적인 자료의 비교를 통해 교수 기능을 개선할 수 있다.

㉣ 자기 장학 자료로 활용할 수 있다.

③ 단점

㉠ 시간과 노력이 많이 필요하다.

㉡ 조작적으로 정의된 행동 범주만 관찰함으로써 수업의 단면만 분석할 가능성이 있고, 예견치 못한 중요한 장면을 관찰하기 힘들다.

교수 및 교수 결과의 관찰 도구

관찰 도구	특징	장점	단점
직관적 판단법	교수에 대해 경험 있는 장학사가 교사의 활동에 대해 전체적으로 내리는 판단	교수·학습에서 일어나는 문제의 확인이 용이	신뢰성 및 타당성 결여
목견적 관찰법	교사의 지도 행위를 일정 시간 관찰한 다음 토의하는 방법	구체적인 사건이나 가치 있는 정보에 대한 논의에 유용	체계적인 교수 기술 향상의 어려움
일화 기록법	수업 중 발생하는 행동 범주와 관련된 사건 및 행동 기록	환경적 맥락의 기술 가능	정보 분류 시간 필요
점검표 및 평정 척도	관찰자가 판단을 내린 일련의 진술이나 특징을 점검토록 작성한 것	진실한 자료 수집 가능 질적 차원 기록에 적합	진술 항목 정의의 불명확성 빈번한 남용 사례
	많은 선택점 포함	질적 차원의 행동 기록에 적합	빈번한 남용 사례
사건 기록법	개별적인 사건의 누가 기록	신뢰성 있는 자료 수집 가능	사건 기록의 타당성 확보의 어려움
지속 시간 기록법	학생의 행동을 시간 단위로 측정	전반적인 개념의 이해에 필요한 자료 수집에 적합	신속하게 변화하는 행동 관찰에 부적합
간격 기록법	행동을 단시간 관찰하고 대표 행동을 결정	계열성 있는 정보 획득	행동 관찰 시 시간적 제한
집단적 시간 표집법	규칙적인 시간 간격으로 특정 행동에 참여하는 학생 기록	교수 활동 유지 상태에서 관찰 가능	신속하게 변화하는 행동 관찰에 부적합
자기 기록법	스스로 기록	자기 교수 수행 통제를 평가 가능	시간과 노력이 많이 필요함

Chapter 06

순간적 시간표집 기록(momentary time sampling recording)

- '순간적 시간표집 기록'은 전체 관찰 시간을 일정한 간격으로 분할한 다음 각 동간이 종료되는 순간에 관찰한 행동이나 사건을 기록하는 관찰법이다.
- '순간적 시간표집 기록'은 전체 관찰 시간을 똑같은 간격으로 분할하여 자료를 수집한다는 측면에서는 '동간 기록'과 거의 비슷하다고 생각할 수 있지만 관찰 시점과 관찰 시간의 크기에 있어서 뚜렷한 차이가 있다.
- '동간 기록'은 동간이 시작하는 시점부터 끝나는 시점까지 관찰을 계속하지만 '순간적 시간표집 기록'은 각 동간이 종료되는 순간에 일어난 행동을 관찰·기록한다.
- '순간적 시간표집 기록'에 사용되는 동간의 크기는 '동간 기록'에서 사용하는 시간의 크기보다 크며, 자주 사용하는 동간의 크기는 1~10분이다. 동간의 크기는 전체 관찰 시간과 표집 수 또는 관찰 회수를 고려하여 결정하며, 자주 관찰할수록 동간의 크기를 짧게 분할한다. 동간의 크기는 일반적으로 동일하지만 필요에 따라 달리 할 수 있다.
- '순간적 시간표집 기록' 또한 '동간 기록'처럼 관찰과 기록을 알리는 단서 테이프와 이어폰을 사용하면 자료를 효과적으로 수집할 수 있다. 손목시계나 초시계를 사용할 수 있지만 관찰에 몰두하다보면 각 동간이 종료되는 시점을 잊어버리거나, 종료 시점을 확인하기 위해 자주 초시계를 들여다보는 것이 관찰에 방해가 될 수 있다.
- '순간적 시간표집 기록'을 처음 사용하는 관찰자는 한 가지 행동을 일정한 크기의 동간으로 관찰을 시작하고, 익숙해지면 표적 행동의 수를 증가시키거나 동간의 크기를 달리하여 관찰하도록 해야 한다.
- '순간적 시간표집 기록'으로 수집한 자료는 대개 전체 동간에 대한 퍼센트로 표현한다. 두 가지 이상의 행동이나 사건을 순간적 시간표집으로 기록한 경우에는 각 표적 행동에 대한 퍼센트를 계산한다.

집단적 시간표집 기록(group time sampling recording)

- 한 집단의 전체 구성원들의 활동에 대해서 정기적으로 자료를 수집하는 '플라첵'도 일종의 '순간적 시간표집 기록'이라고 할 수 있다.
- '플라첵'은 일정 시간 간격을 두고 전체 학생들을 관찰한 다음 특정 행동에 참가하고 있는 학생들의 숫자를 세어 기록하는 것을 말한다.
- '플라첵'은 전체 학생 가운데 얼마나 많은 학생이 주어진 과제에 참여하는지, 교사의 설명에 집중하는지, 학습 목표에 적합하게 참여하는지 등을 관찰하기 때문에 '집단적 시간표집 기록'이라고도 한다.
- '플라첵'은 일정 간격으로 전체 학생들을 10초 이내에 훑어보고 표적 행동에 참가하는 인원을 세어 기록하게 되는데, 효과적으로 세는 방법은 가장 적게 참가하는 행동범주를 측정하는 것이다. 예를 들어, 어떤 과제에 열심히 참가하는 학생과 그렇지 않은 학생에 관한 자료를 수집해야 한다면 열심히 참가하지 않는 학생들보다 열심히 참가하는 학생들이 많으므로 열심히 참가하지 않는 학생들을 세어 기록하는 것이 효과적이다. 열심히 참가하는 학생은 전체 학생에서 열심히 참가하지 않는 학생을 빼면 계산할 수 있기 때문이다.
- '플라첵'은 수업을 진행하면서 잠깐 동안의 관찰로 학생들의 학습활동에 관한 정보를 수집할 수 있는 자료 수집 방법이다. 45분 수업에서 5분 간격으로 9번의 관찰을 10초씩 하면 1분 30초의 시간으로 집단 행동에 관한 의미 있는 정보를 얻을 수 있다.
- '플라책'의 경우 전체 학생들 가운데 몇 퍼센트가 어떤 행동범주에 참여하는지를 계산한다. 어떤 시점에 특정 활동에 참여한 학생이 전체 학생의 몇 퍼센트인지를 계산한다.

3. 관찰 도구

(1) 상호 작용 분석 시스템(CAFIAS : Cheffers' Adaptation of FIAS)

① 상호 작용 분석은 복잡한 관찰 방법의 하나로, 행동 범주를 교사 행동과 학습자 행동으로 구분하고 각 행동이 일어나는 순서에 따라 기록한다. 최초의 상호 작용 분석 체계는 Flanders 상호 분석 체계(FIAS)이며, 원래 교사와 학습자간의 언어적 상호작용 패턴을 기술하기 위해서 개발되었으나, 현재는 수업 분위기의 측정을 위해 사용되고 광범위하게 사용되고 있다.

② 상호 작용 분석 체계는 교사의 직접 또는 간접적인 영향과 그러한 행동의 결과로 나타나는 학습자 반응의 유형을 기술할 수 있다. 관찰 결과는 행동을 기술하기 위해 사용된 행동 범주의 범위와 계열성에 관한 기록이다.

③ 상호 작용 관찰 체계는 명확히 정의된 행동 범주가 있으므로 관찰자들은 행동이 어떤 행동 범주에 속하는지를 결정해야 한다. 대부분의 체계는 행동 범주에서 변화가 발견되거나 발견되지 않을 때 3, 5 또는 10초 간격으로 행동을 기록한다.

④ 상호 작용 분석적 관찰에서 나타나는 것은 사건의 발생 빈도뿐만 아니라 행동 패턴의 계열성이다. 이러한 계열성을 행동 연쇄 또는 행동 에피소드라고 한다.

⑤ 장점

㉠ 상호 작용 관찰 체계의 장점은 포괄성과 사건의 범위와 계열성 보존에 있다.

㉡ 사건들의 계열성이 보존되므로 사건들 간의 관계 분석이 가능하다.

⑥ 단점

㉠ 상호 작용 분석 체계의 가장 큰 단점은 실용성이다. 가장 간단한 차원에 관한 상호 독립적이면서 포괄적인 범주들을 계획하는 데도 상당한 시간이 필요하다.

㉡ 기록은 신속하고 포괄적으로 이루어져야 하므로 대부분의 상호 작용 관찰 체계를 신뢰성 있게 사용하는 방법을 학습하는 데는 많은 시간이 필요하다.

(2) 체육의 실제 학습 시간(ALT-PE) 분석 시스템

① 체육의 실제 학습 시간(Academic Learning Time-Physical Education : ALT-PE)은 체육 수업에서 학습자가 적절한 학습 과제에 성취감을 느끼면서 참여한 시간의 양을 측정하기 위해 개발되었다.

② 첫째, 적절한 (난이도의) 과제 수준, 둘째, 학습 과제에 대한 성공 지향성, 셋째, 학습 과제에 참여한 시간(양)의 세 가지 요소가 포함된다.

③ ALT-PE는 여러 가지 다양한 관찰 방법과 함께 사용될 수 있다.

④ 학생들이 적절한 난이도 수준에서 운동 활동에 참여하는 시간의 양을 측정할 수 있다.

⑤ 행동 범주의 정의를 적절한 운동, 부적절한 운동, 지원적 운동, 운동 불참으로 나누었다.

㉠ **적절한 운동**: 학습자가 과제 지향의 운동에 높은 비율의 성공을 경험하면서 참여하는 것

㉡ **부적절한 운동**: 학습자가 과제 지향의 운동에 참여하지만, 운동이나 과제가 개인 능력에 너무 어렵거나 쉬워서 그것의 연습이 수업 목표에 기여할 수 없는 것

㉢ **지원적 운동**: 학습자가 다른 학생들이 그 활동을 학습하거나 수행하는 것을 도와주기 위한 목적으로 과제 지향의 운동에 참여하는 것

㉣ **운동 불참**: 학습자가 과제 지향의 운동에 참여하지 않는 것

⑥ 위의 네 가지 행동 범주에 대해 자료를 수집하기 위한 관찰 방법으로 사건기록법, 지속시간기록법, 동간기록법, 집단시간표집법을 사용한다.

⑦ 적절한 난이도 수준으로 운동 활동에 참여하는 시간의 양이 많을수록 학생의 학업성취도가 향상되는 것으로 본다. 우수한 교사는 학생의 ALT-PE를 향상시키는 수업 전략을 사용한다.

학습 시간의 개념 분류	
체육에 할당된 시간(AT)	체육에 할당된 시간은 학교 당국이 체육 활동에 할애한 시간이다.
운동 참여 시간(MET)	체육 활동에 학습자들이 소비한 시간이다.
과제 참여 시간(TOT)	학습자가 학습 과제에 실제로 투입한 시간량에 영향을 미치는 변인으로 학습자의 학습 과제에 대한 내재적 동기 수준을 제시하고 이 동기 수준에서 교사의 필수 행동이 영향을 미친다는 것이다.
실제 학습 시간(ALT)	교사가 학업적 과제에 할애한 시간이 아니라 학습자가 수업 내용에 참여하여 소비한 시간이다.
체육의 실제 학습 시간 (ALT-PE)	학습자가 적절한 학습과제에 적절한 과제 성공률(80% 이상)을 보이며 체육 수업에 참여하는 시간이다.

깔때기 효과(Funneling effect)
학습 시간의 개념은 교수 효율성이나 학습자의 학습 성취를 예언하는 변인으로 여겨지고 있다. 체육에 할당된 시간에서 실제 학습 시간에 이르기까지 학습 시간은 점차 감소하는 경향을 보이는데, 이를 깔때기 효과라고 한다(Metzler).

(3) 학습자의 시간 사용

① 행동 범주의 정의로 운영-조직, 운영-행동, 활동, 지도, 비과제를 사용하였다.

㉠ **운영-조직**: 학습자들이 수업 내용을 지원하는 사람, 시간, 용구, 또는 공간의 조직적 운영에 참여하거나 그것에 관한 설명을 듣는 것

㉡ **운영-행동**: 학습자들이 교사의 기대 행동에 참여하거나 그것에 관한 설명을 경청하는 것

㉢ **활동**: 학생들이 수업 내용에 활동적으로 참여하는 것

㉣ 지도: 학생들이 수업 내용에 관한 정보를 수용하는 것

㉤ 비과제: 학생들이 교사가 지시하는 활동에 참여하지 않는 것

② 기록 절차는 다양한 방법이 있으며 지속시간 기록은 타임 라인을 이용하거나 적절한 범주에 실제 시간을 기록함으로써 시간의 사용을 측정한다.

③ 교사에게 학습자의 연습 기회에 관한 척도를 제공한다.

(4) 내용 발달

전달 과제	확대, 세련 또는 응용 과제가 아닌 운동 과제를 진술 또는 제시하는 것이다.
세련 과제	학생들이 이전의 과제 수행 방법을 질적으로 향상시킬 것을 모색한다.
확대 과제	다양한 반응을 모색하거나 이전의 과제에 복잡성이나 난이성을 더한다.
응용 과제	학생들에게 운동 기능을 응용 또는 경쟁적인 상황에서 사용하도록 하는 것이다.

사건기록이나 지속시간기록을 사용할 수 있다. 수업에서 세련 과제와 확대 과제가 계속해서 결여되거나 교사들이 세련 과제와 확대 과제를 거치지 않고 바로 전달 과제에서 응용 과제로 진행하면 내용 발달의 적절성이 문제된다.

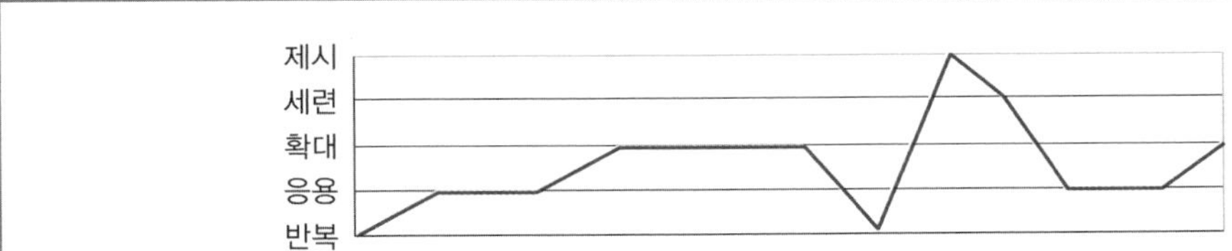

기록 방법: 과제가 제시되면 관찰자는 그 과제가 지식, 세련, 확대 또는 응용 과제 중 어느 것인지 또는 같은 과제가 반복되는 것인지를 결정한다. 과제들이 제시된 순서에 따라 그래프의 열과 줄에 점을 찍어서 연결한다.

과제 초점 기록지(내용 발달)

(5) 교사 피드백

행동 범주의 정의로 학급, 집단, 개인, 평가적, 교정적, 일반적, 구체적, 긍정적, 부정적 피드백을 사용하였다. 기록 방법으로 사건기록법을 사용하였다. 일반적인 것보다 구체적인 피드백, 부정적인 것보다 긍정적인 피드백을 제공하는 것이 바람직하다.

- 교사: 홍길동
- 날짜: 6월 5일
- 수업 내용: 배구 스파이크
- 관찰자: 이수정

		학급	집단	개인
평가적	일반적	긍정적 / 부정적	긍정적 / 부정적	긍정적 / 부정적
	구체적	긍정적 / 부정적	긍정적 / 부정적	긍정적 / 부정적
교정적		긍정적 / 부정적	긍정적 / 부정적	긍정적 / 부정적

전체 피드백 88
전체 피드백 60 % 평가적 68
전체 피드백 28 % 평가적 32
전체 피드백 42 % 평가적 70
전체 피드백 18 % 평가적 30
전체 피드백 42 % 평가적 47
전체 피드백 _____

⊙ 교사 피드백 기록지

(6) 학습자의 행동

① 행동 범위의 정의로 조직, 권고, 평가, 예방, 교정, 긍정, 부정으로 두었다.

㉠ **조직**: 학습자가 해야 할 행동에 관해서는 기술하지만 즉각적인 반응을 기대하지 않는 교사의 언어 행동

㉡ **권고**: 학습자의 행동 방법에 관해서 얘기하고 즉각적인 반응을 기대하는 교사의 언어적, 비언어적 행동

㉢ **평가**: 학습자의 행동을 판단하는 교사의 언어적 또는 비언어적 행동

㉣ **예방**: 조직, 평가, 권고의 행동이 실제로 발생되기 전에 그 방법에 대해 교사가 이야기하는 것

㉤ **교정**: 조직, 권고 등과 관련된 행동이 실제로 발생한 후에 그 방법에 관해 교사가 이야기하는 것

㉥ **긍정**: 조직, 권고 등에 관한 행동을 긍정적인 맥락에서 표현하는 교사의 언어 행동

㉦ **부정**: 조직, 권고 등에 관한 행동을 부정적인 맥락에서 표현하는 교사의 언어 행동

② 사건기록에 의해 관찰한다.

③ 계속적인 교정을 통해 행동하는 방법을 학습하게 한다.

	예방	수정
조직	긍정적 / 부정적	긍정적 / 부정적
권고	긍정적 / 부정적	긍정적 / 부정적
평가	긍정적 / 부정적	긍정적 / 부정적

전체 행동 ____________

전체 조직	________	% 조직	________
전체 예방	________	% 예방	________
전체 수정	________	% 수정	________
전체 권고	________	% 권고	________
전체 예방	________	% 예방	________
전체 수정	________	% 수정	________
전체 평가	________	% 평가	________
전체 예방	________	% 예방	________
전체 수정	________	% 수정	________

학습자 행동 기록지

체육 수업 장학의 유형	
임상 장학	수업 중 교사와 학생 사이에 이루어지는 교수·학습 활동의 상호작용 과정에 초점을 두고서 교사의 수업 전문성과 학생의 학습 향상을 꾀하려는 장학을 말한다. 일반적으로 수업 전문성이 높은 학교장, 동료 교사, 장학사 등이 교사와 함께 체계적으로 장학 계획을 수립하고 수업 후에도 함께 수업을 관찰·분석하여 개선책을 찾는다.
자기 장학	교사가 자신의 수업을 개선하는데 다른 사람의 도움을 받기 어려운 상황에서, 자신의 수업에 대한 비디오 녹화, 수업 일지, 일화 기록 등의 자료를 수집하여 스스로 비판적, 반성적으로 분석하여 전문성 발달을 꾀하는 방법이다.
교과 전문가 장학	교사가 자신의 수업을 개선하고 전문성을 향상시키기 위해 장학사, 수석 교사 등과 같이 교과에 대한 전문적 식견이 높은 사람으로부터 심층적 분석과 컨설팅을 받는 형태의 장학이다.
동료 장학	두 명 이상의 교사가 서로 수업을 관찰하고, 관찰 사항에 관하여 상호 조언하며, 서로의 전문적 관심사에 대하여 토의함으로써 자신들의 전문적 성장을 위해 함께 연구하는 형태의 장학이다.

13 교수 · 학습의 이해

1. 교수 이론

(1) 교수 학습과정에서 고려되어야 할 4가지 특성(Bruner)

① 학습자 개개인에게 학습하려는 경향성을 가장 효과적으로 심어주는 구체적인 경험이 반드시 고려되어야 한다.

② 지식의 구조화

③ 학습의 효율성을 높이기 위해서는 학습자와 학습 자료간의 매개 방법이 매우 중요하다.

④ 어떤 수업이론이든 상벌과 강화는 반드시 고려하여야 할 주요 특성이다.
작동적 표현 → 영상적 표현 → 상징적 표현 (Bruner가 주장한 지적 발달 순서)

(2) 교수의 원리

① 직관의 원리
사물과 실물을 직접 관찰하는 교육이다.

② 자발성의 원리
학습자의 학습 활동을 능동적 · 자발적으로 전개시켜 학습자가 자기 발전을 보장하고 능력이 발달되도록 하는 것이다.

③ 개별화의 원리
학습자의 지능, 특성, 흥미, 배경 등의 개인차를 고려하여 학습자의 능력을 발달시켜야 한다.

④ 사회화의 원리
각 개인의 자기 실현을 돕도록 하는 것이다.

⑤ 목적의 원리
학습 목표가 분명하게 인지되었을 때 적극적으로 학습 활동을 하게 되고, 교사의 입장에서는 교수 목표 내지 교육 목표의 설정 기준과 지침을 제시해 줄 뿐만 아니라 목적에 합당한 교육 내용의 선정 · 조직의 타당성과 과학성의 준거를 제공하고, 지도 방법의 방향 의식과 교육 성과에 대한 평가 기준을 제공하게 된다.

⑥ 통합의 원리
지적, 정서적, 신체적, 도덕적으로 조화로운 발달을 도모하는 전인 교육을 지향한다.

2. 학습 이론

(1) Gagne의 학습 이론

① 신호 학습
조건 반사적으로 학습이 이루어진다.

② 자극 반응 학습
특정한 자극에 대한 반응을 형성하는 것을 목표로 한다.

③ 연쇄 학습
학습 내용 전체를 세부 단계로 나누고 순서대로 반응을 확인하는 것에 따라 학습 내용의 정착화를 꾀하는 방법이다.

④ 언어 연상 학습
아동들이 이전에 학습한 언어를 여러 가지 패턴으로 연합하는 것을 의미하고 있다.

⑤ 복합 변별
공통점과 차이점을 준거로 하여 사물을 변별하는 학습이다.

⑥ 개념 학습
개념으로 정리하고 어떤 종류의 의미를 부여하는 것이다.

⑦ 원리 학습
2개 이상의 개념을 연결시켜 개념을 설명하는 원리를 찾아내는 학습이다.

⑧ 문제 해결
개념, 원리를 사용해 실험을 시도하는 것이다.

(2) **학습의 원리**(최용섭)

① 효과의 법칙
강화, 피드백

② 준비성의 법칙
학습에 대한 동기, 흥미, 능력, 정서, 성숙 등의 준비성의 요소가 갖추어져 있을 때 학습 효과가 나타난다.

③ 접근의 법칙
선행 학습과 후행 학습이 시간적-공간적-표상적으로 접근하거나 또는 유사성을 띤 학습 재료 간에는 쉽게 학습된다.

④ 빈도의 법칙
학습 행위의 반복 횟수가 많을수록 학습 효과가 높다는 것이다.

⑤ 개별성의 법칙
학습자의 개별적인 능력이나 성향에 따라 학습 효과가 상이하다는 법칙이다.

3. 교수 학습 이론

(1) 교수 학습의 의미

교수 학습 과정에서는 학습자의 심동적, 인지적, 정의적 영역의 발전을 도모하는 것을 목적으로 한다. 따라서 학습자의 행동 변화는 학습자 변인으로서 환경 변인과의 상호작용의 함수 관계로 볼 수 있다.

$$A = F(L \cdot E)$$

A : Achievement(학업성취), L : Learner(학습자), E : Environment(환경)

(2) 교수 학습의 개별화 이론

학습의 개별화 원리로서 현대 교육에서 다면적으로 연구 실천된 것이 프로그램 학습이다. 이 프로그램의 교수법의 원리는 다음과 같다.

① 교재의 구조화의 원리

② 적응의 원리

③ 자극 부여의 원리

④ 통제의 원리

4. 교수 학습 유형

교수 유형은 동일한 학습 내용을 동일 연령 집단의 학습자에게 실시하는 일제 학습, 개별 학습, 개별 지도를 중심으로 하는 개별 교수로 구분할 수 있다. 학습 지도의 형태를 분류하면 다음과 같다.

(1) 학습 지위면

교사 중심에서 학습자 중심의 정도에 따라 자율 학습, 지도 학습, 타율 학습 등으로 분류

(2) 학습 조직면

일제 학습, 개별 학습, 분단 학습, 공동 학습 등으로 분류

(3) 학습 목적면

연습 학습, 문제 학습, 구안 학습, 감상 학습 등으로 분류

(4) 학습 활동면

청취 학습, 토의 학습, 보고 학습, 독서 학습, 관찰 학습, 실험 학습, 조사 학습, 창작 학습, 문제 학습 등으로 분류

MEMO

최병식
전공체육

체육교육학 II

체육교수론

Chapter

07

체육 교수 방법론

체육 교수 방법론

1 체육 수업에의 접근

1. 전통적 수업

(1) 일제식 수업

① 수업 전체가 교사의 명령과 지시에 의해서 일사불란하게 진행되는 것이 특징이다.

② 수업의 시작, 진행, 중지, 종료가 모두 교사의 엄격한 감독하에 이루어지며, 교사가 유일한 통제 권한을 행사한다.

③ 학생들은 교사의 지시에 의해 움직이며 구령에 따라 행동한다. 외형적으로는 학생들의 적극적 참여가 이루어지는 것처럼 보여 지지만, 학생들의 흥미와 배움은 거의 이루어지지 않는다.

④ 획일주의와 전체주의에 학생 개개인의 학습 특성이나 성격 특성이 반영되지 않으며, 기능의 훈련을 넘어서는 전인적 배움의 기회가 마련되지 않는다.

⑤ 교과 내용이 강조되고 학생 흥미가 소외되는 형태의 수업이다.

(2) 아나공 수업

① '아나공 수업'은 학생들이 원하는 것이 무엇이든 간에 그대로 하고 싶은 것을 하도록 내버려두는 방임적 모습의 수업을 말한다.

② 주로 학생들이 원하는 공놀이를 중심으로 체육 수업을 하는 것을 말한다.

③ 학생들의 자발적 참여를 바탕으로 한 수업으로서, 게임 중심으로 이루어지기 때문에 교사의 관여와 지도를 필요로 하지 않는다.

④ 학생 흥미가 강조되어 교과 내용이 소외되는 경우이다.

2. 현대적 수업

(1) 효과적 수업

① 70년대 이후 80년대까지 체육을 가르치고 배우는 과정에 대한 체육 교육 연구자들의 관심은 과학적, 실증적, 객관적 관점으로부터 나온 것이었다.

② 학교에서 학생의 학습을 촉진하기 위해 사용되는 지도 방법은 학문적 이론을 배경으로 하고 과학적으로 검증을 거친 자료를 바탕으로 하는 것이어야 한다고 주장하였다.

③ 체육 수업에서 수업과 관련 없는 시간에 많은 수업 시간을 소모하고 있다는 사실을 밝혀냈다.

④ 실제 학습 시간(ALT-PE)은 많은 연구를 통해 체육 수업의 효율성을 평가하는 가장 직접적이고 정확한 척도로 인정되었다.

㉠ 가르치는 내용 종목에 따라 상당히 다른 양의 ALT-PE가 얻어진다. 체력 운동과 무용을 가르칠 때 가장 높게, 그 다음으로 개인 운동, 단체 운동, 그리고 체조의 순으로 나타났다.

㉡ 초등학교 학생들이 중등학교 학생보다 ALT-PE가 많다.

㉢ 남녀 학생은 성별에 관계없이 거의 동일한 양의 ALT-PE를 갖는다.

㉣ 일반 학급에서 수업을 듣는 장애 학생은 일반 학생들보다 적은 ALT-PE를 갖는다.

㉤ 운동 기능 수준이 낮은 학생은 기능 수준이 중간과 상위에 있는 학생보다 ALT-PE가 적다.

㉥ 학생들은 단원의 초기보다는 그 단원의 마지막 단계에서 보다 많은 ALT-PE를 갖는다.

㉦ '관리적 활동'을 보다 효율적으로 실시함으로써 ALT-PE를 높일 수 있다.

⑤ '실제 체육 학습 시간'에 관한 연구와 함께 '과정-결과 연구', '교사 사고 과정 연구', '학생 사고 과정 연구' 등이 수행됨으로써 효과적 체육 수업을 하기 위한 명확한 지침이 제시되기 시작했다. 효과적인 수업을 실행하는 체육 교사의 수업의 각 측면에 대한 특징을 보면 다음과 같다.

㉠ 체육 수업 계획 측면

ⓐ 목표와 목표를 어떤 방식으로 성취할 것인가에 대한 뚜렷한 생각을 가지고 있다.

ⓑ 학생들의 기능, 지식, 이해 수준 등 개인차를 분석하고 진단하고, 그에 따른 적절한 학습 경험을 처방할 수 있다.

ⓒ 목표를 성취하기 위해 순서를 따라 단계를 밟아 진행한다.

ⓓ 계열성 있는 목표를 설정한다.

ⓔ 학생 개개인에게 의미 있고, 실현성이 있고, 도전감을 불러일으키고, 성취할 수 있는 정도의 목표를 설정한다.

ⓕ 효과적인 수업 관리 절차를 마련하고, 여러 문제 상황을 미리 예견하고, 그에 따른 적절한 처벌과 보상 계획을 준비하고 있다.

㉡ 체육 수업 설명 및 시범 측면

ⓐ 새로운 내용을 명확히 이해할 수 있도록 효과적인 방식으로 설명한다.

ⓑ 예시와 시범을 적절하고 효과적으로 활용한다.

㉢ 체육 수업 관리와 조직 측면

ⓐ 수업 초기 관리적 활동에 대한 명시적 절차와 규칙을 마련하여 예방적 관리 전략을 마련한다. 그래서 보다 많은 학습 시간과 학습 기회를 마련한다.

ⓑ 목표를 명확히 제시하고, 진전 상태를 계속적으로 주시하며, 학생들로 하여금 자신이 배운 것에 대한 책임을 명확하게 의식하도록 조처한다.

ⓒ 학습 중심적인 수업 환경과 분위기를 조성한다.

ⓓ 수업에 활용될 수 있는 자원들을 효과적으로 이용한다.

㉣ 체육 수업 진행 측면

ⓐ 학생 개개인의 어려움을 진단할 수 있는 고도의 관찰 기술을 지니고 있다.

ⓑ 목표와 관련된 다양한 형태의 피드백을 제공한다.

ⓒ 시범과 설명은 간략하고도 명확하게 한다.

ⓓ 수업 운영 시간을 줄이고 학생의 실제 학습 시간을 늘리기 위해 진전 상황을 주시한다.

ⓔ 수업의 흐름을 파악하고 끊이지 않게 유지한다.

ⓕ 내용과 자료의 설명, 그리고 연습 활동에 관한 피드백을 주는 것에 좀 더 많은 시간을 할애한다.

(2) 반성적 수업

① 효과적 체육 수업의 접근이 운동 기능을 효율적으로 가르치는 것에만 관심을 가졌고, 효과적 수업은 체육 활동이 가진 교육적 가치를 소실하도록 만듦으로써 체육 수업이 기능적 수준에 머물고, 체육 교사는 운동 기능만을 가르치는 코치와 다를 바 없는 역할로 전락시켰다.

② 체육 수업이 교육적인 것이 되려면, 체육을 가르치고 배우는 과정에 대한 철학적, 윤리적, 사회적, 예술적 탐구와 성찰을 주된 활동으로 하는 반성적 체육 수업이 되어야 하며 교사는 반성적 체육 교사가 되어야 한다.

③ 반성적 수업의 특징

㉠ 반성적 수업은 수업 활동 자체는 물론이고 수업 활동이 이루어지는 환경(학교, 운동장, 지역사회 등)에도 관심을 가짐으로써 수업 활동을 사회 문화적 맥락에서 이해하려는 체육 교사의 총체적 노력이다.

㉡ 교수 기능의 효율성에 중점을 두고 수업을 행하는 것이 아니라, 학생의 자아실현과 수업의 기회 균등이라는 측면에서도 마찬가지로 강조를 둔다.

㉢ 체육 교사가 자신의 수업 활동에 대한 비판적인 태도를 취하여, 자신의 수업 활동을 구체적으로 검토하고 분석하는 노력을 반드시 동반한다.

㉣ 문제 해결의 순환 과정을 거치면서 진행된다(계획 → 실천 → 관찰 → 반성 → 수정).

㉤ 반성적 수업은 체육 교사 혼자만의 개인적 활동이 아니며, 체육 담당 교사 전체가 참여하는 사회적 노력으로서, 반드시 동료 교사들과의 협동적 대화와 협조 노력 속에서 이루어지는 집단적 작업이다.

④ 반성적 체육 수업의 가장 두드러진 특징은 '수업이 곧 반성'이자 '반성이 곧 수업'이라는 점이다.

⑤ 반성과 실천의 과정이 보다 체계적이고 의도적인 절차를 따라 이루어질 때, 이 과정은 '연구'가 되며 '수업은 연구'이고 '교사는 연구자'가 된다.

⑥ 교사는 자신의 수업 활동에 대한 의식적인 반성과 성찰을 수행하여 철학적, 사회적, 윤리적, 예술적 측면에서의 수업 향상을 도모한다. 이러한 이유로 반성적 교사는 현장개선연구법, 반성적일지작성법, 개인생활사기록법, 교육사례분석법 등 다양한 수업 탐구 방법을 숙지하고 있어야 한다.

3. 좋은 수업

(1) 좋은 체육 수업에서는 학생과 교사가 모두 적절한 교육적 경험을 겪는다.

(2) 학생은 교육과정에 제시된 교육 내용을 습득하고 이해하며 적용할 수 있게 되고, 무엇보다도 이 과정은 즐겁고 흥미로운 과정을 통하여 배우게 된다. 즉 교과 내용과 학생 흥미가 모두 만족되는 것이다.

(3) 교사는 다양한 수업 진행 기법과 관리 기법을 펼침으로써 수업 진행의 효율성을 높이게 되며, 자신의 수업과 학생의 학습에 대한 비판적이고 반성적인 태도를 유지할 수 있게 된다. 즉 효율적 기능과 반성적 태도를 모두 만족시키게 되는 것이다.

(4) 중등학교 체육교사가 갖추어야 하는 수업 능력이란 체육 수업 현장에서 교과, 흥미, 효율, 반성이라는 좋은 수업의 4가지 요소들을 균형 있고 조화롭게 성취하는 능력이다.

구분	장점	단점
일제식 수업	학생의 교과 내용 학습에 있어서 효과	학생의 자율성 제한
아나공 수업	학생의 즐거움 만끽의 강세	교과 학습의 저하
효과적 수업	체육 수업의 효율성에 효과	체육 수업의 비판적 측면 간과
반성적 수업	체육교사 탐구 능력 향상	수업의 효율적 진행 소홀

4. 체육과 수업의 개선

(1) 체육 수업 능력의 향상과 연구

① 시간이 자동적으로 수업 능력 향상을 보장해 주지는 않는다. 중등 교사는 시간이 필요하되 그 시간동안 반성과 탐구를 해야 한다. 시간에 따른 경험이 최상의 교사라고는 하지만, 그 때의 경험은 반성되고 탐구된 경험인 것이다.

② 체육 수업 능력의 향상에는 시간과 함께 반성과 탐구의 노력이 필수 조건이 되는 것이다.

③ 반성과 탐구는 여러 가지의 형태로 행해질 수 있지만, 교육 활동에 가장 도움이 되는 것은 '연구'의 방식이다.

④ 체육 수업을 잘하기 위해서는 체육 수업 활동에 대한 연구를 해야 하는 것이다.

(2) 교수 연구와 교사 연구

① 체육 교사가 새롭게 관심을 가져야 하는 형태의 연구는 지금까지 교육되고 강조되어 왔던 '교수 연구'가 아니라 '교사 연구'이다.

② 교수 연구는 대학 교수나 연구자들이 하는 체계적 탐구 활동을 말한다. 실증주의적 연구 패러다임에 근거하여 체계화시켜 놓은 연구 방법론을 따르면서, 객관적인 것과 관찰 가능한 것, 그리고 일반화시킬 수 있는 것만을 연구의 잣대로 삼는 연구를 일컫는다.

③ 교사 연구는 '자신이 하는 일을 이해하고 개선하기 위한 목적으로 교사가 자신의 일에 대하여 수행하는 반성적이고 체계적인 탐구'를 말한다. 교사 연구는 실증적 기준이 아니라, 주관적인 것, 관찰 불가능한 것, 그리고 일반화 시킬 수 없는 것에도 관심을 가진다. 교사 연구는 내가 일하고 있는 현장에서 벌어지는 구체적인 사태에 관심을 갖는다.

④ 교사 연구와 교수 연구의 차이점은 무엇이 올바른 지식인가, 무엇이 올바른 지식 획득 방법인가에 대한 관점을 달리하는 인식론적 측면에서 나타난다. 또한 연구와 연구 대상을 바라보는 관점, 연구 과정과 연구 결과를 바라보는 관점, 연구 결과를 명문화하는 과정에 대한 관점 등을 서로 달리한다.

⑤ 교사 연구는 일지, 토론, 에세이, 사례 연구, 현장 개선 연구 등 다양한 방식으로 행해지는데 그 중에서 '현장 개선 연구'가 가장 체계적인 형태를 띠고 있다.

(3) 현장 개선 연구의 방법

① 현장 개선 연구는 '현장 교사가 동료 교사나 대학 연구자의 도움을 받아 자신의 교육 실천을 스스로 체계적, 반성적으로 탐구하여 이해하고 개선하는 것'을 근본적 특징으로 한다.

② 연구의 주체는 반드시 교사 자신이어야 하며, 연구 대상은 자신이 실천하고 있는 실제적 교육 활동이어야 한다.

③ 연구의 목적은 자신이 하는 일을 전보다 잘 이해하고, 그것을 보다 나은 방향으로 개선하는 것으로, 자기 교육 활동의 이해와 개선을 동시에 추구하고 있다.

④ 현장 개선 연구는 '문제파악 및 계획 → 실행 → 관찰 → 반성'의 4단계를 기본 싸이클로 하여 이 4단계의 '순환적 싸이클'을 문제가 해결될 때까지 계속적으로 진행하는 과정을 거친다.

현장 개선 연구 4단계	
문제 파악 및 계획	• 문제 파악 과정에서는 현재 자신이 개선을 원하는 문제 사태나 상황을 명확히 파악한다. • 개선 계획은 파악된 문제를 개선하거나 해결하기 위한 전체 과정을 마련하는 단계이며 반드시 문제의 개선이 현실적으로 이루어질 수 있도록 실현성 있게 준비되어야 한다.
실행	개선 계획을 수업을 실행하면서 실천에 옮긴다.
관찰	계획을 실행에 옮기면서 교사(또는 비판적 친구)는 어떤 일이 벌어지고 있는가를 신중히 관찰하고 자세한 자료를 수집한다.
반성	관찰 단계에서 실행에 관해 얻은 다양한 자료들에 대하여 비판적으로 숙고하여 잘잘못을 파악한 후, 보다 개선된 계획을 다시 마련한다.

⑤ 현장 개선 연구는 역동성, 연속성, 집단성의 과정적 특징을 지니고 있다.

㉠ 현장 개선 연구는 4단계가 서로 통합되어 이루어지는 하나의 역동적 과정이다. 따라서 이 4단계가 실제에 있어서 서로 뚜렷이 구분되고 각각 완전히 독립되어 실천되는 것으로 이해되어서는 안 된다.

㉡ 4단계가 1회의 싸이클로 종결된다고 생각해서는 안 된다. 이 싸이클은 순환적으로 개선이 이루어질 때까지 계속적으로 거듭되어 실시되어야 한다.

㉢ 현장 개선 연구의 과정에서 '그룹'은 중요하다. 현장 개선 연구는 협동적이고 단체적인 성격을 띠고 있기 때문에 반드시 동료 교사나 대학 교수를 비판적 친구로 연구과정에 합류시켜 다양한 관점에서 보다 비판적으로 연구가 진행되도록 해야 한다.

(4) 현장 개선 연구의 실천

① 연구의 규모가 교수 연구처럼 일반적이거나 대규모로 행해지지 않는다.

② 연구가 4개의 단계를 거치지만 교수 연구와 같이 각 단계가 확연하게 구분되고 체계를 철저하게 거쳐 지나가야 하는 경직된 과정을 따르지 않는다.

③ 연구 자료를 수집하고 분석하는 과정도 전문 연구가들이 채택하는 특별한 분석 방법을 사용하지 않고도 자료의 수집과 분석이 가능하다.

④ 현장 개선 연구는 교수 연구와 같이 연구 결과를 반드시 보고서나 학회지에 게재해야 한다는 의무감을 갖지 않고 행해진다.

(5) 현장 개선 연구의 조건

① 체육 교사가 자신의 체육 수업 활동을 비판적이고 자세하게 이해하고 개선하기 위해서 하는 체계적인 반성과 탐구의 노력을 연구 활동이라고 인정한다면, 체육 교사는 체육 교육 연구자라고 불릴 수 있고 체육 수업은 체육 교육 연구라고 할 수 있다.

② 체육 교사는 연구자, 체육 수업은 연구라는 생각은 연구라는 것이 대학 교수나 전문 연구자의 전유물이 아니라, 체육 교육의 최 일선에서 현장을 직접 담당하는 교사의 당당한 권리라는 것을 말해준다.

③ 현장 개선 연구는 근본적으로 동료 교사 및 대학 연구자와의 협동적 관계 위에 기초하여 가능한 아이디어이다. 교사가 연구하는 풍토, 격려되면서 당연시되는 풍토가 마련되어야만 현장 개선 연구는 현장에서 실현될 수가 있다.

④ 현장 개선 연구가 실현되기 위해서는 교과 사회의 풍토가 권위적이고 기능적인 풍토에서 민주적이고 반성적인 문화로 탈바꿈되어야 한다.

(6) 반성적 교사로의 성장

① 독서

체육관련 전문 서적이나 전문 잡지를 구독한다.

② 연수

1급 정교사 연수, 교육청 연수, 자율 연수 프로그램에 참가한다.

③ 대학원

교육대학원, 석사과정 박사과정

④ 학회와 워크숍

한국체육학회나 한국스포츠교육학회 등과 같은 학회의 발표에 참관하거나 각종 세미나와 워크숍에 참가한다.

⑤ 서포트 그룹

중등 체육에 대해 서로 가치관과 의견을 함께하는 교사들끼리 소규모로 정기적으로 모여 서로의 생각과 아이디어를 교환하는 자리를 마련하여 도움을 받는다.

⑥ 인터네트워킹

중등학교 체육에 관심을 가진 교사들이 홈페이지를 개설하여 소그룹으로라도 서로 링크를 연결함으로써 정보를 교환하고 확산시키는 인터넷 네트워킹 체계를 구성한다.

2 탐구 중심 체육 교사 교육

1. 교사 교육의 동향

(1) 기능 중심 교사 교육

① 기능 중심 교사 교육은 학생의 성적을 향상시키는 일에 더욱 "효과적인 교사"(effective teacher)를 가장 효율적인 방식으로 만들어내기 위한 교사 교육의 방법으로 제안되고 이용되었다.

② 주어진 교육 목표를 비판적 검토 없이 그대로 받아들이고, 수업은 그 목표를 성취하는 가장 효과적인 수단으로서만 간주하며, 교사는 그 일을 효율적으로 성취하는 기능인으로 이해하는 기능적 관점에 대한 비판이 심각하게 제기되기 시작하면서 효과적 수업을 수행하기 위한 교사의 수업 기능을 향상시키는 것에 초점을 맞춘 기능 중심 교사 교육은 점차 그 실효성을 잃어가기 시작하였다.

(2) 탐구 중심 교사 교육

① 탐구 중심 교사 교육 관점에서 교사가 갖추어야 할 가장 중요한 자질은 자신이 하는 활동을 본인이 관찰하고 분석해서 자신의 교육 활동을 스스로 개선할 수 있는 능력이다. 이 능력은 "교사 자신의 수업 활동의 탐구"를 통해서 이루어진다.

② 교사 교육은 예비 교사와 현직 교사로 하여금 이 같은 반성적 자기 탐구 능력의 기초를 마련해주어 그들로 하여금 평생에 걸쳐 스스로 교육 능력을 향상시킬 수 있는 "반성적 교사"(reflective teacher)가 되도록 하는 과정이다.

2. 탐구 중심 교사 교육의 개념적 토대

(1) 연구자로서의 교사

① Lawrence Stenhouse는 교사가 하는 일은 전문 연구자에 의해서 연구되어야 하는 것 뿐 아니라 그것이 반드시 교사 자신에 의해서도 연구되어야 한다고 주장한다.

② "편협한 전문인"이 아닌 "확장된 전문인"으로서 교사는 자기 탐구를 통한 자발적 전문성 향상의 능력을 가지고 있어야 한다. 이 능력은 체계적인 질문을 던지고 자신의 일을 탐구하려는 태도를 지니며 그 방법을 습득함으로써 개발될 수 있다.

③ 교사는 자신의 일을 개선하기 위해서 자신이 하는 일에 대한 "탐구적 자세"를 견지하여야 한다. 탐구적 자세를 가지기 위해서는 "수업이 바로 연구" 그 자체가 되어야 한다. 수업 과정에 대한 반성적 성찰이 결여된 수업은 교사의 자발적이고 주체적인 전문성 향상에 도움이 되지 않는다.

④ 교사 연구란 "교사가 자신이나 동료 교사의 교육 활동을 이해하고 개선하기 위하여 연구의 전 과정을 주관하는 형태의 연구"를 말한다. 이것은 교수나 전문 연구자가 간혹 교사들을 연구 대상으로 하거나 공동 연구자로 합류시키던 교사 연구와는 성격을 달리한다.

⑤ 기존의 교사 연구들이 기저하고 있던 "실증주의적 인식론"과는 전혀 다른 "구성주의적 인식론"을 바탕으로 하고 있다. 교육적으로 가치 있는 지식을 만들 수 있는 사람은, 학생을 가르쳐보지도 않고 연구실에 앉아서 이론만 생각하는 교수나 연구자라기보다는, 어떤 실제적 교육 상황 속에서 교육 활동에 적극적으로 참여하는 교사라는 것이다.

(2) 반성적 전문인

① Donald Schon은 그의 저서 '반성적 전문인'에서 우리 모두가 그동안 그토록 의지해 왔던 "전문 지식"에 대한 사람들의 생각과 믿음에 중대한 위기가 발생하였다고 주장한다.

② "기능적 합리주의"의 논리에 의하면 "전문적 실천"이란 외부로부터 주어진 과학적 이론과 기법을 실제적 문제를 해결하는데 효과적이고 효율적으로 응용하는 것을 의미한다. 이 논리에서는 이론과 실천은 구별되고, 연구하는 사람과 실천하는 사람이 구분된다.

③ 연구하는 사람이나 이론가는 문제를 발견하고 그 해결책을 제공해주는 권위자로 인정된다. 실천하는 사람의 역할은 그것을 소비하고 적용하는 이차적이고 주변적이다.

④ Schon은 전문 지식을 생산해내는 데 있어서 실천하는 사람과 실제적 활동의 역할에 대한 새로운 실천의 인식론을 내어 놓았다. 이 논리는 "반성적 실천주의"라고 불리며, 지식의 생성에 있어서 실제적 활동과 실천하는 사람의 위치를 주변으로부터 중앙에 옮겨 놓는다.

⑤ "반성적 실천주의"의 논리는 이론과 실천은 분리 불가능하다. 전문 지식은 가만히 앉아서 머리속으로 사색하면서 생겨나는 것이 아니라, 실천이 벌어지는 상황 속에서 그 상황과 반성적으로 대화함으로써 얻어진다.

⑥ 지식을 만드는 사람과 그것을 이용하는 사람 간에 구별이 없게 된다. 만들어 내는 사람이 바로 그것을 활용하는 사람이기 때문이다. 실천에 대한 반성적 성찰을 통해서 얻어진 전문 지식은 "기능적 합리주의"의 논리에 근거하여 얻은 지식과는 다르다. 이 지식은 실제에 적용될 필요가 없다. 이 지식은 이미 실제 속에서 이용되고 있기 때문이다.

⑦ Schon의 주장은 자신이 하는 일에 대하여 교사가 보다 반성적이 되도록 그리고 교육적 지식을 생산해내는 과정에 있어서 교사가 보다 핵심적인 위치를 차지하도록 하는 설득력 강한 논리를 제공해 주고 있다.

(3) 교사와 수업의 새로운 이미지

① Stenhouse와 Schon에 의해 제시된 아이디어에서 공통적으로 부각되어 떠오르는 이미지는 "반성적 탐구자로서의 교사"와 "연구로서의 수업"이다.

② 진정한 교사는 자신의 교수 활동이 교사로서의 자신의 전문 능력을 개발하는 중요한 자원이라는 것을 알고 있고, 항상 자신의 수업 활동을 관찰하고 분석한다. 자신의 교육 활동을 계속적으로 관찰하고 비판적으로 반성함으로써 문제를 발견하고 해결책을 마련한다.

③ 이러한 과정이 실현될 때 수업은 바로 그대로 "연구"의 한 가지 형태가 되고 교사는 자기 수업 활동의 "탐구자"가 되는 것이다.

3. 탐구 중심 교사 교육의 실행

(1) 직전 교사 교육

① 직전 교사 교육 프로그램에서는 예비 교사가 자신이 하게 될 교육 활동을 반성적으로 탐구하는, 즉 자신의 전문 능력을 스스로가 향상시켜 가는 교사 연구자가 되기 위한 자세와 능력을 현장 교사가 되기 전부터 익히도록 하는 것을 목적으로 한다.

② 탐구 중심 교사 교육을 위한 수업 방법 대부분이 질적 연구 방법에 속하는 것으로서 사례 방법, 문화기술방법, 개인생활사법, 일지작성법, 현장개선연구 등의 방법들이다.

(2) 현직 교사 교육

① 현직 교사 교육의 주된 목적은 교사가 행하는 교육적 활동을 실제적으로 향상시키는 것이다. 이 실제적 향상은 교사가 자신의 교육 활동을 비판적으로 성찰하고 이해함으로써 얻어진다.

② 탐구 중심 교사 교육자들은 현직 교사와 탐구 능력을 개발하기 위하여 다양한 프로그램을 개발해왔다. 대학원 수업 형태의 정규 과목, 실습 중심의 워크숍, 교사 교육자와 현직 교사의 협동적 연구 등의 프로그램들이 이용되었다. 이 같은 프로그램에서 이용되는 구체적 수업 방법은 일반적으로 직전 교사 교육에서 이용된 연구 방법들이다.

3 교사 전문 능력 개발의 논리

1. 의미

(1) 교사의 '전문 능력'은 교사로서 자신이 맡은 직무를 교육적이고 효과적으로 수행하기 위한 실제적 능력을 말한다.

(2) 현재 교사의 전문 능력을 향상시키려는 노력은 일반적으로 '대학교육'(직전 교사교육)과 '현장 경험'(현직 교사교육)을 통해서 이루어지고 있다.

(3) 합리주의적 관점은 실제의 개선은 이론적 지식의 적용을 통하여 가장 합리적으로, 따라서 효과적으로 얻어질 수 있다고 주장한다. 즉 예비 교사 또는 현직 교사는 이론 교과목을 먼저 공부하고 난 후에 그것을 실제 수업 현장에 적용하게 되는 것이다.

(4) 합리주의적 관점을 토대로 하여 실행되고 있는 현행 교사 교육의 실제적 노력에 문제점이 존재함에도 불구하고, 기존의 교사 교육 방법을 대체하는 방안을 제시하지 못하는 이유는 교육 이론과 교사 전문 능력 간의 관계를 새롭게 규정하는 대안적인 관점이 부족하기 때문이다.

실증주의	구성주의
기능적 합리주의	반성적 실천주의
• 이론과 실제를 확연히 구분 • 가치 있는 지식: 과학적 검증을 통한 지식 • 교수: 생산자 • 교사: 소비자	• 이론과 실제를 분리할 수 없음 • 교육적 지식: 자율적 성찰에 의한 실천적 지식 • 교수: 조력자 • 교사: 생산자이자 소비자

2. 합리주의적 관점의 특징과 문제점

(1) 특징

① 우리나라의 교육과정 개발과 적용은 '합리주의적' 사고방식에 지배 받고 있다. 합리주의적 사고방식에서 교육과정 실행은 교육과정 문서 속에 먼저 교육의 이상적인 모습을 전체적으로 규정하여 그려놓고 난 후에, 그것을 실천에 적용하여야만 의미 있고 효과적으로 실행될 수 있다는 것이다.

② 교육과정 개발과 적용의 관계를 설명하는 합리주의적 사고방식은 교사의 전문 능력 개발에 있어서 교육 이론과 그 이론의 적용간의 관계에 관한 사고에도 동일하게 적용된다.

㉠ 합리주의적 관점에서 본 교사의 전문 능력이란 학자들에 의해서 개발된 학문적 지식과 이론을 제대로 이해해서 교육 현장에서 맞닥뜨리는 실제적 문제를 해결하는 데에 적용시키는 능력을 말한다.

㉡ 이론을 먼저 배우고 나중에 이것을 구체적 교육 현장과 교육 문제의 해결에 적용하는 능력을 말한다.

㉢ 합리주의적 관점에 따르면, 교사 전문 능력은 교육 철학, 교육 사회학, 교육 심리학 등에서 사용하는 개념과 지식에 대한 이론적 이해와 이것을 특정한 상황에 적절히 적용시키는 적용 능력으로 구성되어 있다.

③ 교사가 자신의 실제 활동에 적용하는 이론, 원칙, 개념은 실제와는 무관하게 만들어진 것들이기 때문에 합리주의적 관점에서는 학자와 교사 간에 '일의 분화'가 가정되어 있다.

㉠ 학자는 교육 이론을 만드는 생산 과정에만 관여하며, 교사는 그것을 적용하는 소비 과정에만 관여한다. 지식의 생산자와 소비자가 확연히 구분되어 있는 것이다.

㉡ 교사가 알아야 하는 전문 지식과 지녀야 되는 전문 기능은 이론을 생산하는 학자에 의해서 규정되며, 그 습득 방식도 학자에 의해서 결정된다.

④ 직전 교사 교육과 현직 교사 교육은 가치 있는 교육 이론과 교사가 갖추어야 하는 전문 능력에 대한 합리주의적 관점을 뚜렷이 반영하고 있다. 교사는 체육학, 각 하위 영역에 개발된 이론과 개념을 습득하고, 이 지식을 실제 활동을 수행하는 데에 지침으로서 적용하도록 기대되고 있다.

⑤ 교사 교육 프로그램이 이와 같이 이루어지는 것은 합리주의적 관점에서 '가치 있는 지식'을 규정하는 방식 때문이다.

㉠ 합리주의적 관점에서는 논리적 추론이나 과학적 검증을 거쳐 참으로 증명된 '이론적 지식'만 가치 있는 지식으로 삼고 있기 때문에 당연히 여러 가지 엄밀한 과학적 탐구 방법에 정통한 학자들이 학문적 탐구 과정을 거쳐 만들어낸 '이론적 지식'이 가장 중요시된다.

㉡ 가치 있는 지식으로 인정받은 이 지식은 교육적으로 중요한 지식으로 간주되어 교직 업무를 수행하기 위해서 반드시 알아야 하는 지식으로 인정된다.

㉢ 그리고 가치 있는 지식을 소유한 사람은 그가 지니고 있는 지식의 가치와 동등한 지위를 가진 것으로 취급된다.

(2) 문제점

Schon은 합리주의적 관점(기능적 합리주의)이 가지고 있는 문제점을 두 가지로 집약하여 비판하고 있다.

① 전문 능력의 향상에 있어서 이론과 실제를 확연히 구분하고 가치 있는 지식으로서 이론의 중요성을 지나치게 강조한다.

㉠ 현대 사회는 모든 분야에서 합리적이고 객관적인 것만이 타당하고 가치 있는 것으로 추구되고, 학문의 발달로 이론적 지식이 모든 형태의 지식에 있어서 가장 우월한 것으로 인정받고 있다.

㉡ 이론과 실제의 구분은 언제나 '적용'이라는 중간 단계를 상정한다.

㉢ 학자 또는 교수의 작업은 이론을 만드는 것에서 중지되고 그 이해와 적용은 실제를 담당하는 교사가 알아서 해야 될 문제인 것으로 여겨졌다.

㉣ 현재 교사 교육이 가정하고 있는 '교사에 의한 이론의 실제적 응용'은 강의실에서의 말뿐인 것으로 그치고 있다. 이는 교사의 무능력보다는 학자가 가치 있다고 간주하는 이론의 성격과 그것을 설명하는 언어의 종류에 문제가 있기 때문이다. 즉 '비관련성의 문제'가 있는 것이다.

㉤ 교육 실제를 보다 '실제답게' 설명하고 기술하는 그러한 종류의 이론과 언어가 개발되어야만 교사는 자신이 하는 일을 보다 '이론적'으로 바라보고 이해할 수 있게 될 것이다.

② 교사의 경험과 반성적 성찰 능력이 무시되고 있다.

㉠ 이론과 실제의 분리, 실제에 대한 이론의 우월성 등으로 인하여 학자가 가진 지식과 능력이 교사의 그것보다 우월한 것으로 인정되고 있다. 이 가정 위에서 학자 또는 교수(교사 교육자)는 교사를 교육시킬 자격 또는 권한을 부여받는다.

㉡ 교사의 전문적 자질을 향상시키는 것에는 이론이 반드시 배워야 하는 중요한 교육 내용이고, 교사는 이 지식을 전혀 가지고 있지 못하다는 가정하에서 교사 교육은 운영된다.

㉢ 가치 있는 교육적 지식의 원천으로서 교사가 가진 '경험'과 이 경험에 대한 성찰을 통해서 자신에게 유용한 지식을 만들어 낼 수 있는 '반성적 성찰능력'은 직전 교사 교육과 현직 교사 연수의 전 과정에서 중요하게 간주되지 않고 있다.

㉣ 대부분의 현직 교사들은 많은 지도 경험을 가지고 있고 오랫동안의 교사 생활을 통해서 얻은 심도 깊은 '실제적 지식'을 가지고 있다. 우수한 교사는 그렇지 못한 교사보다 이 실제적 지식을 보다 뚜렷한 형태로 개발해서 이용하고 있는 것이다.

㉤ 실제적 지식은 이론적 지식과는 성격이 달라서 오랫동안의 반성적 체험과 그것에 대한 비판적 숙고를 통해서 얻어진다. 과학적 검증이나 논리적 탐구를 통하지 않은 채, 지극히 개인적인 과정을 통해서 개발된다. 따라서 이 지식은 교사 자신이 스스로의 실천에 대한 반성을 통해서 개발해낸다는 점에서 자신에게 보다 유용하게 쓰인다.

㉥ 실제적 지식은 실천으로부터 나오기 때문에 그것을 쉽게 풀이해서 자신의 실천에 적용할 필요가 없어진다. '적용'이라는 중간 단계가 상정될 필요가 없어지는 것이다. 즉 교사 '스스로'가 개발해서 자신의 실천 '속'에 가지고 있기 때문이다.

㉦ 합리주의적 관점의 가정 위에서 제공되는 현재의 교사 교육은 스스로 '실제적 지식'을 만들어 낼 수 있는 교사의 능력을 개발하는 것에 하등의 도움을 주지 않는다.

㉧ 교사의 반성적 성찰 능력이 중요시되지 않는 교사 교육이 계속되고 이론의 습득만이 교육 개선의 주요 통로로 이해된다면 교육의 질적 향상은 가져오기 어렵게 될 것이다.

3. 실천주의적 관점

(1) Schon의 아이디어

① Schon은 실제의 보다 올바른 이해와 실제적 지식을 개발하는 전문가들의 능력을 충분히 인정하는 새로운 관점을 제시한다. 그는 이 관점을 반성적 실천주의의 관점이라고 부른다.

② 반성적 실천주의의 관점에서는 이론과 실제는 하나로 간주된다. 따라서 이 둘은 괴리되어 있지 않다. 전문 지식은 전문인이 현재 처한 실제와의 '반성적 대화'를 통해서 얻어진다.

③ 전문인은 자신이 현재하고 있는 일을 '하는 도중에, 또는 바로 뒤에'(reflection in or on action) 심각하게 비판적으로 성찰함으로써 자신에게 유용한 전문 지식을 개발해낸다는 것이다.

④ 반성적 실천주의 관점에서는 지식의 생산자와 소비자가 따로 존재하지 않는다. 지식을 개발하는 사람이 소비하는 사람이고, 소비하는 사람이 개발하는 사람이기 때문이다. 이렇게 얻어진 실제적 지식은 '실제'에 적용될 필요가 없다. 실제적 지식은 이미 실제로부터 얻어졌기 때문이다.

⑤ 이론과 실제를 구분하지 않는 반성주의적 관점에서는 실천인의 반성적 능력이 중요시 된다. 자신이 하는 일에 대해 이성적이고 비판적으로 탐구하며 이것을 바탕으로 다시 자신이 하는 일의 질적 향상을 도모하는 능력이 강조된다

실천 행위 중 반성 (reflection-in-action)	'실천 행위 중 반성'은 개인이 문제를 구조화하고, 상황을 이해하며, 문제를 이끌어 오는 가정들의 기저를 비판적으로 평가하며, 검증될 수 있는 대안적인 해결 방식을 구성하도록 허용하는 하나의 의식적인 탐구이다. 이는 어떤 실천적 행위를 하는 도중에 수행하고 있는 것에 대해 반성적 사고를 하는 것으로 자신이 구성한 전략을 향상시키고 개선하면서 문제를 다루어 보는 과정으로 다양한 관점으로 문제를 다루는 것을 중요하게 여기는 유형이다.
실천 행위 후 반성 (reflection-on-action)	'실천 행위 후 반성'은 놀라움이 왜 일어났는지를 이해하기 위해 우리의 행위를 돌이켜 생각해 보는 것을 의미한다. 이러한 반성이 일어나면 현상과 어떤 거리를 두게 되며, 평가적이고 비판적으로 그 상황을 숙고할 수 있게 된다. 이는 이미 일어난 상황에 대하여 자신의 행위를 되돌아보면서 체계적으로 깊이 생각해 보는 것으로 자신의 행위를 관찰하고 행위가 끝난 다음에 유사한 상황에서 어떻게 다르게 행동할 수 있는지를 생각하는 유형이다.

(2) 실천주의적 관점의 특징

① Schon이 주장하는 '반성적 실천주의'의 아이디어는 교사 교육에 있어서의 '실천주의적 관점'의 특징을 잘 보여주고 있다.

② 이 관점에서는 '가치 있는 교육적 지식'의 성격이 다르게 규정된다. 이 관점에서 가치 있다고 상정하는 교육적 지식이란 실천이나 그 실천에 대한 반성적 성찰을 통해서 얻은 '실천적 지식'이다.

㉠ 실천적 지식은 교육적 이상이 자신의 실천 속에서 어떻게 실현되고 있는가에 대한 진지한 탐구를 통해서 얻어지는 지식이다.

㉡ 실천적 지식은 학문적 기준을 통과하여 얻어진 이론적 지식과는 다른 성격을 갖는다. 이론적 지식이 합리적 논리와 경험적 검증의 채로 걸러진 객관적인 성격의 이론과 명제들인 반면, 실천적 지식은 실제적 체험 속에서 반성적 성찰과정을 거쳐 걸러낸 비형식적, 비명제적인 형태의 지식이다.

㉢ 실천적 지식은 이론적 지식과 같이 언제나 말과 글의 형태로 뚜렷이 표현되지 않기도 한다. 그래서 이 지식은 '실제적 지혜'라고 불리우기도 한다.

③ 실천에 근거한 지식관을 가진 실천주의적 관점은 지식의 생산을 담당하는 가장 적합한 사람으로 현직 교사를 가정한다.

㉠ 교사는 스스로가 지식의 생산자가 됨과 동시에 또한 그 소비자가 된다. 자신의 실천을 성찰함으로써 얻은 지식은 바로 그 실천의 개선에 가장 적합한 해결책으로 사용될 것이기 때문이다.

㉡ 가치 있는 지식의 생산자로 교사 자신을 가정하는 인식론 때문에 이 실천주의적 관점에서는 교사가 갖추어야 하는 전문 능력으로서 교사의 자율적 성찰 능력을 강조한다.

㉢ 자신의 전문 능력을 보다 향상시키기 위해서 교사는 전문 지식의 근원이 되는 자신의 실천 활동을 반성적으로 탐구하여 문제점을 파악하고 그 해결책을 발견해내는 성찰 능력이 있어야 한다. 이 성찰 능력이 세련됨에 따라 교사의 전문 능력은 향상된다.

④ 실천주의적 관점에서는 교사가 필요한 전문 능력 개발의 근원을 교수나 학자와 같이 교사의 외부가 아니라 교사 자신 즉 교사의 내부에 위치시킴으로써, 교사를 이론적 지식의 굴레로부터 해방시킨다.

㉠ 기능적 합리주의에 의한 이론적 지식의 통달과 그 적용 기능을 전문 능력의 구성 요소로 간주했을 때는 자신에게 필요한 지식을 언제나 자신의 외부로부터 찾음으로써 전문 능력 개발의 종속화를 초래하였다.

㉡ 교육적으로 가치 있는 지식의 자리에 실천적 지식을 되돌려 놓음으로써 교사로부터 소외되었던 지식은 다시 교사의 품으로 돌아오게 된다.

⑤ 교사 전문능력 개발의 실천주의적 관점에서 보는 교수의 권위는 교사로 하여금 자신의 실천에 대한 반성적 탐구를 통해서 자신이 가진 실천적 지식을 발견하도록 하며 자신의 전문 능력을 스스로 발전시킬 수 있도록 도와주는 교수의 능력에 놓여 있다.

㉠ 교수의 권위는 자신의 실천 행위를 통해서 교육적 가치가 어떠한 방식으로 실현되는가에 대한 반성적 탐구를 통해서 교수 본인 스스로가 개발하여 가지고 있는 실천적 지혜로부터 발생한다.

㉡ 교사의 전문 능력을 향상시키는 과정에서 교수는 '가르치는 사람'이 아니라 '함께 배우는 사람'의 역할을 할 뿐이다.

㉢ 교수와 교사는 위계 관계와 지시의 관계가 아닌 동반자와 대화의 관계로 맺어지는 것이다.

⑥ 실천주의적 관점에서도 학자가 개발한 이론적 지식은 중요시된다. 하지만 학자에 의해 개발된 이론적 지식은 교사가 탐구하는 실제적 문제를 보다 깊게 이해하는 데 도움을 주는 역할만을 할 뿐이다.

㉠ 이론적 지식은 실제적 문제의 해결에 도움을 주지 않는다.

㉡ 이 관점에서는 교육적 이상의 실현에 관계된 실제적 능력을 개발하는 것을 목적으로 하는 실제적 탐구가 이론적 지식의 생산을 목적으로 하는 학문적 탐구보다 우선적으로 인정되기 때문이다.

4 체육 수업의 구조와 실천

1. 체육 수업의 구조

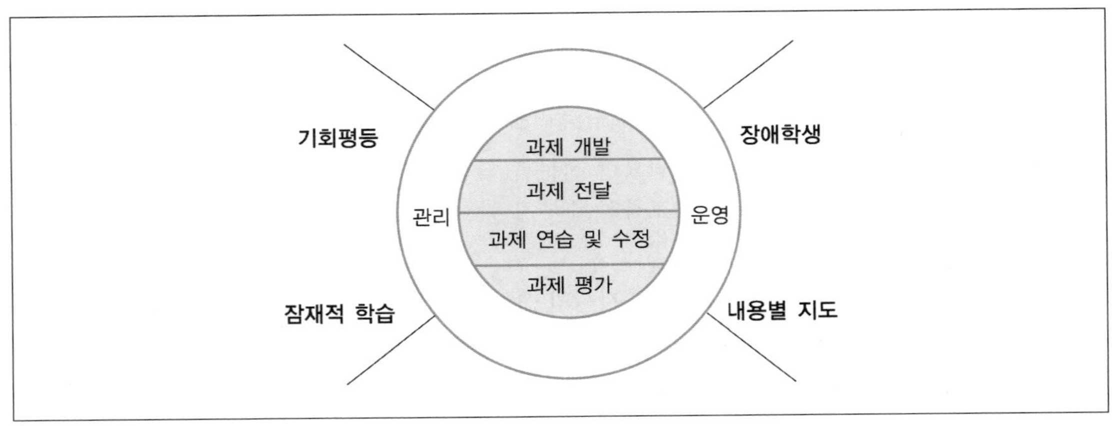

체육 수업의 구조

(1) 체육 수업은 학습 과제(수업 내용, 학습 활동)를 가르치고 배우는 측면을 중심으로 하고, 이 지도 과정을 제대로 실행하기 위하여 학생을 규율하고 수업을 관리하는 수업 운영의 측면으로 이루어져 있다.

(2) 수업 내용을 지도하는 과정은 다시 학습 과제의 개발, 개발된 과제의 전달, 연습하는 과제의 연습과 수정, 학습한 과제의 평가의 4가지 활동으로 구분할 수 있다.

(3) 교사의 입장에서 체육 수업은 과제 개발, 과제 전달, 과제 연습 및 수정, 과제 평가, 수업 운영의 5가지 핵심적 교수 활동으로 이루어져 있다.

2. 체육 수업의 실천

(1) 학습 과제의 개발

체육 수업의 핵심은 학습 과제이고 이 학습 과제를 통하여 학습 목표를 성취하게 되는 것이다. 체육 수업의 시작은 학습 과제의 개발이다. 학습 과제의 개발은 학습 과제의 선정, 단계화, 조직의 3가지 활동이 통합된 과정이다. 학습 과제의 개발은 단원의 학습 목표를 성취하기 위해 가장 적합한 학습 과제를 선정(개발)하고, 이 선정된 과제들을 낮은 수준에서 높은 수준으로 단계화시키며, 학습 과제를 효과적이고 흥미롭게 배우기 위하여 사람, 시간, 공간, 용구 등을 효과적으로 조직하고 배열하는 과정을 포함한다.

① 학습 과제의 선정

㉠ 교사용 지도서를 참조해서 만든다. 체육 교사가 처해 있는 상황에 따라 교사 스스로가 학습 활동을 만들어야 하는 경우가 있으며, 이때는 다음의 3가지 기준을 만족시키는 학습 활동을 구안한다.

㉡ 학습 과제 선정의 기준

ⓐ 수업 목표 성취의 기준: 수업 목표와 직접적으로 관련을 맺는 활동이어야 한다.

ⓑ 발육 발달 수준의 기준: 학생의 발육 발달 및 경험 수준에 적합한 활동이어야 한다.

ⓒ 학생 참여 보장의 기준: 모든 학생들이 다 참여할 수 있는 활동이어야 한다.

② 학습 과제의 단계화

㉠ 학습 과제의 선정단계에서 어떤 활동을 학습할 것인지 결정되면, 곧이어 이 활동을 단계적으로 세분하여 구체적 과제들을 개발하는 절차가 이어진다. 즉 여러 가지의 학습 과제를 단계별로 계열화시켜 이를 따라 학습 목표를 효과적으로 성취하려는 것이다.

㉡ 학습 과제의 난이도는 4가지 기준으로 분류된다.

ⓐ 시작형 과제: 어떤 학습 활동을 가장 기초적인 수준에서 학생이 학습할 수 있도록 개발한 과제이다.

ⓑ 확장형 과제: 난이도와 복잡성이 덧붙여진 형태의 과제이다.

ⓒ 세련형 과제: 폼이나 느낌과 같이 운동 기능의 질적 측면에 초점이 맞추어진 과제이다.

ⓓ 적용형 과제: 배운 기능을 실제 상황에서 다양하게 활용하도록 만든 과제이다.

㉢ 학습 과제는 단계별로 개발되어야 하며, 학생들이 모두 새롭게 배우는 내용이라면 시작형 과제에서 시작하여 적용형 과제로 발전되어가면서 실제로 연습해야 한다. 그러나 학생들이 수업 외에 이미 배운 경험이 있으며 과제 수행 능력에 차이를 보일 때는 정해진 순서를 따르지 않아도 된다.

㉣ 교사는 현장에서 관찰되는 학생들의 학습 수준에 따라 학생별로 단계를 적절하게 적용해야 한다.

ⓐ 학생들이 이해를 못한다. → 과제를 명확히 재진술한다.

ⓑ 학생들에게 과제가 너무 쉽다. → 과제를 하지 않고 다음 단계로 뛰어 넘는다.

ⓒ 거의 대부분의 학생들이 성공을 하지 못한다. → 과제의 난이도를 낮춘다.

ⓓ 세련화 단계에서 보여야 할 학습 단서를 제대로 보여주지 못한다. → 세련형 과제를 사용한다.

ⓔ 학생들이 기능의 난이도를 낮추거나 높일 준비가 되어 있다. → 확장형 과제를 사용한다.

ⓕ 학생들이 현재 과제에 자신감을 가지고 잘한다. → 적용형 과제를 사용한다.

학습과제의 단계화

1. 과제 1 (시작형)
두 명씩 짝을 만든다. 약 3m거리에서 짝에게 두 손으로 공을 높이 던져 보낸다. 짝은 나에게 공을 오버헤드로 토스하고 나는 공을 손으로 잡는다.

2. 과제 2 (세련형)
동일한 연습, 토스할 때 '세터 자세'를 취한다. 공 밑으로 빨리 뛰어가 자세를 잡는다.

3. 과제 3 (세련형)
토스한 공이 포물선을 높게 그리지 않을 경우에 그 이유는 무엇인가? 어떻게 하면 높은 포물선을 그릴 수 있는가? 공이 떨어지는 위치 밑으로 빨리 움직인다.

4. 과제 4 (확장형)
나와 짝이 모두 공을 5회 연속으로 높이 포물선을 그리면서 토스할 수 있게 되면, 두세 발자국 뒤로 움직인 후 공을 더 높이 올려보도록 한다.

5. 과제 5 (확장형)
언더핸드로 공을 스파이크 하도록 올려본다. 두 손으로 짝에게 공을 던진다. 짝은 나에게 언더핸드로 공을 보낸다. 나도 이번에는 언더핸드로 공을 보내고 짝은 공을 손으로 잡는다.(던지고 － 언더핸드하고 － 세터토스하고 － 잡고)

6. 과제 6과 7 (적용형, 확장형)
이 과제를 5번 연속으로 할 수 있게 되면, 서로 다른 거리를 더 멀리 잡고 선 후 다시 할 수 있는지 해본다.

7. 과제 8 (적용형)
3명씩 한 조를 만든다. 1명은 서브하고, 1명은 언더핸드 패스하고, 1명은 스파이크 하도록 토스해 준다. 언더핸드로 약한 서브부터 시작해서 점점 더 강한 서브로 실시한다.

③ 학습 환경의 조직

㉠ 학습 과제를 선정하고 그것을 단계에 맞춰 개발한 후에는 수업 공간 분할, 학생 인원 편성, 과제별 시간 배분, 용·기구 활용 등이 고려되어야 실제적인 수업 장면에서 학습 과제가 어떤 방식으로 실천될 것인지를 알 수 있다.

㉡ 학습 과제를 통하여 수업 목표를 최대한으로 달성하기 위해서는 수업 환경(사람, 시간, 공간, 용구)의 적절하고 효과적인 배합과 조직이 필수적이다.

ⓐ 사람 : 학습 과제를 수행할 학생의 모둠 짓기에는 규모와 기준 두 가지가 중요하다. 모둠 규모는 학습 과제의 수행 기회와 밀접한 관계를 맺고 있다.

- 과제 수행을 전체 학급이 한꺼번에 동일하게 할 것인지, 아니면 1명, 2인조, 소그룹, 중그룹, 또는 반학급으로 나누어 할 것인지 결정한다.
- 모둠 구분은 성별, 능력별, 체격별, 번호별, 관심별, 자유 선택 등으로 다양한 기준을 근거로 실시할 수 있다.

ⓑ 시간

- 한 가지 학습 과제를 연습하는 데에 소요되는 시간을 적절하게 배정해야 한다.
- 과제별 연습 시간은 미리 설정해 놓는 것이 원칙이나, 실제 장면에서 학생의 학습 수준에 따라 유연하게 배정해야 한다.

ⓒ 공간

- 학습 과제를 연습할 장소는 동시에 체육 수업에 참여하는 다른 학급의 수와 배우려는 학습 활동의 성격에 좌우된다.
- 전체 연습 장소의 규모가 얼마나 가능한지, 연습 모둠에 따라 장소를 어떻게 구분할 것인지, 그리고 각 할당 지역에서 모둠을 어떠한 방식으로 조직할 것인지 등이 고려되어야 한다.

ⓓ 용구

- 개발된 학습 과제를 효과적으로 연습하기 위해서 용기구의 적절한 활용이 중요하다.
- 학습 과제의 내용에 따라 어떤 용·기구(종류)가 얼마나(수량) 필요한지가 고려되어야 한다. 특히 부족한 용·기구를 대체하거나 보완할 수 있는 대처방안을 가지고 있어야 한다.

(2) 학습 과제의 전달

수업의 본격적 진행은 학습 과제의 전달로부터 시작된다. 교사는 준비한 학습 과제를 학생이 정확하고 쉽게 이해할 수 있도록 전달해야 하며, 이를 위해서 설명과 시범을 포함한 시청각적인 방법들이 동원된다. 학습 과제의 전달의 기본 원칙은 효과성과 효율성이다. 효과적 전달이란 교사의 설명을 주의 깊게 듣고 이해하며 이에 따라 정확히 수행할 수 있다는 것을 의미한다. 효율적 전달이란 전달이 효과적으로 일어나기에 필요한 최소한의 시간이 사용된다는 것을 말한다.

① 주의 집중

교사의 설명과 시범은 학생의 주의가 집중되었을 때 가장 효과적이다. 설명과 시범을 하기 전에 교사는 학생의 정신을 모으기 위해서 다양한 방법을 동원한다.

㉠ 호루라기 등을 사용하여 신호를 만들거나 상규적 절차를 제정한다.

㉡ 물건이나 사람 등 주변 환경을 정리하여 주의가 분산되는 것을 막는다.

㉢ 교사가 하는 말이나 동작이 잘 들리고 보이도록 시각적, 청각적 조처를 취한다.

㉣ 시간을 효과적으로 활용하여 학생들의 주의가 산만해질 만할 때쯤 주의를 환기하거나 전달을 멈춘다.

② 설명

㉠ **계획을 철저히 수립할 것**: 교사는 필요한 모든 내용을 전달해야 하고 필요 없는 것은 전달해서는 안 된다. 사전에 수업 계획을 세우는 것이 도움이 된다.

㉡ **이해할 수 있는 표현을 사용할 것**: 학생의 나이와 배우는 내용에 대한 경험 등이 고려되어 용어와 표현이 적절하게 선별되어야 한다.

㉢ **열성을 다해 천천히 말할 것**: 학생들은 설명을 이해하는데 시간이 필요하다. 설명을 빨리 해서 시간을 절약하려고 하지 않는다. 효율성을 얻기 위해 효과성을 손해 보지 않는다.

㉣ **학생들이 인지적으로 준비되도록 할 것**: 오늘 배울 내용이 무엇인지 간략히 두괄식으로 먼저 말하면서, 지난 시간에 배운 것과 연결해서 이해할 수 있도록 한다.

㉤ **내용을 논리적으로 순서에 맞도록 소개할 것**: 학습 과제를 소개하고 그것을 설명하는 순서가 논리적으로 체계화되도록 한다.

㉥ **긍정적 보기와 부정적 보기를 들도록 할 것**: 내용에 부합하는 실례를 드는 것과 함께 부적합한 실례를 드는 것도 이해에 도움이 된다.

㉦ **설명을 역동적이고 입체적인 방식으로 할 것**: 설명을 하면서 가만히 서거나 졸린 억양이 아니라 역동적인 몸동작, 손동작과 함께 억양의 고조와 얼굴 표정의 변화를 주면서 한다.

㉧ 학생의 개인적 경험과 연결하여 설명할 것

㉨ 어려운 내용은 반복해서 설명할 것

㉩ 학생들의 이해 정도를 점검할 것

③ 시범

㉠ **최대한 정확한 동작을 실시할 것**: 핵심이 되는 요점들은 반드시 정확하게 실시되어야 한다.

㉡ **가능한 실제 상황과 흡사한 조건에서 보일 것**: 배구의 토스 기술은 네트 가까이서 시범보이며, 골키퍼 기술은 골문 앞에서 시범 보여야 한다.

㉢ **다양한 각도에서 볼 수 있도록 할 것**: 학생들이 운동 기능 동작을 여러 각도에서 입체적으로 볼 수 있도록 방향을 바꿔가며 보인다.

㉣ **학생을 적극적으로 참여시킬 것**: 학생들이 수동적으로 보고 듣기만 하도록 놓아두지 않고 자발적으로 시범을 보이거나 도와주도록 한다.

㉤ **관련되는 지식을 제공할 것**: 가능한 한 학생들이 이해할 수 있도록 동작의 과학적 기제를 설명하여 이해를 돕는다.

ⓑ 다양한 매체를 활용할 것: 학생들의 입체적 이해를 돕기 위하여 궤도, VCR, 멀티미디어 자료, 유인물 등 시청각 기자재를 함께 사용한다.

ⓢ 학생들의 이해도를 점검할 것

④ 학습 단서

설명과 시범을 통하여 학습 과제의 전달이 효과적이고 효율적으로 일어나기 위해서는 학습 단서의 적절한 활용이 매우 중요하다. 학습 단서(cue)란 어떤 학습 과제에서 가장 중요한 특징을 학생에게 전달하기 위하여 교사가 사용하는 단어나 문장이다. 운동 기능과 인지 능력은 밀접히 관련을 맺고 있기 때문에, 초보 단계에 있는 학생에게 운동 기능을 학습시키기 위해서는 학습 단서가 결정적 역할을 한다. 교사는 학습 과제의 중요한 특징을 파악하여 가장 적합한 학습 단서 표현을 준비해 놓아야 한다.

㉠ 간단하고 정확하다. → 학습과제의 중요한 핵심을 정확하게 드러내는 표현이며 복잡하지 않다.

㉡ 학생의 연령과 기능 수준에 적합하다. → 학생은 나이에 따라 이해력과 경험 수준에 차이가 있으므로 단서 제공 시 반영한다.

㉢ 학습 과제의 특성에 매우 적합하다. → 폐쇄형 기능을 위한 단서는 주로 그 기능의 시각적 그림을 그려낼 수 있는 것이 도움이 된다. 개방형 기능을 위해서는 지각적 성격의 단서가 제공되어야 도움이 된다.

㉣ 계열적으로 조직되어 연습할 수 있다. → 몇 개의 학습 단서들이 계열적으로 조직되어 있으며 이 순서에 따라 연습할 수 있을 경우에 효과적이다.

(3) 학습 과제의 연습 및 수정

과제의 전달이 완료되면 곧바로 과제의 연습과 수정이 이루어진다. 학생들은 전달 받은 학습 과제들을 연습하며, 그 동안 교사는 지도감독하면서 학생들의 연습을 수정한다. 학생들이 개발된 과제 활동을 연습하는 방식은 여러 가지가 있다. 교사의 완전한 지시하에 이루어지는 직접적 방식에서 모든 것을 학생이 알아서 하는 간접적 방식까지 다양하다(적극적 수업, 과제식 학습, 질문식 학습, 동료 학습, 협동적 학습, 자기지도식 학습 등). 학생들의 연습 과정을 지도감독하는 과정에서 교사가 하는 주된 활동은 연습관찰하기, 피드백 주기, 내용지도하기 등이 있다.

① 학습 과제의 연습

㉠ 적극적 수업(active teaching)

▷ 동일 용어: 상호작용적 수업, 직접적 지도, 명시적 교수

ⓐ 수업의 형태

- 집단 지도 상황에서 계열화된 과제를 교사 주도로 진행해 나간다.
- 지도 과정 중 적절한 피드백과 평가가 제공된다.

Chapter 07

- 학생들의 과제 활동 중 적극적 감독을 한다.
- 교사 중심 수업 전략이고 학습 경험이 상호 작용적으로 이루어진다.
- 학생 행동 관리는 구조화되어 있지만 긍정적인 수업 분위기다.

ⓑ 특징

- 가장 일반화된 교수 전략으로 학습 경험이 상호 작용적이다.
- 교사 중심 전략이고 학습 경험의 네 가지 요인(내용의 선택, 과제의 전달, 내용의 발달, 피드백과 평가의 제공)에 대한 책임이 교사에게 있다.

ⓒ 장점

- 교사가 수업의 진행을 계획하고 적절한 시기에 과제를 전달함으로써 운동 과제 자체를 통한 내용의 개별화를 이룰 수 있다.
- 내용을 전달할 때 전체 학생을 목표로 하기 때문에 학습자의 이해 수준과 의사 전달이 즉각적으로 확인되고 조정될 수 있다.

ⓓ 단점

- 교사가 과제를 선택하고 내용을 전달하여 학습 진행에 능동적으로 참여해야 하므로 피드백의 제공과 평가에 어려움이 있다.
- 교사가 내용의 선택과 학습의 진행을 개별화하는 운동 과제의 계획에서 어려움을 느끼는 경우가 많다.

ⓛ 과제식 수업(task teaching)

▷ 동일 용어: 스테이션 수업, 스테이션 교수, 과제 교수

ⓐ 수업의 형태

- 둘 또는 그 이상의 과제들이 동시에 진행되도록 학습 환경을 정리한 형태의 수업이다.

ⓑ 특징

- 체육에서 자주 사용되는 보편화된 교수 전략이다.
- 효과적인 스테이션 교수를 위해서는 독립적인 연습 기능이 사전에 학습되어야 한다.
- 과제의 발달을 크게 강조하지 않는 자기 시험 및 결과 지향적 과제의 교수에 적합하다.
- 효과적으로 사용될 경우 모든 학습 지도 기능을 만족시키는 학습 경험의 구성 틀을 제공할 수 있다.

ⓒ 장점

- 내용의 선택 가능성에 융통성이 많다.
- 모든 학생이 자신에게 부과된 과제를 수행하면서 학습에 능동적으로 참여할 수 있다.

- 교사의 철저한 감독 없이 학생 스스로 연습할 수 있을 때 교사가 보다 자유롭게 피드백을 제공하거나, 학생들의 학습 진행을 평가하거나 한 스테이션에 오래 머물면서 학생들을 면밀히 관찰할 수 있다.
- 한 스테이션에서 여러 가지 다른 수준의 기능을 연습할 수 있다.
- 내용을 충분히 배울 수 있는 방식으로 물리적 공간을 준비할 수 있다.

ⓓ 단점

- 새로운 기능이나 복잡한 기능을 가르칠 때 스테이션 교수를 사용하기 어렵다.
- 폼을 강조하는 과제 지향적 과제는 전달과 책무성 체계의 확립이 어려우므로 스테이션 교수에 적합하지 않다.
- 계열화된 과제의 경우 과제 진척 문제가 있다.

㉢ 동료 수업(peer teaching)

▷ 동일 용어 : 동료 학습

ⓐ 수업의 형태 : 2인 1조, 3인 1조, 소그룹 형태로 행해질 수 있다.

ⓑ 특징

- 교사의 학습 지도 책임을 학습자에 이양하는 교수 전략이다.
- 한 가지 또는 그 이상의 학습 지도 요인들에 대해서 사용되며, 보다 개별화된 연습을 모방할 수 있다.
- 보조 교사들이 중요한 관찰과 분석의 기능을 개발하고 운동 기능과 사회적 기능을 철저히 이해하는 데 크게 도움이 된다.
- 교사는 학생들이 능률적인 방법으로 함께 연습하도록 보장해야 한다.

ⓒ 장점

- 가르치는 학생은 친구를 가르침으로써 좋은 점을 얻는다.
- 학생들이 소규모 그룹으로 배우기 때문에 개별화된 수업이 가능하다.
- 각 그룹은 내용을 충분히 학습할 수 있도록 수업을 진행시킬 수 있다.
- 1대 1 교습은 보다 정확한 평가를 내리고 피드백을 줄 수 있다.
- 가르치는 사람으로 활동함으로써 책임 의식을 배우게 되고 체육의 학습 과정에 대하여 많은 것을 배울 가능성이 높다.

ⓓ 단점

- 보조 교사에게 감당 가능한 이상의 책임을 부여해서는 안 된다.
- 보조 교사에게 너무 많은 교수 시간을 허용해서는 안 된다.
- 동료 교수 관계의 형성은 시간을 필요로 한다.
- 단순한 운동 수행에서부터 동료 관계의 발전으로 학습 지도의 관심을 전개시켜 나가야 한다.

㉣ 자기 지도식 학습(self-instructional teaching)

▷ 동일 용어 : 자기 지도 교수

ⓐ 수업의 형태

- 개별화 수업 : 모든 교수 활동을 자료물에 제시하며, 형식화된 평가 관리시스템을 포함하고 있다. 이 방식으로 수업을 준비하는 교사는 자료물을 개발하고 보완하며 학생의 수행 정도를 평가하기 위한 기록을 계속적으로 관리하는 데에 많은 시간을 투자한다.
- 계약 학습 : 학생이 미리 마련된 몇 가지 기준에 따라 일련의 학습 과제들을 완수하겠다는 학습 계획을 체결하는 개별화된 수업 방식이다. 계약 학습 방식은 학교 밖의 장소에서 교사가 아닌 다른 사람의 감독하에 체육 수업이 이루어질 때 가장 많이 사용되는 자기 지도식 학습법이다.
- 개인화 수업 체계(PSI) : 배울 내용이 아주 작은 단원들로 나누어지고 다음 단원으로 넘어가기 위해서 그 단원에 대한 내용이 충분히 습득되는 것을 요구하는 수업 방식이다. 이 방식은 일련의 학습 과제를 마련해 놓음으로써 개인의 진도에 맞는 학습이 가능하도록 하고 있다.

ⓑ 특징

- 교사가 전통적인 학습 지도에서 해방되어 개인 지도 또는 운영적 역할을 맡도록 계획된 교수 전략이다.
- 유인물, 매체 그리고 평가적 절차에 크게 의존한다.
- 학습의 시작과 끝을 교사, 학생 혹은 학생 스스로 결정하기 때문에 학습에 필요한 모든 요인이 교재에 포함되어 있어야 하고 학생들의 높은 동기 수준을 요구한다.
- 수업의 일부뿐만 아니라 계획된 단원의 전 과정에 대해서 계획될 수 있다.
- 과제의 진행 방법, 과제의 수행 방법, 연습 방법, 평가 도구를 학생들에게 제공한다.

ⓒ 장점

- 학습의 촉진을 위해 가능한 자료, 용구 및 시설들을 스스로 이용할 수 있는 능력이 향상된다.
- 자기 지도 교재들을 쉽게 이용할 수 있는 능력이 길러진다.
- 자신의 학습 지도를 스스로 지시할 수 있는 능력을 갖게 된다.
- 학습 내용이 구체적으로 명시될수록 학생들은 보다 정확한 학습 진행 과정에 위치하게 된다.

ⓓ 단점

- 수업 자료, 수업 매체, 평가 자료의 준비는 많은 시간을 필요로 한다.
- 상업적으로 개발된 자료의 구입이 가능하지만 매우 비싸며 교사들은 수업 자료의 사용 방법을 가르치고 학습 진행을 평가하는데 교수 시간의 대부분을 소비하게 된다.

㉤ 협동적 학습(cooperative learning)

▷ 동일 용어: 협동 교수

ⓐ 수업의 형태

- **2인 1조 체크 방식**: 2명이 1조로 2개조 4인이 한 그룹으로 묶여서 활동하는 방법으로 각조는 동료 수업에서처럼 한 학생이 파트너를 코치하는 방식으로 주어진 과제를 연습한다. 각각 연습한 후에 한 팀에 속한 2개조는 모여서 서로 같은 목적, 해결 방법 또는 결과를 성취하고 있는가를 체크한다. 이 과정에서 피드백과 연습 활동이 더 자세하게 주어진다.
- **직소 방식**: 각 팀에 속한 학생들은 각자 흩어져 어떤 기능에 전문가인 다른 팀의 멤버들과 함께 일함으로써 그 기능에 전문가가 된다. 이후 각자의 팀으로 돌아가서 자신의 팀 멤버들에게 배운 기능을 가르쳐 준다.
- **자율적 협동 방식**: 집단의 결과물을 얻도록 그룹으로 학생들이 함께 일한다. 민속무용이나 집단 체조 등과 같은 활동을 연습하는데 효과적이다.

ⓑ 특징

- 학생들은 과제를 할당받고 팀으로서 과제를 수행해 나간다.
- 학습 성취를 위한 잠재력뿐만 아니라 사회 정의적인 면의 발달에도 공헌한다.
- 학생들이 공통적인 목표인 협동 정신을 이행해 나갈 수 있다는 기대에 부응하도록 잘 준비하여야 한다.
- 학생들에게 주어진 목표들이 의미 있으며 협동하는 방법을 학습하고 학습 경험의 과정과 결과에 대한 책무성이 명백할 때 성취될 수 있다.

ⓒ 장점

- 학습자의 정의적 측면의 발달에 도움을 준다.
- 높은 수준의 과제 내용을 다룰 수 있다.

ⓓ 단점

- 교사가 학습자간의 상호 작용을 위한 시간을 배려하지 않을 경우 그 효과를 기대하기 어렵다.
- 목표와 학습자간의 상호 작용을 증대시키기 위해 구체적으로 구조화되어 있어야 한다.

㉥ 질문식 수업(teaching through questions)

▷ 동일 용어: 인지 교수

ⓐ 수업의 형태

- 과제가 학생들에게 질문의 형태로 제시되는 수업 방식이다.
- 적극적 수업의 한 변형된 형태로서 전체 학생을 대상으로 계열화된 과제를 질문을 통하여 가르치면서 수업의 진도를 조절한다.

ⓑ 특징

- 모든 수업 방식과 함께 사용하며 학습 활동에 문제 해결적 요소를 덧붙여 준다.
- 제시된 과제의 내용을 인지적인 접근으로 유도하기 위해 계획된 교수 전략이다.

ⓒ 장점

- 학습 과정을 중시하는 교수 전략이다.
- 학습자들은 학습 과정에서의 역할이 증대할 때 더 높은 내용 수준에서 학습하고자 한다.
- 인지 전략은 내용의 개별화를 가능하게 한다.

ⓓ 단점

- 동료 교수, 협동 학습 교수, 자기 지도 교수 등의 지도 과정에서 학습자를 인지적으로 학습하게 하는 보조 역할로 사용될 수 있다.
- 다양한 운동 기능 학습에는 비효율적이다.

Rink의 교수 전략 장점

구분	내용의 선택	과제의 전달	내용의 발달	피드백과 평가
적극적 수업	새로운 내용이 제시될 수 있다.	학생이 이해하지 못하면 과제의 전달을 조정할 수 있다.	학습자 사전 반응에 기초하므로 적절한 경험이 된다.	교사는 학생 활동 중 자유롭게 피드백을 제공한다.
과제식 수업	많은 과제를 한 번에 제시할 수 있다.	사전에 교재를 준비할 수 있다.	각 학습자에게 적합한 학습 진행 정도를 교재에 포함시킬 수 있다.	피드백이 교재에 포함 되어야 하고 교사는 과제 전달 기능을 하지 않을 때 자유로이 피드백을 제공할 수 있다.
동료 수업	보조 교사의 동원으로 다양한 수준의 과제 제시가 가능하다.	보조 교사는 간단한 언어로 과제를 전달한다.	보통 교사에 의해 이루어진다.	한 번에 여러 명의 학생에게 즉각적인 피드백을 제공할 수 있다.
자기 지도식 학습	개인에게 적절한 내용을 구성할 수 있다.	문제가 있을 때 지난 자료를 참고할 수 있다.	학습 진행을 단계적으로 교재에 포함시킬 수 있다.	피드백과 평가에 어려움을 느낀다. 피드백은 주로 교재에 의해 이루어지고 평가에 대부분의 시간을 소비한다.
협동적 학습	학습자에게 가치 있는 내용을 선택할 수 있다.	교사 주도 또는 학생 주도와 같은 방법으로 전한다.	교사는 과제 진행을 주도한다.	학생의 개인 과제 수행 중 피드백을 제공한다.

질문식 수업	학습자 책임과 같은 포괄적인 요소를 포함한다.	과제 전달은 미디어나 과제 카드와 같은 구조적 전략을 이용한다.	완전한 교사 주도나 학생 주도가 가능하다.	간접 교수의 경우 학생의 과제 수행 중 자유로이 피드백을 제공할 수 있다.

팀 티칭(협력 교수)
• 개념 : 두 명 이상의 교사들이 팀을 이루어 동시에 학생들을 지도하는 방식이다. • 장점 – 유연한 소집단화 : 학습자들의 기능 수준, 관심, 개인적 요구 등을 바탕으로 집단 구성이나 교수 전략을 유연하게 활용할 수 있다. – 개인적 도움 : 두 명의 교사가 함께 수업을 담당하기 때문에 수업을 보조하는 교사는 도움을 필요로 하는 학습자를 파악하여 개별적 지도를 제공할 수 있다. • 단점 – 교사의 개인적 성격상 공동 수업 방식에 불편함을 느끼는 경우가 있다. – 교사들의 성격, 학습 목표, 지도방식의 차이 등으로 인해 공동 수업이 어려운 경우가 적지 않다.

② 학습 과제의 수정

㉠ 과제 연습의 관찰

ⓐ 관찰 위치가 중요하다. : 전반적 흐름을 관찰할 것인가 세부적 사항을 관찰할 것인가에 따라 관찰 위치가 달라진다.

ⓑ 관찰 계획을 미리 세운다. : 많은 규모의 학생들을 관찰하기 위해서는 관찰 계획을 미리 세운 후 그에 따라 관찰을 실시하는 것이 효과적이다.

㉡ 피드백 주기

ⓐ 교사의 피드백은 학생의 주의가 학습과제에 집중되도록 하며, 학생을 동기 유발시키고 학생의 반응을 예의주시하는 기능을 수행한다.

ⓑ 학습 과제 연습 시에 주어지는 교사의 피드백은 주로 기능적 측면에 초점이 맞추어진다. 특히 과제 전달시 강조되었던 핵심 요인들에 중점을 두고 행하여진다. 이 핵심 요인들과 관련된 피드백은 반드시 구체적이어야 하고, 잘못을 수정하는 내용과 기능을 올바로 발휘하게 하는 내용간의 적절한 균형을 찾도록 노력해야 한다.

ⓒ 피드백은 과제의 성격에 따라 평가적・교정적 피드백, 일반적・구체적 피드백, 부정적・긍정적 피드백으로 구분된다. 그리고 주어지는 대상에 따라 전체적 피드백, 그룹별 피드백, 개인적 피드백으로 구분된다.

ⓓ 교사가 주는 피드백이 과제 활동의 특징에 적합해야 하는 것은 사실이지만, 항상 그러한 것은 아니다. 일례로, 교사가 학생으로 하여금 과제의 한 요소에 주의를 집중시키도록 촉발시키며 학생은 성공적으로 수행한다. 그러면 교사는 성공적으로 수행된 행동에 대하여 긍정적으로 반응하기보다는 다른 잘못된 점을 교정해 주는 경우가 있다. 이런 경향을 체육 수업에서의 '교정콤플렉스'라고 부른다. 그러나 피드백은 학생의 반응에 따라 적절하게 주어져야 한다.

학생반응	적절한 피드백
학생의 반응이 정확하고, 신속하고, 확고하다.	연습의 리듬을 방해하지 않으면서 간단한 코멘트가 곁들인 긍정적인 격려 행동을 보인다.
학생의 반응이 정확하지만, 주저하는 태도이다.	간단한 코멘트가 곁들인 긍정적인 격려 행동을 보인다. 그러나 기술적 요인과 관련된 몇 가지 구체적인 정보를 덧붙인다.
학생의 반응이 부주의와 무관심으로 인한 것이다.	간단하게 잘못을 교정해주고 주의집중이나 노력을 보다 더 쏟도록 자극한다.
학생의 반응이 기술이나 지식의 결핍을 보인다.	잘못된 요인에 대한 교정적 피드백을 제공하고 계속적인 노력을 쏟도록 격려한다. 필요한 경우에는 다시 가르치거나 새로운 과제를 부과한다.

㉢ 과제 내용의 수정

ⓐ 교사는 관찰과 피드백을 통하여 과제 연습 도중 학생들 각자에 좀 더 적합한 형태로 과제를 바꿔주거나 수정해주어야 한다.

ⓑ 학생들이 수행에 어려움을 겪을 경우, 너무 쉬울 경우, 또는 관심이 없을 경우 교사는 다음과 같은 방식으로 과제내용을 수정할 수 있다.

- 확장형 과제로 수정해준다. → 학생들의 운동 기능에 맞도록 과제 수행 조건을 바꾸어준다.
- 적용형 과제로 수정해준다. → 배운 운동 기능을 실제 시합 상황에 적용하고 활용하도록 시합 상황을 만들어준다.
- 세련형 과제로 바꾸어준다. → 원래 과제의 질적 측면을 보다 세련되게 만들어주는 과제로 바꾸어준다.
- 과제를 완전히 바꾸어준다. → 확장형이나 적용형으로 수정해주는 대신, 완전히 다른 종류의 과제로 바꾸어준다.

㉣ 기타 행동

관찰하기, 피드백주기, 과제수정해주기 등의 활동이외에 교사는 다음과 같은 행동을 함으로써 과제 연습이 충실히 진행될 수 있도록 노력한다.

ⓐ 전체 학급을 자주 훑어본다.

ⓑ 학생들이 모두 시야에 들어오도록 한다.

ⓒ 건너편이나 반대편 방향을 향하여 말을 건넨다.

ⓓ 위험하거나 소란스러운 행동은 즉시 중지시킨다.

ⓔ 주의와 관심이 공평하게 분산되도록 한다.

ⓕ 학습 중심적 분위기가 조성되도록 다양한 방법을 강구한다.

(4) 학생 통제와 수업 관리

교사는 올바른 행동을 유도하고, 소란을 최소화하고, 시간을 절약하기 위해서 관리체계를 구축해야 한다. 효과적 학생 통제와 수업 관리의 목적은 좋은 학습 환경을 조성하는 것이다. 과제의 전달, 연습 및 수정이 교사가 의도한대로 이루어져서 좋은 학습 환경이 조성됨으로써 학생이 보다 많은 내용을 배울 수 있도록 하기 위해서는 학습에 도움이 되지 않는 학생의 행동을 효과적으로 통제하고 수업을 융통성 있게 운영하고 관리해야 한다. 학생행동의 통제와 수업활동의 관리를 위해서는 절차와 규칙을 개발하고, 관리 시간을 줄이며, 무엇보다도 통제와 관리가 필요 없도록 예방적 관리 전략을 펼치는 것이 중요하다.

① 절차와 규칙

㉠ 절차

ⓐ 절차는 수업 내에서 특정한 행동을 하기 위해서 따라야 하는 정해진 과정을 말한다. 이 특정한 행동이란 자주 일어나고 수업의 흐름을 방해하거나 저지할 가능성이 높은 행동을 말한다.

ⓑ 만들어진 절차는 구체적으로 가르쳐져야 한다. 절차를 따름으로써 학생들에게 어떤 행동이 기대되는지 설명하고 시범도 보여져야 한다. 그리고 학생들이 그 절차를 연습할 기회도 가져야 한다.

ⓒ 교사는 절차에 따른 행동들을 이끌어야 하며, 구체적인 피드백을 주고, 잘 따라했을 경우 칭찬도 하며 순응하지 않았을 경우에는 처벌도 해야 한다.

절차	목적
정렬	수업이 시작되기 전 전체 학생들이 모여 교사를 기다리는 절차
준비 운동	교사의 감독이나 지시 없이 하는 준비 운동
주목/조용	학생의 주목을 집중하는 신호와 이에 대한 학생들의 반응
집합 장소	지시에 따라 학생들이 가는 운동장이나 체육관의 특정 장소
교사 주목	교사의 주목을 얻기 위한 적절한 학생의 방법
집합	교사의 지시가 주어졌을 때 한 곳에 모이는 적절한 방법과 대형
분산	집합했다가 연습 대형으로 흩어지는 적절한 방법
장비	용·기구를 가져오거나 돌려놓는 적절한 방법
수거	게임이나 연습 중 다른 학생에게 공이 갈 경우 그것을 다시 가져오는 적절한 방법
시작	신호에 따라 신속하게 활동을 개시하는 절차
지역	지정된 장소나 구역에 있도록 하는 특정한 절차
종료	수업을 종료하는 특별한 절차, 일반적으로 정리 운동과 수업 정리 부분을 포함
해산	수업 장소를 떠나 교실로 돌아가는 절차
정리	옷 갈아입기, 화장실 사용하기, 마실 것 얻기, 입실하기 등을 다루는 모든 절차

㉡ 규칙

ⓐ 규칙은 다양한 상황에서 벌어지는 행동들에 대한 일반적인 기대를 적어놓은 것을 말한다. 일반적으로 바람직하지 못한 행동과 바람직한 행동 모두를 포함한다.

ⓑ 규칙은 말로 설명될 수도 있지만, 학급 벽이나 운동장이나 체육관에 붙여 놓을 수도 있다.

ⓒ 규칙은 아주 다양한 상황에서 발생하는 행동들을 대상으로 하기 때문에 절차보다 덜 자세하다.

ⓓ 규칙은 학생들에게 반드시 설명해주어야 하며, 위반하는 사례가 어떤 것인가에 대해서도 알려주어야 한다. 규칙을 깨트렸을 경우는 즉시 제재되어야 하며 처벌이 주어져야 한다.

ⓔ 규칙이 효과를 발휘하기 위해서는 분명하게 제정되어야 하고 일관성 있게 적용되어야 한다.

규칙 제정 원칙

- 규칙은 짧고 명확해야 한다.
- 규칙은 학생의 연령 수준에 적합한 언어나 기호로 전달되어야 한다.
- 내용 범주가 5~8개 사이여야만 전달하기 쉽고 학생들이 기억하기 쉽다.
- 가능하다면 긍정적인 어법으로 진술하라. 그러나 긍정적 실례와 부정적 실례가 모두 제공되어야 한다.
- 수업의 규칙은 학교의 규칙과 일관성을 띠고 있어야 한다.
- 규칙을 따를 때의 결과와 그렇지 않을 때의 결과가 일관성이 있어야 한다.
- 강제적으로 부과할 수 없는 또는 그럴 의사가 없는 규칙은 만들지 않는다.

규칙 내용

- 안전: 용·기구 취급과 학급 친구들을 대하는 것과 관련된 적절한 행동들
  예 체조 용구는 허락하에서만 사용한다, 축구공은 사람 몸에 직접 차지 않는다 등
- 타인 존중: 교사와 학급 동료를 대하는 것과 관련된 적절한 행동들
  예 친구를 격려하고 응원하라, 말대꾸하지 마라, 모욕을 주지 말라 등
- 수업 환경 존중: 용·기구와 시설을 사용하는 것과 관련된 적절한 행동들
  예 공 위에 앉지 말라, 운동장을 깨끗하게 이용하라, 사용한 용·기구는 제자리에 가져다 놓아라 등
- 친구 학습 지원: 친구들을 돕고 서로 함께 나누고 격려하는 것과 관련된 적절한 행동들
  예 기구와 공간을 함께 나누어 사용하라, 놀리지 말라 등
- 최선: 시간을 잘 활용하고 과제 연습에 집중하고 배우려는 노력을 하려는 것과 관련된 적절한 행동들
  예 제시간에 출석하라, 연습을 열심히 하라, 언제나 최선을 다하라 등

② 관리 시간

㉠ 관리 시간이란 학습 과제를 조직하고, 한 과제에서 다음 과제로 이동하고, 내용과 관련 없는 활동을 하는데 학생들이 사용한 총 시간량을 말한다.

ⓛ 관리 시간은 내용에 대해 설명하지 않는 시간, 시범이 주어지지 않는 시간, 과제 연습이 이루어지지 않은 시간, 학생의 활동에 대해 관찰이 이루어지고 있지 않은 시간이다. 즉 학생들이 교과 내용을 배울 수 있는 기회가 없는 시간, 또는 교과 내용을 배우는 것과 관련이 없는 시간이다.

ⓒ 관리 시간의 양을 줄이는 것은 학습을 위한 시간을 늘림과 동시에 수업 방해적인 행동의 가능성을 줄이는 것이기도 하다.

ⓓ 관리 에피소드란 한 단위의 관리 시간을 말한다. 한 건의 관리 에피소드는 교사가 시작한 하나의 관리 행동으로 시작하여 다음 내용 설명이나 학습 활동이 시작되기 전까지로 이루어진다.

ⓔ 전체 관리 에피소드의 건수(시간량)와 학생들의 대기 시간량을 합친 것이 그 수업에서의 총 관리 시간이다. 관리 에피소드에 소비되는 시간량을 전체적으로 줄임으로써 관리 시간의 총량을 줄일 수 있다.

ⓕ 한 과제에서 다른 과제로 옮겨가거나 한 장소에서 다른 장소로 옮겨갈 때와 같은 이동 활동에 소비되는 시간이 많은데, 이 경우 '집합', '분산', '시작'에 관련된 절차를 적용시킴으로써 줄일 수가 있게 된다.

③ 예방적 관리 전략

㉠ 초기 활동의 통제

㉡ 수업의 정시 시작

㉢ 출석 점검 시간의 절약

㉣ 절차의 훈련

㉤ 수업의 적극적 진행

㉥ 높은 기대감의 전달

㉦ 피드백과 상호 작용의 증진

㉧ 수업 흐름의 유지

㉨ 관리 행동 기록의 게시

㉩ 관리 게임의 활용

(5) 기타 고려사항

① 영역별 지도

㉠ 체육 수업은 인지적 영역, 기능적 영역, 정의적 영역을 균형 있게 개발하는 전인적 교육을 목표로 하고 있다.

㉡ 게임 중심 게임 수업과 스포츠 교육 방법은 운동을 보다 운동답게 가르치기 위해서, 개념 중심 방법은 인지적 영역의 발달을 위해서, 사회성 개발 방법은 정의적 영역의 함양을 위해서 활용되고 있다.

ⓐ 게임 중심 게임 수업

- '게임 중심 게임 수업'은 '이해 중심 게임 수업' 또는 '전술 중심 게임 수업'이라는 명칭으로도 불리는 지도 방법으로, 단위 운동 기술보다는 전술과 실제 게임을 보다 강조함으로써 학생들로 하여금 배우는 스포츠 종목의 특성을 보다 잘 체험하고, 따라서 잘 이해하는 것을 목적으로 한다.
- 이 방법은 단원을 배울 때 실제 게임부터 맛보고, 운동기능의 연습은 이후에 하며, 다시 실제 경기를 하도록 지도한다.
- 이 방법은 구조가 유사한 활동들을 함께 묶는 새로운 범주화 방식을 채택하여 기능이나 전술 학습의 전이가 촉진되도록 의도한다(타격형, 침범형, 네트형, 타겟형).

ⓑ 스포츠 교육모형

- 스포츠 교육은 학생들이 각 스포츠 종목에 대한 실제적 경험을 보다 많이 하며 이해를 깊게 하려는 목적을 가지고 있다.
- 학생들은 스포츠 시즌에 따른 팀에 소속돼 선수 또는 비선수로서의 역할을 담당함으로써 종목에 필요한 운동 기능, 지식, 그리고 열정적 태도를 갖게 된다.

ⓒ 개념중심 지도

- 개념중심 지도 방법은 운동 기능과 함께 체육학 연구를 통하여 얻어진 다양한 이론적 개념들을 가르치는 방법이다.
- 인지적 측면과 심동적 측면의 통합적 발달을 도모한다.
- 학생들은 운동 기능을 어떻게 발휘하는가는 물론 그것에 어떤 개념이 관련되어 있으며 왜 그 같은 자세와 방식으로 해야만 하는가에 대하여 스스로 질문하여 탐구함으로써 그에 대한 답을 발견하도록 지도되고 안내된다.

ⓓ 사회성 모형

- 사회성 개발 방법은 학생들의 사회적 자질(협동심, 책임감, 자제심, 이타심 등)을 체육 활동을 통하여 함양시켜주는 것을 목적으로 한다.
- 자기 조절 능력의 증진과 책임 있는 행동의 발달을 통하여 사회성을 함양함으로써 자아실현을 이루려고 한다.
- 이 모형의 과정은 일련의 단계(무책임 단계-개인적 단계-참여적 단계-자율적 단계-이타적 단계)를 거쳐 진행되는데 가장 낮은 단계로부터 가장 높은 단계로의 상승이 학생의 사회적 품성이 완성되어 가는 과정이다.
- '시작대화'를 통하여 학생들로 하여금 자신의 단계에 대하여 정신을 차리고 생각하게끔 하고, '단계별 활동'을 통하여 학생들이 책임감의 중요성과 프로그램의 의도에 대하여 느끼도록 한다. '반성의 시간'은 자신의 단계와 자신의 행동들에 대하여 스스로 평가하도록 하며, '독자적 의사결정'과 '모둠회의'는 다음 단계로의 진행을 위해서 어떤 활동을 할 것인가를 학생 스스로 결정하도록 하는 기회를 제공한다.

'상담의 시간'을 통하여 제반 사항에 대한 교사와 학생간의 진지한 대화와 상의가 이루어진다.

② 장애 학생

㉠ 체육 수업에서 장애 학생들을 위한 적절한 조처

ⓐ 학급에 '모두 다 함께'라는 풍토가 뿌리내릴 수 있는 분위기를 조성한다.

ⓑ 신체적, 정신적 능력이 다른 이에 대한 열린 태도를 가질 수 있도록 한다.

ⓒ 장애 학생에 대한 부정적 행동에 대한 즉각적 제재를 가하고, 긍정적 행동을 장려한다.

ⓓ 교사 자신이 장애 학생에 대한 열의와 기대를 가지고 있다는 점을 학생이 느끼게 한다.

㉡ 체육 수업 시간의 구체적 조처

ⓐ 체육 활동을 변형하거나 용구를 개조하거나 게임 규칙을 수정하는 등의 작업이 필요하다.

ⓑ 동료 수업 방식이나 협동적 학습 방식을 활용할 수 있다.

③ 남녀 학생의 기회 평등

㉠ 여학생을 비하시키는 무의식적, 의식적 표현을 삼간다.

㉡ 남녀 학생을 골고루 시범에 활용하고, 동일하게 역할을 배분한다.

㉢ 여학생과 남학생이 함께 참여할 수 있는 학습 과제를 개발한다.

㉣ 여학생들이 좋아하는 학습 활동의 비율을 남학생들의 그것과 동일하게 한다.

㉤ 남녀 학생들로 하여금 남녀 차별적 발언이나 행동을 하고 있는가를 깨닫게 한다.

㉥ 모둠 나누기를 오로지 성별에 의해서만 구분하지 않는다.

㉦ 강한 신체적 접촉이 많이 요청되는 운동 활동을 되도록 줄인다.

㉧ 남녀 학생들이 동일하게 참여할 수 있도록 규칙을 변형한다.

㉨ 역할 모델이 될 수 있는 여자 운동선수들과 그들의 업적을 자주 이야기한다.

④ 잠재적 학습

㉠ 체육 수업 시간을 통하여 학생들은 교사가 의도하지도 않았던 것들을 습득하고 배우게 된다. 가시적이지 않고 간접적으로 학생들이 학습하게 되는 것을 일반적으로 잠재적 교육과정이라고 한다.

㉡ 잠재적 교육과정은 학생이 학급 생활을 하면서 겪게 되는 사회화 과정의 결과이다.

㉢ 학생들의 잠재적 학습이 보다 긍정적인 것이 될 수 있도록 하기 위해서는 교사는 자신의 말과 행동이 학생들의 잠재적 학습에 영향을 미칠 수 있음을 명심하고 수업의 세밀한 부분까지 치밀하게 관심을 가져야 한다.

5 수업 지도 기술

1. 수업-과제의 적절한 배열

학생의 과제 활동	교사의 수업 활동
1. 운동장에 나가서 초기 준비 과제를 실시한다.	1. 친숙한 과제를 연습하기 위한 초기 절차를 만들어서 가르친다.
2. 모여서 새로운 기능을 설명 받는다.	2. 과제 전달이 명확히 될 수 있는 집합 절차와 잘 준비된 시범
3. 설명 받은 과제를 연습한다.	3. 과제 연습의 지도
4. 개별 연습을 위해서 흩어진다.	4. 효과적으로 분산하는 절차와 개별 연습의 감독
5. 연습하고 있는 과제를 세련화시킨다.	5. 주목하도록 하는 절차, 명확한 세련화 전달 기술
6. 연습의 조건을 바꿔봄으로써 과제를 확장시켜 본다. 연습을 계속한다.	6. 주목하도록 하는 절차, 명확한 확장 전달 기술, 적극적 감독
7. 과제를 세련화시키면서 연습을 계속한다.	7. 주목하도록 하는 절차, 명확한 세련화 전달 기술, 적극적 감독
8. 과제의 적용을 위해서 집합한다.	8. 주목하도록 하는 절차, 집합 절차, 잘 계획된 설명과 시범
9. 과제의 적용을 위한 조직상의 방법에 관한 설명을 듣고 다시 흩어져서 연습한다.	9. 효과적 분산 절차, 과제 연습의 지도
10. 10분 동안 과제의 적용에 관하여 연습한다.	10. 적극적 감독
11. 정리를 위하여 모인다.	11. 집합 절차, 정리

(1) 수업의 과제

수업은 관리적 측면의 과제와 내용 지도적 측면의 과제가 있다.

(2) 반복적 수업활동

수업의 전 과정 동안 반복적으로 행해지는 수업 활동들이 몇 가지 있다.

① 학습 환경의 조성

② 과제의 전달

③ 과제 연습의 지도 감독

④ 정리

⑤ 수업 흐름의 조절

2. 학습 환경의 조성

(1) 안전한 학습 환경의 준비

① 안전에 대한 고려는 수업 계획 시부터 주어져야 하지만, 안전 문제가 가장 중요하게 취급되어야 하는 것은 수업의 실행단계이다.

② 위험 가능성이 있는 활동을 할 때는 언제나, 교사는 위험 수칙을 분명히 강조해야 한다. 이 수칙들은 명시적으로 기록되어 있어야 하며, 자주 상기시켜져야 하며, 반드시 지키도록 강조되어야 한다.

③ 심리적 안전 또한 좋은 학습 환경을 마련하기 위해서 중요하다. 학생은 안전하게 행동해야 할 뿐만 아니라, 하는 활동이 안전함을 느낄 필요가 있다.

④ 교사는 학생들의 위험 행동들에 대하여 계속적으로 긴장을 곤두세우고 있어야 한다.

⑤ 학생들이 무엇을 하고 있는지 교사가 자세하게 알 수 있도록 해주는 가장 좋은 방법으로 '적극적 감독'이 있다.

(2) 지적 흥미의 유발

① 체육 교사는 운동 기능의 발달과 경기 시합과 관련된 대화와 토론을 적극적으로 장려해야 한다. 교사는 정보와 가치가 함께 담긴 피드백을 전달할 뿐만 아니라, 제기된 질문에 기초한 교사-학생간의 상호 작용이 이루어질 수 있다.

② 질문하기와 논평하기는 일반적으로 장려되어야 하는 활동이다. 그러나 교사는 교사의 관심을 끌 목적으로만 이 같은 행동을 하지 않도록 학생들을 잘 다루어야 한다.

3. 과제의 효과적 · 효율적 전달

(1) 관리 활동 관련 과제와 수업 활동 관련 과제는 모든 학생에게 전달될 필요가 있다.

(2) 과제의 전달 과정은 효과성과 효율성에 의해 평가되어야 한다.

(3) 효과적 과제 전달은 학생들이 교사가 제시하는 설명을 주의 깊게 듣고 이해한다는 것과 그 내용이 설명된 그대로 학생들에 의해서 수행될 수 있기에 충분하다는 것을 의미한다.

(4) 효율적 과제 전달은 전달이 효과적으로 일어나기에 필요한 최소한의 시간만이 사용될 것이라는 것을 의미한다.

(5) 운동 기능과 전술관련 과제는 이전에 연습한 내용과 관련시키면서 또는 그 과제의 중요성을 명확하게 주지시키면서 학생들에게 소개해야 된다. 그리고 학생들은 그 과제가 전체적으로 어떠한 모습을 띠는지를 알 수 있어야 한다. 이후 그 과제를 수행할 때 어떤 요인들에 주목할 것인가 학생들이 명확히 알아야 한다.

(6) 교사는 연습을 시작하기 전에 전달이 제대로 정확하게 이루어졌는지 체크해야만 한다. 이러한 체크는 과제가 효과적으로 전달되었다는 점을 교사에게 확인시켜줄 뿐만 아니라, 학생들이 교사의 존재에 지속적으로 주의를 쏟도록 하는 평가 관리체계 역할도 한다.

과제를 효과적으로 전달하는 교사의 기술
• 계획을 철저히 수립할 것 • 과제를 완전히 이해할 수 있도록 필요한 정보는 모두 포함시킬 것 • 학생들이 이해할 수 있는 표현을 사용할 것 • 열과 성을 담아서 말하되 천천히 이야기할 것 • 가능하면 실제 상황과 가장 흡사한 조건에서 시범을 보일 것 • 시범은 다양한 각도에서 볼 수 있도록 할 것 • 시범은 정확하게 실시되도록 할 것 • 과제 연습 시 안전 문제를 강조할 것 • 설명과 시범 과정에 학생들을 최대한 적극적으로 참여시킬 것 • 개별 연습 시작 전에 학생들의 이해 정도를 점검할 것

4. 과제 연습의 지도

(1) 지도감독된 과제 연습

① 개념

새로운 과제가 소개(내용 설명관련 과제)되거나 과제 연습을 위한 상황이 상당히 변경될 경우에는 교사가 그 내용을 전달한 직후 과제 연습을 지켜보고 지도하는 시간이 필요하다. 지도감독된 과제 연습(교사에 의하여 지도되고 감독되는 학생들의 과제연습)은 교사가 이끄는 전체 학급이 함께 이루어지는 과제 연습을 말한다.

② 특징

㉠ 연습 수행에서 나타나는 중대한 에러를 교정해준다.

㉡ 필요할 경우 다시 내용 설명을 행할 수 있다.

㉢ 학생들이 개별적 연습을 성공적으로 할 수 있도록 충분한 연습 기회를 제공하기 위한 것이다.

③ 실행

㉠ 교사에 의한 과제 연습의 지도감독은 일반적으로 교사가 학생들을 한눈에 볼 수 있고 학생들도 모두가 교사를 볼 수 있는 위치에서 전체학급을 대상으로 하는 형태로 이루어진다.

㉡ 학생들이 과제를 연습하면, 교사는 그 과제와 그것을 연습하는데 관련된 중요한 기술적 특징들을 강조하는 단서어와 촉발어를 제공해준다.

㉢ 과제연습의 지도감독 시에 행하는 교사의 피드백은 기능 발휘의 기술적 측면에 주로 초점이 맞추어진다. 특히 과제를 전달할 당시에 강조되었던 핵심 요인들에 중점을 두고 행해진다.

㉣ 지도감독된 과제 연습 시에는 학생들의 성공률이 가능한 한 높아야 하며, 개별적 연습 단계로 넘어갔을 때 학생들이 높은 성취율을 보일 것이라는 점에 대해 자신감을 느낄 수 있도록 충분한 연습이 이루어져야 한다.

㉤ 의도한대로 과제가 성공적으로 수행되고 있다고 확신하게 되면, 개별적 과제 연습단계로 이동한다.

과제 관련 피드백	
일반적 · 긍정적 피드백	학생의 노력에 지지를 보내고 긍정적인 학습 분위기를 조성한다. 예 잘 처리했다, 나이스 샷, 아주 좋아
비언어적 · 긍정적 피드백	위와 동일한 목적으로 언어적 언급이 함께 이루어질 수 있다. 예 박수치기, 등쳐주기, OK사인
구체적 · 긍정적 피드백	제대로 수행된 것에 대한 구체적인 정보를 제공한다. 예 백스윙 할 때 상완이 아주 곧게 뻗었다.
교정적 피드백	잘못된 점을 고치기 위한 구체적인 정보를 제공한다. 예 움직이기 전에 위치를 좀 더 오랫동안 지킬 필요가 있다.
가치 관련 내용이 담긴 구체적 피드백	정보의 제공과 함께 결과와 과정을 연결시켜 준다. 예 그래, 그렇게 열심히 하면 금세 실력이 향상될 거야.

(2) 개별적 과제 연습

① 개념

학생들로 하여금 새로운 과제를 기존에 배웠던 내용과 통합시키고 자동화 될 때까지 연습하도록 하는 것이다.

② 특징

㉠ 지도감독된 과제 연습은 중요한 잘못을 잡아냄으로써 학생들이 연습을 성공적으로 할 수 있도록 하는 목적을 가지고 있으나, 개별적 과제 연습은 높은 성공률을 보이며 반복적으로 과제를 연습하는 것을 목적으로 한다.

㉡ 개별적 과제 연습 시에 체육 교사가 해야 하는 가장 중요한 학생 지도 활동은 '적극적 감독'(active supervision)이다.

③ 적극적 감독의 목적

㉠ 학생들이 할당된 과제를 계속적으로 수행하도록 하는 것이다.

㉡ 필요한 학생에게 지지적 피드백과 교정적 피드백을 제공해 주는 것이다.

④ 적극적 감독의 특징

㉠ 학생들이 모두 시야에 들어오도록 할 것

㉡ 자주 훑어보도록 할 것

㉢ 미리 눈치 챌 수 있는 행동을 하지 말 것

㉣ 건너편이나 반대편 방향을 향하여 말을 건낼 것

㉤ 위험한 행동이나 소란스런 행동에 민감할 것

㉥ 주의와 관심이 공평하게 분산되도록 노력할 것

㉦ 학습 중심적 분위기가 조성되도록 다양한 방법을 강구할 것

(3) 과제 연습 시의 내용 지도

① 일반적으로 체육교사들은 수업 시간의 마지막 정리 단계에서 적용 단계 과제를 실시하려고 계획한다. 그러나 적용 단계 과제를 이 연습 단계에 사용함으로써 학생들이 과제를 연습하고 있는 동안 아무런 내용도 가르치지 않는 교사들도 있다.

② 최근 연구는 정과 체육이나 운동부 체육 상황에서 유사 게임과 실제 게임을 하는 동안 가장 효과적인 지도 활동이 '촉발 단서'의 빈번한 제공임을 보여주고 있다.

③ 촉발 단서는 일반적으로 간단하고, 하나로 된 단서어나 문구로 표현된다.

④ 적용 단계의 과제들은 운동 기능의 발휘가 좀 더 능숙하게 되고 각 요소들이 하나로 합쳐지면서 성공률이 높아지는 단계의 과제들이다. 교사는 과제 연습에 방해를 주지 않고도 학생 행동을 촉발할 수 있고 성공적인 운동 기능 발휘를 유도할 수 있다.

⑤ 간단한 지도 활동은 중요 요점을 강조하고 잘못된 점을 수정하기 위하여 중간 중간 자주 제공될 필요가 있다.

(4) 과제 연습의 주시

① 수업 시간에 자신의 학습 성취에 대한 책임은 학생 자신이 지는 것이라고 한다면, 학습 성취를 자세하게 모니터할 수단이 반드시 준비되어야 한다.

② 주시 활동이란 학생의 학습 성취가 기준을 달성한 정도를 관찰하고 평가하는 공식적이고 비공식적인 방법을 말한다.

③ 체육 수업 시에 주로 이용되는 비형식적인 형태의 예의주시 방법은 교사에 의한 '적극적 감독'이다.

④ 적극적 감독 시에 교사는 학생이 성공적으로 과제를 수행했을 때는 긍정적인 반응을 보여주고 잘못된 과제 수행은 교정해준다.

⑤ 공식적 형태의 관찰 체계는 학습 과제와 관련을 맺고 있는 학생의 학습 성취 기록을 만들어 낸다. 흔히 과제 체크 리스트가 이 목적으로 사용된다.

5. 책무성 체계의 수립

(1) 공식적 형태와 비공식적 형태의 책무성 체계는 서로 역상관의 관계에 있다. 즉 공식적 형태의 책무성 체계가 확고할 경우 상대적으로 비공식적 형태의 책무성 체계가 필요 없으며, 공식적 형태의 책무성이 확립되지 못한 경우 강력한 비공식적 책무성 체계가 필요하다.

(2) 체육 수업에서 가장 비중이 큰 비공식적 형태의 책무성은 교사의 '적극적 감독'이다. 이에 덧붙여 과제관련 활동에 대해서는 적극적 지원과 과제무관 활동에 대해서는 강력한 통제가 따라야 한다.

(3) 교사가 단원에서 요구되는 과제들에 대한 올바른 파악하고, 학생이 과제들을 완수했다는 것을 기록할 관찰체계를 개발했고, 학생들로 하여금 과제를 성취하도록 동기 유발할 유인 체제를 마련했다면 학생들의 과제 연습을 적극적으로 감독할 필요가 적어질 것이다.

(4) 만약 책무성 관리체계가 강력하지 않을 경우나 또는 없을 경우에는 학생들이 과제에 집중할 수 있도록 교사는 적극적으로 감독해야 할 것이다.

6. 수업의 정리

(1) 정리의 의미

정리는 수업의 낱낱을 하나로 묶어 종합하고, 학생들이 중요한 내용을 제대로 이해했는지 확인하고, 중요한 내용들을 다시 한 번 강조하고, 수업에 대한 학생들의 느낌을 평가하고 확인하는 수업 시간의 마지막 부분이다.

(2) 효과적인 수업 정리

① 정리는 완료를 의미한다.

② 정리는 확인하는 기회이다.

③ 정리는 학생들의 느낌을 점검하는 기회이다.

④ 정리는 되돌아보는 기회이다.

⑤ 정리는 숨 가쁘게 뛴 후 교실로 돌아가기 전에 갖는 안정의 기회이다.

7. 수업 진행 속도의 조절

(1) 어떤 수업이든 여러 가지 관리 관련 과제, 이동 관련 과제, 수업 지도 관련 과제들이 만들어내는 수업의 흐름과 같은 진행 속도가 있다. 효과적 수업의 진행에는 아주 힘 있고 부드러운 진행 속도가 중요함을 보여주고 있다.

(2) 효과적인 수업 계획은 실제 수업 시 힘 있고 부드러운 진행 속도를 유지시켜 나가는데 도움이 된다.

(3) 관리 활동과 관련된 절차는 혼란을 최소화시켜 주면서 수업 활동을 이루어지게 만들어 주기 때문에, 리듬을 타고 부드럽게 진행되는 수업이 되도록 하는데 중요한 역할을 한다.

(4) 연습 과제는 학생들이 계속적으로 활발히 참여하는 형태로 제시되어야 한다.

(5) 수업의 진행 속도에 대한 최악의 적은 '학생 대기'이다. 체육 수업에서 가장 많이 소요되는 단일 활동이 대기 시간이다.

6 수업 관리 기술

1. 수업 관리

(1) 예방적 수업 관리는 관리에 관계된 문제들에 최소한의 시간만이 소요되는, 긍정적이고 과제중심적 수업분위기를 조성하고 유지하기 위하여 교사가 사용하는 예방적 조처들을 말한다.

(2) 예방적 수업 관리 관련 과제 시스템은 체육 교사로 하여금 수업을 예상 가능하며 부드럽게 운영할 수 있도록 하는 체계를 만들어준다. 이 관리 시스템은 학생들에게 허용되는 행동의 범위를 설정해 주고 교사가 무슨 기대를 가져야 하는가를 알려준다.

(3) **관리 시스템의 2가지 기능**

① 교사와 학생은 오랜 기간 동안 함께 지내야 하기 때문에 협동 관계가 만들어져야 하며, 이를 통하여 교사가 효과적으로 가르칠 수 있다.

② 제대로 된 관리 체계는 시간을 절약하도록 해준다. 따라서 관리 시간과 부정적 행동을 감소하는 전략을 사용하여 내용을 가르치고 배우는 활동에 사용될 수 있는 시간을 증가시키는 것이 필요하다.

2. 절차와 규칙

효과적인 관리 체계의 관건이 되는 것은 적절한 행동이 무엇인가에 관해 정해진 절차의 개발과 규칙의 제정이다. 절차는 수업 내에서 특정한 행동을 하기 위해서 필요한 과정을 말한다. 이 특정한 행동들이란 자주 일어나고, 수업의 흐름을 방해하거나 저지할 가능성이 높은 행동들을 말한다. 규칙은 다양한 상황에서 벌어지는 행동들에 대한 일반적인 기대를 적어놓은 것을 말한다. 효과적 교사에 관한 연구 결과는 효과적 교사는 학년 초 수업시작 최초 며칠간은 수업의 절차와 규칙을 확실하게 수립하는 것에 초점을 맞춘다는 것을 보여준다.

(1) **절차**

① 절차는 자주 발생하고 수업의 흐름을 방해하거나 저지할 가능성이 있는 모든 종류의 학생 행동에 관해서 만들어지고 가르쳐져야 한다.

② 절차는 아주 구체적으로 가르쳐야 할 필요가 있다. 절차를 따름으로써 기대되는 행동이 무엇인지 학생들에게 설명되고 실제로 시범도 보여져야 한다. 그리고 학생들이 그 절차를 연습할 기회도 가져야 한다.

(2) 규칙

① 규칙은 여러 상황에서의 여러 행동들에 대한 일반적 기대를 규정한다.

② 규칙은 효과를 발휘하려면 분명하게 만들어져야 하고 일관성 있게 적용되어야 한다.

③ 규칙이 상세하게 마련되고, 학생들에게 가르쳐지고, 일관성 있게 적용된다고 하더라도, 일반적으로 교사는 그것을 수업이 효과적으로 이루어지도록 하는 데 도움이 되는 행동을 중심으로 개발한다.

④ 체육 수업의 규칙들은 통상적으로 안전, 타인 존중, 수업 환경 존중, 친구 학습 지원, 최선 등의 영역에 관련된 행동을 주로 다룬다.

⑤ 교사는 규칙을 어느 정도까지 구체적으로 할 것인가에 대한 결정을 내려야 한다(구체성과 일반성).

3. 관리 시간

(1) 관리 시간이란 학생 활동을 조직하고, 한 과제에서 다음 과제로 이동하고 내용과 관련 없는 활동을 하는데 학생들이 사용한 총 시간량을 말한다.

(2) 관리 에피소드란 한 단위의 관리 시간을 말한다. 한 건의 관리 에피소드는 교사가 시작한 하나의 관리 행동으로 시작하여 다음 내용 설명이나 연습 활동이 시작되기 전까지로 이루어진다.

(3) 전체 관리 에피소드 건수와 학생들이 대기하는 것에 소비한 시간의 총량을 합한 것이 그 수업에서의 총 관리 시간이다.

(4) 이동이란 교사가 과제의 초점을 변경할 때, 학생들이 한 과제에서 다른 과제로 옮겨갈 때, 팀이 코트를 바꿀 때, 경기 시 선수교체가 이루어질 때, 또는 이와 비슷한 상황이 벌어질 때 등과 같은 관리 에피소드를 말한다.

(5) 관리 체계가 잘 수립되어 있으면, 관리 시간과 수업 방해 행동의 기회를 감소시킬 뿐만 아니라 수업의 흐름이 빨라지도록 하고 그것을 수업 내내 유지되도록 만들어준다.

(6) 관리적 상호작용 또는 관리 행동이라는 것은 관리체계를 수립하고 유지하는데 필요로 되는 교사의 언어적, 비언어적 행동을 말한다.

(7) 관리 행동에는 주목을 위해서 손뼉을 치는 행동, 호루라기를 부는 행동, 활동 조직을 위한 지시를 내리는 행동, 또는 잘못된 행동을 하는 학생에게 벌을 주는 행동 등과 같은 것들이 포함된다.

(8) 교사가 효과적인 관리 체계를 세워놓았다면 관리 행동이 그다지 많이 필요하지 않다. 관리 행동이 많으면 효과적인 수업 관리자가 아니다.

4. 예방적 관리 기법과 관리 전략

(1) 초기 활동의 통제

(2) 수업의 정시 시작

(3) 출석 점검 시간의 절약

(4) 절차의 훈련

(5) 수업의 적극적 진행

(6) 높은 기대감의 전달

(7) 피드백과 상호 작용의 증진

(8) 수업 흐름의 유지

(9) 관리 행동 기록의 게시

(10) 관리 게임의 활용

관리 게임	
관리 게임이란 정해놓은 관리 목표를 달성했을 경우 포상 받는 게임 형태의 행동 수정 기법이다. 관리 게임은 절차와 규칙을 수립하기 위한 목적으로 통상적으로 초등학교와 중학교에서 사용되고 있다. 관리 게임은 모든 팀원들이 팀이 점수를 따기 위해서 반드시 올바르게 행동해야만 하는 '그룹 일치성원칙'(group contingency)이 실시될 경우 가장 쉽게 시행될 수 있다.	
문제상황	초임교사가 수업 관리로 골머리를 앓고 있었다. 너무 많은 수업 시간이 허비되고 있었고, 수업 방해 행동이 너무 많았다.
게임규칙	이때 한 가지 관리 게임을 채택하여 전 학급을 대상으로 실시하였다. 포상은 수업 시간 중 자신들이 원하는 활동을 할 수 있는 자유 시간을 주는 것이었다. 이 포상을 위하여 모든 학생들은 다음 목표를 성취하여야만 했다. • 운동장에 나오면 초기 활동을 읽고 정해진 장소에서 10분 연습한다(매 수업당 3분 자유 시간). • 주목을 위해 호루라기를 불면 5초 내로 주목하고 조용히 한다(매번 1분 자유 시간).
실시결과	자유 시간의 누적을 기록해두었다. 이 자유 시간은 매주 목요일 수업 시에 사용되었다.

5. 관리 체계의 평가

(1) 관리 체제의 효과성을 검토하는 객관적 방법이 여러 가지 있다. 이 검토는 관리 체계가 유연하고 효율적으로 운용되고 있는가를 확인하기 위해서 주기적으로 시행되어야 한다.

(2) 교사는 시계를 이용해서 관리 에피소드의 길이를 관찰할 수 있다.

(3) 관리 문제와 관련된 지시 행동과 상호작용의 수효를 기록할 수도 있다.

(4) 구체적 절차의 효율성을 관찰할 수도 있다.

(5) 몇몇 학생을 선택하여 다음 수업 활동이 시작되기 전에 얼마나 자주 기다려야 하는지를 불규칙적으로 관찰할 수도 있다.

(6) 비과제 관련 행동의 횟수를 기록할 수도 있다.

최병식

체육교수론

Chapter

08

체육 학습 교수법

08 체육 학습 교수법

1 체육의 교수

1. 목표 지향적 활동으로서 교수

(1) 목표의 유형

① 심동적 목표

신체적 활동이나 능력의 향상과 관련된 목적과 목표를 말한다. 심동적 결과는 체육이 교육의 목적에 공헌할 수 있는 고유한 영역이다. 심동적 목표는 운동 기능의 교수와 관련된 목표와 체력과 관련된 결과들을 포함한다.

② 인지적 목표

정보 처리에 관한 지식 또는 능력을 말한다. 인지적 목적과 목표는 지적인 사고와 관련된다. 인지적 목적과 목표에 지식과 관련된 결과뿐만 아니라 문제해결능력, 창조성, 지식의 전이 등과 같은 결과도 포함된다.

③ 정의적 목표

학생들의 감정, 태도, 가치, 사회적 행동 등과 관련된 교육적 결과이다. 학생들이 체력을 가치 있게 생각하고, 체력을 육성하기 위해 신체 활동에 규칙적으로 참가하는 것은 정의적 목표에 해당된다. 스포츠맨십, 자기 주도적 학습, 긍정적 자아의식 등과 같은 목표 역시 정의적 목표로 분류할 수 있다.

(2) 실현 가능한 목표의 수립

① 교육과정과 학습 지도와의 관계가 유지되려면 설정된 교육과정의 목적과 목표가 학습 지도 상황에 적합해야 한다.

② 설정된 목적이 달성 불가능할 경우 학습 지도 프로그램이 설정된 목적과 일치된 방법으로 실행되기 어렵다.

③ 체육 프로그램이 해결해야 할 가장 중요한 문제는 실현 가능한 목표를 제시하는 것이다.

(3) 목표 달성을 위한 학습 지도 과정의 선택

① 학습 지도 경험과 과정은 구체적인 목표를 달성하기 위해 의도적으로 선택되어야 한다.

② 의도하는 것 이상의 많은 일들이 실제 수업에서 일어날 수 있지만 교수 과정이란 결국 의도하는 학습 결과를 얻기 위한 구체적 활동이다.

③ 정의적 목표와 인지적 목표도 그것을 개발하기 위한 구체적인 조건과 과정들을 필요로 한다.

(4) 과정을 통한 목표의 성취

① 심동적 목적과 목표는 교사가 운동 내용을 가르침으로써 성취될 수 있다.

② 정의적 또는 인지적 목표는 주로 심동적 목표와 관련된 내용을 가르치는 과정을 통해서 달성된다.

2. 학습 지도 과정의 이해

(1) 학습 활동 전과 후의 상규적 활동

① 수업 전에 출석의 점검, 수업 준비 상태의 확인 등과 같은 과제를 수행해야 할 필요가 있다.

② 학습 활동 전과 후의 상규적 활동에 소비하는 시간은 최소화해야 한다.

③ 상규적 활동(routines)은 출석점검, 운동복 확인 등과 같은 체육 수업 전후에 반복적으로 일어나는 학생 행동을 말한다.

(2) 운동 과제-학습자 반응 단위의 분석

학습 지도 과정에서 운동 과제의 수행 및 그와 관련된 활동들이 중요하므로 교수 기능은 그와 관련하여 발휘되어야 한다. 체육 교사들은 다음과 같은 교수 기능을 발휘할 수 있어야 한다.

① 학생들의 운동 수행 능력에 적합한 과제를 선정할 수 있는 능력

② 학생들이 학습 내용을 분명하게 파악할 수 있도록 선정된 과제를 효과적으로 전달할 수 있는 능력

③ 학생들이 주어진 과제에 열중할 수 있도록 동기를 유발할 수 있는 능력

④ 학생들의 동기를 유발하는 학습 환경을 조성하고 유지할 수 있는 능력

⑤ 학생들의 운동 수행을 정확하게 평가하여 필요한 피드백을 제공할 수 있는 능력

⑥ 학생들의 반응을 분석하여 과제를 수정하고 발달시킬 수 있는 능력

(3) 지도 행동과 운영 행동

① 지도 행동

㉠ 지도 행동은 운동 과제를 직접 가르치는 교수 행동이다.

㉡ 지도 행동은 체육 수업의 본질인 교과 내용을 가르치는 것과 관련되며 수업 결과에 직접 영향을 미친다.

② 운영 행동

㉠ 운영 행동은 운동 과제를 가르치는 데 도움이 되도록 학습 환경을 조성하는 교수 행동이다.

㉡ 운영 행동은 행위와 조직을 다루는 행동과 관련이 있다. 체육 교사가 학생들에게 차례를 기다리게 하거나, 지시를 따르게 하거나, 동료 학생을 도와주게 하는 것과 같이 학생들의 행동을 조직, 유도, 강화하는 교수 행동을 수업 운영 행동이라고 한다. 또한 체육 교사가 학생, 시간, 공간, 교구 등을 적절히 조정하여 수업이 원활하게 운영되도록 하는 교수 행동도 수업 운영 행동이다.

지도 행동과 운영 행동의 예

지도 행동	운영 행동
• 과제의 수행 방법을 설명한다. • 학생의 과제 수행을 관찰한다. • 학생의 과제 수행을 도와준다. • 운동 과제를 수정하고 발전시킨다.	• 운동 과제를 수행할 수 있도록 교구, 학생, 공간을 정리한다. • 학생들에게 교구를 사용하여 팀을 구성하도록 지시한다. • 학생들의 부적절한 행동을 제지한다.

3. 교수 기능

체육에서 교수 기술(teaching skill)을 관찰하는 한 가지 방법은 체육 교사의 교수 기능(teaching function)을 확인한 다음 주어진 학습 상황에 가장 적합한 교수 기술을 발견하는 것이다.

체육 교사에게 기대되는 중요한 교수 기능
• 학생들에게 학습 과제를 명확하게 제시한다. • 학습을 촉진하기 위해서 학습자, 시간, 공간, 교구 등을 조직한다. • 학습 환경을 조성하고 유지한다. • 학생들의 운동 반응을 분석하여 다음 과제 내용을 결정한다. • 학생들에게 운동 수행 결과에 관한 피드백을 제공한다. • 목표를 설정하고 학습 경험을 계열성 있게 계획한다. • 학습 지도 과정을 평가한다.

(1) 교사의 가치관과 신념

① 교수에 관한 신념은 주로 학습 심리 이론과 철학 이론에 의해 결정되며, 결정된 신념에 따라 학생들을 가르치는 데 필요한 교수 기능이 무엇인지 알게 된다.

② 교수에 대한 행동주의적 입장과 인간주의적 입장은 이론적으로 상당한 차이가 있다. 행동주의자들은 인간의 행동은 환경적 영향에 의해 결정된다고 생각하는 반면, 인본주의자들은 인간의 행동은 개인의 통제에 의해 결정된다고 생각하고 있다.

③ 교수에 대한 이러한 입장 차이는 교수·학습 과정은 조직적이고 교사 주도적이어야 한다는 주장과 학생 중심이어야 한다는 주장으로 대립되어 나타나고 있다.

교수·학습 과정의 요소	행동주의적 입장	인간주의적 입장
교사의 역할	조작자	안내자
학습 내용	구체적인 정보에 관한 학문적 지식과 기능	장기적인 정의적·인지적 목표
학생의 역할	치밀하게 계획된 경험에 교사의 지시에 따라 비창조적으로 참여	폭넓은 경험에 창조적이고 능동적으로 참여
교수 과정	교사 중심적: 체계적인 수업 프로그램을 통해서 학생의 행동을 형성(학습자가 수업 환경에 적응)	학생 중심적: 폭넓은 경험을 통해서 학생의 행동을 유도(학습 환경을 학생 개인에게 적응시킴)
교수 결과	특수 능력: 수업 내용의 숙달	자기 성취감: 개성(다른 사람과의 공유)

(2) 교사의 성격적 특성

① 성격과 개성은 교사가 자신의 교수 기능을 수행하는 방법에 영향을 미친다. 훌륭한 교수의 공통된 특성은 교사 자신이 그의 교수 기능을 학습 지도 목표, 학생들의 특성 및 교수 환경과 일치시켜 학습 지도에 임하는 것이다.

② 교사의 학습 지도 기능들은 성공적인 학습을 위해서 필요한 최소한의 교수 기능으로, 이러한 학습 지도 기능은 분명한 과제의 전달, 학습 환경의 통제와 유지, 운동 수행 결과에 대한 피드백의 제공, 과제 수행의 성공률과 난이도를 고려한 과제의 수정을 포함한다.

(3) 교사의 성장의지

① 교사의 일차적 책무는 학생들이 무엇을 배워야 하는지, 그것을 어떻게 배워야 하는지를 결정하는 일이다.

② 전문성을 갖춘 훌륭한 교사가 되기 위해서는 유능한 교사의 기능, 태도, 가치 등을 배워야 하며 그에 못지않게 중요한 것이 유능한 교사가 되기 위한 성장의지이다.

③ 유능한 교사가 되기 위해 계속 노력하는 교사는 대부분 반성적인 교사이다. 반성적인 교사는 단순히 행동하지 않는다.

㉠ 반성적인 교사는 자신이 교사로서 "무엇을 어떻게 가르치고 있는지?" 끊임없이 질문하고 대답한다.

㉡ 반성적인 교사는 교수·학습 과정에서 발생하는 다양한 정보를 바탕으로 다음 학습 과제를 선택하고 결정한다.

㉢ 반성적인 교사는 학습 목표, 교육적 가치, 교과 내용에 관한 지식, 학습자에 대한 이해 등에 관한 정확한 정보에 근거하여 무엇을 어떻게 가르칠 것인지 결정한다.

㉣ 반성적인 교사는 축적된 다양한 경험이나 정보를 의사결정에 반영하며 더 많은 교육적 정보를 얻기 위해 끊임없이 노력한다.

④ 교사로서의 성장은 계속되어야 한다. 교사 앞에는 더 많은 새로운 지식을 기대하는 학생들이 늘 기다리고 있기 때문이다.

⑤ 교사는 전문가로서 자신의 경험을 쇄신하며 끊임없이 성장해야 하고 워크숍, 컨벤션, 대학이나 대학원에서 관심 있는 과목을 수강하는 등 자기혁신을 꾀하며 경험을 확대해야 한다.

2 학습 환경

1. 효과적인 학습 환경

(1) 체육에서 효과적인 학습 환경은 운동 수행의 향상에 기여할 수 있는 교사와 학생 활동의 관점에서 정의될 수 있다.

(2) 효과적인 학습 환경이 중요한 이유는 대부분 교사와 학습자 활동이 주어진 운동 기능의 학습에 기여할 때에만 학습의 최대 성과가 보장되기 때문이다.

(3) 학습자에게 최대한의 학습 성과를 보장하는 효과적인 학습 환경의 개발은 교사의 수업 조직 능력과 학습 경험의 계획 능력에 달려 있다.

(4) 학습 분위기는 효과적인 학습을 위해서 반드시 고려되어야 한다. 학습 활동은 학생들이 편안함을 느끼도록 계획되어야 하며, 성공이 보장되어야 한다.

(5) 학생들의 동기 수준은 적절해야 한다. 학생들은 자신의 운동 수행을 향상시킨다는 의지로 학습 과제에 참여해야 한다.

효과적인 학습 환경	비효과적인 학습 환경
• 효과적인 학습 환경에서 학습하는 학생들은 대부분의 수업 시간을 의미 있는 운동 경험에 소비한다. • 학생들은 보다 많은 연습 기회를 갖게 됨으로써 자신의 운동 기능을 향상시킨다. • 학습 활동에 필요한 조직의 구성은 실제 학습 시간을 가장 적게 소비하면서 이루어진다. • 부적절한 학생 행동은 거의 발견되지 않는다. • 학생들은 즐거운 마음으로 주어진 운동 과제에 참여한다. • 학생들이 개인차에 따라 각기 다른 난이도 수준에서 다른 과제를 수행하고 있음을 발견할 수 있다.	• 학생들이 대기 또는 기다리고 있는 시간이 많다. • 학생들에게 제공되는 연습 기회는 극히 제한적이다. • 학생들이 대기하고 있는 동안 많은 학생들이 바람직하지 않은 행동을 나타낸다. • 전 학급이 개인차가 무시된 단일 과제에 함께 참여한다. • 과제가 도전적이지 못하며, 학생들은 실패를 경험하고, 곧 권태를 느낀다. • 학생들은 운동 기능의 학습과 관련된 정보에 주의를 기울이지 않는다. • 수업 질서를 바로잡고 부적합 행동을 수정하는 데 많은 시간을 소비한다.

2. 학습 환경의 유형

(1) 교사 지향 학습 환경

① 개념

㉠ 수업 조직에 관한 모든 결정이 교사에 의해서 이루어진다.

㉡ 학습자들은 교사의 지시에 따라 행동하며 교사가 모든 학습 활동의 중심이 된다.

② 장점

㉠ 교사와 학생의 역할이 분명하다. 교사는 지휘자이고 학습자는 수행자이다.

㉡ 교사 지향 학습 환경은 질서정연하고, 학생들이 교사의 지시에 따라 움직이기 때문에 단기적 수업 목표를 달성하는데 효과적이다.

③ 단점

㉠ 학생들이 수업 운영에 대해서 전혀 재량권을 갖지 못한다.

㉡ 수업의 조직적 절차를 수행하는데 효과적이지만, 수업 절차를 계속해서 교사 지시에만 의존하는 것은 비능률적이다.

④ 교사의 역할

㉠ 교사는 수업 조직과 행동 관리에 필요한 절차를 확립해야 한다.

㉡ 수업 절차를 학생들에게 분명하게 전달하여야 한다.

㉢ 학생들이 자신의 행동에 대해 책임을 지도록 해야 한다.

(2) 학생 지향 학습 환경

① 개념

㉠ 교사의 관여가 최소화된다.

㉡ 수업의 상당 부분에서 학생들은 교사와 독립적으로 역할을 수행한다.

② 장점

㉠ 학생들이 자기 행동에 대해서 책임지는 법을 배우게 된다.

㉡ 학생들이 스스로 수업 운영 절차를 결정하고 실행하는 것을 학습하게 된다.

㉢ 학생들은 책임을 수용하고, 지도자와 추종자의 역할을 경험하며, 자신의 운명을 통제하면서 계속해서 학습하는 법을 배우게 된다.

㉣ 학생들이 수업 조직 및 행동 관리 절차를 스스로 실행하게 되므로, 보다 쉽게 그러한 절차들에 익숙해지게 된다. 따라서 보다 많은 연습 시간을 확보할 수 있다.

③ 단점

㉠ 통제 불가능한 상황에 직면할 수 있다.

㉡ 학생들이 자신에게 부여된 책임을 처리할 능력이 부족할 수 있다.

④ 교사의 역할

㉠ 사전 계획은 교사에 의해서 또는 교사와 학생의 협동으로 이루어질 수 있으나 반드시 계획적으로 이루어져야 한다.

㉡ 학생에 대한 교사의 기대가 분명해야 한다.

㉢ 교사는 학생들이 자신의 책임을 효과적으로 수행하는데 필요한 자기 지도 능력이 있는지를 확인해야 한다.

(3) 교사-학생 지향 학습 환경

① 개념

㉠ 효과적인 학습 환경은 대개 교사 지향과 학생 지향을 결합한 독특한 형태의 학습 환경이다.

㉡ 교사 지향과 학생 지향을 결합한 학습 환경은 다양한 시기에 두 가지 학습 환경이 함께 나타나는데 그 특징이 있다.

② 장점

㉠ 수업 중 다양한 형태의 조직적 수업 절차가 이루어질 수 있다.

㉡ 학습 환경은 사전에 결정한 형태가 아닌 성취되어야 할 절차의 특성에 근거하여 결정되어야 한다. 교사 지향과 학생 지향을 결합한 학습 환경이 가장 효과적이다.

③ 단점

㉠ 환경적인 형태는 어느 하나를 선택하는 상황이 아니라는 것이다.

㉡ 어떤 절차들은 교사 지향적인 반면 다른 절차들은 학생 지향적이 되어 지시자가 변하기 때문에 학생들이 혼동을 일으킬 수 있다.

④ 교사의 역할

어떤 형태의 학습 환경이 수업 절차에 가장 적합한지를 결정한다.

3. 학습 환경의 조성

(1) 학습 환경의 준비

① 교수의 준비는 총체적인 연간 계획이나 학습 단위의 관점, 또는 구체적인 일일 계획의 관점에서 고찰할 수 있다.

② 학습 환경의 준비는 교사로서 수업 조직적 기능과 수업 분위기를 결정한다.

③ 교사가 연간 또는 구체적인 학습 단위에 대한 계획을 세울 때 고려해야 할 학습 환경의 준비 요소로는 수업에 사용할 공간, 용구의 보관 장소, 사용 가능한 하드웨어와 소프트웨어 등이 있다.

(2) 용구의 취급

① 용구의 설치 및 해체, 용구의 정리, 용구의 배치에 대한 교사의 지시는 간단·명료해야 한다.

② 학생들이 체육 수업에서 기대하는 것은 움직임과 기능의 학습이다. 따라서 교사들은 이들에 대한 학생들의 참여를 높이기 위해 학습 환경을 계획하고 정리해야 할 책임이 있다.

(3) 규칙과 절차

① 학생들은 교사로부터 수업 규칙과 절차에 관한 지시와 안내를 기다린다. 학생들은 대개 규칙과 절차가 필요하다는 생각을 수용하며, 그렇게 함으로써 수업 내에서 과제를 성공적으로 수행할 수 있다.

② 수업은 실행 가능한 규칙과 능률적인 절차를 통해서 보다 유연하게 전개될 수 있다.

(4) 결과

① 교사는 수업 규칙과 절차의 수행에 따르는 결과를 개발하여야 한다. 결과는 합리적이어야 하며 학생들에게 정확하게 전달되어야 한다.

② 결과 체계(the system of consequence)는 실제적이고 간단해야 한다.

③ 상과 벌은 행동에 적합해야 한다.

4. 학습 환경의 유지

(1) 감독

① 학생들의 행동을 세심하게 감독함으로써 어떤 문제가 심각한 상황에 이르기 전에 그것을 미연에 방지할 수 있다.

② 감독 기능은 체계적인 연습을 통해서 숙달되어야 한다. 교사는 학생들이 주어진 과제에 열심히 참여하고 있는지, 그리고 정해진 규칙과 절차를 잘 준수하는지를 감독해야 한다.

③ 교사는 감독 기능을 습관적으로 할 수 있을 때까지 상기어(reminder)를 사용하여 연습할 수 있다. '적극적인 감독'이라는 '상기어'를 수업계획서나 출석부에 써 놓으면 그것을 볼 때마다 학생들을 적극적으로 감독할 수 있다. 또한 그림이나 다른 상징물을 체육관 또는 운동장의 적당한 위치에 부착해 놓고 그것이 눈에 뜨일 때마다 적극적으로 감독함으로써 감독 기능을 강화할 수 있다.

(2) 부적절한 행동의 제지

① 부적절한 행동을 즉각적으로 제지시킬 때 학생들은 규칙과 절차에 따라 행동하길 바라는 교사의 의도를 이해하고, 그 결과 교사와 학생과의 신뢰성이 회복된다.

② 주의, 파워, 복수, 부적응이 가장 흔한 4가지 방해 행동의 원인이다(Dreikurs).

㉠ 주의를 끌기 위해 부적절한 행동을 하는 학생들은 시끄럽고 들떠 있으며, 이야기하기 좋아하고 사소한 부적합 행동을 일으킨다.

㉡ 학교나 가정에서 다른 구성원과 투쟁하는 학생은 공격적이다. 그러한 학생들은 권위에 반항하고, 과제를 거부하고, 쉽게 토라지며, 순종하지 않고, 쉽게 화를 낸다.

㉢ 복수에 애쓰는 학생들은 공격적인 학생들보다 감정이 더 격렬하다. 그들은 폭언이나 폭력에 호소한다.

㉣ 부적응 학생은 아무 것도 하지 않는다. 모든 것을 포기하고 아무 것도 시도하려 하지 않는다.

③ 교사는 방해 행동의 목적을 이해하고, 책임 있고 협조적인 행동의 개발에 필요한 프로그램 확립과 동시에 방해 행동의 제지를 위한 다음의 단계를 밟을 수 있다.

㉠ 교사는 학습 환경을 계속적으로 탐지해야 한다.

㉡ 교사는 방해 행동이 멈출 때까지 학생의 시선을 주시하면서 정확한 규칙과 절차를 상기시켜 주어야 한다.

㉢ 학생에게 정확한 규칙과 절차를 반복해서 연습하도록 해야 한다.

㉣ 위반 행위에 대한 결과를 제공한다.

(3) 학습자의 책무성과 학습 지도의 명료성

① 교실은 학생들이 무엇인가 학습하는 편안하고 즐거운 장소이어야 한다.

② 상규적 행동과 절차의 규칙성이 학생들의 관심을 집중하는데 도움이 되지만 지나치게 획일적인 절차는 권태를 가져올 수 있다는 것을 알아야 한다.

③ 효과적인 학습자 책무성 절차들은 교사에게 달려 있다.

④ 교사는 학생들의 학습 진행 과정을 계속해서 감독해야 한다.

3 학습 내용과 지도 과정

1. 체력

(1) 근력과 근지구력

① 근력은 한 번의 최대 수축에서 신체의 중요한 근육군에 의해서 발휘될 수 있는 근육의 힘을 말한다.

② 근지구력은 근육군이 어떤 일을 반복해서 할 수 있는 능력을 말한다.

③ 동적 컨디셔닝은 다음과 같은 원리에 기초한다.

㉠ 근육군의 구체성에 관한 원리

㉡ 과부하의 원리

㉢ 점진성의 원리

㉣ 빈도의 원리

㉤ 준비 운동과 정리 운동의 원리

④ 정적 컨디셔닝은 다음과 같은 원리를 준수해야 한다.

㉠ 각 수축은 6~8초 동안 지속되어야 한다.

㉡ 각 수축은 최대의 수축이어야 한다.

㉢ 각 수축 간에 5초의 휴식 시간을 갖고 5~10회의 최대 수축 운동을 실시해야 한다.

(2) 유연성

① 정적 스트레칭이 바운드나 폭발적인 운동보다 유리하다.

② 운동의 범위는 근육에 긴장을 느낄 때까지 점진적으로 증가시켜야 한다.

③ 스트레칭을 하기 전에 근육을 워밍업 해야 한다.

④ 스트레칭을 한 위치에서 20~30초 동안 유지해야 한다.

(3) 심폐 지구력

① 프로그램이 결정되기 전에 심폐 지구력의 수준을 평가해야 한다.

② 훈련의 효과를 기대하기 위해서는 개인의 최대 심박수 75% 이상의 운동 강도를 유지해야 한다.

③ 적절한 운동 빈도는 주 3~4회이고, 각 운동의 지속 시간은 20~40분이어야 한다.

④ 운동을 중단하면 훈련의 효과는 점진적으로 감소된다.

2. 운동 기능

(1) 학생들에게 운동 기능을 획득하게 하는 것은 체육 교사의 일차적인 책임이다.

(2) 효과성, 효율성, 적응성의 특성이 종합되어 기능의 숙달에 도달한다.

① 효과성이란 목표 지향적 운동의 본질이다. 농구의 자유투는 골로 연결될 때 효과적이다.

② 효율성은 운동 수행 자체를 기술한다. 어떤 기능은 그것을 수행하는 사람이나 상황에 대해 기계적으로 정확할 때 능률적으로 수행된다.

③ 적응성은 수행자가 자신의 능력을 운동 수행의 조건에 적합 시킬 수 있는 능력을 말한다.

운동 기능의 분류	정의
폐쇄 기능	운동 수행 중 기능의 수행을 둘러싼 환경적 조건이 변하지 않는다. 예 테니스 서브, 배구의 서브 등
다른 환경에서 폐쇄 기능	운동 수행 중 기능의 수행을 둘러싼 환경적 조건은 변하지 않지만, 수행자가 다른 환경에서 수행할 것이 요구된다. 예 궁도, 골프 등
개방 기능	변화하는 환경적 조건에서 기능을 수행한다. 예 농구의 레이업, 축구의 드리블 등

3. 움직임 개념

(1) 움직임 개념은 구체적인 운동 기능을 포함하지 않는 체육 내용을 말한다. 움직임 개념은 어떤 특징들을 공유하는 일단의 운동 반응이나 운동 관련 개념에 대한 라벨 또는 부호이다. 예를 들어, 학생들은 하나의 독립된 정보로서 테니스 스윙에 필요한 전진 스텝을 학습하지 않는다. 오히려 그들은 힘의 발휘를 위한 무게의 이동을 학습하게 된다.

(2) **움직임 개념의 교수**

교수의 기본적인 가치가 다른 내용에의 전이에 있을지라도 교사들은 교수에 서로 다른 의도를 가질 수 있다. 교수적 의도의 예를 제시하면 다음과 같다.

① 교사들은 학생들이 개념을 이해하고 질문에 대답할 수 있기를 원한다.

② 교사들은 학생들이 개념을 이해하여 특정한 내용에 있어서 그 개념을 사용할 수 있는 것을 목표로 한다.

③ 주어진 상황하에서 개념을 응용할 줄 안다.

④ 새로운 움직임 경험에 응용할 줄 안다.

(3) 체육에서 응용되고 있는 움직임 개념은 6가지 범주로 분류된다(Rink).

개념 유형	내용 영역	구체적인 예
동작 단어	이동, 균형 잡기, 보내기, 치기, 던지기, 돌기, 들기	균형 잡기: 기저면이 넓을수록 움직임의 안정감이 있다.
움직임의 질	빠르기, 직행, 수준, 방향, 움직임 진행, 신체 인지, 갑작스런 움직임과 지속적인 움직임	갑작스런 움직임과 지속적인 움직임: 움직임 타입의 대조는 움직임 표현의 일부이다. 적절한 움직임의 질은 숙달된 움직임에서 선택되어야 한다.
움직임 원리	움직임 추적, 체중 전달, 스핀, 안정성, 힘의 발휘, 힘의 감소	힘의 발휘한 동작에 신체 부위가 많이 동원될수록 더 큰 힘을 발휘한다.
움직임 전략	공격 전략, 방어 전략, 협동 전략, 타인과의 관계	타인과의 관계: 움직이는 리시버의 앞으로 공을 던져준다.
움직임의 효과	심장, 근력, 지구력, 유연성과 운동의 관계	근력은 활동의 지속이나 운동 부하가 높아질수록 증가한다.
움직임의 정서	감정, 표현, 사회적 행동, 팀워크, 스포츠맨십과 운동 참여와의 관계	운동 수행은 팀 동료들이 서로 협조적일 때 보다 더 효과적이다.

(4) **동작 단어**

동작 단어는 많은 다른 구체적인 반응을 포함하는 광범위한 움직임의 일반적 범주이다. 균형 잡기, 이동하기, 때리기, 오르기, 받기, 돌기 등의 용어는 개념으로서의 동작 단어들이며, 이들은 각기 다양한 방법으로 수행될 수 있다. 교사들이 개념을 구성하는 구체적인 반응보다 내용으로서의 개념, 즉 동작 단어를 사용하는 이유는 다음과 같다.

① 명명할 수 없는 방법까지 포함한 다양한 방법으로 동작을 수행하는 것은 가치가 있기 때문이다.

② 동작 단어를 사용하는 교사들은 개념에서 공통적이고 중요한 것을 가르친다.

(5) **움직임의 질**

① 움직임의 질이란 어떤 움직임의 질을 공유하는 움직임 반응들에 관한 분류이다.

② 움직임의 공간 측면(수준, 방향, 경로, 평면), 노력 측면(시간, 무게, 공간, 흐름), 관계 측면(조화, 인도, 협력)을 기술하는 단어들이 움직임의 질에서 자주 사용되는 개념들이다.

③ 대부분의 움직임 질의 개념들은 라반이 개발한 움직임의 기술적 분석 체계에서 유래한 것이다.

④ 움직임의 질로서 조직된 내용을 가르치는 체육 교사들은 학생들에게 이러한 움직임의 질에 관한 광범위한 경험을 하도록 해야 하며 그들을 새로운 상황에 일반화시킬 수 있어야 한다.

(6) **움직임의 원리**

① 움직임의 원리는 움직임의 효율성과 효과성을 지배하는 원리들을 포함하는 개념의 광범위한 범주이다.

② 무게 이동의 관계, 힘의 생산에 따른 추수 동작, 투사물에 작용하는 톱스핀의 효과와 같은 개념 그리고 안정성과 관련된 개념 모두가 수업의 중요한 내용이 될 수 있는 움직임 원리들이다.

③ 움직임의 원리를 가르치는 의도는 학생들이 그 원리를 새로운 경험에 일반화시킬 수 있도록 하기 위한 것이다.

(7) **움직임 전략**

① 움직임 전략은 다른 사람과의 협력적 또는 경쟁적인 활동에서 움직임의 사용 방법과 관련된 개념이다.

② 움직임 전략은 다른 사람들과의 움직임 경험에서 그것에 맞게 자신을 조정하는 것을 말한다.

(8) **움직임 효과**

① 움직임 경험이 학습자에게 미치는 효과와 관련된 개념으로 격렬한 운동이 심장에 미치는 효과와 근지구력, 근력, 유연성을 기르는 운동 형태들은 모두 움직임 효과 개념들이다.

② 운동생리학과 관련된 개념들은 움직임 효과 개념들의 중요한 자원이다.

(9) **움직임 정서**

① 인간 발달의 정의적 영역에만 초점을 맞추는 특별한 개념 분류이다.

② 움직임 정서의 개념은 표현, 움직이는 즐거움, 스포츠맨십, 팀워크, 왜 그 사람이 움직이는지를 기술하는 감정, 움직임이 정서에 미치는 영향과 관계가 있다.

4 내용의 분석 및 발달

1. 내용 발달의 계획: 발달적 분석

(1) 내용 발달은 연습 조건, 운동 수행의 질, 응용 경험을 통합할 수 있는 교사 능력의 척도이다.

(2) 확대 과제의 제시는 보다 복잡하고 난이도가 높은 과제를 계열성 있게 형성해 가려는 교사의 의지 표현이다.

(3) 세련 과제의 제시는 반응의 질에 대한 관심을 지적하고 있다.

(4) 응용 과제의 제시는 학생들이 그 동안 학습한 기능을 실제 상황에서 사용할 수 있도록 도와주려는 교사의 의지를 반영한다.

(5) 발달적 분석은 학습 내용을 여러 구성 요소, 즉 확대 과제, 세련 과제, 응용 과제로 분석하는 과정이다. 발달적 분석은 교사에게 운동 경험을 계열성 있게 제시할 수 있는 구조를 제공한다. 그것은 교사가 훌륭한 운동 수행의 특징을 확인하고 적절한 응용 경험을 통합하도록 도와준다.

(6) **확대**

① 학습 내용의 발전은 확대로 시작된다.

② 학습자에게 운동 수행의 복잡성과 난이도의 변화에 대한 관심을 전달하는 교사 행동, 학습 경험을 계열성 있게 조직하는 것이다.

③ 과제의 복잡성과 난이도를 발전시키는 요인들을 분석하여 학습경험을 어떻게 계열성 있게 구성할 것인지를 결정한다.

④ 확대 과제를 조직하는 방법

과제 간 발달과 과제 내 발달

㉠ 과제 내 발달: 하나의 주제 내에서 서로 다른 과제를 전개

예 축구 패스의 주제 아래 인사이드 패스와 아웃사이드 패스, 2인 패스와 3인 패스 등의 과제를 포함하여 가르치는 것

㉡ 과제 간 발달: 서로 다른 두세 가지 과제로 내용을 조직하여 전개

예 한 수업에서 축구 패스 과제, 축구 드리블 과제, 축구 슛 과제를 계열적으로 가르치는 것

과제 내 발달	과제 내 발달(intratask development)이란 하나의 운동수준에서 다른 운동수준으로 발달해 가도록 진행해 나가는 것을 의미한다. 다시 말해, 하나의 과제 내에서 내용을 쉬운 것에서 좀 더 어렵고 복잡한 것으로, 가까운 거리에서 보다 먼 거리로, 간접적인 수행에서 직접적인 수행으로, 혹은 스피드를 좀 더 수준 높게 변화시키는 방식으로 과제를 전개해 나간다. 예를 들면, 배구 수업에서 서브 기능을 연습할 때 벽으로부터 2m 떨어진 곳에서 벽에다 소프트 발리볼을 가지고 언더핸드 서브를 넣는 연습부터 시작하여, 어느 정도 동작에 익숙해지면 거리를 5m로 늘리고, 마지막에는 실제 배구공을 가지고 연습하는 것처럼 어떤 기능을 하나의 수준에서 다른 수준으로 발전시켜 나가는 방식이다.

과제 간 발달	과제 간 발달(intertask development)이란 하나의 과제에서 다른 과제로 내용을 변화시키는 것을 의미한다. 예를 들면, 배구의 언더핸드 서브 기능을 연습한 후 오버핸드 서브, 스파이크 서브로 진행하는 것처럼 한 가지 기능에서 다른 기능으로 발전하는 것을 의미한다. 학습자의 학업 성취도에 관심을 갖는 교사는 과제 내와 과제 간 모두에서 점진적으로 복잡성과 난이도를 더해간다.

확대 과제 또는 운동 수행의 복잡성과 난이도에 영향을 미치는 요인들		
• 부분 연습	• 용구의 변화	• 연습공간(거리)의 변화
• 운동 수행 의지	• 운동 수행에 참여하는 인원	• 운동 수행 조건
• 기능이나 동작의 결합	• 움직임 반응의 확대	• 경험의 계열성 확립

(7) 세련

① 학습자에게 운동 수행의 질에 대한 관심을 전달하는 교사 행동, 학습 경험에 대한 질의 향상을 목적으로 한다.

② 운동 수행에 대한 교사의 기대를 명시하는데 도움이 된다.

③ 교사에게 무엇을 관찰해야 할 것인지를 분명하게 알려줌으로써 학습자에게 유익한 피드백의 제공을 가능하게 한다.

④ 교사가 언제 학생들의 학습 활동을 멈추고 그들에게 반응의 질에 초점을 맞추게 할 것인지와 같은 어떤 경험에 대한 구체적인 초점의 제공을 가능하게 한다.

⑤ 세련 과제는 목표의 범위를 좁히고 수행의 질적 판단에 대한 학습자의 책무성을 강하게 부여할 때 효과가 크다.

(8) 응용

① 응용 과제는 확대와 세련의 수준과 일치하여 배운 기능을 적용할 수 있어야 한다.

② 학습자가 "어떻게 운동할 것인가"에 대한 관심에서 "어떻게 그 운동을 이용할 것인가"로 관심을 돌리는 교사 행동이며, 학습자들에게 자신이 학습한 기능을 응용할 수 있는 기회를 제공하는 교사 행동이다.

③ 응용은 학생들이 확대와 세련을 통해서 개발한 기능들을 이용하는데 도움이 되는 경험들을 기술한다. 움직임 경험들은 형식적이거나 비형식적 또는 자기 평가적이거나 다른 사람과의 경쟁적 경험이 될 수 있다.

2. 운동 기능의 내용 발달을 위한 지침

운동 기능과 그것과 관련된 개념들을 폐쇄 기능, 다른 환경에서의 폐쇄 기능, 개방 기능, 움직임 개념 등의 4가지 범주로 분류된다.

(1) 폐쇄 기능의 개발

① 제한된 환경에서 일관성 있고 능률적으로 운동을 수행하게 하는 것이다.

② 학습의 선행 조건
체력과 운동 능력을 필요로 한다.

③ 전체 동작-부분 동작의 문제
연속 동작으로 가르칠 것인지 또는 부분 동작으로 가르칠 것인지를 결정해야 한다.

④ 용구의 변화
학습 용구의 수정을 통해서 운동 수행의 조건을 단순화시켰을 때 학습이 보다 신속하고 성공적으로 일어날 수 있는지를 결정해야 한다.

⑤ 연습 조건의 변화
안정된 조건에서 수행되며 실제적인 상황을 위한 광범위한 연습이 이루어져야 한다.

⑥ 의도성의 확립
폐쇄 기능은 특정한 운동 수행 목표를 가지고 있다. 조작적 기능은 보통 목표 지향적이고 비조작적 기능은 형태 지향의 목표를 가지며 자기 테스트 기능은 효과성의 목표를 갖는다.

⑦ 정확성과 파워
많은 폐쇄 기능들은 정확성을 지향한다. 그러한 기능의 교수 과정을 통해 교사들은 언제 정확성을 강조할 것인지 그리고 언제 힘의 발휘를 강조할 것인지를 결정해야 한다.

(2) 환경이 변화하는 상황에서의 폐쇄 기능의 발달

① 볼링, 골프 스윙 등과 같은 기능의 기본 패턴은 환경이 변할 때 수정되어야 한다. 즉, 복잡한 조건의 도입 전에 간단한 조건에서 일관성 있게 학습해야 하기 때문에, 폐쇄 기능의 학습과 같은 방법으로 기능을 발달시킬 수 있다.

② 간단한 환경에서 어느 정도 일관성 있는 운동 패턴을 익힌 다음 보다 복잡한 환경을 도입해야 한다.

③ 교사는 다른 환경에서 사용될 기능의 후기 학습을 계획할 때 많은 다양한 연습 환경을 포함해야 한다.

(3) 개방 기능의 발달

① 개방기능은 학생들이 변화하는 복잡한 환경에 자신의 운동 기능을 적응할 수 있도록 '환경의 변화에 대한 적응력 향상'에 초점을 맞추어 개발되어야 한다.

② 체육에서 사용되는 대부분의 개방 기능은 주로 게임 상황에서 사용되고 있다.

(4) 움직임 개념의 발달

① 제1단계(개념의 정의)
학습자들이 개념에 포함되는 것과 포함되지 않는 것들을 구별하도록 하기 위하여 구체적인 예를 제시하도록 요구할 수 있고, 반대로 여러 가지 예들을 제시한 다음 그것의 통합 개념을 구체적으로 정의하게 할 수 있다.

② 제2단계(반응의 확대)
학습자들이 그 개념을 전이될 경험들의 대표적인 예에 적용하는 것을 도와주기 위한 것으로, 학습자들에게 적합한 경험을 제공하고 그들에게 그것의 원리를 적용하게 한다. 또한 그들 스스로 경험을 선택하고 움직임의 원리를 적용할 수 있도록 지도해야 한다.

③ 제3단계(반응의 숙련)
교사들이 반응의 확대를 지나치게 강조하여 반응의 질을 소홀히 하는 경우가 있는데 부정확하게 수행된 체력 운동, 비능률적으로 적용된 움직임 반응, 부정확하게 수행된 전략 등은 내용 발달의 목적에 위배되며 오히려 그것을 방해한다.

3. 게임 기능의 개발

(1) **제1단계**: 통제 능력의 개발

① 보내는 동작, 받는 동작, 들고 나르는 동작을 개발하는 단계이다.

② 통제 능력을 획득하는 데 필요한 경험들의 제공이 강조된다. 경험들은 처음에는 가장 쉬운 조건에서 제공되지만, 점차 물체를 보내고 받는 수준이나 방향 또는 힘을 조정함으로서 통제 능력의 획득을 점진적으로 어렵게 만든다.

(2) **제2단계**: 물체의 통제를 강조하면서 복잡성과 규칙의 강화

① 드리블, 패스와 같이 기능이 결합되고 보다 복잡한 관계에서 동시에 규칙이 강화되는 단계이다.

② 배구에서 한 학습자가 스파이크 볼을 받아 다른 학습자에게 정확하게 언더핸드 패스하는 것은 제2단계에 속한다.

(3) **제3단계**: 기능을 이용하여 간단한 공격과 방어의 수행

① 기능의 수행 자체를 벗어난 것에 초점을 맞추는 단계이다.

② 학생들은 보다 덜 복잡한 게임 상황에서 공격 전략과 방어 전략의 사용을 학습할 수 있다.

③ 이 단계의 복잡성은 인원, 경계, 점수 및 규칙을 추가함으로써 개발된다.

(4) **제4단계**: 복잡한 게임의 수행

① 완전한 게임뿐만 아니라 완전한 게임 수준에 도달하는 것을 돕기 위해 계획한 경험들까지를 포함하는 단계이다.

② 교사들은 게임이 계속해서 유지되도록 그것의 일부를 수정해야 한다. 만약 게임의 규칙이나 다른 부분이 경기의 계속적인 흐름을 방해한다면 그것이 계속될 수 있도록 게임의 조건이나 규칙을 수정해야 한다.

게임 단계
• 단계 1: 통제 능력 발달 • 단계 2: 복잡 통제(complex control)와 기술 결합 • 단계 3: 기초적인 공격 전략과 수비 전략 • 단계 4: 복잡한 게임 수행

5 학습 지도의 계획과 평가

1. 학습의 목적 및 목표 설정

(1) 학습의 관점에서 목표 진술

① 학습 결과는 교육 경험을 통한 학습의 관점에서 교육 프로그램 계획의 모든 수준에 대해 기술하고 명시된 내용이다. 한편 목표는 교사와 학습자의 경험의 관점에서 기술된다.

㉠ 교사 활동: 학생들에게 배구의 세트를 시범 보인다.

㉡ 학생 활동: 세트 기능을 연습한다.

㉢ 학습 결과: 토스를 이용하여 전위 선수에게 효과적으로 세트한다.

② 목표는 다음과 같은 구성 요소의 관점에서 진술한다.

㉠ 학습자에게 기대되는 행동 예 때리기, 치기, 패스 등

㉡ 행동이 수행되는 환경이나 조건 예 파트너와 10피트 떨어진 거리에서

㉢ 성취될 기준이나 수행 수준 예 정확한 폼 또는 90% 정확하게

③ 목표의 세 가지 구성 요인이 다음의 예에서 명시되어 있다.

예 학생은 다른 학생과 부딪히지 않고 발을 사용하여 적어도 세 가지 다른 방법으로 일반 공간에서 이동할 수 있다.

- 행동: 이동
- 조건: 발로 일반 공간을 이동한다.
- 기준: 다른 학생과 부딪히지 않고 세 가지 다른 방법을 이용하여 이동할 수 있다.

④ 학습지도 목표의 행동 요소는 학생이 무엇을 해야 하는지를 동사로 기술한다.

(2) 목표 진술의 구체적 수준

① 교사들은 기술하고자 하는 것을 어느 정도 정확한 행동 용어로 기술할 것인지 결정해야 한다.

② 다음은 목표 진술의 다양한 구체적 수준을 기술하고 있다.

교육과정	학습자는 중 정도 수준에서 하나의 개인 스포츠를 수행할 수 있다.
단원	학습자는 테니스 게임 시 두세 스텝 안에 네트로 넘어오는 볼을 포핸드로 칠 수 있다.
수업계획	학습자는 한 스텝을 밟은 후 훌륭한 폼으로 포핸드 스트로크로 상대 코트에 볼을 칠 수 있다.

③ 교육과정 수준에서 목표는 학생들이 프로그램을 마쳤을 때 무엇을 할 수 있어야 하는지를 기술하는 것으로 포괄적이다.

④ 단원 수준에서 목표는 한 단원 성취의 준거가 된다,

⑤ 수업 계획 수준에서 목표는 단일 수업 종료 시 학습자들이 무엇을 할 수 있어야 하는지를 반영한다.

(3) 세 가지 학습 영역에서 목표

① 체육은 일차적으로 학생들의 신체적 기능과 능력의 발달을 목표로 한다.

② 심동적 결과와 같이 인지적, 정의적 영역의 학습 결과도 구체적으로 기술될 수 있다. Bloom은 이 두 영역의 학습 수준에 관한 위계를 확립하였다.

2. 체육 경험의 계획

(1) 교육과정의 계획

① 교육과정 지침은 학습자들이 연구 프로그램 학습 시 무엇을 할 수 있어야 하는지를 규정한다.

② 교육과정 지침은 학습 내용의 범위와 학습 내용의 계열성을 결정한다.

③ 교육과정 지침은 교육자가 학습의 가치를 결정하는데 도움이 되므로 가치 지향적이라고 할 수 있다.

④ Bain의 체육에서 가장 공통적인 조직 요소

㉠ 움직임 형태: 축구, 농구 등과 같은 움직임 형태를 가르치는 것

㉡ Laban의 체계와 관련된 움직임 개념: 신체, 노력, 공간, 관계 같은 개념들을 가르치는 것

㉢ 운동 발달 단계: 기초적, 일반적, 전문적 운동 기능을 점진적으로 가르치는 것

㉣ 운동이 신체와 정서에 미치는 영향과 관련된 개념틀

(2) 학습 지도 단원의 계획

① 단원 계획은 한 가지 주제와 관련된 일단의 수업 계획이다.

② 단원 계획은 주제의 범위와 계열성은 정의하지만 프로그램 내에서 수업이 어떻게 조직되어야 하는지는 설명하지 않는다.

③ 단원 계획의 기본적인 형식은 다음과 같은 내용을 포함해야 한다.

㉠ 분명하게 진술된 최종 목표

ⓛ 내용의 범위와 계열성의 확인
ⓒ 단원에 대한 블록 시간 계획
ⓡ 평가 절차

(3) 수업의 계획

① 수업 계획은 단일 학습 지도 과정에 대한 지침이며 단원 목표에 기초한다.
② 수업 계획은 광범위한 목적과 목표를 구체적인 학습 경험으로 전환해야 한다.
③ 수업 계획에 반드시 포함되어야 할 필수적인 요인은 다음과 같다.
ⓖ 제목
ⓛ 목표
ⓒ 내용의 발달적 분석
ⓡ 학습 지도 계획
ⓜ 과제의 진행
ⓑ 과제의 전달 방법
ⓢ 조직적 배열
ⓞ 목표 지향
ⓙ 수업의 평가

3. 학습 지도의 평가

(1) 정보의 수집: 공식 평가와 비공식 평가

공식 평가	비공식 평가
• 기능 테스트 • 필기 테스트 • 운동 수행의 기록 • 관찰 체계를 이용하여 비디오 촬영한 내용을 분석 • 학습자의 성공과 실패에 관한 기록	• 평정 척도 • 관찰에 기초하여 학습자의 운동 수행을 기술 • 기능의 체크 • 학습자의 시간 사용을 위한 관찰 체계

(2) 형성 평가와 총괄 평가

형성 평가	총괄 평가
• 학습 지도의 진행 과정을 통해서 이루어진다. • 교사들이 자신의 수업 목표를 분명하게 정의할 수 있을 때 효과적이다. • 교사가 확립된 목적, 목표와 관련된 학습자의 반응을 관찰 분석할 수 있을 때 효과적이다. • 과제가 목표 지향적일 때 효과적이다.	• 학습 지도의 끝에 수집된다. • 학생의 성적이 다른 수준에 분산되어 있다고 믿는 교사들은 규준 지향적 평가를 채택하고 학생들의 이미 확립된 목표에 비교하는 교사들은 준거 지향적 평가를 채택한다. • 학습자가 무엇을 할 수 있는지와 학급의 다른 학생들이 무엇을 할 수 있는지 또는 교사가 설정한 목표 내용과의 관계를 결정하는데 사용된다.

(3) **세 영역의 평가**

① 교사는 학습의 세 영역(심동적, 인지적, 정의적)에 관해서 목적과 목표를 계획해야 한다.

② 총괄 평가이든 형성 평가이든 학습 지도는 이 세 영역에서 평가되어야 한다.

6 운동 경험과 과제의 계획

1. 학습 경험의 기준(학습 경험 선정 기준)

(1) 학습 경험은 학습자의 운동 수행 능력을 향상시킬 수 있어야 한다.

① 이 기준은 체육 수업의 가장 중요한 목적인 운동 수행 능력 향상을 강조하고 있다. 이는 체육 교사가 운동 수행 능력 향상을 위한 학습 경험을 계획해야 한다는 의미이다.

② 교사가 선택한 학습 경험이 학생의 운동 수행 능력 향상에 기여할 수 없다면 그것은 바람직한 체육 학습 경험이라고 할 수 없다.

(2) 학습 경험은 학습자의 운동 능력을 고려해 최대한의 연습 시간을 제공할 수 있어야 한다.

① 이 기준은 수업 운영 뿐만 아니라 수업 내용을 결정하는 데에도 똑같이 적용된다.

② 운동 기능을 향상시키거나 체력을 증진하기 위해서는 반드시 연습이 필요하다. 다만 연습 시간은 학생들의 운동 능력이나 체력 수준에 적합해야 한다.

(3) 학습 경험은 모든 학습자의 수준에 적합해야 한다.

① 학생들은 학습 경험이 자신의 운동 능력에 적합할 때 최대한의 효과를 얻는다.

② 교사는 모든 학생들이 자신의 수준에 맞는 도전을 할 수 있도록 학습 경험을 계획해야 한다.

③ 적절한 학습 경험은 열심히 노력하면 성공적인 체험을 할 수 있는 과제이다. 대개 80%의 성공률이면 대부분의 학생들에게 적합한 학습 경험이 될 수 있다.

④ 대개 자신의 학습 진도에 맞으면 적합한 학습 경험이라고 할 수 있다. 처음에는 대부분의 학생들에게 적합했던 학습 경험이 진도가 나가면서 부적절한 학습 경험이 될 수 있다.

⑤ 특히 새로운 기능을 학습할 때에는 대부분의 학생들 기능 수준이 거의 같은 수준이지만 학습이 진행되면서 일부 학생들은 다른 학생들에 비해 기능을 빨리 학습한다. 이 때 아직 목표에 도달하지 않은 학생들을 무시하고 새로운 학습 과제를 제시하거나 목표에 도달하지 못한 일부 학생들을 위해 기존의 학습 과제를 계속 유지하면 기능이 우수한 학생들은 부적합한 학습 경험에 갇히게 된다.

⑥ 가장 바람직한 것은 각 학습자가 자기 수준에 맞게 연습할 수 있도록 학습 경험을 계획하는 것이다. 이것을 개별화 학습 또는 개인의 구체적인 욕구를 고려한다는 의미에서 개체화(personalization)라고 한다.

(4) 학습 경험은 가능한 한 심동적, 인지적, 정의적 교육 목표를 통합해야 한다.

① 학생들은 총체적으로 반응하며 행동한다.

② 인지적 또는 정의적 요소와 무관하게 오로지 신체적으로만 운동 기능을 수행하는 것은 불가능하다.

③ 체육이 추구하는 고유한 목표는 심동적 발달을 가져오는 것이지만 인지적, 정의적 발달을 함께 추구하는 학습 경험을 계획하는 것이 무엇보다 중요하다.

학습경험의 선정 기준	
기준 1	학습경험이 학생들의 운동 수행과 활동 기능 및 능력을 향상시킬 수 있어야 한다.
기준 2	학습경험이 학습자의 능력을 고려하여 모든 학생에게 최대한의 활동과 연습시간을 제공해야 한다.
기준 3	학습경험이 모든 학생의 경험 수준에 적합해야 한다.
기준 4	학습경험이 가능하면 심동적, 정의적, 인지적 교육목표의 통합에 기여해야 한다.

2. 학습 경험의 계획

(1) 운동 과제의 내용 차원

① 운동 과제의 내용은 학습자가 실제로 경험하는 학습 내용을 기술한다.

② 학습 내용이 결정되면 교사들은 학생들의 내용의 선택에 어느 정도의 의사 결정권을 줄 것인지, 각 과제에서 학습자의 인지적·정의적 관련을 구체적으로 결정해야 한다.

(2) 과제의 목표 설정 차원

① 목표 설정은 학습자에게 학습의 의도를 전달한다.

② 교사들은 단기 목표를 설정하여 학생들에게 성공적인 경험을 제공하기 위해 목표를 조정할 수 있다.

(3) 학습 환경의 정리

① 학습자의 조직

② 집단의 크기

③ 집단 구성의 기준

④ 과제 시간

⑤ 과제에 적합한 반응

⑥ 공간의 정리

⑦ 연습 지역의 구분

⑧ 학습 공간에서 학습자의 조직

⑨ 학습 용구의 정리

⑩ 사람, 시간, 학습 공간, 학습 용구

Dale의 경험의 원추

1. **이론의 개요**
   - Dale은 진보주의 교육이론에 기초하여 학습경험을 11단계로 분류하였다.
   - 시청각 교육을 "세계를 교실 안으로 끌어들이는 방법"이라고 명명하는 등 현대적인 시청각 교육을 체계화하였다.
   - 경험의 원추모형을 제시하고 시청각 자료의 역할과 성격을 규명하였다.
   - 시청각 매체를 경험의 정도에 따라, 직접, 목적적 경험 → 고안(구성)된 경험 → 극화된 경험 → 시범, 연기 → 견학 → 전시 → TV → 영화 → 녹음, 라디오, 사진 → 시각기호 → 언어기호로 분류하였다.
2. **경험의 원추의 의미**
   - 경험의 원추는 가장 구체적이고 직접적인 경험을 밑면으로 해서 위로 올라갈수록 간접적이고 추상적인 경험으로 배열된다.
   - 학습에 있어서는 직접적인 경험과 추상적인 경험이 모두 필요함을 의미한다.
3. **경험의 원추와 학습**
   - 경험의 원추는 학습자의 발달단계와 관계가 있다.
   - 발달단계가 낮은 학습자일수록 직접적 경험에 가까운 방법으로 학습하는 것이 효과적이다.
   - 발달단계가 높은 고등학생이나 대학생은 상징적 언어에 의해 학습하는 것이 효과적이다.
   - 학습시간의 단축을 위해서는 원추 상단의 매체를 이용하는 것이 좋다.
   - 연령이나 지식의 정도가 중간 정도인 학습자의 확실한 학습보장을 위해서는 원추 하단의 매체를 사용하는 것이 좋다.

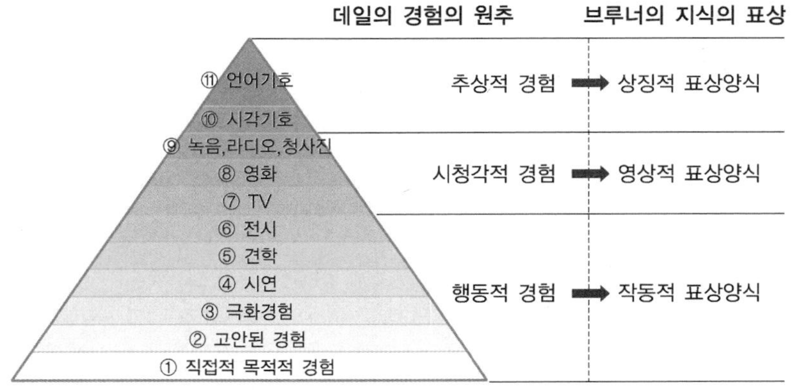

7 학습 활동 중 교사 행동 및 기능

학생들이 운동 학습에 참여하는 동안 교사에게 기대되는 기능은 다양하며, 그러한 기능의 일부는 수업 목표에 직접적으로 기여하고, 일부는 간접적으로 기여하며, 다른 일부는 수업 목표에 전혀 기여하지 못한다.

1. 비기여 행동

(1) 비기여 행동이란 수업 내용에 전혀 도움이 되지 않는 행동으로 소방 연습, 전달 방송, 교실 방문자와의 대화 등이 있다.

(2) 교사는 방해를 최소화할 수 있는 방안을 강구해야 한다.

① 방송이나 소방 연습과 같은 사건들이 발생하였을 때 어떻게 행동해야 하는지를 사전에 학생들에게 준비시킨다.

② 방문객이 갑자기 찾아올 경우에는 학생들이 자율적으로 연습하도록 지시한 다음 잠깐 접견을 하면 학습 방해를 최소화할 수 있다.

③ 교장이나 장학사도 교사의 학습 지도 책무를 이해하고 수업이 끝난 다음 만나야 한다.

(3) 비기여 학습에 도움이 되지 않는 활동이다. 비기여 행동은 가능하면 피해야 하며 피할 수 없을 때에는 학습 방해를 최소화해야 한다.

2. 간접 기여 행동

간접 기여 행동은 학습자와 학습 환경에 주의를 기울이지만 내용 지도에 직접 도움이 되지 않는 행동을 말한다. 간접 기여 행동은 교사에게 기대되는 책무는 아니다.

(1) 부상 학생의 처리

① 부상당한 학생들을 보살필 책임은 분명히 교사에게 있지만, 다른 학생들에게 주는 방해를 최소화하는 방법으로 수행되어야 한다.

② 대부분의 학교에서는 상해 학생을 처리하는 절차를 규정하고 있으므로 정한 절차에 따라 상해 학생을 처리하면 된다.

③ 교사는 수업을 계속할 것인지 상해가 심한 경우 수업을 중단할 것인지를 결정해야 한다.

④ 피가 흐르지 않는 경미한 상해는 학급의 다른 학생이 교사의 지시에 따라 대신 처리할 수 있다. 상해가 심하지 않은 경우에는 상해 입은 학생을 보건 교사에게 보낸 다음 수업을 재개해야 한다. 어떤 경우라도 교사의 임장지도 없이 수업이 진행되어서는 안 된다.

⑤ 학생이 심하게 다친 경우에는 자격 있는 사람이 도착할 때까지 이동을 자제해야 한다.

(2) 과제 외 문제의 토론에 참여

① 교내 활동, 좋아하는 프로 스포츠 팀 등에 관한 학생들과의 대화가 교사-학생 간의 관계 형성에 도움이 되지만 그것이 직접적인 도움은 되지 못한다.

② 과제 외 문제에 관한 대화나 토론은 공식적인 수업의 시작 전·후에 이루어져야 한다.

(3) 용변과 물 마시는 문제의 처리(상규적인 수업 활동의 처리)

① 교사의 수업 활동에서 학생들의 용변이나 물 마시는 문제를 처리하는 것은 수업 활동에 직접 기여하지 못하는 행동이다.

② 학기 초에 수업 규칙을 정해 용변이나 물 마시는 문제 등 수업 활동에서 늘 일어날 수 있는 상규적인 수업 활동을 처리해야 한다.

(4) 학습 활동에의 직접 참여(게임에 함께 참여)와 경기 운영

① 학생들의 학습 활동에 참여하거나, 경기를 심판하거나, 학생들의 활동을 소극적으로 감독하는 등의 교사 행동은 학습 활동에 직접 영향을 미치는 교수 행동이라고 볼 수 없다.

② 가끔 학생들의 학습 활동에 같이 참가하거나 심판 역할을 해 줄 필요가 있다고 주장하는 교사들이 있다. 학생들이 때로는 아무런 간섭이나 지도를 받지 않고 경기하고 싶을 때가 있으며 그것을 수용해야 한다는 주장이다. 그러나 그러한 주장을 수용하기에는 교육적으로 무리가 따를 수밖에 없다. 심지어 전문 선수들까지도 코치의 계속적인 지도를 받고 있는 사실을 인식해야 한다.

3. 직접 기여 행동

직접 기여 행동은 학생들이 주어진 수업 내용을 학습하는데 가장 중요한 영향을 미친다.

(1) 안전한 학습 환경의 유지

① 안전한 학습 환경은 항상 수업 전에 갖추어져야 한다. 안전 문제는 미리 예견하고 안전한 학습 환경에서 학습이 촉진될 수 있도록 용구, 학습 공간 및 학생들을 정리할 수 있어야 한다. 또한, 안전 문제를 학습 과제 내에 포함시킬 수 있어야 한다.

② 수업 전 안전을 확보할 수 없을 경우는 학습 활동 중 안전 문제에 철저히 대비해야 하며, 위험한 환경적 조건은 학습 활동의 중단을 초래할 수 있으므로 수업 방해의 가능성을 감소시키는 차원에서 반드시 제거되어야 한다.

(2) 과제의 명료화와 강화

교사는 학생들의 주어진 과제에 자신이 의도하는 방향으로 반응하지 않는 경우와 학생들에게 과제 참여 행동에 대한 강화를 하고자 할 때 과제를 명료하게 재진술해야 한다.

(3) 생산적인 학습 환경의 유지

① 과제를 명료화하고 바람직한 반응을 강화하는 것은 생산적인 학습 환경의 유지와 밀접한 관계가 있다.

② 과제의 제시 직후에 일어나는 이탈 행동의 원인을 정확히 파악하고 생산적인 학습 환경을 유지해야 한다.

(4) 피드백의 제공

① 학습 활동 중 교사에게 기대되는 가장 중요한 행동이나 기능은 학습자들에게 운동 수행 결과에 대한 피드백을 제공하는 것이다.

② 피드백은 학습자의 운동 수행에 관한 교정 및 정보의 원천으로 작용한다. 교사가 제공하는 피드백은 학생들의 잘못된 동작을 지적하여 고치거나 그들의 행동이나 반응을 강화하고 동기를 유발시킨다.

③ 집단 지도 상황에서 제공되는 피드백은 동작을 수정하는데 필요한 정보라기보다 학생들에게 동기를 유발하거나 과제에 집중시키는 역할을 한다.

④ 적절한 피드백의 제공은 운동수행의 결과에 대한 지식의 제공뿐만 아니라 집단 지도 상황에서는 감독의 기능을 한다.

⑤ 구체적인 내용과 관련된 피드백은 학습자 반응의 질적인 향상에 많은 도움을 준다.

⑥ 피드백은 다양한 방법으로 분류될 수 있다. 평가적 피드백과 교정적 피드백은 다시 일반적인 것과 구체적인 것으로 긍정적인 것과 부정적인 것으로 개인, 집단, 학급에 부여될 수 있고, 과제의 초점과 일치된 것과 일치되지 않는 것으로 구분할 수 있다.

⑦ 피드백을 통해 제공되는 정보의 원천

㉠ **결과에 대한 지식**: 움직임의 결과, 즉 자신의 운동수행 결과의 옳고 그름에 관한 정보이다.

㉡ **수행에 대한 지식**: 학습자가 운동수행 자체, 운동수행에 관한 느낌, 또는 운동의 형태적 특성에 관해서 받는 정보이다.

ⓐ 운동학습에서 가장 바람직한 상황은 학습자가 운동 기능을 정확하게 수행하여 목표를 성취하는 것이다.

ⓑ 운동학습을 지도하는 교사에게 가장 어려운 순간은 운동을 정확하게 수행하지 않았으나 목표를 성취한 학생에게 정확하게 수행하라고 요구해야 하는 경우이다.

ⓒ 또한 학습자가 어떤 기능을 정확하게 수행하고도 목표를 성취하지 못하면 좌절을 경험하게 된다.

(5) 개인과 소집단을 위한 과제의 변화 및 수정

① 확대

하나의 기능에 다른 부분을 추가하고, 기능의 초점을 바꾸며, 다른 차원을 추가하고, 다양한 해결 방안을 찾으며, 각각의 분리된 기능을 의미 있게 연결하는 것과 같이 과제의 내용을 양적으로 확대하려는 계획이다.

예 테니스 서브에서 서브 토스를 먼저 지도하고 서브의 자세를 추가적으로 지도하는 경우

② 세련

학생을 과제 실행의 상이한 방법 혹은 보다 좋은 방법으로 안내함으로써 운동 수행의 질적인 측면을 개선하기 위한 계획이다.

예 "자, 공을 약간만 높여서 패스해 보자.", "그것 다시 한 번 해봐, 공을 좀 더 천천히 굴려봐."

③ 응용

학생의 초점을 기능 자체로부터 기능 결과로 바꾸는 계획으로 학생 자신의 발달 수준이나 능력을 평가한다.

예 "20회의 자유투를 시도해 득점을 기록해."

(6) 학습자 반응의 관찰과 분석

Barrett 등은 학습자 반응을 관찰할 때 다음과 같은 사항이 중요하다고 하였다.

① 학습자 반응을 관찰할 때 교사의 관찰 위치가 중요하다.

② 교사가 무엇을 관찰할 것인지 미리 구체적으로 알고 있을 때 효과적이다.

③ 대집단의 관찰은 필요한 전략을 가지고 관찰할 때 더욱 효과적이다.

8 체육 교수 연구

1. Dunkin과 Biddle의 교수 연구 모델

(1) 사전 변인

① 교수 과정에 영향을 미치는 여러 특징들을 분석하는 것과 관계가 있다.

② 교사의 성, 연령, 물리적인 조건, 내용에 관한 지식, 시범 능력, 교육적인 배경, 동기, 태도 등과 같은 변인이다.

(2) 환경 변인

① 교사가 조정해야 하는 조건들과 관계가 있다.

② 학습자의 기능 수준, 체육에 대한 태도, 사회 경제적 위치와 역할, 체육관이나 운동장의 규모, 지역 사회, 사용 가능한 용구의 양과 종류, 교육 과정 등과 같은 변인이다. 학습자, 환경, 학교 및 지역의 특징을 포함한다.

(3) 과정 변인

① 실제적인 교수 활동과 관계가 있다.

② 학생들이 과제를 수행하는 데 소비한 시간, 교사 지시에 대한 학생들의 반응, 특정한 교수 행동 등과 같은 변인이다. 운동 수행에 대한 단서, 피드백, 지시, 평가, 개별화를 위한 노력, 그리고 교사, 학생, 교사와 학생의 상호 작용을 포함한다.

(4) 결과 변인

① 교수의 결과와 관계가 있다.

② 심동적・인지적・정의적 학습 활동에 대한 결과로 운동 기능의 테스트에서 나타나는 수행 수준, 자아에 대한 태도, 활동에 대한 지식, 체력 수준 등을 포함한다.

2. 교수 연구의 역사

(1) Flanders의 상호 작용 분석 체계(FIAS)

다음과 같은 10가지 행동 범주들을 사용하여 교사 행동과 학습자 행동을 분석했다.

간접 영향	직접 영향
1. 감정의 수용	5. 강의
2. 칭찬 또는 격려	6. 지시
3. 학습자 의견의 수용과 이용	7. 권위의 비판 또는 정당화
4. 발문	8. 학습자 반응
	9. 학습자의 대화
	10. 침묵 또는 혼동

(2) Kounin, Rosenshine과 Frust가 제시한 수업 변인

① Kounin은 수업 운영과 관련된 구체적인 변인들을 확인하기 위해 노력했고, 상황 파악을 수업 운영과 가장 밀접한 관계를 맺는 것으로 파악했다. '상황 파악'은 교사가 수업에서 일어나는 모든 사건들을 파악하고 정확한 시기에 적절히 행동할 수 있는 능력으로 정의했다.

② Rosenshine과 Frust가 제시한 변인

구분	변인	
결과에 가장 크게 영향을 미치는 변인	• 과제 제시의 명료성 • 다양성 • 학습 기회	• 열정 • 과제 지향
결과에 다소 영향을 미치는 변인	• 교사의 학습자 의견 수용 • 교사의 구성적 설명의 이용 • 탐지	• 부정적 영향으로 비난 • 과정에 관한 지각된 어려움
결과에 전혀 영향을 미치지 않는 변인	• 정성 • 발문의 유형 • 학습자 참여	• 유연성 • 교사의 대화 • 교사 경험
	• 교사-학습자 간의 상호 작용 횟수 • 교사가 수업 참여에 소비한 시간 • 교사의 주제에 관한 지식	

(3) 60~70년대 과정 산출 연구에 의한 직접 교수의 특징

① 학습 활동을 구조화한다.

② 즉각적이며 학습 위주의 피드백을 제공한다.

③ 과제 중심적이나 부드러운 학습 분위기를 갖는다.

④ 분명한 지도 목표와 도구들이 선택되고 이러한 목표 달성을 위해 학습자의 진행 정도를 감독한다.

3. 체육 교수 연구의 중요 변인

(1) 실제 학습 시간(Academic Learning Time)

① 실제 학습 시간은 교사가 학습 과제에 할애한 시간이 아니라 학습자가 수업 내용에 참여하여 소비한 시간이다.

② 실제 학습 시간은 학습자의 학업 성취를 예측할 수 있는 가장 강력한 과정 변인이다.

③ 실제 학습 시간은 학습자가 적절한 난이도의 적절한 학습과제(학습내용)에 대해 학습하면서 소비한 시간의 양으로, 적절한 난이도는 높은 성공률(70% 이상)을 포함한다.

④ 실제 학습 시간은 가장 강력한 학업 성취도 변인이다. 즉, 실제 학습 시간의 비율이 높을수록 학생의 학업 성취도는 높아진다.

(2) 직접 지도

① 구조화된 학습 활동이 이루어진다.

② 즉각적이고 학업 지향적 피드백이 제공된다.

③ 과제 지향적이지만 학업 목표에 분명한 초점을 둔 따뜻한 수업 환경을 조성한다.

④ 학습 지도 목표에 적합한 과제를 선택하며 교사가 학습자 행동을 적극적으로 감독한다.

(3) 수업 운영

① 훌륭한 운영자의 세 가지 특징(Kounin)

㉠ 무슨 일이 발생하고 있는지 파악하고 적절한 시기에 정확하게 표적 행동을 발견할 수 있는 능력(상황 이해)

㉡ 행동에 대해서 구체적인 피드백을 제공할 수 있는 능력(제지의 명료성)

㉢ 수업 활동을 방해하지 않고 동시에 여러 가지 일을 부드럽게 처리할 수 있는 능력(동시적 처리)

② 부주의하고 파괴적인 행동을 감소시키는 데 효과적인 교수 행동(Ornstein과 Levine)

㉠ **신호 간섭**: 시선의 마주침, 손 움직임, 그 밖의 교사 행동으로 학생의 수업 방해 행동을 제지시키는 것

㉡ **접근 통제**: 교사가 수업 방해 행동을 하는 학생에게 가까이 접근하거나 접촉함으로써 그의 행동에 관심을 갖고 있다는 사실을 전달하는 것

㉢ **긴장 완화**: 긴장을 완화시키는 유머를 이용하는 것

㉣ **상규적 행동의 지원**: 스케줄, 과제, 수업의 일상적 행동을 제공하는 일반적 수업 습관을 이용하는 것

㉤ **유혹적인 대상의 제거**: 운동 용구, 외부 물품 등과 같이 부주의한 행동이나 수업 파괴적 행동을 조장하는 대상물을 제거하는 것

ⓗ 비정한 제거: 파괴적인 학생에게 물을 떠오게 하거나 심부름을 보내는 것

③ 우수한 운영자와 우수하지 않은 운영자의 차이(Sanford와 Evertson)

㉠ 교수의 규칙과 절차: 우수한 교사는 학기 초 수업의 규칙 제정에 많은 시간을 소비한다.

㉡ 계속적인 강화와 피드백: 우수한 교사는 규칙을 강화하고 규칙의 적용 이유를 재설명한다.

㉢ 명료성: 우수한 교사는 적절한 언어 수준에서 논리적이고 단계적으로 행동의 방향과 과제를 분명하게 제시한다.

㉣ 학습자에 관한 지식과 이해: 우수 교사는 학생들에게 자신의 학습에 대한 책무를 느끼게 한다.

㉤ 시간의 사용: 우수 교사는 학생들의 대기나 과제 불참여 시간이 거의 없다.

ⓗ 학습자 행동의 기준: 우수 교사가 가르치는 학생은 보통 적극적으로 과제에 참여하였다.

㉦ 지도 역할의 유지: 우수 교사는 모든 학생들을 관리하고 있다.

④ 수업 운영 분석(Soar & Soar)

㉠ 행동 운영: 학습자의 신체적 움직임, 사회화, 집단 구성과 유동성 같은 개념들을 포함하였다.

㉡ 학습 과제: 학습 과제의 운영은 학습 과제의 선택과 수행에 관한 교사의 통제 정도로서 정의되었다.

㉢ 학습자의 사고: 사고 과정의 운영은 학생들이 스스로 탐구할 수 있는 자유, 수업에서 교사와 학습자간 상호 작용의 인지적 수준을 포함하였다.

ⓐ 학습자 행동의 운영 교사는 학생들이 이동하고, 소집단을 형성하고, 사회화하는 것을 제한해야 한다. 최소한의 조직을 확립하지 않을 경우 학습 활동에 기능적이지 못한 부정적인 상호 작용이 일어나기 쉽다.

ⓑ 학습 과제의 운영: 학습 과제는 주로 교사에 의해서 선택·운영되어야 한다.

ⓒ 사고의 운영: 학습의 초점을 유지하기 위한 교사의 참여 범위 내에서 학생들에게 어느 정도의 자유를 주어야 한다. 복잡한 과제일수록 학습자에게 더 많은 자유가 요구되지만 높은 인지 수준의 상호 작용은 오히려 어린 학생들에게 역기능을 초래할 수도 있다.

⑷ 기대 효과

① 기대 효과는 교사의 학습자 행동에 대한 기대, 학습자의 특징, 학습자의 실제적인 성취와의 관계를 다룬다.

② 교사들이 학생들에게 높은 성취 기대를 가질 때 그들이 더 많은 것을 성취한다.

③ 학습자에 대한 교사의 성취 기대는 학생들이 얼마나 열심히 노력하였는지에 대한 교사의 지각에 의해서 결정된다(Martinek).

(5) 교사의 피드백으로서 칭찬의 지침(Brophy)

① 교사는 진정한 발달이나 성취를 칭찬해야 한다.

② 교사는 학생들이 자기의 성취를 깨닫지 못할 때 그것을 발견하여 칭찬해 주어야 한다.

③ 교사는 칭찬에 잘 반응하는 학생들을 칭찬해야 한다.

④ 칭찬은 유익하거나 평가의 의미를 내포하되 통제적이어서는 안 된다.

⑤ 칭찬은 목표의 성취와 관련하여 이루어져야 한다.

⑥ 칭찬은 구체적이어야 한다.

⑦ 칭찬은 다양하게 그리고 신뢰의 신호로서 사용되어야 한다.

⑧ 칭찬은 과장되지 않고 자연스러워야 한다.

⑨ 칭찬은 개인적이어야 한다.

⑩ 칭찬은 개별화되어야 한다.

⑪ 성공을 노력과 능력의 결과로 돌리는 칭찬을 해야 한다.

⑫ 내적 동기에 의한 노력을 칭찬해야 한다.

(6) 적절한 연습과 관련된 3가지 요소

① 높은 성공률

② 연습의 질

③ 교사가 지도하고자 하는 과제에 대한 연습의 공헌

(7) 잠재적 교육과정(Dodds)

① 학생들은 교사가 의도하는 것 이상을 학습하며, 잠재적 교육과정의 영향이 때때로 교사가 공포한 형식적 교육과정을 압도한다.

② 여러 가지 수준의 교육과정을 통해서 나타나는 방해 효과가 과정-결과, 과정-과정, 적성-처치 상호 작용 연구 등에서 발견된 성취 수준의 차이를 설명해 주고 있다.

③ 실천적 교육과정에서 교사와 학습자 간의 타협이 형식적 교육과정을 조정한다.

④ 교사들은 체육 수업에서 일어나고 있는 잠재적 교육과정을 크게 인식하지 않는다.

최병식
전공체육
체육교육학 II
체육교수론

Chapter

09

모형 중심의 체육 수업 개관

Chapter 09 모형 중심의 체육 수업 개관

1 현대 체육 프로그램과 수업

1. 체육 지도 방법의 변화 과정

(1) 직접적 교수 및 형식적 교수

① 체육수업에서 첫 번째 프로그램이었던 신체훈련 프로그램은 직접적이고 형식적인 교수 방법이었다. 직접적이고 형식적인 교수 방법은 군사 훈련 형식의 프로그램에서 더욱 강조되었다.

② 직접 교수는 수업에서 모든 결정을 교사가 하고 학생은 단지 교사의 지시에 따르는 교수 방법을 의미하고, 형식적 교수는 일련의 처방된 단계나 절차에 따라 교사의 행동이 이루어지는 수업을 의미한다.

(2) 교수 전략

① 교수 전략은 체육수업을 구조화하고, 교사와 학생이 학급에서 수행해야 하는 역할을 제시하는 방식을 나타낸다.

② 교수 전략들은 교사들로 하여금 융통성을 발휘하고 학생들이 의사결정을 내릴 수 있도록 허용하는 다소 덜 형식적인 특징을 가지고 있고, 학생으로 하여금 교사, 동료 학생, 교과내용과 보다 많은 상호작용을 가능케 하는 다소 덜 직접적인 특징을 지니고 있다.

③ 교수 전략들은 단기간에 성취될 수 있는 교육성과를 위해 일시적으로 사용될 수 있고, 적절히 선택된다면 수업의 목표를 실현하는데 매우 효과적으로 사용될 수 있다.

교수 전략(teaching strategies)
• 과제/스테이션 교수(task/station teaching) • 반성적 교수(reflective teaching) • 파트너 교수(partner teaching) • 팀티칭(team teaching) • 탐구중심 교수(inquiry-based teaching)

(3) 교수 스타일

① 교수 전략들은 각각 독립적으로 발달되어 왔기 때문에, 교사가 체육수업지도에 대한 거시적인 시각을 가지는데 도움을 줄 수 있는 통일된 관련성을 갖추지 못하였다.

② Mosston은 과제 활동 전, 중, 후의 의사결정권이 누구에게 이양되는가에 따라서 교사중심(형식적, 직접적) 교수 스타일에서 학생중심(비형식적, 비직접적) 교수 스타일에 이르는 다양한 교수 스타일을 통해 통합적인 지도유형을 개념화하였다.

③ 한 가지 지도유형이 몇 개 수업에 걸쳐, 혹은 전체 단원 동안 사용될 수 있고, 단기 수업목표를 달성하기 위해 지도유형을 바꿀 수도 있다. 2가지 이상의 지도유형이 한 시간의 수업 동안 이용될 수도 있고, 몇 개의 지도유형이 한 단원에서 사용되기도 한다.

(4) 교수 기술

① 1980년대는 체육교수법에 대한 또 다른 접근방식이 소개되었다. 그 중 몇 가지는 Mosston의 연구에서 기초를 두고 있으며, 나머지는 체육 교과나 다른 교과의 교수 효율성 연구에서 파생되었다.

② 교수 효율성 연구는 수업 중 교사와 학생의 행동이 학생의 학업성취(특히, 학생의 참여형태)와 상관이 있다는 가정에서 시작되었다. 중요한 사실은 교사행동보다는 학생행동이 학습결과를 보다 정확히 예측할 수 있다는 점에서 "교사가 수업에서 어떤 행동을 해야 하나?"에서 "교사가 학생에게 어떤 행동을 하도록 해야 하는가?"로 연구 초점이 옮겨가게 되었다.

③ 따라서 효과적인 교수 기술은 수업에서 학생의 학습을 증가시키는 의사결정이나 행동으로 여겨졌고, Mosston의 전통적인 지도유형과는 밀접한 관련이 많지 않다.

(5) 수업 모형

① 수업 모형은 수업에서 교사의 일관성 있는 틀로써 수업 모형의 개념은 학습이론, 장기학습 목표, 교육맥락, 내용, 수업관리, 교수전략, 학습과정의 검증 및 평가를 포함하는 지도 관점에 근거한다.

② Joyce와 Weil은 수업 모형을 "교실이나 다른 교육환경에서 교육과정을 형성하고, 수업교재를 고안하며, 수업을 안내하기 위해 사용되는 계획 또는 형태"로 정의하였다.

③ 방법(methods), 전략(strategies), 유형(styles) 및 모형(models)은 그 범위에서 차이가 있다.

㉠ 어느 한 가지 방법, 전략, 유형은 전형적으로 소수의 단기간 학습활동이나 교육성과를 위해 활용되고, 그리고 나서 다른 방법, 전략, 유형을 사용한다.

㉡ 모형은 한 단원 모든 수업을 위해 사용되며, 그 단원의 수업계획, 설계, 실행 및 평가 기능을 포함한다. 실제로 수업 모형은 한 단원 안에서 다양한 지도방법, 전략, 혹은 유형을 포함시킬 수 있다.

④ 수업 모형은 튼튼한 이론적 기초를 가지고 있고, 대부분의 모형이 그 발달과 실행단계에서 연구대상이 되어 왔다. 모형들은 그 목적에 따라 효율적이고 효과적으로 활용될 수 있도록 학교와 다른 교육 상황에서 현장검증을 거쳐 왔다. 대부분의 수업 모형은 초기에 인지적 영역과 정의적 영역의 교육성과를 거두기 위해 교실에서 활용 가능한 형태로 개발되었다.

⑤ 수업 계획, 수업 운영 및 평가를 위한 수업 모형이 오늘날 다양한 학교체육 프로그램 내에서 균형 있는 학습목표에 도달할 수 있는 가장 효과적인 방법이다(Metzler).

2 체육 수업 의미와 구성

1. 모형중심 체육수업의 장점

교육의 목적을 달성하기 위한 모형을 선정하고 활용하게 되면, 수업 내용이나 수업 상황에 관계없이 항상 효율적인 수업을 할 수 있게 된다.
모형중심의 체육수업은 체육 교사들에게 다음과 같은 이점을 제공한다.

(1) 모형은 총괄 계획과 일관성 있는 접근 방식으로 교수 · 학습이 이루어지도록 한다.

(2) 모형은 학습 우선 영역과 영역간 상호작용을 명백하게 한다.

(3) 모형은 수업의 주제를 제시한다.

(4) 모형은 교사와 학생으로 하여금 현행 및 차후 활동에 대해 이해할 수 있도록 한다.

(5) 모형은 통합된 개념틀을 제공한다.

(6) 모형은 연구 기반을 가지고 있다.

(7) 모형은 교사에게 '기술적 언어'(technical language)를 제시한다.

(8) 모형은 수업과 학습간의 관계를 검증하도록 한다.

(9) 모형은 타당성 있는 학습평가를 가능하게 한다.

(10) 모형은 개념틀 내에서 교사의 의사 결정 능력을 향상시킨다.

(11) 모형은 직접적으로 특정한 학습 기준 및 결과를 증진시킨다.

2. 체육 수업 모형의 개념틀

수업 모형은 이론적 근거, 교수 · 학습의 특징, 체육을 가르칠 때 독특한 방법으로 작용하는 실행적 요구 사항 등 종합적으로 설계되었다.

이론적 기초	+	교수 · 학습의 특징	+	실행 요구 및 변형	→	모형
• 이론적 배경 및 근거 • 교수 · 학습 가정 모형의 주제 • 학습 영역의 우선 순위와 영역간 상호작용 • 학생의 발달 요구 사항 • 모형의 타당성		• 수업의 주도성 및 포괄성 • 학습 과제 • 참여 형태 • 교사와 학생의 역할과 책임 • 교수 학습의 검증 • 학습 평가		• 교사 전문성 • 핵심 교수 기술 • 상황적 요구 조건 • 상황적 변형		• 직접교수모형 • 개별화지도모형 • 협동학습모형 • 스포츠교육모형 • 동료교수모형 • 탐구수업모형 • 전술게임모형 • 개인적 · 사회적책임감지도모형

3. 이론적 기초

수업 모형은 모형의 총체적인 측면의 기초를 형성하는 한 가지 이상의 학습 이론에 기초하고 있다.

(1) 이론적 배경 및 근거

① 각 수업 모형의 활용 시기 및 활용 이유, 가장 효율적인 조건은 어떤 것인지에 대해 설계자가 제시한 이론적 근거는 특정한 학습이론에 기초하고 있다.

② 이론적 배경 및 근거는 모형의 명칭(예 동료교수, 스포츠교육 등)에 숨어 있는 핵심 개념을 설명해 준다.

(2) 교수 · 학습에 관한 가정

① 수업에서 교수 · 학습 사이의 관계에 대한 결론적인 사실은 거의 없다. 수업 모형은 모형 설계자에 의해 상정된 가정에 기초하고 있다. 즉 교사가 특정한 방식으로 수업을 계획하고 실행한다면 어느 정도 예상하는 학습결과가 나타나게 된다. 이 가정들이 연구에 의해 견고해질수록 설계자의 일은 이러한 가정을 교사에게 제시하는 것이며, '탁자 위에 카드'를 내려놓은 것처럼 모형의 사용자가 가정에 대한 타당성을 결정하게 된다.

② 만약 교사들이 특정한 모형에 숨겨져 있는 가정을 공유할 수 있게 된다면 그 교사는 그 모형의 가정에 동의하는 것이며, 자신의 수업에서 모형을 이용하게 된다. 그렇게 말할 수 있다면, 설계자의 가정과 모형을 이용하는 교사가 지니고 있는 가치관에 강한 일체감이 형성될 것이다.

③ 이론은 타당성 있게 밝혀진 몇몇 가정의 선행 연구에 기초한다는 점에서 과거의 가정으로부터 한 단계 진보한 것이다. 수업 모형을 예를 들면, 몇몇 연구의 결과들은 수업 모형이 탄탄한 이론적 근거에 기초하고 있음을 보여준다. 일반적으로 증거는 연구로부터 수집되며 모형의 설계에 응용된다. 이러한 이론은 모형이 실행되는 교육적 추측을 이끌어내지만 모형 자체가 구현되는 것은 아니다. 예를 들면, 개별화 지도 모형은 조작적 조건 및 행동 변형에 기반한 이론으로부터 개발되었다.

④ 교사들은 각 모형에 내재된 가정과 이론을 잘 이해하는 것이 중요하다. 이는 이론이 추상적이어야 하고, 아동과 청소년 대상의 체육수업 지도 실제와 별개임을 뜻하지 않는다. 좋은 이론은 그 자체 또는 여러 학년과 다양한 움직임 내용 형태와 같은 많은 교육적 상황에서 활용되고 있는 모형 속에서 실제적으로 입증될 수 있기 때문이다.

⑤ 이론은 현장 교사들에게 시사하는 바가 거의 없다는 일반적인 시각과는 반대로, 수업 모형의 기반으로 이용될 때 '좋은 이론보다 더 나은 실천은 없다'는 점에 주목해야 한다.

(3) 모형의 주제

① 주제는 모형이 설계되는 가장 기본적인 아이디어로 모든 수업 모형은 그 모형을 정의하고 특색 있게 만드는 하나의 주요 전제 또는 주제를 가지고 있다.

② 모형의 주제는 합리적인 이론적 근거로부터 직접적으로 파생된 것이며, 모형에서 활용되는 주요 학습 과정으로 기술되기도 한다.

③ 주제는 모형이 가지고 있는 다른 아이디어와 과정을 포함하게 됨으로써 모형에 관한 모든 것을 간단히 설명할 수 있게 된다.

(4) 학습 영역의 우선 순위와 영역간 상호작용

① 각 수업 모형은 인지적, 심동적, 정의적 학습 영역의 학습 결과에 대해 다른 강조점을 가지고 있으며, 특정 영역은 다른 영역보다 우선적으로 학습이 이루어진다.

② 각 수업 모형은 우선적으로 강조하는 학습 결과에 맞추어 설계되므로, 그 학습 결과가 교사의 수업 목표와 일치할 때 선택되어야 한다. 만약 수업 목표와 부합되지 않는다면 다른 모형을 선택하면 된다.

③ 영역간 상호작용은 하나의 학습 영역이 강조될 때 나타나기도 하고, 한 영역 이상에서 동시에 나타나기도 한다. 체육 교과의 학습과정에서 어느 한 영역만을 배제할 수 없기 때문에 교사는 어떤 모형에서 영역간 상호작용이 가장 잘 실현될 수 있는지를 인식해야 한다.

④ 영역간의 상호작용은 모형들 간의 차이점을 감소시켜 주고, 교사가 모든 수업 모형에서 여러 영역의 학습을 추구하도록 해 준다.

(5) 학생의 발달 요구 사항

① 학습에 대한 준비도

㉠ 수업이 효과적으로 이루어지기 위해서는 수업이 학생의 발달 준비도와 일치되어야 한다. 학생의 발달 준비도는 지시 사항을 이해하고 따를 수 있는 능력, 안전하고 책임감 있게 행동할 수 있는 능력, 학습 과제를 성공할 수 있는 기회를 포착할 수 있는 능력을 의미한다.

㉡ 이 준비도 영역에서 학생의 능력과 일치되는 수업을 '발달단계에 적합한 수업'(developmentally appropriate instruction)이라고 하고, 일치되지 않는 수업을 '발달단계에 부적절한 수업'(developmentally inappropriate instruction)이라고 한다.

㉢ 발달 단계에 적절한 수업이 되기 위해서는 4개 영역에 해당되는 학생의 준비도와 일치되어야 한다.

ⓐ 언어적, 문서적 및 모델링 정보에 대한 이해

ⓑ 의사결정 및 책임감

ⓒ 사회적/정서적 성숙

ⓓ 선행 지식 및 기능

② 학습 선호도

㉠ '학습 유형'(learning styles)은 개개인이 교육 환경 속에서 인지지각의 자극을 최상으로 수용하고 동화하며, 이행하는 방식을 말한다(Dunn).

㉡ 각 수업 모형은 본질적으로 독특한 학습 환경을 결정하기 때문에 Reichmann과 Grasha가 제시한 '학습 선호'(learning preferences)라는 개념이 모형중심 수업의 접근 방법으로 잘 설명될 수 있다.

㉢ Reichmann과 Grasha는 세 가지 측면으로 구분했는데, 이는 학생이 선호하는 학습 환경을 말해 준다. 두 쌍으로 연결된 각 측면은 학생이 선호하는 학습 조건에 대한 프로파일을 나타내 주고 있다.

ⓐ 학습에 대한 태도: 참여적/회피적

ⓑ 교사나 동료에 대한 시각: 협력적/경쟁적

ⓒ 수업절차에 대한 반응: 독립적/의존적

- 참여적(participant): 토의, 대안평가, 개별 학습 활동, 분석과 종합의 기회와 열정적인 과제 제시를 선호한다.
- 회피적(avoidant): 필수 과제가 없는 것, 교사와 다른 학생과의 상호작용이 거의 없는 것, 자기 평가 및 무시험을 선호한다.
- 협력적(collaborative): 소집단 활동, 학생 자신이 설계한 활동, 그룹 프로젝트, 동료 평가 및 교사와의 상호작용을 선호한다.
- 경쟁적(competitive): 직접 교수 전략, 수업에서 질문 기회 및 교사의 인정을 선호한다.
- 독립적(independent): 자기 주도 학습, 독자적 학습 기회, 학생 자신이 설계한 활동 및 간접적 교수 전략을 선호한다.
- 의존적(dependent): 직접 교수 전략, 교사 주도 평가, 수업활동과 부가 과제의 명확한 시작과 끝을 선호한다.

학습 선호 분류표

참여적(학생)	회피적(학생)
• 수업 내용에 대한 학습 동기가 높다. • 학습의 책무성이 큰 것을 좋아한다. • 다른 학생과 참여하는 것을 좋아한다. • 필수 사항을 수행한다.	• 수업 내용에 대한 학습 동기가 낮다. • 학습의 책무성이 적은 것을 좋아한다. • 다른 학생과 참여하는 것을 꺼려한다. • 자신이 원하는 것을 수행한다.
협력적(학생)	**경쟁적(학생)**
• 공유를 한다. • 협조적이다. • 다른 사람과 일하기를 좋아한다. • 체육을 다른 사람과 학습하고 상호작용할 수 있는 장으로 인식한다.	• 다른 사람과 자신을 대상으로 경쟁적이다. • 다른 사람보다 잘하기 위한 학습 동기를 가진다. • 경쟁을 좋아한다. • 체육을 승리해야 하는 경쟁의 장으로 인식한다.

독립적(학생)	의존적(학생)
• 자신에 대해 사색한다. • 혼자서 일한다. • 학생 자신이 필요한 사항을 학습한다. • 다른 사람의 말을 경청한다. • 자기 확신이 크다.	• 정보와 구조의 원천지로써 교사나 타인에게 의존, 타인의 도움이 필요하다. • 필수사항을 학습한다. • 지적인 호기심이 거의 없다. • 자기 확신이 적다.

(6) 모형의 타당성

① 모형이 타당하다는 것은 그 모형이 체육 수업에서 특정한 형태의 학습을 향상시키는데 효과적으로 활용되고 있음을 의미한다.

② 모형이 타당하다는 것은 연구, 실천적 지식, 직관적 지식 등의 세 가지 방법으로 타당성을 얻을 수 있다.

㉠ **연구 타당성**: 연구물은 모형을 계획하고 실행하는 데 필요한 적절한 방법을 설명해 주고, 학생들의 학습 결과를 향상시키기 위해 모형이 얼마나 효과적인지를 설명해 준다.

㉡ **실천적 지식의 타당성**: 수업 모형을 활용한 교사들이 경험을 통해 공유하고 생성한 지식이다. 실천적 지식을 통해 교사는 다른 교사들의 경험을 활용할 수 있으며, 모형을 처음 사용할 때 가능한 한 시행착오를 줄여나갈 수 있다.

㉢ **직관적 타당성**: 모형에 관한 교사의 일반 지식과 내용 단원의 학습 목표에 기초하여, 적절한 시기에 그 방법을 지도할 수 있다는 것은 교사의 직관에 의해 이루어진다. 궁극적으로 직관적 지식은 시간이 지남에 따라 교사가 습득하는 경험에 의한 실천적 지식이나 모형에 관한 연구 자료를 탐독하여 얻은 지식으로 대체된다.

4. 교수 · 학습의 특징

(1) 수업의 주도성(수업 통제) 및 포괄성

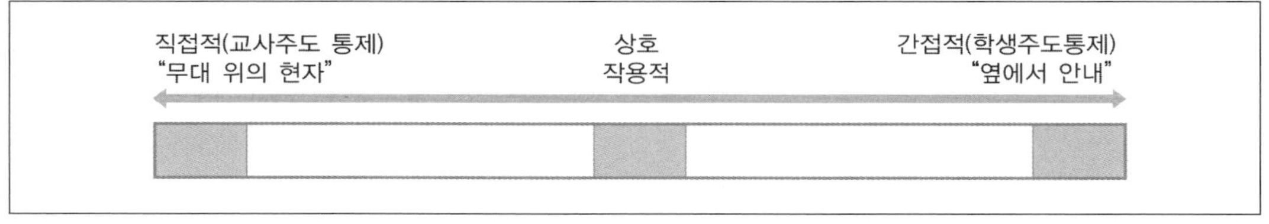

① 수업 모형에서 사용되는 상호작용 유형을 주도성(수업통제)이라고 한다. 주도성(수업통제)의 개념은 두 가지로 구분할 수 있다.

㉠ 수업 중 교사와 학생의 언어적 상호작용(누가 무엇을 누구에게 말하고 있는지)의 근원과 형태를 설명하는데 사용될 수 있다.

㉡ 수업 중 의사결정의 본질과 수업의 통제를 기술하는데 사용되기도 한다.

② 모든 모형은 효과적인 학습 방법에 대한 서로 다른 가정과 관점에 기초하기 때문에, 각 모형은 본래 각기 다른 주도성 정도를 가지고 있다.

㉠ 직접적(교사통제) 측면이 강한 모형들은 교사에게 거의 모든 의사결정의 권한과 수업 상호작용의 개시에 대한 책임을 부여하고, 학생은 의사결정을 할 수 있는 기회가 거의 주어지지 않으며 교사로부터 대부분의 정보와 지시를 받게 된다.

㉡ 간접적(학생통제) 측면이 강한 모형들은 학생에게 수업 중 많은 의사결정 권한을 부여하고, 창의적으로 탐색하는 활동에 참여하게 하며, 학생은 많이 질문할 수 있고 교사와 많은 상호작용을 가능하게 한다.

㉢ 교사와 학생간의 상호작용 수준을 증진할 수 있는 모형들은 수업에서의 의사결정, 통제 및 책임을 교사와 학생이 공유하는 특징을 가지고 있다.

직접 교수 (교사주도 통제) '무대 위의 현자'	• 교사가 수업 통제의 중심에 위치한다. • 교사는 수업 관리와 수업 내용의 권위자이다. – 교사는 수업 관리의 권위자로서 수업 조직, 연습의 시작과 종료, 학습 과제 변환, 수업 규칙의 효과에 대해 거의 대부분에 대한 의사결정을 한다. – 교사는 수업 내용의 권위자로서 자신의 단독 의사결정에 따라 학생에게 제공하는 모든 지식을 가지고 있는 사람으로 인식되기 때문에 '무대 위의 현자'로 불린다. • 직접 교수(교사통제식 수업)의 특징은 교사와 학생간의 일방적인 의사소통이다. 교사는 수업 활동의 선정과 수업진도를 조정하면서 학생이 그 다음에 수행할 것과 배울 것에 대해 의사결정을 하고 학생에게 통보한다.
간접 교수 (학생주도 통제) '안내자'	• 간접 교수(학생통제식 수업)는 교사의 의사결정과 수업 과정에 대한 통제를 최소화하고, 개방형 학습 과제와 학생 주도의 학습 과제를 많이 포함한다. • 교사는 권위자가 아닌 학생의 학습을 유도하는 촉진자로 본다. 즉, 학습 과정의 중심에 교사 자신이 아닌 학생을 위치시킨다. 이때 교수의 주요 기능은 학습 환경을 조성하는 것이다. 즉, 교사는 학생에게 안내 사항과 과제를 제시하고 학생의 옆에 서서 학습 과정을 주시하기 때문에 '안내자'라고 한다. • 간접 교수를 지지하는 교사들은 의사결정과 수업 통제 유지를 학생이 수업 내용과 기타 부분에 대해 자유롭게 상호작용할 수 있는 방법을 찾는데 목표를 두고 있다. 이는 수업 관리의 일환으로 학생을 수업 규칙 제정에 참여시키고 자신의 행동에 대한 책임을 학생에게 부여하는 것을 의미한다. • 간접 교수는 교사가 학생에게 자신의 학습 과정을 관리하도록 융통성을 부여할 수 있는 수업 내 또는 수업 외의 과제를 활용하는 특징이 있다. 그 때 교사는 학생이 문제에 봉착하거나 도움을 필요로 할 때 학생을 도울 수 있는 주요 협조자로 활동하게 된다.
상호작용 교수	• 상호작용 교수의 특징은 교사중심, 학생중심 교수 사이의 균형을 잡는 것이다. • 교사와 학생은 의사결정, 수업운영에 있어서 동등한 정도의 책임을 갖게 된다. • 교사와 학생 간에 양방향 의사소통이 빈번하게 이루어진다. • 학생은 자유롭게 질문하고, 의견을 제안하며, 수업운영에 규칙적으로 개입하고, 교사는 학생의 제안을 수용하고 이에 대응한다.

모형의 주도성과 비주도성에 관한 프로파일을 결정하는 7가지 지침	
내용 선정	누가 학습할 단원 내용을 결정하는가?
수업 운영	수업 운영의 책임은 누구에게 있는가?
과제 제시	학생은 어떻게 과제 제시 정보를 얻는가?
참여 형태	어떻게 학생의 참여 형태(공간, 모둠, 구조 등)가 결정되는가?
교수적 상호작용	학습 과제 중 누가 먼저 의사소통을 시작하는가?
학습 진도	누가 연습 과정의 시작과 종료를 통제하는가?
과제 전개	누가 학습 과제의 변경을 결정하는가?

③ 포괄성

㉠ 포괄성(inclusiveness)은 요구와 능력이 서로 크게 다른, 학급의 모든 학생이 동시에 학습을 할 수 있도록 지도할 때 사용된다.

㉡ 각 수업 모형은 학생이 그 모형 안에서 반드시 학습해야 하는 몇 가지 선행능력과 경험을 기초하여 설계되었다. 이러한 선행조건은 모형이 포괄적인 수업 집단에서 모든 학생의 교육적 요구를 수용할 수 있는지를 판단하는데 주요한 역할을 한다. 또한, 학생의 학습 선호도는 각 모형이 특정 집단의 학생을 어떻게 포괄해야 할지 결정하는데 이용된다.

(2) 학습 과제

각 수업 모형에서 제시하는 교사의 가장 핵심적인 역할은 학생들에게 학습할 내용을 안내하고, 학습 과제를 어떻게 수행해야 될지를 설명하며, 학습 과제를 언제 전환해야 할지를 결정하는 일이다.

① 과제 제시

㉠ 과제 제시는 학생에게 과제와 기능을 시범 보여주는 과정으로, 차후의 활동 시간에 연습할 과제 수행에 대해 학생이 보고 듣는 방법과 관련된다.

㉡ 과제 제시는 모든 수업의 중요한 부분으로서, 모형마다 매우 다양한 방식으로 이루어진다. 일부 모형은 한두 가지의 과제 제시 전략을 이용하지만, 어떤 모형은 그 이상의 과제 제시 전략을 활용하기도 한다.

② 과제 구조

㉠ 거의 모든 과제 제시의 일부분은 과제 구조에 대한 설명이다.

㉡ 과제 구조는 학습 과제가 어떻게 조직되고, 모둠 조직은 어떻게 이루어지며, 얼마나 지속되고, 수행기준은 무엇이며, 그 과제에서 학생에게 기대되는 행동이 무엇인지에 대한 정보를 학생에게 알려준다.

㉢ 각 모형에서는 여러 종류의 특정한 과제 구조가 활용될 것이다.

③ 내용 전개

㉠ 모든 수업 단원은 학습 내용의 범위와 계열을 포함하고 있다.

㉡ 교사는 하나의 과제에서 다음 과제로, 하나의 내용에서 다음 내용으로 진행해 나가게 되는데, 이를 내용 전개(content progression)라고 한다.

㉢ 다시 말해, 내용 전개란 단원이 진행되는 가운데 교사가 의도하는 학습 결과를 얻기 위해 학생들을 단원 활동 속으로 이끌어 가는 것을 의미한다.

㉣ 각 모형은 내용 전개에 대한 서로 다른 계획을 가지고 있다.

(3) 학습 참여 형태

학습 참여 형태는 학생이 학습 내용과 상호작용하는 방식으로 학생이 학습 과정에 참여하는 방법을 의미한다. 일정 시간의 참여 형태는 교사가 계획한 학습 활동과 학습 활동의 과제 구조와 밀접한 관련이 있다. 참여 형태는 학습 내용과의 상호 작용 정도와 과제 구조에 활용되는 모둠 전략에 따라 분류된다.

① 능동적 참여

㉠ 학습 과정은 학생의 참여가 직접적으로 나타날 때 적극적으로 이루어진다.

㉡ 학습 과정의 특징은 학생의 움직임, 사고, 질문 의사결정 등이다.

② 수동적 참여

㉠ 학습 과정은 학생이 교사로부터 단지 학습 내용을 수용할 때 소극적으로 이루어진다.

㉡ 학습 과정의 특징은 학생의 듣기, 관찰하기, 읽기 등이다.

㉢ 능동적 학습이 언제나 선호되는 것은 아니다. 교사는 많은 양의 정보를 효과적으로 학생에게 신속히 전달하기 위해서는 수동적 학습 전략을 이용할 수 있다.

③ 개인, 소집단, 전체 참여

㉠ 참여 형태의 일부는 학생이 학습 과제에 참여하는 방식에 따라 결정된다.

㉡ 몇몇 모형은 학습 과제에 학생이 거의 대부분 개별적으로 참여하고, 몇몇 모형은 소집단이나 모둠별 또는 팀으로 참여하도록 설계되었으며, 특정 모형은 학급 전체가 동시에 동일한 활동에 참여토록 만들어졌다.

㉢ 대부분의 모형은 학생의 참여에 관해 한 가지 또는 두 가지 정도의 모둠 전략을 가지게 될 것이다.

(4) 교사와 학생의 역할 및 책임

수업 모형은 각각의 교사와 학생에게 모형 내에서 독특한 역할과 책임을 요구하는데, 모든 교사와 학생이 이러한 역할을 알고 수업에서 그대로 이행하는 책임감을 가지는 것이 중요하다. 일반적으로 이는 각 모형에서 의사결정을 포함하는 주도성 차원과 관련이 있다.

5. 교수 · 학습의 검증

각 모형은 수업 중 교사와 학생 행동에 대해 다른 모형들과 구별되는 패턴으로 설계되어 있기 때문에, 교사는 수업 모형이 설계된 대로 활용되고 있는지를 검증할 필요가 있다. 모형 중심 체육에서 교수 과정을 검증할 수 있는 방법은 다음과 같다.

(1) 수업 중 교수와 학습 행동의 체계적 분석

교사가 모형의 활용을 촉진하는 수업 패턴의 종류(예 기준)를 알고 있다면, 이 패턴들은 실제 수업 상황에서 또는 몇몇 수업 사례를 오디오나 비디오로 녹화하여 자료를 수집한 다음 분석할 수 있다. 분석한 행동은 모형의 기준을 반영하는 행동들이다.

교수 · 학습 기준의 체계적 분석

관찰기법	사용된 측정 방법	교사 행동	학생 행동
구간 기록법	수업 중 관찰된 행동이 지속된 시간의 양	• 관리시간 • 과제 제시 시간 • 수업 순회	• 관리시간 • 연습시간 • 실제학습시간 • 과제참여/비참여시간 • 대기시간
사건 기록법	사건의 관찰된 빈도	• 학생 이름 부르기 • 학생에게 제공된 피드백 • 학생에게 제시된 단서 • 질문 • 이해도 점검	• 연습시도 • 성공비율 • 제공받은 피드백 • 질문
순간(지정) 시간 표집법	수업 중 지정된 시간에 관찰된 행동의 발생 여부	• 교사의 이동 • 수업에서의 위치	• 특정 시간 동안 학생의 과제 참여 비율 • 특정 시간 동안 연습하는 학생의 비율 • 학생의 성공 비율 • 적절한 과제 구조

(2) 기준 점검표

교사와 학생의 기준 및 패턴 항목을 만든 다음, 수업 시간에 관찰된 것을 하나씩 체크할 수 있다. 이 점검표는 관찰된 기준을 검증할 수 있지만 기준의 예가 옳고 그른지를 구별할 수는 없다.

(3) 기준의 서열 척도

서열 척도는 기준 점검표와 유사한 방법으로 관찰한 기준의 평가를 가능하게 해준다. 각 기준은 일련의 평가적 준거(예 나쁨, 보통, 좋음, 매우 좋음, 또는 1~10단계 척도)에 따라 기록된다. 관찰자는 수업 중 일어나는 기준을 기록하는데, 기준의 질에 대한 관찰자의 판단에 따라 해당되는 단어나 숫자에 동그라미를 표시한다.

(4) 루브릭

루브릭은 체크리스트와 서열척도의 특징을 통합한 것이라고 볼 수 있다. 루브릭에는 일련의 교사행동과 학생행동이 열거된다. 그러나 단지 수적인 수치로 각 항목을 등급화하기보다는, 각 수준에서 보여지는 몇 가지 행동 지표를 포함한다고 볼 수 있다. 수업 중과 후, 교사는 각 행동 지표를 숙지하고 수업에서 뚜렷하게 나타난 사항을 확인한다. 루브릭의 장점은 교사와 학생으로 하여금 사전에 어떤 사항을 준비해야 하는지를 알게 하며, 최상의 수준에 도달하기 위한 노력을 하게 만든다는 것이다. 또한, 루브릭은 각 수업 모형의 기준목록표를 포함하며 이는 각 기준이 교사와 학생들에 의해 어떻게 구현되어야 하는지를 표시한다. 이 행동 지표들은 서열척도에 있는 숫자보다 이해하기 쉬운 정보를 제공한다.

(5) 학생의 평가 기록지

모형마다 독특한 기준에 근거하여 학생의 반응을 알아볼 수 있는 간단한 질문 항목을 만들 수 있다. 학생의 응답은 교사들이 학생에게 제공하는 수업 패턴의 선호를 검증할 수 있는 좋은 방법이 될 수 있다. 개방형 질문지를 이용하거나 일련의 답변을 즉시 동그라미로 표시 또는 체크할 수 있다.

- 팀 코치 역할에 대해 어떻게 생각하십니까? (스포츠 교육 모형)
- 이 단원에서 가장 확실하게 배운 두 가지는? (모든 모형 가능)
- 이 단원에서 학습 동기를 가장 유발했던 것은 무엇입니까? (개별화 지도 모형)
- 필드하키 단원에서 얻은 것이 있다면? (탐구 수업 모형)

개방형 질문지

당신의 의견과 가장 일치하는 항목에 ○표 하시오.			
교사는 이 단원을 잘 조직하였다. (직접 교수 모형)	동의하지 않음	보통	동의함
나는 이 단원에서 자신감이 향상되었다. (모든 모형 가능함)	동의하지 않음	보통	동의함
나는 항상 나 자신의 진도에 맞추어 공부할 수 있었다. (개별화 지도 모형)	동의하지 않음	보통	동의함
나는 이 단원에서 내 팀과 정말 즐겁게 운동했다. (협동 학습 모형)	동의하지 않음	보통	동의함

척도형 질문지/항목

6. 학습 평가

모형 중심의 수업에서 학습 평가는 다음의 5가지 주요 질문으로 진행되는데, 체육수업에서 적합한 평가 기법의 선택과 활용에 따라 사용될 수 있다.

(1) 평가할 기준이나 학습 결과는 무엇인가?

(2) 평가는 언제 할 것인가?

(3) 어떤 평가 기법이 결과를 평가하는데 타당한가?

(4) 평가 절차가 실용적인가?

(5) 학습 결과가 실제성 있는 기법(authentic technique)으로 평가될 수 있는가?

7. 모형 실행의 요구 조건 및 맥락적 변형

(1) 교사 전문성

① 교사는 학생과 마찬가지로 모형을 효율적으로 활용하기 위해 특정 지식, 기능, 능력을 갖추고 있어야 한다. 내용 지식은 모형의 활용에 관계없이 항상 중요하다. 특히 내용, 교육환경, 학습자 및 수업에 대한 전문성이 혼합된 형태인 '내용 교수법 지식'(pedagogical content knowledge : PCK)은 단원 내용과 학생 집단에 따라 선정되는 모형마다 변화될 수 있다.

② 각 모형에 대한 지식도 중요하다. 각 모형은 독특한 학습 전략과 효과적인 교수 기술을 포함하고 있기 때문에, 교사는 활용할 모형에서 필요한 전략과 기술에 능통할 필요가 있다.

(2) 핵심적인 교수 기술

① 많은 효과적인 교수 기술이 체육수업을 지도하는데 활용될 수 있다. 효과적인 교수 기술 목록이 많지만 각 모형은 교사에게 이 모든 기술을 사용하도록 요구하지 않는다.

② 각 모형의 운영체제, 관리기능, 과제 제시 전략, 과제 구조는 그 모형에서 가장 요구되는 교수 기술을 결정한다.

(3) 상황적 요구조건

5가지 주요 요인으로 구성된 교육 상황적 요구 조건은 반드시 고려해야 한다.

① 학생 특성

② 수업 시간

③ 시설

④ 용 · 기구

⑤ 학습 자료

(4) 맥락적 변형

① 본래 모형의 설계대로 정확하게 모형을 실행하기는 쉽지 않다. 따라서 수업 환경의 제한요소, 모형 활용 경험, 상식으로 교사는 수업 단원 전이나 수업 단원 동안 모형을 변형하여 활용하도록 한다.

② 모형의 변형이 전체적으로 이루어져서는 안 된다. 특히 각 모형이 가지고 있는 독특한 점을 변화시키거나 학습 영역의 우선순위를 바꿔서는 안 된다.

③ 모형의 변형은 단원이 시작되기 전이나 도중에 교사가 체계적으로 변형할 수 있는 다음과 같은 계획 및 의사결정 영역의 목록을 작성하면서 시작된다.

㉠ 관리 계획

㉡ 내용 적용 범위

㉢ 내용 전개

㉣ 수업 자료

㉤ 시간 할당

㉥ 평가 기법

㉦ 과제 제시

㉧ 교사와 학생의 역할과 책임

㉨ 학생의 발달 단계

④ 모형이 근거하고 있는 학습이론, 기본적 가정, 학습 영역의 우선순위, 영역간 상호작용과 같은 특정 영역의 변형은 불가능하다. 이유는 이 영역들은 모형의 기본적인 근거에 해당하기 때문에 변형을 하게 되면 본래 설계된 모형과 다른 모습으로 변질될 수 있기 때문이다.

8. 체육 수업 모형의 선정 과정

(1) 나는 학생이 무슨...... (내용)을 배우기 원하는가?

예 핸드볼의 기본 기술, 규칙 및 전략 등

(2) 내가 생각하는 학습 영역의 우선순위는 무엇인가?

예 첫 번째 : 기술(심동적 영역), 두 번째 : 규칙 및 전략(인지적 영역), 세 번째 : 자신감(정의적 영역)

(3) 어떤 모형이 이 우선 영역을 포함하는가?

예 A모형, B모형, C모형

(4) 이 모형에 요구되는 상황적 요구 조건은 무엇인가?

예 A모형?, B모형?, C모형?

(5) 현재 상황적 조건이 이 요구 사항들을 얼마나 충족시킬 수 있는가?

예 A모형 : 매우 좋음, B모형 : 매우 좋음, C모형 : 좋지 않음(이유는 장소가 협소함)

(6) 모형에 필요한 교사와 학생의 선행 조건은 무엇인가?

예 A모형?, B모형?

(7) 나와 학생은 이러한 선행 조건을 만족시킬 수 있는가?

예 A모형?: 예, B모형?: 예

(8) 내가 원하는 대로 각 모형을 어떻게 변형시켜야 하는가?

예 A모형은 장소, 장비 등이 더 요구됨, B모형은 필요한 모든 것이 갖춰져 있음.
B모형을 선택한다. 이유는 변형이 필요치 않기 때문이다(또는 가장 최소한의 변형이 필요한 수업 모형 선택하기).

3 모형 중심 체육 수업에 필요한 교사 지식

1. Shulman의 교사 지식(7가지 범주)

(1) **내용 지식**(Content knowledge)

가르칠 교과내용에 대한 지식

(2) **지도 방법 지식**(General pedagogical knowledge)

모든 교과에 적용되는 지도법에 대한 지식

(3) **내용 교수법 지식**(Pedagogical content knowledge)

특정 학생에게 어느 교과나 주제를 특정한 상황에서 지도할 수 있는 방법에 대한 지식

(4) **교육과정 지식**(Curriculum knowledge)

각 학년의 발달 단계에 적합한 내용과 프로그램에 대한 지식

(5) **교육 환경 지식**(Knowledge of educational contexts)

수업 환경에 영향을 미치는 지식

(6) **학습자와 학습자 특성 지식**(Knowledge of learners and their characteristics)

수업에 영향을 미치는 학습자에 관한 지식

(7) **교육 목적 지식**(Knowledge of educational goals)

목적, 목표 및 교육시스템의 구조에 관한 지식

2. 3가지 유형의 지식(Metzler)

교사는 7가지 범주에서 3가지 다른 수준의 지식, 즉 명제적 지식, 절차적 지식, 상황적 지식을 가지고 있어야 한다.

(1) 명제적 지식

교사가 구두나 문서로 표현할 수 있는 지식을 말한다. 즉 효과적인 체육 수업에 필요한 여러 가지 내용을 '아는 것'을 뜻한다.

(2) 절차적 지식

교사가 실제로 수업 전·중·후에 적용할 수 있는 지식을 말한다. 즉 수업 관리와 학생의 학습을 촉진할 수 있는 방법으로 명제적 지식을 활용할 수 있는 능력을 말한다.

(3) 상황적 지식

교사가 특수한 상황에서 적절한 의사결정을 언제, 왜 해야 되는지에 관해 교사에게 정보를 제공한다.

명제적, 절차적, 상황적 지식의 예

명제적 지식	발달 단계에 적합한 교육과정 및 수업의 개념 지식
절차적 지식	발달 단계에 적합한 교수전략을 활용한 교수·학습 과정안을 작성하는 지식
상황적 지식	학생의 발달단계에 부적합한 학습 활동을 변형할 수 있는 방법에 관한 지식

명제적 지식	단체 및 개인 스포츠 경기의 규칙 지식
절차적 지식	과제 제시의 일부분으로 올바른 규칙을 모방할 수 있는 지식
상황적 지식	규칙을 설명할 때 초등학생 3학년과 고등학생 2학년에게 다른 용어와 언어를 사용할 수 있는 지식

명제적 지식	중학교 1학년 대상의 재미있는 3가지 리듬 활동에 관한 지식
절차적 지식	학생이 이 활동을 연습하는 동안 관찰하고 정확한 피드백을 제공할 수 있는 지식
상황적 지식	학습하기를 꺼려하는 학생에게 학습 동기를 부여할 수 있는 방법에 관한 지식

명제적 지식	특정한 움직임 형태가 운동 수행을 향상시키는 근거 지식
절차적 지식	학생에게 반복적인 움직임 형태를 연습할 수 있도록 하는 리드업 게임을 만들어 적용할 수 있는 지식
상황적 지식	리드업 게임에서 정식게임으로 수업과제를 전환해야 할 시기를 아는 지식

지식의 3가지 유형은 서로 밀접하게 관련되어 있으며, 명제적 지식은 절차적 지식에 선행한다. 즉, 교수·학습에 대한 기본 지식을 우선적으로 갖춘 다음, 그 지식을 활용할 수 있는 방법을 갖게 된다는 것을 의미한다. 교사가 교육 환경에서 한 번이라도 지식을 활용할 수 있게 되면, 상황적 지식은 교사로 하여금 더욱 다양한 교육 환경에서 수차례 활용할 수 있게 하며, '그것을 활용하기' 전에 '왜 그런지를 알게' 한다.

3. 모형 중심 체육수업에 필요한 지식영역

(1) 학습 환경

학습 환경은 체육 프로그램의 학습 내용과 방법에 영향을 주는 모든 요인을 의미한다. 대부분의 환경 요인들은 고정적이고 교사 통제 밖에 있다. 교사는 환경을 변화시킬 수 있는 힘을 갖고 있지 못한데, 최선의 방법은 주어진 학습 환경에 익숙해져서 그 환경 내에서 교수·학습의 효과를 극대화하는 것이다.

① 학교 위치
  ㉠ 도시, 시골, 교외
  ㉡ 학교 지역
  ㉢ 지역 환경

② 학생 정보
  ㉠ 학교 규모
  ㉡ 학생의 사회 경제적 지위
  ㉢ 문화적 다양성
  ㉣ 지역 사회의 가치
  ㉤ 학업 능력
  ㉥ 결석 학생율
  ㉦ 전학 학생율
  ㉧ 외국인 학생
  ㉨ 신체적 가능/불가능

③ 행정
  ㉠ 지역 수준
  ㉡ 학교 수준

④ 체육교사
  ㉠ 교사와 보조교사의 수
  ㉡ 성, 인종, 민족의 구성
  ㉢ 연령
  ㉣ 교직 경험
  ㉤ 교과내용 전문성

⑤ 수업 교재
  ㉠ 지도 공간
  ㉡ 용·기구
  ㉢ 시간과 스케줄

(2) 학습자

① 피아제(Piaget)의 인지 발달단계

인지단계와 개략적인 연령범위	학습자의 특성	움직임 개념 학습의 적용
감각 운동기 (생후 2년)	• 움직임과 인지 사이에 초기 관계가 형성 • 개별 탐색을 통해 직관적 움직임 패턴을 발달(잡기, 들기, 다루기)	• 이 시기 학습자들은 아직 타인으로부터 움직임을 배울 준비가 되어 있지 않음
원시적 조작기 (2~7년)	• '구체적'인 것을 계속 배움 • 아직은 추상적 경험이 형성되거나 습득되지 못함	• 학습자는 간단하고 명료한 지도 아래 '촉각적인 경험/실제로 피부로 느낄 수 있는 경험'(끌어안기, 느끼기, 공간에서 신체이동)을 필요로 함
구체적 조작기 (7~11년)	• 추상적 경험으로 배우는 능력이 생기기 시작하지만 여전히 겉으로 드러나는 명백한 것에 의존	• 문제를 해결하기 시작 • 사고와 움직임 사이의 관계성 탐색 • 논리적인 학습이 가능 • 상세한 지시 사항 수가 덜 필요하게 됨
형식적 조작기 (11~14년)	• 개념 학습의 숙달 • 사전 지식과 경험을 새로운 구조로 변형	• 복합적 문제의 해결 • 스스로 새로운 지식을 개발 • 함축된 지시하에 학습 가능

② 갤러휴(Gallahue)의 운동 발달단계

반사 운동시기 ⇨ 원시 운동시기 ⇨ 기초 운동시기 ⇨ 구체화된 운동시기

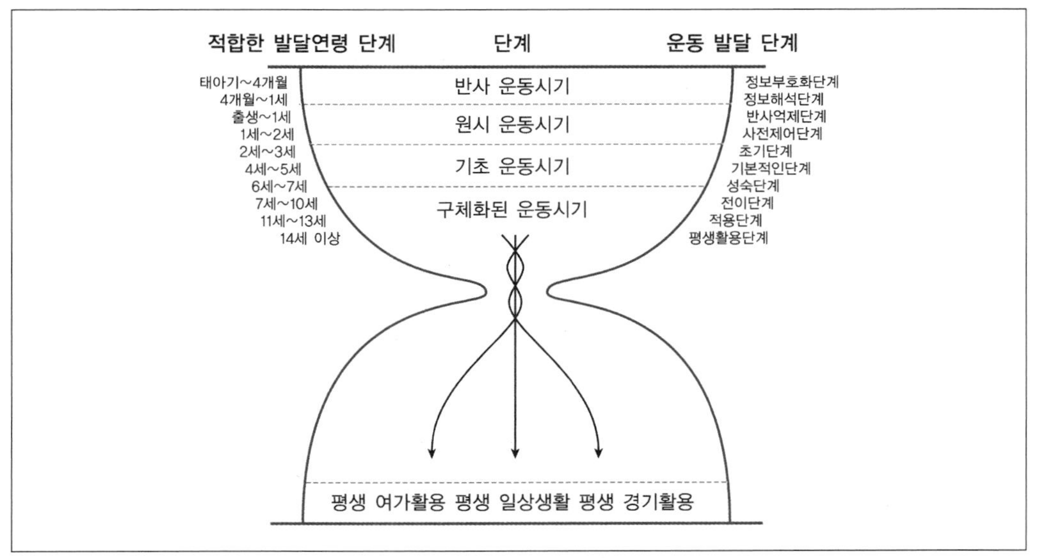

운동 발달 시기와 단계

③ 정의적 발달

㉠ 교사들은 정의적 영역에 많은 관심을 기울이지만, 실제로는 학생들이 어떻게 이 영역을 학습하고 발달해 가는지에 대해 잘 알지 못한다.

㉡ 그렇게 때문에 교사들은 정의적 발달의 학습 결과를 예측하여 학습 경험을 계획하고 적용하기 위한 '출발점'을 거의 알고 있지 못하는데, 이는 다음의 2가지 요인에 기인하고 있다.

㉢ 정의적 영역의 학습은 매우 개별적으로 이루어진다. 그 때문에 교사들은 학생의 욕구와 정의적 학습이 언제 실제로 일어나는지에 대해 알 수 있는 지표를 거의 가지고 있지 않다.

㉣ 정의적 영역의 학습과 나머지 두 영역(인지적, 심동적 영역)에서 학습 간에 복합적이고 잘못 이해된 상호작용이 존재한다. 이 두 영역이 정의적 영역의 학습에 영향을 주고 있지만, 그 이상에 대해서는 그 관계가 모호하고 논쟁거리로 남아 있다.

④ 학습 동기

㉠ Keller의 4가지 보편적 학습 동기 개념

ⓐ 흥미 또는 학습자의 호기심 발현과 유지 정도

ⓑ 연관성 또는 학습자 개인의 목표와 요구에 부합하는 교육 내용과 수업 방식 정도

ⓒ 기대 또는 학습자가 인식한 과제에 대한 성공

ⓓ 만족 또는 학습자의 내적 동기, 외적 보상

㉡ Brophy의 동기 전략을 분류한 개념 틀

ⓐ **첫 번째 수준(4가지 선행 조건)**: 지원 환경, 적절한 도전 의식, 의미 있는 학습 목표, 적절한 교수 전략의 사용

ⓑ **두 번째 수준(3가지 원리)**: 학생의 성공 기대감을 유지함으로써 동기화할 것, 외적 보상을 제공함으로써 동기화할 것, 학생이 소유하고 있는 내적 동기를 이용해서 동기화할 것

ⓒ **세 번째 수준**: 학생의 학습 동기를 유발하기 위한 구체적인 전략

동기 유발 전략 분류를 위한 Brophy의 개념 틀		
첫 번째 수준	필수 선행조건	• 지원 환경 • 적절한 도전 의식 • 의미 있는 학습 목표 • 적절한 전략 사용
두 번째 수준	학습의 성공기대를 통한 동기 유발	• 성공 프로그램 • 목표 설정, 성과의 평가, 자기 강화 지도 • 학습의욕이 저조한 학생을 위한 치료 차원의 사회화를 제공 – 위험보다는 투자로써 노력 설명

		– 특정 영역의 기술 개발 – 기술 숙달에 집중 – 재교육 제공 – 시험 불안 최소화
	외적 보상을 제공함으로써 동기 유발	• 향상된 성과에 대한 인센티브 차원의 보상 제공 • 적절한 경쟁 상황을 만들어 줌 • 학업 활동의 유효한 가치를 강조
	학생의 내적 동기를 통한 동기 유발	• 학습 과제를 학생의 흥미에 적용 – 학생이 흥미를 가지는 내용이나 재미를 느끼는 활동 적용 – 여러 가지 학습 과제를 선택할 수 있게 하거나, 학생의 요구에 부응하는 여러 가지 방법 중에서 선택 가능한 자치권을 행사할 수 있는 기회 제공 – 학생의 의견 제시와 질문을 유도 – 학생들이 자신의 의견을 표현하거나 대답할 수 있게 만드는 다양한 질문과 기회 제공 • 새롭고 다양한 계획 • 활발하게 대답할 수 있는 기회 제공 • 학생의 응답에 대한 즉각적인 피드백 제공 • 학생들이 과제를 끝마칠 수 있도록 함 • 학습 활동에 재미있는 것들을 통합 – 공상이나 상상의 요소 – 모의 실험 – 게임 – 동료 학생과의 상호 작용의 기회
세 번째 수준	학생의 학습 동기를 유발하기 위한 전략	• 학습 흥미와 동기 유발을 모형화 • 학생의 학습 동기에 대한 바람직한 기대감과 속성 전달 • 학습 활동 수행 중의 학생의 불안 최소화 • 집중력 발산 • 열정 발산 • 과제의 흥미나 평가 유발 • 호기심이나 긴장감 유발 • 불협화음이나 인지적 갈등 유발 • 추상적인 학습 내용을 개인적이고 구체적이며 친숙하게 만들기 • 학생이 스스로 학습 동기를 유발하도록 촉진 • 학습 목표를 진술하고 뛰어난 기획자 제공 • 과제와 관련된 사고와 문제 해결 과정을 모형화

학습 유형과 학습 선호도
Jonassen과 Grabowski는 '학습 유형(Learning style)을 여러 가지 형태의 학습과 수업 활동에 대한 학습자의 선호도'라고 정의한다. 학습 유형 이론에 따르면, 개개의 학습자는 학습 능력, 과거의 학습 경험, 수업 환경의 복잡한 상호작용에 의해 결정되는 자신만의 가장 효과적인 학습 방법을 가지고 있다. 학습 유형에 대한 개념은 2가지 접근 방식에 따라 다양하게 설명된다. 하나는 학습자의 인지적 기술과 정보 처리 능력에 기초한 학습 유형이고, 다른 하나는 학습자가 선호하는 학습 환경 요인에 따른 학습 유형이다. 이 2가지 접근방식의 차이점은 첫 번째 유형에서는 학습자를 이탈형, 동화형, 집중형, 순응형과 같은 유형으로 분류한다. 또한 학습자를 자신이 선호하는 지각 능력에 따라 시각형, 운동기능형, 사색형, 청각형으로 분류한다. 두 번째 유형에서는 학습 환경, 사회 구조, 감정 상태, 학습자가 수용하는 신체 자극과 같은 학습자가 가장 효과적으로 학습할 수 있는 여러 측면의 조건을 설명하고 있다. Reichmann과 Grasha에 의해 개발된 비교적 단순한 도식은 학생의 학습 선호와 수업 모형을 일치시키는데 상당히 유용하다. 이것은 학생의 학습 태도, 교사와 동료에 대한 관점, 수업절차에 대한 반응과 같은 3가지 차원에 기초하고 있다. 이 모형은 그러한 학습 환경에서 어떻게 중요한 특성이 수업 형태에 대한 학생의 관심과 동기를 유발할 수 있는지를 설명한다. 각 모형은 학습 환경을 구조화하는 근본적으로 독특하고 상이한 방법이기 때문에 이 관점은 수업 모형들의 개념과 잘 일치한다고 볼 수 있다.

(3) 학습 이론과 기본 가정

수업 모형에 대한 가장 기본적인 설계 요인은 각 모형이 근간을 이루고 있는 학습 이론이라고 볼 수 있다. 학습 이론은 어떻게 학습이 일어나는지를 설명하거나 기술하는 방식이다.

학습이론	학습방법에 대한 기본 가정
조작적 조건	• 학습은 인간 행동의 결과로써 일어난다. 강화된 행동은 반복해서 일어날 것이고, 벌을 받은 행동은 발생이 억제될 것이다[효과의 법칙]. $S^D \rightarrow R \rightarrow S^R$ • 세 조건의 우연성은 학습의 기본적인 군집이 된다. 판별 자극은 반응을 유발하고 그 다음 강화 자극이 뒤따른다. 이 강화 자극은 판별 자극이 나타날 때 그 행동이 다시 일어나는 확률을 증가시킨다.
사회 인지 학습 (자기효능감 포함)	• 학습은 사람들이 어떤 환경에서 다른 사람을 관찰하고 행동을 모방할 때 일어난다. • 사회적으로 학습된 행동은 조작적 조건과 동일한 방식에서 강화된다. • 학습자, 환경, 행동 사이의 상호 작용에 의해 강력하게 결정된다. • 학습은 실제 행동이나 간접적인 관찰 경험을 통해 일어날 수 있다.
정보화 과정	• 학습 행동은 내적 과정을 통해 일어난다. • 학습자는 어느 환경에서 어떤 특징을 선택하고, 정보를 변형하여 활용하며, 새로운 정보를 사전 지식과 연결하며, 그런 다음 그 지식을 의미 있게 만들어낸다. 암기 기능을 이용하는 것은 학습에 매우 중요하다.

인지학습 및 인지과정 (구성주의 학습 포함)	• 학습은 전에 배웠던 사실, 상징, 개념과 원리를 의미화 할 수 있는 개인의 능력 확장을 통해 인지 능력의 성장과 개발 과정으로 이루어진다. • 구성주의 접근 방식에서는 학생들은 기존에 습득한 지식에 스스로 새로운 지식을 축적하며 학습한다. 사람들은 이 과정에서 핵심 역할을 하는 학습에 대해 내재적 신념을 갖고 있다.
문제해결	• 인지 이론은 무의식적으로 해결될 수 없는 목표를 성취하려는 사람들의 노력과 관련이 있다. • 이것은 시도와 실수, 안목, 발견 학습과 같은 3가지 주요 기능에 의존한다.
학습 동기	• 학습 과정은 학습자가 갖고 있는 선천적 욕구에 의해서 발생한다. • 그 선천적 욕구는 줄이거나 없앨 수 있는 행동을 표출할 수 있는 학습 동기를 자극한다. 이 욕구는 생리적, 심리적, 혹은 몇 가지 결합으로 나타날 수 있다.
인본주의 이론	• 5가지 욕구 수준을 만족하고자 하는 동기 이론과 관련된다. → 생리적 욕구, 안전, 소속감, 존경심 및 자아실현(Maslow) • 학습은 보조적인 욕구를 충족하고, 다음 상위 단계에서 학습 과정이 진행되는 것이 자유로울 때 발생한다.

(4) **발달 단계에 적합한 체육수업**(미국체육협회, NASPE)

① 발달적 변화는 질적으로 이루어진다.

② 발달적 변화는 계열적으로 이루어진다.

③ 발달적 변화는 누적으로 이루어진다.

④ 발달적 변화는 방향성을 가지고 있다.

⑤ 발달적 변화는 다차원으로 이루어진다.

⑥ 발달적 변화는 개별적으로 이루어진다.

위의 진술은 발달 단계에 초점을 둔 수업에 대한 중요한 개념들, 즉 '발달은 연령과 관련되어 있다. 그러나 연령이 결정적인 것은 아니다.'라는 점을 강조하고 있다. 교사는 8세, 12세, 16세의 학생들이 서로 연령별 발달 특성이 다르기 때문에 모두를 같은 방식으로 가르쳐서는 안 된다. 뿐만 아니라, 동일한 연령대의 학생들이 비슷한 발달 특성을 가지고 있다 하더라도, 그들 사이에 개인차가 존재하기 때문에 모두를 똑같은 방식으로 가르쳐서도 안 된다.

(5) **학습 영역과 목표**

학습 이론가들은 수업의 성과를 범주화하는데 활용되는 인간 학습에 대해 3가지 유형을 인정한다. 각각은 '영역'(domain) 또는 '범주'(territory)로 일컬어지며, 학생이 각 영역에서 습득하게 되는 특정한 종류의 학습을 포함한다. 전통적으로 3가지 영역은 인지적, 심동적, 정의적 영역이다.

① 인지적 영역(Bloom)

인지적 영역은 논리, 개념, 사실, 기억 회상을 포함하는 인지적 학습이다. Bloom 등의 '교육목표 분류'는 단순한 것에서 복잡한 것으로 전개되는 인지적 과정의 위계를 포함하고 있다.

지식	사전에 학습된 정보를 회상할 수 있는 능력 예 • 학생은 테니스 라켓의 각 부분을 말할 수 있다. • 학생은 골프 스윙의 5가지 부분을 회상할 수 있다.
이해	정보의 의미를 이해하는 능력 예 • 학생은 풋워크의 중요성을 설명할 수 있다. • 학생은 웨이트 트레이닝에서 지레의 힘이 사용되는 방법을 설명할 수 있다.
적용	정보를 새롭고 구체적으로 적용할 수 있는 능력 예 • 학생은 보다 공정한 시합을 위해 게임 규칙을 적용할 수 있다. • 학생은 동일한 음악을 활용하여 2가지 춤을 창작할 수 있다.
분석	자료를 구성 요소로 분류하고 이 요소들 간의 상호관계를 이해하는 능력 예 • 학생은 동료의 수행을 관찰하고 실수를 찾아낼 수 있다. • 학생은 경기 상황에 적합한 전략을 세울 수 있다.
종합	부분을 전체로 통합할 수 있는 능력 예 • 학생은 테니스 스윙과 라켓볼 스윙간의 유사점과 차이점을 인식할 수 있다. • 학생은 플래그 풋볼에서 공격적인 경기를 계획할 수 있다.
평가	상반되는 의견이 있는 상황에서 가치를 판단하는 능력 예 • 학생은 체조 시합을 판정할 수 있다. • 학생은 2가지 춤 동작을 비교할 수 있다.

② 심동적 영역(Harrow)

심동적 영역은 신체적 기능과 능력의 발달, 즉 움직임을 통해 습득되고 시연되는 학습을 포함한다. 기술은 단순 또는 복합적이고, 소근육 또는 대근육 운동을 포함한다. 이 영역은 학습 유형을 구분하기 위한 분류체계를 가지고 있다.

반사	자극에 반응하여 일어나는 무의식적 행위 예 • 학생은 잠재적 위험 상황을 알고 피할 수 있다. • 학생은 스스로 올바른 자세를 취할 수 있다.
기초기능	반사적 움직임의 결합에 의해 형성된 선천적인 움직임 패턴 예 • 학생은 달리고, 걷고, 뛰고, 도약할 수 있다.
지각능력	감각을 통한 자극의 해석으로 나타나는 행위 또는 자극의 전이로 인한 행동 예 • 학생은 던져진 공을 향해 쫓아갈 수 있다. • 학생은 두 개의 다른 도구로 공을 칠 수 있다.
신체능력	기초기능과 지각능력을 결합시켜 단순 기술 움직임 생성 예 • 학생은 체조를 할 수 있다. • 학생은 음악에 따라 스퀘어 댄스를 따라 할 수 있다.
복합기술	효율성, 체력, 한 번에 한 가지 신체능력의 결합을 요구하는 상위 기술 예 • 학생은 스포츠에 필요한 기술을 배울 수 있다. • 학생은 장애물 통과 훈련을 완수할 수 있다.
운동해석능력	신체 움직임을 통해 의사소통할 수 있는 능력 즉 행위를 통해 감정, 사고, 의미를 표현할 수 있는 능력 예 • 학생은 '화창한 날 활짝 핀 꽃처럼' 움직일 수 있다. • 학생은 관중들에게 행복을 나타내는 춤을 창작할 수 있다.

③ 정의적 영역(Krathwohl)

정의적 영역은 움직임과 연관된 감정, 태도, 가치를 포함한 학습을 의미한다. 이런 의미에서, 신체활동 안에서 일어나는 '자신'에 대한 학습으로 볼 수 있다. 정의적 영역은 학습 결과가 개인에게만 명백히 나타나는 특성을 가지고 있기 때문에 다른 사람이 관찰하고 측정하는 것이 어렵다. 개인뿐만 아니라 다른 사람에게도 설명될 수 있으나 잘못 전해지거나 잘못 이해될 수 있다. 정의적 학습을 확인할 수 있는 한 가지 방법은 시합 중과 시합 후에 좋은 스포츠 행동 사례를 관찰하거나 학생이 수업 외에 참여하는 활동을 관찰함으로써 정의적 학습 효과와 관련 있는 행동을 관찰하는 것이다. Krathwohl는 교사가 정의적 영역에서 학습 진도를 계획하는데 도움이 되는 분류체계를 개발하였다.

수용화	정보를 얻기 위해 관심을 기울이고, 보고, 듣는 능력 예 • 학생은 미국의 여성 스포츠 역사를 읽을 수 있다. • 학생은 자신이 가장 좋아하는 춤에 대해 다른 학생이 설명하는 것을 잘 들을 수 있다.
반응화	학습자가 보고, 들은 것에 대해 논쟁, 토론, 또는 동의(비동의)하는 능력 예 • 학생은 자신이 체육을 왜 좋아하는지 5가지 이유를 나열할 수 있다. • 학생은 스포츠에서의 경쟁에 대해 찬성과 반대를 토론할 수 있다.
가치화	행위 또는 행사의 중요도를 결정할 수 있는 능력 예 • 학생은 사람들이 정기적으로 운동해야 하는 이유를 이해한다. • 학생은 공정한 경기를 위해 규칙을 준수해야 하는 필요성을 설명한다.
조직화	가치들을 비교하여 결정하고, 판단과 선택을 위해 조직화하는 능력 예 • 학생은 건강 체력 활동의 중요성을 말할 수 있다. • 학생은 기술과 운동 수행 향상을 위해 목표를 설정하고 노력할 수 있다.
인격화	가치들을 내면화하여 학생이 일상생활에서 실천하는 능력 예 • 학생은 수업 시간 이외 활동에서 게임 규칙과 예절을 지킬 수 있다. • 학생은 건강식이 아닌 음식이 있을 때 건강을 위한 적절한 선택을 한다.

④ 학습 영역의 우선 순위와 상호작용

학습활동	교사의 우선영역	학습 영역의 상호작용 ('→'는 '−을 하는 동안 혹은 거의 동시에' 이루어지는 것으로 해석될 수 있음)
기본 댄스 스텝 배우기	1. 인지적 2. 심동적 3. 정의적	(1) 순서와 타이밍에 대해 생각하기 → 연습하기 → 무용 연습을 즐기고 무용을 좋아하기
술래잡기	1. 심동적 2. 인지적 3. 정의적	(1) 달리기와 피하기 → 술래를 피할 수 있는 전략과 전술 습득하기 → 술래가 된 느낌을 배우기
협동 게임	1. 정의적 2. 인지적 3. 심동적	(1) 그룹의 일원이 되기 → 전략의 시행착오를 배우기 → 전략 수행에 필요한 신체적 움직임을 행하기

움직임 개념	1. 인지적 2. 심동적 3. 정의적	(1) 움직임의 개념과 예시/비예시를 알기 → 개념을 표현하며 움직이기 → 새로운 움직임 방법을 발견하고 창조하기
스포츠 기술 연습	1. 심동적 2. 정의적 3. 인지적	(1) 필요한 운동 수행 패턴 배우기 → 긍정적 스포츠 행동과 태도 학습하기 → 게임 상황에 따른 응용기술 이해

⑤ 학습 목표

학습 목표는 학습 상황 또는 조건, 도착점 행동/지식/태도, 학습 성취 기준이라는 3요소를 포함해야 한다(Mager). 수업 목표의 구체적인 형식과 내용은 학습영역과 의도된 학습결과의 수준에 따라 달라진다.

인지적, 심동적, 정의적 영역에서의 학습 목표	
인지적 영역 (적용 단계)	농구의 2–3 지역방어 설명을 듣고 주요 지점에 공을 위치시킨 상태에서(조건), 학생은 5명 모든 선수들의 정확한 포지션을(기준) 도식화할 수 있다(지식).
인지적 영역 (평가 단계)	두 선수의 3m 다이빙의 동작을 보여주면(조건), 학생은 각 선수의 점수를 채점하고(지식), 두 선수의 동작 중 더 좋은 동작을 정확하게 판별할 수 있다(기준).
심동적 영역 (지각 단계)	학생은 제자리 줄넘기를 혼자서(조건), 멈추지 않고(기준) 10번을 반복할 수 있다(행동).
심동적 영역 (기술 단계)	깃발 미식축구 경기에서 쿼터백을 담당하면서(조건), 학생은 40퍼센트의 성공률을 가지고(기준) 공격측이 달려가는 방향으로 전진 패스를 할 수 있다(행동).
정의적 영역 (가치화 단계)	멀티미디어 콜라주에서(조건) 학생은 올해 체육 수업에서 가장 좋아했던 활동 5가지를(기준) 표현할 수 있다(태도).
정의적 영역 (인격화 단계)	식당에서 식사를 한 후(조건) 학생은 자신이 먹은 음식의 리스트를 만들고(태도), 그 음식들이 얼마나 건강에 좋은지를 판단할 수 있다(기준).

(6) 체육 수업 내용

① 수업 방법 지식(pedagogical content knowledge : PCK)

㉠ 풍부한 내용 지식은 교사로 하여금 수업을 조직화하고, 학습 목표를 분명하게 제시할 수 있게 하며, 안전한 학습 환경을 제공하고, 학습 진도를 적절히 조절하고, 수업에서 학습자의 움직임 유형과 기술을 관찰하고 분석할 때 안목을 키워준다. 즉, 좀 더 효과적인 수업 지도와 체육 수업을 계획하고 진행할 때 높은 수준의 자신감을 부여한다.

㉡ 내용 지식은 교육 환경과 학습자에 관한 지식과 결합될 때, 수업 방법 지식(PCK)으로 불린다. 수업 방법 지식(PCK)은 교사가 '자신이 하는 일을 안다는 것'과 '학생을 가르칠 수 있는 방법을 안다는 것'을 의미한다(Shulman). 수업 방법 지식(PCK)은 어떤 학습자에게 특정한 학습 내용을 효과적으로 가르칠 수 있는 능력이다.

② 수업 방법 지식(내용 교수법 지식)의 발달

Grossman에 의하면(Griffin, Dodds, & Rovegno), 다음과 같은 교사 지식과 능력의 4가지 유형을 조합함으로써 PCK를 발달시킬 수 있다.

㉠ 광의적 목표와 협의적 목표를 모두 고려해야 한다.

㉡ 여러 학생이 이미 무엇을 알고 있고 무엇을 할 수 있는지를 이해해야 한다.

㉢ 교육과정 내용에 대한 지식을 충분히 가지고 있다.

㉣ 다양한 지도 전략을 사용해야 한다.

③ 움직임 기능의 분류

구분	내용
비이동 운동 기능	• 공간 이동이 없고 물체 또는 도구를 사용하지 않는 운동 기능을 말한다. • 서기, 앉기 또는 정지 동작이 포함된다. 정적균형, 구부리기, 뻗기, 비틀기, 돌기 등
이동 운동 기능	• 물체 또는 도구를 사용하지 않고 공간 이동을 포함한 신체 운동을 말한다. • 걷기, 달리기, 한발 뛰기, 두발 뛰기, 피하기 등
물체 조작 기능	• 손이나 몸에 고정시키지 않은 상태에서 도구를 조작하는 운동을 말한다. • 체육 수업에서 사용되는 일반적인 물체는 공, 바톤, 훌라후프, 플라스틱 원반, 셔틀콕 등이고, 이 물체들은 손이나 발에 의해 던지기, 토스하기, 차기, 잡기, 튀기기 등의 움직임으로 활용된다.
도구 조작 기능	• 물체를 통제하기 위한 목적으로 용·기구를 한 손 또는 두 손으로 다루는 운동을 포함한다. • 도구는 일반적으로 '기구'로 사용되어 왔고, 일반적인 도구는 배트, 라켓, 글러브 등이며, 이것들은 치기, 배팅하기, 튀기기, 드리블하기, 잡기와 같은 여러 가지 방법으로 물체를 통제하는데 사용된다. • 도구 조작 기능은 도구와 물체를 동시에 통제할 수 있는 능력이 요구되기 때문에 손과 눈의 협응력과 시각 추적 능력이 요구된다.
전략적 움직임과 기능	• 역동적인 상황(게임)에 적용되는 움직임 형태이다. • 핸드볼에서 수비를 하고, 야구에서 도루를 하고, 미식축구에서 패스 패턴을 따라 달리고, 그룹 프로젝트를 해결하는 활동과 같은 어떤 특정한 결과를 산출하는 데 필요한 운동 기능과 상황적 의사결정이 결합된 형태이다.
움직임 주제	• 복잡한 운동 패턴을 점진적으로 발달시키기 위해 기본 운동 기능과 움직임 개념을 결합한 것이다. • 기본 운동 기능은 비이동운동, 이동운동, 물체 조작운동, 도구 조작운동을 말하고, 움직임 개념은 신체, 노력, 공간, 관계를 설명한다.
표현 및 해석적 움직임	• 능숙한 기술을 습득하거나 어떤 결과를 산출하기보다 주로 느낌, 개념, 생각, 주제를 표현하기 위한 움직임이다. • 움직임 표현을 가르치기 위해서는 교사의 전문성과 움직이는 사람과 관객에게 움직임의 의미를 전달해 주는 '신체 언어'(language of the body)에 대한 지식이 필요하다.

④ 움직임 패턴과 기술 분석

㉠ 교사는 학생의 움직임 패턴과 기술을 비판적으로 관찰하고 분석할 수 있는 능력을 가지고 있어야 한다.

㉡ 이러한 능력은 움직임 지식, 교사 자신의 운동 경험, 학생의 발달 수준에 대한 지식, 운동 수행에서 주요 요소를 인식할 수 있는 관찰 기술에 근거한다.

㉢ 운동 수행에서 주요 요소는 능숙한 기능에 필요한 움직임 또는 기능의 일부를 말한다.

㉣ 교사가 움직임 기능의 주요 요소를 이해할 때 전체적인 운동 수행보다는 운동 수행의 특정 부분에 초점을 두도록 한다. 그 주요 요소는 학습자에게 적합하고 구체적인 피드백을 제공하는데 기초가 된다.

㉤ Coker는 체육 교사의 기술 분석 효율성을 향상시킬 수 있는 5가지 전략을 제시하고 있다.

ⓐ 관찰 대상의 결정

ⓑ 관찰 초점의 결정

ⓒ 기술 수행의 관찰

ⓓ 산만함을 피하기

ⓔ 비디오 카메라의 사용

㉥ 체육 수업의 관찰과 분석에 대한 교사의 전문성은 학생의 움직임 또는 기술 발달 단계 지식에 기초한다.

㉦ 어린 학습자들에게 성인 학습자들이 행하는 동일한 수준의 움직임과 기술을 수행하도록 기대해서는 안 된다.

㉧ Gallahue는 10가지 수준을 포함하는 운동 발달의 4단계를 기술하였다.

ⓐ 반사 운동시기

ⓑ 원시 운동시기

ⓒ 기초 운동시기

ⓓ 구체화된 운동시기

㉨ 교사가 발달 단계의 도식에 따라 운동 수행을 분석하기 위해서는 각 단계의 기술 또는 움직임의 주요 요소를 알아야만 한다. 이것은 교사가 운동 수행을 좀 더 잘 분석할 수 있도록 하며 학습자에게 유용한 피드백을 제공하도록 도와준다.

⑤ 과제 분석과 내용 전개

㉠ **과제 분석**: 과제 분석은 학생이 학습해야 하는 기술 요소를 제시하고 각 요소의 학습 순서를 결정하는데 필요하다. 바람직한 과제 분석은 교사의 내용 지식과 조직 능력에 따라 좌우된다.

ⓐ 1단계 과제수준: 최종목표

ⓑ 2단계 과제수준: 1단계를 수행하는데 필요한 모든 기술과 지식에 관한 항목

ⓒ 3단계 과제수준: 2단계를 수행할 때 필요한 기술과 지식 요소를 제시

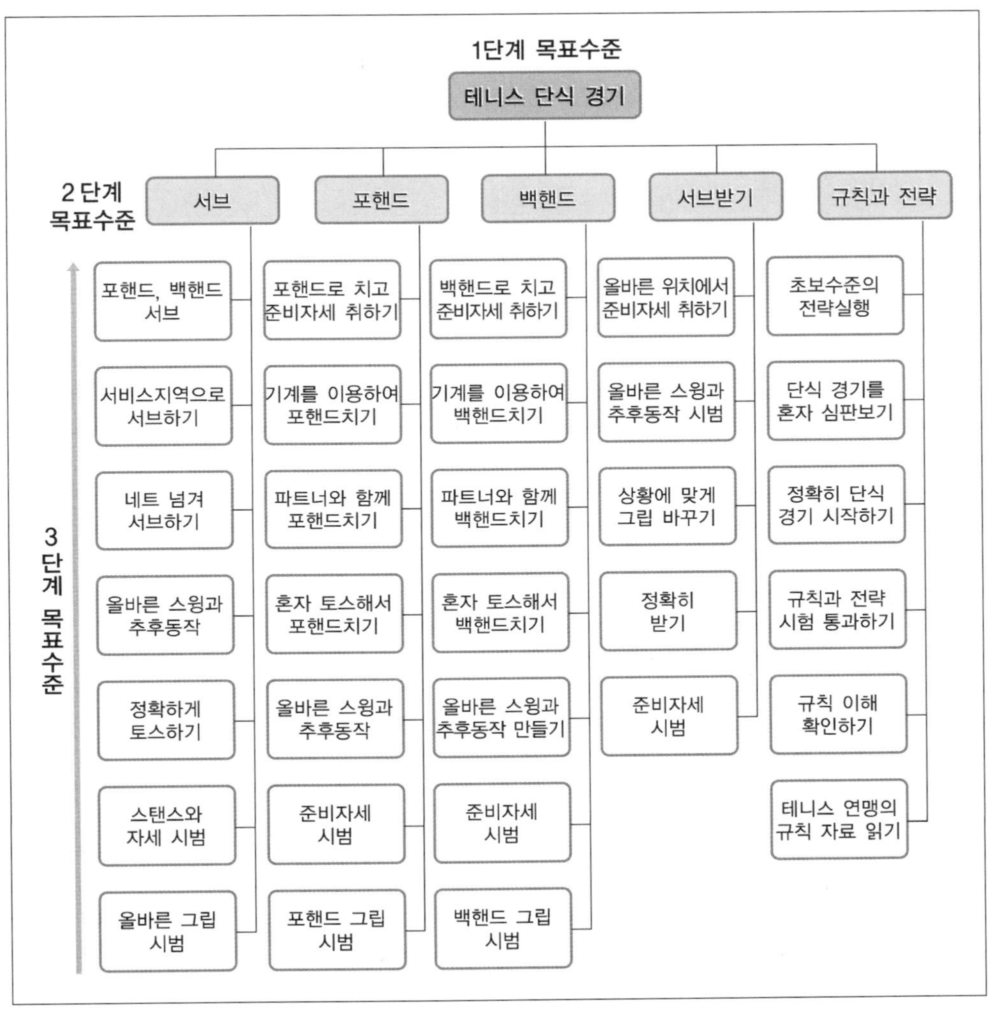

테니스 단식 학습을 위한 3단계 수준의 과제 분석

ⓛ 내용 전개: 과제 분석은 단원에서 배워야 하는 학습 내용과, 그 학습 내용의 순서를 결정하는 계획을 포함한다. 그러나 과제 분석은 학생이 참여하는 학습 활동의 유형과 각 수업에서 학생이 어떻게 학습 활동을 전개해 나가는지를 설명해주지 못한다. 이 과정을 내용 전개라 부르며, 내용 전개는 학생이 과제 분석을 통해 열거된 내용을 배우는 학습 활동의 진도라고 볼 수 있다.

Rink의 5가지 학습 과제 유형

정보	새로운 기술 학습을 위한 초기 과제 예 학생은 교사의 시범을 본 후 5분 동안 공을 드리블한다.
세련	운동 수행의 질을 향상시키는 과제 예 교사가 학생에게 공을 자유롭게 다룰 수 있는 3가지 요소를 알려주고 학생은 그 요소들을 10분 동안 연습한다.
확장	이전(또는 유사) 과제보다 조금 더 복잡하고 어려운 과제 예 학생은 5분 동안 지그재그 드리블 훈련을 한다. 그 훈련은 바닥에 놓여진 8개의 원뿔 사이를 드리블하는 것을 말한다.
적용	진술된 운동 수행 기준에 따라 수행하거나, 반대 위치 또는 표준에서 수행하는 과제 예 학생이 동일한 지그재그 코스를 통과하면서 드리블할 때 타이밍이 잘 맞춰진다. 학생은 연속적인 시도에서 최선을 다한다.
반복	이전의 과제들을 복습하거나 숙달시킨다. 예 적응 과제의 속도가 증가함에 따라 학생의 통제는 감소하게 된다. 교사는 학생에게 확장 과제로 돌아가 5분 이상 그 과제를 연습하도록 지시한다.

내용 발달에 관한 교사의 지식은 첫째 학생들이 이전에 배운 내용과 유사한 속도로 학습이 전개될 수 있도록 교사가 학습 과제의 계열을 잘 수립하도록 도와주고, 둘째 교사가 수업에서 한 과제에서 다음 과제로 이동할 때 적절한 시기에 의사결정을 하도록 도움을 준다.

ⓒ **시간 지향 또는 완전학습 지향 과제 전개**: 내용 전개의 결정은 2가지 방법으로 이루어진다.

시간 지향 과제 전개	• 교사가 대다수의 학생이 각 과제를 학습하는데 어느 정도의 시간이 필요한지를 추정하게 된다. 그런 다음 연습 시간이 경과하면 다음 과제로 진행한다. 시간 배정은 추정 시간이 정확하지 않을 때(학생의 연습 시간이 조금 더 많이 혹은 적게 필요) 변경될 수 있으나, 일반적으로 교사의 수업 계획표가 내용 전개를 주도한다. • 교사가 장기적인 단원 계획을 세워야 하나, 일부 학생은 새로운 과제를 시작할 때 준비가 안 될 수도 있는 위험성을 내포하고 있다. 이 학생은 계속해서 과제가 전개됨에 따라 제대로 따라가지 못할 가능성이 있다.
완전 학습 지향 과제 전개	• 교사가 현재 과제의 수행 기준, 학생 집단의 수용 비율을 결정한 다음, 이 2가지가 충족되면 다음 과제로 넘어가게 된다. • 대부분의 학생이 다음 과제로 이동하기 전에 현재 과제를 완전히 학습할 수 있다는 장점을 가지고 있다. 그러나 간단한 수행 기준과 비교적 낮은 수용 비율은 몇 가지 학습 과제를 완수하는데 다소 시간이 오래 걸리게 되는 원인이 된다.

(7) 평가

체육에서 평가는 다음의 3가지 목적을 위해 수행된다.

① 주어진 수업시간 동안 어느 정도 학습이 일어났는가를 기술한다.

② 성적을 부여하기 위해 학습의 질을 판단하거나 평가한다.

③ 수집된 정보에 기초하여 학습 개선 방법을 결정한다.

(8) 사회 · 정서적 분위기

① 모든 체육 수업은 학생이 교사와 동료 학생과 함께 있을 때 '하고 싶은 것'을 결정하는 사회/정서적 분위기를 가진 작은 공동체로 볼 수 있다.

② 체육 수업의 분위기는 긍정적일 때 보다 부정적일 때가 많기 때문에 교사는 항상 모든 학생에게 긍정적인 분위기를 제공하기 위해 수업 분위기를 변화시킬 수 있어야 한다.

③ 부정적인 분위기는 학생이 체육 수업과 신체 활동을 싫어하고 회피하게 만들 수 있고, 학생으로 하여금 일탈행동과 교사에게 정면으로 대립하게 한다.

체육 수업에서 긍정적인 분위기를 만들 수 있는 방법
• 모든 학습 영역의 발달 단계에 적합한 학습 과제를 계획한다. • 모든 학생이 참여할 수 있는 학습 과제를 계획한다. • 수업 운영에 대한 결정에 학생을 참여시킨다. • 지나친 감정 상태 표현을 피한다. • 학생의 학습 결과뿐만 아니라 학생의 노력을 인정한다. • 비판을 삼간다. • 벌을 주기 위해 신체 활동을 사용해서는 안 된다. • 권위를 떨어뜨리는 말이나 선입관을 지닌 말을 피한다. • 교사가 기대하는 학생의 행동을 확고하고 일관성 있게 설정하고, 그러한 기대에 관하여 학생과 자주 대화한다. • 바람직하지 않은 행동에만 관심을 두지 말고, 바람직한 행동이 나타나면 그것을 인정하고 그에 대한 보상을 해준다. • 교사가 학생의 노력에 관심을 두고 있음을 학생이 알 수 있도록 학생들과 자주 상호작용을 한다.

(9) 체육 수업에서의 평등

① 평등은 학생이 성, 인종, 민족, 능력, 사회 · 경제적 지위, 가족 배경에 상관없이 사회적, 발달적, 교육적으로 학교 교육 기회의 접근을 공평하고 동등하게 제공하는 것을 의미한다. 이것은 모든 학생이 동일한 수업을 받거나 동일한 수준의 학업 성취를 달성해야 함을 뜻하는 것은 아니다. 이것은 어떠한 이유 없이 학생의 교육에의 접근을 방해하는 요소를 파악하고 제거함을 뜻한다.

② 이전에 특수 학급으로 분리된 장애 학생이 비장애 학생과 함께 체육수업을 받을 수 있게 되었다. 이것은 본래 메인스트리밍(mainstreaming)으로 불리워졌다. 현재는 서로 다른 교육적 요구를 가진 학생은 공식적으로 동일한 수업을 함께 받을 수 있다는 점에서 통합교육(inclusion)이라 불린다.

체육 수업에서 발생할 수 있는 6가지 불평등 요소(Napper-Owen)
• 운동기능이 높은 학생을 중심으로 수업을 조직 • 성에 따른 학생 집단 조직 • 학생의 다양한 학습 유형을 반영하지 않는 교수법 사용 • 특정 집단의 학생을 선호하는 교사와 그 학생과의 상호작용 • 선입견이나 편견이 있는 언어 사용 • 교사에 의한 부적절한 역할 모델

(10) 체육과 교육과정 모형

① 초등학교 수준에 활용될 수 있는 교육과정 모형

㉠ 움직임 교육 모형: 구체적이고 특정한 스포츠 상황에서 활용할 수 있는 기초 움직임 기능과 움직임 개념 학습을 증진시킨다.

㉡ 주제 중심 움직임 교육 모형: 기초 운동 기능 위주로 조직되고, 체력, 운동, 인지적 및 정의적 요소와 함께 개발된 움직임 교육의 변형을 주제 중심 움직임 교육 모형이라 부른다.

㉢ 체력 교육 모형: 발달 단계에 적합한 체력 내용 학습에 기초한다. 여기서는 실질적인 체력발달 활동의 전 단계에 해당되는 체력의 기초 지식과 개념 학습을 강조한다.

㉣ 게임 지도 모형: 아동들에게 기능, 지식, 전략에 대한 필수 요소를 가르치는 기본적인 구조로써 게임을 활용한다. 게임은 경쟁적인 요소를 가지고 있으나 본질적으로 협동적인 측면을 가지고 있기도 하다. 각 게임의 복잡성과 구조는 학생의 발달 단계와 일치해야 한다. 이를 위해 간이 게임, 단체 경기 및 변형 게임이 사용될 수 있다(Werner & Almond).

② 중등학교 수준에 활용될 수 있는 교육과정 모형

㉠ 다활동 모형: 체육 프로그램에서 검증된 요소들로 조직화된 다양한 활동 내용 단원을 통해 광범위한 목표를 증진하는데 목적을 두고 있다. 이 프로그램은 3가지 학습 영역의 균형성을 추구하며 체력, 개인/대인 스포츠, 팀 스포츠, 협동 게임, 무용 및 모험 활동과 같은 여러 가지 요소로 구성된 내용 단원을 제공한다.

㉡ 스포츠 교육 모형: 스포츠 교육 모형의 프로그램은 단원 중심이 아닌 시즌 중심으로 구성된다. 각 단원에서 학생은 스포츠의 관련된 다양한 역할과 책임감을 배우게 된다.

㉢ 야외 및 모험 활동 교육 모형: 학생들의 협동심, 성취감, 자신감 및 용맹성을 증진할 수 있는 목표를 달성하기 위해 도전과 모험으로 특징 지워지는 활동들을 활용한다. 학습 활동의 대부분은 학교로부터 벗어나 주로 자연환경에서 이루어진다.

㉣ 사회성 개발 모형: 도시의 비행 청소년을 위해 개발된 모형으로 신체 활동을 통해 긍정적인 인성과 사회성을 발달시키기 위해 많은 학교에서 도입되었다. 이 모형의 프로그램은 5가지 수준의 목표 달성 및 발달 단계로 구성된다. 각 수준은 학생의 진도 상태와 학습을 나타내는 행동양식으로 특징지어진다.

㉤ 학문 중심 모형: 이 모형은 학생에게 인간 움직임의 개념을 이해시키고자 하는 요구에 의해 비롯되었다. 이 개념들은 운동기능학, 운동역학, 운동과학, 스포츠심리학, 스포츠사회학, 스포츠 인문학에 근거한다. 이 모형의 학습 활동은 교실과 실험실에서 이루어지며, 반드시 신체 활동을 수반하지 않을 수도 있다.

㉥ 개인체력 모형: 이 모형은 체력의 기초 지식과 개념 원리를 포함하고 있으나, 각 학생의 개인 체력 향상을 위한 프로그램 구성 및 실행 측면을 확대해 나가고 있다.

4. 전문성 있는 체육 교사로 성장하기

Shulman의 7가지 범주의 교사 지식은 많은 도움을 주고 있지만, 우수교사와 비우수교사를 구별하는 데에는 큰 도움을 주지 못하고 있다. 이런 한계점은 훌륭한 교수와 전문성이 맥락과 아주 밀접하고, 명제적 지식과 절차적 지식 간에 복잡한 상호작용을 포함하고 있다는 현실에 기인한다. 따라서 Shulman의 지식 유형을 알고 있어야 할 뿐만 아니라 자신의 학교, 프로그램 및 수업에 이 지식을 적용할 수 있는 방법을 알아야 한다. 이를 상황적 지식이라 볼 수 있다.

우수 체육 교사의 특징(Manross & Templeton)
• 철저하고 완벽한 수업 계획을 수립한다. • 개별 학생에 초점을 둔다. • 자동화된 행동 특성을 가지고 있다. • 독창적인 피드백을 제공한다. • 교과 내용을 통달하고 있다. • 반성적 사고와 행동을 가지고 있다.

4 모형 중심 체육 수업을 위한 교수 전략

교사 지식 영역은 수업 모형의 근간이 되고, 수업 전략은 각 모형이 지닌 독특한 관점을 구현하는 동시에 모형의 설계 취지대로 수업이 진행되게 한다. 수업 전략은 수업 또는 내용 단원의 구체적이고 단기적인 목표를 성취하기 위해 사전에 계획한 행동을 말한다. 대부분의 효율적인 교수 기능은 수업 중에 신속하고 상호작용적인 형태로 나타나는 반면, 수업 전략은 교사의 수업 계획의 한 부분으로 사전에 결정된다. 결국 수업 전략은 단원의 세부 내용을 어떻게 진행시킬 것인가에 대해서 교사가 의도적으로 취하는 방식이라 할 수 있다.

1. 수업 관리 전략

(1) 예방적 관리 계획

수업 중 학생의 일탈 행위를 완전히 제거하는 것은 불가능할지라도, 교사는 과제 참여 시간 및 학생의 학습을 증가시키기 위해 수업 중 문제 행동의 가능성을 크게 줄일 수 있는 예방 차원의 관리 계획을 마련해야 한다.

① 도입 단계에서의 관리 전략

㉠ 수업 계획의 게시: 학생은 대개 자신들이 배우게 될 내용이 무엇인지에 대해 아무런 생각 없이 체육 수업에 임한다. 중등학교의 경우, 학생이 수업에서 이루어질 활동들에 대해 사전에 알 수 있도록 게시판에 구체적인 수업 계획을 게시할 수 있다. 초등학교 경우에도 수업이 시작할 때 수업 내용에 대해 미리 살펴보는 기회를 가질 수 있다.

㉡ 특별 수업의 공고 또는 게시 : 체육 수업은 학교 내・외의 여러 장소에서 이루어지며 날씨의 제약을 받는다. 이러한 체육 수업의 특징 때문에 일상적인 수업 계획을 변경시켜야 하는 경우가 생기는데, 이러한 경우 학생은 체육복으로 탈의해야 할지 또는 수업 장소가 어디인지에 관한 특별한 정보가 필요하다. 일반적으로, 교사는 몇몇 학생을 통해서 전달하든가 또는 수업 장소를 변경하기 위해서 학생이 다 모일 때까지 기다려야 한다. 중등학교의 경우 효과적인 시간 활용을 위해 학생이 라커룸에서 옷을 갈아입기 전에 학생에게 알림장을 통해 공지할 수 있다. 초등학교의 경우, 체육 전담 교사는 학급 담임 교사에게 조회 시간 동안에 변동 사항을 언급해주기를 요청할 수도 있다. 이렇게 함으로써 모든 학생이 수업 장소, 수업 진행계획 또는 수업 절차의 변경에 대해 준비된 상태로 체육 수업에 임할 수 있게 된다.

㉢ 예비활동 : 수업 도입 단계에서 발생하는 수업 관리의 몇 가지 문제들은 학생이 교사가 수업을 시작하기 전까지는 아무것도 할 것이 없다고 생각하기 때문에 일어난다. 수업 시작 전 체육관에 모여드는 학생이 많아질수록 교사의 직접적인 감독이 소홀해지는 틈을 타 학생의 일탈 행동이 나타난다. 학생이 체육관에 들어오자마자 몰입할 수 있는 '예비 활동'(instant activity)을 제시하는 것도 하나의 대안이 될 수 있다. 이렇게 함으로써 나머지 학생이 체육관에 다 모일 때까지 학생의 일탈 행동의 기회를 줄일 수 있다.

② 일관성 있는 수업 관리

㉠ 좋은 행동 게임(good behavior game) : 학생을 팀으로 편성하고, 학생의 부적절한 행동이 나타날 때마다 교사가 1점씩 감점한다. 각 팀은 좋은 행동 게임에서 승리하기 위해 다른 팀과 경쟁을 하게 된다. 교사는 수업이 진행되는 동안 평가표를 관리하고, 이긴 팀에게는 수업 후 소정의 보상이 주어진다.

㉡ 교사-학생 사이의 계약(behavior contracting) : 일정 수업 시간 동안 수행해야 하는 행동에 대해 교사와 학생 간에 계약을 맺고, 계약대로 수행했을 때 학생이 받게 될 보상에 관하여 교사와 각 개인별 학생이 합의하는 것이다. 계약서를 직접 만들어 교사와 학생이 함께 서명한다. 이와 같은 관리 전략은 학생이 수업 과정에 참여하는 것과 바람직한 행동 양식 및 수업 규칙을 지키지 않았을 경우에 어떤 결과가 따르는지에 대해 사전에 동의한다는 의미를 지닌다.

㉢ 토큰 수집(token economies) : 수업 시간의 낭비 없이 학생의 바람직한 행동을 유도하고 지속시키는데 효과적인 방법이다. 토큰 수집은 학생이 적절한 행동을 할 때마다 교사가 1점, 스티커, 또는 몇 가지 쿠폰을 제공하는 것을 말한다. 미리 정한 숫자만큼의 토큰을 수집했을 때, 학생은 물질적 보상, 또는 수업에서의 특권으로 바꿀 수 있다.

㉣ 타임 아웃(time out) : 임시 타임 아웃은 빈번하게 사용되는 행동 관리 기법으로 부적절한 행동을 한 학생을 일정한 시간 동안 수업 활동에서 제외시키는 방법을 말한다. 단 타임 아웃 장소는 대개 체육관 주변으로 하되 반드시 교사의 시야권 안에 있게 한다. 학생은 수업 활동을 볼 수 있지만 활동에 참여할 수는 없게 된다. 타임 아웃의 길이는

학급 규칙으로 명시한 후 게시하여 학생에게 알림으로써, 학생이 일시적으로 타임 아웃되는 것은 실제로 어떤 면에서는 학생 자신이 스스로 선택하게 된 길임을 깨닫도록 한다. 타임 아웃 시간이 지나면, 그 학생은 다시 진행 중인 수업 활동에 참여할 수 있다.

③ 엄격한 규율

㉠ 1970년대부터 시작된 이 전략은 수업에서 예방 차원의 훈육 계획을 수립하는 철학으로 볼 수 있다(Canter & Canter).

㉡ 교사가 학습에 필요한 교육 환경의 조성을 학생에게 분명하게 요구하고, 학생이 바람직한 행동을 통해서 이 요구 사항을 이행하도록 한다. 모든 요구 사항이 명시되고 학생이 이해하면, 교사는 이 사항들이 제대로 이행되기를 기대하며 실제로 이행될 수 있도록 학생을 엄격하게 지도해야 한다. 요구 사항이 이행되지 않으면, 이는 곧바로 수업의 쟁점사항이 되며 학생의 행동에 만족할 때까지 더 이상 수업을 진행하지 않는다.

④ 교칙에 관한 계획

㉠ 첫 번째 위반: 구두경고

㉡ 두 번째 위반: 게시판의 서면 경고 또는 교사 기록

㉢ 세 번째 위반: 10분간 퇴장

㉣ 네 번째 위반: 20분간 퇴장

㉤ 다섯 번째 위한: 학부모 통보 또는 소환

㉥ 여섯 번째 위반: 교내 정학

㉦ 일곱 번째 위반: 교외 정학

⑤ 학생이 선택한 계획

㉠ 대부분의 예방 차원의 수업 관리 계획은 교사에 의해서 설계되고 그러한 계획에 대해서 학생은 아무런 선택권이나 주인의식도 가지지 못한 채 적용을 받는다.

㉡ 학생은 성장함에 따라 선택할 수 있는 능력과 선택한 것에 대한 책임감이 형성되며 체육 수업의 훈육 계획을 만드는 과정에서 능동적인 역할을 하게 된다. 따라서 학생 스스로 작성한 수업 규칙과 규칙 위반 시의 처벌에 대한 목록을 토대로 교사와 학생 간에 협상을 진행할 수 있다.

㉢ 한편으로는 학생이 선택하여 만든 규칙이 안전과 책임 소재의 이유로 교사가 수락할 수 없는 부분이 있을 수 있다. 이런 경우 교사는 학생에게 허용할 수 있는 범위를 제시해 주고, 학생이 그 범위 내에서 선택할 수 있도록 하게 한다.

⑥ 동료 및 집단 갈등 해결 계획

㉠ 대부분의 문제 행동들은 교사와 학생 개인 간에 또는 교사와 다수의 학생 사이에서 나타나지 않고, 학생 대 학생의 갈등으로 나타나는 경우가 많다. 따라서 교사가 반드시 체육 수업 관리를 혼자서 맡아야 할 필요는 없다.

㉡ 학년 수준에 상관없이 모든 학생은 자신들의 행동, 다른 개인과 집단의 행동을 관리할 수 있는 전략들을 배울 수 있다. 그렇다고 교사가 '학급 경찰' 또는 '고자질쟁이'를 통해 위반 사항을 통보 받으라는 의미가 아니다. 대신에, 학생이 교사의 간섭 또는 중재 없이 문제를 예방하고 경감시키는 문제 해결력과 협상력을 배우게 된다는 의미이다. 예를 들어, 다투고 있는 두 학생에 대해서 교사는 "지정된 장소에 가서 너희들이 문제를 해결하고, 해결될 때까지는 과제 활동에 참여하지 말아라. 그리고 다시 두 사람 사이에 문제가 생기면 어떻게 할 것인지 생각하라"고 이렇게 지시할 수 있다.

(2) 상호작용적 관리 전략

대부분의 수업 관리는 일상적인 도입 행동이 끝나고 계획된 수업 단계로 진행될 때 적용된다. 이러한 관리는 사전에 계획될 수 있으나, 대부분의 결정은 교사가 학생에게 현재의 수업 내용 일부를 끝내고 다음 내용으로 옮기라는 지시를 할 때 이루어진다. 이를 상호작용적 관리 전략이라고 하는데, 그것은 학생과의 즉각적인 언어적 상호작용이 일어나는 순간에 진행되는 많은 것들에 대한 고려를 수반하기 때문이다.

① 용・기구의 배분과 회수를 학생이 돕게 하라.

② 현재 활동이 진행되는 동안 다음 활동을 예비하라.

③ 수업 중 발생하는 응급 상황을 사전에 대비하라.

④ 비상 계획을 수립하라.

⑤ 학생의 부상 발생 상황 계획을 세우라.

⑥ 주목을 받고자 하는 학생의 행동을 단절하라.

⑦ 수업 상황의 총체적인 면을 통찰하는 방법을 배우라.

(3) 집단 편성 전략

① 무작위 조편성

시간을 아낄 수 있으며 학생이 친한 학생과 함께 한 조를 만들려는 경향을 감소시킬 수 있다. 학생의 능력 또는 특성이 주요 요소가 되지 않을 경우, 체육 교사는 조를 편성할 때 신속하게 아무 숫자나 무작위로 조를 편성하는 전략을 사용할 수 있다.

㉠ 끊어 자르기

㉡ 태어난 달로 조편성

㉢ 옷 색깔별로 조편성

② 능력 수준을 고려하여 연습 집단 편성

수업 상황이 학생의 능력에 따라 연습과 시합이 요구되는 상황이라면, 교사는 조 편성이 학생의 능력에 따라 된 것이며 차별적인 결정으로 된 것이 아님을 명확히 해야 한다.

③ 게임을 위한 조 편성

㉠ 교사는 수업 전에 균형 있게 조를 결정한다. 조는 학생의 기능과 특성을 고려하여 편성한다.

㉡ 수를 세어 무작위로 조를 편성하거나, 무작위 조 편성 전략 가운데 한 방법을 사용한다.

㉢ 학생의 공평한 참여 유형을 조장하기 위해 게임 규칙과 득점 방법을 변경할 수 있다.

㉣ 패배한 조 또는 선수들을 게임 후에 벌주거나 비난하지 않는다. 이는 불공평하게 편성된 조에서 또는 기능 수준이 낮은 친구들과 한 팀이 되어 경기를 함으로써 학생의 걱정이나 불만을 감소시킬 수 있다.

2. 수업 지도 전략

(1) 과제 제시 전략

Rink는 필수적인 학습 과제를 제시하기 위해 활용할 수 있는 전략을 일컬어 '과제 제시'라고 하였다. 과제 제시는 학습자의 주의집중, 수업 내용과 활동 과제의 조직, 명확한 의사소통의 향상, 의사소통 방법의 선택, 학습 단서의 선정과 조직과 같은 5단계로 이루어져 있다.

① 의사소통 전략

체육 교사는 학생에게 과제 정보를 제공하기 위해서 다양한 유형의 의사소통 전략을 활용할 수 있다. 주어진 상황에서 가장 좋은 방법은 가장 짧은 시간 안에 가장 명확하게 과제 정보를 제시하는 것이다.

㉠ 교사의 구두 강의

㉡ 교사의 시범

㉢ 강의와 시범의 결합

㉣ 적극적인 시범

㉤ 슬로우 모션

㉥ 동료의 구두 전달

㉦ 동료의 시범

㉧ 과제 유인물

㉨ 활동 장소 표지판 및 안내문

② 도입 설정

각 수업의 첫 번째 과제 제시는 도입 단계로 볼 수 있다. 이 단계에서는 학습 내용을 학생에게 미리 제시하고, 학습 목표를 설명하며, 해당 차시의 학습 내용을 다른 영역의 내용과 관련시키며, 학생의 흥미와 동기를 유발할 수 있다.

③ 이해 점검

㉠ 과제 제시 후에 활용하는 좋은 전략은 '이해 여부'를 확인하는 일이다. 몇 가지 질문을 통해서 학생이 제대로 이해하고 있는지를 확인해 볼 수 있다.

㉡ 질문은 형식적이어서는 안 된다. 학생에게 제시했던 내용 중에서 가장 중요한 정보를 학생이 기억해낼 수 있는 의도적인 질문을 해야 한다.

㉢ 수업에 집중하지 않는 학생 몇 명에게 갑작스런 질문을 던지는 것도 학생을 수업에 집중시킬 수 있는 좋은 아이디어이다.

(2) 과제 구조 및 참여 전략

과제 구조는 학생의 참여를 염두에 두고 학습 과제 또는 학습 활동을 설계하는 방식을 말한다. '과제 구조'는 Jones가 명명한 과체 체계(과제 제시와 과제 구조가 결합된 용어)의 구성 요소를 포함한다.

Jones의 과제 체계의 3가지 구성 요소
① 학습 과제를 실행하는 데 사용되는 절차와 운영
② 과제를 완수하는 데 활용될 수업 자료와 조건들
③ 과제의 중요도와 의미를 반영하는 책무성의 수단

① 과제 난이도 조정

난이도는 과제가 가진 다음과 같은 요소들 중에서 한 가지 이상의 요소를 점진적으로 변형시켜 나가면서 그 수준을 조정할 수 있다.

㉠ 목표물까지의 거리

㉡ 과제 완수에 필요한 시간(속도)

㉢ 도구의 크기와 무게

㉣ 물체의 크기, 무게, 재질

㉤ 반복 횟수

㉥ 목표물의 크기와 높이

② 학생 초대(Teaching by invitation)

㉠ 이 전략은 학생으로 하여금 스스로 난이도를 정하고 그 난이도 수준에 도전하도록 할 수 있다(Graham).

㉡ 예를 들어, 교사는 던지기를 할 장소 세 곳을 정하고, 각 장소에는 여러 유형의 공(큰 공, 중간 공, 작은 공)과 목표물의 크기(큰 것, 중간 것, 작은 것)를 정한 후, 학생으로 하여금 자신의 수준에 맞는 학습 장소를 정하게 한다. 교사는 각 장소에 세 가지 투사거리를 원뿔로 표시함으로써 각 학습 장소의 난이도에 다른 변인을 첨가시킬 수도 있다. 다시 말하면, 학생은 자신의 능력에 최대로 도전할 수 있는 거리에서 연습할 수 있게 된다.

③ 발달 단계의 적합성

㉠ 과제는 학생이 과제의 목적과 형태를 이해할 수 있도록 설계되어야 하며, 학생에게 최소한 적절한 수준의 성공을 제공할 수 있어야 한다.

㉡ 단순하거나 너무 쉬운 과제는 학생을 지루하게 만들고, 반대로 너무 복잡하거나 어려운 과제는 학생에게 좌절감을 심어줄 수 있다.

④ 연습 과제의 분절 및 나열

㉠ 어떤 기능은 계획된 절차에 따라 한 번에 한 동작씩 수행하도록 세부 기능으로 나뉠 때 학습이 극대화 되는 경우가 있다.

㉡ 어떤 경우는 모든 분습 과제를 전습법 연습 형태로 계열화할 필요가 있다.

㉢ 분습법이 확정되면 학습의 질을 극대화하고 학생이 여러 가지 분절 요소로 기능을 연습할 수 있도록 리드-업 과제 구조를 활용할 수 있다.

㉣ 리드-업 과제 구조는 학생이 교사의 보조 없이 정상적인 속도로 전체 과제를 연습하는 데까지 전개될 수 있다.

분습 과제 구조의 예

움직임/기능	분습법에 필요한 기능	
테니스 서브	① 토스 ③ 팔로우 드로우	② 스윙
펀팅	① 그립 ③ 왼쪽 발 놓기 ⑤ 치기	② 오른쪽 발 놓기 ④ 공 놓기 ⑥ 팔로우 드로우
덤블링	① 삼각형으로 위치 ③ 뒤로 구르기	② 핸드 스탠드 ④ 마무리 동작

리드-업 과제 구조

과제 구조	예
슬로우 모션	① 테니스 포핸드 및 백핸드 드라이브 ② 댄스 스텝 ③ 풋볼
역방향 연쇄동작	① 골프 퍼팅(홀에서 시작하여 퍼팅 거리를 넓혀 가기)
리더 따라 하기	① 에어로빅 댄스 ② 농구 수비 '슬라이드' 기술 ③ 장애물 코스
언어 정보 제공	① 음악에 맞추어 스텝 동작을 알려주기
운동 기구의 미사용	① 공 없이 골프 스윙 ② 공 없이 테니스 스윙
운동 기구의 변형	① 테니스 라켓 짧게 쥐기 ② '가벼운' 배구공 사용하기

⑤ 폐쇄 기능(closed skill)과 개방 기능(opened skill)

㉠ 폐쇄 기능은 기능이 수행되는 동안 변인의 변화가 거의 없는 것을 말한다. 기능을 연습하는 사람이 연습 속도를 조절하며, 수비자도 없고, 연습 장소는 일정하며, 목표물도 움직이거나 변경되지 않는다. **예** 실내 양궁, 볼링

㉡ 목표물까지의 거리는 항상 일정하고, 목표물도 움직이지 않으며, 샷의 결정은 수행자가 조정하며, 환경 조건도 변하지 않는다.

㉢ 폐쇄 기능의 과제 구조는 일정한 조건을 만들어 내고 유지하도록 해야 하며 학생에게 과제에 필요한 정확한 움직임을 반복할 수 있는 기회를 제공하도록 설계되어야 한다.

㉣ 폐쇄 기능의 완성은 높은 집중력과 성실한 연습 태도에 의해 결정되며, 과제 구조는 친근한 조건하에서 집중력과 수행 태도를 발전시킬 수 있는 시간을 학생에게 허용해야 한다.

㉤ 완전한 폐쇄 기능은 거의 없다. 많은 운동 기능은 폐쇄 기능과 같이 안정적인 환경 특성뿐만 아니라 변화하는 변인을 가지고 있다. 골프 퍼팅에서 목표(홀)는 항상 똑같은 크기이고 움직이지 않으며, 수행자는 언제 어떻게 퍼팅을 시작할지를 결정한다. 그러나 거리, 퍼팅 표면의 기복, 날씨 조건으로 인해 매번 퍼팅은 다르게 이루어지는데, 그것은 매번 어떻게 기술을 실행할 것인지에 대해서 작게나마 영향을 주기 때문이다. 이를 준 폐쇄 기능(relatively closed skill)이라 한다.

㉥ 준 폐쇄 기능은 변화하는 변인보다는 안정적인 변인이 다소 우위를 차지하고 있다. 수행자는 언제 조건이 변화되는지를 인식하고 어떻게 적절히 대처해야 하는지를 배워야 한다. 과제 구조는 기본 움직임 패턴과 절차를 습득하기 위한 일관성과 그러한 기능들을 상황에 따라 적용하는 방법을 배우기 위한 변화 조건을 결합시킨 상태여야 한다.

㉦ 개방 기능은 수행에 영향을 미치는 변인들이 기능이 수행되는 동안 수시로 변화되는 기능을 말한다.

㉧ 개방 기능의 과제 전개는 몇 가지 발달 단계로 나타난다.

ⓐ 첫 번째 단계는 폐쇄 기능의 과제 전개와 유사한데, 학습자가 분절된 기능을 분습법과 느린 속도로 연습하는 단계이다.

ⓑ 두 번째 단계는 개방 과제의 몇 가지 변인을 포함하는데, 전형적으로 상대자, 장애물, 또는 구체적인 수행 기준을 포함한 연습으로 이루어진다.

ⓒ 세 번째 단계는 모든 변인과 복잡성이 개입된 리드-업 게임으로 특징지어진다. 스크리미지, 반코트 게임, 또는 팀 인원수를 줄인 경기의 형태를 띠게 된다.

ⓓ 네 번째 단계는 실제 게임과 경쟁 상황과 같은 예측할 수 없는 상황에서 이 기능들을 연습하고 학습하도록 한다.

마지막 두 단계는 숙련된 개방 기능의 특징을 지닌 고도의 전술적 결정과 기능 수행을 위한 적절한 시기로서 교사가 인식한 '티칭 모멘트'(teaching moment)를 통해 학생이 지속적으로 발전할 수 있는 학습 과제를 제공한다.

폐쇄 기능	준 폐쇄 기능	개방 기능
볼링, 양궁, 다트, 농구 자유투, 체조 루틴	골프, 배드민턴 서브, 티볼 치기, 저글링, 라인 댄스	태그게임, 필드 하키, 프리스비, 공 잡기, 축구 패스 수비

⑥ 과제 연습을 위한 집단 편성

㉠ 집단 편성 전략의 결정 조건

ⓐ 안정성

ⓑ 최대 참여 기회

ⓒ 과제 목표

ⓓ 학생의 책임감 정도

ⓔ 활용할 수업 모형

ⓕ 동료학생과의 상호 협력 필요성

ⓖ 충분한 학습 공간과 도구

㉡ 집단 편성

ⓐ 개별 학습

ⓑ 파트너 연습

ⓒ 소집단 연습

ⓓ 대집단 연습

ⓔ 학급 전체 연습

(3) 체육 학습 활동 선정 전략

① 심동적 영역이 우선 영역인 경우의 학습 활동

㉠ 학습 센터

ⓐ 학습 스테이션이라고 부르며, 조직 방법은 학생을 소집단으로 나눠서 체육관 또는 연습 장소 주변에 지정된 몇 개의 센터를 순회하도록 한다.

ⓑ 각 센터는 다양한 기술에 초점을 두거나 동일 기술의 난이도 수준을 다르게 하여 설계된다.

㉡ 기능 연습

ⓐ 한두 가지 기능 요소를 단순하고 통제된 상황에서 여러 번 반복하여 연습하는 것이 효과적일 때가 있다.

ⓑ 학생이 개별, 파트너, 소집단에서 기능을 연습할 수 있다.

ⓒ 수업에서 학생이 순환하며 배우는 학습 센터에 몇 가지 기능 연습을 포함시킬 수 있다.

㉢ 상황 연습

ⓐ 기능을 연습할 때 별도로 연습하는 것도 필요하지만, 게임 상황에서 기술 및 전술의 적용을 연습하는 것도 필요하다.

ⓑ 2명의 학생이 프리스비 받기와 던지기를 단순 반복 연습하는 것보다, 1명의 다른 학생이 던지는 학생을 방해하여 정확한 패스가 어렵도록 함께 연습하는 것도 필요하다. 이 연습은 던지는 학생에게 던지기 전에 주어진 상황을 이해하고 수비자의 위치에 따라 다르게 던지는 방법을 숙고하도록 만들고, 프리스비를 받는 학생은 던지는 학생이 본인에게 쉽게 패스할 수 있도록 받는 위치를 이동하고자 하는 시도를 하게 만든다.

ⓒ 이 과제 구조는 일반적인 연습처럼 반복적인 연습을 유도하지만, 실제 경기와 유사한 상황을 경험하게 하며 해당 상황에 적합한 기술의 응용 방법을 습득하게 만들어 준다.

㉣ 리드-업 게임

ⓐ 몇 가지 기능 연습의 특징과 정식 게임(full game)의 특징을 포함한다.

ⓑ 정식 게임을 단순화한 형태라고 볼 수 있으며, 게임에서 많이 반복되는 한두 가지의 기능 측면에 초점을 둔다.

ⓒ 리드-업 게임은 게임에 대한 단순한 기능을 습득하도록 하여 나중에 보다 복잡한 형태의 게임으로 전이될 수 있게 해 준다.

ⓓ 리드-업 게임은 기능 연습과 완전한 형태의 게임을 이어주는 가교(bridge)라 할 수 있다.

ⓔ 리드-업 게임은 배구 경기와 비슷한 뉴콤, 테니스와 비슷한 피클 볼, 프리스비와 비슷한 프리스비 골프, 필드 하키와 비슷한 플루어 하키가 있다.

㉤ 변형 게임

ⓐ 학생에게 보다 많은 활동을 제공하고 많은 전략과 전술의 활용 기회를 늘려주며, 보다 더 나은 경쟁이 되도록 하기 위해 여러 가지 방법으로 게임을 변형할 수 있다.

ⓑ 게임의 변형은 필드나 코트의 크기, 골대와 목표물의 크기, 한 팀의 인원수, 득실점 규칙, 게임 규칙 등을 통해서 가능하다.

㉥ 스크리미지(전술 연습 게임)

ⓐ 스크리미지는 게임이 진행되는 도중 '티칭 모멘트'가 발생할 경우 언제든지 게임을 멈출 수 있는 특징을 가진 완전 게임의 형태를 말한다.

ⓑ 전술 연습 게임은 점수를 기록하거나 특정 규칙을 적용하지 않는다.

ⓒ 게임 중에 특정 장면을 반복하게 함으로써 학생이 몇 가지 게임 상황에 대한 또 다른 시각을 가질 수 있도록 한다.

㉦ 게임

ⓐ 완전 게임은 체육 교과의 스포츠 내용 단원에 적합한 과제 조직 방법이다.

ⓑ 학생에게 긍정적인 학습 경험으로 게임을 제공하기 위해서는 공정한 시합이 되도록 하며 선수들이 부정적인 측면을 배우지 않도록 해야 한다.

㉧ 역할 수행

ⓐ 대다수의 스포츠 활동에는 선수 이외에도 경기 위원, 심판, 판정관, 점수 기록자, 코치, 트레이너 등 여러 형태의 참여자를 포함하고 있다.

ⓑ 스포츠 교육 모형은 학생이 선수 또는 코치, 심판, 통계 처리와 같은 역할을 함으로써 지식과 기술, 책임감을 배우는 조직화된 스포츠 시즌의 학생 역할 수행에 근거하고 있다.

㉨ 비디오 자기 분석

ⓐ 학생은 수업 중 과제를 수행하는 자신을 비디오로 촬영한 후 체크리스트를 사용하여 주요 동작 기능을 분석할 수 있다.

ⓑ 이 방법은 그들이 수행하는 연속된 시도들에 대해서 시각적 피드백을 제공하며, 움직임 관찰과 분석 지식의 발달을 도모할 수 있다.

㉩ 협동 과제

ⓐ 체육 교과에서의 과제 조직의 주된 경향은 학생의 소집단 편성을 통한 협동 학습 활동을 하는 것이다.

ⓑ 전형적으로 교사는 각 집단에게 해결해야 할 문제나 완수해야 할 과제를 부과하고, 교사가 어떤 특별한 지시나 도움 없이 집단이 함께 목표를 달성하도록 지도한다.

㉪ 활동-지도-활동(Graham)

ⓐ 학생은 과제에 대한 정보를 거의 받지 않은 채 먼저 활동을 시작하도록 지시를 받는다. 학생이 활동을 하면, 교사는 공통적인 문제점을 주시하고 수업을 잠시 멈춘다. 교사는 공통된 문제점에 대해서 언급하고 학생에게 개선의 도움이 될 만한 간단한 과제 제시를 하게 된다. 그런 다음 교사의 관찰과 함께 두 번째 활동이 시작되고, 다시 교사의 두 번째 지도가 이어진다.

ⓑ 활동-지도-활동 과제 구조의 장점

- 학생은 곧바로 과제에 적극적으로 참여할 수 있다.
- 과제 정보는 교사가 사전에 관찰한 문제점에 근거하여 제시되기 때문에 학습 과제와 매우 밀접한 정보로 제공된다.

② 인지적 영역이 우선 영역인 경우의 학습 활동

㉠ 비판적 사고 과제

ⓐ 체육에서의 비판적 사고에 관해 McBride는 “움직임 과제 또는 도전 과제에 대한 합리적인 의사 결정을 하는 데 사용되는 반성적 사고”라고 정의하였다.

ⓑ 비판적 사고의 네 가지 영역(Tishman & Perkins)

- 폭넓고 도전적인 사고
- 인과적 및 평가적 추론
- 계획적이고 전략적인 사고
- 몇 가지 유형의 사고 결합

비판적 사고 발달을 위한 학습 전략의 예

학교급	움직임 기능 및 개념	학습 전략
중학교	1. 창작 무용 2. 체조	1. 학생은 자신이 선택한 무용 중에서 음악을 이용하여 안무한다. 창작된 무용에는 4가지 '차원'이 포함되어야 한다. 2. 짝과 함께 학생은 두 가지 이상의 분절된 움직임들을 하나의 멋있게 연결된 순서로 결합시킨다.
고등학교	1. 배구 2. 체력/복지	1. 학습지를 이용하여 포지션과 전략을 배운다. 2a. 학생은 현대의 체력 활동 패턴에 대하여 서로 인터뷰 한다. 2b. 학생은 가족과 자신의 건강 일지와 신체 활동 목록을 작성한다.

ⓛ 이해 점검

ⓐ 교사가 질문을 던짐으로써 이해 점검을 할 수 있다.

ⓑ 교사가 정기적으로 이해 여부를 점검할 것이라는 것을 알게 된다면 학생은 과제를 제시하는 동안 집중을 잘하게 되고, 교사가 질문할 것으로 예상되는 정보를 기억하려고 노력하게 될 것이다.

ⓒ 수업 중 쓰기 과제

ⓐ 교사가 수업을 진행하는 동안 간단한 쓰기 과제를 고안할 수 있다.

ⓑ 이 과제들은 수업과 관련된 움직임 요소를 부각시키는 역할을 해야 하나 체육 수업의 주요 학습 활동이 되어서는 안 된다.

ⓔ 숙제

ⓐ 체육 교과는 숙제를 내주는 경우가 드물고, '체육숙제'라고 하면 수업 외 신체 활동을 생각하나, 인지적 영역의 학습을 도울 수 있는 과제들도 있다.

ⓑ 교사는 "활동 일지를 작성하시오.", "체육 관련 사이트를 인터넷에서 조사하여 나열하시오." 등과 같은 숙제를 부과할 수 있다.

ⓜ 비디오 자기 분석

ⓐ 학생은 수업에서 학습 과제를 수행하는 자신들의 모습을 짧게 녹화하고 자신의 동작분석을 하기 위해 체크리스트를 활용할 수 있다.

ⓑ 학생의 동작 수행에 대한 시각적 피드백을 제공하고, 움직임 관찰과 분석하는 지식을 발달시킬 수 있다.

ⓗ 동료 관찰 분석

ⓐ 학생들은 동료 학생의 동작을 관찰함으로써 움직임 관찰과 분석하는 지식을 발달시킬 수 있다.

ⓑ 체크리스트를 활용하여 다른 학생이 실제로 연습하는 것을 관찰하거나 비디오 녹화된 내용을 검토할 수 있다.

ⓢ 개인 및 집단 프로젝트

ⓐ 학생은 개별적으로 또는 소속 집단에서 부가적인 프로젝트를 수행함으로써 체육 내용을 배울 수 있다.

ⓑ 프로젝트는 관련 자료들을 찾고, 사고를 조직화하며, 활용할 자료들을 선정하고, 발표하는 기술을 향상시키는 데 도움이 된다.

ⓞ 학생이 설계한 활동과 게임

ⓐ 학생의 창의성과 협동성은 스스로 학습 과제, 게임, 규칙 등을 스스로 설계하게 함으로써 개발될 수 있다.

ⓑ 학생이 많이 접해 본 활동들과 게임을 다양하게 변형할 수 있는 기회를 제공하고, 새로운 형식의 움직임 또는 게임이 창안될 때까지 학생의 생각대로 탐색할 수 있는 시간을 허용함으로써 가능하다.

ⓙ 교육과정 통합

ⓐ 두 영역의 지식을 활용함으로써 두 영역이 동일한 비중으로 개발되고 학습이 일어날 때 이를 교육과정 통합이라고 한다.

ⓑ 통합된 학습 활동을 설계하고 시행할 때, 교사는 단지 두 영역의 병행 학습이 아닌 실질적인 통합이 이루어지도록 해야 한다.

③ 정의적 영역이 우선 영역인 경우의 학습 활동

㉠ 반성적 과제

ⓐ 교사는 학생들이 개인적 의미를 탐색할 수 있도록 수업활동에 대한 반성적 태도를 가지도록 요구할 수 있다. 반성적 태도는 학생으로 하여금 최근 수업에 대해서 반성하도록 하는 과제를 통해 함양될 수 있다.

ⓑ 반성은 체육 수업에서 쓰기와 말하기 활동을 통해서 이루어질 수 있다. 좋은 반성적 과제 활동으로는 개인적 의미를 담을 수 있는 "일지 쓰기" 또는 사진이나 사물 등 어떤 대상물을 보이며 설명하는 "소개 · 발표하기"가 있다.

㉡ 가치관 형성 과제

ⓐ 학생이 체육 활동, 동료 및 자기 자신과 관련시켜 개인적인 의미를 추구하도록 돕는다는 관점에서 반성적 과제와 유사하다고 볼 수 있다.

ⓑ 가치관 형성 과제는 학생이 교사나 다른 학생의 가치관을 배우는 것을 의미하지 않는다.

ⓒ 교사는 학생이 공개적인 방법으로 가치관을 따져보고 조사할 수 있도록 명료한 질문과 후속 질문을 사용할 수 있다.

(4) 과제 전개 전략

① 완전 학습 중심 과제 전개

㉠ 학생이 현행 학습 과제를 진술된 기준에 따라 완수 한 후 다음 과제로 이동하는 방식의 과제 전개이다.

㉡ 수행 기준은 학생에게 각 과제를 완수할 만큼의 충분한 시간과 함께 제공된다.

② 시간 중심 과제 전개

㉠ 체육 교과에서 이루어지는 대부분의 과제 전개 결정은 각 학습 과제에 대해 교사가 계획한 시간 할당에 의해서 행해진다.

㉡ 교사는 대다수의 학생이 과제를 배우는데 어느 정도의 시간이 걸리는지 추정하고, 그 시간이 흐르면 다음 과제로 이동한다.

㉢ 약간의 변경이 있을 수 있으나, 대부분의 과제 전개는 교사의 계획된 절차에 의해서 이루어진다.

③ 완전 학습 중심과 시간 중심 과제 전개의 장단점

㉠ 완전 학습 중심 과제 전개

ⓐ 장점: 학생이 좀 더 어렵고 복잡한 다음 과제로 들어가기 전에 그 이전 단계의 준비가 갖춰진 상태에서만 가능하다.

ⓑ 단점: 모든 학생이 합리적으로 적당한 시간 안에 과제를 완수하는 일이 항상 가능한 것은 아니다.

㉡ 시간 중심 과제 전개

ⓐ 장점: 수업의 흐름을 예측할 수 있다는 점에서 효율적이고 정연되게 보인다.

ⓑ 단점: 많은 학생이 초기 과제에서 다른 학생보다 뒤처진다면, 이 단원이 끝날 무렵에는 그 차이가 더욱 심각해진다.

(5) 학생 안전을 극대화하기 위한 전략

학생에게 안전한 학습 환경을 제공해 주어야 할 뿐 아니라 학생이 실제로 안전하다는 느낌을 가질 수 있도록 해야 한다. 다음의 예방 차원의 전략들이 활용될 수 있다.

① 체육관에서의 안전 규칙 개발 및 공지

학년 초기에 학생에게 모든 안전 규칙을 전달해야 하고, 체육관 안의 눈에 잘 띄는 한 부분에 이 규칙들을 게시해 공지시켜야 한다.

② 규칙 점검

안전 규칙을 잊지 않도록 학생들에게 상기시킨다. 이렇게 함으로써 안전은 일상생활의 한 부분이 될 수 있으며, 학생이 단순히 규칙을 잊어서 발생하는 사고들을 줄일 수 있게 된다.

③ 일관성 있는 관리

학생이 안전하게 행동을 하면 체계적으로 보상하거나 공지된 규칙을 위반하는 위험한 행동에 대해서 벌을 주는 등 행동 수정 기법을 적용할 수 있다. 이를 일컬어 일관성 있는 관리라고 하는데, 이는 학생 행동과 그 행동에 따른 결과 사이의 공지된 관계가 성립되기 때문이다. 일관성 있는 교사의 안전 규칙을 어떻게 따르는지에 따라 학생은 일관되게 상이나 벌을 받게 된다.

④ 동료 경고 체계

체육 수업에서 사고는 학생이 종종 움직임의 재미 속에 빠져있어서 심지어 교사가 감독하고 간섭함에도 불구하고 체육관 내 잠재된 위험 요소에 주의하지 못했을 때 발생한다. 학생이 짝을 짓거나 또는 소집단으로 편성되는 경우, 교사는 그 집단의 구성원들에게 서로 친구들을 지켜보면서 안전을 위협하는 문제가 나타나면 '조심해'라고 외치도록 요청한다.

⑤ 학생이 활동 참여하기 시작할 때 감독하기

가장 쉽고 좋은 전략 중의 하나는 새로운 과제나 게임이 시작될 때 교사가 단순하게 학생을 감독하는 것이다. 교사는 학생 사이에 있는 활동 공간을 살펴보고, 용·기구를 올바르게 사용하고 있는지 점검해야 하며, 집단끼리 서로 방해를 할 가능성이 있는지를 조사해야 한다. 만약 연습 과제가 초기에 안전하게 시작되면 이러한 상태가 수업동안 지속될 것이다.

(6) 수업 정리 및 종료 전략

다른 학습 단계와 같이 교사에 의해 계획되어져야 하며 의도된 학습 목표를 지니고 있어야 한다. 수업 시간에 배운 것을 검토하는 것은 물론이고, 배운 내용에 대해서 반성할 수 있어야 하며, 주요한 학습 단서를 기억할 수 있어야 하는 동시에 여러 개념들을 연관시킬 수 있어야 한다.

① 수업 정리로 이동

수업 정리를 위해 학생을 조직할 수 있는 신속하고 간단한 방법을 동원해야 한다.

② 주의 집중

주의를 끌기 위한 신호를 사용하여 주의를 집중시킨다.

③ 상호작용적 의사소통하기

좋은 수업 정리는 학생이 그냥 듣는 것이 아니라 생각하면서 수업을 반성하는 것이다. 교사는 학생의 이해 여부를 점검하거나, 수업 정리에 관한 질문에 학생이 답하도록 하는 "말하지 않고 질문하기" 전략을 사용할 수 있다. 이렇게 함으로써 이 시간이 학생에게 수동적으로 듣는 시간이 되지 않고 상호작용적인 수업 정리가 될 수 있게 한다.

상호작용적(질문)	수동적(말하기)
• "오늘 우리가 배운 세 가지를 누가 말해 볼래?"	• "오늘 우리는 수업 시간에 한 발, 신체 두 부위, 짝과 함께 어떻게 균형을 잡는지를 배웠다."
• "오늘 우리는 왜 하키 스틱을 높게 들지 않는 규칙을 지켜야 했을까?"	• "오늘 우리는 하키 스틱을 높게 들지 않는 규칙을 지켜야 했다. 그것은 여러분들 중 몇 사람이 연습하는 동안 하키 스틱을 들고 위험한 자세를 취했기 때문이다."
• "여러분은 오늘 배운 기능을 어떻게 적용할 수 있다고 생각하지?"	• "손잡이가 짧은 도구를 가지고 물체를 치는 방법을 알기만 하면, 여러분은 라켓볼이나 탁구 같은 스포츠 상황에서 적용할 수 있을 것이다."

5 모형 중심 체육 수업에 필요한 효과적인 교수 기술

교수 기술은 수업 전과 수업 중 이루어지는 의도적인 의사결정과 행위(행동)로 특정 지울 수 있다. 이러한 의사결정과 행동(행위)들이 수업이나 단원에서 의도하는 학습 목표의 달성에 기여할 때 '효과적인 교수 기술'이라고 한다.

1. 수업 계획

수업의 효과성은 수업 전에 교사가 수업을 얼마나 철저하게 계획했느냐에 따라 결정된다. 단원 및 수업 계획에는 다음 내용을 반드시 포함해야 한다.

(1) 단원 및 수업의 학습 목표

(2) 전체적인 수업 운영 계획

(3) 과제 제시와 학습 단서

(4) 필요한 기구와 시설

(5) 학습 활동과 내용 발달 계획 목록

(6) 운동장/공간 계획

(7) 시간 분배 및 이동 시간

(8) 안전 계획

(9) 학습 평가 절차

(10) 수업 정리 및 종료 계획

2. 시간과 수업 운영

(1) 시간 운영

시간 운영은 교사가 활용할 수 있는 가장 중요한 학습 자원의 하나로, 각 수업에 할당한 시간을 극대화할 수 있는 능력을 의미한다. 수업은 수업 운영/조직, 이동, 과제 제시, 학습 활동, 정리/종료로 구성된다. 수업 관리, 수업 조직 및 이동 시간을 적게 하여 실제학습시간을 증가시킬 수 있는 교사가 효율적인 교사라고 볼 수 있다.

① 수업 전 기구 배치

㉠ 수업 중 기구와 수업 자료의 배치가 수업 관리 시간을 증가시킬 뿐만 아니라 교사가 다음 활동을 조직하는 동안 학생을 기다리게 함으로써 수업의 흐름이 깨질 수 있다(Siedentop & Tannehill). 그러므로 학생이 수업에 들어오기 전에 기구를 수업 장소에 안전하게 배치해야 한다.

㉡ 불가능한 경우 기구와 자료를 수업 장소의 가까운 부근에 설치하고, 사용할 시기에 학생에게 도움을 요청할 수 있다.

② 대안적인 출석점검 방법의 사용

㉠ 출석을 점검하기 위해 개별적으로 학생의 이름을 불러 출석을 기록하는 전통적인 방법은 시간을 소모하게 되고, 체육 수업을 "앉아서 시작"해야 한다는 점에서 좋은 방법이 아니다.

㉡ 학급 회장이 결석 학생을 확인하도록 하거나, 수업 장소에 부착된 종이에 사인하는 방법을 이용할 수 있다. 출석 점검 때문에 학생이 대기할 경우, 본 수업이 시작되기 전에 이루어지는 준비 운동이나 "예비 활동(instant activity)" 시간에 출석을 점검할 수 있다.

③ 주의 집중 신호와 시작 신호

㉠ 주의 집중 신호는 학생이 수행하고 있는 동작을 멈추고, 기구를 놓게 한 후 조용히 시킨 상태에서 교사에게 주목하도록 할 때 사용한다. 이 신호들은 교사가 수업을 안전하고 질서 정연하게 유도하고, 학생이 참여하는 활동을 빠르게 멈출 수 있도록 해준다.

㉡ 교사는 언어를 사용하는 신호 방법, 비언어적 신호 방법, 두 가지를 결합한 방법을 사용할 수 있다.

④ 수업 관리 규칙의 연습과 점검

㉠ 수업 관리 규칙을 학생이 연습하고 점검하는 일이 필요하다. 처음에는 이러한 연습으로 수업 시간이 소요되지만 나중에는 신속하고 정확하게 이루어지기 때문에 소요한 수업 시간보다 더 많은 시간을 보상받게 된다.

㉡ 그동안 일시적으로 사용하지 않았던 수업 관리 규칙을 점검하는 것도 필요하다. 시작 신호를 주기 전에 정확한 절차를 학생에게 상기시키거나 질문함으로써 확인할 수 있다. 이러한 방법 역시 처음에는 몇 분의 수업 시간이 소요되지만 학생이 점점 신속하고 정확하게 수행함으로써 소요된 기간을 보충하게 될 것이다.

⑤ 공공장소에 수업 규칙 게시

㉠ 학생에게 수업 규칙을 가르치고 항상 점검하게 할 수 있는 좋은 방식은 쉽게 볼 수 있는 장소(탈의실이나 체육관 입구)에 수업 규칙을 부착하는 것이다.

㉡ 전체 학생에게 수업 규칙을 읽어주거나 제시해 주는 것보다 학생으로 하여금 그 규칙을 직접 읽게 하는 것이 수업 시간을 절약할 수 있다.

⑥ 예비 활동의 공고와 활용

㉠ 수업 시작 초기의 학생의 수동적 상태는 나머지 수업 분위기에 영향을 줄 수 있고, 이 경우 교사는 학생의 정체된 분위기를 극복하기 위해 과다한 관리 시간을 소요하게 된다.

㉡ 교사는 수업을 활기차고 역동적으로 시작할 수 있도록 예비 활동(instant activity)을 계획할 수 있다.

㉢ 예비 활동은 3분 내지 5분 안에, 모든 학생이 수업 장소에 도착할 때까지 지속될 수 있어야 한다.

㉣ 이 활동은 일반적으로 준비 운동이 될 수 있거나, 수업 내용의 중요한 부분으로 연결될 수 있게 된다.

㉤ 학생이 수업 장소에 도착해서 바로 참여할 수 있도록 탈의실이나 체육관 입구 근처에 부착하여 예비 활동을 읽을 수 있도록 한다.

㉥ 예비 활동의 몇 가지

예 공 던지고 받기, 음악에 맞춰 가볍게 뛰거나 걷기, 스트레칭하기, 변형된 태그 게임, 미니 게임, 협동 게임, 수업에서 사용할 기구를 가지고 연습하기 등

예비 활동의 8가지 특징(Rauschenbach & Vanoer)
• 시설이나 기구의 준비가 필요하지 않은 신체 활동으로 구성되어야 한다. • 5분 안에 마칠 수 있는 신체 활동으로 구성해야 한다. • 배우기 쉬운 신체 활동으로 구성해야 한다. • 교사의 도움 없이 시작할 수 있는 신체활동으로 구성해야 한다. • 빠르게 움직일 수 있는 신체 활동으로 구성해야 한다. • 대근육 신체 활동으로 구성해야 한다. • 학생의 성취감을 극대화할 수 있는 신체 활동으로 구성해야 한다. • 학생의 서로 다른 능력 수준에 적합하도록 신체 활동을 변형시켜 구성해야 한다.

(2) 수업 운영

수업 운영은 시간 운영보다 광범위한 개념이다. 수업 운영은 학습을 촉진시키고, 긍정적인 환경을 조성할 수 있는 수업 구조를 제공하는 수많은 의사결정과 교수 기술을 의미한다.

① 학습 환경의 조성

체육 수업에 적용할 기대치, 규칙, 행동수칙, 규범을 학생이 인식하게 함으로써 학습 환경을 조성하는 것은 교사의 책임이다.

㉠ 학생이 안전, 행동 수칙, 책임감과 관련한 수업 규칙을 수립하고 시행한다.
㉡ 각 수업 단계의 도입 부분을 사용한다.
㉢ 학생이 연습할 수 있는 물리적 공간의 범위를 정한다.
㉣ 주의 집중, 시작/멈춤 신호를 활용하고 지킨다.
㉤ 교사의 지시를 따를 수 있도록 학생은 듣기 연습을 한다.
㉥ 기구 관리와 사용 규칙을 정한다.
㉦ 학생 규율 계획을 수립하고 활용한다.
㉧ 모든 학생이 조용히 청취할 준비가 되어 있을 때까지 말하지 않도록 한다.

② 시설 및 기구의 관리

㉠ 시설
- 학생이 안전하게 참여할 수 있는 학습 활동 공간을 확보한다.
- 수업 장소의 안전 상태를 점검한다.
- 학생에게 금지 구역을 상기시킨다.
- 학생에게 일시적인 위험 지역을 주의시킨다.
- 학습 센터의 수와 위치를 확인하고, 센터별로 활용할 수 있는 학생 수를 확인한다.

㉡ 기구
- 기구 상태, 수선, 안전 여부를 점검한다.
- 기구가 학생의 안전과 발달 정도에 적합한지를 확인한다.
- 학습 과제의 계획에 필요한 기구의 수를 확인한다.
- 가능하면 안전 사항을 표시하는 색깔을 기구에 칠한다.
- 학생에게 안전 규칙을 가르치고 상기시킨다.
- 필요할 때 기구를 변형하여 사용한다.
- 학생의 대기 시간을 줄일 수 있도록 수업 기구를 충분하게 준비한다.

③ 학습 활동 중 관찰하기

㉠ 순회하면서 관찰한다 : 체육관이나 운동장에 널리 퍼져 있는 학생들과 상호작용이 용이하지 않으므로, 학생이 연습하는 동안 교사는 수업 장소를 순회할 준비 계획을 세워야 한다.

㉡ 등은 벽으로 향하도록 한다 : 교사가 학생의 수업 활동 장소 주위로 움직일 때 교사의 "등은 벽을 향하도록"하는 방법을 이용하여 순회하고 관찰하게 되면 모든 학생을 교사 시야 안으로 오게 할 수 있다.

㉢ 근접 거리를 조절한다 : 학생에게 가까이 다가가 학생을 주목하고 있다는 것을 알려줌으로써 과제에 열중하도록 하거나 학생을 교사가 서 있는 곳으로 이동시켜 교사가 직접 관리할 필요가 있다. 이런 두 가지 방식 모두 학생에게 벌을 주기 위해 불러내거나 수업을 중지시키지 않고 과제에 참여시킬 수 있는 효과적인 방식이 될 수 있다. 이것을 근접 거리의 유지라고 한다.

㉣ 상황 이해: Kounin이 개발한 교사 관찰 기술로, 이 '상황 이해(With-it-ness)' 개념은 교사가 예민한 귀를 통해서 실제로 보지 못한 수업에서 일어난 사건을 분별할 수 있도록 한다. 우리는 "머리 뒤에" 눈이 달려 있고 교실이나 체육관에서 일어나고 있는 모든 일을 알고 있는 것처럼 보이는 교사, 즉 교사가 학생을 주목하고 있지 않음에도 불구하고 모든 일을 알고 있는 것처럼 보이는 교사에 대해서 들어왔다. 그 교사는 상황 이해 능력을 가지고 있고, 동시에 다른 일을 하면서 수업에서 일어나는 사건들을 관찰할 수 있다. 상황 이해는 어떤 일이 그 순간에 잘못되었을 때 체육관에서 벌어지는 전형적인 사태의 형상과 소리를 듣고 알게 된다.

3. 과제 제시와 과제 구조

(1) 과제 제시

학생에게 정보를 제공하는 과정을 과제 제시라고 볼 수 있다(Rink). 과제를 제시할 때 교사는 학습 단서를 제공한다. 학습 단서는 학생이 과제의 핵심 요소를 정확히 수행할 수 있는 방법에 대한 구체적인 정보로 볼 수 있다. 충분하고 안전하게 과제를 제시하려면 많은 효과적인 교수 기술의 활용이 요구된다.

① 학생의 주의 집중과 유지

㉠ 학생에게 정보를 제공할 때 학생의 주의를 끌 수 없다면 아무리 사전에 철저하게 준비하고 계획된 과제 제시라도 비효과적일 것이다.

㉡ 교사는 학생의 집중을 유지하기 위해 다음과 같은 몇 가지 사항을 수행할 수 있다.

ⓐ 빈번하게 질문을 한다.

ⓑ 각 과제를 제시하는 중간과 이후에 과제에 대한 이해를 점검한다.

ⓒ 학생과 눈을 자주 마주친다.

ⓓ 너무 자주 반복하는 것을 피해야 한다.

ⓔ 주목하지 않는 학생에게 가까이 다가감으로써 근접 거리를 조절한다.

ⓕ 과제 제시를 흥미롭고 생생하게 한다.

② 학생에게 정보를 분명하게 제시한다.

㉠ 효과적인 의사소통은 정보의 흐름을 적절한 속도와 순서에 맞게 학생에게 제공하는 것을 말한다.

㉡ 교사는 학생에게 설명할 때 모든 학생의 주의를 점검하고 억양을 조절하여 학생 모두가 들을 수 있는지를 파악해야 한다.

㉢ 가장 이상적인 기능의 수행 방법과 관련된 예들을 시각적인 정보로 제시할 때, 교사는 그 예들이 모든 학생이 잘 볼 수 있는 최적의 위치에서 제시되고 있는지를 점검해야 한다.

③ 완벽하고 정확한 시범을 제공한다.

㉠ 기구를 가지고 과제 시범을 보일 때 교사는 정확한 자세와 이상적인 동작으로 완벽한 운동 기능이나 과제를 학생에게 제공해야 한다.

㉡ 기구를 가지고 있다고 가정하는 가상적인 시범은 바람직하지 않다. 즉, “내가 시범을 보일 때 내 손에는 라켓이 없지만 라켓을 쥐고 있는 것처럼 머릿속으로 그림을 그려 보아라”와 같은 시범 설명은 적절하지 않다.

④ 언어 및 시각 정보를 함께 제공한다.

㉠ 학생에게 두 가지 학습 유형인 언어 및 시각 정보를 함께 제공해야 한다. 학생은 동시에 정보를 보고 들음으로써 더욱 효과적으로 학습을 할 수 있다.

㉡ 교사는 정확히 두 가지 종류의 정보를 제공하면서 설명한 내용, 시범보인 내용과 일치하고 있음을 학생에게 알려야 한다. 따라서 두 가지 정보를 분리해서 제시하지 않고 시각 정보를 언어 정보와 함께 제공하게 되면 더욱 효과적이다.

⑤ 적극적으로 과제를 제시한다.

㉠ 적극적인 과제 제시는 학생이 그 과제의 핵심 요소를 설명을 듣고 보는 동시에 그것을 수행할 때 일어난다.

㉡ 세 가지 감각 유형이 동시에 활용될 수 있도록 학생들로 하여금 “실시간”에 보고 듣고 움직일 수 있도록 해야 한다.

⑥ 학생이 이해할 수 있는 어휘를 사용한다.

㉠ 교사의 이해 수준에서 학생에게 설명하는 것은 바람직하지 않다.

㉡ 과제 제시는 학생의 이해수준에 적절한 단어와 용어를 사용해야 한다.

⑦ 과제 제시를 위한 최적의 모델을 선정한다.

㉠ 교사는 정확하고 효율적인 시범을 보일 수 있다. 만일 교사의 시범이 따라 하기 힘들고 이해하기 어렵다는 측면을 생각한다면 학생이 따라 할 수 있도록 학생의 연령에 적합한 시범을 보일 수 있는 학생에게 시범을 요청할 수 있다.

㉡ 학생에게 과제를 제시할 때 모델을 보여줄 수 있는 여러 방법이 있다. 운동 기능의 정보와 수행 방법을 학생에게 제공할 때 비디오테이프, CD-ROM, 책, 그림, 사진을 활용할 수 있다. 이 매체의 이점은 학생이 그 정보를 받아들일 준비가 되어 있을 때 교사에게 의존하지 않고 독립적으로 이 매체를 사용할 수 있다는 것이다.

㉢ 과제를 제시할 때 학생에게 더 많은 선택권을 제공함으로써 학생이 운동 기능에 대한 정보를 얻을 때 교사에게 의존하지 않도록 한다.

⑧ 적절하고 정확한 모델을 제공한다.

㉠ 적절성은 한 번에 제공되는 정보의 양을 의미한다. 정보량이 너무 적으면 학생이 잠재력을 발현할 수 없고, 정보량이 한 번에 너무 많이 제공되면 학생은 혼란에 빠지거나 당황하게 될 것이다.

㉡ 또한 적절성은 한 번의 과제 제시에서 학생이 수용하는 과제의 양을 의미한다. 어떤 기능은 분습법으로, 어떤 기능은 전습법으로 학습할 때 더 효과적이기도 하다.

㉢ 정확성은 운동수행 기준에 비추어 얼마나 올바르게 제공했는가를 의미한다.

(2) 과제 구조

과제 제시는 학습이나 연습할 내용을 의미하는 반면, 과제 구조는 과제 연습의 조직 방법에 해당된다. 교사들은 과제 구조에 다음 몇 가지의 주요 요인들을 반드시 포함해야 한다.

① 과제 참여 지속 시간에 대한 설명

㉠ 학생이 각 과제에 부과된 시간이 어느 정도인지 모를 경우, 할당된 시간 내에 그 과제를 완성하기 위해서 학생은 스스로 속도를 적절히 조절할 수 없게 된다.

㉡ 학생은 각 과제에 할당된 시간이나, 최소한의 추정 시간을 알고 있어야 한다.

② 수행 기준에 대한 설명

㉠ 수행 기준은 학생에게 주어진 과제를 어떻게 잘 수행하는지에 대한 정보를 제공하고, 학생으로 하여금 과제를 연습하는 동안 운동 수행 평가를 할 수 있도록 한다.

㉡ 또한 이 기준은 학생에게 바람직한 기준선까지 과제를 완성할 수 있는 시기를 알려 주고, 한 과제가 끝나는 시점과 다음 과제에 대한 학생의 준비를 확인할 수 있도록 한다.

㉢ 기준은 여러 가지 측정치로 설정될 수 있다. 어떤 측정치를 사용하든 교사는 과제 구조의 부분으로써 운동 수행의 측정치와 기준을 설명하는 것이 중요하다.

⊙ 과제 수행 기준을 규정하는 수행치

운동 수행 기준의 측정치	예
시간	2분 내에 장애물 코스를 완주한다.
거리	운동장 트랙을 3바퀴 달린다.
높이	볼을 머리 위쪽으로 1m 높이까지 토스하고 그 볼을 잡는다.
무게	70kg에 해당하는 벤치 프레스를 들어올린다.
폼	두 가지 신체 부위로 균형을 잡는다.
정확성	축구 골대 왼쪽으로 축구공을 찬다.
일관성	줄넘기를 연속으로 30회 실시한다.
완성률	경기 상황에서 첫 번째 서브의 성공 확률을 60% 이상 달성한다.
평균 점수	4번 시도하여 평균 점수 8점 이상을 획득한다.
개인의 최고 기록	가장 좋은 시기에 수행한 체력 기록을 살펴보고, 오늘 그 기록을 갱신한다.

③ 과제를 위한 공간 배치의 지정

㉠ 모든 학습 과제는 체육관, 운동장과 같은 지정된 장소에서 이루어질 것이다. 때로는 전체 수업이 한 장소(게임 상황), 몇몇 장소(조별 연습), 몇 개로 분산된 장소(스테이션 교수)에서 이루어진다.

㉡ 학생에게 다음 과제에 대한 정확한 수업 공간의 계획과, 각 공간이 과제에 따라 어떻게 배열될 것인지에 대해 알려 줄 필요가 있다.

④ 학생 행동과 책임감에 대한 기대

㉠ 직접 교수 전략을 제외하고는 학생 행동에 대한 어느 정도의 선택과 책임감이 부여된다.

㉡ 적절한 과제 참여, 안전, 대기 시간, 팀/집단 참여, 또는 다른 학생을 보조할 때 학생에게 기대하는 역할에 대해서 학생과 의사소통을 분명히 해야 한다.

⑤ 과제 내 변화에 대한 설명

㉠ 대부분의 경우 교사는 하나의 학습 과제에 대해 여러 개의 활동을 계획하며 전형적으로 서로 다른 센터를 마련한다. 이것을 과제 내 변화라고 하며(Graham), 학생에게 동일하거나 관련 운동 기능을 연습할 수 있는 서로 다른 방식을 제공하기 위해 설계된 것이다.

㉡ 예를 들어, 난이도가 동일한 상태에서 서로 다른 종류의 공이나 약간 다른 공차기 기술을 제공하는 5가지 센터가 차기 연습을 위해 제공될 수 있다. 교사는 과제 구조의 일부분으로 학생에게 각 센터의 조직 방법, 기술 및 안전도 점수가 서로 다르다는 것을 알려줄 필요가 있다.

⑥ 과제 혹은 과제의 난이도를 변경할 때 학생의 선택권에 대한 설명

㉠ 교사가 과제를 제시할 때 각 센터/과제의 중요한 요인에 대해 설명한 다음, 학생이 원하는 학습 난이도 수준을 선택할 수 있도록 허용한다.

㉡ 과제 구조 정보는 학생이 각 센터/과제에서 요구하는 정도를 판단하고, 학생이 시작 장소를 선택하며, 선택한 난이도 수준이 자신에게 부적절한지에 대해 알 수 있는 방법을 습득하는데 도움이 된다.

㉢ 한 센터나 과제에서 활동할 수 있는 학생 수를 제한할 필요가 생길 때는 학생과 의사소통을 해야 한다.

⑦ 주의 집중, 시작 및 종료 신호의 사용

㉠ 과제 구조의 중요한 부분은 학생이 언제 시작하고, 멈춤과 주의 집중을 표시하는 신호는 무엇인지 학생에게 알려주는 것이다.

㉡ 학생에게 과제 구조를 설명할 때 그 신호를 학생에게 상기시켜 보는 것도 좋다.

⑧ 이해도 점검

㉠ 교사가 과제 제시 내용을 학생이 이해했는지 그 여부를 확인하는 것과 마찬가지로, 학생이 흩어지기 전에 과제 구조를 이해하고 있는지를 점검해야 한다.

㉡ 학생들이 연습을 위해 흩어지면, 교사는 학생들이 지시사항에 따라 참여하고 있는지를 확인할 수 있는 시간을 확보해야 한다.

㉢ 학생의 즉각적인 참여와 적절한 참여가 이루어지면 과제 구조 정보가 훌륭하게 제시되었다는 표시이며, 참여가 지연되고 부정확하게 이루어지면 일부 학생이 과제 구조를 이해하지 못했다는 의미이므로 교사는 수업을 멈추고 다시 명확하게 과제 구조를 제시해야 한다.

㉣ 학생이 과제 활동에 참여할 때 적절하게 참여하고 있는지 여부를 확인하기 위해 주기적으로 관찰해야 하며, 필요에 따라 수정해 주어야 한다.

4. 의사소통

수업 정보와 질문을 학생이 충분히 이해할 수 있도록 최소 시간을 할애하여 의사소통한다.

(1) 학생을 주의집중 시킨다.

① 학생이 준비가 되어 있지 않다면 의사소통은 비효과적으로 이루어지게 된다.

② 체육 교사는 말을 시작하기 전에 주의 신호를 사용하여 학생을 가까이 오게 한 다음 조용히 시키고 산만한 요소를 제거해야 한다.

(2) 명확한 언어를 사용한다.

① 수업 정보는 모든 학생이 이해할 수 있는 방식으로 제시되어야 한다.

② 교사는 학생을 직접 바라보고, 발음을 명확히 하며, 학생이 이해할 수 있을 정도의 속도로 말을 해야 한다.

(3) 적절한 수준의 어휘를 구사한다.

① 교사가 사용하는 단어와 용어는 학생 수준에 맞는 적절한 어휘이어야 한다.

② 동일한 과제 혹은 내용일 지라도 학년 수준에 맞는 언어가 사용될 필요가 있다.

(4) 억양을 적절히 조절하여 정보를 전달한다.

① 단조로운 억양으로 정보를 전달할 때 학생의 주의를 끌지 못한다.

② 교사는 학생의 바른 학습 태도를 유지시키고, 학생에게 전달되는 정보 중 중요한 것을 판단하기 쉽도록 억양을 조절해야 한다.

(5) 학생의 이해 여부를 점검한다.

① 교사는 학생이 지시 사항을 수행하고 학습 과제에 참여하기 전에 언어 정보를 듣고 이해하고 있는지를 알아야만 한다.

② 학생이 과제에 참여한 후 교사의 초기 관찰에서 학생이 이해하지 못했음을 발견하게 된다면, 수업을 멈추고 다시 학생을 집중시키며 지시 사항을 반복해야 하므로 수업 시간을 소모하고 수업의 흐름을 끊어 놓는 결과가 된다. 따라서 교사는 학생이 정보를 받을 때마다 이해 여부를 점검하는 습관을 가져야 한다.

5. 교수 정보

교사가 학생에게 제공하는 정보는 운동 기능 연습이나 학습 활동 전, 중, 후에 제공할 수 있다. 단서(cues)는 차후 학습을 향상시키기 위해 연습 전에 제공한다. 안내(guides)는 연습 중에 학생에게 제공하는 정보이다. 운동 수행 피드백(feedbacks)은 학생의 운동 수행이 끝난 후에 제공한다.

(1) 단서

교사는 과제를 제시하는 동안 단서라고 부르는 학습 정보를 학생에게 제공한다. 단서는 학생에게 후속 과제의 핵심적인 요소를 효율적으로 수행하는 방법에 관한 비결을 제공한다. 보통 단서는 과제를 제시할 때 제공되지만, 수업 중 어느 시기에도 가능하며, 한 명의 학생, 모둠이나 전체 학생에게 제공될 수도 있다.

① 언어 단서
운동 수행의 향상 방법에 대한 구두 정보

② 비언어 단서
정확한 동작이나 부정확한 동작에 대한 제스처나 시범

③ 언어 단서와 비언어 단서의 결합
구두 정보와 시범 정보를 동시 제공

④ 조작 단서
교사가 의사 전달을 위해 학생의 신체 일부를 이동시키는 방법으로, "체험적인(hands-on)" 단서 제공

예 무용을 하고 있는 학생의 발을 적절한 위치로 움직이게 하는 것

⑤ 시청각 단서
비디오테이프, CO-ROM, 그림 및 사진과 같은 시청각 매체를 통해 제공하는 단서

(2) 안내

학생이 운동 기능을 연습하는 동안, 간이게임 또는 정식게임과 같은 역동적인 과제에 참여하는 동안 종종 운동 수행에 대한 정보가 필요하다. 이러한 형태의 교수 정보를 안내라고 한다.

예 학생이 농구 속공을 하고 있다. 교사는 "그 볼을 중앙으로 투입해... 뒤로 수비 뒤로 가란 말이야!"라고 소리치고 있다.

(3) 피드백

교사는 과제를 수행한 후 결과에 대해 정보를 학생에게 제공해야 한다. 이것을 피드백이라고 한다.

① 운동 수행 피드백의 차원

㉠ 피드백의 제공자: 피드백 정보의 제공원을 의미

형태	• 내재적 과제: 학생 본인 스스로 운동기능을 시도한 결과를 관찰하여 얻는 피드백 정보, 일반적으로 성공 아니면 실패에 대한 운동 수행 피드백이 학생에게 제공됨 • 외재적 과제(보강적 피드백): 과제 자체의 부분과 관계없이 다른 사람이나 대리자에 의해 운동 수행 정보가 제공됨. 제공자가 보통 교사지만, 학생이 될 수도 있음. 외재적 과제의 피드백은 완성된 기술 시도에 따른 운동 수행의 결과, 동작, 기술, 노력 또는 질을 포함함
예	• 학생은 볼이 의도했던 목표물에 맞는지 본다. 학생은 스윙할 때 볼이 배트에 닿는 소리와 느낌을 가진다. • 교사는 "그때 팔로우-스로우가 정말 좋았어"라고 말한다. 동료 학생이 다른 학생에게 "바로 그거야!"하고 외친다.

㉡ 피드백의 일치도: 피드백이 연습 과제의 핵심 요소와 얼마나 잘 일치하는가에 대한 정도

형태	• 일치도: 과제를 제시할 때 특정의 학습 단서와 관련 있는 피드백을 제공함 • 불일치도: 과제를 제시할 때 특정의 학습 단서와 관련 없는 피드백을 제공함
예	• 교사가 과제를 제시할 때 학생에게 “스윙을 멋있게 끝까지 팔로우-스로우를 하려면 완전히 집중해라”라고 말한다면, 팔로우-스로우와 관련된 모든 피드백의 정보 제공은 일치한 것으로 본다. • 위에서 제시한 동일한 과제 제시 후 서비스동작, 포핸드 샷, 백핸드 샷에 대해서 피드백을 제공했다면 그 피드백은 일치하지 않는 것으로 본다.

㉢ 피드백의 내용: 피드백 정보의 핵심과의 관련성을 의미

형태	• 일반적 피드백: 교사가 제공한 피드백 정보가 수행된 운동 기능 자체와 관련이 없음. 운동 기능의 수행 결과에 대한 만족이나 불만족과 같은 일반적인 사항만 언급함 • 구체적 피드백: 교사가 제공한 피드백 정보가 수행된 운동 기능 자체와 관련이 있음. 구체적인 피드백은 학습자에게 매우 유용한 정보를 제공하며, 대부분의 상황에서 일반적인 피드백보다 나은 것으로 여겨짐
예	• “아주 좋았어”, “바로 그거야”, “그게 아니야” • “그때 아주 팔로우-스로우가 좋았어”, “베이스 커버가 신속히 이루어지지 않았다”

㉣ 피드백의 정확성: 피드백의 정확성을 의미함. 학생에게 전달된 정보가 학생의 운동 수행을 얼마나 정확하게 진술하고 있는가를 의미

형태	• 정확한 피드백: 운동 수행 정보가 운동 기능에 대해 정확하게 설명하고 있음 • 부정확한 피드백: 운동 수행 정보가 운동 기능에 대해 부정확하게 설명하고 있음
예	• “영수야, 도움닫기를 힘차게 잘 해서 뜀틀을 넘을 수 있게 되었구나!” • “민수야, 뜀틀을 넘고 못 넘는 건 도움닫기 속도와는 관계가 없어. 네 의지의 문제일 뿐이지!”

㉤ 피드백의 시기: 운동 기능 수행이 끝나고 학습자에게 피드백 정보가 전달되는 시점까지 걸린 시기를 의미

형태	• 즉각적인 피드백: 운동 기능이 끝난 직후 바로 학습자에게 피드백이 제공되거나, 최소한 다음 운동 기능을 실시하기 전에 피드백을 제공하는 것을 의미함 • 지연된 피드백: 피드백이 운동 기능의 수행이 끝난 직후에 제공되지 않고, 몇 번의 횟수가 진행된 후에 제공됨
예	• 학생이 높이뛰기를 마치자 교사는 즉시 학생에게 “자세가 아주 좋아”라고 말하는 경우 • 수업이 끝나고 10분 후, 위에서 말한 동일한 학생에게 “오늘 네가 보여준 점프에서 다리를 충분하게 펴주지 못한 것 같다”라고 말하는 경우

ⓑ 피드백의 양식: 보강 피드백이 학생에게 제공되는 방법을 의미

형태	• 언어 피드백: 피드백을 학생에게 구두로 제공함. 교사가 운동 기능 수행이 끝난 후 학생에게 정보를 말로 전달함 • 비언어 피드백: 피드백을 학생에게 몸짓으로 제공함 • 언어와 비언어적 피드백을 결합한 피드백: 언어와 비언어 정보를 동시에 제공함
예	• "아주 훌륭하게 했어", "좀 더 빨리 달려야겠다" • "좋았어"라는 신호를 보낸다. 손뼉을 친다. 등을 두드려준다. • "자, 나아가라"라고 말하면서 교사가 등을 두드려준다.

ⓢ 피드백의 평가: 학생의 운동 수행 결과에 대한 만족이나 불만족 표시

형태	• 긍정적 피드백: 운동 수행 결과에 대해서 만족을 표시함 • 부정적 피드백: 운동 수행 결과에 대해서 불만족을 표시함 • 중립적 피드백: 교사가 제공한 피드백이 긍정적인지 부정적인지 불분명한 상태임
예	• "바로 그거야", "좋았어" • "골키퍼의 잘못된 판단이야", "3조는 열심히 하지 않고 있어" • "그저 그렇다", "그 순간에 좀 더 정확하게 했어야 하는 건데"

ⓞ 피드백의 교정적 특성: 실수를 교정하는 방법에 관한 정보와의 관련성

형태	• 교정 정보는 제공하지 않고, 잘못된 부분만 정보를 제공하는 피드백: 부정확하고 부적절한 운동 수행에 대한 정보만 제공함 • 교정적 피드백: 다음 운동 수행을 개선할 수 있는 방법에 관한 정보(단서)와 함께 피드백을 제공함
예	• "발의 위치가 올바르지 않다", "볼을 놓쳤구나" • "아주 좋았는데, 다음에는 머리를 높게 유지해라", "팔꿈치가 너무 펴졌다. 몸 안쪽으로 팔꿈치를 당겨서 펴도록 해라"

ⓩ 피드백의 방향성: 피드백 정보가 누구에게 제공되는가를 의미

형태	• 개별적 피드백: 피드백이 학생 한 명에게 제공됨 • 집단 피드백: 피드백이 수업에서 구분한 집단에게 제공됨 • 전체 수업 피드백: 피드백이 수업에 참여하고 있는 모든 학생에게 제공됨
예	• "수지야, 오늘 수업에서 매우 열심히 했다" • "3분단이……", "A모둠은……" • "오늘 모두 다 훌륭했다", "오늘 전체 학급 모두 훌륭했어"

② 피드백 제공의 수칙

㉠ 피드백 제공은 많을수록 좋다.

㉡ 일반적 피드백보다 구체적 피드백이 효과적이다.

㉢ 즉각적인 피드백이 지연된 피드백보다 효과적이다.

㉣ 교정적 피드백이 부정적 피드백보다 효과적이다.

ⓜ 언어적 피드백이나 비언어적 피드백 중 하나만 제시하는 것보다 두 가지 형태를 결합한 피드백 제공이 도움이 된다.

ⓑ 숙련된 학습자는 피드백 횟수가 적어도 정보를 얻을 수 있지만, 숙련된 학습자에게는 구체적으로 제공되어야 한다.

ⓢ 초보 학습자에게는 학습 동기를 유발하고, 그들의 노력을 인정할 수 있는 모든 피드백이 필요하다.

6. 질문의 활용

질문은 초점과 형태에 따라 범주화될 수 있다.

(1) 질문의 초점

질문의 초점은 질문에 해당하는 수업의 양상에 의해 결정된다.

① 수업 운영 질문(managerial question)

수업 조직, 학습 환경의 준비, 수업 절차, 일상적 행동과 같은 수업의 비교수적 부분에 해당한다.

예 "수업은 몇 시에 시작되지?", "수업을 마치면 장비는 어느 위치에 두어야 하지?"

② 행동 질문(behavior question)

수업 규칙이나 안전과 같은 학생의 수업 행동에 초점을 둔다.

예 "주목하라는 신호를 했을 때 너희들은 어떻게 해야지?"

③ 내용 질문(content question)

학생의 교과 내용 학습을 증진시키는데 사용된다.

(2) 내용 질문의 형태

① Bloom의 분류

지식, 이해, 적용의 질문들은 하위 수준의 질문이고, 분석, 종합, 평가는 상위 수준의 질문이다.

㉠ 지식

목적	이전에 학습했던 사실이나 단순한 생각 또는 개념을 학생에게 상기시키는데 있다.
인지 반응	지난 시간에 논의했던 타격 자세의 3가지 주요 요소를 말해 볼 수 있겠니?
움직임 반응	우리가 어제 학습했던 정확한 타격 자세를 보여 줄 수 있겠니?

㉡ 이해

목적	학생에게 사실이나 생각을 번역 또는 해석하거나 비교하게 하는데 있다.
인지 반응	홉이 무엇이지?, 점프는 무엇이지?, 홉과 점프는 어떤 차이가 있지?
움직임 반응	누가 홉과 점프를 보여 줄 수 있겠니? 그 다음 다른 형태의 홉을 보여줄 수 있겠니?

ⓒ 적용

목적	학생에게 앞서 학습했던 사실이나 생각에 기초하여 문제를 해결하도록 하는 데 있다.
인지 반응	배구의 플로터 서브를 리시브할 수 있는 가장 좋은 정보는 무엇인가?
움직임 반응	1조는 플로터 서브를 받을 수 있도록 정확한 자세를 취해 보아라.

ⓔ 분석

목적	복잡한 개념 요소를 분석하고, 그 관계를 규명해 보며, 조직적 형태와 원리를 학생이 발견하는데 있다.
인지 반응	속공을 하려고 할 때 어느 시기에 공격 코트로 넘어가야 하는가?
움직임 반응	연습 상황에서 포인트 가드에게 아울렛 패스를 받을 때 속공을 해야 할지 아니면 지공을 해야 할지에 대한 지시를 내린다.

ⓜ 종합

목적	학생에게 두 개 이상의 사실이나 생각 또는 개념을 연결시켜서 새로운 지식을 생성하는데 있다.
인지 반응	운동 시 최적의 심박수 범위에 도달했는지를 어떻게 알 수 있는가?
움직임 반응	5분 이내에 목표 심박수까지 도달할 수 있는 운동을 할 수 있는가?

ⓑ 평가

목적	학생의 개인적 지식과 감정, 또는 다른 사람이 생성해 낸 지식에 기초하여 판단을 하는데 있다.
인지 반응	마루운동에서 6.7과 7.0의 차이는?
움직임 반응	다른 학생보다 난이도가 높다고 판단된 학생의 2가지 마루운동 기능을 수행할 수 있는가?

② 수렴적 질문(convergent questions)

수렴적 질문은 학생의 반응이 인지적 영역이든 심동적 영역이든 관계없이 한 가지 정확한 답변을 요구하는데, 그 질문들을 폐쇄형(close-ended) 질문이라고 한다. 그 이유는 교사가 마음속에 한 가지 정확한 답을 가지고 있으며, 단일 반응을 요구하는 수렴적 질문을 했기 때문이다.

예 "축구에는 얼마나 많은 포지션이 있지?", "테니스 단식 게임에서 사이드 라인에 대해서 설명할 수 있겠니?"

③ 발산적 질문(divergent questions)

발산적 또는 개방형(open-ended) 질문은 한 가지 질문에 여러 개의 정확하거나 가능한 답이 존재한다. 보통 이것을 상위 수준의 질문이라고 한다. 학생의 반응은 주로 인지적 영역 혹은 심동적 영역 중 하나에 집중된다.

예 "짝과 함께 정적 균형을 유지할 수 있는 모든 방법을 수행해 보자", "배트민턴에서 서브를 높게 뒤쪽으로 넣어야 할 상황이 언제지?"

(3) 학습을 위한 질문 활용

① 답변 시간을 기다린다.

㉠ 답변 시간은 교사의 질문이 끝나고 학생이 답변을 할 때까지 소요되는 시간의 양을 의미한다(Rowe).

㉡ 교사가 질문을 하고 약 3초 정도 기다리는 것이 좋다. 이 정도의 시간은 교사의 질문에 대해 많은 학생이 답변을 할 수 있는 기회가 제공되며, 다른 학생에 비해 빨리 문제를 해결한 학생이 자주 지명되는 것을 방지해 준다(Tobin).

㉢ 적절한 대기 시간은 모든 학생에게 문제를 스스로 해결할 수 있도록 해주며, 개인적으로는 자신의 답과 교사가 지명한 학생의 답을 비교할 수 있도록 한다.

② 가능한 발산적 질문을 한다.

㉠ 수렴적 질문은 하나 혹은 소수의 가능한 답을 요구한다. 학생들이 한 가지 답을 요구받을 때 더 이상 가능한 답에 대해서 생각을 하지 않는다.

㉡ 발산적 질문은 학생들에게 많은 가능성 있는 답을 요구함에 따라 지적 사고 과정을 지속적으로 유지할 수 있다.

③ 답변에 필요한 규칙을 정한다.

㉠ 학생은 교사에게 지명받기 위해서는 반드시 손을 들어야 한다.

㉡ 학생은 교사로부터 지명되기 전까지 정답을 큰 소리로 떠들어서는 안 된다.

㉢ 교사의 주목을 끌기 위해 부적절한 동작을 취해서는 안 된다.

㉣ 교사와 학생은 다른 학생이 제시한 답변에 대해 비판해서는 안 된다(특히 발산적 답변과 개인적인 반응에 대해서 비판해서는 안 된다).

㉤ 교사와 학생은 지명 받은 학생이 답변을 끝낼 때까지 기다려야 한다. 천천히 답변하는 학생의 말을 중간에서 끊지 말아야 한다.

④ 부적절한 답에 대해 적절히 반응한다.

㉠ 그 답을 무시하지 말고 다른 학생을 신속하게 지명하지 않는다.

㉡ "재차" 질문을 하여 그 학생에게 다시 설명할 수 있도록 기회를 준다.

㉢ 학생이 제시한 답변이 거의 정확하면 더 많은 시간을 그 학생에게 제공한다.

⑤ 답에 대한 설명과 그 이유를 물어본다.

㉠ 교사들은 학생들이 답을 했을 때 그 답으로 끝내 버리는 경향이 있다. 초기에 답을 이끌어 내는 것은 단지 학습 과정의 일부에 도달한 것과 마찬가지이다.

㉡ 교사는 학생이 답을 어떻게 해결했는지 혹은 학생이 반응한 답에 대해 이유를 알아 볼 수 있다. "너는 그 문제를 어떻게 이해했니?", "너는 그 내용을 어디서 배웠니?"와 같은 질문을 함으로써 답에 대해서 생각할 수 있는 기회를 제공할 수 있고, 다른 학생에게도 학습에 대한 이해 수준을 더 많이 제공할 수 있으며 좋은 정보를 제공할 수 있다.

⑥ 집단이 함께 해결할 수 있는 답을 요구한다.

㉠ 학생들은 질문에 대해 스스로 혼자 생각하는 경우가 많다. 학생들은 다른 학생들의 견해와 지식으로부터 얻을 수 있는 혜택을 받을 수 없다.

㉡ 가끔은 교사가 집단별로 질문을 할 수 있으며 그들에게 "공동으로 협의하여" 답을 함께 해결하도록 지시할 수 있다. 이 전략은 고등사고 질문에 해당되는 경우에만 사용되어져야 할 것이다.

⑦ 움직임 반응을 유도할 수 있는 언어적 질문을 한다.

㉠ 교사의 질문에 대한 답이 인지적 영역과 언어적 반응에 그치는 경우가 있다.

㉡ 일부 수업 모형은 학생이 생각한 다음 움직임 반응을 수행함으로써 답할 수 있는 교사 질문에 토대를 두고 있다.

㉢ 문제의 답을 만들어 내는데 처음에는 인지적 영역이 동원되지만 다음에는 학생들이 교사에게 자신이 알고 있는 지식을 움직임 반응으로 전이할 수 있어야 한다.

7. 수업 정리와 종료

(1) 수업 정리로 전환한다.

① 일반적으로 수업 마지막 부분에서는 시간이 짧기 때문에 교사는 학생들을 수업 정리로 전환시키기 위해 빠르고 간단한 방식을 활용해야 한다.

② 학생들이 수업 시간에 사용한 기구를 지니지 않은 채 특정 장소로 모으는 것이 중요하다.

③ 교사는 학생들에게 마지막 활동을 멈추게 하고, 사용한 기구를 신속하게 치우도록 지시를 한다. 그리고 운동 기구를 보관하는 장소 가까운 곳으로 모이도록 한다.

④ 수업 장소가 좁다면 학생들에게 활동을 멈추라는 주의 신호를 사용하여, 그 자리에 서있는 채로 수업 정리를 하고 사용한 기구는 나중에 치우도록 한다.

(2) 주의를 집중시킨다.

① 교사는 전체 학생들과 이야기할 때 응집된 대형으로 모이게 하고 주의를 집중시키는 것이 중요하다.

② "듣고 생각"하는 시간이기 때문에 학생들이 조용히 주의를 집중할 때까지 수업 정리를 시작해서는 안 된다.

(3) 교사와 학생 간 쌍방향 의사소통을 활용한다.

① 훌륭한 수업 정리 방식은 학생들에게 수업 내용을 듣기만 하는 것이 아니라 생각을 할 수 있도록 하는 것이다.

② 교사는 학생들이 수업 내용을 이해했는지에 대한 여부를 검사하는 방식으로 수업을 정리하거나 또는 "질문하고, 답을 말하지 마시오"라는 전략을 사용할 수 있다. 후자의 경우 학생들이 질문에 대한 답을 찾기 위해 많은 생각을 유도할 것이다. 이 전략은 학생이 듣기만 하는 소극적인 방식이 아닌 쌍방향 의사소통의 상호작용을 촉진시키는 수업 정리 방식이다.

쌍방향의 의사소통 방식(질문)	소극적 방식(청취)
• "누가 오늘 수업 시간에 배운 내용 세 가지를 말해 볼 수 있을까요?"	• "오늘 수업에서 우리는 한 발을 이용해서, 두 개의 신체 부분을 이용해서, 짝을 이용해서 균형을 유지하는 방법에 대해서 배웠습니다."
• "하키의 노우-하이-스틱(no-high-stick) 규칙이 왜 필요한가요?"	• "오늘은 연습 시 위험한 지역에서 하키 스틱을 높이 쳐드는 노우-하이-스틱(no-high-stick) 반칙에 대해서 배웠습니다."
• "오늘 배운 운동 기능을 어떻게 적용할 수 있을까요?"	• "길이가 짧은 기구를 이용해서 물체를 타격하는 방법을 알면 라켓볼과 탁구와 같은 종목에서 그 방법을 활용할 수 있습니다."

6 효과적인 체육 수업의 계획

수업 계획은 내용 지식과 지도 방법 지식을 수업 방법 지식으로 전환하는 촉매 역할을 한다(Shulman). 계획이 필요한 이유는 시간, 노력, 자원을 가장 효과적으로 사용하여 학생이 의도한 학습 결과를 배울 수 있는 가능성을 높일 수 있기 때문이다. 단원 계획은 각 단원에서 선정한 수업모형에 포함될 학습 목표, 수업 내용, 학습 활동, 필요한 자원, 수업 운영에 대한 큰 그림을 제공하고, 수업 계획은 단원에서 각 수업을 시작하기 직전과 수업 중에 만들어진 동일한 형태의 다양한 의사결정과 준비 행동이 포함된다.

단원 계획 및 수업 계획의 지침
• 정교하고 유연성 있는 계획을 수립한다. • 자신이 사용할 목적으로 교수·학습 과정안을 작성한다. • 확신이 없을 때 추가계획을 수립한다. • 대안적인 계획을 수립한다. • 작성된 교수·학습 과정안을 보관한다. • 단원과 교수·학습 과정안 계획을 평가한다.

1. 단원 계획

교사가 단원을 시작하기 전에 교수·학습 과정안을 만든다면 수업은 효과적으로 이루어질 수 있다. 단원 계획이 세워지면, 일일 교수·학습 과정안은 단원 진도에 따라 쉽게 이루어질 것이다.

(1) 맥락 분석

① 수업 맥락은 가르치는 내용, 방법, 학생이 배우는 것에 영향을 미치는 시간적, 인적, 물적 자원의 총체를 의미한다.

② 수업 맥락의 중요한 4가지 결정 요인은 교사, 학생, 내용, 이용 가능한 자원이다.

(2) 내용 분석 및 목록

① 내용 분석은 단원에 포함되어야 할 내용과 학생이 단원에서 배워야 할 순서를 결정한다.

② 내용 분석의 첫 단계는 활동, 스포츠, 무용 또는 주제 활동에 필수적인 심동적 기술, 인지적 지식 영역, 정의적 성향을 학생의 발달 단계에 적절하게 목록화하는 것이다.

③ 끝나는 시점은 단원에서 수업 시수를 고려하면서 대부분의 학생이 각 내용을 배우는데 소요되는 시간을 판단하여 결정한다.

④ 가르칠 내용은 내용 분석과 목록화 과정에서 작성한 발달 단계의 논리적인 순서에 따라 정한다.

(3) 학습 목표

① 목표는 맥락 분석과 단원의 내용 선정 결과를 고려하여 설정해야 한다.

② 목표는 일반적 수준과 행동적 수준에서 진술되어야 한다.

③ 일반 목표는 각 영역 안에서 의도하는 학습의 포괄적인 영역을 의미하고, 행동 목표는 학생이 각 일반 목표 영역 안에서 성취해야 하는 특정한 운동수행 기준을 서술한 것이다.

④ 행동 목표(Mager)

㉠ 운동 수행에 필요한 조건과 상황

㉡ 성취해야 하는 행동, 지식, 태도

㉢ 설정된 운동 수행 기준

영역	일반 목표	행동 목표
인지적	학생은 축구의 규칙과 전략을 배울 것이다.	학생은 축구 게임 규칙과 전략 시험에서 최소한 90%의 점수를 받을 것이다.
심동적	학생은 골프의 기초 기능을 배울 것이다.	학생은 6피트 거리의 그린에서 5회의 퍼트 중 3번을 성공할 것이다.
정의적	학생은 올바른 테니스의 에티켓을 배울 것이다.	3세트 시합 동안, 학생은 3번 이상 테니스 에티켓에 어긋나는 행동을 하지 않을 것이다.

(4) 수업 모형 선정

① 맥락을 분석하고 내용 목록을 선정하며 단원의 학습 목표를 진술했다면, 교사는 학생의 학습에 가장 효과적으로 도움이 되는 수업 모형을 결정해야 한다.

② 모형 선택 시 2가지 고려 사항

㉠ 모형 선택은 연역적인 과정이다. 즉 맥락, 내용, 목표를 고려한 후 수업 모형을 결정한다. 진술된 학습 목표는 모형 선택에 직접적으로 영향을 미치는 영역의 선호도와 영역 간의 상호작용을 나타낸다.

㉡ 전체 단원을 지도할 때 한 모형을 사용하게 되면 학습이 극대화될 수 있다. 단원이 시작된 다음 모형을 바꾸거나, 두 개 이상의 모형을 혼합하여 사용하는 것은 바람직하지 않다. 각 모형은 교사와 학생 행동의 독특한 특성과 패턴을 가지고 있기 때문에 한 모형을 단원 시작부터 끝날 때까지 일관성 있게 적용하는 것이 중요하다.

(5) 관리 계획

① 관리 계획은 안전하고 효율적인 학습 환경을 조성하는 중요한 규칙, 상규적 행동 및 절차를 확인해 주는 역할을 한다.

② 전형적인 관리 계획은 다음 내용을 포함해야 한다.

㉠ 수업 규칙의 결정과 발표

㉡ 체육관에 들어가고 나오는 절차

㉢ 용기구의 분배, 관리, 수거 및 정리 절차

㉣ 안전 규칙

㉤ 출석 절차

㉥ 주의 집중과 시작/정지에 필요한 신호 결정

(6) 학습 활동

① 모든 학습 단원은 학생이 내용과 상호작용하고 진술된 목표를 배우도록 하는 일련의 계획된 학습 활동을 포함한다.

② 단원을 시작하기 전에 교사는 학습 활동을 선정하고, 학생에게 제시할 순서를 결정해야 한다. 그 다음 과제 제시, 과제 구조, 각 활동의 평가를 계획해야 한다.

(7) 평가 또는 채점

① 단원을 시작하기 전에 교사는 평가 방법을 계획해야 한다. 그 계획에는 성적 산출 방법, 절차, 기준이 포함된다.

② 평가와 성적은 다음 사항을 고려하여 결정되어야 한다.

㉠ 평가 목표와 결과

㉡ 평가 방법(전통적 평가, 대안 평가, 실제 평가)

㉢ 평가 시기(형성 평가, 총괄 평가, 두 개 모두)

㉣ 평가 계획과 수행 방법

(8) 교사의 역할 및 책임

① 각 수업 모형에는 교사의 독특한 의사결정과 행동이 명시되어 있다. 이것들은 교사가 맡아야하는 역할과 단원에서 수행해야 할 임무로 바뀌게 된다.

② 교사는 각 단원에서 역할과 임무를 인식하고, 순차적으로 그것들을 수행할 수 있는 계획을 수립해야 한다.

(9) 학생의 역할 및 책임

① 선택된 모형은 교사와 마찬가지로 학생의 의사결정 유형, 행동, 책임감을 제시한다.

② 직접 모형은 학생에게 수동적인 역할을 요구하는 반면, 상호 작용 모형과 간접 모형은 능동적인 역할을 요구한다.

③ 어떤 모형에서는 학생에게 책임감을 거의 요구하지 않는 반면, 다른 모형에서는 학생에게 많은 의사결정과 선택권을 준다.

④ 교사가 새로운 모형을 이용하여 단원을 시작할 때 학생에게 "어떻게 그 일을 할 것인지"를 배우도록 도와주고 새로운 패턴에 익숙해지도록 시간을 줄 필요가 있다.

⑤ 학생이 수업에서 새로운 역할과 책임감을 수용할 때까지 내용뿐만 아니라 초기에 모형을 지도하기 위한 계획을 수립하는 것은 교사의 책임이다.

2. 교수 · 학습 과정안 작성

단원 계획과 교수 · 학습 과정안은 서로 일관성을 유지해야 한다. 단원 계획이 청사진을 위한 골격이라면, 교수 · 학습 과정안은 매 수업마다 교사를 안내하는 특정한 지도 방법과 세부사항을 포함한다. 단원 계획안과 마찬가지로 모든 모형에 적합한 단일 체육과 교수 · 학습 과정안은 존재하지 않는다.

(1) 수업 맥락의 기술

① 수업에서 고려되어야 할 주요 요인, 즉 학생(학년 수준, 학생 수, 장애 학생), 시간 또는 시수, 장소, 차시 등의 총체적인 수업 맥락에 대한 설명이 포함되어야 한다.

② 수업 맥락에 대한 간단한 기술은 교사가 다음 시간에 그 내용을 지도할 때 수업을 상기할 수 있도록 도와준다.

(2) 학습 목표

① 교사는 수업 전에 구체적인 목표를 세워야 한다.

② 학습 목표는 단원 계획에서 비롯되어야 하고, 일반적으로 한 수업에서 1개에서 3개의 목표면 충분하다.

(3) 학습 평가

① 교수 · 학습 과정안에는 수업 목표를 평가할 수 있는 방법이 서술되어 있어야 한다.

② 대부분의 평가는 비공식적(이해 정도의 점검, 교사 관찰, 질문하고 대답하기 등)으로 이루어진다. 이 경우 교수 · 학습 과정안은 언제, 어떻게 평가할 것인지를 교사에게 상기시켜주는 역할을 한다.

③ 평가가 공식적으로 이루어지려면, 교수 · 학습 과정안에 평가가 이루어질 수업 차시를 명시하고, 평가의 관리 및 절차상의 고려 사항이 제시되어야 한다. 평가에 필요한 시간 배정, 평가 운영 방법, 필요한 용 · 기구 및 자료의 조직에 관한 내용을 포함한다.

(4) 시간과 공간의 배정

① 교사는 사전에 수업 시간, 수업 환경 설정, 관리 방법에 대해서 생각할 필요가 있다.

② 수업 시간은 대략적으로 추정하여 계산하는 것으로 수업이 진행됨에 따라 변경될 수 있는 출발 시점과 종료 시점의 역할을 한다. 수업이 끝난 후 교사는 다음 수업에 도움이 되기 위해 실제적으로 각 에피소드마다 몇 분이 소요되었는지를 적어야 한다. 이러한 반복 과정을 통해서 교사는 정확하게 시간을 할당하는 방법을 배울 것이다.

③ 공간 배정 계획은 교사가 각 활동에 필요한 학습 환경의 조직을 쉽게 알아볼 수 있는 간단한 도해로 만들어져야 한다.

(5) 과제 제시와 과제 구조

① 교수 · 학습 과정안은 각 학습 과제를 준비하는데 필요하고, 그 준비는 과제 제시와 과제 구조 두 부분으로 이루어질 것이다.

② 교수 · 학습 과정안은 다음 사항을 고려하여 작성해야 한다.

㉠ 학생의 흥미를 유발시킬 수 있는 수업 도입

㉡ 과제 제시에 적합한 모형과 단서 사용

㉢ 학생에게 방향을 제시할 과제 구조에 대한 설명

㉣ 이해 정도 점검

㉤ 한 수업에서 복합 과제의 계열성과 진도

(6) 수업 정리 및 종료

① 잘 계획된 수업은 학생에게 수업 내용의 참여를 다시 한 번 제공하는 정리 및 종료 시간으로 끝마쳐야 한다.

② 교수 · 학습 과정안에는 교사와 학생의 상호작용과 조언이나 관찰을 허용하는 수업 종료 부분이 포함되어야 한다.

③ 가장 좋은 정리 부분은 학생에게 학습 내용의 핵심인 단서를 기억하고, 무엇을 배웠고 왜 그것이 중요한지를 질문함으로써 수업 내용을 다시 한 번 생각하도록 한다.

④ 수업 종료가 체계적인 순서로 계획되고 진행되었다면, 전체 수업은 교사와 학생에게 목표 달성과 성취감을 부여하면서 학생의 해산이 신속하게 이루어지도록 한다.

7 모형 중심 수업에서의 학생 평가

체육 수업에서 평가는 3가지 목적으로 즉, 수업 시간에 학습이 이루어진 정도를 기술하기 위해, 학습(대체로 성적 부여용)의 질을 판단 또는 평가하기 위해, 하나 이상의 기준이 일정 수준에 충족되지 못할 때 수업 개선 방법을 결정하기 위해 이루어져야 한다.

1. 평가의 개념과 용어

(1) 총평과 평가

성적 부여는 총평으로 시작되어 평가로 연결된다. 교사가 기준과 관련된 학생의 지식, 수행이나 행동에 대한 정보를 모으는 것은 총평이며, 교사가 지식, 운동 수행, 행동의 가치나 질에 대한 판단을 내리기 위한 정보를 활용하는 것은 평가이다.

① 총평(assessment)

㉠ 총평은 학생들이 수업, 단원, 프로그램에서 학습한 내용을 자료화하기 위한 정보를 수집하고 분석하는데 이용된 과정들까지 포함한다. 총평은 단순히 학습한 내용을 기술하거나 측정하는 것이다.

㉡ 총평 단계는 학생이 얼마나 옳은 답을 많이 내었으며, 얼마나 많은 득점을 했고, 백분위 점수는 얼마나 획득하였는지 산정하는 것을 포함한다.

② 평가(evaluation)

㉠ 평가는 정보의 가치나 유용성의 판단과 관련된다. 평가는 "학습이 얼마나 잘 이루어졌는가?"를 판단하는 것으로 교사, 학생 및 기타 사람들이 담당할 수 있다.

㉡ 평가 단계에서는 학생들이 성공했는지 실패했는지, 그리고 어느 정도의 수준으로 성공했는지 나타내기 위하여 교사가 정답의 수, 점수 및 득점을 문자 형태로 변형한다.

(2) 평가 시기

평가 정보는 수업의 한 단원에서 수시평가, 형성평가, 총괄 평가라는 3가지 시간 계획에 따라 수집된다. 각 시간 계획은 교사에게 서로 다른 정보량을 제공하고 그 정보로 무엇을 할 수 있을지 결정한다.

① 수시 평가(continuous assessment)

㉠ 이 평가는 단원별 각 학습 과제가 수행되는 동안에 이루어진다.

㉡ 이 평가는 최신(up-to-the-minute) 정보를 제공함으로써 학생들이 현재 과제에 머물러 있어야 하는지 다음 과제로 넘어가도 되는지 등 교사들이 학습 진도에 대한 의사결정을 하는데 이용될 수 있다.

㉢ 수시 평가는 적은 양의 정보를 제공하지만, 그 기간 동안 교사가 다음 수업이나 현재의 수업에서도 얼마든지 변화를 도모할 수 있도록 해준다.

㉣ 개별화 지도 모형은 모든 수업에서 모든 학생들에게 정보를 제공하는 수시 평가 기법만을 활용하고 있다.

② 형성 평가(formative assessment)

㉠ 이 평가는 한 단원이 지도되는 동안 정기적으로 2차시 또는 3차시마다 이루어진다.

㉡ 이 평가는 단원이 진행되는 동안 학생 학습에 관한 중간단계(mid-stream)에 피드백을 제공하여 그 단원 내에서 너무 늦지 않은 시기에 변화를 유도할 수 있다.

㉢ 형성 평가는 수업 중간 즈음에 이루어져 교사가 지도 시간을 그대로 유지하면서 변화를 줄만큼 충분한 정보를 제공한다.

③ 총괄 평가(summative assessment)

㉠ 이 평가는 매 단원이 끝날 시기에 이루어지며, 교사에게 전체 수업 시수 동안 달성된 학습량을 판단할 수 있도록 한다.

㉡ 이 평가는 의도된 학습 결과의 대부분이나 전체를 포함하기 때문에 많은 정보가 산출된다.

㉢ 총괄 평가는 전형적으로 학생의 준비 기간(예 시험을 위한 공부)과 교사의 구성 시간이 많이 요구된다.

㉣ 총괄 평가가 수시 평가나 형성 평가보다 더 많은 정보를 제공하는 반면, 교사는 다음번 그 단원을 가르칠 때까지 그 평가 정보를 사용할 수 없게 되는 제한점이 있다.

평가의 3가지 유형별 사례

수시 평가	형성 평가	총괄 평가
• 일일 자기 점검 수행 과제 • 과제 제시 이후 이해도 점검 • 수업 중 몇 차례의 목표 심박수 점검	• 간단한 주간 퀴즈 • 각 기능 요소 수행 이후 동료 점검 과제 • 체력 활동 주간 기록지	• 지필 검사 • 단원 말 운동 기능 검사 • 단원 말 체력 검사

(3) 규준지향 및 준거지향 평가

모든 평가는 학생 수행의 점수나 다른 지표를 산출한다. 그리고 모든 점수들은 이해할 수 있는 수준으로 교사에 의하여 일정 수준으로 해석되어야 하는데, 해석은 활용된 평가 기법이 규준 지향 또는 준거 지향의 여부에 따라 달라진다.

① 규준 지향 평가(norm-based assessment)

㉠ 규준 지향 평가에서는 체력 검사나 기능 검사와 같이 많은 양의 표준화된 검사 점수들이 수집되어야 한다. 그 점수는 피검사자의 일반적 요인인 연령과 성에 따라 하위 집단으로 구분된다.

㉡ 각 집단의 점수들은 정상분포를 이루며, 한 학생의 점수는 동일한 연령과 성을 가진 다른 학생의 점수와 비교할 수 있다.

㉢ 원 점수는 산정되고 기록될 수 있으나, 규준 검사 점수는 보통 개별 학생보다 높거나 낮은 점수를 받은 학생의 백분율로 기록된다.

㉣ 만약 교사가 규준 지향 평가를 사용한다면, 그 검사를 받은 다른 유사 학생들과의 수행 능력을 비교할 수 있다.

㉤ 일부 규준 지향 평가는 학생의 운동 기능, 체력, 사회적 발달과 같은 영역에서 기대되는 숙련 수준에 가깝게 발전하고 있는지 판단하는데 도움을 줄 수 있다.

② 준거 지향 평가(criterion-based assessment)

㉠ 준거 지향 평가에서는 학생의 수행을 특정 영역에서의 완전학습 기준과 비교할 수 있다.

㉡ 이 평가에서 산출된 점수는 대체로 각 학생이 숙달한 정도에 따라 대개 숫자 혹은 백분율로 제공된다.

㉢ 이 평가에서 수행 기준은 평가 기법을 사용한 사람에 의해 결정되며, 이 기준은 각 점수의 질에 관한 전문적 판단을 반영한다.

㉣ 준거 지향 평가의 장점은 교사가 평가하고자 하는 부분만 평가에 지필로 반영할 수 있으며 교사가 추구하는 특정 교육 결과 유형을 나타낼 수 있다는 점이다.

(4) 평가 계획의 조직

① 비공식적 평가(informal assessment)

㉠ 비공식적 평가에서는 사전 계획 또는 수업 시간을 거의 필요로 하지 않는다. 많은 비공식적 평가들은 실제로 학생들이나 외부 관찰자가 거의 알아차릴 수 없는 방식으로, 수업의 일상적인 흐름에서 자연스럽게 일어날 수 있다. 물론 교사들은 그 평가를 잘 알고 있으며 언제, 어떻게 이루어지는지 통제할 수 있다.

㉡ 교사는 과제 전개에 대한 의사결정을 즉각적으로 해야 하거나 현재 활동에 대한 학생 흥미를 가늠하기 위하여 다양한 비공식적 기법을 이용할 수 있다.

㉢ 효과적인 비공식적 평가 전략의 하나로써 '이해 점검'이 있는데, 이 기법은 학생들이 과제 발표나 경기 규칙의 설명과 같은 정보를 짧은 시간 안에 얼마나 많이 기억하고 있는지 판단하는데 활용된다. 교사는 간단히 학생들에게 들은 것과 본 것을 상기하도록 하여, 학생들이 거기에서 더 나아갈 준비가 되어 있는지 알고자 한다.

② 공식적 평가(formal assessment)

㉠ 공식적 평가는 교사나 학생 모두가 평가를 계획하고 실행하는데 보다 많은 시간을 소요한다.

㉡ 학생은 전형적으로 이 평가에 대한 사전 공지를 받고 종종 그것에 대해 대비할 여유 시간을 갖는다.

ⓒ 공식적 평가는 체력 검사, 기능 검사, 집단 프로젝트를 포함하는데 간혹 학생의 점수나 다른 수행 보고서까지 포함하기도 한다.

비공식적 · 공식적 평가의 사례

비공식적 평가	공식적 평가
• 과제 제시 이후 이해도 점검 • 얼마나 많은 학생들이 이 연습에서 5개의 골을 넣은 것에 성공했는지 손들게 하기 • 학생에게 "지금 심장 박동이 어렵게 느껴지는 사람은 얼마나 되나요?"라고 묻기	• 기능의 주요 요소들에 대한 지필 퀴즈 • 교사가 축구 슛 기능 검사를 하면서 학생이 성공한 것과 실패한 것을 세기 • 학생들이 목표 지역에 있는지 알아보기 위하여 맥박을 세도록 지시

2. 체육과 평가

평가가 형성 또는 총괄, 규준 지향 또는 준거 지향, 공식적 또는 비공식적인 것으로 설계되는 것과는 별개로, 체육에서 학습을 평가하는 다양한 기법들이 존재한다. 이 기법들은 전통 평가와 대안 평가라는 큰 범주로 구분할 수 있다.

(1) 전통 평가(traditional assessment)

① 체육과의 전통 평가는 측정과 평가라는 하위 영역에서 유래된 3가지 주요 원리에 입각하여 이루어진다(Wood).

ⓐ 적절한 수업 목표를 설정(동시에 공식적으로 언급)하라.

ⓑ 수업 목표와 관련 있는 특성을 측정하기 위해 적절한(타당하고 신뢰할 만한) 검사를 사용하라.

ⓒ 수업 목표 달성을 반영하는 평가(점수) 항목을 개발하라.

② 체육에서 가장 일반적으로 사용되는 전통적인 평가 형태

ⓐ **교사의 비공식적 관찰**: 체육 수업에서 가장 일반적으로 사용되는 평가 유형은 교사가 학생이 기술을 연습하고 경기를 하며 질문에 대한 답을 하는 동안에 이루어지는 교사의 관찰일 것이다.

ⓑ **표준화된 기능 검사**: 체육교육과정에서 활용되는 다양한 스포츠는 표준화된 기능 검사를 포함하고 있는데, 대부분 실제 경기 상황이 아닌 각 스포츠를 하는데 필요한 제한된 범위의 기능만을 측정하는 정적 테스트이다. 표준화된 기능 검사는 매우 타당하지만 이것을 활용하는 교사는 평가 목적을 위하여 검사의 한계를 이해해야 한다. 이 검사는 경기를 잘하는데 요구되는 기술의 일부분만을 측정하며, 그러한 기능들은 실제 경기가 아닌 상태에서 측정된다.

ⓒ **체력 검사**: 체육 분야에는 아동과 청소년의 체력 요인을 검사하는 오랜 역사가 있다. 수년에 걸쳐서 학교 프로그램에서 활용할 수 있는 다양한 표준화 검사 도구를 개발하여 왔다.

㉣ 지필 검사: 지필 검사는 선다형, 단답형, 괄호 넣기형, 연결형, 도식화형 및 개방형 등 여러 가지 유형들의 문항들을 포함한다. 각 유형의 문항은 학생이 다양한 방식으로 그들의 지식을 제시할 수 있게 하며, 교사에게는 여러 가지 유형의 평가 정보를 제공한다.

③ 전통 평가의 장점

㉠ 제한된 범위 내에서 기능 검사, 체력 검사, 지필 검사는 유용한 평가 정보를 제공한다. 대개 이 검사들은 객관도를 확보하고 있으며 학생의 학습을 측정하고, 타당한 측정 기법과 도구를 사용하며 높은 일관성을 가지고 있다. 표준화된 기능 검사 및 체력 검사는 엄격한 기준으로 개발되며 연령, 성, 능력 면에서 유사한 피험자들을 대상으로 현장 검증이 이루어진다.

㉡ 대부분의 기능 검사와 체력 검사는 규준 지향 검사 유형으로, 서로 다른 연령, 성, 능력을 가지고 있는 집단을 측정하는데 활용된다. 즉 각 검사에 해당하는 피험자들에 대한 대규모 자료를 제공한다. 이 자료는 교사들이 자신의 학생 자료와 타 학교, 타 지역 및 타국에서 유사한 검사를 받은 타 학생들의 결과를 비교할 수 있도록 한다.

㉢ 전통평가는 숙련된 전문가에 의해 개발된 내용, 절차, 채점법을 활용하기 때문에 교사들은 채점 방법을 설계하고, 타당화하며, 현장 검증을 하는데 시간을 소비하지 않아도 된다.

④ 전통 평가의 단점

㉠ 전통 평가는 학교 체육 프로그램에서 제한적으로 사용된다는 단점을 가지고 있다.

㉡ 많은 교사들은 제한된 수업 시간과 대규모 교실에서 전통 평가를 사용할 때, 전통 평가의 단점인 실용성 문제에 봉착하게 된다(Wood). 평가 시에 학생들을 통제하는데 시간을 소모한다.

㉢ 전통적 평가는 교사와 학생들이 이해하는데 어려운 방식으로 원자료를 변형하도록 요구할 뿐만 아니라 통계 결과를 해석하고 의사소통하는데 어려움이 따른다.

㉣ 교사와 학생에게 지식, 운동 수행 및 체력 수준을 어떻게 향상시킬 것인지에 대한 방법은 거의 제시하지 않은 채, 실제 학습과 기대 학습 사이의 차이를 제시하는데 관심을 두고 있다.

(2) **대안 평가**(alternative assessment)

① 대안 평가는 4가지 원리에 기초한다.

㉠ 지식은 다양한 방식으로 구현될 수 있으므로 이 모든 방식은 학생 학습의 지표로 타당하다.

㉡ 학습 과정은 학습 결과를 평가하는 만큼이나 중요하다.

㉢ 다양한 유형의 학습 목적은 다양한 유형의 평가 방법을 필요로 한다.

㉣ 인지적 영역에서 상위 수준의 학습은 전통적인 기법으로 평가할 수 없는 독창적인 평가 방법을 필요로 한다.

② 체육 수업에서 사용되고 있는 일반적인 대안 평가 유형

㉠ **그룹 프로젝트**: 학생들은 3~5명으로 팀을 구성하여 주어진 과제를 완성하기 위하여 학습한다. 학생들은 보고서를 작성하거나 어떤 주제나 사건을 나타내는 사진 콜라주를 만들거나, 장기간의 운동 기능의 "수행 과제"들을 마무리해야 한다.

㉡ **멀티미디어를 활용한 발표**: 학생 개개인이나 팀은 수업에서 2개 이상의 미디어 유형을 혼합 이용하여 발표한다. 또는 하키의 골키퍼 같은 포지션 설정을 CD-ROM으로 만들어서 다른 학생들에게 보여 주기도 한다.

㉢ **활동 일지**: 체력 증진 활동 수준을 모니터하기 위하여 한 주 동안의 모든 신체 활동을 일지에 기록한다. 활동 일지는 모든 활동들과 각 활동에 소요된 시간 및 요구되는 노력의 수준도 포함한다.

㉣ **개인 일지**: 체육 시간이나 학생들이 참여한 다른 신체 활동 이벤트에서 학생들이 어떻게 느꼈으며 무엇을 생각했는지 기록한다.

㉤ **역할극**: 장기적으로 비선수 역할(예 코치, 감독, 행정 업무 등)을 맡아 해당 역할 수행에 필요한 의사결정, 책임감 및 지식을 배운다.

㉥ **구두 시험**: 높은 수준의 지식을 요구하는 질문을 듣고, 그 질문에 대답하고 설명해야 한다.

㉦ **발표**: 학생들은 수업 밖에서 연구하고 연습한 후, 수업 때 그들이 학습한 것을 발표한다.

㉧ **인터뷰**: 학교에서 체육 수업이 어떠했는지 다른 학생들, 가족 및 다른 지역 공동체 일원들과 면담한다.

㉨ **교사용, 동료 학생용, 자기 체크리스트 관찰**: 학생들이 올바른 수행 단서를 학습한 후 체크리스트에 기록된다. 교사나 학우들은 한 학생이 연습하는 것을 관찰하며 올바르게 수행된 부분들을 체크한다. 또는 연습하는 동안 비디오를 찍거나 테이프에 담아 스스로를 검토한다.

㉩ **포트폴리오**: 어떤 주제나 개념에 관한 학생의 지식을 나타낼 수 있는 여러 가지 작품(사진, 비디오테이프, 그림, 신문 사설 등)을 수집하고 정리한다. 포트폴리오에 필요한 주제를 구체화하고 작품을 수집하는 학습 과정은 포트폴리오 그 자체의 내용만큼 중요하다.

㉪ **루브릭**: 대안평가의 핵심은 학생에 의해서 드러나는 학습의 질을 결정하는데 사용되는 루브릭을 점수화하는 것이다. 루브릭은 평가 기준을 학생에게 알리며, 완성된 작품이나 학업에 대하여 교사가 검토하는 기초 자료로 사용된다. 이 루브릭은 사전에 정한 언어 형태(예 초급, 중급, 고급 또는 미완성, 부분 완성, 완성) 또는 수치/등급(예 1/노력이 요구됨, 2/보통, 3/잘함, 4/매우 잘함)으로 학습의 질을 표시한다.

③ 훌륭한 루브릭을 만드는 7단계 과정(Goodrich)

㉠ **모형 살펴보기**: 학생에게 이전에 평가했던 좋은 작품과 그렇지 않은 작품을 보여준다.

㉡ **기준의 열거 및 논의**: 학생이 질 높은 작품을 구성할 수 있도록 모형을 활용한다.

㉢ **학습의 질적 단계 명료화**: 각 단계가 질적 측면에서 다른 단계와 어떻게 구별되는지 제시하고 논의한다.

㉣ **모형에 근거한 연습**: 학생이 모형에 기초하여 루브릭을 활용한다.

㉤ **자기 평가와 동료 평가 활용**: 과제가 끝날 때마다 주기적인 평가를 한다. 학생에게 지속적인 피드백을 제공한다.

㉥ **수정하기**: 5단계에서 주어진 피드백에 기초하여 수정할 수 있는 시간을 제공한다.

㉦ **교사 평가 실시하기**: 학생이 배웠던 동일한 방식으로 루브릭을 활용한다.

루브릭(rubric)

루브릭은 학습자의 과제 수행 능력을 다차원적으로 평가하는 기준으로, 일종의 평정척도이다. 보통 항목별, 수준별 표로 구성되며, 표의 각 칸에 어떤 경우나 수준이 해당되는지를 상세히 기술한다. 따라서 루브릭은 학습자의 학습 결과물이나 성취도를 평가하기 위하여 사용되는, 명세화되고 사전에 공유된 기준이나 가이드라인이라고 할 수 있다. 이 가이드라인에는 학습자의 수행 역량이 수행 수준별(매우 우수, 우수, 보통, 미흡, 매우 미흡) 혹은 평가 영역별로 세분되어 제시된다. 루브릭은 학습자의 학습 활동이나 프로젝트에 대하여 실제적인 점수 산정이 가능하도록 하는 평가 가이드라인과 평정척도를 제공한다.

- 실시자: 　　　　　　　　• 관찰자:
- 평가 지식: 골프 스윙의 주요 요소 분석 능력
- 평가 과제: 파트너를 선정한다. 한 사람은 '드라이버'로 스윙을 10번 하고, 다른 사람은 각 스윙을 관찰하여 중요 요소를 평가하여 체크리스트에 기록한다. 관찰자의 평가는 교사의 평가와 비교한다. 10번씩 스윙하고 역할을 바꾼다.

주요 평가 요소	1	2	3	4	5	6	7	8	9	10
1. 자세와 정렬										
2. 그립										
3. 백스윙										
4. 타격 지점										
5. 팔로 - 스루										

- 스윙 후 점수 기입: 3점 - 요소가 완벽할 때, 2점 - 요소가 거의 완벽할 때,
  1점 - 요소가 부정확할 때
- 관찰자용 루브릭 점수(교사의 루브릭 점수와 일치할 때마다 각 분석 항목에 1점씩 부여, 최대 50점)
  - 45~50점: 매우 우수
  - 40~44점: 우수
  - 35~39점: 보통
  - 25~34점: 미흡
  - 24점 이하: 매우 미흡

골프 스윙 수업에서의 대안 평가와 루브릭 사례

④ 대안 평가의 장점

㉠ 대안평가의 장점은 교사가 계획한 특정 학습 기준이나 결과를 모니터할 수 있도록 설계되었다는 점이다.

㉡ 대안 평가는 학생으로 하여금 단지 암기 능력이나 표준화된 기능 검사가 아닌, 여러 가지 방법으로 학습을 보여주도록 허용한다.

㉢ 루브릭 사용은 학생에게 사전에 평가 과제의 수행 기준을 알 수 있도록 한다.

㉣ 루브릭은 학습 방법을 배우는 능력을 신장시킬 수 있다.

㉤ 루브릭은 또 다른 장점을 가지고 있다. 학생의 수행을 평가하는데 교사가 사용할 수 있는 공통 준거를 가질 수 있다. 이는 교사의 검토 과정에 객관성을 유지할 수 있게 하며, 일관성 있는 평가를 가능하게 한다.

㉥ 대안 평가인 루브릭은 학생에게 학습에 대한 피드백을 제공하며 수행 능력을 향상시킬 수 있는 방법을 제공한다.

⑤ 대안 평가의 단점

㉠ 대안평가는 교사의 필요에 따라 이루어지기 때문에 수업에서 유용한 평가 방법을 고안하는데 많은 시간이 소요된다.

㉡ 대안평가는 전형적으로 학생이 완성하고 교사가 검토하는데 많은 시간이 요구된다. 대안 평가 과제는 학생들이 과제를 계획하고 해답을 개념화하고 자료를 조직하며 최종 산출물을 완성하는데 많은 시간을 필요로 한다.

(3) **실제 평가**(authentic assessment)

① 수행 평가라고도 불리는 실제 평가는 학교에서 배운 학생 지식이 구현될 수 있는 실제 상황이나 모의 상황에서 시행되는 평가 방법을 의미한다(Lambert).

② 실제성은 학생의 지식이 실제 상황에 적용되는 평가 정도에 따라 결정됨을 주지해야 한다.

③ 체육 프로그램의 목표가 활동적이고 건강한 생활을 추구한다면, 그 학습에 대한 실제 평가는 학생이 건강 관련 행동을 선택하고, 건강 관련된 행동을 수행하는 시기와 장소에서 이루어져야 한다. 학생이 섭취한 음식과 학생이 참여한 신체 활동을 기록한 학생의 일지는 체력 행동과 선택에 대한 실제 평가의 한 예가 된다.

④ 학습 목표가 경기 방법을 배우는 것이라면, 실제 평가는 실제 경기가 아닌 상황에서 표준화된 기능 검사를 시행하는 것이 아니라 실제 경기 상황에서 실시되어야 한다. 이 경우 실제 평가는 학생의 통계치 또는 경기가 진행될 때 완성된 수행 능력 체크리스트에 기초하여 이루어진다. 게임 수행 평가 도구(GPAI)는 경기 동안에 이루어지는 참여, 기능, 전략, 의사결정과 같은 여러 가지 범주에서 운동 수행을 분석하도록 한다.

⑤ 전통 평가든 대안 평가든 실제성의 정도가 어느 수준이든지 교사는 모든 평가가 단원 내용 또는 프로그램에서 학생이 수업을 통해 학습한 것을 확인하기 위한 도구임을 알아야 한다. 중요한 것은 각 평가 도구의 용도와 그 평가 도구가 활용될 수 있는 적절한 시기를 알아야 한다는 사실이다.

⑥ 교사는 "이번 단원에서는 실제 평가, 대안 평가를 사용할 거야"라고 말해서는 안 된다. 오히려, "학생이 이 단원에서 무엇을, 어떻게 학습할 것인가", "나는 학생이 학습한 새로운 지식을 어떻게 구현하기를 바라는가?", "어떤 평가 기법이 학생의 지식을 평가하는데 가장 적합한가?"로 시작하는 연역적 과정을 따라야 한다. 이를 통해 교사는 올바른 평가를 위해 가장 적합한 평가 도구를 선택할 수 있게 된다.

수업 모형에 따른 평가 전략과 시기

수업 모형	주요 학습 결과	전통 평가	대안 평가	평가 시기
직접 교수 모형	1. 운동 수행 2. 규칙에 관한 지식 3. 체력	기능 검사 지필 검사 체력 검사	수행능력 체크리스트	형성 총괄
개별화 지도 모형	1. 운동 수행 2. 규칙에 관한 지식 3. 체력	기능관련 퀴즈 지필 검사 체력 검사	수행능력 체크리스트 저널	지속
협동 학습 모형	1. 개념 지식 2. 팀 참여 3. 사회성 발달	기능관련 퀴즈 지필 검사	집단 프로젝트 멀티미디어 프로젝트 포트폴리오 저널	지속 형성 총괄
스포츠 교육 모형	1. 경기 수행과 전략 2. 팀 참여 3. "역할 임무" 수행력	지필 검사	역할극 체크리스트 팀 프로젝트 경기 수행 종합 GPAI 저널	형성 총괄
동료 교수 모형	1. 운동 수행 2. 인지적 교수 지식 3. 사회성 발달	기능 검사 지필 검사	수행능력 체크리스트 저널	지속 형성
탐구 수업 모형	1. 움직임 기능과 관련된 고등 지식 2. 움직임 기능	지필 검사	구두 시험 면담 저널	지속 형성 총괄
전술 게임 모형	1. 운동 수행과 관련된 전략적 지식 2. 운동 수행	지필 검사	GPAI 수행능력 체크리스트 구두 시험	지속 형성 총괄
책임감 지도 모형	1. 사회성 발달 2. 운동 수행	기능 검사	수행능력 체크리스트 저널	지속 형성 총괄

최병식
전공체육
체육교육학 II
체육교수론

Chapter

10

체육 수업 모형

Chapter 10 체육 수업 모형

1 직접 교수 모형

교사가 수업 리더 역할을 한다.

1. 개요

직접 교수 모형은 교사 중심의 의사 결정과 교사 주도적 참여 형태를 특징으로 한다. 이 모형의 목적은 학생이 연습 과제와 기능 연습에 높은 비율로 참여하도록 하기 위해 수업 시간과 자원을 가장 효율적으로 이용하는데 있다. 이 모형의 핵심은 교사의 관리하에 학생은 가능한 연습을 많이 하고, 교사는 학생이 연습하는 것을 관찰하고, 높은 비율의 긍정적이고 교정적인 피드백을 제공하는 것이다.

(1) 직접 교수를 사용하는 교사의 역할(Rosenshine)

① 교사는 학습을 구조화한다.

② 교사는 각 수업 단계를 활기차게 진행한다.

③ 교사는 상세하고 풍부한 수업과 설명을 한다.

④ 교사는 많은 질문을 하고 명확하고, 활동적인 연습을 제공한다.

⑤ 교사는 학습 초기 단계에서 피드백을 제공하고, 잘못된 부분을 교정해 준다.

⑥ 학생은 초기 학습 과제에서 80% 이상의 성공률을 달성할 수 있어야 한다.

⑦ 교사는 많은 양의 학습 과제를 소량의 과제로 세분한다.

⑧ 학생이 과제를 자신감 있고 정확한 동작으로 90~100%의 성공률에 도달할 수 있도록 많은 연습 시간을 제공한다.

(2) 직접 교수 모형을 활용한 수업의 6단계(Rosenshine)

① 전시 과제 복습

㉠ 직접 교수 모형을 활용한 수업은 이전 수업 내용을 간단히 복습한 다음 시작한다. 이것은 교사의 수업 도입으로 간주되며, Hunter의 모델에서 선행 단계로 불리고 있다.

㉡ 이 단계에서는 이전에 배웠던 가장 핵심적인 기능이나 개념들을 다루어야 한다.

복습의 4가지 주요 기능
1. 학생이 이전 수업에서 얼마나 학습했는지를 이해하는데 도움이 된다. 2. 학생이 이전에 배웠던 내용을 좀 더 최근의 기억으로 회상시키도록 도와준다. 3. 학생이 전 시간에 배웠던 내용을 생각하게 함으로써 학습 환경을 즉각적으로 조성할 수 있도록 한다. 4. 이전 수업과 현재 수업의 학습 과제를 연결할 수 있도록 한다.

② 새로운 과제 제시

㉠ 수업 도입 단계가 끝나면 교사는 새로운 내용을 학생에게 설명하거나, 시범을 통해 과제를 제시한다.

㉡ 학생은 새로운 내용이 무엇이고 그것을 어떻게 수행해야 하는지에 대해 언어적/시각적인 정보를 통해 얻게 된다.

㉢ 이것은 학생에게 능숙한 운동 수행 모습이 어떤 것인지에 대한 전체적인 밑그림과 느낌을 제공하게 된다. 이 내용은 학생의 연령과 발달 단계에 맞게 제공되어야 한다.

③ 초기 과제 연습

㉠ 과제 제시는 구조화된 연습으로 이어지고, 학생은 과제를 수행하기 위해서 연습을 시작한다.

㉡ 학생의 학습 활동 비율을 높이려면 교사의 학습 관찰과 교정적 피드백의 비율을 높여야 한다.

㉢ 연습 과제는 학생이 80%의 성공률에 도달할 때까지 계속된다.

④ 피드백 및 교정

㉠ 보강 피드백과 교정 사항에 대한 설명은 초기 학습 과제가 이루어질 때나 과제 연습 계열성에서 각 과제 사이에 이루어진다.

㉡ 교사는 학생이 다음 과제로 이동할 준비가 되었는지 확인하기 위해 몇 가지 단서를 다시 가르치거나 몇 가지 이전 학습 과제를 되풀이 할 수 있다.

⑤ 독자적인 연습

㉠ 교사는 학생이 연습 과제에 능숙해졌다는 확신이 들면 좀 더 독립적으로 연습하도록 계획을 세운다.

㉡ 교사는 여전히 학습 활동을 설계하고 그들을 위해 과제를 제시하지만, 진도에 대해서는 학생 스스로 결정할 수 있도록 한다.

㉢ 학생은 자신들이 연습할 때 교사의 단서나 관찰 감독을 기다리지 않기 때문에 결국 학생의 활동 비율을 높게 할 수 있다.

㉣ 이 단계의 목표는 교사가 새로운 과제나 내용을 제시하기 전에 학생이 각자의 독립적인 과제에서 90%의 성공률을 성취하는 것이다.

⑥ 본시 복습

㉠ 교사는 이전 학습 과제를 반복하기 위해서 계획을 세운다.

㉡ 이를 통해 학생이 이전의 수업 내용을 얼마나 기억하고 있는지 확인하고, 새로운 내용은 이전의 내용을 토대로 형성된다는 것을 학생에게 알려준다.

2. 이론적 기초

(1) 이론적 배경 및 근거

① 직접 교수 모형으로 발전하게 된 교수·학습 전략은 행동주의 심리학자인 Skinner의 조작적 조건화 이론에서 파생된 것이다.

② 직접 교수의 많은 운영 과정은 학습된 행동과 그 결과 사이의 분명한 관계를 증명하는 동물 실험 연구와 유사하다.

③ 본질적으로 강화라고 하는 특정한 결과에 이르는 반응은 환경적인 자극이 다시 나타날 때 그 행동이 나타날 가능성을 증가시키고, 벌이라는 결과에 이르는 반응들은 환경적인 자극이 다시 나타날 때 감소되거나 전혀 발생하지 않는 경향이 있다.

④ 이 단순한 관계들은 동물들이 장기적이고 복합적인 학습된 행동을 습득하기 위해 사용되었던 몇 가지 운영 사항의 기초로써 스키너와 그의 동료들에 의해 활용되었다. 행동 심리학의 용어에서 이 과정은 행동 훈련이라고 하고, 이것은 다섯 개의 주요 개념인 조형, 모형, 연습, 피드백, 강화를 포함한다.

행동 훈련의 5가지 주요 개념	
조형 (shaping)	• 조형 과정은 훈련 절차의 마지막 결과를 규정하고, 학습자로 하여 금 궁극적인 목표를 달성할 수 있도록 하는 일련의 작은 학습단계나 연속적인 유사 행동으로 나타난다. • 조형의 초기 단계에서 기능 학습의 형태는 최종적인 기능 형태와 조금 유사할 수 있다. 그러나 과정이 지속됨에 따라 학습자는 마지막에 기대하는 학습 결과와 같은 숙련된 움직임 기능을 학습하게 될 것이다.
모형 (modeling)	• 모형의 이용은 학습자로 하여금 바람직한 기능 또는 동작을 수행하는 예를 보거나 들을 수 있도록 한다. • 모형화 된 운동 수행의 요소에 대하여 보고, 듣고, 읽음으로써 학습자는 성취해야 할 기능이나 동작에 대한 틀을 가진다. • 모형화 된 운동 수행은 학생의 현재 발달 단계와 과제의 준비도에 부합되어야 한다.

연습 (practice)	• 직접 교수 모형의 연습은 고도로 구조화되며 반드시 숙달 기준을 가지고 있다. 구조화 되었다는 것은 지루하거나 엄격하다는 것을 의미하지 않는다. • 구조화는 교사가 과제 구조, 사용될 교재, 시간 배당, 학생의 참여 형태를 포함하는 모든 측면의 학습 과제에 대한 명백한 계획을 세우는 것을 의미한다. • 직접 교수의 연습은 학생에게 올바른 운동 수행을 많이 반복하게 함으로써 학습 참여 기회(opportunity to respond : OTR)를 높일 수 있도록 고안되어야 한다.
피드백 (feedback)	• 높은 비율의 OTR은 교사가 제공하는 보강 피드백의 비율과 직접적으로 관련이 있다. • 직접 교수에서는 긍정적 피드백과 교정적 피드백을 선호한다. • 긍정적 피드백은 올바른 학습 시도를 강화하고 학습자에게 과제 참여를 지속할 수 있는 동기를 부여하는 두 가지 목적을 가지고 있다. • 교사가 잘못된 수행을 발견했을 때, 잘못된 수행에 대한 지적뿐만 아니라, 다음 시도 때 잘못된 행동을 어떻게 수정해야 하는지 학생들에게 말해 주어야 한다. • 다음 시도에 대한 단서를 줌으로써 부정적 피드백은 학습자가 더 잘 사용할 수 있는 교정적 피드백으로 전환된다.
강화 (reinforcement)	• 강화는 운동 수행의 올바른 시도뿐만 아니라 직접 교수에서 높은 비율로 제공된다. • 강화는 집중, 노력, 과제 수행, 지시 따르기, 수업 규칙과 일상 규칙 지키기와 같은 여러 가지 종류의 학생 행동을 보상할 때 활용된다.

⑤ 직접 교수의 기본적인 근거는 상당히 직설적이다. 교사는 학생에게 바람직한 운동 수행 결과에 대한 명확한 모습 또는 모형을 제공하기 위해 일련의 수업 진행에 대한 명백한 계획을 세운다. 그런 후 이것은 긍정적 피드백과 교정적 피드백을 수반하면서 학생 참여 수준을 높이는 교사 위주의 학습 활동으로 이어진다. 각 학습 과제는 학생이 각 내용 단원에서 더 큰 학습 목표로 다가갈수록 정해진 숙련의 단계까지 수행되어야 한다. 이런 근거는 체육을 포함한 모든 학교의 교과 내용과 학년에 걸쳐 효과가 매우 큰 것으로 증명되었다.

(2) 교수 · 학습에 관한 가정

① 교수에 관한 가정

㉠ 교사는 수업 내용과 의사 결정의 주관자이고, 수업의 계획과 실행에 주도적 역할을 해야 한다.

㉡ 교사는 단원 내용을 결정하고 그 내용은 학생이 발전함에 따라 참여하게 될 일련의 학습 과제로 선정되어야 한다.

㉢ 교사는 가장 효율적이고 효과적인 수단을 통해 학생에게 전달할 수 있는 내용 지식을 소유한 사람이다. 따라서 교사들은 수업 운영 기술뿐만 아니라 체육 교육 내용에 대해 높은 수준의 전문 지식을 갖추고 있어야 한다.

㉣ 교사는 수업 시간과 자료를 활용하고 수업에 대해 학생이 최대한 참여할 수 있는 방법으로 복잡한 환경을 효율적으로 조정하는 자신의 전문 지식을 사용할 수 있어야 한다.

② 학습에 관한 가정

㉠ 학습은 작은 과제들을 점진적으로 수행하면서 이루어지고, 이것은 복잡한 기능/지식의 학습으로 이어진다.

㉡ 학습자는 학습하기에 앞서 학습 과제와 운동 수행 기준에 대한 이해를 해야 한다.

㉢ 학습은 즉각적으로 표출 행동이 이어지는 학습 결과의 기능으로 볼 수 있는데, 이런 행동에 강화가 주어지면 학습은 높은 비율로 표출되거나 유지될 수 있다. 즉, 강화나 벌과 같은 자극이 주어지지 않으면 행동은 시간이 지나면서 감소하는 경향이 나타날 수 있다.

㉣ 학습자들이 자신들이 학습을 바람직한 운동 수행 결과로 이끌기 위해서는 OTR의 비율을 높일 필요가 있다. 이 가정은 직접 교수가 학생에게는 수동적인 모형이라는 비판에 대한 반대되는 개념이다. 실제로 학생의 움직임이 능숙하고 지속적으로 되기 위해서는 높은 참여율이 필요하다.

㉤ 높은 비율의 OTR은 학생들에게 학습 시도의 정확성에 대한 정보를 제공하는 긍정적 피드백, 보강적 피드백의 횟수를 늘리는 것과 동반되어 이루어져야 한다.

(3) **모형의 주제**: 교사가 수업 리더 역할을 한다.

① 교사는 내용, 관리, 학생의 참여에 대한 모든 의사 결정의 주도자이다.

② 교사는 권위자가 아니라 리더로서, 교사에게는 명확한 리더십 기능이 있다.

③ 이 리더십의 목적은 학생에게 높은 비율의 OTR과 피드백을 주며, 안정적이고 긍정적인 학습 단계를 밟도록 도와준다.

(4) **학습 영역의 우선 순위와 영역 간 상호작용**

① 학습 영역의 우선 순위

㉠ 1순위: 심동적 학습, 2순위: 인지적 학습, 3순위: 정의적 학습

㉡ 직접 교수 모형은 수업의 성취 지향적인 수업 모형으로, 움직임의 유형과 개념의 학습에 자주 사용된다.

㉢ 때로는 규칙과 개념 학습에서 인지적 영역이 최우선이 되는 경우가 있으나, 이 영역의 학습은 주로 심동적 영역의 학습을 촉진하는데 활용된다. 사고력은 운동 기능 형태의 학습을 좀 더 신속하고 능숙하게 촉진시킨다.

② 학습 영역 간 상호작용

㉠ 심동적 영역에서 학습 과제를 능숙하게 하기 위해서는 인지적 영역에 관심을 가져야 한다.

㉡ 학생들은 바람직한 동작 패턴의 선행 조건이나 수반되는 개념 및 전략을 인지하고 처리하며 학습해야 한다.

㉢ 교사는 학생으로 하여금 시행착오를 겪게 하기보다는 인지적 측면에 학생이 먼저 관심을 갖도록 유도해야 한다.

㉣ 직접 교수 모형에서 정의적 영역은 직접적으로 설명되지 않았다. 학생이 열심히 배우고, 지속적인 성공감을 경험하며, 학습 목표에 점진적으로 다가감으로써, 긍정적이고 정의적인 영역의 학습 결과들은 자연스럽게 성취될 것이라고 가정한다.

(5) 학생의 발달 요구 사항

① 학습 준비도

㉠ 직접 교수 모형의 학습 준비도는 운동 기능과 인지 기능의 발달 수준과 관계가 있다. 학생들은 앞으로 배우게 될 학습 과제에 대해 도움이 될 수 있는 선행 조건들을 갖춰야 한다.

㉡ 운동 기능에 대한 선행 조건으로 어떤 물체나 도구를 다룰 수 있는 힘, 자기에게 다가오는 물체를 탐지할 수 있고 속도를 감지할 수 있는 감각 운동 능력, 반복적인 연습을 할 수 있는 체력 등이다.

㉢ 인지 기능의 선행 조건에는 교사의 과제 제시에 사용되는 언어나 글의 내용, 모델로 제시된 정보를 이해할 수 있는 능력, 다음에 연습을 할 때 피드백을 활용할 수 있는 능력 등이다.

② 학습 선호도

회피적이고, 경쟁적이며, 의존적인 학생에게 효과적이다.

(6) 모형의 타당성

① 연구 타당성

㉠ 직접 지도 모형의 다양한 형태들이 교실 중심 수업에서 교수・학습 과정에 사용될 때 학생의 성취도가 일관성 있게 점진적으로 증가됨을 보고하고 있다.

㉡ 직접 교수도 전략에 중점을 둔 많은 연구가 수행되었지만, 정형화된 직접 교수 모형을 사용한 연구는 거의 없다. 하지만 직접 지도 전략을 사용한 체육 교육의 수많은 연구들을 통해 이러한 접근이 교수법에 효과적임을 증명할 수 있다(Rink).

㉢ 학생의 성취도와 가장 관련 있는 교수・학습 과정의 변인은 실제 학습 시간이다. 실제 학습 시간은 학생이 높은 성공률로 적절한 학습 활동에 보내는 시간의 양으로 정의된다(Metzler).

㉣ 많은 체육 교사들이 수업 시간에 실제 학습 시간의 양을 최대화할 수 있는 수업을 계획하기 위해 노력하였고, 이러한 수업 방법의 대부분은 직접 교수 모형을 약간 변형한 것이다.

직접 교수를 활용한 체육 수업에서 교사와 학생의 학습 과정 및 성취 간의 관계(Rink)
• 연습에 시간을 많이 할애하는 학생이 더 많이 배운다. • 연습은 학습 목표와 개별 학생에게 적합해야 한다. • 높은 성공률로 연습하는 학생이 더 많이 배운다. • 높은 수준의 인지적 과정을 거치며 연습한 학생이 더 많이 배운다. • 우수 교사들은 학습 환경을 창의적으로 조성한다. • 우수 교사들은 훌륭하게 의사소통을 한다. • 체계적인 내용 발달 단계는 학업 성취도를 향상시킨다.

② 실천적 지식의 타당성

㉠ 체육 교사들은 직접교수를 통해 학생이 효율적, 효과적으로 학습할 수 있음을 입증하면서, 오랜 시간동안 여러 형태의 직접 교수를 사용해 왔다.

㉡ 많은 교사들이 직접 교수 모형은 아니지만 직접 지도 전략들을 계속 사용하고 있다는 사실은 이 접근이 교수·학습에 매우 타당한 것임을 시사한다.

③ 직관적 타당성

㉠ 직접 교수 모형의 기본 운영은 이 모형이 수업에서 사용되는 합당한 이유를 확고히 해준다.

ⓐ 내용은 학습자가 최종적으로 더 높은 학습 목표를 완전하게 숙달할 수 있도록 작은 단계들로 구분된다.

ⓑ 교사는 학생이 능숙한 동작이 어떤 모습인지에 대해 이해할 수 있도록 모델을 제공한다.

ⓒ 학생은 높은 비율의 교사 피드백 더불어 매우 높은 비율의 OTR과 ALT를 얻는다.

ⓓ 학생은 다음 과제를 수행하기 전에 현재 학습 과제를 숙달했다는 것을 내용 목록에서 제시해야 한다.

㉡ 수업 목표가 기본 기능과 개념의 학습일 때 이러한 접근 방법은 체육 교과에서 직접 교수의 활용에 대한 직관적 타당성을 제공하면서 많은 교사들이 이 접근 방법을 합리적인 것으로 인식하게 된다.

3. 교수 · 학습의 특징

(1) 수업 주도성(수업 통제)

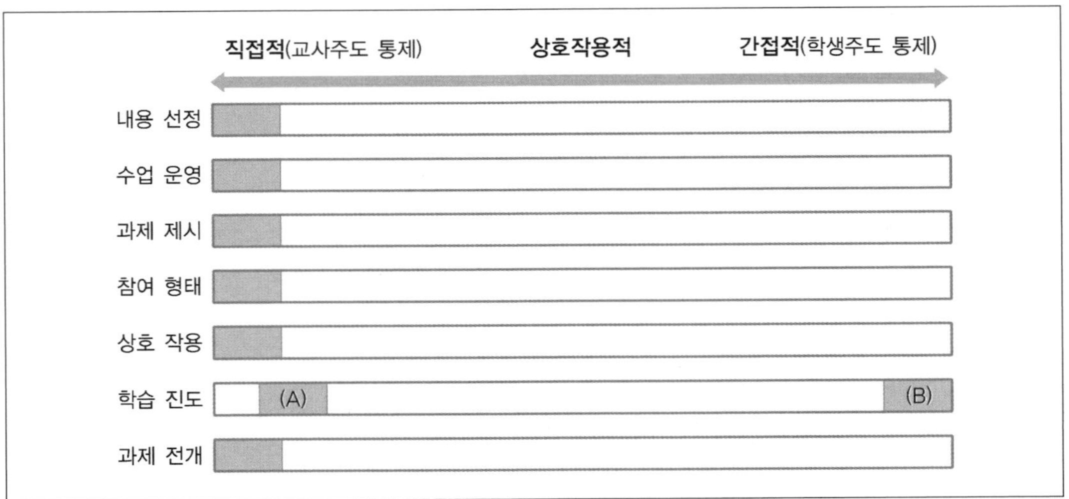

① 내용 선정

㉠ 교사는 내용 선정에 대한 완전한 통제권을 가지고 있다.

㉡ 교사는 단원에 포함될 내용, 학습 과제의 순서, 학생의 내용 숙달에 대한 수행 기준을 결정하고, 학생은 교사로부터 이러한 정보를 받고 단원 내내 따르게 된다.

② 수업 운영

㉠ 교사는 지도할 단원에 대한 관리상의 계획, 수업 방침/규정, 특정한 상규적 행동들을 결정한다.

㉡ 수업 운영의 효율성을 극대화하기 위해 통제가 지속적으로 이루어진다.

③ 과제 제시

㉠ 교사는 모든 과제 제시를 계획하고 통제한다. 그러나 교사가 항상 모델이 된다는 것을 의미하지 않는다.

㉡ 다른 학생이나 시청각 자료들을 통해 학생이 수행해야 할 기능이나 학습 과제에 대한 시각적, 언어적 설명을 제공할 수 있다.

④ 참여 형태

㉠ 개별 연습, 파트너 연습, 소집단 연습, 스테이션 연습 및 전체 집단 연습 등과 같은 다양한 학생 참여 유형이 직접 교수에서 사용될 수 있다.

㉡ 각 학습 과제에 어떤 유형을 사용할 것인지에 대한 결정은 교사가 하게 된다.

⑤ 상호 작용

㉠ 교사에 의해서 모든 상호작용이 시작되고 통제된다.

㉡ 교사는 보강피드백을 제공하고 수업의 모든 질의응답을 주관한다.

㉢ 학생의 질문이 금지되었음을 의미하는 것이 아니고, 단지 교사가 학생의 질문이 나올 시간을 미리 정한다는 것을 의미한다.

⑥ 학습 진도

㉠ 교사는 학생이 연습을 할 때 특히 초기 학습 과제에서 학습 진도를 엄격하게 통제한다.

㉡ 교사는 학생이 연습할 때마다 시작과 끝나는 시간을 알려줌으로써 학습 계열상 초기에 각 연습에 대한 단서를 줄 수도 있다(A).

㉢ 학생은 교사의 결정에서 각각의 시도들을 언제 시작할지를 결정한다(B).

㉣ 교사는 학생이 몇 번이나 혹은 얼마 동안 연습할 것인지를 결정한다.

⑦ 과제 전개

㉠ 교사가 하나의 학습 과제에서 다음 학습 과제로 이동하는 시기에 대한 모든 결정을 한다. 이 결정은 교사가 정한 과제 숙달 기준(예 80% 정확한 동작)을 바탕으로 이루어진다. 대부분 혹은 모든 학생이 이 기준에 이르게 되면, 교사는 다음 학습 과제로 수업을 이동할 수 있다.

ⓛ 또한, 교사는 각 과제를 해결하는데 얼마나 많은 시간을 할애할 것인지 결정할 수 있으며, 주어진 할당 시간이 경과되었을 때 학생들이 과제에 얼마나 숙달되었는지에 관계없이 과제를 이동할 수 있다.

직접 교수 모형의 포괄성

- 직접 교수 모형의 설계대로 사용될 경우, 직접 교수는 본래 포괄적이다.
- 모든 학생은 동일한 과제 제시를 보고, 동일한 학습 과제를 연습하며, 높은 학습 참여 기회(OTR), 실제 학습 시간(ALT), 보강 피드백을 받은 후, 다음 학습 활동으로 함께 진행한다.
- 그러나 내용 전개가 학급 수준에 의해 결정되기 때문에 덜 숙련되었거나 부진한 학습자들은 다른 학습자들과 함께 다음 과제로 진행하기 전에 현재의 학습 과제를 숙달하지 못할 가능성이 있다. 즉, 덜 숙련되었거나 부진한 학습자들은 모든 학생들을 단원의 다음 과제로 진행하라는 교사의 결정 때문에 현재의 과제를 더 연습할 기회를 잃게 된다.
- 직접 교수 모형을 사용하는 교사들은 학습 속도에 따라 수업에서 여러 집단을 계획할 수 있지만, 이것은 체육 수업에서 자주 이루어지지 않는다.
- 초대에 의한 교수(Teaching by invitation)는 계획된 학습 활동이 보다 다양한 적성과 경험을 가진 학생들이 함께 할 수 있는 포괄성을 지니도록 하는데 좋은 전략이 된다.

  예 과제 유형은 같지만 난이도가 다른 4가지 스테이션을 만들어 난이도를 설명하고 학생들을 원하는 스테이션으로 초대하여 연습

(2) 학습 과제

① 과제 제시

㉠ 과제 제시는 학생에게 기능/과제를 능숙하게 수행하는 방법을 묘사해 주는 매개체이기 때문에 과제 제시를 통해 그 과제를 성공적으로 수행하는 방법에 대한 명확한 상(picture)을 필수적으로 제시해야 한다.

㉡ 과제를 제시할 때 CD와 비디오테이프 같은 교육 매체를 사용할 수 있는 반면, 교사는 학생에게 수업 정보의 흐름을 지속적으로 통제하기 위해 종종 모델로서의 역할을 담당하기도 한다. 학생 모델도 이러한 기능을 위해 사용되지만, 모델을 통해 보여준 행동은 바로 교사가 다른 학생에게 보여주기를 원하는 행동이기 때문에 시범이 정확히 이루어져야 한다.

㉢ 직접 교수 모형은 높은 비율의 학습 참여 기회(OTR)를 가지므로, 학생은 잘못된 운동 수행의 단서에 따라 연습해서는 안 되며, 이후에 잘못된 운동 수행은 올바른 운동 수행으로 교정되어야 한다. 이것 때문에 직접 교수 모형을 사용하는 교사는 대부분 과제 제시에서 모델로서의 역할을 담당하게 된다.

㉣ 과제 제시는 수업에 참여하는 모든 학생에게 한 번에 이루어진다. 교사가 제시한 모델과 운동 수행 단서의 이해 여부를 자주 확인해야 한다.

㉤ 운동 수행 단서를 제공하면서 교사가 시범보일 때 학생도 따라하는 적극적인 시범 전략을 사용하여 학생이 연습하기 전에 제시된 과제를 정말로 이해하고 있는지 확인할 수 있다.

② 과제 구조

㉠ 직접 교수는 학생을 위해 계획된 여러 과제 구조들과 함께 다양한 학습 활동들을 사용할 수 있다.

㉡ 선택된 과제 구조에 상관없이 학생은 학습 활동의 조직 방법과 책무성 체계를 이해하는 것이 중요하다. 학생이 과제 구조를 이해하지 못한다면, 교사는 수업에서 OTR과 수업의 흐름에 영향을 미치더라도 학습 방향을 다시 반복해야 한다.

㉢ 직접 교수에서 학습 과제는 학생의 과제 연습을 돕고, OTR을 증가시키기 위해 많은 시각 자료를 사용할 수 있다.

㉣ 적당한 간격을 표시하기 위해 바닥에 그려진 선, 통로 표시로 사용된 콘, 정확도를 가리키는 벽 위의 목표물, 공을 받아치는 기계 장치 등은 체육 수업에서 학생이 바람직한 운동 수행 수준을 유지시키고 OTR을 높이는데 도움이 된다.

학습 과제와 자체 연습을 위해 사용될 수 있는 학습 과제 구조

초기 학습 과제	• 개인 공간에서 개별 연습 • 반복 훈련에 의한 개별 연습 • 교사 주도에 의한 연습 • 간이 게임
상위 수준의 학습과제와 독자적 연습	• 파트너 연습 • 스테이션 과제 • 순환 및 장애물 코스 • 복합 기능 훈련 • 간이 게임 • 미니 게임

③ 내용 전개

㉠ 직접 교수 모형에서 내용 전개는 교사가 단원이 시작되기 전에 결정한 내용 목록과 계열성에 기초한 단원 내용에 따라 이루어진다.

㉡ 교사는 각 단원에서 배워야 될 기능과 지식을 확인하고 학습 내용의 순서를 미리 정한다.

㉢ 학생들은 위의 표에 제시된 초기 학습 과제와 상위 수준의 학습 과제 구조의 목록 내용처럼 연습을 통해 점차적으로 쉬운 수준에서 어려운 수준으로 학습해 나간다.

㉣ 교사는 학생들이 현재 학습 과제를 80% 이상 숙달하고 나서 다음 과제로 이동하게 한다. 이때 학생들의 학습 속도가 다르기 때문에 교사는 학습 속도가 비슷한 학생들끼리 묶어 연습할 수 있도록 이동시켜 준다.

㉤ 시간 지향 과제 전개도 가능하지만, 이러한 방법은 학습 과제를 익히는데 기능을 제대로 익히지 못한 학생들은 더더욱 기능이 뒤떨어질 수 있기 때문에 직접 교수 모형의 설계에 역행하는 것이 될 수 있다.

(3) 학습 참여 형태

① 직접 교수 모형에서 교사는 각 학습 활동을 위해 선택한 과제 구조에 따라 여러 가지 학생 참여 형태를 사용한다.

② 학생들은 혼자서, 파트너와 함께, 소집단, 대집단, 전체 학급 안에서 연습한다. 스테이션이 종종 사용되기도 한다. 이 유형들의 공통점은 교사가 전적으로 참여 형태를 결정하고, 형태를 조직하고, 유지한다는 점이다.

(4) 교사와 학생의 역할 및 책임

역할 및 책임	직접 교수 모형에서의 책임 주체
수업 시작	교사는 도입 단계에서 모든 학생에게 인사를 하면서 수업을 시작한다.
수업 기구 준비	교사는 수업에 필요한 기구 목록을 만들고, 학생은 기구 설치를 도와 줄 수 있다.
수업 기구 배치 및 회수	교사는 학생에게 어디에 기구를 배치할 것인가 지시하고, 학생은 수업이 끝난 후에 지정된 장소에 기구를 정리하는 것을 도울 수 있다.
출석 점검(필요 시)	교사는 출석을 부르거나, 시간을 절약하기 위해 대안을 사용한다.
과제 제시	교사는 학생이 관찰할 운동수행 모델 제공을 계획하고 이행한다.
과제 구조	교사에 의해서 계획되고 제시되며, 학생은 지도를 받고 그것을 이행한다.
평가	교사는 각 학습 과제를 위한 수행 기준을 결정하고 학생 성취 수준을 검토한다. 평가는 다양한 방법으로 이루어질 수 있으나 일반적으로 교사의 비공식적 관찰에 의해 학생의 운동 수행을 평가한다.
내용 전개	학생의 운동 수행을 감독하면서 교사는 학습 활동이 끝나는 시기와 학생이 다음 활동으로 이동하는 시기를 결정한다.

(5) 교수 · 학습 과정의 검증

① 교사 기준

기준	검증 방법
단원 내용은 큰 학습 목표의 달성을 위해 소규모 학습 과제로 구분된다.	교사는 과제 분석, 내용목록, 내용 전개 등을 단원이 시작하기 전에 살펴본다.
교사는 전시 수업 내용을 검토한다.	전시 복습과 도입 단계를 포함하고 있는 수업 계획을 검토한다.
교사는 명확하고 효율적 과제 제시를 한다.	1. QMTPS로 모니터한다. 2. 연습이 시작될 때 학생을 관찰한다. • 과제를 정확하게 수행하고 있는가? • 교사는 학생의 이해를 위해 점검하였는가?
교사는 명확한 과제 구조를 제시한다.	연습할 때 학생을 관찰한다. 학생들이 교사가 제시한 방법으로 참여하고 있는가? 교사는 학생의 이해를 점검하였는가?

교사는 내용 전개 시 신속하게 진행한다.	교사는 일련의 소규모 학습 과제를 계획하고, 계획된 수업 분절 사이를 신속하게 이동한다.
교사는 긍정적이고 교정적인 피드백을 높은 비율로 제공한다.	교사에 의하여 학생에게 제공된 피드백의 유형과 빈도를 기록한다.
교사는 완전 학습을 추구하는 과제의 숙달 기준을 제공한다.	수업 계획을 점검하고, 학생의 80~100%가 이전의 과제를 완수했는지 확인한다.
교사는 규칙적으로 학습 내용을 복습하도록 유도한다.	단원 계획을 점검하고, 각 복습이 이루어지는 시기와 초점을 기록한다.

② 학생 기준

기준	검증 방법
학생은 과제 제시를 이해한다.	교사가 제시한 방식에 따라 연습하고 있는 학생 수를 센다.
학생은 과제 구조를 이해한다.	교사 지시에 따라 참여하는 학생 수, 과제를 변형하는 학생 수, 과제에서 이탈하는 학생 수를 센다.
학생의 OTR 비율이 높다.	과제 연습 시도의 횟수를 세고, 학생이 실제 연습한 시간을 측정한다.
학생의 ALT 비율이 높다.	타당한 ALT-PE 관찰 기록 도구를 가지고 표본 학생을 모니터 한다.
학생은 높은 비율의 긍정적, 교정적 피드백을 받는다.	교사가 피드백을 체크할 때 학생이 피드백을 받고 있는지 주시한다. 피드백은 수업 중 모든 학생에게 고루 분배되어져야 한다.
초기 연습은 교사에 의해 지도된다.	과제 구조와 내용 전개를 점검한다.
차후 연습은 몇 가지 독자적인 연습을 수반한다.	과제 구조와 내용 전개를 점검한다.
학생은 내용을 숙달한다.	학생은 학습 내용을 완수하고, 교사가 진술한 학습 목표에 부합하는 정기적인 평가를 통과한다.

(6) 학습 평가

직접 교수 모형은 완전 학습 접근 방식을 사용한다. Rosenshine은 학생이 한 단원의 초기 학습 과제에서 약 80%의 성공률, 후기 학습 과제에서 90~100%의 성공률을 달성하도록 권장한다.

① 비공식적 평가

교사는 시간이 거의 소비되지 않고 기록할 필요가 없는 몇 가지 실제적인 전략들을 가지고 학생의 성공률을 비공식적으로 평가할 수 있다.

㉠ 학생이 과제를 블록(Block) 단위로 연습하고 난 후 모든 학생이 한 블록을 마쳤을 때 수업을 멈춘다. 기준 성공률에 도달한 학생이 충분하지 못하다면 과제는 계속된다. 대부분의 학생이 정확히 실시하면 그때 다음 과제로 이동한다.

㉡ 교사는 학생이 과제를 연습할 때 표본 학생을 모니터할 수 있고, 표본 학생이 성공한 횟수와 실패한 횟수를 측정할 수 있다. 표집된 학생이 거의 모두가 기준 성공률에 도달하면 그때 다음 과제로 이동한다. 표집된 표본 학생들은 학급을 대표할 수 있어야 하고, 이를 위해 다양한 기술 능력을 가진 학생을 포함하고 남학생과 여학생의 수를 동일하게 해야 한다.

② 공식적 평가

비공식적 평가는 매우 실용적이지만, 학생의 성공률에 대해 잘못된 정보를 교사에게 제공할 수 있다. 공식적 평가 전략은 체계적이고 객관적이며 정밀한 경향이 있지만, 체육 수업에서 실행 가능성 여부의 문제가 있다.

㉠ 학생에게 성공 횟수와 실패 횟수를 기록할 수 있는 과제 카드를 제공해서 기준 성공률에 도달하면 카드를 제출하게 하고, 대부분의 학생이 제출하면 다음 과제로 이동한다.

㉡ 교사는 주기적으로 간단한 시험(지필, 구두, 실기)을 내어, 즉시 교사에 의해 채점될 수 있다. 거의 모든 학생이 기준 점수에 도달했을 때 다음 과제로 이동한다.

㉢ 교사는 체크리스트로 운동 수행의 중요 사항에 대해 학생의 기능을 관찰하고, 거의 모든 학생이 능숙한 기술을 수행하면 다음 과제로 이동한다.

㉣ 동료 학생 관찰자들은 이전의 평가 전략을 활용할 때 교사를 대신할 수 있다.

4. 교사 전문성 및 상황적 요구 조건

(1) 교사 전문성

① 과제 분석 및 내용 목록

㉠ 직접 교수 모형에서 학습 내용은 작은 단위로 나뉘어져 일련의 점진적인 학습과제로 배열되는 특징이 있다.

㉡ 교사들은 학생이 발전함에 따라 학습 과제 순서를 구성하는데 사용되는 세부적인 과제 분석을 완수할 수 있어야 한다.

㉢ 과제 분석이 완전히 이루어지면, 교사는 내용 목록을 결정하면서 어느 정도 내용을 한 단원에서 가르쳐야 하는지 알 수 있게 된다.

② 학습 목표

㉠ 직접 교수 모형은 수행 목표로 진술된 학습 목표의 성취를 추구하므로, 교사는 학생들이 실천 가능한 수행 기준에 도전할 수 있는 목표를 진술해야 한다.

㉡ 처음에 교사가 어떤 학습 내용을 직접 교수 모형으로 수업하고자 한다면, 교사는 특정 학습 과제에 대한 수행 기준을 수립해야 한다.

③ 체육 교과 내용

㉠ 교사는 과제를 효과적으로 제시하고 학생에게 유용한 수행 피드백을 부여하기 위해서 지도할 내용에 대해 필수적으로 알고 있어야 한다.

ⓛ 그 지식은 두 가지 형태가 되어야 하는데, 첫 번째는 과제를 제시할 때 능숙하게 기능 수행을 보여줄 수 있는 능력과, 두 번째는 구체적이고 정확한 피드백을 더 많이 제공하기 위해 학생의 운동 기능을 관찰할 수 있는 능력이다.

④ 발달 단계를 고려한 지도

㉠ 학생이 수행 기준에 따라 학습 과제에 참여하도록 하기 위해서는 교사는 반드시 학생의 발달 능력을 숙지하고 있어야 한다.

㉡ 교사는 학생의 인지 능력 수준에서 이행할 수 있는 언어를 사용해서 과제 제시와 과제 구조를 전달해야 한다.

㉢ 교사는 수행 기준에 대한 기대가 학생의 능력에 부합되기 위하여, 학생이 그 발달 단계에서 보일 수 있는 적절한 반응 범위를 숙지해야 한다.

(2) 핵심적인 교수 기술

효율적인 교수 변인 중 가장 중요한 것은 실제 학습 시간(학생이 높은 성공률로 적절한 학습 과제에 참여하는 데 보내는 시간)이다. ALT(Academic learning time)를 많이 갖는 학생은 학습 목표를 달성할 가능성이 커지기 때문에, 학생들의 ALT를 높이기 위해 의사결정을 내리고 지도하는 교사는 효율적인 교사로 인식된다.

① 수업 계획

㉠ 교사는 단원 계획과 수업 계획을 주도할 수 있다.

㉡ 교사는 단원 수준에서 내용 목록을 결정하고 학생이 학습할 학습 과제에 대한 계획을 세울 필요가 있다.

㉢ 수업에서 직접 교수의 성패는 수업 시간 및 자료의 활용에 좌우되는데, 이것은 각 수업에 대한 주의 깊고 세심한 계획에 의해 촉진될 수 있다.

② 시간과 수업 운영

㉠ 우수한 교사는 학생에게 높은 ALT와 OTR을 제공하기 위해 수업에 할당된 시간을 최대화하고자 한다.

㉡ 직접 교수 모형을 사용하는 교사는 항상 복합적이고 때로는 예측 불허한 다양한 학습 환경의 측면을 총 지휘할 수 있어야 한다.

㉢ 수업 활동은 한 활동에서 다음 활동으로 유연하게 흘러가야 하고, 학생은 교사의 지도 아래 신속하고 정확하게 학습 활동에 임해야 한다.

③ 과제 제시와 과제 구조

㉠ 효과적인 과제 제시와 과제 구조의 8가지 측면(Graham)

ⓐ 명확한 지도 지침 만들기

ⓑ 제시될 학습 내용의 유용성을 강조하기

ⓒ 새로운 학습 내용을 구조화하기

ⓓ 학생의 주의 집중을 위해 신호 만들기

ⓔ 정보를 요약하고 반복하기

ⓕ 이해도 체크하기

ⓖ 학습을 위한 건설적인 분위기를 조성하기

ⓗ 책무성 정도를 제시하기

㉡ QMTPS(Qualitative Measure of Teaching Performance Scale)

ⓐ 교사는 교수 행동의 질적 측정 도구(QMTPS)를 사용하여 자신의 과제 제시 기술을 모니터할 수 있다(Rink).

ⓑ QMTPS는 과제 제시의 7가지 측면인 명확성, 시범, 단서의 수, 단서의 정확성, 단서 내용의 질, 초점의 적절성, 구체적이고 일관성 있는 피드백으로 교사를 평가한다.

ⓒ QMTPS의 총점은 학생에게 효과적인 과제 설명을 계획하고 제시하는 교사의 능력을 나타낸다.

ⓓ Gusthart, Kelly, Rink는 QMTPS의 총점과 학생의 성취 수준을 관련지어 직접 교수 모형에서 QMTPS 도구를 타당화하였다.

④ 의사소통

㉠ 명확성은 직접 교수 모형을 활용하는 교사에게 중요한 의사소통 기술이다.

㉡ 과제 제시, 과제 구조, 피드백은 학생이 정보를 이해하고 활용할 수 있는 방식으로 학생에게 제시되어야 한다.

㉢ 명확성은 학생의 이해도를 자주 점검하고 처음에 학생이 이해하지 못했던 정보를 반복함으로써 증가될 수 있다.

⑤ 교수 정보

㉠ 직접 교수 모형에서 교수 정보는 일방통행으로 흐르게 된다. 교사는 의사소통을 주도하고 학생은 듣거나 주시하게 된다. 교사는 질문을 하지만, 그 질문은 대개 사전 정보를 확고히 하기 위해 이루어진다.

㉡ 가장 필수적인 교수 정보 유형은 과제를 제시할 때 주어지는 언어적 단서와 시범 단서이고, 학습 활동 동안 주어진 보강피드백의 두 가지 유형은 긍정적 피드백과 교정적 피드백이다.

⑥ 수업 정리 및 종료

㉠ 수업은 이전 수업을 복습하고 도입 단계로 이어지면서 시작되어서 수업 정리 및 종료로 끝을 맺는다.

㉡ 초기 복습과 도입 단계는 학생에게 수업 내용에 대해 관심을 갖으면서 집중하도록 하고, 수업 정리에서 이루어지는 복습은 수업 시간에 배웠던 것을 정리해주며 체계적으로 수업을 마무리할 수 있도록 한다.

㉢ 종료는 학생에게 "오늘 체육 수업은 끝났다"라는 것을 상기시키고 수업을 마치도록 한다.

(3) 상황적 요구 조건

① 직접 교수 모형은 모든 연령과 발달 단계를 불문하고 학생에게 모든 운동 내용을 지도하는데 활용될 수 있다.

② 주요 상황적 요건은 높은 비율의 OTR을 제공하는데 있고, 이를 위해 수업 시간에 학생의 대기 시간을 줄이기 위한 충분한 기구와 활동 공간이 필요하다.

(4) 모형의 선정과 변형

직접 교수 모형은 기본 움직임 기능과 개념을 지도하기에 어느 다른 모형보다 효과적이지만, 상위 수준의 인지적·심동적·정의적 영역의 학습을 우선시한다면 효과적이지 못할 것이다.

5. 지도 계획 시 주안점

(1) 시간에 구애 받지 않고 전체 단원 내용을 계획하고 내용 범위와 결과에 대한 초안을 만든다. 그리고 나서 각 기술과 지식 영역을 학생들이 배울 때 얼마나 많은 시간이 소요될 것인지 판단한다. 단원을 시작하기 전에 계획대로만 실현하려고 하지 말고 내용을 더 첨부하거나 약간 줄일 수 있도록 융통성을 가진다.

(2) 단원 계획을 미리 세우면 그 단원에서 앞으로 배워야 할 내용과 남아 있는 시간에 따라 수업을 조정할 수 있다.

(3) 학생들에게 다양한 방법으로 과제를 제시한다. 그리고 가능하면 교수 매체(예 CD-ROM, 과제카드)를 사용한다.

(4) 수시로 학생 중심 평가를 실시한다. 학생 스스로 가능한 학습 과제를 정하게 한다.

(5) 학생들이 기다리는 시간이 없도록 충분한 학습 스테이션(Station)을 마련한다.

(6) 단순히 계획된 학습 내용만 가르치려고 하지 마라. 단원에 있는 각 기능 또는 지식 영역의 숙달 기준을 학생들이 시연해 볼 수 있도록 몇 가지 방법을 제공한다.

2 개별화 지도 모형

수업진도는 학생이 결정한다. 가능한 빨리, 필요만 만큼 천천히

1. 개요

(1) 개별화 지도 모형은 학생들이 미리 계획된 학습 과제의 계열성에 따라 자신에게 맞는 속도로 배우도록 설계되었다.

(2) 학습 과제는 전체 단원의 내용 목록을 결정할 때 이루어지며, 가르칠 기능 및 지식 영역에 대한 과제 분석을 통해 이루어진다.

(3) 모든 학습 과제 모듈은 문서나 다른 형식으로 학생들에게 주어지는데, 과제 제시, 과제 구조, 오류 분석, 수행 기준에 대한 정보를 포함한다.

(4) 교사는 학생에게 내용을 개별적으로 제공하지 않고 학생들이 교재를 읽거나 비디오 클립을 시청함으로써 정보를 얻는다.

(5) 개별화 지도 모형의 특성은 교사로 하여금 수업 중 학생들에게 정보를 전달하는데 소요되는 시간을 줄이고, 그 시간을 학생과의 교수 상호작용에 투자하도록 한다는 데에 있다.

(6) 학생은 명시된 수행 기준에 따라 과제를 완수하면, 교사의 허락 없이 바로 학습 과제 목록에 있는 다음 과제로 이동한다.

(7) 교사 주도의 과제 제시가 거의 없기 때문에 교사는 학습 동기 유발과 수업 정보를 제공하기 위해 학생들과 상호작용을 해야 한다.

(8) 개별화 지도 모형은 하나의 내용 단원에 대한 통합 계획(unified plan)으로 활용되기 때문에 일일 학습 지도안이 없다. 학생은 개별적으로 학습 과제의 계열성에 따라 학습을 진행하고 이전 수업이 완료되면 그 지점에서 새로운 수업을 시작한다. 교사는 단지 이 수업 시간에 어떤 과제를 제시해야 하고 그 과제에 참여하기 위해 학생들에게 필요한 수업 자료 및 기구를 제공하면 된다.

(9) 수업 관리, 학습 과제, 평가에 대한 정보는 개인 학습지와 수업 매체(비디오테이프, CD, 혹은 홈페이지)를 통해 전달된다. 학생들은 가능한 한 개인 학습지를 읽고 그대로 이행한다. 교사들은 개인 학습지에서 다루지 않는 내용 중 학생이 요구한 특수 사항과 세부 사항만을 제시한다.

(10) 개별화 지도 모형의 기본 설계 목적은 학생들에게는 자기주도적인 학습자가 되고, 교사에게는 상호작용이 필요한 학생들과 많은 상호작용을 가능케 하는 것이다.

(11) 이 모형은 심동적 영역과 인지적 영역의 학습에 매우 효과적인 모형이다.

2. 이론적 기초

(1) 이론적 배경 및 근거

① 개별화 지도 모형의 초기 아이디어는 응용 행동 분석학에서 유래하였다. 인간의 학습은 개인과 외부 환경의 상호작용의 결과로 일어난다고 본다.

② 인간 행동의 특정 결과를 강화자(reinforcers)라고 부르는 것은 그 행동이 다시 발생하는 가능성을 높여주기 때문이고, 처벌자(punishers)라고 부르는 것은 다른 결과는 그 행동이 다시 발생하는 가능성을 낮추기 때문이다. 인간 행동 과학은 인간과 환경 간의 이러한 관계에 토대를 두고 있다.

③ Skinner의 행동 심리에 근거한다.

개별화 지도 모형이 다른 모형과 달리 학생에게 충분한 강화를 제공할 수 있는 4가지 특징 (Keller & Sherman)
1. 창의적이며 흥미로운 학습 자료를 바라볼 수 있는 능력
2. 학습 목표를 향한 규칙적이고 실제성 있는 과정
3. 학습의 즉각적인 평가
4. 교사의 학생 개인에 대한 관심

(2) 교수 · 학습에 관한 가정

① 교수에 관한 가정

㉠ 많은 교수 기능들은 문서, 시청각 매체로 전달될 수 있다.

㉡ 교사의 기본적 역할은 수업을 관리하는 것보다는 학습과 동기 유발을 위해 학생과 상호작용하는 것이다. 수업 관리 운영 방식은 서면으로 학생들과 의사소통할 수 있고, 교사의 지시가 거의 없이 학생들에 의해 전달될 수 있다.

㉢ 학생의 학습은 교사의 간섭이 없고 자기주도적일 때 가장 효과적이다.

㉣ 수업 계획의 의사결정은 학생들의 학습에 대한 자료 수집에 근거하여 이루어진다.

㉤ 개별 지도의 설계는 바람직할 뿐만 아니라 가능하다.

② 학습에 관한 가정

㉠ 학생의 학습은 교사의 도움 없이 자율적으로 이루어진다.

㉡ 학생은 서로 다른 속도로 학습한다.

㉢ 학생은 학습 내용에 대해 서로 다른 능력을 가지고 있다.

㉣ 충분한 시간과 기회가 주어지면, 모든 학생은 주어진 수업 목적을 달성할 수 있다.

㉤ 학생이 독립적인 학습자일 때, 동기 유발도 잘 되고 책무성도 커진다.

(3) 모형의 주제 : 수업진도는 학생이 결정한다. 가능한 빨리, 필요한 만큼 천천히

① 개별화 지도 모형의 기본적인 설계는 각 학생들에게 수업 관리 정보, 과제 제시, 과제 구조, 수행 기준과 오류 분석이 포함된 학습 활동 및 평가를 하나의 묶음으로 구성하여 수업 자료들을 제공하는 것이다.

② 학생들은 학습 활동의 계열에 따라 각 단계에서 정해진 수행 기준을 충족하면 다음 단계로 넘어가게 된다.

③ 기능 수준이 높고 우수한 학생은 가능한 빨리 학습 속도를 진행하고, 기능 수준이 낮고 능력이 우수하지 못한 학생은 각 활동을 완수하는 데 시간이 필요하다. 학생들은 자신의 능력에 따라 속도를 맞춰 학습한다.

④ 개별화 지도 모형은 모둠 단위와 학급 수준 단위의 진도가 없다.

(4) 학습 영역의 우선 순위와 영역 간 상호작용

① 학습 영역의 우선 순위

㉠ 1순위: 심동적 학습, 2순위: 인지적 학습, 3순위: 정의적 학습

㉡ 개별화 지도 모형은 완전 숙달 중심과 성취 중심의 수업 모형이다.

완전 숙달 중심의 수업	학생이 다음 단계로 넘어가기 전에 현 단계의 수행 기준을 충분히 충족해야 한다는 것이다.
성취 중심의 수업	인지적, 심동적 영역에서의 학생 수행은 명확한 학습 결과에 초점이 맞춰져야 한다는 것이다.

② 학습 영역 간 상호작용

㉠ 학생은 인지 능력을 동원하여 문서 자료와 시각 자료를 통해 과제 제시와 과제 구조를 이해하고 그러한 학습은 대부분의 수행 기준이 진술된 심동적 영역의 수행을 촉진하기 위해 이루어진다.

㉡ 일부 학습 과제는 이해력 퀴즈, 전략 시험, 규칙 시험과 같은 인지적 영역의 평가 수행을 위해 설계되지만, 대부분의 수행 기준은 심동적 영역을 위해 작성한다.

㉢ 정의적 영역에서 학생은 자신에게 적절한 속도로 진도를 나가고 단계를 옮겨가면서 그 활동을 즐기고 성취감을 느낄 것이다. 이는 자율성과 자기 효율성의 수준을 높이게 된다.

(5) 학생의 발달 요구 사항

① 학습 준비도

㉠ 학생들은 수업 운영 및 지도와 관련된 대부분의 내용을 문서나 그림의 시각적 자료에 의해 제공받기 때문에 교사로부터 독립적일 수밖에 없다. 따라서 학생들은 문서를 읽고 (혹은 보고) 정보를 이해할 수 있는 능력이 있어야 한다.

㉡ 개별화 지도 모형의 수업에서 교사로부터의 독립성은 교사의 지속적인 수업 운영에 관한 관찰이나 감독 없이 이루어지는 학생의 적극적 참여를 요구하는 학생의 책무성을 의미한다. 이러한 수준의 책무성을 보여주지 못하는 학생들은 이 개별화 수업에서 의도하는 학습 효과를 기대하기 어렵다.

이해력	학생은 개인 학습지에 적혀 있는 정보와 과제 정보를 읽고 이해할 능력이 있어야 한다.
학생의 책무성	개별화 지도 모형에서 교사로부터의 독립성은 교사의 관찰이나 감독 없이 학생의 적극적 참여를 요구하는 학생의 책무성을 의미한다.
기자재 활용	개별화 지도 과제와 구조 정보를 제시하는 데 인쇄 매체 이외의 수많은 기자재가 사용되기 때문에 그 활용 능력이 필요하다.
도움 요청	과제나 특정 방식의 활용에 어려움을 직면할 때, 미리 정해진 신호로 교사에게 도움을 요청할 수 있어야 한다.

② 학습 선호도

회피적이고, 경쟁적이며, 의존적인 학생에게 효과적이다.

(6) 모형의 타당성

① 연구 타당성

㉠ 개별화 수업 모형 접근 방식이 체육 수업 지도에 관한 연구물을 비교한 결과, 개별화 수업 모형 혹은 이 모형과 비슷한 기법이 다른 교수 방법과 비교했을 때 최소한 같거나 그 이상으로 효과적이다(Annario).

㉡ 개별화 수업 모형과 직접 교수를 사용한 특정 수업에서 학생이 학습에 소모한 시간을 비교한 결과 학생들의 내용 참여 비율, 기능 연습 시간, 실제 학습 시간, 학습 과제의 성공률 등에서 개별화 수업 모형이 직접 교수보다 높게 나타났다(Metzler).

㉢ 개별화 수업 모형의 연구는 학생들의 성취 수준을 높이는 것으로 그 효과성을 일관성 있게 입증해 왔다.

② 실천적 지식의 타당성

㉠ 거의 모든 영역에서 사용될 수 있다는 사실과, 이 개별화 수업 모형을 적용하는 효과적인 방법에 대한 문헌 자료가 많다는 사실은 실제적 지식의 타당성에 대한 좋은 증거가 된다.

㉡ 이 모형은 오랜 시간 끊임없이 사용되어 왔다는 사실만으로도 많은 교사들이 선호하고 활용하여 왔으며, 학생들의 학습에 가시적 효과가 있음을 증명하고 있다. 이 모형은 여러 학년과 많은 체육 프로그램 내용에서 적용될 수 있다.

③ 직관적 타당성

㉠ 모든 교사들은 어떤 학생이 다른 학생보다 빨리 배운다는 것, 체육 수업 시간에는 다양한 기능과 경험 수준의 학생이 함께 있다는 것, 가장 효과적인 교수는 학생과의 1 : 1의 상황에서 일어난다는 것을 알고 있다. 이러한 사실들은 개별화 지도 모형이 여러 교육 환경에서 가장 효과적인 교수 방법이라는 것을 직관적으로 증명해 준다.

㉡ 덧붙여 심동적 영역에서 성취 중심 학습을 강조하는 개별화 지도 모형은 많은 체육 수업 단원에서 영역별 우선 순위를 고민하는 교사에게 대안을 제시해 주었다.

3. 교수 · 학습의 특징

(1) 수업 주도성(수업 통제)

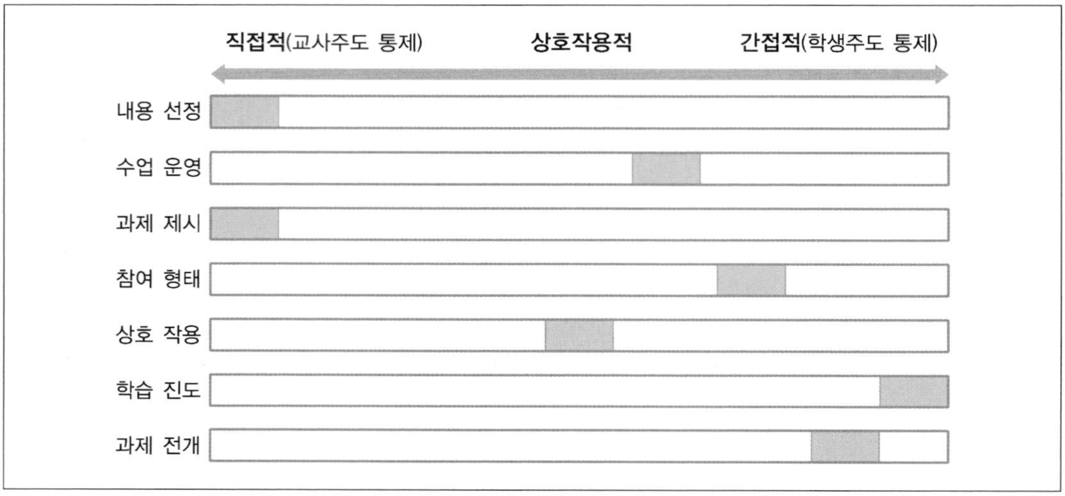

직접적(교사주도 통제) 상호작용적 간접적(학생주도 통제)

내용 선정
수업 운영
과제 제시
참여 형태
상호 작용
학습 진도
과제 전개

① 내용 선정

㉠ 교사가 내용 선정과 계열성을 결정한다.

㉡ 교사는 그 단원에 포함되어야 할 내용과 학습 과제의 계열 순서, 각 과제 숙달을 위한 수행 기준을 결정한다.

㉢ 학생들은 교사에게서 내용 목록과 과제 목록을 받아서 주어진 순서대로 따르게 된다.

② 수업 운영

㉠ 교사가 관리 계획, 학급 규칙, 구체적 절차를 결정한다.

㉡ 그러나 이러한 내용들이 일단 결정되면, 학생들은 각 수업 차시에 수업 관리를 적용하는데 강한 책임감이 주어지게 된다.

③ 과제 제시

㉠ 문서와 시각 자료의 형태로 학생들에게 전달된다.

㉡ 교사는 각 과제를 완수하는 방법, 오류를 교정하는 방법, 학생의 참여를 유도하는 과제의 구성을 학생들에게 제시하기 위해 사용하는 수업 매체를 작성하거나 수정해야 한다. 이는 학생으로 하여금 교사로부터 독립적으로 되기를 유도하며, 학습 내용을 통한 개별 학습 진도를 촉진하는 것이다.

㉢ 어떤 개별화 수업 모형 설계는 단원을 시작할 때 교사가 전체 학급을 대상으로 과제를 제시하고, 그런 다음 학생이 새로운 기능이나 지식 영역을 시작할 때 교사에 의한 소규모 과제 제시가 이루어진다. 이러한 경우 과제 제시를 할 때 교사의 역할은 직접적이다.

④ 참여 형태

㉠ 학생들은 교사와 다른 학생으로부터 거의 독립적으로 연습한다.

㉡ 대부분의 학습 과제는 개별적 연습을 위해 설계되어 있다. 그러나 일부는 파트너 또는 소집단 참여를 위해 설계되어 있다.

㉢ 설계와 관계없이 전형적으로 학생들은 교사의 지시와는 독립적으로 참여하고 있다.

⑤ 상호 작용

㉠ 교사는 수업 운영에 대한 부담이 거의 없기 때문에, 학생에게 높은 수준의 교수 상호작용을 제공할 수 있다.

㉡ 학생은 수업 중에 높은 수준의 언어적 상호작용인 '개별 지도 시간'(tutoring time)을 요구할 수 있다.

⑥ 학습 진도

㉠ 각 학생은 학습 과제를 참여할 때 자신만의 진도를 결정한다.

㉡ 학생들은 연습의 시작과 종료 시기, 연습 시도 및 시간을 스스로 결정한다.

㉢ 학생들은 각 과제의 수행 기준에 도달할 책임을 가지고 있지만, 기준에 도달하는 과정에 대한 책무성을 가지지 않는다.

⑦ 과제 전개

㉠ 학생은 다른 방식으로 단원 내용 속에서 각자의 진도를 결정하는데, 학생의 능력과 노력에 따라 계열상의 과제를 얼마나 빨리 진행시키는지 결정된다.

㉡ 학생들은 '가능한 한 빨리, 그리고 필요한 만큼 천천히' 배운다.

㉢ 과제 진도를 결정하는 것은 교사가 아니라 대부분의 경우 학생 자신이다.

개별화 지도 모형의 포괄성

- 개별화 지도 모형은 개별 학생의 과제 완수에 초점을 두기 때문에 포괄성이 매우 큰 교수 모형이다.
- 모든 학생은 자신의 능력과 학습 활동의 계열성에 따라 참여하고 심화해 나갈 수 있다.
- 따라서 수업에서 진도 때문에 발생할 수 있는 "뒤에 처져 있는" 학생은 아무도 없다. 운동 기능이 낮은 학습자가 각 과제를 완수하는데 더 많은 시간을 사용할 수 있다.
- 마찬가지로 운동 기능이 뛰어난 학생은 자신의 속도에 맞추어 진도를 빠르게 나갈 수 있다.
- PSI는 교사의 상호작용을 추가적으로 희망하는 학생들을 위해 시간을 보낼 수 있다.
- 학생들은 스스로 무엇을 해야 할지를 알고 있기 때문에, 교사가 수업 운영 시간을 절약함으로써 보다 많은 관심을 필요로 하는 학생들과 시간을 보낼 수 있다.

(2) 학습 과제

① 과제 제시

㉠ 개별화 지도 모형의 가장 중요한 특성은 수업 운영과 학습 활동의 전개상의 관리 측면에서 교사로부터 학생들이 상당히 자율적이라는 점이다. 이 점은 교사에게 학생의 적극

적인 참여를 저해하거나 실제적인 지도 시간을 감소시키는 상당한 상규적인 활동을 하지 않도록 할 수 있다.

㉡ 전형적으로 강의나 시범의 형태로 학생에게 전달되던 과제 정보는 개별화 지도 모형의 경우 문서나 시각 매체로 전달된다.

㉢ 과제 제시의 가장 중요한 기능은 학생에게 과제나 기능을 수행할 수 있는 올바른 방식에 대한 대강의 그림을 알려주고, 기능의 주요 요소에 대한 학습 단서를 제공하며, 기능 연습에서 흔히 일어나는 일반적인 실수에 대해 정보를 제공한다. 대부분의 경우, 이 정보는 모델의 역할을 하는 교사가 전체 학급에 제공하지만, 이 모형에서는 과제 제시를 위한 모델링 작업은 거의 대부분 수업 매체(문서, 사진, 삽화, 비디오테이프, CD)로 학생들에게 전달된다.

㉣ 새로운 학습 과제를 시작할 때 각 학생들은 다른 학생들과 독립적으로 과제 제시를 읽거나 보게 된다.

㉤ 각 학생은 교사에게 과제를 시작할 준비가 되어 있고, 과제 제시와 과제 구조 정보를 숙지했음을 알리고, 그 후 과제를 연습한다.

② 과제 구조

㉠ 개별화 지도 모형은 단원 내용 목록에 있는 각 지식과 기능 영역의 학습 활동을 활용한다.

㉡ 각 학습 과제는 필요한 과제 제시 정보, 오류 분석, 수행 기준, 과제 구조에 대한 세부 사항 등을 포함해야 한다.

㉢ 과제 구조 정보

ⓐ 필요한 기구

ⓑ 연습 장소 및 구체적 장소 지정

ⓒ 학습 과제의 조정(과녁 놓을 장소, 공을 칠 장소, 파트너의 역할 등)

ⓓ 정확성, 일관성, 시간 등과 관련된 수행 기준

ⓔ 안전을 포함한 과제의 방향 제시

ⓕ 과제 완수의 확인 절차(자기 평가, 동료 평가, 교사 평가)

ⓖ 흔한 실수와 오류를 학생 스스로 교정하도록 읽기 쉽게 제시한 정보

㉣ 개별화 수업의 6가지 과제 형태

구분	내용
준비도 연습	• 학생들은 과제 제시를 받고, 잠깐 동안 물체, 도구 및 움직임 패턴을 느끼는 수행 기준이 없는 과제에 참여한다. • 학생들은 공간, 물체 및 기구에 친숙해 지기 위해 단순히 치고, 던지고, 달리고, 뛰고 쏘는 활동에 참여한다.
이해력 과제	• 학생들은 교사에게 간단한 시범을 보임으로써 과제 제시의 주요 요소를 제대로 이해하고 있음을 보여준다. 예를 들어, 골프의 올바른 그립을 보여준다거나, 축구 트래핑을 보여준다거나, 배드민턴 서브의 바른 자세와 스윙을 보여준다.

	• 교사는 주요 요소가 포함되어 있는 간단한 점검표를 활용하여 각 학생들의 시범을 관찰한다. • 학생들이 주요 요소들을 정확히 시범 보일 때 독자적인 연습에 들어간다.
기준 연습 과제	• 개별화 지도 모형의 대부분의 연습 과제는 기준 연습 과제로, 학생들은 교사가 수립한 기준에 따라 현재 기능을 반드시 숙달해야 하고, 과제가 숙달될 때까지 연습한다. • 기준은 정확성, 일관성, 시간, 거리, 속도, 획득 점수로 설정될 수 있다.
도전 과제	• 기준 과제의 숙달은 분절적이고 정적인 기능에서 나타나기 때문에, 학생들은 보다 복잡한 다음 단계로 확장시킬 필요가 있다. • 도전 과제는 학생들이 2가지 이상의 기준 과제에서 습득한 기능을 조합하여 연습할 수 있는 리드업 게임이나 변형 게임에 해당된다. 예 테니스 : 서브와 리턴 게임, 축구 : 3대 3 "킵어웨이", 농구 : 반코트에서 2대 2 게임, 배구 : "스파이크 규칙 없이" 3대 3 게임
퀴즈	• 일부 내용 영역은 게임의 역사, 규칙, 득점 방법, 전략에 대한 학생들의 지식을 발달시킬 것이다. • 개별화 지도 모형에서 학생들은 전형적으로 비디오테이프나 CD-ROM을 읽거나 봄으로써 그 내용을 학습한다. • 학생들이 일단 그 자료들을 배우면, 이미 진술된 수행 기준에 따라 퀴즈를 통과해야 한다.
게임 또는 시합	• 학생들이 단원에서 학습해야 할 모든 과제를 완수하면, 게임이나 시합을 하게 된다. • 단원의 내용 모듈을 빨리 끝낸 학생은 게임할 수 있는 수업 시간이 많아진다.

개별화 지도 모형의 개인 학습지에 포함된 정보
• 출석 기준 • 학급 규칙과 훈육 계획 • 복장 기준 • 기구 관리 • 성적 산출 및 적용 기준 • 각 수업의 시작 절차 • 전체 학습 내용 목록과 개별화 모형의 학습 과제와 수행 기준 • 모든 참고 자료(규칙, 전략, 역사 등) • 완수한 학습 과제를 위한 학생 진도표

③ 내용 전개

㉠ 각 학생들은 자신의 학습 속도에 맞게 진도를 나간다.

㉡ 교사는 진도의 순서와 내용을 결정하고, 이 순서와 내용을 계열화된 학습 과제로 개인 학습지를 통해 제시한다.

㉢ 개인 학습지로 인해 교사가 전체 학생을 대상으로 다음 단계의 과제로 가기 위해 수업을 중단하는 데 소비되는 시간은 전혀 없다.

(3) 학습 참여 유형

① 개별 연습 참여를 주로 활용한다. 각 학생들은 자신의 과제 제시 정보를 얻고, 연습 구역을 설정하며, 과제를 관찰한다.

② 때로는, 동료 학생들과의 연습이 중요할 때도 있다.

③ 도전 과제는 수정된 게임으로서 이전에 학습한 과제에 초점을 두거나 처음 학습하는 기술을 연습할 때 유용하며, 게임에 있어서 전략의 인지와 적용을 발달시켜 준다.

(4) 교사와 학생의 역할 및 책임

역할 및 책임	개별화 지도 모형에서의 책임 주체
수업 시작	각 학생은 도착하는 대로 연습을 시작한다. 교사가 이끄는 수업 절차는 없다.
수업 기구 준비	교사는 연습 과제를 점검하고 필요한 기구를 가져온다.
수업 기구 배치 및 회수	학생은 다음 학습 과제에 필요한 기구를 받아, 과제가 끝나면 반환한다.
출석 점검(필요 시)	학생은 자신의 개인 학습지에 출석을 기입하고, 교사가 매 수업 후 확인한다.
과제 제시	학생은 새로운 과제를 시작할 때 과제 제시 정보를 읽거나 본다.
과제 구조	학생은 개인 학습지에서 제시하는 지시사항에 따라 새로운 과제를 구상한다.
평가	학생은 자신의 개인 학습지에서 각 과제의 숙달 정도를 확인한다. 일부 과제는 혼자서, 어떤 경우는 둘이서 때로는 교사가 평가에 참여한다.
학습 진도의 파악	학생은 적절한 시기에 단원을 최대한 빨리 완수할 수 있는지 결정한다. 교사는 개인 학습지를 정기적으로 확인함으로써 진도를 점검한다.

(5) 교수 · 학습 과정의 검증

① 교사 기준

기준	검증 방법
학생에게 수업 자료가 명확히 제시되고 있다.	학생이 개인 학습지의 정보를 읽거나 본 후 질문하는 형태나 수를 점검한다.
교사가 사용한 운영 시간이 아주 낮다(2% 미만).	초시계를 사용하여 수업 운영 시간을 측정한다.
교사가 수행한 개별 학생과 상호작용 비율이 높다.	수업을 녹음하고 개별 학생에게 제공된 단서, 피드백, 질문의 수를 센다.
과제의 수행 기준이 적절한 난이도를 갖고 있다.	학생에게 블록의 형태로 연습을 시킨 후 성공한 블록의 횟수를 기록한다. 만약 대다수의 학생이 1~2개 이상의 블록에 성공한다면, 이 과제는 쉬운 것이다. 만약 많은 학생이 과제에 어려움을 느낀다면, 과제가 너무 어려운 것이다. 과제 수행 기준을 적절하게 조정해야 한다.

교사는 테스트를 하는데 많은 시간을 보내서는 안 된다.	수업에서 교사가 점검하는 횟수를 세어본다. 만약 그것이 수업시간을 뺏는다면, 1인 혹은 2인이 평가할 수 있는 과제를 설계하고, 믿을 만한 학생을 선정하여 테스트를 실시할 수 있도록 지시한다.
교사는 과제 제시를 거의 하지 않는다.	수업에서 과제 제시 수를 세어본다. 만약 개별 학생을 지도하는 데 시간을 빼앗긴다면, 과제 제시용 미디어를 설계하고 만들어야 한다.

② 학생 기준

기준	검증 방법
문서나 시각 매체로 된 과제 제시를 이해한다.	학생의 이해도 점검하고, 학생에게 과제 제시의 주요 요소를 알리는 간단한 이해도 과제 설계하고, 학생의 질문의 패턴과 횟수를 기록한다.
학생이 과제를 연습한다.	과제에 참여하고 있는 학생 수를 주기적으로 확인하고 센다.
학습 활동을 적절히 설치한다.	스테이션 학습을 설치하는 몇몇 학생을 관찰하고, 1개 스테이션을 설치하는데 걸리는 시간과 정확하게 설치했는지를 기록한다.
부적절하게 진도를 나가지 않는다.	학생의 발달 진행표를 점검하고, 진도를 조사한다.
자신의 진도에 맞춰 학습한다.	학생이 교사에게 묻는 수업 운영 질문의 수를 관찰한다. 교사에 대한 지나친 의존은 학생의 진도를 방해한다.
학생의 진도가 서로 다르다.	'연습 블록'을 완수하게 한다. 학생이 현행 과제에 지속적으로 실패할 경우 이전 단계로 돌아갈 수 있다.

(6) 학습 평가

① 개별화 지도 모형에서의 학습 평가는 거의 자동적으로 이루어진다. 즉, 학생이 정해진 수행 기준에 따라 학습 과제를 완수하면 그것이 곧 평가인 것이다.

② 과제의 구조가 학생으로 하여금 연습 블록에서 성공한 횟수를 기록하는 것이라면 교사는 각 학생이 과제를 완수하는 데 몇 번이나 시도했는지를 알 수 있다. 이러한 평가는 교사에게 다음과 같은 유용한 정보를 제공해 준다.

㉠ 교사는 과제가 너무 쉽거나 어려운지 알게 된다. 이를 근거로 교사는 과제를 수정하거나, 삭제하거나, 조합한다.

㉡ 각 과제를 수행하는 데 걸리는 평균 시도 횟수를 계산하는데 사용될 수 있다.

㉢ 숙달을 위한 시도의 범위를 결정하는데 사용될 수 있다(범위가 가장 좁은 것부터 넓은 것까지).

㉣ 교사는 학습이 느리며 보다 많은 지도가 필요한 학생을 알 수 있다.

③ 이러한 지속적인 평가의 특징은 학생에게도 도움이 된다.

㉠ 학생들은 학습 결과에 대한 지식을 정기적으로 얻을 수 있고, 필요할 때 교사에게 도움 요청을 할 수 있다.

㉡ 과제 완수 계획을 세울 수 있다.

㉢ 학습 성공에 필요한 강화가 빈번하고 예측할 수 있는 가능성이 크다.

4. 교사 전문성 및 상황적 요구 조건

(1) 교사 전문성

① 학생의 발달 단계에 적합한 수업 실행

㉠ 수업 운영 관점에서 보면, 학생은 교사의 안내 없이 과제의 지시를 이해해야 하기 때문에 교사는 이런 과제를 작성할 때 학생의 적절한 수준을 알아야만 한다.

㉡ 수업 지도 관점에서 보면, 교사는 심동적, 인지적 영역의 학생 능력을 잘 파악하고, 과제의 수행 기준은 단순하지 않고 시도할 만한 수준으로 설정해야 한다.

② 학습 목표

㉠ 개별화 지도 모형은 숙달 중심 학습 과제의 계열성에 의존하기 때문에 교사는 정확하고 간결한 학습 목표를 진술해야 하고, 주로 Mager의 형식을 사용한다. 학습 목표는 심동적, 인지적 영역에서 행동 목표 수준으로 기술될 필요가 있다.

㉡ Mager가 제시한 목표 진술의 요소는 학습 활동 수행에 필요한 상황과 조건, 명확한 학습 행동, 능숙한 과제 숙달 수준을 보여주는 운동 수행 기준이다.

③ 과제 분석과 내용 전개

㉠ 각 내용 모듈은 단순한 과제에서 복잡한 과제의 순서로 구성된다.

㉡ 교사는 기술을 분석하여 하위 요소로 구분할 줄 알아야 하고 구분한 후 이 하위 요소들을 일관성 있게 위계적으로 배치한다.

④ 평가

㉠ 교사는 각 과제에 대한 기준을 설정하고, 수행 능력을 형성 평가할 수 있는 타당한 방법을 알고 있어야 한다.

㉡ 교사는 과제 구조 그 자체로 수행 평가를 작성할 수 있는 방법을 알아야 한다.

(2) 핵심적인 교수 기술

① 계획

㉠ 단원 수준에서 실질적인 계획을 세워야 한다. 관리 계획, 내용 목록, 과제 분석, 학습 활동, 과제 제시 자료, 수행 기준은 반드시 미리 설계되어 단원이 시작되기 전에 개인 학습지로 만들어져야 한다.

㉡ 단원 계획이 각 학습 활동에 대한 모든 계획을 포함하기 때문에 일일 수업 계획은 간단하다.

② 시간과 수업 운영

㉠ 개인 학습지에 있는 정보가 교사를 대신하기 때문에 시간 관리와 수업 운영은 쉽다.

㉡ 교사는 개인 학습지를 설계하고 작성할 수 있는 능력이 중요하다.

③ 과제 제시와 과제 구조

㉠ 거의 대부분의 과제 제시와 과제 구조 정보는 수업 매체를 통해 학생에게 전달되고 학생의 개인 학습지에 작성되기 때문에, 교사는 이러한 자료들을 선정하고 제작하는 방법에 대해 알아야만 한다.

㉡ 학생 개인 학습지의 설계는 워드 프로세싱과 다른 정보 기술을 소유한 교사의 기술과 능력에 의해 크게 향상될 수 있다.

④ 의사소통

㉠ 이 모형에서 글쓰기는 주요한 의사소통 수단이다.

㉡ 교사는 학생에게 필요한 정보를 결정하고, 그것을 개인 학습지에 작성해야 하기 때문에, 각 학생의 이해 수준에 맞는 작문 기술이 필요하다.

⑤ 교수적 상호작용

㉠ 교사가 거의 모든 관리 기능에서 자유롭기 때문에 기능 발달, 전략, 게임/경기 수행에 대하여 학생과 상호작용 할 수 있는 시간을 많이 가질 수 있다.

㉡ 교사는 학생의 수행을 관찰하고 다양한 종류의 피드백을 제공하는데 훌륭한 기술을 가지고 있어야 한다.

(3) 상황적 요구 조건

개별화 지도 모형은 체육 수업에서 학생들의 몇 가지 발달 단계를 필요로 하는 독특한 수업 모형이다.

① 학생의 읽기 수준

㉠ 개인 학습지에 적혀 있는 과제 정보와 관리 정보를 읽을 줄 알아야 한다.

㉡ 개별화 지도 모형은 학년 수준에 관계없이 이해력이 낮은 학생에게는 사용할 수 없다.

② 기술

㉠ 개별화 지도 과제와 구조 정보를 제시하는 데 인쇄 매체 이외의 수많은 기술이 있다. 비디오테이프, CD, 컴퓨터 보조 수업이 이러한 목적으로 사용될 수 있다.

㉡ 학생은 개별화 단원에서 사용되는 어떤 기술도 다룰 수 있는 능력이 있어야 한다.

③ 학생의 책무성

㉠ 개별화 지도 모형의 주요한 설계 특징은 교사의 직접적인 안내가 없는 개별적인 학생 학습으로 볼 수 있다.

㉡ 학생은 수업에서 자신의 시간을 어떻게 사용할 것인가에 대한 올바른 판단을 내릴 정도로 충분히 성숙해야 한다.

㉢ 학생은 자신의 연습을 모니터하고, 자기 평가가 허용될 때 자신의 과제 숙달을 검증하는 책무성이 필요하다.

④ 상황적 변형

㉠ 개별화 수업에서는 모든 학생이 공간이나 장비에 구애받지 않고 독립적으로 수업에 적극적으로 참여하기를 요구하기 때문에, 교사는 학생의 대기 시간을 줄이기 위한 다양한 방법을 모색해야 한다.

㉡ 실제적인 상황 변형의 예

ⓐ 연습 공간을 확보하기 위해 학생들은 서로 다른 과제를 연습하고 있더라도 연습 코트, 연습 구역 등을 공유할 수 있다.

ⓑ 정기적으로 일부 학생들에게 교사 평가지를 건네주고 다른 학생들의 연습을 점검하게 할 수도 있다.

ⓒ 운동 기능 수준이 높은 학생들에게 운동 기능 수준이 낮은 학생들에게 과제를 제시하도록 할 수 있다.

(4) 모형의 선정과 변형

① 개별화 지도 모형은 체육 수업에서 여러 가지 내용에서 활용될 수 있고, 특히 분절적인 기술과 확실한 계열로 학습되어야 하는 지식 영역에 매우 효과적이다.

② 심동적 영역의 학습 결과에 중점을 둘 수도 있고, 인지적 영역과 관련지어 설계할 수도 있다.

③ 개별화 지도 모형은 학습 능력이 있는 학생에게 훨씬 효과적이다. 학생들은 지시 사항을 읽을 줄 알고 잘 따르며, 학습 진도와 참여에 대한 책임감 있는 의사결정을 할 수 있고, 필요할 때 도움을 요청할 수 있다.

④ 교사가 모든 학생이 학습 속도에 따라서 진도를 나갈 수 있도록 내용을 조직하고 과제를 제시한다면, 어떤 상황에서도 활용될 수 있기 때문에 가장 포괄적이다.

5. 지도 계획 시 주안점

(1) 사전에 전체 단원 내용을 계획하고 범위와 계열을 설정하라. 그 후에 각 기능과 지식 영역에서 학생이 과제를 완수하는 데 걸리는 소요 시간을 결정하라. 이 소요 시간을 결정할 때, 교사의 입장이 아닌 학생의 입장이어야 한다는 것을 명심하라.

(2) 개인 학습지에서 답을 찾을 수 있는 질문에는 답하지 않는다는 것을 명심하라. 그 시간은 다른 학생과의 상호작용에 활용하라.

(3) 과제 제시에는 다양한 방법(CD, 과제카드 등)을 모색하고 가능하면 교수매체를 활용하라.

(4) 충분한 스테이션을 확보하여 학생들의 대기 시간을 없애거나 최소화하라.

(5) 매시간 후 학생의 개인 학습지를 수거하라. 이렇게 하면 다음 시간에 잊고 두고 오거나 잃어버리는 것을 예방할 수 있다.

(6) 매시간 각 학생의 진도를 통해 어떤 과제에 어느 정도나 시간이 소요되는지 점검해서 다음 시간을 위한 자료로 활용하라.

(7) 각 개별화 지도 모형의 단원이 끝나면, 학생들의 과제별 기준 수행 과제와 소요시간을 검토하라. 동일한 내용을 다음 기회에 다시 수업하게 되면 그 내용을 바탕으로 적절하게 수정하라.

3 협동 학습 모형

서로를 위해 서로 함께 배우기

협동 학습 모형은 Slavin이 학생 팀 학습(Student Team Learning : STL)으로 명명하였으나, 후에 모형의 영역이 확대되면서 협동 학습(Cooperative Learning : CL)으로 이름이 바뀌었다.

STL/CL의 기초가 되는 3가지 개념(Slavin)	
팀 보상	• STL/CL에서 가장 중요한 것은 교사가 각 팀(4~6명)에게 제공하는 과제이다. • 모든 팀들은 동일 과제나 서로 관련이 있는 다른 과제를 수행하게 된다. • 두 개 중 어떤 방법을 선택하든지, 교사는 팀들이 달성해야 하는 한 가지 이상의 수행 기준을 제시해야 한다. • 기준에 도달하는 팀에게는 누적 점수, 특혜, 공개적인 인정, 점수 등의 보상이 제공된다.
개인 책무성	• 모든 팀원들의 수행이 팀 점수 또는 평가에 포함되기 때문에, 모든 학생은 팀의 과제 수행을 위해 노력해야 한다. 그렇기 때문에 모든 팀원들이 무엇인가를 배우고 자신의 잠재력을 최대한 발휘하는 것이 중요하다. • 이러한 전제 조건은 전체 팀 수행력 향상을 위해 운동 수행력이 높은 학생이 운동 수행력이 낮은 학생을 돕는 동료 학습을 유도한다는 것이다. • 동료 학습은 팀에서 높은 수준의 사회성 학습을 촉진하는 중요한 요인이 된다.
학습 성공에 대한 평등한 기회 제공	• 팀원을 선정하는 과정은 중요하다. 팀은 가능한 이질적인 소집단(4~6명)으로 구성하며, 전체 팀의 운동 수행 능력이 평등하도록 구성해야 한다. • 팀은 성, 기술 수준, 학습 내용에 대한 사전 경험, 인지 능력, 동기 등을 고려하여 구성한다. 이러한 팀원들의 다양성은 사회성 학습을 촉진하는 역할을 한다. • 운동 수행 능력에 대한 팀들의 균형은 공정한 경쟁을 장려하고 학습 동기를 증가시킨다. • 팀들 사이의 균형이 이루어지면 모든 팀원들의 운동 수행이 계산된다는 규정 때문에 모든 학생은 학습 성공에 대한 동등한 기회를 가지며 팀원 각자의 참여가 다른 팀원에게 가치 있게 느껴질 가능성이 많아진다.

협력 학습(전략)과 협동 학습(모형)의 차이	
협력 학습 (collaborative learning)	• 덜 형식적이고 영속적인 구조를 가지고 있다. • 사회성과 운동수행 능력 학습보다는 수업에서 관리상의 이유로 단시간 내에 소집단으로 협동이 이루어진다.
협동 학습 (cooperative learning)	• 협동 학습 모형은 Slavin의 3가지 개념과 많은 학습 과제 구조를 포함한다. • 협동 학습 모형은 모형 자체의 본질과 독특성을 제공하는 6가지 절차적 요인을 포함한다(Cuseo). 1. 의도적인 팀 구성 2. 팀 상호작용의 연속성 3. 팀원들 간의 상호의존 관계 4. 개인의 책무성 5. 사회성 발달에 대한 외재적 관심 6. 격려자로서의 교사
비교	• 협력 학습은 서로 돕거나 함께 학습하는 것이 특징인 반면, 협동 학습은 서로를 위하여 서로 함께 학습하는 것이 특징이다.

1. 개요

협동 학습은 모형 개발자인 Slavin이 제시한 팀 보상, 개인적 책무성, 모든 학생의 성공적인 학습을 위한 평등한 기회 제공과 같은 공통적인 특성을 가지고 있는 일종의 수업 전략이다. 그러나 협동 학습에서 사용되는 모든 전략이 수업 절차뿐만 아니라 공통적인 특성을 가지고 있다면, 이 전략은 공식적인 수업 모형으로 간주될 수 있다. 즉, 이 공통적 특성과 수업 절차는 협력 학습과 협동 학습을 차별화시키는 요인이다.

협동 학습의 4가지 지도 목표(Hilke)
1. 학생 사이에 협동적인 협력 학습을 증진하는 것 2. 긍정적인 팀 관계를 독려하는 것 3. 학생의 자아 존중감을 개발하는 것 4. 학업 성취력을 향상시키는 것
위와 같은 목표를 통해 협동 학습은 성취지향적이며, 과정중심적인 모형이라는 것을 알 수 있다. 성취지향적인 모형은 학생의 수업 내용 숙달을 증진하기 위해 설계된 것으로, 학생의 학습을 가장 중요하게 생각한다. 과정중심적인 모형은 학생이 내용을 학습하기 위해 서로 상호작용하는 방식이 각 학생에게 똑같이 중요하며 이는 실제로 각 학생의 성취를 촉진한다. 학생은 협동하는 것을 배우는 것이 아니라 배우기 위해서 협동해야 한다.

학습 과정을 촉진하는 협동 학습의 5가지 기본 요소(Johnson, Johnson, Holubec).	
팀원간의 긍정적인 상호의존	• 학생은 협동 학습에서 모든 팀원이 목표를 성취하기 위해서 필요한 사람이라는 것을 이해해야 한다. • 각 팀원들은 팀에 공헌할 수 있는 독특한 재능, 지식, 경험, 기술 등을 가지고 있다. • 재능은 팀 내에서 의견 충돌을 일으키기도 하지만 사회성을 향상시킬 수 있는 기회가 되기도 한다.
일대일의 발전적인 상호작용	• 팀 구조는 스포츠 팀의 선수들처럼 팀원들의 활동을 상호 지지하고 격려하며 강화시키는 역할을 한다. • 모든 팀원들은 공동 팀의 목표에 도달하기 위해서 그들 자신의 잠재력을 최대로 발휘하고 팀을 위하여 서로 협력해야 한다는 사실을 곧 알게 될 것이다. • 모든 팀이 서로 협력해서 일해야 하며 모든 팀원들이 성취에 관심을 가져야 한다.
개인의 책무성/책임감	• 모든 팀원이 자신의 몫을 다할 때 협동 학습은 가장 잘 이루어진다. • 교사는 학생의 참여 기대 수준을 설정하고, 참여를 평가할 수 있는 방법을 찾아야 하고, 모든 학생의 학습을 계산하여 개인의 점수를 모든 수행 평가에 포함시켜야 학생의 책임감 수준을 증가시킬 수 있다.
대인관계와 소집단 인간관계 기술	• 역동적인 팀원들 사이의 대인관계 기술 학습은 매우 중요하다. • 팀원들을 알고 신뢰하며 의사소통을 잘하고 서로를 인정하며 갈등을 해결하는 것을 강조한다.
팀 반성	• 교사는 사회성 학습을 강조하기 위해서 학생에게 팀 경험을 공유할 수 있는 정기적인 반성 시간을 제공한다. • 수업 초기에 계획하고, 학생이 공동의 목표(인지적 및 사회성 학습)를 달성하기 위해 팀에서 어떻게 행동해야 하는지 지도해야 한다. • 팀 반성은 학생의 깊이 있는 반성 능력을 향상시키기 위해서 간접적으로 이루어져야 한다.

협동 학습 모형에서 교사의 6가지 주요 역할(Johnson, Johnson, Holubec)	
수업 목표를 상세화한다.	• 교사는 과제에 대한 학습 목표를 상세화해야 한다. • 배울 내용, 수행 기준, 사회성 향상 목표를 상세화해야 한다.
수업 전 의사결정을 한다.	• 교사는 팀 속에서 학생의 상호작용을 촉진하기 위해 단원과 수업이 시작되기 전 많은 계획을 세워야 한다. • 각 팀에게 과제를 충분히 이해시키고, 수행 기준을 알려주며, 소요되는 시간은 얼마이고, 수업 기구 및 자료 등에 대해서 알려주어야 한다. • 팀원은 어떻게 선정할 것인지, 평가는 어떻게 이루어질 것인지, 사회성 기술은 어떻게 관찰할 것인지에 대한 결정도 이루어져야 한다.
과제 제시와 과제 구조를 전달한다.	• 학생이 과제를 수행하는 데 요구되는 정보의 양과 과제를 수행하는 방법에 관한 수행 또는 배경 정보 사이에 균형이 이루어져야 한다. • 많은 협동 과제는 과제 제시보다는 과제 구조(공간, 기구, 시간, 팀, 기준)를 강조한다. • 과제 제시에 대해 정보량이 의심스러울 때는 의심되는 것보다 적은 양의 정보를 제공하여서 팀들이 자발적으로 정보를 찾은 다음 교사에게 도움을 요청하도록 유도한다.

협동 과제를 설정한다.	• 팀을 선정하고 수행 과제를 알려주며 과제 구조를 제공한 후, 학생에게 과제를 수행하게 한다. • 과제 완수 방법을 알려 주지 않고 과제를 이해할 수 있는 정도의 정보만 제시할 필요가 있다. • 처음 과제에 참여할 때 팀들은 과제에 포함되어 있는 문제를 만들고 해결 방법을 찾는데 시간이 필요할 것이다. 이때 교사는 팀이 올바른 방향으로 갈 수 있도록 면밀히 관찰할 필요가 있다.
협동 학습을 수행하는 팀들을 모니터하고 필요하면 개입한다.	• 교사는 팀들이 협동적으로 과제를 수행하는지 알기 위해 모니터해야 한다. • 교사가 과제의 진도를 점검하는 것이 아니라, 팀들이 모든 자료를 사용하고 있는지, 팀원들이 최선을 다해서 공헌하고 있는지 살펴보는 것을 의미한다. • 팀들이 협동하여 과제에 참여하지 않을 때만 교사가 개입해야 한다. 그런 사례는 사회성 기술인 팀 발달을 위한 티칭 모멘트와 각 수업 끝에 일어나는 팀 반성의 토대가 된다.
학습과 팀 상호작용을 평가한다.	• 협동 학습에서 평가는 학생의 학습과 팀 상호작용의 효율성에 대해 질적, 양적 측면에서 이루어진다. • 교사는 두 측면에서 평가 방법과 기준을 마련해야 한다. • 학습 평가는 팀들이 각 과제를 완성하면 총괄적으로 이루어진다. • 팀 상호작용 평가는 비효율적인 상호작용 기간을 단축시키기 위해서 규칙적인 형성 평가로 이루어져야 한다.

협동 학습 모형의 장점과 단점(McCaslin & Good)	
장점	• 협동 학습 과제는 대부분의 사람들이 사회에서 업무를 수행하는 방식으로 수행된다. • 학생은 공동의 과제와 팀 도전 목표에 대한 가치관을 배운다. • 팀원은 서로 발달 단계에 맞는 모델링 역할을 한다. • 학생은 혼자서 배우는 것보다 함께 배우는 것이 좋은 이유를 알게 된다. • 학생은 공동 과제를 수행하면서 자신과 타인에 대해 더 잘 이해하게 된다. • 교과 내용 지식은 집단의 전문성이 팀원의 전문성보다 클 때 향상된다. • 학생은 팀의 인적 자원을 효율적으로 활용하고 관리하는 방법을 배운다. • 학생은 스스로 학습의 과정과 진도를 조절할 수 있다.
단점	• 게으름을 피우는 방법을 배울 수 있다. • 한두 명의 학생이 팀에서 교사처럼 활동할 위험이 있다. • 팀원이 과정보다 결과에 집착하면 협동 학습 모형의 취지를 잃을 수 있다. • 능력이 뛰어난 학생은 다른 학생보다 더 많은 공헌을 해야 한다는 부담감을 느낀다. • 노력은 했지만 공헌도가 낮은 학생이 창피감과 수치감을 느낄 수 있다. • 팀원 모두가 개념을 잘못 알고 있을 때 상황을 변경하기 어렵다. • 일부 학생은 자신에게 주어진 기회를 회피하는 경향을 보일 수 있다. • 성취보다는 과정을 강조하면 '협동을 통한 학습'보다는 '협동' 그 자체에 가치를 두게 된다.

2. 이론적 기초

(1) 이론적 배경 및 근거

① Deutsch는 교육의 주요한 3가지 목표 구조(개인적, 경쟁적, 협동적)를 제시하였다.

개인적 목표	개별화 지도 모형과 같은 종류의 모형은 개별성을 강조하는 모형으로, 학생은 학습 목표를 달성하기 위해 독자적으로 참여하며, 교사를 포함한 다른 학생과 상호작용을 거의 하지 않는다.
경쟁적 목표	직접 교수 모형은 학생이 교사의 관심을 얻고 내용 학습에 필요한 자료를 획득하며, 때때로 다른 학생의 학업 성취와 비교하여 평가를 받기 때문에 매우 경쟁적인 상황에서 학습을 하게 된다.
협동적 목표	협동 학습 모형, 스포츠 교육 모형, 동료 교수 모형의 기초는 학생이 구조화된 상호의존적인 관계를 통하여 서로를 위하여 함께 학습하는 데 있다. 인지적 학습 목표의 달성도 중요하지만 사회성 학습과 기능 목표보다는 중요하지 않다.

② 협동 학습 모형은 4가지 주요 이론에 기초하여 설계되었다.

동기 이론	동기 이론은 모든 팀원들이 공헌하고 성취해야 한다는 점을 모든 팀들에게 인식시키는 구조를 조성하는데 사용된다. 이것은 개별 학생이 최선을 다하며 공동 목표를 달성하기 위해 팀 상호작용을 하도록 한다.
인지 이론	인지 이론은 팀 목표를 달성하기 위해 팀에게 적당한 양의 도전을 부여하는 발달 단계에 적합한 학습 과제를 학생에게 제공하는데 사용된다. 과제가 너무 쉬우면 팀은 목표를 달성하기 위해서 최선을 다하지 않고, 과제가 너무 어려우면 팀원들은 의견 차이를 보이고 중도 포기를 하게 되어 결과적으로 실패하게 된다.
사회 학습 이론	사회 학습 이론은 다른 팀원들을 지켜보고 그들의 이야기를 경청하면서 학습이 이루어진다는 것에 기초한다. 한 학생이 과제를 완성하면, 학습한 과제를 다른 학생과 함께 학습하고 그들에게 보여주거나 설명하면서 배운 내용을 공유하는 상호학습 과정이 일어난다. 교사는 사회적 기술의 긍정적인 예와 부정적인 예를 지켜보고, 바람직하거나 바람직하지 못한 상호 작용 기술을 강조하기 위해 '티칭 모멘트'에서 그 예를 사용한다.
행동 이론	행동 이론은 협동과정, 학생의 과제 참여, 팀 목표 달성에 따른 보상 사이에 관계를 제공하는데 사용된다. 좋은 협동 과제는 학생에게 그 상황에서 어떤 사회적 기술(행동)이 요구되고, 학습 목표는 무엇이며, 주어진 과제에 성취와 실패의 결과는 무엇인지를 명확하게 제시한다. 학생에게 과제를 완수하는 방법에 대하여 직접적으로 알려주지 않는다는 것에 주의한다.

(2) 교수 · 학습에 관한 가정

① 교수에 관한 가정

㉠ 교사의 주요 역할은 학생의 인지적 및 사회성 학습을 위한 격려자로 볼 수 있다.

㉡ 교사는 팀 과제의 학습 환경, 구조, 매개 변수를 확립한 후에만 격려자의 역할을 담당하게 된다. 이 모형은 처음에는 직접적인 지도 방식으로 시작되지만, 팀원들이 과제에 참여하게 되면 매우 간접적인 지도 방식으로 이루어진다.

ⓒ 교사는 학생의 사회성 학습을 관찰하고, 반성적인 능력을 가르치는 주요 임무를 맡는다.

ⓓ 교사는 사회성 학습과 인지적 학습 사이의 균형을 유지해야 한다. 사회성 학습 과정은 인지적 학습 결과만큼 중요하다.

② 학습에 관한 가정

ⓐ 협동적 구조는 개인적 또는 경쟁적 학습 구조보다 높은 수준의 사회적 또는 인지적 학습 능력을 촉진한다.

ⓑ 집단은 개인과 공동 목표를 성취하기 위해서 협동적으로 일해야 한다.

ⓒ 팀의 학습은 이질적인 성격을 가진 팀원들로 구성될 때 잘 이루어지며, 구성된 팀은 전체 단원이나 몇 주 수업 동안 유지한다.

ⓓ 모든 팀원들은 팀의 목표 달성을 위해 공헌할 수 있는 능력을 가지고 있다.

ⓔ 학습 과제는 개인의 책무성에 대한 기준을 상세화하고, 모든 팀원들의 수행은 팀의 평가 점수에 반영된다.

ⓕ 게으름을 피우는 것이 팀 학습 과정의 부분이 될 수 있다. 따라서 모든 팀원들이 팀 목표달성을 위해 공헌해야 한다는 사실을 지적해야 한다.

ⓖ 팀원은 주어진 과제 완수를 위해 스스로 역할 수행 방법을 찾을 수 있다.

(3) 모형의 주제: 서로를 위해 서로 함께 배우기

① 학생들은 사회성 학습과 인지적 학습 목표를 성취할 수 있는 긍정적인 방법으로 서로 상호작용해야 한다.

② 협동 학습 모형에서 대부분의 교수(teaching)는 학생에 의해 이루어진다.

③ 모형의 주제는 인지적 학습 목표와 사회성 학습 목표를 성취하기 위해서 팀과 단결해야 한다는 점을 강조한다.

(4) 학습 영역의 우선 순위와 영역 간 상호작용

① 학습 영역의 우선 순위

ⓐ 주어진 과제가 주로 인지적 학습에 초점을 두고 있는 경우
1순위: 정의적 · 인지적 영역, 3순위: 심동적 영역

ⓑ 주어진 과제가 주로 심동적 학습에 초점을 두고 있는 경우
1순위: 정의적 · 심동적 영역, 3순위: 인지적 영역

ⓒ 체육 수업에서 의미 있는 협동 학습 과제는 3가지 영역을 균등하게 강조하는 것이다. 예를 들면, 바람직한 집단 상호작용과 반성(정의적 영역), 적당한 수준의 지적 능력(인지적), 숙련된 기능 숙달 시범(심동적 영역)이다. 이것이 가능하다면, 3가지 영역은 대체로 동일한 수준의 강조와 발달을 가져온다. 만일 학생 또는 팀들이 3가지 영역 모두를 동등하게 학습할 수 없다면, 주어진 과제를 성공적으로 수행할 수 없게 될 것이다.

② 학습 영역 간 상호작용

㉠ 협동 학습 과제에서 영역 간 상호작용은 3가지 영역들이 공유될 때 똑같이 복잡해진다. 상호작용은 직선적인 관계로 이루어지지 않는다. 즉 한 영역의 학습은 다른 영역의 학습을 수반하지 않는다. 오히려 3가지 영역은 한 영역의 학습이 다른 두 영역의 학습에 의해 좌우되는 상호협력적인 관계이다.

㉡ 예를 들면, 심동적 영역의 목표를 달성하기 위해서 각 소집단의 학생은 훌륭한 대인 관계(정의적 영역)와 문제 해결 능력(인지적 영역)을 가지고 있어야 한다. 이 상호의존성은 아래의 표와 같이 모든 영역 내에서 항상 일어나야 한다.

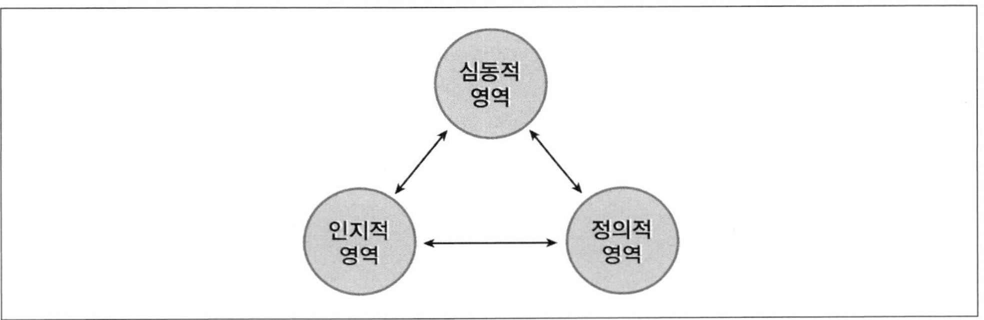

▲ 협동 학습의 학습 영역 간 상호작용

㉢ 이 관계는 전체 모형의 토대가 되며 학생에게 서로 사이좋게 지내기 위해서가 아니라 학습하기 위해서 협동할 필요가 있음을 강조한다. 또한 이 모형의 설계 특징은 학습 과정이 학습 결과만큼 중요하다는 사실을 강조한다.

(5) 학생의 발달 요구 사항

① 학습 준비도

㉠ 이 모형에서 학생의 준비도는 최선을 다하여 팀의 성공에 공헌하려는 학생의 의지에 기초한다.

㉡ 다양한 능력을 가진 학생으로 팀을 구성하기 때문에, 팀원이 협동하여 학습할 준비가 되어 있느냐가 중요한 전제 조건이 된다.

㉢ 많은 학생들이 학습에 필요한 책임감을 갖고 있지 않다면 협동 학습 모형은 적합하지 않다.

② 학습 선호도

참여적, 협력적, 경쟁적, 독립적인 학생에게 효과적이다.

㉠ 모든 학생은 팀의 일원으로 자신의 능력 범위 안에서 참여해야 한다.

㉡ 협력은 팀 성공에 필요한 주요 과정이기 때문에 다른 사람과 함께 공부하는 것을 좋아하지 않는 학생은 협동 학습에 부적합하게 될 수 있다.

㉢ 경쟁적인 학생은 다른 팀과 경쟁하거나 어려운 학습 과제에 도전할 때 이 모형을 선호할 것이다.

㉣ 독립적인 학생은 이 모형이 교사의 감독이 적은 모형이기 때문에 선호할 것이다. 이 모형에서 독립성은 팀과 교사와의 관계를 설명한다.

(6) 모형의 타당성

① 연구 타당성

㉠ 협동 학습의 경우 전략들이 설계되고 많은 연구 결과물이 발표되면서 전략 중의 하나로 인정받게 되었고, 이 연구들은 실질적으로 모형의 발달을 유도했기 때문에 모형의 타당성을 제공해 준다.

㉡ 협동 학습의 효과성은 거의 모든 교과 영역에서 수행된 수백 편의 연구에서 검증되었다.

㉢ 협동 학습 모형과 스포츠 교육 모형의 유사성은 협동 학습이 체육에 어떤 영향을 미칠 것이라는 것은 예측 가능하게 한다.

Slavin의 협동 학습 연구 결과

- 연구 결과의 64%에 의하면, 협동 학습 실시 집단의 학업 성취는 다른 지도를 받은 집단에 비해 상당히 높게 나타났다.
- 협동 학습에 참여한 학생은 전통적인 방법으로 수업을 받는 통제 집단의 학생보다 다양한 배경을 가진 학생과의 상호작용률이 높았다.
- 협동 학습에 참여한 학생은 전통적인 방법으로 수업을 받는 통제 집단의 학생보다 장애 학생과의 상호작용률이 높았다.
- 협동 학습은 모든 학년과 모든 교과 영역에서 성공적인 것으로 나타났다.

② 실천적 지식의 타당성

㉠ 이 모형은 다양한 교과목, 초등학교에서 대학교에까지 모든 학년을 대상으로 적용이 가능하다.

㉡ 많은 교사들이 이 모형을 사용해왔고, 여러 상황에 적용시키기 위해 수업 전략을 정련화하여 왔다.

③ 직관적 타당성

㉠ 팀 스포츠의 기본 지식을 가지고 있는 체육 교사들의 특성상 협동 학습 모형은 체육 분야에 적용하기 쉬울 것이다.

㉡ 우리 모두는 스포츠 상황에서 개인 또는 팀 목표를 성취하기 위한 팀 역할의 중요성을 경험하고 인정하고 있다.

㉢ 자신의 성공은 다른 사람의 성공에 따라 결정되고 팀의 공동의 이익을 위해서 함께 노력해야 하는 팀 동료 정신에 근거를 두고 있다. 우리 모두는 각자 최선을 다하도록 도와주려고 노력해야 한다.

㉣ 체육 수업에서 팀원이 주어진 팀 과제를 완성하기 위해 함께 일하는 것이 필요한 이유를 안다면, 협동 학습 모형의 토대가 되는 이론적 근거를 이해할 수 있을 것이다.

㉤ 학생은 혼자보다는 친구들과 함께 학습할 때 더 많은 것을 성취할 수 있고, 이러한 과정을 통해서 학생의 사회성 발달이 증진된다.

3. 교수 · 학습의 특징

(1) 수업 주도성(수업 통제)

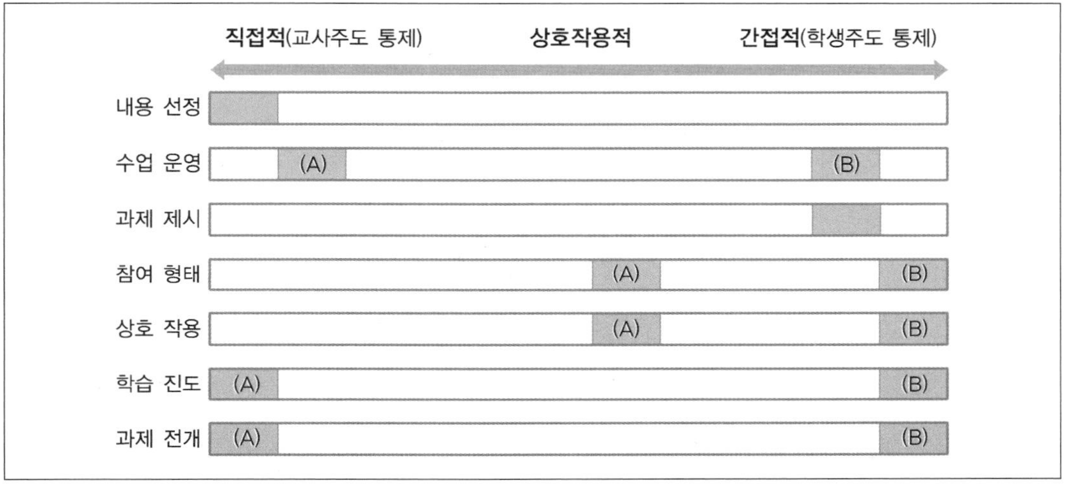

협동 학습에서 수업 주도성 프로파일은 3가지 형태에 기초한다. 이 모형은 매우 교사 중심으로, 교사는 과제를 결정하고 팀원을 선정하며 과제를 완수하는데 필요한 변인들(예 시간이나 다른 자원들)을 설명하고 수행 기준과 사회성 기술 행동 기준을 설정한다. 팀원들이 과제에 참여하는 동안에는 협동 학습 모형은 학생 중심적인 모형이 된다. 그런 다음 수업 중과 후에 교사가 학생과 함께 사회성 기술 학습을 진행함으로써 고도의 상호작용적인 모형이 된다.

① 내용 선정

㉠ 내용 선정은 매우 교사 중심적으로 이루어진다.

㉡ 교사는 학생이 수행해야 할 과제를 결정하고 학생에게 알려준다.

② 수업 운영

㉠ 팀이 학습 과제에 참여하기 전까지 교사 중심적으로 이루어진다(A). 교사는 팀원을 선정하고, 이용 가능한 자원을 결정하며, 각 과제에 할당된 시간의 양을 결정하고, 팀원들이 수행해야 하는 기준을 결정한다.

㉡ 일단 팀들이 과제를 시작하게 되면, 그 운영권은 각 협동 집단 내에 있는 학생에게 신속하게 이양된다(B). 학생은 역할 분담, 과제 수행, 시간과 주의 시설물의 활용 방법 등에 대해 스스로 의사결정을 내린다.

③ 과제 제시

㉠ 교사에 의한 과제 제시가 없다.

㉡ 교사는 주어진 과제에 대해 단계를 설정해 주거나, 과제 완수를 위해 각 팀이 지켜야 할 기본 규칙만을 설명해 준다. 그 후에 학생 각자 무엇을 해야 하며 어떻게 해야 하는지는 팀원에게 달려 있다. 이때 팀은 동료 교수를 사용하게 된다.

④ 참여 형태

2가지 형태의 참여 형태가 있다.

㉠ 첫 번째 참여유형은 학생 주도형이며, 각 팀의 학생 사이에서 이루어진다(B). 학생은 적절한 시기에 주도할 사람을 결정하고 과제를 완수하기 위해 학생 자신의 참여 계획을 확정한다.

㉡ 두 번째 참여 형태는 학생의 사회성 발달을 위해 교사가 질문을 사용할 때 이루어지는 상호 작용형이다(A). 상호작용이 효과적으로 이루어지기 위해서 교사는 학생에게 현재 행동에 대해 반성할 시간을 주거나 협동하지 않은 학생에게 그 해결책을 찾도록 시간을 준다.

⑤ 상호 작용

수업 중 상호작용의 형태도 학생 참여 형태와 유사하다.

㉠ 팀원들이 주어진 과제를 수행하는 동안에는 학생 중심이 된다(B).

㉡ 교사가 학생의 사회성을 발달시키기 위해 질문할 때에는 상호 작용형이 된다(A).

⑥ 학습 진도

㉠ 팀 선정과 학습 문제 선정은 교사 중심으로 이루어진다(A).

㉡ 교사가 과제를 소개하고 팀에게 과제 완수 시간을 알려주면, 학습 진도는 학생 중심적으로 이루어진다(B).

㉢ 학습 과제는 교사가 소개하지만, 학습 진도는 학생이 조절한다고 볼 수 있다.

⑦ 과제 전개

㉠ 새로운 과제를 소개하는 시점은 교사가 결정한다(A).

㉡ 학습 진도 조절과 마찬가지로 일단 과제가 주어지면, 각 팀은 과제를 완수하는데 필요한 단계와 각 과제를 언제 끝마칠 것인지를 결정한다(B).

협동 학습 모형의 포괄성

협동 학습 모형은 모든 학생이 팀의 학습 과정에 포함되도록 설계되었다. 이것은 3가지 방법을 통해서 가능하다.

1. 모든 팀은 능력, 동기, 개성을 고려하여 이질적인 집단으로 구성한다. 이러한 다양성은 학생 사이의 상호작용을 촉진한다.
2. 모든 학생은 팀의 성공을 위해 공헌해야 하는 책임감이 있기 때문에 팀 목표에 도달하기 위해서 다른 학생을 지원하고 서로를 가르쳐 주어야 한다. 이것은 모든 팀원의 완전 참여를 조장한다.
3. 팀의 성공에 공헌해야 한다는 것을 장려하면서 팀원들의 다양한 재능을 인정하고 최대한 발휘하도록 할 때 팀의 목표 완수 가능성이 높아진다. 팀 목표를 달성하기 위해서 학생들이 가지고 있는 독특한 능력과 재능을 끌어안는 것이 팀의 성공에 도움이 된다.

(2) 학습 과제

① 과제 제시

㉠ 교사에 의한 과제 제시는 없다.

㉡ 교사가 학습 과제를 어떻게 구조화시키고 수행할 것인지에 대해 학생에게 구체적으로 말해주지 않는다. 학생 스스로 주어진 과제를 조직해서 문제를 해결해야 한다.

㉢ 학생이 스스로 문제를 해결하는 것은 다른 수업 모형과 협동 학습 모형이 구분되는 가장 큰 특징 중의 하나이다.

㉣ 교사는 과제가 무엇인지만 알려주고, 과제를 완수하는 구체적인 방법은 학생에게 알려주지 않는다.

협동 학습 모형에서 교사가 과제를 제시할 때 지켜야 할 원칙
• 모든 팀원에게 팀원의 자격과 팀이 어떻게 선정되었는지 알려준다. • 과제를 완수해야 할 시점에 대해 알려준다. • 과제 완수를 위해 사용할 수 있는 학습 전략을 알려준다. • 각 팀에게 기본 규칙을 알려준다. • 팀들로 활용할 수 있는 자원과 자원의 배분 방법을 알려준다. • 학습 목표와 평가 방법에 대해 설명한다. • 사회성(대인 관계) 학습 목표와 평가 방법을 설명한다. • 교사는 격려자 역할을 한다는 점을 알려준다. • 과제 수행에 따른 최종 결과물(포스터, 포트폴리오, 팀점수)에 대해 설명한다. • 팀별 경쟁이 있다면 그 규칙에 대해 알려준다.

② 과제 구조

㉠ 학생 팀-성취 배분(Student Teams-Achievement Divisions : STAD)

ⓐ 학생은 비경쟁적인 팀으로 나뉜다.

ⓑ 교사는 모든 팀에게 동일한 학습 과제와 필요한 자원을 제공한다.

ⓒ 교사는 팀별로 학습하게 하고 연습할 시간을 준다. 교사는 이 시간에 과제를 명료화하고 팀에게 필요한 다른 자원을 제공한다.

ⓓ 이 시기가 끝나면 각 팀의 모든 팀원들은 학습한 지식이나 기능에 대해 평가를 받게 된다. 평가는 퀴즈, 기능 시험, 또는 기타 다른 형태의 수행 평가로 이루어진다.

ⓔ 모든 팀원들의 점수가 합쳐져서 팀 점수가 된다. 팀 점수는 발표되고, 교사는 협동 과정에 대해 학생과 토론하고, 팀의 상호작용을 높일 수 있도록 조언한다.

ⓕ 팀은 동일한 과제를 다시 반복해서 연습하는 2차 연습 시간을 갖는다. 이때 팀은 협동심을 강조하고 모든 팀원들의 점수를 높이는데 중점을 둔다.

ⓖ 2차 연습에는 2개의 목표가 주어진다. 첫째, 모든 팀원들과, 팀 점수는 1차 시험 때보다 높아야 한다. 첫 번째 목표가 달성되면, 두 번째 목표도 자동적으로 달성된다.

ⓗ 1차와 2차 평가에서 전체 팀 점수의 향상 정도에 따라 팀 점수가 부여된다. 개인별 점수는 발표되지 않고 팀 점수만 발표되므로, 팀 내의 협동을 유발한다는 특징이 있다.

㉡ 팀 게임 토너먼트(Team Games Tournament : TGT)

ⓐ 팀 게임 토너먼트의 초기 구조는 학생 팀 성취 배분의 구조와 유사하다.

ⓑ 학생을 팀별로 나누고, 할당된 학습 과제를 1차 연습한다.

ⓒ 모든 팀의 팀원들은 1차 연습이 끝나면 팀별로 시험을 보고, 각 팀의 1등, 2등, 3등, 4등으로 높은 점수를 받은 사람은 다른 팀에서 같은 등수인 학생의 점수와 비교한다. 각 팀의 1등은 1등끼리, 2등은 2등끼리 점수를 비교하는 식이다.

ⓓ 같은 등수에서 높은 점수를 얻은 학생에게 일정한 상점을 부여한다. 모든 학생이 순위와 관계없이 팀 성공에 기여할 수 있다.

ⓔ 각 팀의 상호작용과 협력을 강조하는 2차 연습을 실시한다.

ⓕ 연습 후 다시 평가가 이루어지고 1차 때와 마찬가지로 같은 등수끼리 점수를 다시 비교한다.

ⓖ 게임이 끝난 후에 가장 높은 점수를 받은 팀이 승리 팀이 된다. 그 과정에서 팀원 사이의 협동이 조장된다. 팀을 그대로 유지하거나 과제의 난이도를 점차적으로 높여 나간다. 하지만 동일한 과제를 2번 이상 연습하고 평가 받는 것은 바람직하지 않다.

ⓗ TGT의 가장 좋은 점은 운동 기능이 낮은 학생도 자기 팀을 위해 무엇인가를 공헌할 수 있다는 자신감을 갖는 것이다.

㉢ 팀-보조 수업(Team-Assisted Instruction : TAI)

ⓐ 협동 학습과 개별화 학습의 결합으로 볼 수 있다.

ⓑ 교사는 팀을 선정한 후 학생에게 수행 기준과 학습 과제가 제시된 목록을 제공한다. 이 목록에는 학생이 학습해야 할 기술과 지식 영역을 쉬운 것에서 어려운 단계로 나누어 제시되어 있다.

ⓒ 팀원들은 혼자 또는 다른 팀원들의 도움을 받으면서 그 과제를 연습하게 된다.

ⓓ 학생이 수행 기준에 따라 과제를 완수하면 다른 팀원이 과제 수행 여부를 체크한다.

ⓔ 학생은 다음 과제로 이동한다.

ⓕ 팀 수행 능력은 2가지 방식 중 하나로 평가될 수 있다. 팀 성적은 매주 각 팀들이 수행한 과제 수를 점수로 환산하거나, 개인별로 시험을 본 후 개인 점수를 합산하여 계산한다.

㉣ 직소(Jigsaw)

ⓐ 교사는 팀을 나누고 기술, 지식 또는 게임 등의 과제에 팀을 배정한다.

ⓑ 예를 들면, 테니스 단원의 경우 한 팀은 포핸드 드라이브의 요소와 단서를 학습하는 데 배치되고, 다른 팀은 백핸드 드라이브, 다른 팀은 게임 규칙과 점수 등을 학습하는 데 배치된다.

ⓒ 모든 팀원들은 자신의 팀에 할당된 과제를 익힌 후 교사가 되어 다른 팀에게 그 내용을 가르쳐 준다. 포핸드 드라이브를 익힐 때 A팀이 교사가 되어 B팀과 C팀에게 가르쳐 준다.

ⓓ 평가는 다른 팀을 지도하는 지도 능력에 기초하여 이루어진다.

직소전략의 또 다른 방법
각 팀원들이 주제 또는 기술에 전문가가 되기 위해 서로 다른 학습 요소들을 배우게 된다. A팀 B팀 C팀에서 학생1은 포핸드 드라이브, 학생2는 백핸드 드라이브, 학생3은 게임 규칙과 점수 계산법을 익힌다. 팀원이 할당된 학습 내용을 익히면 각 팀에서 동일한 주제나 기술을 학습한 학생끼리 모여 전문가 집단을 구성한다. 전문가 집단은 자신들이 배운 내용을 공유하고, 전문가 집단 모임 후 전문가들은 원래 자신의 팀으로 돌아가서 배운 것을 다른 팀원들에게 가르쳐 준다.

ⓜ 집단 연구(Group Investigation)

ⓐ 팀이 학습 과정에 협동하고 학습 결과를 공유하는데 사용된다.

ⓑ 교사에 의해 팀이 선정되고 과제가 할당된다. 팀은 과제를 기간(최소 3주) 안에 완성해야 한다. 학생은 수업 시간 또는 그 외의 시간을 이용해서 과제를 수행할 수 있다.

ⓒ 과제는 포스터, 꼴라쥬, 비디오테이프, 보고서, 컴퓨터 그래픽 등 여러 가지 매체를 이용하여 완성하며 발표는 단체 프로젝트 형식으로 이루어진다.

ⓓ 매체를 이용하여 과제를 작성하는 목적은 각 팀의 학습 정도를 확인하고 그 내용을 다른 팀들과 공유하기 위함이다.

ⓔ 집단 연구가 시작되고 각 팀에게 단일 점수가 주어지기 전에 루브릭 점수를 학생에게 제시하여 평가가 이루어진다.

③ 내용 전개

㉠ 협동 학습 대부분의 학습 과제는 규모가 크고 오랜 시간이 요구되기 때문에 내용 전개는 다른 모형과 다르게 이루어진다.

㉡ 이 모형의 단원은 단순한 것에서 복잡한 것으로 난이도가 향상되는 연속적인 학습 문제 또는 과제로 구성된다.

㉢ 단시간이 요구되는 과제는 학습 초기에, 긴 시간이 요구되는 과제는 학습 중간이나 끝에 제공한다는 과제 전개 특성을 고려하여, 학습 시간은 각 과제별로 제공한다.

㉣ 이 방법은 많은 성공을 경험하는 초기 과제에서 팀워크와 상호작용 기술을 연습할 수 있는 기회를 제공한다. 팀이 함께 과제에 참여하면서 팀원들은 보다 어려운 과제를 도전하여 수행할 수 있게 된다.

(3) 학습 참여 형태

① 교사가 학습 과제를 제시하고 사회성 기술 발달에 필요한 과정을 설명할 때를 제외하고, 한 가지 참여 형태만 즉, 4~6명으로 구성된 팀에 의해서 실시된다.

② 동시에 2개 이상의 팀이 통합되기도 하지만 단지 일시적으로 이루어질 뿐이다.

팀원 선정
• 교사가 팀원을 선정한다. 협동 학습 모형에서 팀원 선정은 교사의 가장 중요한 역할 중의 하나이다. 학생이 팀원을 선정하지 않는다는 것을 주목해라. 팀원 선정 과정은 인지적 학습과 사회성 학습을 가장 효과적으로 촉진할 수 있는 이 모형에서 가장 중요한 목적이기 때문이다. • 팀원을 결정할 때 팀 내의 다양성과 팀 간의 공정성이 고려되어야 한다. 팀원의 다양성은 과제를 수행할 수 있는 광범위한 자원을 제공할 뿐만 아니라 팀원들의 개성, 재능, 관점에 대한 인식을 고양시킨다. 팀 내의 다양성을 위해서 성, 기술 능력, 인지적 능력, 학습 유형, 인종, 민족성, 리더십과 동료애에 대한 의지, 학생 행동 등을 고려하여 팀을 구성한다. • 팀에 학생을 배치하는 과정은 교사에 의해 결정되며, 수업 시간에 알려주거나 알림판에 부착한다. 팀 선정에 대해서 학생의 오해가 없도록, 팀 선정을 공개적인 이벤트나 서로 지적하는 방법을 사용하지 않도록 한다. 팀이 일단 선정되면 교사는 학생이 각 팀원들이 갖고 있는 재능을 알게 하고, 소속팀의 약점과 다른 팀의 구성에 대해 지나치게 신경 쓰지 않도록 해야 한다. 따라서 교사는 팀이 어떻게, 왜 선정되었는지를 알려주고 가능한 빨리 팀원들이 협동하여 과제를 수행하도록 격려한다.

(4) 교사와 학생의 역할 및 책임

역할 및 책임	협동 학습 모형에서의 책임 주체
내용 목록	교사는 각 팀이 학습할 내용을 결정한다.
팀 선정	교사는 모든 팀의 다양성과 이질성을 최대한 고려하여 팀원을 선정한다.
과제 구조화 및 문제 해결 상황	교사는 팀이 해결해야 할 문제의 구조에 기초하여 모든 팀에게 과제를 설명한다.
수업 기구 준비	교사가 각 팀이 과제를 수행하는 데 필요한 장비를 준비한다.
과제 구조	교사는 기본 규칙들을 제공하는 협동 학습 전략의 형태로 과제 구조를 결정한다.
참여 형태	각 팀은 과제를 해결하기 위해서 어떻게 팀을 조직할 것인지를 결정한다.
문제 중재	수업 초기에 문제가 발생하면 팀 내에서 학생에 의해 먼저 조정하고, 성공적이지 못할 때 교사가 반성 시간을 통해서 중재한다.
수행 평가	교사는 루브릭 점수 형태로 모든 수행 평가를 계획한다. 학생은 평가에서 가장 좋은 점수를 성취하기 위한 방법을 결정한다.
사회성 평가	교사는 집단 상호작용 기준을 결정하고, 팀 내의 학생 참여를 관찰한다.
수업 과정	학생은 주어진 학습 과제에 참여함에 따라 동료 교수 계획을 결정하고 실행한다.

(5) 교수 · 학습 과정의 검증

① 교사 기준

기준	검증 방법
교사는 이질적으로 평등하게 팀을 선택한다.	1. 교사는 팀 선택에 사용될 기준을 목록화한다. 2. 교사는 팀원을 어떻게 구성할 것인지를 학생에게 알려준다. 3. 교사는 학생에게 팀 선정에 대한 생각을 묻는다.
교사는 적절한 학습 과제를 선택한다.	1. 과제에 시간 제약과 절차를 제시한다. 2. 과제는 제한된 시간 내에 모든 팀원들에 의해 완성될 수 있다. 3. 과제는 모든 팀원들의 공헌을 필요로 한다. 4. 과제는 각 팀에게 3가지 영역에 도전하도록 요구한다.
교사는 적절한 협동 학습 전략을 선택한다.	과제는 집단 학습을 위한 것이 아니라 협동 전략 중의 하나이고, 과제는 학생이 3가지 영역을 배울 수 있도록 기회를 제공한다.
교사는 학습 과제를 구성한다.	1. 교사는 과제 완수의 단서를 제공하지 않고 정보를 충분히 제공한다. 2. 팀들은 곧바로 과제에 참여하는데 이는 과제와 과제 구조를 이해하고 있음을 나타내기 위해서이다.
교사는 팀이 과제를 수행하는 동안 격려자의 역할을 한다.	교사는 상호작용의 수와 유형을 모니터한다. 교사는 간접적인 말과 질문을 사용하고, 상호작용은 학생에 의해 시작된다.
교사는 사회성 학습 결과를 관찰하고 진행시켜 나간다.	1. 교사는 사회성 학습 결과를 진행시키기 위한 계획을 수립해야 한다. 2. 교사는 직접적인 언어를 거의 사용하지 않는다.
교사는 운동 수행과 사회성 학습에 필요한 평가 방법을 설계한다.	1. 평가의 구성 요소에 필요한 교사의 계획을 점검한다. 2. 각 팀원들의 개인적인 책무성으로 팀 성취도가 평가되어야 한다.

② 학생 기준

기준	검증 방법
학생은 팀이 공정하게 구성되었다고 본다.	학생은 팀원 선택 과정에 대하여 질문하고 이의가 없다는 것을 이야기한다.
학생은 과제를 이해한다.	1. 팀은 곧바로 과제 수행을 시작한다. 2. 팀은 교사에게 과제에 대한 질문을 거의 하지 않는다.
학생은 협동 학습 전략을 이해한다.	1. 팀은 과제 수행에 필요한 시간과 자원을 가지고 바로 시작한다. 2. 팀은 참여 계획을 신속히 구체화한다. 3. 팀은 과제를 완성하는데 요구되는 절차를 따른다.
팀은 모든 팀원의 임무와 책무성을 공유한다.	1. 팀은 개인에게 특별한 임무를 부여한다. 2. 팀은 각 팀원들의 공헌도를 도표화한다. 3. 팀은 다른 팀원들을 동료 평가한다.

팀은 운동 수행 향상을 위해 동료 교수를 활용하고, 팀원의 노력을 인정한다.	팀 사이의 상호작용 유형과 빈도를 관찰한다.
팀은 수행 평가를 통해 향상도를 보여준다.	평가 점수를 수차례 비교한다.
팀은 사회성 학습을 제시한다.	교사나 동료는 긍정적/부정적 사회성 행동의 사례를 파악하기 위해 사건 기록 또는 행동 점검표를 사용한다.

(6) 학습 평가

협동 학습 모형에서 학습 영역의 우선순위는 3가지 영역 간에서 공유되고 있기 때문에 교사는 세 영역을 균등하게 평가할 수 있는 방법으로 평가해야 한다. 이때, 교사는 과제의 특성을 고려한 평가 방법을 사용해야 한다. 심동적 기능과 내용 지식 학습에 중점을 둔 과제는 기능 검사, 필기시험 등 전통적인 평가 방법을 사용하는 것이 효과적이고, 난이도가 높거나 응용된 과제인 경우는 실제 평가와 대안 평가를 사용한다.

① 심동적 영역 평가

㉠ 심동적 영역을 평가할 때 다음과 같은 점을 고려한다.

ⓐ 간단한 실기 시험: 정해진 기준에 따라 일정 횟수를 완수하는 것

예 목표물에 성공적으로 슛팅한 수, 파울 수, 패스한 수

ⓑ 과제의 시간 측정 예 200m를 달리는 데 소요된 시간

ⓒ 정확성 검사 예 슛 확률, 목표물과의 거리

ⓓ 일관성 예 연속적으로 슛팅한 수

ⓔ 표준화된 실기 검사

㉡ STAD와 TGT 같은 전략은 일정한 시간 동안 연습 후 평가가 이루어진다. 이 평가는 연습 과제와 직접 관련이 있으며, 매우 신속하게 이루어져야 한다. 교사는 각 팀원에게 일정한 수의 연습을 하도록 하고, 성공률을 기록하도록 한다. 각 팀의 점수는 모든 팀원 점수의 합산이 된다. 간단한 퀴즈는 각 학생의 발달 상태를 관찰하고 팀의 동료 교수의 효율성을 평가하기 위해 사용한다.

② 인지적 영역 평가

㉠ 지식의 단순 기억과 같은 비교적 쉬운 인지적 내용에 초점을 맞추어 평가할 경우, 심동적 영역의 평가와 거의 유사하다. 교사는 게임 규칙, 절차 및 전략과 같은 지식을 평가하기 위해 교사가 직접 만든 퀴즈를 사용할 수 있다. 그런 평가는 STAD와 TGT에서 사용된 것과 비슷하다. 퀴즈는 아래와 같은 여러 종류의 질문과 항목으로 만들어진다.

ⓐ 선택형

ⓑ 완성형

ⓒ 조건형

ⓓ 단답형

㉡ 복잡하고 상위 수준의 학습 결과를 얻으려고 할 때 어려운 평가 기법들이 사용된다. 이 기법은 직소와 집단 연구와 같은 전략으로, 학생의 학습이 여러 종류의 지식을 표현하는 다차원적인 것으로 볼 수 있다. 그런 전략들은 실제적인 학습 경험을 요구하기 때문에 대안 평가와 실제 평가로 이루어지고, 이와 같은 평가 방법을 사용하는 교사는 학습 과제를 부여하는 동시에 팀에게 제시하는 루브릭 점수를 부여할 것이다.

ⓐ 학습의 구체적인 성과물(포트폴리오, 콜라주, 비디오 등)

ⓑ 완성된 과제물의 질적 평가와 각 수준별 세부 규정 서술

ⓒ 각 팀의 작품에 대한 교사의 채점표와 평가서

③ 정의적 영역 평가

㉠ 동료 교수, 팀원에 대한 언어 격려, 협동, 리더십, 문제 해결력과 같은 팀원 내 상호작용에 대한 정의적 영역의 평가도 이루어진다. 그런 과정에 대한 평가는 어렵지만, 다음과 같은 전략을 사용하면 가능하다.

ⓐ 각 팀을 정기적으로 모니터 하고 긍정적이고 부정적인 사회적 상호작용을 기록한다.(사건 기록법)

ⓑ 학생의 긍정적이고 부정적인 상호작용 패턴과 횟수를 관찰하기 위해 체크리스트를 사용한다.

ⓒ 팀별로 작업 일지를 작성한다.

ⓓ 팀별로 긍정적이고 부정적인 사례를 기록한 일지를 작성한다.

ⓔ 수업 말기에 집단 과정에 대한 반성 시간을 갖도록 한다.

㉡ 협동 학습 모형을 사용하는 교사는 팀 학습 과정이 수업 내용을 익히는 것만큼 중요하기 때문에 사회성 학습 기술을 형식적 또는 비형식적으로 항상 모니터해야 한다.

4. 교사 전문성 및 상황적 요구 조건

(1) 교사 전문성

① 학습자

㉠ 학생의 다양한 성향을 파악해 학생의 재능과 팀의 다양성을 고려하여 팀을 선정한다.

㉡ 모든 팀원이 과제에 성공할 수 있도록 동등한 기회를 제공하는 것에 우선 순위를 두어 팀을 선정해야 한다.

② 학습 이론

㉠ 협동 학습 모형은 인지 이론(팀이 문제를 해결하는 동안), 행동주의 이론(수행 기준에 부합하는데), 사회성 발달 이론(팀원들과의 상호작용과 관찰을 통해 학습할 때), 동기 이론(팀원들 사이에 상호 협력 관계를 만들 때)에 기초한다.

㉡ 교사는 어떤 이론이 모형의 어느 부분에 효과적이고, 어떤 학습 종류를 적절한 시기에 유도해야 하는지 알아야 한다.

③ 과제 분석과 내용 발달

㉠ 협동 학습의 과제 분석은 3가지 영역의 학습 진도를 의미한다.

㉡ 교사는 심동적, 인지적 영역 학습뿐만 아니라 사회적/정의적 영역의 내용 전개를 계획할 수 있어야 하고, 심동적, 인지적 영역에서와 같이 정의적 영역도 단순한 것에서 복잡한 것으로 내용을 전개해야 한다.

㉢ 예를 들면, 교사는 팀이 함께 연습하면서 친해지고 성공할 수 있도록 단순한 시작 과제를 계획해야 한다. 학습 초기에는 STAD가 적합할 것이고 팀이 과제를 잘 수행하면 직소, 집단 연구와 같이 도전적이고 시간이 많이 요구되는 과제를 선정한다.

④ 발달 단계에 적합한 수업

㉠ 학생은 심동적, 인지적 영역의 과제를 수행할 준비가 되어 있지만, 팀이 성공적으로 과제를 수행하는 데 필요한 사회적, 협동적 상호작용에 준비가 안 될 수도 있다.

㉡ 학생의 발달 단계에 적합한 협동 학습 모형을 설계하기 위해서 교사는 학생이 최선의 선택을 할 수 있고 팀 공헌에 필요한 책임감을 가지고 있다고 확신해야 한다.

⑤ 평가

㉠ 모든 과제는 수행 능력과 협동 학습 과정으로 평가된다.

㉡ 수행 평가는 과제를 수행하는 동안이나 과제를 마친 후에 정기적으로 실시한다.

㉢ 교사는 학생이 과제를 수행하는 동안 중간 평가 방법과 팀 점수를 신속히 점수화할 수 있는 방법을 알아야 한다.

㉣ 인지적, 심동적 영역의 평가는 대안적 평가와 실제적 평가 기법에 의해서 이루어진다.

㉤ 교사는 협동 과제를 수행하는 동안 팀들과 팀원 사이에서 관찰되는 사회성 기술을 평가하는 방법을 알아야 한다. 교사는 학생이 과제를 수행하는 동안 상호작용을 평가하는데, 평가 방법은 사회성 학습 결과가 제시되는 체크리스트와 주요 사건 기록법으로 한다.

⑥ 사회적/정서적인 학습 분위기 조성 및 유지

㉠ 협동 학습 모형의 효율성은 학생이 과제를 수행하는 동안 팀에서 이루어지는 학생의 상호작용의 수와 질에 의해 결정된다.

㉡ 3가지 영역에서 교사 전문성이 요구된다. 즉, 첫째, 긍정적인 학습 분위기를 만들고, 둘째, 부정적인 환경을 만드는 비효율적인 상황을 발견하며, 셋째, 학생에게 부정적인 학습 분위기를 긍정적인 학습 분위기로 바꿀 수 있는 방법을 지도할 수 있는 교사의 능력이 필요하다.

㉢ 교사는 긍정적이거나 부정적인 학습 분위기를 이끄는 상호작용을 기록하면서 팀원들이 과제에 참여하는 것을 모니터해야 한다.

ⓓ 긍정적인 상호작용을 기록한 후 수업 말기에 공식적으로 칭찬을 하고, 부정적인 상호작용은 수업 끝에 교사가 주도하는 반성 시간에서 다루도록 한다.

⑦ 체육 교육 내용

ⓐ 과제에서 사용되는 간접적이고 협조적인 수업 유형은 교사에게 직접 교수로 이루어지는 수업 유형과는 다른 방식으로 체육 교육 내용을 숙지하도록 한다.

ⓑ 직접 교수에서 교사의 내용 전문성은 적절한 기술을 시범보이고 학생의 연습 활동을 분석하는 능력으로 나타나지만, 협동 학습 모형에서 교사의 전문성은 적절히 도전적이며 창의적인 학습 과제를 구조화할 수 있는 능력과 팀들이 과제에 내포되어 있는 문제의 해결책을 모색할 수 있는 여러 가지 다양한 방법의 인식 능력을 말한다.

⑧ 평등

ⓐ 협동 학습의 가장 기본이 되는 원칙 중의 하나는 모든 학생에게 성공할 수 있는 동일한 기회를 제공하는 것이다(Slavin). 즉, 모든 팀원들은 자신이 가지고 있는 독특한 재능을 사용하여 팀의 성공에 공헌한다는 것이다.

ⓑ 교사의 전문성은 팀을 선정할 때와, 학생 개인이 수행 목표와 사회성 학습 결과를 평가하는 데 책무성을 가지도록 과제를 설계하는데 필요하다.

ⓒ 모든 팀원들이 동일한 양의 지식과 기능으로 팀의 성공에 공헌하는 것을 기대하는 것이 아니라, 모든 팀원들이 팀 성공에 최선을 다해 노력하는 것을 기대해야 한다.

(2) 핵심적인 교수 기술

① 수업 계획

ⓐ 수업 계획은 팀과 학급에게 주어지는 과제를 결정하는 단원 수준에서 이루어진다.

ⓑ 교사는 각 과제를 시작하기 전 여러 문제들에 대한 의사결정을 해야 한다.

ⓒ 수업 계획은 교사가 팀이 주어진 과제를 수행할 때 발생할 수 있는 문제점이 무엇인지를 찾는 과정에서 상호작용 과정이 이루어진다.

ⓓ 주어진 과제가 한 학기 이상 지속될 경우, 교사는 학생에게 팀워크에 대한 피드백을 제공하고 진행 정도를 평가하기 위해 간단한 보고서를 계획한다.

② 시간과 수업 운영

ⓐ 교사의 주요한 시간 관리는 각 과제의 소요 시간 할당에 해당된다.

ⓑ 팀이 결정되고 과제를 수행하게 되면 수업 운영에 대한 책임은 학생이 갖게 된다. 각 팀은 스스로 진도를 결정하고 시간을 적절하게 배분해야 한다. 이때 각 팀은 스스로 수업 진도를 조절하고 할당된 시간을 배분한다.

ⓒ 교사는 학생 사이의 상호작용을 간접적으로 모니터하고 상호작용이 잘 이루어질 수 있도록 반성 시간을 사용하는 주요한 역할을 한다.

㉣ 교사는 효율적이지 못한 팀의 상호작용을 파악하고 교사가 직접 개입하지 않고 팀들이 스스로 좀 더 생산적으로 참여할 수 있는 방법을 찾도록 능숙하게 도와주어야 한다.

③ 과제 제시와 과제 구조

㉠ 다른 모형과 같은 과제 제시는 없다. 교사는 팀을 선정하고 과제를 구조화하며 팀이 과제를 수행하도록 감독한다. 이때 필요한 기술은 과제를 완수하는 방법에 대한 단서를 제공하지 않고, 과제를 시작할 때 필요한 정보를 충분히 제공하는 것이다.

㉡ 과제 구조는 주어진 과제를 수행하기 위해 선택한 전략에 의해 결정된다. 교사는 각 전략에 필요한 설계와 절차를 알고 각 상황에 맞는 최상의 전략을 선택해야 한다.

④ 의사 소통

㉠ 과제를 구조화하고 전략을 설명할 때 명확하고 구체적인 정보를 팀에게 제공해야 한다.

㉡ 과제를 설명하고 팀이 처음 과제에 참여하는 동안 학생의 이해 정도를 점검하는 것이 도움이 된다.

⑤ 교수 정보

㉠ 교사는 두 가지 유형의 교수 정보 즉, 과제 설명의 구조화와 반성 시간 동안의 질문 기술을 능숙하게 제공해야 한다.

㉡ 각 팀의 학생에게 과제와 사용할 협동 전략에 대해 자세하고 명확하게 설명하는 것이 중요하다.

⑥ 질문 사용

㉠ 반성 시간에 다루어지는 교사의 질문 사용 능력은 교사가 갖추어야 할 기본적인 지도 기술이다.

㉡ 교사는 팀이 과제를 협력해서 수행하지 않은 것을 발견했을 때 그 상황을 바로 잡기 위해서 직접 이야기하지 말고, 반성 시간에 문제의 특성을 이해하고 행동을 수정할 수 있도록 학생을 반성적인 과정에 참여시켜야 한다.

⑦ 수업 정리 및 종료

㉠ 수업은 학생이 어떻게 협동했는지를 스스로 확인하는 교사 주도의 반성 시간을 갖고 끝나야 한다.

㉡ 교사는 긍정적이고 부정적인 상호작용의 사례를 기록하면서 과제에 참여한 팀들을 모니터한다. 이 과정은 간접적이고 상호작용적으로 일어난다는 것을 기억해야 한다. 교사는 학생이 팀원으로서 얼마나 잘 참여했는지를 직접 이야기하기보다는 질문을 사용하여 학생이 생각할 수 있도록 한다.

(3) 상황적 요구 조건

① 협동 학습은 학생이 협동해서 과제를 수행하는 방법을 배울 수 있는 능력을 갖춘 상황에서 사용될 수 있다.

② 사회성 기술들은 협동 학습 모형의 결과로 얻어지는 것이기 때문에 학생이 팀의 성공에 기여하는 방법을 배울 준비가 되어있느냐가 중요하다.

③ 과제의 특성에 따라 필요한 용구와 시설물이 결정되기 때문에 교사는 활용 가능한 용구를 가지고 있으면 과제를 쉽게 계획할 수 있다.

④ 집단 연구에서 가장 중요한 상황적 요구 조건은 과제를 완성하는데 요구되는 충분한 시간을 팀에게 제공하는 것이다.

(4) 모형의 선정과 변형

협동 학습 모형은 3가지 학습 영역을 모두 개발하기 때문에 체육의 다양한 목표와 내용에서 활용될 수 있다.

5. 지도 계획 시 주안점

(1) 운동 기능 수준, 성, 인종, 지적 능력, 창의성, 리더십 등과 같은 특성을 고려하여 가능한 이질적으로 팀을 선정한다. 학생들은 팀 선정이 공평하게 이루어졌다고 생각하면 다른 팀에 대한 관심이 적어지고 소속 팀의 향상에 더욱 집중할 것이다.

(2) 팀이 선정되면 팀이 무엇이 부족한지를 생각하지 않도록 한다. 각 팀원의 독특한 능력과 팀 목표를 달성하기 위해서 함께 공부해야 한다는 것에 관심을 갖게 한다.

(3) 해당 단원이 추구하는 목표를 가장 잘 촉진시킬 수 있는 협동 학습 전략(예 팀 게임 토너먼트, 직소 등)을 신중하게 선택한다. 학생의 참여 방법이 학습 내용과 방법을 결정한다는 것을 생각하라.

(4) 높은 수준의 학습 도전을 제공하고 문제 해결을 위해 학생들의 다양한 능력이 요구되는 학습 과제/문제를 설계한다. 팀 성공을 위해 높은 수준의 도전과 참여를 촉진시키지 않는다면 그 과제를 과감히 조정해야 한다.

(5) 학습 과제/문제를 명확하게 계획하고, 학생들이 명료하게 이해할 수 있는 많은 기회를 제공한다.

(6) 학습 과제/문제를 계획할 때 루브릭 또는 다른 평가 방법을 포함시킨다. 학생과 팀은 적극적으로 과제에 참여하게 되며 교사의 기대를 알게 되므로 오랫동안 과제에 참여할 것이다.

(7) 루브릭 또는 평가 전략은 운동 수행뿐만 아니라 학생과 팀의 협동을 모니터할 수 있는 방법을 포함해야 한다.

(8) 가장 유념할 점은 학습 과제/문제를 완성하는 방법을 학생들에게 제공하는 것이 아니라, 학습 과제/문제를 수행할 수 있도록 충분한 정보와 자료를 제공하는 것이다.

(9) 좋은 학생과 팀의 협력 사례를 찾아서 수업 종료 시간에 학생들에게 알려주어 강조한다.

4 스포츠 교육 모형

유능하고, 박식하며, 열정적인 스포츠인으로 성장하기

Siedentop에 의해 개발된 스포츠 교육 모형은 학교 상황에서 실제적이고 교육적으로 풍부한 스포츠 경험을 제공하기 위해 설계되었다. 스포츠 교육 모형은 교육 과정과 교수·학습 방법에 함축적인 의미를 가지고 있다. 교육 과정에 대한 가장 두드러지는 함축적 의미는 스포츠가 체육 프로그램 조직의 중심이 된다는 것이다. 스포츠 교육 모형에서 이루어지는 모든 교수·학습은 학생의 발달 단계에 적합한 스포츠 형태로 이루어진다. 스포츠 교육 모형의 목표는 직접 교수, 협력적인 소집단 학습, 동료 교수 등의 다각도적인 활용을 통해 가장 잘 성취될 수 있다(Siedentop). 학생이 스포츠 교육 모형 안에서 각 스포츠 형태를 많이 배울지라도 이 모형이 스포츠를 지도하는 데에만 사용되지 않음을 알아야 한다. 이 모형은 스포츠의 개념과 태도를 가르치도록 설계되었다. 학생은 스포츠 시즌에 참여함으로써 스포츠의 다양한 특성과 관점을 학습할 수 있게 된다.

1. 개요

(1) 스포츠 교육 모형의 기본 구조는 스포츠 리그의 조직으로부터 파생되었다. 이러한 특성은 학생에게 스포츠 참여를 통해 다양한 경험과 학습을 할 수 있는 구조를 제공한다.

(2) 전통적인 스포츠 지도 방식에서 학생은 '선수'라는 단 한 가지 역할만을 학습하는 구조를 갖고 있지만, 스포츠 교육 모형에서는 모든 학생이 '선수'이지만 또한 그들은 스포츠 리그가 운영되면서 한두 가지 이상의 역할을 배우게 된다.

(3) 스포츠 교육 모형에서 학생은 리그의 운영과 구조에 대한 의사결정에 적극적으로 참여하는 능동적인 역할을 하게 된다.

(4) 학생은 한 시즌 동안 한 가지 역할에만 종속되지 않고 다양한 역할 경험을 통해 스포츠 속에 내재된 다양한 관점과 가치를 배움으로써 긍정적이고 교육적인 체험을 하게 된다.

(5) 스포츠 교육 모형은 팀이 시즌을 준비하는데 막중한 책임감을 가지는 협동 학습 전략을 주로 활용한다.

(6) 팀에서 지도 부분은 팀 동료가 함께 팀의 성공을 위해 필요한 기술과 전략을 서로에게 가르쳐 주고 배우는 동료 교수의 형태로 이루어진다.

(7) 학생에게 주어지는 협동 학습 책임감과 동료 교수의 정도는 학생의 준비도에 따라 결정된다.

(8) 스포츠 교육 모형은 사회 속에서 스포츠가 가지고 있는 부정적인 특성들을 제거하고 감소시킨다.

① 경쟁은 학생의 기능, 지식, 전략을 발달시키는 수단으로 사용된다. 이는 교육적 도구일 뿐 그 자체가 목적이 되지 않는다.

② 모든 학생은 선수로써 뿐만 아니라 다른 역할을 수행하는 참여자가 된다. 우수 선수만이 주로 참여하는 기존의 많은 스포츠와 같은 배타적인 방식으로 이루어지지 않는다.

③ 학생은 능동적인 태도로 참여해야 한다. 학생은 스포츠 환경 속에서 주로 어른들이 주도해 왔던 의사결정 방법을 실제로 학습하게 된다.

④ 학생은 자신의 발달 단계에 맞는 스포츠를 직접 설계하고 수행할 수 있는 결정을 할 수 있어야 한다.

⑤ 스포츠 교육 모형은 교육적 환경 속에서 이루어지기 때문에 스포츠 교육 모형의 목표와 활용을 교육의 연장선에서 지키려는 책임감을 가진다. 학교 대항 경기나 청소년 스포츠 리그에 나갈 선수 선발을 우선적인 목표로 두어서는 안 된다.

스포츠 교육 모형의 3가지 주요 목적(Siedentop) – 유능하고, 박식하며, 열정적인 스포츠인으로 성장하기 –	
유능한 스포츠인	만족스럽게 게임에 참여할 수 있는 충분한 기술을 가지고 있고, 게임의 난이도에 따라 적절한 전략을 이해하고 실행할 수 있으며, 경기 지식이 풍부한 스포츠 참여자이다.
박식한 스포츠인	스포츠의 규칙, 의례, 전통을 이해하고 그 가치를 알 수 있으며, 프로나 아마추어 스포츠를 막론하고 바람직한 수행과 그렇지 못한 수행을 구별할 수 있다. 따라서 박식한 스포츠인은 스포츠팬이나 관람자이든지 간에 스포츠 수행을 잘하는 참여자이면서 안목 있는 소비자이기도 하다.
열정적인 스포츠인	어떤 스포츠 문화이든 관계없이 다양한 스포츠 문화를 보존하고 증진할 수 있는 방향으로 행동하고 참여한다. 스포츠 집단의 일원으로, 이와 같은 열정적인 스포츠인들은 지역, 국가 및 국제적 수준의 스포츠 경기에 참여한다.

스포츠 교육 모형의 10가지 학습 목표(Siedentop)
1. 특정 스포츠에 대한 기능과 체력을 발달시킨다. 2. 스포츠 경기의 전략을 이해하고 수행할 수 있다. 3. 발달 단계에 적합한 스포츠에 참여할 수 있다. 4. 스포츠 경험에 대한 계획 수립 및 운영 방법의 결정 과정에 적극 참여할 수 있다. 5. 책임 있는 지도력을 배양한다. 6. 공동의 목적을 위해 집단 내에서 효율적으로 참여할 수 있다. 7. 각 스포츠의 고유한 의미가 내재해 있는 의례와 관습을 수행할 수 있다. 8. 스포츠 쟁점에 대한 합리적인 의사결정 능력을 발달시킨다. 9. 경기 심판이나 훈련 방법 등에 대한 지식을 발달시키고 적용한다. 10. 방과 후 스포츠 활동에 자발적으로 참여하도록 한다.

스포츠 교육 모형의 6가지 핵심적인 특성(Siedentop) (각 특성은 스포츠 조직의 특성으로부터 비롯됨)	
시즌	스포츠 교육 모형에서는 체육 수업의 전통적인 내용 단원보다는 시즌이라는 개념을 사용한다. 시즌은 연습 기간, 시즌전 기간, 정규시즌 기간, 최종 경기를 포함한 후기 시즌 기간을 포함하는 장시간의 기간이다. 스포츠 교육 모형의 시즌은 최소 20시간의 수업 시수를 필요로 한다(Grant).
팀 소속	학생은 전체 시즌 동안 한 팀의 일원으로 수업에 참여한다. 한 시즌 동안 한 팀의 일원이 되어 시즌이 끝날 때까지 공동 목표를 위해 함께 일하고, 팀의 의사결정 과정에 참여하고, 성공과 실패를 함께 경험하며, 스스로 팀의 정체성을 확립해 나감으로써 수많은 정의적 및 사회적 발달 목표를 성취하도록 한다.
공식 경기	학생은 시즌을 조직하고 운영하는 의사결정에 참여하게 된다. 학생은 경기의 공정성과, 좀 더 나은 경기 참여를 위해 게임 규칙을 수정할 수 있다. 경기 일정 동안 팀과 선수들은 지속적인 경기 연습과 준비를 하게 된다.
결승전 행사	시즌은 라운드 로빈 토너먼트, 팀 경쟁 혹은 개인 경쟁 등 다양한 형태의 이벤트로 끝난다. 이러한 이벤트들은 축제 같은 분위기 속에서 이루어져야 하며, 모든 학생들은 단지 관중으로 참여하는 것이 아니라 각자가 적절한 역할 속에서 능력을 발휘하며 참여할 수 있도록 해야 한다.
기록 보존	게임은 경기 수행에 대한 수많은 기록을 양산한다. 이 기록들은 전략을 가르치거나 팀 내 혹은 팀 간에 흥미를 유발하는데 사용될 수 있고, 또한 경기 기록들을 게시하거나 학생의 학습을 평가하는데도 사용될 수 있다. 학생의 이해 및 수행 능력 수준에 따라 기록은 단순하거나 복잡해질 수 있다. 기록을 게시함으로써 경기 일정을 준비하는데 전략적으로 사용될 수 있다. 경기 결과의 통계 자료들은 코치와 선수들에게 자신의 팀 전력뿐만 아니라 상대팀의 전력도 분석할 수 있게 한다.
축제화	스포츠 이벤트는 축제의 성격을 지닌다. 각 팀은 팀의 전통을 강조하는 고유한 팀명을 정한다. 이벤트가 이루어지는 장소는 각양 각색의 깃발과 푯말로 장식되어 축제 분위기를 조성한다. 스포츠 교육 모형을 지도하는 교사들은 가능하면 시즌과 경기들이 축제 분위기 속에서 함께 축하하는 자리가 될 수 있도록 유도해야 한다.

2. 이론적 기초

(1) 이론적 배경 및 근거

① 스포츠 교육 모형의 기초는 체육 분야의 철학적 기초에 대한 Daryl Siedentop의 초기 저서에서 찾아볼 수 있다. '체육 교육: 5~12학년을 위한 체육 지도 및 교육 과정 전략'(Siedentop, Mand, & Taggart)이란 책은 스포츠 교육 모형이 교육 과정과 수업 모형으로 확립되는데 근간이 되는 문헌이다.

② Siedentop은 스포츠가 놀이의 형태로써, 인류의 역사와 문화에 중요한 부분을 차지하고 있다고 주장한다. 놀이는 인간 삶의 기본으로, 놀이 활동을 한 세대에서 다음 세대로 전승하는 것은 사회가 담당해야 할 필연적인 일로 간주되고 있다.

③ 스포츠 교육에 대한 이론적 근거는 매우 간단하고도 직접적이다. 만약 놀이 형태로써 스포츠가 사회의 가치 있는 부분으로 수용된다면 사람들이 스포츠 문화를 어떻게 학습하고 참여하게 되는가의 과정을 공식화하는 방법을 모색하는 것은 사회의 책임이 된다.

④ 우리는 스포츠 문화를 다음 세대에게 가르쳐야 하고, 이를 가장 잘 실천할 수 있는 곳이 바로 학교의 교육과정 내에서이다.

⑤ 스포츠 교육은 스포츠의 가장 긍정적인 특성들로 구성된 스포츠 문화를 전승할 수 있는 방식으로 설계되어야 한다.

Siedentop의 이론적 가정 4가지
1. 스포츠는 다소 발달된 형태의 놀이이다. 2. 스포츠는 우리 문화의 중요한 부분이다. 3. 학교 교육 내용으로 반드시 가르쳐져야 한다. 4. 발달 단계에 맞추어서 이루어져야 한다.

(2) 교수 · 학습에 관한 가정

① 교수에 관한 가정

㉠ 교사는 스포츠 교육 모형에서 다양한 학습 목표를 성취할 수 있는 여러 가지 전략들을 활용할 필요가 있다. 이 전략들은 직접 교수, 협력 학습, 동료 교수, 소집단 교수 등을 포함한다.

㉡ 교사는 모든 학습 활동을 직접적으로 통제하는 역할보다는 자료를 제공하고 지원하는 역할을 담당한다.

㉢ 교사는 스포츠 활동에 내재된 가치, 전통, 수행을 반영한 의사결정을 학생 스스로 할 수 있도록 안내해야 한다.

㉣ 교사는 스포츠 교육 모형의 시즌에서 선수로서의 역할 이외에도 시즌을 이끌어갈 다른 역할들에 대한 기회와 책임감을 학생이 가질 수 있도록 수업을 계획하고 촉진해야 한다.

② 학습에 관한 가정

㉠ 적절한 안내와 독려로, 학생은 스포츠 교육 시즌에서 많은 의사 결정과 책임감들을 가질 수 있다. 학생의 학습 기회는 의사결정을 하고 이행하는 과정에 참여함으로써 이루어질 수 있다.

㉡ 학생은 팀 구조 속에서 공동 목표를 성취하기 위해 협력한다.

㉢ 스포츠를 학습하는 방법으로 수동적인 것보다는 능동적인 참여가 선호된다.

㉣ 학생은 스스로 발달 단계에 적합한 형태의 스포츠를 선택하고, 경우에 따라서는 교사의 안내가 필요하다.

㉤ 스포츠 교육 모형의 구조는 다른 환경에서의 참여를 일반화할 수 있는 실제적인 스포츠 경험을 제공한다.

(3) 모형의 주제: 유능하고 박식하며 열정적인 스포츠인으로 성장하기

① Siedentop는 유능하고, 박식하며, 열정적인 스포츠인을 육성할 의도를 가지고 이 모형을 설계하였다. 그에 따르면, 스포츠 교육 모형은 모든 연령대의 학생에게 스포츠에 대한 안목을 갖춘 선수(player)가 될 수 있도록 가르쳐야 한다.

② 그가 말하는 선수의 의미는 스포츠로부터 다양한 관점들을 알게 되는 사람, 인생에서 스포츠 참여가 중심인 사람, 스포츠 활동으로부터 깊은 개인적 의미를 파생시킬 수 있는 사람을 말한다.

③ 만약 어떤 것에 대해 관심을 갖게 되면 그것에 대해 점차 흥미를 가지고 더욱 많은 지식과 풍부함을 가지게 될 것이다. 마침내 그 활동은 삶에 아주 중요한 부분으로 자리 잡게 될 것이다.

④ 학생은 단순히 게임을 하는 것이 아니라, 게임 속에 내재되어 있는 스포츠의 전통과 구조 등을 학습하고 이를 통해 유능하고, 박식하며, 열정적인 스포츠인이 될 수 있다.

(4) 학습 영역의 우선 순위와 영역 간 상호작용

① 학습 영역의 우선 순위

㉠ 스포츠 교육은 학생의 학습 결과가 세 가지 주요 학습 영역 전반에 걸쳐 골고루 이루어지기를 기대한다.

㉡ 때때로 한 가지 영역의 학습이 주요 목표가 될 때도 있지만 시즌 초반에서 후반까지로 본다면 세 가지 영역에서의 균형 있는 학습 목표가 가능하다.

㉢ 유능함(competence)은 기술적인 전략적 움직임을 분별하고 실행할 수 있는 능력(인지적 능력을 바탕으로 한 심동적 영역)을 말하고, 박식함(literate)은 스포츠 유형과 문화를 이해하고 감상하는 능력(인지적 영역)을 의미하여, 열정적(enthusiastic)이란 스포츠를 일상 생활 속의 중요 부분으로 만드는 그런 열정(정의적 영역)을 말한다.

㉣ 스포츠 교육 모형에서는 학생이 서로 다른 유형의 학습 활동에 참여하기 때문에(이로 인해 학습 영역의 우선 순위가 바뀐다) 다른 모형처럼 학습 영역의 우선 순위를 수립하는 것은 적절하지 않다.

㉤ 교사들은 어떤 유형의 학습이 스포츠 교육 모형의 각 부분에서 촉진될 수 있는지를 이해하고, 시즌을 통해서 학생이 학습 영역 간에 균형 있는 학습을 할 수 있도록 도와주는 것이 더욱 바람직하다.

학습 영역의 우선 순위

학습 활동	잠정적인 우선 순위
조직적인 의사 결정	1. 인지적 2. 정의적
선수로서의 시즌 전 연습	1. 심동적 2. 인지적 3. 정의적

코치로서의 시즌 전 연습	1. 인지적 2. 정의적 3. 심동적
임무 역할의 학습(심판, 기록자 등)	1. 인지적 2. 정의적 3. 심동적
팀원으로서의 임무 수행	1. 정의적 2. 인지적 3. 심동적
선수로서의 경기 수행	1. 심동적 2. 인지적 3. 정의적
코치로서의 경기 진행	1. 인지적(전술과 전략) 2. 정의적(팀 리더십) 3. 심동적

② 학습 영역 간 상호작용

㉠ 스포츠 교육 모형에서 학습 영역 간 상호작용의 결정은 스포츠 시즌 동안 발생할 수 있는 예측 불허의 많은 이벤트와 '학습 순간'(learning moments)으로 인해 좀 더 복잡해질 수 있다.

㉡ 이 모형에서 교사는 다소 덜 직접적인 역할을 수행하지만, 학습 영역 간 상호작용이 학생의 발달에 기여하지 않는 상황에 대해서는 주의를 기울이고, 그런 상황이 발견되면, 교사는 학생에게 더 큰 안목으로 바라볼 수 있도록 이끌어야 하며, 팀의 성공은 스포츠를 통해 다양한 교훈을 얻는 것이라는 점을 인식시켜야 한다.

(5) 학생의 발달 요구 사항

① 학습 준비도

㉠ 스포츠 교육 모형은 많은 교사들과 학생들에게는 새로울 수 있기 때문에 학생들의 준비도를 결정할 수 있는 지침이 거의 없다.

㉡ 초등학교 수준에서는 시즌 진행 과정에 대한 피드백을 자주 제공하면서 차츰 학생들의 역할을 늘려나가는 것이 최선의 방법이다.

㉢ 중등학교 학생들은 완전한 형태의 스포츠 시즌을 운영하더라도 큰 어려움이 없다. 단지 새로운 체육 수업 형태와 환경에 잘 적응할 수 있도록 학생들을 고무시키는 일이 무엇보다 중요한 일이다.

② 학습 선호도

협력적(팀내), 경쟁적(상대팀에 대하여), 독립적인 학생에게 효과적이다.

㉠ 학생은 스포츠 교육 모형 내에서 협력적이고 경쟁적일 필요가 있다. 공동의 목표를 성취하기 위해서는 협력해야 하고, 상대팀에 대해서는 경쟁적으로 대응해야 한다.

㉡ 또한 스포츠 교육 모형은 학생에게 적절한 시기에 적절한 방법으로 '협동과 경쟁'을 학습할 수 있는 기회를 제공한다.

㉢ 역할 임무들은 학생들에게 중요한 의사결정을 할 수 있는 기회를 제공하고, 독립적인 학생들을 수업에 보다 적극적으로 끌어들이는 유인작용을 한다.

(6) 모형의 타당성

① 연구 타당성

스포츠 교육 모형은 협동 학습 모형, 직접 교수 모형, 동료 교수 모형과 밀접한 관련이 있기 때문에, 이 모형들의 연구 기반으로부터 일반적인 타당성을 도출할 수 있다.

② 실천적 지식의 타당성

발달 단계에 적합한 스포츠 교육 모형은 체육 프로그램을 통해 여러 가지 상황 속에서 주요 목적들을 촉진할 수 있는 모형의 효과성이 검증되면서, 이제는 체육 프로그램에서 일반적인 모형이 되고 있다.

③ 직관적 타당성

스포츠가 학생의 적절한 발달 단계 수준에서 구조화되고 시행된다면, 그리고 스포츠의 긍정적인 특성이 적절하게 강조되고 학습될 수 있다면, 스포츠의 교육적 잠재력은 극대화될 수 있다.

3. 교수 · 학습의 특징

(1) 수업 주도성(수업 통제)

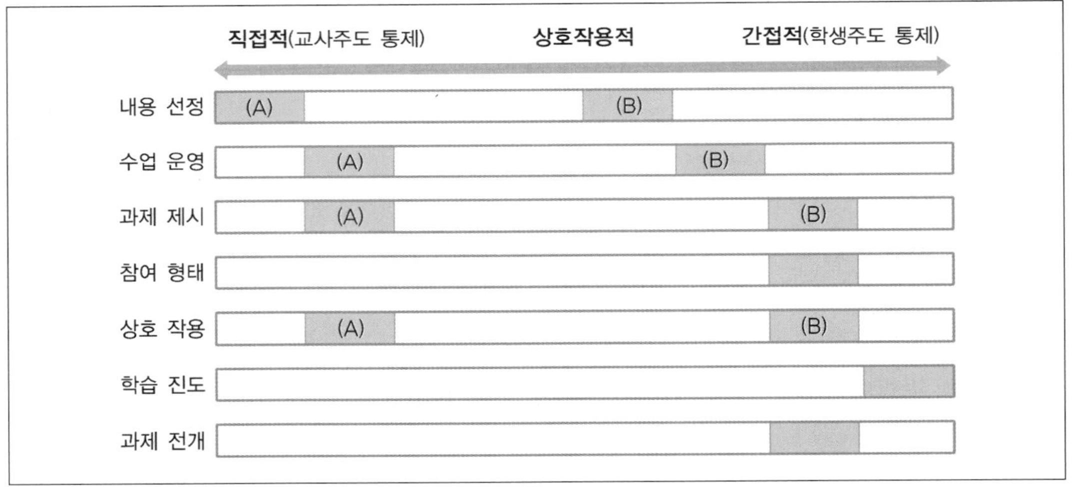

① 내용 선정

㉠ 교사는 스포츠 교육 시즌에서 어떤 스포츠를 제공할지에 대한 2가지 선택을 할 수 있다.

㉡ 첫 번째는 교사가 종목을 선정하고 학생에게 정보를 제공하는 직접적인 선택이다(A).

㉢ 두 번째는 교사가 학생에게 선택의 범위를 제공하고, 학생으로 하여금 각 시즌에서 스포츠 종목을 선택하게 하는 것이다. 이 두 번째 선택은 맥락적 요인을 고려한 상태에서 학생의 선택에 교사가 조언을 해주는 상호작용적인 성격을 띠게 된다(B).

② 수업 운영

㉠ 교사는 스포츠 시즌에 대한 전반적인 구조를 제시하는 초기 수업 운영에 대한 결정을 대부분 한다(A).

㉡ 결정이 수립되고 학생에게 전달되면, 학생은 거의 모든 통제를 스스로 하게 된다. 학생은 시즌 동안 매일 매일의 수업 관리 과제를 계획하고 수행하게 될 것이다(B).

③ 과제 제시

㉠ 기술과 전략 발달에 대한 대부분의 과제 제시는 시즌 전과 중에 팀 연습의 맥락 속에서 이루어진다. 과제 제시는 학생에 의해 동료 교수와 협동 학습의 형태로 이루어질 수 있다(B).

㉡ 임무 역할에 대한 과제 제시는 각 임무(심판을 훈련시키는 일, 경기장을 준비하는 방법, 점수 기록법을 기록원에게 설명하기 등)에 대해 미니 워크숍 형식으로 교사에 의해 수행될 수 있다(A).

④ 참여 형태

㉠ 과제 제시처럼 학생의 참여 형태는 선수 역할과 비선수 역할에 따라 달라진다.

㉡ 팀원으로서 학생은 동료 교수와 소집단 협동 학습 과제에 참여하게 될 것이다. 각 팀은 시즌을 준비할 책임이 있고, 따라서 각 구성원들은 집단 의사 결정을 하고 팀 동료를 가르치는 데 적극적인 역할을 할 수 있어야만 한다.

㉢ 비선수 역할을 맡는 학생은 각 임무에 부여된 과제에 대한 지식, 기술 및 절차를 학습하는 적극적인 참여자가 되어야 한다. 초기에 각 임무의 기초 역할에 익숙해질 수 있도록 교사로부터 직접적인 교수를 받게 된다. 그 이후 학생은 할당된 임무들을 수행하는 과정 속에서 많은 것을 배우게 된다.

⑤ 상호 작용

㉠ 학생이 동료 및 소집단 협동 학습 활동에서 팀으로 일할 때 학생 사이의 상호작용이 일어난다(B). 각 팀에서 1명 이상의 학생이 주장 혹은 부주장으로 지목되고 많은 교수 기능을 담당하게 된다.

㉡ 교사는 자료 제공자이며(A), 대부분의 수업은 학생 대 학생의 상호작용으로 이루어진다.

⑥ 학습 진도

㉠ 팀 구성원들은 시즌 경쟁에 대한 준비와 시즌 전 계획을 보충하는데 무엇이 필요한지 결정하게 된다.

㉡ 학생은 게임 전과 게임 사이의 속도를 조정하면서 그러한 준비에 어느 정도의 시간이 필요한지를 결정하게 된다.

⑦ 과제 전개

㉠ 팀들은 시즌을 준비하고 게임 사이의 과제의 순서에 대한 의사결정을 하게 된다.

㉡ 수업에서 각 팀의 내용 목록은 팀에 속한 선수들의 특정 능력에 따라 어느 정도 달라질 수 있다.

스포츠 교육 모형의 포괄성
• 스포츠 교육은 본래 통합 체육 수업의 목적으로 설계되었다. 모든 학생들이 팀에서 역할을 해야 하기 때문에 이 모형은 자동적으로 모든 학생들을 포함시키게 된다. • 스포츠 교육 모형은 체육 수업에서 소외되는 학생에게 3가지 이점을 제공한다(Hastie). – 팀의 성공에 모든 팀원들의 공헌이 요구되는 소규모의 팀 – 팀의 응집력과 소속감을 증진하는 팀 소속의 지속성 – 운동 기능이 낮은 학생이 시즌 내내 기능을 향상할 수 있는 정기적인 연습 기회 • 모든 학생들이 시즌 동안 동일한 흥미와 능력을 가지고 체육 수업에 임하지는 않는다. 이는 종종 수업의 통합성(포괄성)을 저해하는 학생 불만족과 고립을 초래한다. 하지만 모든 학생들이 비선수 역할도 하기 때문에, 이 역할을 충실하게 수행하게 되면 제2의 관점을 수용하는 적극적인 스포츠 참여자가 될 수 있고, 시즌 기간 내내 의미 있는 공헌을 할 수 있게 된다. • 모든 학생들이 각자 임무를 맡아 최선을 다해 수행하게 되면, 체육 수업에서 통합적(포괄적)인 환경이 증진된다.

(2) 학습 과제

① 과제 제시

㉠ 선수 지도

ⓐ 교사는 팀 선정과 시즌의 조직에 대한 전반적인 감독을 담당하며, 각 팀들이 학습에 필요한 요구 사항과 이를 성취할 수 있는 방법을 결정하는 데 협력적으로 참여할 수 있도록 한다. 이러한 과제 제시의 기능은 각 팀과 리더들에게 전달된다.

ⓑ 일단 팀이 선정되고 함께 일하게 되면, 교사는 각 팀에서 1명 혹은 몇 명의 학생에게 다른 학생을 지도할 수 있도록 과제 제시의 이행과 계획을 훈련시킨다. 이것은 협동 학습과 동료 교수 전략 활용의 첫 번째 단계가 될 것이다.

㉡ 역할 지도

ⓐ 교사는 시즌 동안 학생에게 부여된 역할을 지도하기 위해 직접 교수를 많이 사용할 수 있다.

ⓑ 각 임무에 해당되는 기능, 지식, 책임감을 소집단 학생에게 지도하기에는 시간적 제한이 있다. 교사는 각 임무를 정확히 수행하기 위해서 직접적인 정보를 제공하고 시범적인 과제 제시를 학생에게 제공하는 임상 전략을 사용할 수 있다. 이들은 기본적으로 방법에 관한 미니분과(minisessions)에 해당한다.

ⓒ 학교의 다른 교사 혹은 코치, 공인 심판, 통계학자, 학교의 트레이너 등을 동일한 목적을 위해 초빙 강사로 활용할 수 있다.

ⓓ 이 밖에도 수업용 비디오, 다른 시각적 교재도 사용될 수 있다.

② 과제 구조

㉠ 선수 지도

ⓐ 학습 과제의 구조는 게임 연습과 준비에서 스포츠 코치들이 팀을 지도하는 방법과 유사하다.

ⓑ 각 그룹의 학생은 한 팀이 되어 경쟁 팀을 이기기 위해 연습하게 될 것이다.

ⓒ 과제 구조의 범위는 준비 운동, 강연, 기술, 운동 조절, 공격과 수비, 작전, 전략 훈련 등을 포함하고, 이 모든 것은 팀의 리더에 의해 설계되고 협동 학습 또는 동료 교수 전략을 사용한다.

ⓓ 교사가 일반적인 연습 일정과 필요한 상규적 활동(routines)을 계획한 다음, 학생이 교사의 시간 틀 속에서 구체적인 계획을 수립해야 한다(Jones & Ward).

㉡ 역할 지도

ⓐ 다양한 임무 지도의 과제 구조는 사람들이 스포츠에서 선수 이외의 주요 역할을 학습하는 방법과 유사하다.

ⓑ 심판은 먼저 경기 규칙을 알아야 하고, 교사, 비디오테이프, CD-ROM 혹은 초청 강사로부터 정보를 얻을 수 있다. 심판은 경기 규칙 시험을 통과하고 그런 다음 스포츠 경기를 운영하고 판정하는 절차와 기술을 배워야 한다. 학생 심판은 교사의 지도 감독하에 심판 기술을 연습하고, 이어 실제 게임에서 지도 없이 심판을 보게 되며, 이는 바로 실제적인 과제 구조가 된다.

ⓒ 교사는 스포츠 교육 모형의 모든 역할 임무에 대해 유사한 과제 구조와 학습 진도를 계획할 수 있다.

③ 내용 전개

㉠ 스포츠 교육 단원은 경쟁적인 스포츠 리그의 형식으로 진행된다. 교사는 리그가 시작되기 전에 리그를 진행하는 데 필요한 과정들을 계획하고, 시즌을 진행하는 방법과 각각의 시기에 무슨 일들을 해야 할지 목록을 만들어야 한다.

㉡ 대부분의 내용 전개는 팀 수준에서 이루어지고, 코치 등과 선수들이 시즌을 위해 준비할 것이 무엇이고 시즌 동안 무엇을 해야 하는지에 관해 결정하게 된다.

㉢ 교사는 약간의 안내 지침을 제공할 수 있지만 내용 전개에 대한 결정은 학생들이 결정하도록 하는 것이 좋다. 스포츠 교육 모형에서 내용 전개에 대한 전형적인 형식은 존재하지 않는다.

(3) 학습 참여 형태

스포츠 교육 모형에서 학습 활동에 관한 3가지 주요 참여 형태는 직접 교수, 협동 학습, 동료 교수로 볼 수 있다.

① 직접 교수

㉠ 학생에게 역할에 대해 가르칠 때 주로 교사에 의해 사용된다.

㉡ 학생의 주어진 역할에 초점을 맞추어 이를 책임감 있게 수행하는데 필요한 기초 지식을 획득할 수 있게 하는 미니 워크숍 형태로 이루어질 수 있다.

㉢ 직접 교수에 필요한 시간은 보통 매우 짧기 때문에 교사로부터 학생으로의 참여 전환은 매우 효과적인 것으로 볼 수 있다.

㉣ 학생이 역할을 익히게 되면, 각 임무 시간 전, 중, 후 실제적인 역할 가정 학습에 참여하게 된다. 즉 학생은 시합을 준비하고, 시합 중 직접적인 역할을 수행하며, 시합 후 어떠한 책임이 따르는지를 배우게 된다.

② 협동 학습

㉠ 팀 내에서 선수와 코치로서 팀의 목표를 위해 서로 도울 때 일어나게 된다.

㉡ 이러한 과정은 권력자의 모습이 없기 때문에 매우 민주적으로 볼 수 있다. 갈등 해소는 때때로 필요한데, 이러한 과정 또한 협동 학습 과정의 부분이 된다.

③ 동료 교수

㉠ 팀 내에서 기술이 뛰어난 학생이 기술이 낮은 학생을 도울 때 주로 사용되며, 이것은 전체 팀의 수준을 향상시켜 준다.

㉡ 모든 팀원은 기능 수준이 낮은 팀원들을 도와야 하며, 결국 이 방법이 가장 좋은 교수 자원임을 깨닫게 된다.

(4) 교사와 학생의 역할 및 책임

역할 및 책임	스포츠 교육 모형에서의 책임 주체
각 시즌의 스포츠 종목 선정	교사가 하거나, 학생에게 목록을 제공하고 학생이 선택하게 한다.
시즌의 조직	교사가 기본 구조를 제공하고, 학생이 스포츠 위원회를 선정하여 시즌에 대한 규칙들을 만든다.
주장과 팀의 선정	교사가 기본 규칙을 확립하고, 학생(스포츠 위원회)이 절차를 결정한다.
규칙과 경기 변형의 결정	학생(스포츠 위원회)이 제안하면 교사가 승인한다.
팀 연습의 조직과 수행	학생 코치 또는 주장이 하며, 교사는 이들을 자원으로 활용할 수 있다.
경기 동안 팀 경쟁 준비와 코치	학생 코치 또는 주장이 하며, 교사는 이들을 자원으로 활용할 수 있다.
역할을 위한 학생 훈련	교사가 핵심 내용을 제공한다. 외부 인사를 활용할 수 있다.
용·기구 및 장소 준비와 정리	학생 운영자가 담당한다.
시즌 기록 작성 및 보관	학생 기록원이 수행한다.
경기 심판	학생 심판이 수행한다.
학습 평가	학생 코치와 주장은 자신의 팀원을 평가하며, 학생 기록원은 통계 자료에 기초하여 선수들의 수행을 분석할 수 있다.

(5) 교수 · 학습 과정의 검증

① 교사 기준

기준	검증 방법
교사는 시즌에 대한 전반적인 구조를 제시한다.	1. 교사가 단원(시즌) 계획을 검토한다. 2. 교사의 목적과 목표를 검토한다.
교사는 시즌 구조, 규칙, 경기 변형을 결정하기 위해 학생과 상호작용한다.	1. 교사의 단원(시즌) 계획을 검토한다. 2. 소집단 학생의 의견을 물어본다.
교사가 학생에게 역할을 할당하거나 학생이 그것을 결정하도록 한다.	1. 교사는 단원(시즌) 계획을 검토한다. 2. 소집단 학생의 의견을 물어본다.
교사가 균형 있는 팀 선정을 위해 선정 과정을 감독한다.	1. 교사의 단원(시즌) 계획을 검토한다. 2. 소집단 학생의 의견을 물어본다.
교사는 임무의 정확한 수행을 위해 학생을 훈련시킨다.	1. 교사의 단원(시즌) 계획을 검토한다. 2. 각 임무에 대한 '역할'을 서술한다. 3. 교사가 모든 일에 대한 평가를 설계하고 시행한다.
교사는 팀들이 연습하고 경쟁할 때 협동학습을 권장한다.	교사와 학생과의 상호작용을 관찰한다. 대부분의 상호작용은 문제해결 접근인 간접적인 방법으로 이루어지는가?
교사가 논쟁을 중재한다.	논쟁이 일어날 때 교사의 상호작용을 관찰한다.
교사가 선수들의 수행 평가를 계획한다.	1. 교사의 단원(시즌) 계획을 검토한다. 2. 교사는 주요 수행 목표의 평가를 계획한다. 평가는 교사와 학생 코치에 의해 시행될 수 있다.
교사는 적극적인 참여를 촉진한다.	1. 교사의 단원(시즌) 계획을 검토한다. 2. 교사는 학생이 적극적으로 참여할 수 있도록 계획과 아이디어를 목록화한다.

② 학생 기준

선수 기준	검증 방법
선수는 유능하다.	1. 교사에 의해 설계된 경기 기술과 지식 평가를 실시한다. 2. 게임 수행을 평가하기 위해 GPAI를 사용한다.
선수가 해박하다.	1. 선수들은 규칙, 역사, 전통에 대한 시험을 통과할 수 있다. 2. 선수들은 게임에 대한 자세한 내용을 설명할 수 있다.
선수들은 전략을 이해한다.	1. 팀들은 협력하여 적절한 전략과 전술을 계획하고 실행할 수 있다. 2. 선수들은 스카우팅 기록을 해석할 수 있다. 3. 경기에서 나온 통계를 정확하게 분석할 수 있다.
선수는 열정적이다.	열정적인 참여에 대한 이벤트를 모니터하기 위해 관찰한다.
선수들은 팀에서 협동적으로 참여한다.	사건 기록 시스템을 이용하여 팀의 상호작용을 모니터한다.

선수들은 좋은 스포츠 행동을 보여준다.	1. 긍정적이고 부정적인 스포츠 행동의 예들을 경기에서 모니터한다. 2. '좋은 스포츠 행동 기록원'의 역할을 수행할 학생을 지명한다. 학생은 좋은 스포츠 행동의 예를 기록하고, 수업의 정리 부분에서 간단하게 보고한다.
다른 임무	**검증 방법**
학생은 자신의 임무를 선택할 수 있다.	임무가 할당된 후 학생을 면담한다. 그들은 자신이 원하는 임무를 선택할 수 있는 기회를 가졌다고 생각하는가?
학생은 해박하다.	1. 학생은 모든 임무에 대한 훈련을 받는다. 2. 모든 학생은 특정한 임무에 지필 시험이나 구술 시험을 통과한다.
학생은 자신의 역할에 대한 기능을 수행할 수 있다.	1. 학생은 모든 임무에 대한 훈련을 받는다. 2. 학생은 특정한 임무에 대한 실제적인 시험/퍼포먼스 시험을 통과한다.
학생은 교사의 감독 없이도 역할을 수행할 수 있다.	1. 각 임무에 대한 책무성을 매일 점검한다. 2. 교사는 학생이 각 임무를 완수했는지 관찰하고 기록한다. 3. 교사는 시즌이 진행되면서 학생이 자신의 역할에 대해 갖는 질문의 수와 유형을 모니터한다.
학생은 임무를 수행하는 동안 독자적으로 갈등을 해소할 수 있다.	교사는 자신과 스포츠 위원회로 회부되는 논쟁의 수와 유형을 모니터한다.

(6) 학습 평가

스포츠 교육 모형에서의 평가는 시즌 동안 두 가지 주요 역할에 대한 학생의 수행 결과를 대상으로 이루어진다. 이 두 역할에 대한 평가는 스포츠 교육 모형의 주요 목적(유능하고, 박식하며, 열정적인 참여자)을 반영해야 한다(Siedentop). 이 목적들을 적절히 평가하기 위해서는 실제 평가(authentic assessment)가 이루어질 수 있도록 다양한 평가 방법을 활용할 필요가 있다.

① 선수 평가

㉠ 기본 기능

ⓐ 학생 코치와 팀 동료들이 체크리스트를 활용하여 평가할 수 있다.

ⓑ 1명의 선수가 기능을 수행하면 다른 학생은 이미 진술되어 있는 핵심 기능에 대한 단서를 토대로 선수를 관찰한다.

㉡ 규칙과 전략 지식

ⓐ 시즌에서 활용되는 규칙을 간단한 지필 검사나 퀴즈로 평가할 수 있다.

ⓑ 평가할 규칙들은 실제 경기 상황에서 적용될 수 있는 방식으로 구성되어야 한다.

㉢ 게임 수행 능력과 전술

ⓐ 평가가 실제 경기 동안에 이루어지는 것이 중요하다.

ⓑ GPAI는 게임 상황에 맞게 설계될 수 있고, 다른 역할을 맡은 학생은 이 도구를 사용하기 위해 훈련을 받는다.

ⓒ GPAI는 전체적인 '게임 수행 지수'를 결정하기 위해 선수의 위치, 실행, 의사결정, 참여를 모니터 할 수 있는 체크리스트 체계이다.

ⓓ GPAI는 게임 기간 동안에만 사용되는 고도의 실제 평가 기법이다.

㉣ 팀워크

ⓐ 시즌 전반에 걸쳐 선수들과 학생 코치 사이의 상호작용을 관찰함으로써 평가될 수 있다.

ⓑ 팀 내에서 긍정적인 참여를 반영하는 행동들에 대해 팀원들 스스로 혹은 서로 주기적으로 기입할 수 있는 체크리스트를 만들 수 있다.

㉤ 바람직한 스포츠 행동

ⓐ 시즌이 시작되기 전 교사와 학생에 의해 특정 스포츠에 대한 좋은 행동 목록이 작성될 수 있다.

ⓑ 시즌 전 기간 동안 팀워크 체크리스트와 동일한 방식으로 팀원 스스로 또는 팀 동료에 의해 체크리스트를 완성할 수 있다.

ⓒ 팀들은 시즌 동안 경기가 종료될 때 다른 팀에 대해서도 체크리스트를 작성할 수 있다.

② 임무 학습에 대한 평가

㉠ 임무 지식

ⓐ 임무 지식 평가는 시즌이 시작되기 전, 학생들이 자신들에게 부과된 임무에 대해 기본적인 지식을 갖고 있는지를 평가하는 것이다.

ⓑ 모든 임무 지식들은 시즌이 시작되기 전 지필 검사나 구술 시험으로 평가될 수 있다.

㉡ 기술 수행

ⓐ 모든 임무들은 학생에게 능숙한 기술로 유연한 게임 운영을 할 수 있는 특정 기술들이 요구된다.

ⓑ 교사가 학생에게 기술을 수행하도록 요청하고, 체크리스트를 활용함으로써 학생을 평가할 수 있다.

ⓒ 이 기술들은 단순히 교사에게 시범보일 수 있는 폐쇄형 과제(static task)일 때, 교사가 즉각적으로 기술 수정을 할 수 있는 시즌 전의 경기 중에 평가될 수 있다.

㉢ 게임 중 실제 평가

ⓐ 실제 게임 동안의 평가는 학생의 지식, 기술 및 임무에 관한 의사결정에 대해 최상의 실제 평가가 될 수 있다.

ⓑ 교사는 각 임무에 대한 체크리스트를 고안하여 게임 중 학생의 수행을 모니터할 때 사용할 수 있고, 각 학생들로 하여금 경기가 끝난 후 자기 평가를 위해 체크리스트를 기록하게 할 수 있다.

4. 교사 전문성 및 상황적 요구 조건

(1) 교사 전문성

① 학습자

㉠ 스포츠 교육 모형에서는 세 가지 서로 다른 역할(선수, 팀원, 부여된 의무/임무)을 학습할 필요가 있다. 각 역할은 학생에게 심동적, 인지적, 정의적 영역의 능력들을 요구한다.

㉡ 교사는 학생이 각 역할을 얼마나 잘 학습할 수 있을지에 대해 알아야 하고, 일정 수준 이상의 기대를 해서는 안 된다.

② 발달 단계에 적합한 수업

㉠ 학습자에 대한 지식과 관련하여 체육 수업에서 발달 단계에 적합한 스포츠 내용을 전개해 나가는 교사의 능력이 중요하다.

㉡ 게임의 구조는 단순화되고, 규칙들은 변형되며, 기록 작성은 학생이 종이에 적어 기록할 수 있는 수준으로 이루어진다.

㉢ 교사는 긍정적이며 안전한 학습 환경을 조성하고, 학생이 수행해야 할 의무는 학생의 발달 정도에 맞게 제공되므로, 모든 학생은 자신의 발달 단계 수준에서 스포츠를 학습할 수 있게 된다.

③ 체육 교육(스포츠) 내용

㉠ 스포츠 교육 모형에서 교사가 간접적인 교수 역할을 수행할지라도, 스포츠 교육 모형 시즌에서 스포츠 형태(게임)에 대한 교사의 지식은 매우 중요하다.

㉡ 교사는 선수의 입장에서 스포츠를 알고 있어야 하고, 다양한 임무에 대해서도 알아야 하며, 스포츠의 조직 구조 및 전통에 대해서도 숙지하고 있어야 한다.

㉢ 시즌이 진행될수록 대부분의 의사결정은 학생에 의해 이루어지기 때문에 교사는 전체적인 큰 흐름을 관찰하고, 잠재적으로 위험한 상황들을 예측할 수 있게 된다. 이 모든 것은 스포츠에 대한 풍부한 지식과 식견들로부터 나오게 된다.

④ 평등

㉠ 평등의 문제가 완전하게 해결되지 않는다면 스포츠 교육 모형은 소기의 성과를 거둘 수 없다.

㉡ 스포츠 교육 모형을 활용하는 교사는 불평등 상황이 일어나지 않도록 하여, 모든 학생이 동등한 참여 기회를 통해 스포츠를 배울 수 있도록 해야 한다.

㉢ 평등은 모든 학생이 공정한 참여 기회를 가질 수 있는 규칙과 규정을 제정함으로써 촉진될 수 있다.

ⓐ 모든 선수들은 모든 포지션을 한 번씩 거쳐야 한다.

ⓑ 팀의 규칙은 모든 구성원들이 투표로 정한다.

ⓒ 모든 선수들은 각 게임에서 같은 양의 시간을 플레이한다.

㉣ 평등과 관련된 이슈는 '공정한 경쟁'이다. 다시 말해 교사는 시즌 동안 공정한 팀 선정을 위해 학생과 게임에 대한 지식을 사용해야 한다. 교사는 경쟁 상황에서 팀의 균형이 맞지 않을 경우에는 조정을 해야 한다. 이에 대해 다음과 같이 제안할 수 있다.

ⓐ 모든 팀은 한 학급의 성비를 고려하여 동일한 수의 남녀 비율로 팀을 선정해야 한다.

ⓑ 기능 수준의 차이에 따라 학생을 분류하고, 팀들이 성(性) 뿐만 아니라 다른 요인 측면에서 균형을 이룰 수 있도록 해야 한다.

ⓒ 팀이 최종적으로 구성되기 전에 팀 구성이 공정하게 이루어졌는지 학생에게 확인시킨다.

ⓓ 시즌이 시작된 후, 팀당 한 사람에 한해 제한적인 선수 교환제를 할 수 있도록 허용한다. 이 때 트레이드는 모든 팀의 구성원들 대다수에 의해 승인되어야만 한다.

⑤ 평가

㉠ 스포츠 교육 모형에서는 전반적으로 실제적인 평가가 활용된다.

㉡ 평가 지식의 주요 출처는 경기와 임무 수행 능력의 주요 측면들을 인식할 수 있는 능력이다.

㉢ 교사가 평가할 내용을 정하면, 교사는 시즌과 경쟁 상황 속에서 학생의 퍼포먼스를 가장 실제적인 방법으로 모니터하기 위한 자기 개발 시스템을 고안할 수 있다.

⑥ 사회/정서적 풍토

㉠ 시즌 동안 축제 분위기를 만들어 가야 한다.

㉡ 교사는 시즌 동안 긍정적인 일들이 발생하고 부정적인 일들을 예방할 수 있도록 사회적/정서적 분위기를 어떻게 조성해 나가야 하는지를 알고 있어야 한다.

㉢ 때때로 교사는 스스로 협력자, 중재자, 코치, 부모, 스포츠 심리학자, 응원 단장 등의 역할을 감당해야 한다.

(2) 핵심적인 교수 기술

교사는 직접 교수, 동료 교수, 협동 학습을 복합적으로 활용함으로써 광범위한 효과적인 교수 기능을 사용하게 될 것이며, 중요한 것은 시즌 동안 상황적 요구에 따라 각 기술을 즉흥적으로 적용하게 될 것이라는 점이다.

① 수업 계획

㉠ 계획은 교사와 학생이 시즌 동안 어떤 게임을 수행할지를 결정한 후 수립된다.

㉡ 계획의 초기에는 시즌에 대한 전반적인 구조를 결정하며, 전반적인 구조가 결정되고 팀들이 시즌을 준비하게 되면, 공식적인 계획은 필요에 따라 예상치 못한 계획으로 변형되어 갈 것이다.

② 시간과 수업 운영

㉠ 대부분의 수업 운영은 일단 연습과 시즌이 시작되면 학생에게 맡겨진다.

㉡ 교사는 시즌 동안 원래 계획대로 잘 진행되고 있는지를 확인하고 그대로 진행될 수 있도록 이끄는 역할을 한다.

③ 발달 단계적으로 적합한 역할의 결정

㉠ 교사는 각 임무를 어느 정도 학생이 학습해야 하고, 그것을 잘 지도할 수 있는 좋은 방법에 대해 충분한 지식을 가지고 있어야 한다.

㉡ 교사는 학생이 임무를 수행할 수 있도록 발달 수준에 적합하게 변형하여 가르쳐야 한다.

④ 의사 소통

㉠ 교사는 학생과 직접적 혹은 간접적인 의사소통에 능통해질 필요가 있다.

㉡ 시즌의 조직을 설명할 때와 역할에 대해 훈련할 때 직접적일 수 있다.

㉢ 교사는 대부분 질문의 형태로 이루어지는 능통한 간접적인 의사소통 기술이 필요하다.

㉣ 팀들이 연습하고 학생이 임무를 착수하게 되면, 직접적인 진술이나 교수보다는 질문을 주로 이용하는 문제 해결 학습을 활용하는 것이 바람직하다.

⑤ 교수 정보

㉠ 선수로서 학생에게 주어지는 거의 모든 교수 정보는 협동 학습과 동료 교수를 통해 전달된다.

㉡ 임무 역할 학습의 경우, 대부분의 교수 정보는 일반적으로 트레이너와 감독자인 교사에 의해 제공된다.

⑥ 수업 정리 및 종료

㉠ 시즌 전 기간 동안 수업 정리와 종료 시 교사는 팀의 진행에 대한 일반적인 언급과, 개인 혹은 팀으로부터 나온 질문에 응답한다.

㉡ 시즌 기간 동안의 수업 정리와 종료는 주요 이벤트와 결과를 요약하고, 좋은 경기와 경기 내용을 보여준 선수와 팀들에게 칭찬을 할 수 있다.

(3) 상황적 요구 조건

① 자원

㉠ 자원들을 고려할 때 교사는 모형 적용에 필요한 시간(수업 시수), 기구, 공간을 확인해야 한다.

㉡ 스포츠 교육 모형의 시즌을 운영하는데 최소 20시간 이상이 필요하다(Grant).

㉢ 모든 팀들이 연습하고, 여러 팀들이 경기를 할 수 있는 충분한 기구와 공간이 필요하다. 이 두 가지 유형의 자원에 대한 요구 사항은 인원수 조정(예 3 : 3 농구)과 규칙 변형(예 5회 야구 게임)으로 해결할 수 있다.

② 학생

㉠ 교사는 학생이 시즌 운영에 따른 역할과 책임을 제대로 수행할 수 있을지 생각해 보아야 한다.

㉡ 한 학급의 학생 인원수도 스포츠 내용 결정에 영향을 주는 요소이다.

③ 경기 방식

㉠ 경기 방식은 시즌에 설계된 여러 가지 경기 방식에 따라 이루어지는데, 전형적인 경기 방식은 단일 리그전(모든 팀이 서로 1번씩 경기하는 방식), 분과 리그전(플레이 오프까지 소속 분과 안에서 경기하는 방식), 토너먼트(개인 또는 팀이 패배할 때까지 경기가 계속 진행되는 방식), 삼각전(3개 팀이 동시에 경기하는 방식)으로 구분된다.

㉡ 경기 방식들은 전체 팀의 수와 경쟁 공간에 따라 결정된다.

(4) 모형의 선정과 변형

① 스포츠 교육 모형은 체육 프로그램에서 독자적으로 개발된 모형 중의 하나이다.

② 교사가 학생들의 개인차를 고려하여 적절한 역할과 임무를 부여하고 학생이 성실히 수행하게 된다면 다른 어떤 수업 모형보다 포괄성이 큰 수업 모형이라고 할 수 있다.

5. 지도 계획 시 주안점

(1) 학생들이 감당할 수 있는 정도의 의사결정의 권한과 책임을 부과하라. 학생들이 시즌의 성공에 대해 주인 의식을 가질 때, 보다 적극적인 참여를 끌어내어 스포츠 교육이 의도하는 목적을 성취하는 데 한발 다가서게 된다. 학생들 스스로 다양한 역할을 선택하고, 수행하게 될 때, 동기유발이 적극적으로 이루어지며, 더 많은 것을 학습하게 된다.

(2) 학생들이 맡아야 할 의사결정의 권한과 책임이 어디까지인지 명확하게 규정하라. 교사가 책임져야 할 권한은 무엇이며, 학생이 져야 할 책임과 권한의 경계를 뚜렷이 구분해야 한다.

(3) 팀 선정을 공개적인 방식으로 하지 말라. 주장들이 팀원을 지명하는 전통적인 방식은 많은 부작용을 초래할 수 있다.

(4) 팀 선정의 기준은 성별, 기능 수준, 인종이나 민족적 다양성, 인지적 발달 수준, 창의성, 리더십 등의 요소들이며, 이러한 요소들을 충분히 고려하여 균등한 배치가 이루어져야 한다. 학생들이 볼 때 팀 선정이 공정하다고 인식되면, 소속팀의 발전에 열심을 기울일 것이고 다른 팀에 관심을 두지 않을 것이다.

(5) 일단 팀 선정이 완료되면, 팀의 약점보다는 팀 구성원 개개인의 장점과 고유한 특성에 초점을 맞춰 공동의 목표를 성취하는 데 주력해야 한다.

(6) 학생들의 발달 수준에 적합하도록 경기 방식을 적절히 변형하여 최대의 참여를 이끌어내도록 한다. 예 3:3 농구, 축소된 경기장에서의 4:4 축구 등

(7) 가능하면 구조화된 연습, 팀명, 팀 구호, 팀 노래의 제정, 학교 신문이나 웹 사이트를 통해 게임 결과의 공지, 축제 분위기 조성 등을 통해 실제 프로스포츠의 리그처럼 시즌을 조직적으로 운영한다.

(8) 여러 가지 임무들에 대한 실제적인 책임을 학생들이 수용할 수 있도록 하여 다양한 영역의 학습과 의사결정, 문제 해결 능력을 기를 수 있도록 한다.

참고

토너먼트 작성

1. 라운드 로빈 토너먼트(일반적으로 "리그전"이라고 불림)

(1) 종류

① 단일 라운드: 한 선수 또는 팀이 나머지 참가 선수 또는 팀과 한 번씩 모두 경기하는 경우
② 2중 라운드: 두 번씩 경기하는 경우
③ 부분 라운드: 최소한 한 번씩 모두 싸우지 못하게 되는 경우

(2) 리그 현황 판별법

① 승률
㉠ 승률 = 게임에서 이긴 수 / 총 게임 수(9게임 중 7게임을 이겼을 경우 승률은 0.778).
㉡ 무승부일 경우에는 그 무승부 게임을 계산에 넣지 않거나 승점으로 0.5점을 가산해준다(7승 2패 1무일 경우 승률은 $\frac{7.5}{10}$ = 0.750).
㉢ 점수제: 리그전에서 팀 간의 상대적 등급을 구분하기 위하여 점수제가 활용되기도 한다. 이긴 팀에게 2점, 무승부 팀에게 각각 1점, 진 팀에 0점을 가산하여 계산하게 된다(7승 2패 1무의 경우 15점).

② 게임차: (제1팀이 이긴 게임 수 − 제2팀이 이긴 게임 수) +
(제2팀이 진 게임 수 − 제1팀이 진 게임 수) / 2

③ 라운드 수
㉠ 참가 선수 또는 팀이 홀수일 경우에는 참가 수 그 자체가 라운드 수가 된다(9팀은 라운드 수 9).
㉡ 참가 수가 짝수일 경우 참가 수에서 1을 뺀 수가 라운드 수가 된다(10팀은 라운드 수 9).

④ 게임수 = $\frac{n(n-1)}{2}$

⑤ 대진표 작성 방법
㉠ 회전 방법
㉡ 그래프 방법

1라운드	2라운드	3라운드	4라운드	5라운드
① ↔ 2	① ↔ 6	① ↔ 5	① ↔ 4	① ↔ 3
6 ↔ 3	5 ↔ 2	4 ↔ 6	3 ↔ 5	2 ↔ 4
5 ↔ 4	4 ↔ 3	3 ↔ 2	2 ↔ 6	6 ↔ 5

2. 엘리미네이션 토너먼트(일반적으로 "토너먼트"라고 불림)

(1) **단일 엘리미네이션 토너먼트**

① 2의 자승 개념과 매직 넘버

㉠ 2의 자승 개념 : 엘리미네이션 토너먼트에서는 대진표를 작성하는 데 있어서 그 구조상 대칭형이 되어야 한다. 따라서 각 조(부전승 포함)의 수가 2의 배수가 되어야만 한다.

㉡ 2의 자승과 매직 넘버 : 2의 자승 값인 4, 8, 16, 32 등을 매직 넘버라고 한다.

② 라운드 수

㉠ 참가 팀(엔트리) 수와 매직 넘버가 서로 똑같을 경우에는 해당 매직 넘버의 2의 자승수와 같게 된다(엔트리 수가 32일 경우엔 $2^n = 32$이므로 라운드 수는 5)

㉡ 참가 팀(엔트리) 수가 매직 넘버와 서로 다를 경우에는 다음 단계로 높은 매직 넘버에 해당하는 2의 자승수를 라운드 수로 정하게 된다.

③ 게임 수 = n − 1

④ 부전승 배치 방법 : 엔트리의 다음 단계 높은 매직 넘버에서 엔트리 수를 빼면 된다(엔트리 수가 11인 경우 다음 높은 매직 넘버는 16이다. 따라서 16 − 11 = 5가 부전승 팀 수가 된다).

(2) **부활 엘리미네이션 토너먼트**(일반적으로 "부활전 토너먼트"라고 불림)

① 라운드 수 : 단일 엘리미네이션의 라운드 수를 2배하면 된다(결승 재시합의 경우는 한 라운드를 더 대전하게 되므로, 한 라운드를 추가하여 계산한다).

② 게임 수

㉠ 최소한의 게임 수 = 2(n − 1)

㉡ 최대한의 게임 수 = 2(n − 1) + 1

5 동료 교수 모형

나는 너를, 너는 나를 가르친다.

동료 교수 모형과 관련하여 명료화되어야 하고, 기억해야 할 3가지 개념이 있다. 첫째, 동료 교수 모형은 학생이 다른 학생을 가르치는 전략을 활용하지만, 교사가 계획한 모형 중심의 접근 방법을 준수해야만 동료 교수 모형이 될 수 있다. 둘째, 동료 교수는 파트너 학습과는 다르다. 동료 교수가 되기 위해서는, 학생은 반드시 교사가 일반적으로 갖게 되는 몇 가지 주요한 교수 기능에 대한 뚜렷한 책임감을 가지고 있어야 한다. 개인 교사와 학습자의 역할이 바뀐다 하더라도 이들 역할에 대한 명확한 설명이 있어야 한다. 셋째, 동료 교수 모형을 작은 규모의 협동 학습 모형으로 오인해서는 안 된다. 협동 학습은 학생이 다른 학생을 가르친다는 특징을 갖고 있지만 동료 교수 모형과는 다른 형태의 총괄 지도 계획을 가지고 있고 학생들이 소규모 팀으로 배치된다. Mosston과 Ashworth의 상호 학습형 스타일에서는 동료 교수의 가장 본질적인 특성을 고수하고 있지만, 일시적인 과제 구조에서 주로 활용되며 하나의 내용 단원에서 단 한 가지의 교수 전략으로는 사용되지 않고 있어서 동료 교수 모형과는 다르다.

1. 개요

(1) 동료 교수 모형은 직접 교수 모형의 변형으로 볼 수 있다. 동료 교수 모형에서는 교사가 한 가지, 즉 학생이 학습 활동을 하는 동안과 그 후에 발생하는 수업 상호작용을 제외하고는 직접 교수 모형과 같은 동일한 모든 요소들에 대한 통제권을 가진다. 이렇게 중요한 책임이 개인 교사라고 불리는 학생에게 책임이 위임되는데, 이 학생은 다른 학생의 연습 시도를 관찰하고 분석하기 위해 훈련을 받는다.

용어의 차이점	
개인 교사(Tutor)	임시로 교사의 역할을 담당하는 학생
학습자(Learner)	개인 교사의 관찰 및 감독하에서 연습하는 학생
조(짝)(Dyad)	개인 교사-학습자 짝으로 구성된 단위
학생(Student)	개인 교사나 학습자의 역할을 수행하지 않는 학생을 묘사하는 일반적인 용어

(2) 동료 교수 모형은 학생이 수행하는 연습 시도에 대해 교사의 관찰 부족과 교사로부터 받는 제한된 피드백의 문제점을 줄이기 위해서 고안되었다.

(3) 동료 교수 모형은 수업 중 학생의 학습 참여 기회가 반으로 축소되는데, 이는 각 학생이 개인 교사로서의 활동 시간과 학습자로서의 활동 시간을 대략 반씩 보내기 때문이다.

(4) 학생이 동료 교수에서 많은 학습 참여 기회를 얻지 못한다 해도 연습 시간의 효율성 증가로 인해 교사는 수업에서 더 많은 내용을 지도할 수 있게 된다.

① 학생이 학습자의 역할을 수행하는 경우, 각 학생은 실제로 학습 시간의 효율성을 높이면서 자신의 연습을 관찰하고 분석해 주는 개인 교사를 가지게 된다.

② 학생이 개인 교사의 역할을 수행하는 경우, 해당 학생은 과제에 대한 이해를 높여줄 수 있는 인지적 참여를 하게 됨으로써 학습자 역할을 수행할 때 연습의 향상을 도모할 수 있게 된다.

(5) 동료 교수 모형은 사회성 학습을 강조한다. 조원(개인 교사-학습자)들은 서로에게 의존하게 된다. 학생이 수업에서 2가지 역할을 교대함에 따라 학생은 책임감을 공유하는 상호 협력 관계를 발전시켜 나간다.

① 개인 교사는 교사가 제공한 과제 제시와 과제 구조에 기초하여 학습자의 연습을 관찰하고, 단서와 피드백을 제시할 때 원활한 언어적 의사소통 기술을 가지고 있어야 하며, 자신의 임시적인 의무 역할 능력과 감정에 민감해야 한다.

② 학습자는 개인 교사의 조언과 충고를 기꺼이 받아들이고, 모호한 말을 할 때에는 질문을 해야 하며, 각 연습을 직접적인 관찰 하에서 성실하게 연습해야 한다.

(6) 동료 교수 모형은 체육에서 학생의 인지 발달을 향상시킬 수 있는 엄청난 잠재력을 가지고 있다.

① 학생은 좋은 개인 교사가 되기 위해서 핵심적인 수행 단서를 알고, 이 단서들과 각 연습 시도의 결과 사이의 관계를 이해해야 한다.

② 개인 교사는 본질적으로 체육수업에서 움직임 기능의 이해와 수행 수준을 높일 수 있는 문제 해결 기술을 발전시켜 나간다.

(7) 동료 교수가 파트너 학습이 아닌 하나의 수업 모형으로 인식될 수 있는 근거는 개인 교사들이 자신의 역할을 준비하고 훈련을 받기 때문이다. 이 모형이 가장 효과적으로 활용되기 위해서 교사는 개인 교사들이 책임감을 가지고 수업 운영을 이해하고 수행할 수 있도록 도와야 한다.

(8) 동료 교수 모형에서 교사는 직접 교수 모형만큼이나 많은 의사결정과 리더십을 그대로 발휘하고, 개인 교사에게 수업 과정에서 단지 일부분만을 담당하는 것을 허용한다.

개인 교사의 역할 수행을 위한 훈련 계획에 포함되어야 하는 요소	
• 학습 목표의 정확성	• 개인 교사에 대한 역할 기대
• 과제 제시와 이해도 점검	• 과제 구조와 이해도 점검
• 학습자들에게 잘못된 점을 알려주는 방법	• 적절하게 칭찬하는 법
• 안전하게 연습하는 법	• 숙달 정도나 과제 완성도를 평가하는 법
• 교사에게 질문을 해야 할 시기를 아는 것	

교사 중재와 학생 중재 수업 비교

지도 요인	교사-중재	학생-중재
학생/교사 비율	높다	낮다
참여 시간	변하기 쉽다	높다
참여 기회	낮다	높다
실수 교정의 기회	낮다	높다
실수 교정의 시기	지연	즉시
도움과 격려 기회	적다	많다
경쟁과 협동 학습 경험 기회	적다	많다
동기	교사	동료와 학생
동료-훈련 요구	적다	많다
질 관리 요구	적다	많다
내용 적용 범위	많다	변하기 쉽다
동료 선택	필요없다	필요하다
교육 과정 재구성	적다	많다
비용	높다	낮다
도덕적 관심	적다	증가된다

2. 이론적 기초

(1) 이론적 배경 및 근거

① 동료 교수 모형이 직접 교수 모형에 기초한다는 사실은 상당 부분 직접 교수 모형의 이론적 배경 및 근거를 공유하고 있기 때문이다. 즉 높은 비율의 학생 참여 기회, 강화, 피드백, 단원 내용에 걸친 활발한 교사 주도의 학습 진도를 지향하는 완전 숙달 중심 모형으로 볼 수 있다. 이와 같은 교수·학습 과정의 구조는 Skinner와 다른 행동 심리학자들에 의해 개발된 훈련 이론과 원리에 기초한다.

② 동료 교수의 주요한 특징인 학생이 서로 가르치는 측면은 사회 학습, 인지 발달, 구성주의와 같은 이론에서 유래된 것이다.

사회 학습 이론	• 사회 학습 이론에서 인간은 주어진 환경 안에서 다른 사람들과 상호작용에 의해 학습한다고 말한다. • 사회 학습 이론은 학습 과정에서 다른 사람들의 역할을 부가적으로 강조하는 조작 심리학에 기초한다. • 동료 교수 모형에서 학생-학생 상호작용은 한 학생이 다른 학생의 학습 과정에 중요한 역할을 한다는 사실을 인정하는 것이다.
인지 발달 (Piaget이론)	• 피아제는 인간은 지적 능력 발달의 연속적인 단계를 거쳐 발전한다는 사실을 이론화하였다. • 인지 학습 이론에 따르면, 공유된 학습 활동에 참여하는 학생은 교사 중심의 수업을 받는 것보다 개인 교사와 학습자에 대한 역할 이해를 통해서 지적인 발달을 촉진할 수 있는 문제 해결 기술을 더욱 발전시켜 나갈 수 있다. • 학생에게 교사/개인 교사의 역할을 부여하는 것은 그 역할을 잘 수행하기 위해 충족되어야 하는 새로운 지적·사회적 도전 형태를 전체적으로 제시하는 것이다.
구성주의 학습 이론	• 사회적 구성주의자들은 민주적인 학습 환경을 조성하고 학생이 이미 알고 있는 것을 동료학생과 상호작용하면서 활용할 수 있는 학습 과정을 강조한다. 이와 같은 점은 동료 교수 모형이 직접 교수 모형과 구별될 수 있는 한 가지 특징이 될 수 있다.

③ 동료 교수 모형의 기초가 되는 근거는 오히려 간단하다. 교사는 수업 단원에서 주요한 수업 계획을 위한 의사결정을 하기 위해 내용, 수업 운영, 장학의 전문성을 발휘할 수 있다.

④ 한 명의 교사가 많은 학생의 연습 시도를 관찰하고 피드백을 제공할 수 있는 능력이 없기 때문에 학생은 개인 교사로서 다른 학생(학습자)이 연습에 참여할 때 이 기능을 수행할 수 있도록 훈련받고 과제를 할당받게 된다.

⑤ 학습자들은 향상된 학습을 이끌어 내는 증가된 상호작용이라는 이점을 가지게 된다. 개인 교사는 교사 역할을 수행하면서 인지적 및 정의적 영역 발달을 제공함으로써 지적·사회적으로 참여하게 된다. 이것은 모든 것을 포함하는 윈-윈-윈(Win-Win-Win) 상황이 된다.

⑵ 교수 · 학습에 관한 가정

① 교수에 관한 가정

㉠ 교사는 시간과 다른 자원의 활용을 극대화하기 위해 단원 내용, 수업 운영, 과제 제시, 내용 전개와 관련된 많은 의사결정에서 통제력을 유지해야 한다.

㉡ 교사는 교수 정보를 학습자에게 제공하는 기능을 수행할 개인 교사를 훈련시킬 수 있다.

㉢ 동료 교수 모형에서는 조(짝)는 모든 세 가지 영역의 발달을 촉진한다.

② 학습에 관한 가정

㉠ 개인 교사가 제공하는 심동적 영역의 학습은 관찰과 피드백에 의해 촉진된다.

㉡ 개인 교사들은 연습에 임하는 학습자들을 관찰, 분석, 지도함으로써 인지적 영역의 학습이 촉진된다.

㉢ 두 명의 학생으로 구성되는 조(짝)는 교수 · 학습 과정에서 서로 다른 역할을 수행하면서 정의적 및 사회적 학습을 촉진시킨다.

㉣ 개인 교사와 학습자는 할당된 학습 과제를 완수하기 위해 서로 협력하여 참가함으로써 문제 해결 기술을 발달시켜 나간다.

⑶ 모형의 주제 : 나는 너를, 너는 나를 가르친다.

① 기본적으로 짧은 시간 동안 한 학생은 개인 교사의 역할을 하고 다른 학생은 학습자의 역할을 하게 된다. 그리고 난 후 개인 교사와 학습자는 교사의 지시에 따라 역할을 교대한다.

② 한 학생이 개인 교사 또는 학습자를 계속해서 하지 않으며, '나는 너를 가르치고, 너도 나를 가르치며, 함께 다른 내용을 학습한다.'

⑷ 학습 영역의 우선 순위와 영역 간 상호작용

① 학습 영역의 우선 순위

㉠ 학습자

1순위 : 심동적 영역, 2순위 : 인지적 영역, 3순위 : 정의적/사회적 영역

㉡ 개인 교사

1순위 : 인지적 영역, 2순위 : 정의적/사회적 영역, 3순위 : 심동적 영역

② 학습 영역 간 상호작용

㉠ 학습자 : 학습자는 주어진 과제를 해결하기 위해 개인 교사로부터 언어적 정보와 인지적 정보를 받아들이고 처리해야 한다. 이 과정들은 개인 교사와 학습자 사이의 정의적/사회적 상호작용의 중복을 가져온다. 이는 의사소통 분위기를 형성하고 과제를 완수할 수 있는 학습자의 능력에 영향을 미치게 된다.

㉡ 개인 교사 : 개인 교사의 역할을 수행하면서 과제의 인지적 요소에 중점을 두는데, 학습자에게 수업 정보를 제공할 때 학습 영역 간 상호작용이 효과적으로 이루어지기 위해서

는 정의적/사회적, 그리고 심동적 지식을 활용해야 한다. 개인 교사는 학습자의 능력과 감정에 민감하게 대처해야 하고, 학습 단서를 정확히 제공해야 한다. 개인 교사의 인지적 지식은 정의적/사회적/심동적 학습 능력의 결합을 통해 전달되며 학습자와의 상호작용에 초석이 된다.

(5) 학생의 발달 요구 사항

① 학습 준비도

㉠ 개인 교사

ⓐ 과제 제시와 과제 구조를 이해하고 학습자에게 그 내용을 전달하는데 필요한 의사소통 기술이 있어야 하고, 학습자를 관찰할 때 학습 과제의 중요 단서와 실수를 인식할 수 있는 방법을 알아야 한다.

ⓑ 복잡한 과제에 대해 학습자에게 명료하고 정확한 정보를 전달하기 위해 풍부한 언어적 기술과 시범 기술을 필요로 한다. 또한 과제를 느리게 숙달하는 학습자에 대한 인내심도 가져야 한다.

㉡ 학습자

ⓐ 개인 교사를 이해하고, 인내심을 가져야 하며 그들과 협력해야 한다.

ⓑ 개인 교사로부터 칭찬과 비판을 모두 받아들일 준비도 해야 한다.

② 학습 선호도

㉠ 학습자: 참여적, 협력적, 종속적인 태도를 선호한다.

㉡ 개인 교사: 참여적, 협력적, 독립적인 태도를 선호한다.

(6) 모형의 타당성

① 연구 타당성

㉠ Foot, Morgan과 Shute는 여러 모형에서 활용되고 있는 동료 교수가 수학, 과학, 국어와 같은 몇 개 교과에서 학업 성취를 증가시키는데 효과적이었다고 보고하고 있다.

㉡ 체육에서 동료 교수는 Mosston의 상호 학습 스타일로 볼 수 있다.

② 실천적 지식의 타당성

㉠ 교사들은 아리스토텔레스와 고대 그리스 시대부터 2000년이 넘게 동료 교수의 형태를 사용해 왔다.

㉡ 이 전략이 오랫동안 행해져 왔고, 특히 지난 30년간 공식적인 교수 모형으로 발전되어 왔다는 사실은 모든 교과 교사들이 많은 학습 목표를 달성하여 실효성과 효과성을 입증하는데 확실한 증거를 제시한다.

③ 직관적 타당성

㉠ 한 명의 교사에게 너무 많은 학생들이 있다.

㉡ 거의 모든 학년에서 학생은 학습 단서를 이해하고, 다른 학생이 단서를 이용하여 연습할 때 그것을 관찰하며 피드백을 제공할 수 있다.

㉢ 비록 제한된 범위지만 많은 학생이 수업에서 교수 기능을 수행할 수 있기 때문에 학습자와 개인 교사라는 조를 이루어 부가적인 교수 자원으로 학생을 활용하는 것은 바람직하다.

3. 교수 · 학습의 특징

(1) 수업 주도성(수업 통제)

직접적(교사주도 통제) **상호작용적** **간접적**(학생주도 통제)

내용 선정

수업 운영

과제 제시

참여 형태

상호 작용 (A) (B)

학습 진도

과제 전개

① 내용 선정

㉠ 교사는 내용과 내용의 순서를 완전히 조정한다.

㉡ 교사는 단원에 포함될 내용, 학습 과제의 위계 선정, 수행 평가 기준을 결정하고, 모든 학생은 교사로부터 단순히 내용 목록을 전달받고 그것을 수행하게 된다.

② 수업 운영

㉠ 교사는 학생이 준수해야 할 관리 계획, 학급 규칙, 세부 절차를 결정한다.

㉡ 개인 교사는 학습 과제 내에서 연습 장소의 결정, 학습자에게 과제 소개, 안전지도와 같은 수업 관리 책임의 일부를 부여 받는다.

③ 과제 제시

㉠ 한 가지 수준은 교사가 개인 교사에게 수행 단서, 과제 구조, 숙달 기준을 안내할 때 이루어지고, 다른 수준은 개인 교사가 학습자에게 주어진 과제 연습을 시작할 수 있도록 정보를 제공할 때 나타난다.

㉡ 두 가지 수준에서 나타나는 과제 제시는 모두 매우 직접적이다.

④ 참여 형태

㉠ 교사는 각 역할에 대한 학생의 임무와 각 과제 내에서 교대 계획을 결정한다.

㉡ 주된 과제 구조는 2인 1조 형태지만, 학습이 짝수로 떨어지지 않을 때는 3인 1조도 가능하다.

⑤ 상호 작용

㉠ 첫 번째 상호작용의 형태는, 교사와 개인 교사 사이에서 일어난다. 초기 상호작용은 매우 직접적이다. 교사는 개인 교사에게 필요한 과제 제시와 과제 구조 정보를 제공하고 개인 교사의 이해도를 점검한다. 그런 다음 개인 교사에게 자신의 역할을 수행하도록 한다(A). 이후에 극히 드문 경우를 제외하고 교사는 학습자가 아닌 개인 교사와 상호작용을 하게 되는데 개인 교사의 관찰, 분석 및 의사소통 기술을 향상시키기 위해서 직접적인 설명보다는 질문과 응답과 같은 대화 방식으로 상호작용을 하게 된다(B).

㉡ 두 번째 상호작용의 형태는 개인 교사와 학습자 사이에서 이루어진다. 이 형태는 주어진 학습 활동을 구조화하고 수행하기 위해 협력적으로 참여하는 과정에서 개인 교사와 학습자 사이에 상호작용이 활발하게 이루어진다(B).

⑥ 학습 진도

㉠ 교사가 개인 교사에게 과제 제시와 과제 구조 정보를 제공한다면, 개인 교사는 학습자에게 그것을 전달하고 학습자는 자신의 학습 속도로 연습을 시작할 수 있다.

㉡ 개인 교사와 함께 학습자는 각 연습을 시작할 시기와 지속 시간을 결정하게 된다.

⑦ 과제 전개

㉠ 교사는 각 단원의 내용 목록과 그 안에서 학습 활동이 바뀌는 시기를 결정한다.

㉡ 교사는 각 학생이 개인 교사에서 학습자로, 학습자에서 개인 교사로 교대할 시기를 결정한다.

동료 교수 모형의 포괄성

- 동료 교수 모형은 다양한 수준의 학생 능력과 학습 내용에 대한 사전 경험을 수용할 수 있다. 이는 동료 교수 모형이 상당히 포괄적임을 의미한다.
- 운동 기능 수준이 낮은 학생은, 연습 과제를 하는 동안 충분한 관찰을 받을 수 있고 개인 교사의 역할을 학습할 수 있는 기회를 가진다.
- 운동 기능 수준이 높은 학생은, 개인 교사에 의해 제공되는 부가적인 관찰과 정보로 자신들의 기능을 강화시켜 나가고 개인 교사 역할을 수행할 때는 분석 기술의 증가를 꾀할 수 있다.

(2) 학습 과제

동료 교수 모형에서 조(짝)의 구성 방식은 학습자의 연습 효율성을 증가시키고 개인 교사에게는 움직임 기능 분석 지식을 발전시킬 수 있는 기회를 제공한다. 또한 개인 교사와 학습자의 역할을 수행하는 모든 학생에게 개인적, 사회적, 언어적 의사소통 기술을 발달시킬 수 있는 기회를 제공한다.

① 과제 제시

㉠ 교사가 개인 교사에게 과제 제시 정보를 제공하는 과정은 상당히 직접적으로 이루어진다.

㉡ 교사는 개인 교사에게 기술 시범 또는 연습해야 될 과제를 주요 학습 단서와 함께 제시하고, 개인 교사는 이것을 학습자에게 제시해야 하고 각 연습 시도동안 관찰해야 한다.

㉢ 교사는 개인 교사가 학습자에게 제공할 교수 정보의 내용과 방법을 숙지하고 있는지를 정기적으로 점검해야 한다.

㉣ 교사는 개인 교사에게 교수 정보를 제공할 때 CD, 비디오테이프, 그림, 사진 등의 매체를 활용할 수 있다.

② 과제 구조

㉠ 두 사람으로 구성되는 조는 한 학생이 관찰하는 동안 다른 학생이 연습하는 동료 교수 모형에서 활용될 수 있는 기술, 과제 구조의 종류를 제한한다.

㉡ 동료 교수 모형에서 사용되는 일반적인 과제 구조는 연습, 자기 조절 과제, 스테이션 및 간단한 인지적 과제이다.

㉢ 교사는 개인 교사들이 학습자의 연습 시도를 관찰할 때 사용하게 될 간단한 체크리스트를 개발할 수 있다. 이 체크리스트에는 모든 수행 단서들이 제시되고 개인 교사는 학습자가 그 단서를 정확히 수행하고 있는지 매번 관찰하여 체크한다. 이 전략은 과제 제시에서 1개 이상의 주요 단서를 잊어버리는 어린 학생에게 특히 유용하다.

③ 내용 전개

㉠ 교사는 직접 교수와 동일한 방법으로 계획된 학습 활동을 진행한다.

㉡ 단원은 점진적으로 점점 더 어렵거나 복잡한 학습 과제의 시리즈로 나누어지고, 학생들은 계획된 지시 속에서 학습 과제를 전개해 나간다.

㉢ 교사는 새로운 학습자들이 과제 속에서 이미 개인 교사의 역할을 수행하였고 새로운 개인 교사들은 새로운 과제 제시를 하지 않을 것이기 때문에, 두 번째 반복되는 과제는 조금 짧게 계획할 수 있다.

(3) 학습 참여 형태

① 주요 참여 유형은 조(짝)로 이루어진다.

② 학생 수가 짝수로 이루어지지 않을 때는 세 사람으로 구성된 조를 만들어 개인 교사의 역할을 교대로 수행할 수 있다.

(4) 교사와 학생의 역할 및 책임

역할 및 책임	동료 교수 모형에서의 책임 주체
수업 시작	교사가 수업을 시작한다.
수업 기구 준비	교사가 수업에 필요한 용·기구를 가져온다.
수업 기구 배분 및 회수	각 파트너 모둠이 활동에 필요한 용·기구를 가져오고, 수업이 끝나면 제자리에 가져다 놓는다.
출석 점검(필요 시)	교사가 출석을 부른다.
과제 제시	1. 교사가 개인 교사에게 각 움직임 기능 또는 개념을 보여주고 설명한다. 2. 개인 교사가 학습자에게 각 움직임 기능 또는 개념을 보여주고 설명한다.
과제 구조	1. 교사가 개인 교사에게 과제 구조를 설명한다. 2. 개인 교사는 학습자에게 과제 구조를 설명한다.
상호작용	1. 통로 ①: 교사가 개인 교사와 상호작용을 하기 위해 질문을 활용한다. 2. 통로 ②: 개인 교사가 학습자에게 단서, 안내, 피드백, 격려를 제공한다.
평가	1. 교사가 각 과제를 평가할 수 있는 방법을 결정한다. 2. 개인 교사는 학습자를 평가한다.
학습 진도 파악	교사가 새로운 내용이 전개될 시기를 결정한다.

(5) 교수·학습 과정의 검증

① 교사 기준

기준	검증 방법
단원 내용을 보다 큰 학습 목표로 제시하기 위해 작은 규모의 학습 과제로 나눈다.	단원을 시작하기 전에 교사가 작성한 과제 분석, 내용 목록, 내용 전개를 살펴본다.
전시 학습 내용을 복습한다.	전시 학습이 다루어지는 도입 부분을 확인하기 위해 교수·학습 과정안을 살펴본다.
개인 교사에게 명확하고 효과적으로 과제를 제시한다.	1. 과제 제시를 이해하고 있는지 확인한다. 2. 연습을 시작할 때 학생을 관찰한다. 학생이 과제를 정확하게 수행하는가?
과제 구조를 명확하게 제시한다.	연습을 시작할 때 학생을 관찰한다. 학생은 교사가 제시한 방식으로 참여하고 있는가?
내용 전개를 빠른 속도로 진행한다.	1. 교사가 작은 규모의 학습 과제를 계획한다. 2. 교사는 계획한 수업 단계와 역할 교대를 신속히 진행시킨다.
교사는 학습 활동 동안 개인 교사와 상호작용을 위해 우선적으로 질문을 사용한다.	개인 교사에게 지시한 질문의 빈도와 유형을 기록한다.

학습 과제에 성취 기준을 포함시킨다.	1. 교수·학습 과정안을 점검한다. 2. 학습자의 성취를 점검하기 위해 지필 평가를 실시한다.
정기적으로 내용 복습을 실시한다.	1. 단원 계획을 점검한다. 2. 복습 시간과 중점 사항을 기록한다.

② 학생 기준

학습자 기준	검증 방법
과제 제시를 이해한다.	교사가 초기에 제시한 대로 기술/움직임/개념을 수행하는 학습자의 수를 파악한다.
과제 구조를 이해한다.	학습자 수를 파악한다. • 교사가 개인 교사에게 지시한 사항에 따라 참여하는 학습자 • 과제를 변형한 학습자 • 과제를 포기한 학습자
높은 비율의 학습 참여 기회를 가진다.	1. 연습 시도 횟수를 파악한다(빈도가 참여 기회를 가장 잘 나타낼 때). 2. 학습자가 참여한 실제 연습 시간을 측정한다(시간이 학습 참여 기회를 가장 잘 나타낼 때).
높은 비율의 실제 학습 시간을 가진다.	타당한 실제 학습 시간 기록지를 가지고 표본 학습자를 관찰한다.
높은 비율의 긍정적, 교정적 피드백을 받는다.	개인 교사가 학습자에게 제공한 피드백을 기록하고 분석한다.
학습자는 내용을 숙달한다.	학습자는 과제를 완수하고 개인 교사에 의해 관찰되는 정기 평가를 통과한다.

개인 교사 기준	검증 방법
과제 제시를 이해한다.	1. 교사가 이해도를 확인할 때 정답 횟수를 파악한다. 2. 학습자에게 제공되는 정확한 정보와 부정확한 정보에 주의하면서 개인 교사의 과제 제시를 관찰한다.
과제 구조를 이해한다.	1. 교사가 이해도를 확인할 때 정답 횟수를 파악한다. 2. 각 조는 학습 환경을 구성하고 학습자가 연습을 시작하도록 한다. 다음 학습자의 수를 파악한다. • 교사가 지시한 대로 참여한 학습자 • 과제를 변형한 학습자 • 과제에 참여하지 않는 학습자
높은 비율의 긍정적, 교정적 피드백을 제공한다.	개인 교사가 학습자에게 제공한 피드백 유형과 비율을 관찰한다.
개인 교사와 학습자는 협력적으로 수행한다.	각 조의 상호작용 유형을 관찰한다.
움직임 기능/개념을 정확히 분석한다.	교사와 개인 교사는 동일한 체크리스트로 학습자를 관찰, 기록한 후 비교한다.

(6) 학습 평가

① 동료 교수 모형은 학생의 개별적인 참여 유형을 가능하게 하는 비연속적인 학습 활동에서 활용될 수 있다. 학습자가 연습하는 동안, 개인 교사가 관찰 가능한 비교적 단순한 움직임 패턴과 개념을 학습할 때 동료 교수 모형의 특성이 발현된다.

② 경쟁적인 게임과 같은 매우 역동적인 참여 유형은 게임이 잠시 멈춰지거나 중단되어 상호작용이 가능하다 할지라도 개인 교사에게 학습자와 상호작용할 수 있는 기회를 많이 제공하지 못한다.

③ 동료 교수 모형은 개인 교사가 정지된 상태에서 반복적이고 비교적 단순한 움직임 활동을 수행하는 학습자를 관찰할 수 있는 많은 기회를 제공한다. 이때 개인 교사는 평가 목적으로 가장 적합한 관찰 체크리스트를 활용하게 된다.

④ 체크리스트는 동료 교수 모형에서 평가 도구로 광범위하게 활용될 수 있다. 그 이유는 개인 교사가 심동적 영역에 해당하는 운동 수행을 관찰하고 정확하게 수행된 움직임 또는 기술을 기록하기 쉽기 때문이다. 평가의 핵심은 체크리스트 항목의 수와 난이도가 개인 교사의 능력과 일치되어야 한다는 것이다.

⑤ 체크리스트 평가 기법은 학습자와 개인 교사 모두에게 도움을 줄 수 있다.

㉠ 학습자에게는 자신의 운동 수행 요소에 대한 구체적 피드백을 받을 수 있는 이점이 있다.

㉡ 개인 교사에게는 자신이 연습할 차례가 되었을 때 중요한 학습 단서를 기억할 수 있도록 하는데 이점이 있다.

4. 교사 전문성 및 상황적 요구 조건

(1) 교사 전문성

① 발달 단계에 적합한 수업

㉠ 높은 비율의 학습 참여 기회를 가지고 의미 있는 과제에 안전하게 참여하는 학습자의 요구와 관련된 발달 단계 측면의 쟁점사항들을 염두에 두어야 한다.

㉡ 교사는 스스로 개인 교사들이 지적 능력(과제 정보에 대한 이해와 연습 시도의 관찰 능력), 일정 수준의 책임감(교사의 지도 기능을 담당할 수 있는 책임), 의사소통 기술(정확한 피드백과 단서 제공), 성숙함(학습자의 발전을 위한 역할)을 갖추고 있는지 자문해야 한다.

② 과제 분석과 내용 전개

㉠ 단원에서 지도될 움직임 기능이나 개념을 숙지하고 학생에게 순차적으로 학습 과제가 제시될 수 있도록 기능이나 개념을 부분 요소로 분절할 수 있어야 한다.

㉡ 위계를 갖춘 과제가 전개되는 동안 학생은 개인 교사와 학습자의 역할을 교대로 수행하면서 발전해 나간다.

③ 평가

㉠ 개인 교사는 대부분 평가자로서의 역할을 수행한다.

㉡ 교사의 평가 전문성은 관찰 체크리스트와 같은 평가 기법을 설계하고 개인 교사와 의사소통을 하면서 발현된다.

④ 사회적/감정적 분위기

㉠ 동료 교수 모형은 학습자와 개인 교사 간에 순간적인 상호작용에 크게 의존하기 때문에, 교사는 학습에 대한 책임감을 서로 느낄 수 있도록 분위기를 조성해야 하는 책임이 있다.

㉡ 교사는 수업에서 정기적인 토의 시간을 갖고 좋은 개인 교사와 학습자 역할 행동에 대한 사례를 제공하며, 모든 학생의 공동 책임감을 제시함으로써 긍정적인 분위기를 조성할 수 있다.

(2) 핵심적인 교수 기술

① 수업 계획

㉠ 교사는 명확한 학습 목표를 도출하기 위해 단원 내용을 비연속적인 학습 과제로 나눈다.

㉡ 교사는 과제 제시가 완료되었을 때 학습자와 개인 교사가 신속하고 적절하게 참여할 과제를 계획할 필요가 있다.

② 시간과 수업 운영

㉠ 수업 단계에 따라 시간 분배 방법과 학생 이동 관리 방법에 대한 별도의 주의를 필요로 한다.

㉡ 교사는 학습 활동과 역할을 교대할 때 연습 시간의 손실을 최소화 할 수 있도록 상규적 활동과 절차를 수립해야 한다.

㉢ 학생이 각 역할을 수행할 때 대략적으로 동일한 시간이 제공될 수 있도록 특별한 주의를 기울여야 한다.

③ 과제 제시와 과제 구조

㉠ 교사는 개인 교사에게 훌륭하게 과제를 제시하고 자주 그들의 이해도를 점검해야 한다.

㉡ 교사는 조를 이룬 학생에게 학습 환경을 설정하고 교사가 의도한 과제에 참여하도록 하기 때문에 과제 구조도 과제 제시만큼 중요하다.

㉢ 교사가 개인 교사에게 과제 제시와 과제 구조 정보를 훌륭하게 제공한다면, 개인 교사는 임시적인 지도 책임을 훨씬 효과적으로 수행할 수 있다.

④ 의사 소통

㉠ 교사는 개인 교사에게 과제 제시와 과제 구조를 제시하기 때문에 언어적 의사소통이 자주 활용된다.

㉡ 교사는 개인 교사가 학습자에게 내용을 가르칠 수 있도록 개인 교사와 충분하게 의사소통을 해야 하고 자주 그들의 이해도를 확인하는 것이 필요하다.

⑤ 교수 정보

㉠ 조(짝) 형태로 참여가 이루어지면, 교사는 개인 교사하고만 간접적인 형태로 상호작용을 한다.

㉡ 교사가 개인 교사의 관찰 능력 및 의사소통 기술을 발달시키고자 노력하기 때문에 기본적인 상호 작용의 방식은 문제 해결 능력을 키울 수 있는 질문에 기초한다.

⑥ 수업 정리 및 종료

㉠ 교사는 수업에서 발생한 모든 종류의 학습을 정리해야 한다.

㉡ 교사는 체육 수업에서 학생이 서로 교대로 가르쳤을 때 일어나는 전체적인 현상을 볼 수 있도록 모든 것을 종합적으로 제시해야 한다.

(3) 상황적 요구 조건

① 동료 교수 모형의 주요한 상황적 요구 조건은 학급의 절반이 한 번에 연습할 수 있는 충분한 공간과 용・기구가 마련되는 것이다.

② 광범위한 움직임 내용과 거의 모든 종류의 활동 공간이 필요하다.

(4) 모형의 선정과 변형

① 동료 교수 모형은 체육 수업에서 광범위하게 사용될 수 있다. 동료 교수 모형을 사용할 때 고려해야 할 주요 사항은 내용 그 자체보다는 교사가 기대하는 학습자의 학습 성취 수준이다.

② 동료 교수는 모든 개인 스포츠와 팀 스포츠에서 효과적으로 사용될 수 있으나 비경쟁적인 학습 활동으로 제한하는 것이 좋다. 왜냐하면 역동적인 게임 상황은 학생에게 개인 교사와 학습자의 역할을 수행할 때 상호작용할 수 있는 기회를 제공하지 못하기 때문이다.

③ 동료 교수 모형은 초급과 중급 수준에 적합하며 경쟁적인 게임에 자주 참가하게 될 숙련된 학생의 수준에는 적합하지 않다.

5. 지도 계획 시 주안점

(1) 개인 교사들에게 그들이 역할을 수행하는 동안 교사인 당신의 눈, 귀, 목소리를 대신한다는 사실을 지적하면서 개인 교사에 대한 기대를 분명하게 제시한다.

(2) 개인 교사에게 효과적인 교사가 의미하는 바를 가르친다. 개인 교사에게 교사가 학생들의 학습을 돕기 위해 행하는 것을 보여준다. 각 수업 계획에서 이를 위한 훈련 시간을 마련한다.

(3) 학습자와 개인 교사를 평가하라. 이것은 개인 교사에게 가르치는 역할의 중요성을 강화시켜 준다.

(4) 동료 교수 모형에서는 운동 기능 수준이 높은 학생과 운동 기능 수준이 낮은 학생이 짝짓는 것을 허용한다. 운동 기능 수준이 낮은 학생은 숙달된 운동 수행자가 아닐지라도 운동 기능 수준이 높은 학생으로부터 개인 교사 역할을 할 때 어떤 점에 주목해야 하고 어떤 피드백을 제시해야 하는지를 배울 수 있다.

(5) 학습 활동 동안 개인 교사와 학습자의 역할을 교대할 때, 새로운 개인 교사는 새로운 과제 제시를 할 필요가 없다. 그들은 이미 과제 구조를 알고 있고 이전 개인 교사에 의해 중요한 요소를 배웠다. 새로운 개인 교사에게 그들의 역할을 분명히 할 필요가 있다면 새로운 학습자가 기술 연습을 하는 동안 역할 이해도를 빨리 확인한다.

(6) 동료 교수 모형은 다른 모형보다 학생 이동이 많이 요구된다. 그렇기 때문에 수업 안에서 이 학생 이동 계획을 확실히 하고, 가능한 한 효과적으로 수행하도록 한다.

6 탐구 수업 모형

문제 해결자로서의 학습자

1960년대에 들어서 지적 능력, 문제 해결, 포괄적인 움직임 기능 등의 발달에 바탕을 둔 프로그램의 주창자들은 교사 중심의 수업에 대해 처음으로 도전을 제기하였고 이 프로그램은 '움직임 교육'이라 불리며 지금까지도 초등학교 체육 교육의 주된 기초가 되고 있다. 어떤 교사들은 '움직임 교육'(movement education) 명칭을 고수하나, 다른 교사들은 철학, 내용, 교수 방법들을 내세우면서 '움직임 중심 체육 교육'(movement-based physical education)이라는 확장된 개념 용어를 사용하기에 이른다. '움직임 운동'은 스포츠 중심의 체육 교육 과정에서 탈피한 최초의 프로그램 변화로 볼 수 있다. 움직임 중심의 프로그램 목적은 기초적・포괄적인 움직임 기능의 발달, 문제 해결력 및 인지적 능력의 발달, 표현력과 창의적 움직임의 개발이다. 움직임 중심 지도 방법은 문제 해결, 탐색 지도, 학생 중심 교수, 발견식 교수, 간접 교수 등 여러 다른 명칭으로 불려져 왔다. 명칭에 관계없이 모든 형태의 움직임 중심 지도는 하나의 중요한 특징을 가지고 있다. 질문을 사용한다는 것이다. 질문 중심의 수업의 독특한 성격과 이 속에 담겨있는 많은 유용한 전략들은 학생의 사고력, 문제 해결력, 탐구력 등을 증진시키는데 활용될 수 있다. 모든 체육 교사들은 수업을 할 때 질문을 한다. 그러나 질문을 한다고 해서 항상 탐구 중심 수업이 되는 것이 아니다. 이 전략에 근거하여 학생을 지적, 신체적, 정서적으로 발달시키는 방법으로 전체 지도 단원에 걸쳐 거의 독점적으로 질문이 활용될 때 비로소 탐구 수업 모형이라고 할 수 있다.

탐구 수업 모형과 협동 학습 모형, 전술 게임 모형의 유사점 및 차이점	
유사점	문제 해결 중심의 지도 전략을 활용한다.
차이점	• 협동 학습은 학습 활동을 위한 팀 구조에 바탕을 두고 있지만, 탐구 수업 모형은 여러 종류의 구조를 활용하고 있으나 대개는 학생 개인의 사고에 주로 의존한다. • 협동 학습 모형에서는 교사가 루브릭을 가지고 학생과 의사소통을 하고, 전술 게임 모형에서는 상황 중심의 활동을 하기 때문에 이 두 모형에서 활용되는 질문과 움직임의 범위는 좁게 나타난다. • 탐구 수업 모형은 학생에게 '뻔한 답'이 아닌 창의적인 대답(인지적, 심동적 차원)을 폭넓게 요구한다.

1. 개요

(1) 탐구 수업 모형은 그 동안 실제로 체육 교사들이 수년간 다른 명칭으로 사용해왔던 학생중심 지도, 문제 해결, 탐색 지도, 유도 발견 등의 탐구 및 문제 해결전략을 합성한 것이다.

(2) 전략들은 그 자체로는 수업 모형이 되지 못한다. 실제적인 수업 모형이 되기 위해서는 가장 공통되는 속성, 즉 학습을 이끌어가는 질문 활용이 탐구 수업 모형의 기본이 되어야 한다.

(3) 탐구 수업 모형의 가장 중요한 특징은 가장 우선적으로 인지적 영역에서 학습이 이루어진다는 것이다. 인지적 학습은 때때로 교사가 추구하는 유일한 학습 성취의 형태이기도 하다.

(4) 인지적 학습에의 참여는 심동적 영역에서 진술된 질문에 대한 선행 조건 내지 자극이 된다. 즉 학생은 먼저 생각을 하고 난 후에 움직임 형태로 대답을 하게 된다.

(5) 인지적 지식을 6단계로 다루는 Bloom의 분류법을 보면, 분류표에 나타난 지식수준의 위치에 따라 낮은 수준의 지식(지식, 이해, 적용)과 높은 수준의 지식(분석, 종합, 평가)을 구분할 수 있다.

① 지식
기억, 회상하기

② 이해
의역, 해석, 유추하기

③ 적용
기존에 알고 있던 방법, 원리, 개념을 적용하여 문제를 해결하기

④ 분석
자료를 분해하고 부분간의 관계와 조직되어 있는 방식 발견하기

⑤ 종합
여러 요소나 부분을 전체로서 하나가 되도록 창의적으로 묶어내기

⑥ 평가
대상의 가치 판단하기

(6) 교사는 학습 활동을 통해 얻는 지식의 유형을 토대로 하기 때문에 한 차원 더 높은 단계의 질문이 강조되어야 할 것이며, 학생으로 하여금 과제에 대한 선행 지식을 갖도록 해야 한다.

(7) 교사는 학습 활동이 개발될 지식의 수준에 초점을 맞출 수 있도록 해야 하고, 그 수준에서 학생이 언어 또는 움직임으로 대답할 수 있도록 질문을 사용한다.

(8) 높은 수준의 질문이라고 해서 항상 낮은 수준의 질문보다 좋은 것은 아니다. 즉, 질문의 적절성은 교사가 의도하는 지식 수준을 충족하는 동시에 학생의 학습을 증진시키느냐에 따라 결정된다.

(9) 탐구 중심 지도가 효과적인 모형이 될 수 있는 것은 질문자로서의 교사와 문제 해결자로서의 학생의 역할로 볼 수 있다.

2. 이론적 기초

(1) 이론적 배경 및 근거

① 탐구 수업 모형은 많은 인지 학습 이론에 바탕을 두고 있으며, 각 이론은 체육 수업에서 서로 다른 지도 전략과 학습 활동을 제안한다.

② 탐구 수업 모형에 기여한 연구로는 Bruner의 발견 학습 이론, Ausubel의 의미 수용 학습, 구성주의가 있다.

③ 탐구 수업 모형의 기본적인 근거는 학습자들이 움직임을 통해 지식을 표현하기 전에 내용을 인지적으로 과정화할 필요가 있다는 점이다.

④ 이렇게 될 때 교사가 학습자들에게 질문을 하면 학습자들은 가능한 답변을 생각하게 되고, 그런 다음 교사는 학습자들이 자신들의 답변을 움직임으로 변환시킬 수 있게끔 시간을 부여하게 된다.

⑤ 이러한 변환은 학생들이 질문을 생각하고 다양한 행동 유형을 탐색, 또는 발달시킬 수 있도록 격려 받을 때 일어나게 된다.

(2) 교수 · 학습에 관한 가정

① 교수에 관한 가정

㉠ 교사가 수업에서 주로 하는 일은 학생의 사고를 자극해서 심동적 영역에서의 발달을 도모하는 것이다.

㉡ 교사는 학생에게 제시하는 가장 일반적인 형태의 대화 수단으로 질문을 사용한다.

㉢ 교사는 학생의 학습을 증진시키는 촉진자로서, 학생의 창의력과 탐구력이 발달될 수 있도록 진지하고 사려 깊은 질문을 하여 학생을 자극한다.

㉣ 교사의 질문은 학생의 지적 능력에 적합하여야 한다.

㉤ 교사의 역할은 직접 교수와 간접 교수를 적절히 배합하는 것이다.

② 학습에 관한 가정

㉠ 학습 활동이 학생 개개인에게 의미가 있을 때 최상의 학습이 이루어진다.

㉡ 학생은 사전 지식 등의 여러 가지 정보를 가지고 활동에 참여하며, 이로써 새로운 지식 또는 의미를 구성한다.

㉢ 심동적 영역에서의 학습은 인지적 영역에서의 학습에 의해서 전개된다.

㉣ 학습은 본질적으로 문제 해결의 과정이다. 이때 학생은 언어 혹은 신체 움직임으로 표현되는 해결책을 만들기 위해서 사전 지식과 의미를 활용한다.

㉤ 모든 다른 학습 유형들처럼 문제 해결 과제의 복잡성이 학생의 발달 능력에 맞는 경우에 인지적 발달이 가장 잘 일어난다.

(3) 모형의 주제: 문제 해결자로서의 학습자

① 탐구 중심의 지도 전략들이 체육교육에서 많이 활용되고 있지만 학습은 문제해결의 과정이라는 공통된 특징을 가지고 있다.

② 교사는 질문을 함으로써 문제를 구성하고 한 가지 이상의 가능한 해답을 찾아내도록 시간을 할당한다. 그런 다음 학습한 결과를 표현한다는 측면에서 찾아낸 해답을 시범보이도록 학생들에게 요구한다.

③ 문제는 인지적 영역에서 해결되어야 하는데, 그것은 학생이 주요 개념을 이해하고 교사의 질문에 대한 해답을 찾아낸 증거로써 '움직임 대답'을 형성하기 전에 이루어진다.

문제 해결 과정의 5단계(Tillotson)	
문제의 규명	교사는 학생이 배워야 할 개념, 숙달해야 할 기능, 잘 준비된 질문으로 학생을 고무시키는 방법에 대해서 알고 있다.
문제의 제시	교사는 학습 과제와 그 속에 내재되어 문제를 형성하도록 한두 가지에 초점을 맞춰 질문을 한다.
문제에 대한 유도 설명	교사는 문제를 해결하기 위해서 여러 가지 시도를 하는 학생에게 단서, 피드백, 보조 질문 등을 제공해 주면서 관찰한다.
최종 해답의 규명 및 정교화	교사는 학생의 사고를 정교화하고 한 가지 이상의 해답을 찾아내도록 단서, 피드백, 보조 질문들을 활용한다.
분석, 평가, 논의를 위한 발표	문제에 대한 해답을 고안하여 과제를 완수하고 나면 학생(개별적으로 혹은 모둠으로)은 다른 학생에게 자신이 찾은 해답을 발표한다. 이러한 발표는 교사와 다른 학생이 분석하는 것을 도와주는 역할을 하는데, 이 분석은 비판적으로 되어서는 안 되며, 나머지 학생의 사고와 움직임에 도움을 주는 방향으로 이루어져야 한다.

(4) 학습 영역의 우선 순위와 영역 간 상호작용

① 학습 영역의 우선 순위

㉠ 1순위: 인지적 학습, 2순위: 심동적 학습, 3순위: 정의적 학습

㉡ 일반적으로 탐구 수업 모형의 학습 영역의 우선순위는 2순위가 심동적 학습이다. 그러나, 탐구 중심 지도를 하는 대부분의 교사들은 학생의 자아 인식, 탐구심, 창의력, 자아 존중을 촉진시키기 위해서 정의적 학습을 심동적 학습보다 우선시하려고 한다(인지적-정의적-심동적).

② 학습 영역 간 상호작용

㉠ 학습 영역의 상호작용은 어떤 영역을 두 번째 우선순위로 정하는가에 따라 달라진다.

㉡ 심동적 영역을 두 번째 우선순위에 두면, 인지적 영역의 학습은 심동적 영역의 학습을 조장해야 한다. 그 다음에 학생이 '보다 잘 생각하고, 보다 잘 움직일 수 있는' 자신들의 능력에 관해서 좋은 느낌을 가질 때 정의적 학습이 이루어진다.

㉢ 정의적 영역을 두 번째 우선순위에 두면, 비록 움직임 답변이 높은 수준의 것이 아니거나 숙달되지 않았더라도 어떠한 형태로든 학생이 '생각하고 움직이는 것'에 대해 좋은 느낌을 가질 수 있도록 학생의 사고는 창의적인 해결 방향으로 나갈 수 있다.

(5) 학생의 발달 요구 사항

① 학습 준비도

㉠ 학생은 교사가 설정한 문제를 이해할 수 있고, 문제 해결 과제 또는 질문을 이해할 수 있어야 하며, 의도한 인지적 수준에서의 대답을 통해 학습할 수 있어야 한다.

㉡ 학생이 인지적 영역에서만 답을 도출할 수 있다고 해서 충분하지 않다. 인지적 해답을 명료화하는 방법으로 학생의 움직임을 가능하게 하는 심동적 영역의 발달 수준도 중요하다.

② 학습 선호도

참여적, 협력적, 독립적인 학생에게 효과적이다.

(6) 모형의 타당성

① 연구 타당성

㉠ 탐구 수업 모형은 교사가 질문을 작성하여 학생에게 묻고, 학생은 '생각하고 움직이기'에 초점을 둔 몇 가지 전략들이 합성된 것이다. Siedentop는 이것을 '질문지도'라고 하고, Mosston과 Ashworth는 '유도 발견'이라고 명명했다.

㉡ 탐구 수업 모형의 연구는 부족한데 이는 탐구 수업 모형이라고 볼 수 없는 다양한 지도 전략에서 기인된다. 탐구 수업 모형을 움직임 중심 프로그램의 한 부분으로 사용하고, 연구 문헌에 의한 타당성 검증을 기다리지 않고 실천적 지식의 축적을 통해서 타당성을 입증하려는 많은 수의 현장 교사들에 의해 비롯된다.

② 실천적 지식의 타당성

㉠ 탐구 수업 모형은 거의 40년간 체육 분야에서 주된 지도 방법이 되어 왔고, 많은 교사들이 탐구 중심 또는 문제 해결 접근을 사용하고 있다.

ⓛ 대부분의 교사들은 Mosston과 Ashworth의 유도 발견 스타일을 수업에 활용하며, 이 방법에 친숙해지는 교사들이 점점 확대되고 있다.

ⓒ 체육에서 현재 가장 중요시되는 체육 수업 목표로서 탐구 수업 모형을 폭넓게 사용하는 것은 학생의 사고력, 창의적인 움직임, 자아 존중을 증진시키는 데 효과가 있음을 강하게 시사한다.

③ 직관적 타당성

㉠ 직관적 타당성은 운동 학습 원리와 Bloom의 분류표를 동시에 활용함으로써 얻어진다. 학습자들은 움직임 과제의 요구를 이해하고 수행하기 위해 반드시 기초적인 인지 능력을 가지고 있어야 한다.

ⓛ 인지적 영역에 대한 Bloom의 분류표는 단순한 기억으로 출발해서 평가로 발전하는 학습 범주의 위계 구조에 근거한다. 인지적 발달의 각 단계는 학습자가 점점 더 복잡하고 어려운 과제에 참여할 것을 요구한다.

ⓒ 낮은 수준의 학습은 직접적인 방법으로 성취될 수 있지만, 높은 수준의 학습은 대개 간접적인 방법으로 추구되며 이때 학생은 자신의 사전 지식들을 종합하고 새로운 지식을 창출하며 가치 있는 판단을 하려고 노력한다. 교사는 실제적인 해답을 주지 않으면서 학생의 학습을 증진할 수 있는 방법을 찾아내야 하는데 탐구 수업 모형은 이 같은 목적을 위해서 활용될 수 있다.

3. 교수 · 학습의 특징

(1) 수업 주도성(수업 통제)

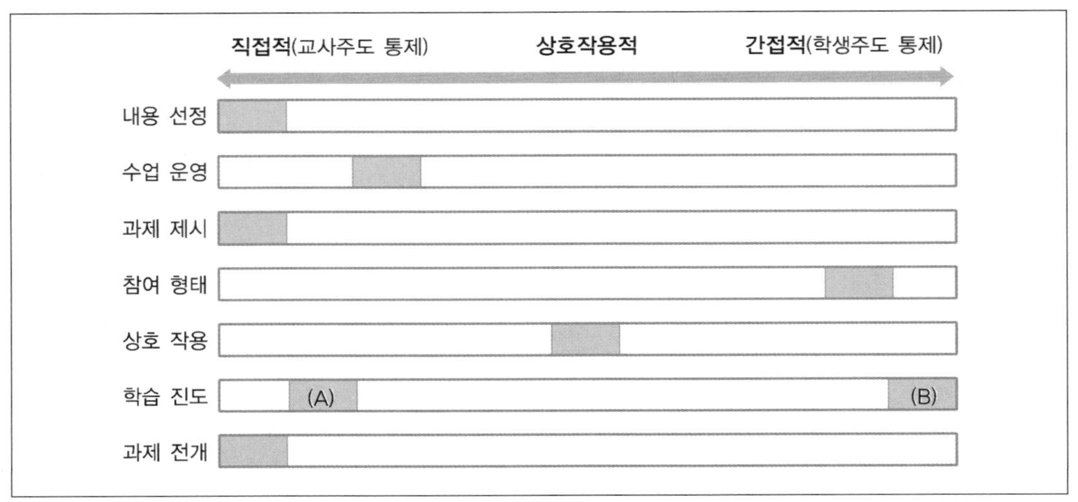

① 내용 선정

㉠ 탐구 수업 모형에서 다루는 내용은 대개 교사가 학생에게 학습하기를 원하는 인지적 지식, 개념, 움직임 패턴으로 해결해야 할 각 문제에 이와 같은 내용이 포함되어 있다.

㉡ 교사가 단원과 각 수업에서 학생이 배울 모든 내용을 결정한다.

② 수업 운영

㉠ 교사가 관리 계획과 특정의 수업 절차를 결정한다.

㉡ 학습 장소, 위치, 기구 선정, 팀 조직과 같은 관리적 과제가 학습 과제와 중첩되는 경우 교사는 학생에게 일정한 부분을 결정할 수 있는 기회를 허용한다.

③ 과제 제시

㉠ 과제 제시는 학생이 학습 과제를 해결하기 위해 문제를 부여받을 때 활용된다. 과제 제시는 교사가 학생의 사고와 움직임을 자극하면서 의사소통하는 질문 형태로 나타난다.

㉡ 과제 제시를 할 때 반드시 학생이 과제의 명료성과 한계성을 파악할 수 있을 정도로 충분한 정보를 제공해야 한다.

④ 참여 형태

㉠ 교사가 문제를 설정하면 학생에게 해답을 찾기 위한 기회가 제공된다. 특히 고도의 인지적 과제의 경우 더욱 그렇다.

㉡ 학생은 가능한 해답들을 탐색하고 다른 학생과 협력하며 새로운 시도를 해 보고 용구를 변경할 수 있다. 또한 학생은 움직임 문제에 대해 생각하면서 신체의 위치를 변화시켜 간다.

⑤ 상호 작용

㉠ 학생이 문제 해결에 몰입하게 될 때 높은 수준의 상호작용을 나타낸다.

㉡ 교사는 학생의 사고력을 자극하고 움직임 유형을 탐색하도록 하기 위해 직접적으로 설명하는 것이 아니라 질문을 활용해야 한다.

⑥ 학습 진도

㉠ 교사는 전체 단원과 각 수업 진도를 결정한다. 언제 새로운 과제(문제)를 시작할 것인지, 그 과제에 얼마의 시간을 할당할 것인지를 결정한다(A).

㉡ 학생은 각 과제에 주어진 시간 내에서 학습 진도를 결정하는데, 이때 학생은 해답을 찾기 위해서 얼마나 많은 시간이 필요한지와 몇 번이나 연습할 수 있는지를 결정하고, 과제를 언제 완수할 수 있는지, 언제 문제를 해결할 수 있는지를 판단하게 된다(B).

⑦ 과제 전개

㉠ 교사는 단원과 각 수업의 학습 과제의 목록과 내용 계열을 결정한다.

㉡ 교사는 인지적, 심동적, 정의적 영역의 능력을 발달시키고 학생이 점점 더 복잡한 과제를 해결하도록 과제를 전개시켜야 한다.

탐구 수업 모형의 포괄성

- 탐구 수업 모형은 포괄성이 매우 높다.
- 교사가 문제를 설정하여 학생들에게 제시할 때 모든 학생들은 해답을 찾아내기 위해 사고할 수 있는 기회를 가지게 되며, 자신이 생각한 것과 움직임을 맞추는 노력을 하게 된다.
- 교사가 귀납적인 사고를 키워주려고 의도한다면, 학생이 제안할 수 있는 거의 모든 대답을 수용할 수 있다. 학생을 배제시키기 위해 만들어진 답은 거의 없다. 모든 학생이 '생각하고 움직이기' 기회를 가지며, 거의 모든 해답은 교사나 친구들에 의해 강화를 받는다.

(2) 학습 과제

① 과제 제시

㉠ 탐구 수업 모형에서는 교사가 질문 형식으로 설정해 준 한 가지 이상의 문제들을 해결하기 위해 학생이 참여하는 일련의 계획된 학습 과제가 존재한다.

㉡ 과제 카드, 단서 카드, CD-ROM과 같은 유인물과 시각 자료 등이 활용될 수 있으나 학생에게 주어지는 문제는 거의 교사의 언어로 제시된다.

㉢ 문제가 설정되고 나면, 교사는 학생에게 과제 구조 내에서 '생각하고 움직이기' 시작하라는 신호를 보낸다. 대부분의 문제는 학생이 쉽게 해결할 수 있는 단순한 문제로 만들어지기 때문에, 단일 과제 구조 내에서 신속히 활용될 수 있는 과제 제시(질문)를 풍부하게 마련하게 된다.

㉣ 탐구 수업 모형에서 교사는 개념이나 움직임을 시범보이지도 않고 설명하지도 않은 채 그것을 해보라는 주문을 먼저 하고, 간혹 학생이 '생각하고 움직이기' 과정 후에도 스스로 문제를 해결하지 못하는 경우 드물게 교사가 시범을 보여준다.

㉤ 과제 제시는 '과제 설정'과 '질문하기'라는 두 가지 주된 요소들이 포함된다. 과제 설정에 있어서 교사는 학생에게 과제 및 문제를 이해할 수 있을 만큼의 충분한 정보를 제공해 주고, 그런 다음 '생각하고 움직이기'를 시작하라는 신호를 학생에게 보낸다.

㉥ 과제 설정은 특정 상황을 제시하고 학생에게 주요한 사항을 제공하는 것을 의미한다. 과제를 수정하거나 복잡성의 정도를 높이는 단어들을 포함할 수도 있다. 과제를 설정하는 과정의 마지막 부분은 학생이 주어진 과제에서 해결해야 할 인지적인 문제와 움직임 문제를 제시하기 위해 그들에게 질문을 하는 일이다.

균형의 개념과 균형 잡기에 대한 과제 설정 및 질문하기

교사: '균형'이라는 게 뭘까?
학생: 넘어지지 않거나 흔들리지 않고 그대로 있는 거요.
교사: 균형잡기는 언제 필요하지?
학생: 걸을 때나 달릴 때요.
교사: 그럴 때 뿐일까? 공을 찰 때라던가, 공을 던질 때, 또는 몸을 돌릴 때는 어떻지? 그런 동작을 할 때 균형을 잃게 되면 어떻게 되지?
학생: 넘어져요.

교사: 맞아, 또 어떤 일이 일어날까?
학생: 공을 찰 때 균형을 잃으면, 생각하는 곳으로 공을 찰 수 없게 돼요.
교사: 좋아. 그럼 잠시 서 있는 동안 균형을 유지하기 위해 할 수 있는 것에 대해서 생각해 보도록 하렴.(교사는 15초의 시간을 준다)
학생: 민수 – 너 팔을 올려봐.
영희 – 두 발을 바닥에 대고 있으면 되잖아.
선영 – 똑바로 서 있어봐.
교사: 좋아, 너희 자리에서(이것이 과제 구조임), 한발로 서서 균형을 잡을 수 있는 한 가지 방법을 보여 봐라.
(학생은 '생각하고 움직인다')
교사: 자, 이제는 몸을 낮게 해서 두 발로 균형을 잡아 봐라.
(학생은 '생각하고 움직인다')
교사: 균형 잡는 방법이 각기 다양하구나! 자, 자기 몸의 세 부분만 바닥에 대고 균형잡기를 해 보아라.
(학생은 '생각하고 움직인다')

② 과제 구조

㉠ 탐구 수업 모형은 '생각하고 움직이기'를 할 수 있는 매우 다양한 과제 구조를 활용할 수 있다.

㉡ 과제 구조는 학생에게 다음에 제시된 한 가지 이상을 포함하면서 참여 한도를 결정한다.

ⓐ 활용 공간

ⓑ 용구

ⓒ 집단 편성(개인, 짝, 소집단, 대집단)

ⓓ 안전 정보

ⓔ 문제해결 시간의 한도

㉢ 탐구 수업 모형과 전술 게임 모형은 과제 구조가 유사하다.

ⓐ 학생은 교사가 제시한 전술, 전략, 게임 기능 및 규칙에 관한 질문에 근거하여 짧은 시간 동안 간이 게임 또는 변형 게임을 한다.

ⓑ 고도의 개방형 과제 구조는 표현 움직임과 몇 가지 무용 형태의 내용을 지도할 때 학생이 탐색하고 창의적인 수행을 하는데 활용될 수 있다.

ⓒ 탐구 수업 모형에서의 과제 구조는 질문으로 시작되어, 그 질문에 대한 반응으로 학생이 '생각하고 움직이기'를 수행하게 된다.

균형 잡기 수업의 과제 구조
1. 짝을 지어 봐라. 짝과 함께 서로 접촉한 상태에서 균형을 잡을 수 있는 두 가지 방법을 보여 봐라. 2. 두 사람 중 한 사람은 체육관 가운데 있는 상자로 가서 그 안에서 자신이 원하는 크기의 종이를 선택한다(상자에는 다양한 크기와 모양의 종이가 들어있다). 그러면 네가 가지고 있는 모양판

위에 서 있는 동안 한 발만 사용해서 짝과 함께 어떻게 균형 잡을 수 있는지를 보여 봐라(학생은 "생각하고 나서 움직인다"). 어떤 모양판에서 균형 잡기가 힘들었니? 왜 그랬을까?

3. 그러면 또 다른 짝들을 구해서 4명이 한 조가 되게 해라. 한 개의 모양판 위에서 너희 4명 모두가 균형 잡을 수 있는지 해보자. 아까보다 어렵니 아니면 쉽니? 왜 그렇지?
4. 마지막으로 좀 더 많이 생각해 보고 나서 너희들 조에서 실험해 보아라. 다른 조와 합쳐서 8명이 한 조를 만들어라. 각 조는 모양판을 마루 바닥에 놓되 안전을 위해 다른 조와는 좀 떨어진 거리에 놓도록 하자. 이 과제의 수행 시간은 4분이다. 명심해라. 8명의 사람이 한 모양판 위에서 균형 잡도록 시도해 보는 거야. 모두 한 발만 사용해서 말이지. 모양판의 모양이나 크기는 모두 조에서 알아서 결정한다. 4분 안에 모양판 위에서 균형잡기를 성공한다면 더 작은 모양판을 가지고 시도해 보아라. 그럼 실시!

③ 내용 전개

탐구 수업 모형에서는 2가지 차원의 내용을 동시에 전개시켜 나간다.

㉠ 한 가지 차원은 드리블, 패스, 수비 전술 또는 체력과 같은 개념 또는 기술 학습과 관련된 것으로, 교사는 학습 활동을 발달적으로 적합한 순서(쉬운 과제에서부터 어려운 과제로)에 따라 제시한다.

㉡ 다른 차원은 Bloom의 목표 분류 수준에 근거하여 각 내용에 적용하는 것이다. 인지적 및 심동적 영역에서 낮은 수준의 학습 결과를 목표로 하고 있다면, 교사는 학생들에게 단지 지식 또는 이해 수준에 도달할 수 있는 활동에 참여하게 하는 질문을 활용할 것이고, 반대로 높은 수준의 학습 결과를 목표로 하고 있다면, 교사는 종합 또는 평가와 같은 높은 수준의 결과를 유도하는 질문을 활용할 것이다.

(3) 학습 참여 유형

① 교사가 제시한 문제의 해답을 학생이 탐색함에 따라 다양한 참여 유형을 유도할 수 있다. 학생은 혼자, 짝, 소집단, 임시 팀, 단체, 학급 전체로 '생각하고 움직이기'를 할 수 있다.

② 가장 적합한 참여 형태는 '문제가 얼마나 복잡한가', '교사가 학생에게 어느 정도의 상호작용을 요구하는가'에 의해 결정된다.

(4) 교사와 학생의 역할 및 책임

역할 및 책임	탐구 수업 모형에서의 책임 주체
수업 시작	교사가 수업 도입을 실시한다.
기구 준비	교사가 용구를 준비하거나 학생이 대신하게 한다.
내용 목록	교사가 단원에 제시될 인지적·움직임 문제들의 목록을 결정한다.
과제 제시	교사가 학생에게 각 학습 과제나 문제를 설정함으로써 과제를 제시한다.
과제 구조	교사가 전형적으로 각 과제/문제에 대한 과제 구조를 결정하지만, 학생이 자신의 조에 맞는 과제 구조를 결정할 수 있다.

내용 전개	교사가 어느 시점에서 새로운 과제/문제로 이동할 것인지를 결정한다.
평가	2가지 선택 사항 1. 교사가 학생에게 인지적 · 움직임 답변의 질에 대해 조언 또는 피드백을 제공한다. 2. 학생에게 다른 학생의 답변을 관찰하고 평가하도록 한다.

(5) 교수 · 학습 과정의 검증

① 교사 기준

기준	검증 방법
단원 내용은 학생이 학습할 인지적 · 움직임 지식 영역의 목록에 근거한다.	교사의 단원 계획을 검토한다.
교사는 학생에게 부과할 과제/문제를 설정한다.	교사는 학생에게 부여할 각 과제/문제를 교수 · 학습 과정안에 작성한다.
교사는 분류 수준에 근거하여 내용을 전개시킨다.	교사는 Bloom의 위계에 따라 각 과제/문제를 분류하고 단원을 통해 발달 단계적으로 적절한 내용을 전개해 간다.
교사는 각 과제/문제에 해당되는 질문들을 계획한다.	교사는 각 과제/문제에서 활용될 가능성이 있는 질문 목록을 작성한다.
교사는 과제/문제에 참여하고 있는 학생의 참여도를 관찰한다.	과제/문제가 수행되는 동안 교사 움직임의 형태를 기록한다.
교사는 직접적인 설명보다는 학생의 학습을 촉진하는 질문을 활용한다.	교사는 학생과의 언어적 상호작용을 기록하고 관찰한다.
교사는 학생이 과제/문제를 완수할 수 있도록 적절한 시간을 제공한다.	교사가 새로운 과제/문제로 이동할 때 과제/문제를 완수한 학생의 수를 파악해서 기록한다.
교사는 목표 영역과 목표 수준에서 학생의 학습을 평가한다.	교사는 학생에게 주어진 과제/문제를 성공적으로 완수했는지를 확인하기 위해 체크리스트를 사용한다.

② 학생 기준

기준	검증 방법
학생은 교사가 설정한 문제 그대로 이해한다.	교사는 학생이 '생각하고 움직이기'를 착수한 직후 학생을 관찰한다. 학생은 문제에 관해 생각한 증거를 신속히 보여주고, 바로 움직임 해답을 탐색하기 시작한다.
학생은 과제 구조를 교사가 설명해 준 그대로 이해한다.	학생이 과제/문제에 참여하게 되면 학생은 교사가 제시한 구조에 부응하는 답변 방향으로 참여하는 모습을 보여주어야 한다.
학생은 과제/문제에서 요구되는 적절한 수준의 인지적 · 움직임 지식을 가지고 있다.	1. 학생은 참여 목적을 가지고 있다. 2. 학생은 정확한 질문의 이해를 위해 다시 질문하지 않는다. 3. 학생은 교사에 의해 기술된 과제/문제를 변경하지 않는다. 4. 학생은 과제/문제에 도전하지만 합리적인 시간 내에 완수한다.

학생은 '생각하고 움직이기'를 배운다.	1. 학생의 이해를 점검하기 위해 질문을 활용한다. 2. 학생은 확산적 질문에 대해 1가지 이상의 답변을 할 수 있다. 3. 학생은 과제를 완수하고 문제를 해결하기 위해 사용한 과정들을 설명할 수 있다.
학생은 목표한 상위 수준의 학습에 도달한다.	1. 학생은 창의적·유목적으로 움직인다. 2. 학생의 인지적, 움직임 답변은 일치한다. 3. 학생은 다른 사람들의 답변을 평가할 수 있다. 4. 학생은 복잡하고 기간이 길게 필요한 과제/문제들에 대한 지시 사항을 거의 필요로 하지 않는다.

(6) 학습 평가

① 비공식적 평가

㉠ 교사가 단기간에 신속히 해결 가능한 학습 과제 또는 문제를 계획했을 때 비공식적 평가는 가장 실제적인 방법이 된다.

㉡ 교사가 제시한 질문에 답변을 하기 위해 '생각하고 움직이기'를 하는 학생을 관찰한 것에 근거해서 평가한다.

㉢ 수렴적인 질문은 하나 또는 소수의 정답으로 이끌어가야 할 것이고, 확산적 질문을 할 경우 교사는 학생의 학습 정도의 지표로써 고려할 몇 가지 대답을 준비해야 한다.

㉣ 교사는 학급 전체가 동일한 문제에 대해 동시에 반응하게 함으로써 비공식적 평가 전략의 하나인 '이해 여부 점검'(checking for understanding)을 할 수 있다.

② 공식적·전통적 평가

㉠ 하위 수준의 학습 평가를 위해 교사는 전통적이고 공식적인 평가 기법을 사용할 수 있다. 이 기법들은 상위 수준의 학습 결과 평가에는 타당성이 떨어지고 실제성이 결여된다.

㉡ 학습 목표 수준을 지식, 이해, 적용(하위수준)으로 설정했을 때, 간단한 퀴즈, 컴퓨터 활용검사, 활동학습지의 작성, 또는 간단한 기능 검사로 평가할 수 있다.

③ 대안 평가

㉠ 대안적인 평가 기법은 탐구 수업 모형의 모든 학습 단계에서, 특히 높은 수준의 학습결과에 활용될 수 있다.

㉡ 질문들이 실제 학습을 반영하여 창의적으로 설정된 경우라면, 이때의 평가는 매우 실제적인 평가가 될 것이다.

㉢ 탐구 수업 모형에서는 다양한 평가 방법을 활용한다.

ⓐ 체크리스트를 활용한 학생-동료 관찰

ⓑ 다른 학생의 대답에 대한 학생-동료의 비평

ⓒ 체크리스트를 활용한 자기 평가

ⓓ 대답을 어떻게 찾아냈는지를 설명하는 학생의 일지
ⓔ 게임 또는 유사 게임에 대한 게임 수행 평가 도구(GPAI)
ⓕ 학생 주도의 움직임과 매체를 이용한 발표 확인
ⓖ 지식 수준에 따른 체크리스트

움직임 개념: 균형 이름: ______________

움직임 개념: 균형		
평가 수준	인지적 지표	움직임 지표
지식	'균형'에 대한 정의를 말할 수 있는가? 성취 여부 ______________	교사와 함께 정적 균형의 몇 가지 예를 나타낼 수 있는가? 성취 여부 ______________
이해	'균형상태'와 '비균형상태'를 구분할 수 있는가? 성취 여부 ______________	교사에게 '균형상태'와 '비균형상태'에 대한 2가지 예를 각각 시범보일 수 있는가? 성취 여부 ______________
적용	균형이 중요시되는 게임이나 스포츠 3가지를 들 수 있는가? 성취 여부 ______________	제시한 게임이나 스포츠에서 활용되는 균형잡기를 시범보일 수 있는가? 성취 여부 ______________
분석	몸의 자세가 바뀌면 어떻게 균형이 변화될지 정확하게 예측할 수 있는가? 성취 여부 ______________	교사의 단서에 따라 처음 자세에서 균형을 증가/감소시킬 수 있는가? 성취 여부 ______________
종합	균형을 잡을 때 무게중심의 중요성을 설명할 수 있는가? 성취 여부 ______________	정적 균형 위치에서의 무게중심을 변화시키는 3가지 방법을 시범보일 수 있는가? 성취 여부 ______________
평가	점수 기록지를 가지고, 다른 사람의 체조 활동을 관찰하고 그 수행을 정확하게 평가할 수 있는가? 성취 여부 ______________	관찰 후 낮은 점수를 매긴 동작 부분에 대해서 정확한 균형잡기 동작을 보여줄 수 있는가? 성취 여부 ______________

균형 지식에 대한 학생 체크리스트

4. 교사 전문성 및 상황적 요구 조건

(1) 교사 전문성

① 학습자

㉠ 탐구 수업 모형을 사용하는 교사는 학생의 인지적·심동적 능력을 고려해야 한다. 학생의 능력은 교사가 제시한 질문을 이해하고 문제 해결 과정에 참여할 수 있는 정도를 결정하게 된다.

㉡ 교사들은 인지적 발달 단계에 대한 충분한 지식을 가지고 있어야 하며 학생을 적절한 단계에 배치할 수 있어야 한다.

② 학습 이론

㉠ 탐구 수업 모형을 활용하는 교사들은 탐구 수업 모형의 근거 이론인 구성주의, 발견 학습(Bruner), 피아제의 아동 성장과 발달 이론 등에 익숙해야 한다. 교사는 이 이론의 어떤 부분들이 모형에 적용되어야 하는지를 인식해야 한다.

㉡ 단 한 가지 이론 또는 교수 전략만으로는 탐구 수업 모형의 범위를 완전히 포괄할 수 없다.

③ 발달 단계의 적합성

㉠ 심동적 영역에서의 학습 결과를 유도하는 인지 학습의 강조는 교사에게 학습 영역과 영역간의 상호작용에 대한 지식을 갖도록 한다.

㉡ 교사는 각 질문의 인지 수준을 알아야 하고, 그것이 움직임을 통해 어떻게 명료해질 것인지를 이해해야 한다. 두 수준 모두 학생의 발단 단계에 적합해야 한다.

④ 인지적, 심동적 학습 영역

㉠ 탐구 수업 모형은 Bloom의 인지 학습의 수준에 근거하기 때문에, 교사들은 이 분류 체계를 잘 알아야 하고 각 수준에서 인지적 및 심동적 학습의 지표들을 파악할 수 있어야 한다.

㉡ 교사가 간단한 지식 수준의 질문(예 "네가 공을 찬다고 할 때 어느 부분을 차야 하는지 보여주겠니?")을 했으나 학생의 움직임 답은 이해 수준(예 학생은 패스와 슛의 차이를 보여주고 설명한다)에서 이루어진다면, 교사는 답의 실수를 지적하고 학생이 다음번에 적절한 수준에서 응답할 수 있도록 재질문을 해야 한다.

⑤ 과제 분석과 내용 전개

㉠ 탐구 수업 모형에서의 과제 분석은 인지 개념과 심동적 수행 요구의 결합에 근거하고 있다.

㉡ 교사는 숙달시켜야 할 기술 체계와 도달해야 할 수행 기준을 나열하기보다는 학생이 단원을 배워나가는 동안 습득할 지식 유형에 대한 단원 내용의 각 부분을 분석한다.

㉢ 교사는 스스로 이 개념들에 대한 지식과, 그 개념들에 내포된 운동 수행 단서들을 알아야 한다.

㉣ 내용 전개는 Bloom의 다양한 목표 수준에 따른 학생의 향상 정도에 기초하는데, 학생들은 교사가 제시한 목표 수준에 도달해야 한다.

⑥ 움직임 내용

㉠ 탐구 수업 모형에서 지도되는 내용은 스포츠, 체력, 게임, 무용이 아니다. 이들은 숙달된 수행에 기여하는 각 움직임 형태를 이해하기 위해서 필요한 개념에 불과하다.

㉡ 학습 목표가 학생의 표현력과 의미를 증진시키는 것이라면, 움직임의 초점은 이것에 맞춰진다.

㉢ 탐구 수업 모형을 활용하는 교사는 모형이 효과적으로 활용하기 위해서 체육 교육 내용의 다양한 측면을 알아야 한다. 이러한 지식은 교사로 하여금 학생의 움직임을 여러 가지 측면으로 관찰할 수 있도록 해 준다.

㉣ 학생의 실수가 관찰되면, 교사는 단순히 교정적 피드백을 제공하지 않는다. 교사는 학생에게 부족한 지식이 무엇인지를 파악하고, 대안적 반응 패턴들을 통해 생각해 보게 하는 질문들을 던짐으로써 학생이 나중에 적합한 움직임을 형성할 수 있도록 해야 한다.

⑦ 평가

㉠ 전통적인 방식과 대안적인 방식으로 평가될 수 있다.

㉡ 탐구 수업 모형에서 모든 유형의 평가에 가장 중요한 것은 학생의 답이 인지적 또는 심동적으로 적절한지 아닌지를 판단할 수 있는 교사의 지식이다.

⑧ 교육과정

㉠ 탐구 수업 모형은 모든 학년 수준에서 움직임 내용을 지도하기 위해 활용될 수 있다. 그러나 이 모형은 몇몇 교육 과정 모형(움직임 교육, 교육 체조, 기술 주제, 교육 무용, 팀 게임과 뉴 게임)에 근거하고 있다.

㉡ 교사는 탐구 수업 모형에서 지도되는 원리와 특정 내용에 익숙해질 필요가 있고, 이 모형을 각 상황에 맞게 수정할 필요가 있다.

(2) 핵심적인 교수 기술

① 수업 계획

㉠ 교사가 학생이 배워야 할 지식 영역으로 작성한 목록은 탐구 수업 모형의 단원 계획을 수립하는데 출발점이 된다.

㉡ 교사는 단원에서 다루어질 지식의 전개와 수준을 계획하고 나서 질문의 순서, 해결할 문제, 학생이 참여할 특정한 학습 활동을 계획한다.

㉢ 교사는 학생이 수업에서 해결할 문제를 전개해 나가는 과정 동안 즉흥적으로 행동하는 것을 삼가야 한다.

② 시간과 수업 운영

㉠ 탐구 수업 모형에서의 차시 수업은 교사가 계획된 학습 활동들의 진행과 진도를 조절하는 특징을 가지고 있다. 시간과 수업 운영은 다소 비공식적으로 나타나나, 실제로 교사는 수업의 진행을 통제하고 각 활동이 완수되는데 걸리는 시간을 잘 알고 있어야 한다.

㉡ 교사는 학생이 문제 해결력을 발달시킬 수 있을 정도의 시간을 가질 수 있고 적절한 속도로 수업이 전개될 수 있는 '엄격하면서 융통성 있는' 관리 계획을 세우는 것이 중요하다.

③ 과제 제시와 과제 구조

탐구 수업 모형에서 교사는 학생에게 문제를 설정해 주는 능력, 탁월한 질문 기술, 학생의 지적·신체적 측면을 동시에 도전할 수 있는 학습 과제를 설계할 수 있는 능력과 같은 3가지 중요한 지도 기술을 가지고 있어야 한다.

㉠ 학습 문제 설정

ⓐ 문제의 규모와 복잡성에 관계없이 곧 이어질 학습 문제의 '단계를 설정'할 수 있어야 한다.

ⓑ 수업 도입 부분은 학생이 배우게 될 지식과 적용하게 될 맥락에 대한 중요성을 학생에게 주의시키는데 효과적으로 활용될 수 있다. 이는 또한 곧 이어질 과제에 대한 학생의 흥미를 증가시킬 수 있다.

ⓒ 어린 학생을 가르치는 경우, 수업의 학습 과제 계열과 일치하는 이야기를 만들면 도움이 된다. 이때 학생들로 하여금 이야기 자체에 몰입하게 하여 특정한 캐릭터 부분을 수행하도록 한다. 또한, 학생들이 수업 활동들을 친근한 이야기, 사람, 캐릭터 또는 장소와 관련지을 수 있도록 도와준다.

㉡ 질문하기

질문 기술의 요소 (좋은 질문 기술은 질문 수준, 질문 유형, 대기 시간, 후속 질문과 같은 요소를 포함하고 있다.)	
질문 수준	교사의 질문 활용 기술은 3회 정도 이루어진다. 세 번의 시기는 초기 질문을 가지고 학생의 참여를 이끄는 문제 설정의 마지막 부분, 문제 해결 과정에 참여하는 동안, 수업 정리 동안을 말한다. 이 3회의 시기에서 가장 중요한 기술은 질문의 수준을 학생의 학습 수준에 일치시킬 수 있는 교사의 능력이다.
질문 유형	• **수렴적 질문**: 지식, 이해, 적용 수준의 질문들은 일반적으로 하나 또는 몇 가지 정답을 지향한다. 하나 또는 제한된 수의 대답을 요구하기 때문에 이러한 질문들은 '수렴적 질문'(convergent questions)이라 한다. • **확산적 질문**: 분석, 종합, 평가 수준의 질문들은 다양한 대답을 지향한다. 이러한 질문들은 학습자를 자극하여 사고의 줄기를 뻗도록 하기 때문에 '확산적 질문'(divergent questions)이라 한다.
대기 시간	탐구 수업 모형의 주된 목적은 학생으로 하여금 그들의 지적 능력을 활용하여 해결한 문제를 언어 또는 움직임으로 반응하도록 하는 것이다. 따라서 다른 학생이 대답하기 전에 학생 스스로 대답을 찾을 수 있는 시간을 부여하는 것이 중요하다. 수렴적 질문에 답하기 전에 최소 3초의 대기 시간, 확산적 질문의 경우에는 15초 이상의 대기 시간이 주어져야 한다.
후속 질문	Borich는 탐구 수업 모형에서 교사는 정기적으로 후속 질문(probes)을 하거나 방향 전환할 것을 권고한다. 재질문이란 다음과 같은 목적으로 학생의 대답에 이어지는 질문을 말한다. • **명료성 확보**: 초기 대답을 고쳐 말하게 하거나 다시 말하게 하고, 또는 대답의 본뜻을 분명하게 한다. • **새로운 정보의 요구**: 학생의 대답이 부분적으로 맞거나 거의 수용할 만한 대답인 경우, 교사는 좀 더 많은 정보를 제시하도록 요청한다. • **진행 방향 전환**: 학생이 정확한 대답을 하지 않았을 때 부드럽고 긍정적인 형태로 다시 바꿔 질문한다. 이것은 거칠거나 퉁명스런 말을 피해 다시 생각해 보도록 학생을 권하는 방법이다.

질문 형태

수준	공통적인 질문 형태	예시
지식	• "~을 보여줄래?" • "~을 말해볼래?"	• "누가 슬라이딩의 첫 부분을 정확한 방법으로 보여 줄 수 있을까?" • "파트너가 복식경기에서 서브를 넣을 때 어디에 서야 하는지를 누가 말해 볼까?"
이해	• "~을 설명해 볼래?" • "왜, 어째서……?" • "어떻게 그렇게 됐지?"	• "왜 파트너의 샷이 라인 밖으로 나갔는지를 설명해 보겠니?" • "왜 농구에서 지역 수비를 하기를 원하지?" • "어떻게 상대방이 오버헤드 스매싱 샷을 하게 되었지?"
적용	• "연관시켜 볼래?" • "네가 알고 있는 것으로 이것을 말해볼래?" • "~와 얼마나 비슷한지 말해볼래?"	• "슬라이드와 갤롭을 결합시킬 수 있겠니? 할 수 있다면, 어떻게 하는지 보여 봐라." • "지금 막 플래그 풋볼에서 패스의 공격 전략을 토론하였는데, 이를 기초로 만일 수비라면 이 공격을 어떻게 차단할 수 있는지를 말해 보아라." • "핸드볼과 유사한 하키의 수비 방법 3가지를 말해 보겠니?"
분석	• "~는 ~과 어떤 점에서 차이가 나지?" • "왜 ~하지 않았어?" • "~을 분석해 볼래?"	• "배드민턴의 낮고 짧은 서브를 높고 깊은 서브와 구별되게 할 수 있지? 언제 각각의 서브를 사용할 수 있을까?" • "왜 수축된 근육을 스트레칭하지 않았지?" • "내 몸을 보기 좋게 만들고 있는데, 학급을 대상으로 이것을 분석해 보겠니? 얼마나 안정되게 보이지? 적당한 균형인가 아닌가? 왜?"
종합	• "만약 ~하다면 어떤 일이 생길까?" • "~를 새롭게 해볼 수 있겠니?" • "변화가 생겼다면, 어떻게 처리할 거니?"	• "가벼운 공을 긴 도구로 친다면 어떻게 될까?" • "이 음악을 활용하여 파트너와 새로운 무용을 만들 수 있겠니?" • "무게중심의 변화가 생길 때 안정감을 높이기 위해서 어떻게 해야 할까?"
평가	• "반드시 해야 할 것이 뭐지?" • "~가 좋을까, 아니면 ~가 좋을까?" • "~하는 이유가 무엇이니?" • "그것이 ~하는 적절한 방법인가?"	• "재혁이가 오른쪽 위치에서 공을 가지고 있을 때 수비자를 제치기 위해서 무엇을 해야 하지?" • "퍼트를 빠르게 아니면 느리게 해야 할까? 왜?" • "정기적으로 달리기를 하고 있는 것을 보았는데, 그렇게 하는 이유는?" • "포핸드로 칠 때 두 손을 사용하던데 그 방법이 적절하니?"

㉢ 도전 과제 설정

ⓐ 탐구 수업 모형에서 활용된 질문들은 대부분 과제 구조를 결정하는데 활용된다. 어떤 질문들은 혼자 학습할 것을 요구하기도 하고, 어떤 질문들은 짝과 함께, 소집단, 대집단 별로 학습할 것을 요구한다.

ⓑ 수렴적 질문은 짧은 대기 시간이 요구되며, 확산적 질문은 보다 긴 대기 시간을 필요로 한다.

ⓒ 교사는 질문을 만들고, 가장 좋은 과제 구조를 결정하고, 적절한 양의 문제 해결 시간을 학생에게 할당하는데 전문성을 발휘할 필요가 있다.

④ 의사 소통

㉠ 문제/과제를 설정하고 의도한 학습 결과를 증진시키기 위한 기본적인 지도 전략으로서 질문을 활용할 수 있는 능력에 중점을 둔다.

㉡ 교사들은 명확하고 간결하게 의사소통을 해야 할 필요가 있다.

㉢ 교사는 학생과 일방적인 의사소통을 하지 않는다.

㉣ 교사는 학생이 과제에 참여하는 동안 학생에게 주어지는 조언과 학생이 제시한 답에 대한 피드백 형태로 다른 유형의 교수 정보를 제공한다.

㉤ 참여 동안의 조언은 학생의 노력에 대한 격려이면서, 동시에 학생이 제대로 하고 있거나 문제 해결 과정으로 나가고 있음을 암시한다. 피드백은 과정과 결과에 대해 제공된다.

⑤ 수업 정리 및 종료

㉠ 차시 정리는 수업 중 교사가 질문한 질문의 수준과 일관성이 있어야 한다.

㉡ 정리 단계에서의 질문 수준이 너무 확장되지 않도록 주의해야 한다.

㉢ 종료는 교사가 학생에게 수업을 마치기 위해 해야 할 것을 질문하는 형태로 이루어진다.

(3) 상황적 요구 조건

① 탐구 수업 모형은 상황적 요구 조건이 거의 필요하지 않기 때문에 어떤 체육 수업 상황에서도 활용될 수 있다.

② 과제 구조에 따라 필요한 활동 공간이 규정된다.

③ 대기 시간이 생기지 않도록 충분한 용구가 갖춰질 필요가 있다.

④ 최종적인 상황적 요구 조건은 학생이 문제 해결 과정에 참여할 수 있는 적절한 양의 시간을 제공하는 것이다. 모든 학생이 '생각하고 움직이기'를 할 수 있도록 충분한 시간이 제공되어야 한다.

(4) 모형의 선정과 변형

① 체육 교육 내용 영역 중 다음과 같은 내용을 지도할 때 탐구 수업 모형이 효과적으로 활용될 수 있다.

㉠ 움직임 교육/움직임 개념

㉡ 교육 체조

㉢ 교육 게임

㉣ 무용

㉤ 팀 게임 및 뉴 게임

㉥ 개인 체력 개념

㉦ 스포츠 및 활동 개념

㉧ 기술 주제

② 교사가 움직임 수행의 질을 높이는 방식으로 학생의 인지적 지식을 증진시키고자 할 경우라면 탐구 수업 모형이 가장 적절하다.

5. 지도 계획 시 주안점

(1) 내용 전개는 학생들이 보다 높은 수준의 신체적, 인지적 수행으로 나아가도록 해야 한다는 사실을 항상 기억하라.

(2) 가능한 "질문하되 말하지 않아야 한다." 학습 과제/문제에 대해 학생들에게 해결 방안을 주던 습관을 버려라. 이 모형에서는 학생들이 스스로 답을 찾게 해야만 한다.

(3) 이 모형에서는 질문을 "충동적으로 말하는" 경향이 있다. 그러나 많은 경험이 쌓여 내용에 따라 질문이 어떻게 진전되는지를 충분히 이해하게 될 때 많은 시간을 들여 질문을 작성하고 수업 계획을 구성하는 것이 최상임을 알게 될 것이다.

(4) 질문을 최대한 명료하게 하라. 학생의 이해 능력을 기준으로 다양한 질문을 작성해야 한다.

(5) 수업에서는 학생들이 질문에 대해 생각하고 몇몇 답변을 시도해 볼 수 있도록 충분한 시간을 부여하라.

(6) 학생들의 질문 형태에 점검해야 한다. 모든 학생들이 언어적, 행동적 답변이 나타날 수 있도록 적절하고 공평한 기회를 제공하는지를 확인하라.

7 전술 게임 모형

이해중심 게임 지도

학생은 게임하기를 좋아한다. 학생은 게임을 배울 수 있는 최상의 방법이 정식 게임 형태를 수행하는 것이라고 생각하기 때문에 연습, 간이 게임, 변형 게임을 통해서 기술 발달을 꾀하기보다는 정식 게임 구조를 유지하고자 한다. 전술 게임 모형은 기술 발달과 게임 수행에 필요한 전술 지식을 학습하기 위해 게임 구조에 대한 학생의 흥미를 활용한다. 전술 게임 모형에서 교사는 학생의 기술과 전술을 발달시키기 위해 일련의 학습 과제들을 유사한 게임 상황으로 계획하여 정식 게임 혹은 변형 게임으로 이끌어가는데, 이와 같은 게임과 유사한 과제와 변형 게임을 '게임 형식'(game forms)이라고 한다. 전술 게임 모형의 중심은 '전술'(tactics)이다. 전술은 게임과 게임의 유사 상황에서 게임을 수행하는데 필요한 '전략'(strategy)과 '기술'(skill)의 결합체를 의미한다. 전술 게임 수업 모형은 '이해중심 게임수업'에서 발전되어 왔다. Bunker와 Thorpe는 체육 프로그램에서 학생에게 게임에 내재하는 원리를 가르쳐야 한다고 주장한다. 그 이유는 학생이 게임 원리를 배울 때에 게임 수행 기능뿐만 아니라 각 게임의 구조와 전술을 이해할 수 있다고 보기 때문이다. 이는 발달 단계에 적합한 형태의 게임 활용을 강조한다.

Almond의 게임 분류	
영역침범형	농구, 하키, 풋볼, 넷볼, 축구, 프리스비, 라크로스
네트형/벽면형	네트형: 배드민턴, 피클볼, 탁구, 배구 벽면형: 라켓볼, 스쿼시
필드형	야구, 크리켓, 킥볼, 소프트볼
표적형	크로켓, 당구, 볼링, 골프

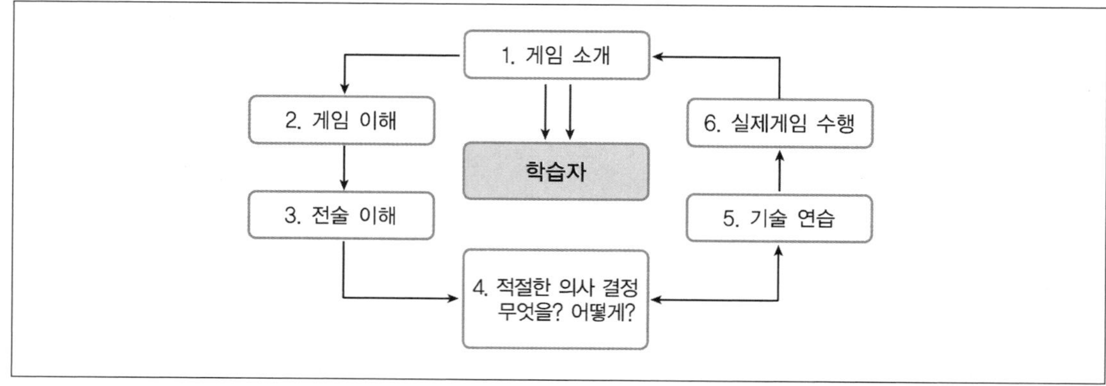

이해중심 게임 수업 모형

(1) 게임 소개

1단계는 게임에 대한 소개이다. 이 부분에서는 수행될 게임의 분류 및 개관이 포함된다.

(2) 게임 이해

2단계는 게임의 역사와 전통을 가르쳐 줌으로써 게임에 대한 학생의 흥미를 진작시킨다.

(3) 전술 이해

3단계는 주요한 전술 문제들을 게임 상황에서 제시함으로써 학생의 전술 인지를 발달시킨다.

(4) 적절한 의사결정

4단계는 전술적 지식의 적용 시기와 방법에 대한 인식을 학생에게 가르치기 위해서 게임 유사 학습 활동을 활용한다.

(5) 기술 연습

5단계에서는 다시 게임 유사 활동을 통해서 전술적 지식과 기능 수행을 결합시키기 시작한다.

(6) 실제게임 수행

6단계에서 학생은 전술 및 기능 지식의 결합으로 능숙한 수행이 이루어지도록 한다.

1. 개요

(1) 전술 게임 모형은 발달상 적합한 '게임'과 인지 활동 후 숙련된 운동 수행을 통해서 전술 문제를 해결하는 데 초점을 두는 '게임 유사 학습 활동'(게임 형식)에 기초한다.

(2) 교사는 게임을 수행하는 데 필요한 가장 본질적인 전술을 결정함으로써 이 모형을 활용하기 시작한다.

(3) 교사는 각 전술 영역에서 일련의 학습 활동을 설계하게 된다.

(4) Griffin, Mitchell, Oslin에 의하면, 게임 형식(모의 활동)은 반드시 정식 게임을 대표할 수 있어야 하며(대표성), 전술 기능 개발에 초점을 둘 수 있도록 상황이 과장되어야 한다(과장성).

(5) '대표한다'는 의미는 게임 형식이 나중에 학생이 정식 게임에 참여할 때 접하는 실제 상황을 포함해야 한다는 것이고, '과장된 상황을 활용한다'는 의미는 학생이 오직 움직임의 전술 문제에만 초점을 두도록 게임 형식이 설정되어야 함을 의미한다.

2. 이론적 기초

(1) 이론적 배경 및 근거

① 전술 게임 모형의 대표적인 이론으로는 구성주의와 인지 학습 이론을 들 수 있다.

② 구성주의나 인지 학습 이론은 학습자들이 단순히 사실을 기억하거나 정적 기능을 수행하는 것이 아니라, 학생의 이해 증진을 위해 사전 지식을 통해 새로운 학습이 이루어진다고 본다는 공통점을 가지고 있다.

③ 모의 상황 속의 게임 형식에서 전술 문제의 활용과 운동학습 전에 인지 학습을 강조한다는 것은 구성주의 학습 이론에 강하게 바탕을 두고 있음을 알 수 있다.

④ Griffin, Mitchell, Oslin은 전술게임 모형에 대한 3가지 주요 근거를 제공한다.

㉠ 게임과 게임 형식에 대한 학생의 흥미와 열정은 모형에서 긍정적인 동기 유발의 소재로서, 그리고 주도적인 과제 구조로서 활용된다.

㉡ 지식은 영향력이 있어서 학생의 게임에 대한 이해가 깊어지고 경기 참여와 의사결정에 대한 교사 의존 경향이 줄어지게 된다.

㉢ 학생은 자신이 이해한 것을 게임에 적용하여 수행할 수 있다.

(2) 교수 · 학습에 관한 가정

① 교수에 관한 가정

㉠ 게임의 주요 전술 문제들을 규명하고, 주어진 문제의 해답을 찾아가는데 초점을 둔 각 학습 과제를 조직할 수 있다.

㉡ 게임 수행에 필요한 전술 인지와 운동 기능을 발달시키는 학습 과제를 설계하기 위해 게임 및 변형된 게임 형식을 사용할 수 있다.

㉢ 교사는 게임에 대한 전문가로, 전술 문제에 몰입할 수 있도록 학생에게 간접적인 학습 경험을 제공한다.

㉣ 모든 게임과 게임 형식은 해당 학년의 발달 단계에 적합해야 한다. 학생은 성인 수준의 정식 게임을 배울 필요가 없다.

② 학습에 관한 가정

㉠ 대부분의 학생은 게임 적용 가능성이 거의 없는 기술을 발달시키기보다는 재미있고 하고 싶은 동기를 주며 진짜 게임으로 보이는 게임 참여를 원한다.

㉡ 학생은 전술 인지와 의사결정 능력이 수업의 최우선 목표일 때 이들을 개발시킬 수 있다.

㉢ 전술 인지가 수행 능력의 사전 조건이 되지만, 학생은 어느 정도 게임을 잘 수행하기 위해 2가지 유형의 지식을 가지고 있어야만 한다.

㉣ 전술적 지식과 의사 결정은 구성주의적 입장에서 개발되어야 한다. 이는 전술 문제에 바탕을 둔 학습 활동의 계획적인 전개를 통해서 이루어질 수 있다.

㉤ 전술 인지와 다른 유형의 학생 학습은 유사한 분류 범주 내에서 게임으로 전이된다.

(3) 모형의 주제: 이해중심 게임 지도

① 전술 게임 모형의 주요 주제는 Bunker와 Thorpe의 이해중심 게임 지도이다. 이 주제는 전술

게임 모형의 가장 중요한 학습 결과를 요약해 주고 있다. 즉, 게임과 게임 유사 상황에 적용될 수 있고 동시에 다른 유사 게임으로 전이될 수 있는 이해 수준의 깊이를 심도 있게 할 수 있다.

② 이 주제는 학생의 전략적 인지와 의사 결정 능력을 우선적으로 강조하고 있다.

(4) 학습 영역의 우선 순위와 영역 간 상호작용

① 학습 영역의 우선 순위

㉠ 1순위: 인지적 영역, 2순위: 심동적 영역, 3순위: 정의적 영역

㉡ 전술 게임 모형의 가장 기본적인 가정은 인지 학습이 이루어지면 운동 기능 수행이 보다 능숙하게 될 것이라는 점이다.

㉢ 학생이 게임 상황에서 무엇을 어떻게 해야 할 것인지를 아는 것이 중요하며 특히 '무엇'은 전술 게임 모형에서 가장 우선된다.

② 학습 영역 간 상호작용

㉠ 학생이 인지적 영역에서 주어진 전술 문제를 해결하고, 이는 순차적으로 심동적 영역에서의 게임 유사 상황을 촉진한다.

㉡ 정의적 영역은 학생이 전략적 인지와 실제적인 학습 결과를 만들어 내기 위하여 운동 수행을 결합하는 것을 배울 때 나타날 수 있고, 이는 게임 감상력과 자아 존중감을 향상시키게 된다.

(5) 학생의 발달 요구사항

① 학습 준비도

㉠ 게임과 게임 유사 학습 과제, 그리고 이 게임과 관련된 전술적 문제를 이해할 수 있는 학생의 능력이 필요하다. 따라서 학생들은 이해 중심 접근의 효과를 얻기 위해서는 충분한 수준의 듣기 능력과 지적 능력이 요구된다.

㉡ 수업과 모든 학습 과제들이 학생 수준에 맞춰 조정될 수 있지만, 학생들이 전술적인 결정을 할 만한 능력이 없다면 이 모형을 활용할 수 없다.

② 학습 선호도

회피적이고, 경쟁적이며, 의존적인 학생에게 효과적이다.

㉠ 전술 게임 모형은 대부분 직접 교수를 활용한다. 간접적인 전략은 전술 문제를 해결하기 위해서 사용되지만, 대개는 교사가 학습 환경을 결정한다.

㉡ 학생의 학습 선호는 직접 교수 모형의 학습 선호와 유사하게 나타난다.

(6) 모형의 타당성

① 연구 타당성

㉠ 전술 게임 모형과 기능 중심 교수법(직접 교수)의 비교 결과, 전술 게임 모형을 적용했을 때 게임에 대한 전술과 의사결정, 그리고 게임에 대한 관심과 동기가 높게 나타났다.

㉡ 전술 게임 모형으로 배운 학생이 기능, 지식, 의사결정, 게임 수행을 기능 중심 모형으로 배운 학생만큼 향상되었다는 많은 연구 결과가 있다.

② 실천적 지식의 타당성

㉠ 전술 게임 모형에 대한 교사의 경험은 이제 일반화된 사실이다.

㉡ 전술 게임 모형의 활용은 2가지 측면에서 더욱 커질 것으로 예상된다.

ⓐ 이 모형은 어떻게 코치가 선수들을 지도할 것인가에 대한 내용을 포함하고 있기 때문에 많은 교사들은 이 모형을 쉽게 배울 수 있다.

ⓑ 이 모형이 추구하는 방향은 체육 수업에서 적극적으로 참여하고 학습하는데 필요한 학습동기와 즐거움을 학생들에게 제공할 수 있기 때문이다.

③ 직관적 타당성

㉠ 일부에서는 전술 게임 모형이 학생들에게 게임을 가르칠 때 통상적으로 사용하는 전통적인 교수 전략과 어긋난다고 주장한다.

㉡ Chandler에 따르면, 모형에서 활용하는 리드업 게임은 정식 게임 상황을 적절히 대표하지 못하며, 그릇된 성취감을 학생에게 제시할 수 있다고 본다. 그것은 게임 형식이 모의 게임 상황의 즉흥성과 실제성을 가지지 못하기 때문이다.

㉢ 그럼에도 불구하고, 전술 게임 모형은 체육 수업에서 활용될 여지를 남기고 있다(전술 게임 모형이 체육 수업에서 활용되는 이유).

ⓐ 모든 연령의 학생은 게임 하기를 좋아한다.

ⓑ 대부분의 체육 교사들은 게임 내용을 잘 알고 있으며 이에 대한 전문성을 가지고 있다.

ⓒ 게임 구조는 학생에게 지속적인 실제 학습 과제를 제공한다.

ⓓ 전술 게임 접근은 발달상의 측면을 고려한다.

㉣ 이 모든 것들은 체육 프로그램에서 가장 인기 있는 교육 과정 내용 영역을 가르칠 수 있는 개혁적이면서도 보완적인 방법에 속한다.

> 전술 게임 모형은 기술지도 위주의 전통적인 게임 지도 방식에서 탈피하여 전술의 이해를 강조하는 게임 지도 방식으로서, 게임 또는 게임 유사 상황에서 효과적인 전술적 결정을 내리고 실행하는 능력을 습득하는데 초점을 둔다. 이 모형은 게임을 구성하는 두 가지 요소인 기술과 전술 중에서 기술 위주로 지도해 온 전통적인 게임 지도 방식에서 탈피하여 전술의 이해를 강조하는 게임 지도 방식이다. 이 모형은 기술 발달과 게임 수행에 필요한 전술 지식을 학습하기 위해 게임 구조에 대한 학생의 흥미를 활용하고자 노력한다. 따라서 이 모형에서 교사는 학습 과제를 유사한 게임 상황으로 계획하여 정식 게임 혹은 변형 게임으로 이끌어간다. 이 모형의 바탕에는 학생이 한 게임의 전략(전술)을 이해하게 되면 다른 유사 게임으로까지 게임 수행력이 향상될 수 있다는 전제가 깔려 있다.

3. 교수 · 학습의 특징

(1) 수업 주도성(수업 통제)

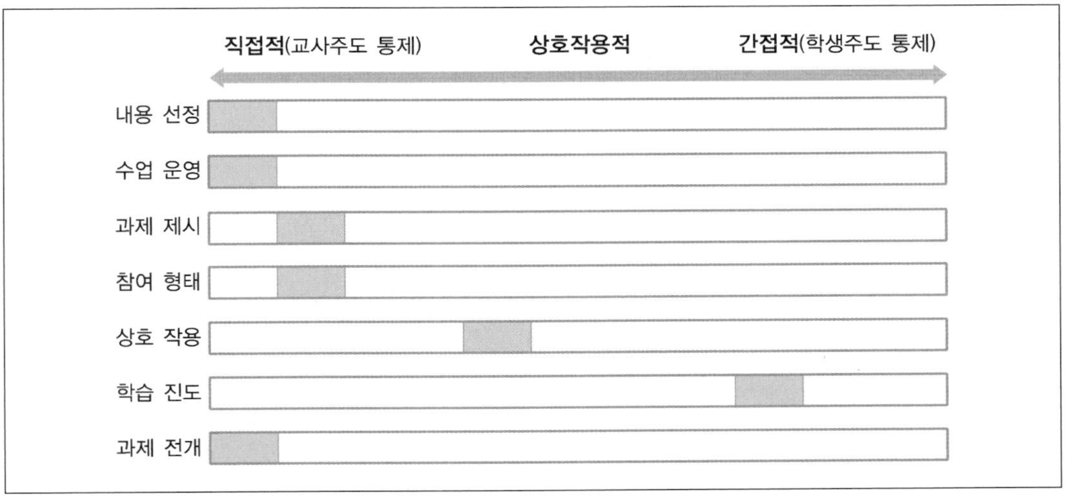

직접적(교사주도 통제) 상호작용적 간접적(학생주도 통제)

내용 선정

수업 운영

과제 제시

참여 형태

상호 작용

학습 진도

과제 전개

① 내용 선정

㉠ 내용은 학생이 단원을 통해 해결해야 하는 전술 문제의 계열성에 따라 제시된다.

㉡ 교사는 전술 문제들을 나열하고 학생의 전술 인지와 의사결정을 개발하기 위해 사용할 게임과 게임 유사 상황을 계획한다.

② 수업 운영

㉠ 교사는 전술 게임 모형의 관리 계획, 수업 규칙, 특정 절차를 결정한다.

㉡ 학생이 일련의 전술적 모의 상황과 연습을 통해 발전해 나가면서 그 효율성이 향상된다.

③ 과제 제시

㉠ 교사는 게임 지식의 가장 주요한 정보원으로 인식되고 있기 때문에 전술 인지와 의사결정을 개발하기 위한 학습 과제를 계획하고 실행하는 유일한 존재가 된다.

㉡ 전술적 프로그램은 교사에 의해 과제 제시에서 부과되는데, 이때 교사는 학생이 전술과 기능을 결합하기 위해 모의 상황에 참여하기 전, 문제를 해결할 수 있도록 연역적 질문을 사용한다.

㉢ 따라서, 과제 제시는 매우 교사 중심적이고, 학생이 질문에 대답할 때 교사와 학생 간에 약간의 상호작용이 이루어진다.

④ 참여 형태

㉠ 교사는 모든 학습 과제와 과제 구조를 결정하고, 학생으로 하여금 전술 문제를 해결하게 하며, 모의 상황 또는 연습을 실행하도록 학생을 지도한다. 이 점에서 참여 형태는 교사 중심적이다.

㉡ 학생은 스스로 연습할 수 있으며 참여 형태에 영향을 주는 몇 가지 의사결정을 할 수 있도록 한다.

⑤ 상호 작용

㉠ 교사는 게임 모의 상황과 연습 동안 학생이 전략적 문제를 해결할 수 있도록 연역적 질문을 활용하고 단서, 안내 및 피드백을 제공함으로써 대부분의 상호작용을 시작한다.

㉡ 학생이 이해를 보다 심화 개발시키기 위한 전술 문제를 해결한 후에도 교사는 반드시 연역적 질문을 계속해 나가야 하기 때문에 이 부분에서 이 모형은 다소 상호작용적이다.

⑥ 학습 진도

㉠ 학생 중심적이다.

㉡ 학생이 게임 상황에 참여하게 되면 연습을 언제 시작하고 마칠 것인지에 대해서 학생 스스로 결정하게 된다.

⑦ 과제 전개

㉠ 교사 중심적이다.

㉡ 교사는 각 학습 활동이 끝나고 학생이 다음 전술 문제와 학습 과제로 이동하는 시기를 결정한다.

전술 게임 모형의 포괄성
• 전술 게임 모형은 교사가 인지 능력과 기능 수행 능력의 수준 차이를 고려한다면 모든 학생을 포괄하여 계획할 수 있다. • 전술 게임 모형은 모든 학생이 소규모 게임, 변형 게임, 원형 게임에 참여한다는 점에서 포괄적이라 볼 수 있다.

(2) 학습 과제

전술 게임 모형에서 활용되는 주요 학습 과제는 기능 발달 연습, 모의 상황 연습, 게임 형식, 정식 게임을 포함한다. 각 과제 유형은 그 자체의 과제 제시와 과제 구조를 가지고 있지만, 이 모든 것들은 학생에 의한 전술 문제 해결에 초점을 맞추고 있다. Griffin, Mitchell, Oslin에 의하면, 교사는 과제의 계열성을 고려하여 학생이 해결할 전술 문제를 제시한다. 이 계열성은 게임 형식으로 시작되는데, 이는 게임의 목표 영역에서 학생의 전술 및 기능 지식을 평가하기 위해 사용되는 정식 게임의 변형된 형태로 볼 수 있다. 게임 형식이 수행되고 나면, 교사는 전술과 기술에 관련된 학생의 요구를 조사하고, 그런 후 학습시키고자 하는 영역에 초점을 둔 한 가지 이상의 연습을 고안한다. 연습에 이어 학생은 초기 게임 형식으로 돌아갈 수 있고, 그 후 변형 게임으로 진도를 나갈 수도 있다. 변형 게임은 정식 게임의 많은 부분과 유사하지만 규칙, 점수, 경기장 크기, 게임 시간을 계획적으로 변경한다. 이러한 변화는 학생의 발달 단계 준비 상태를 반영해야 하며, 학생이 전술과 기술을 게임 상황에서 계속 반복할 수 있도록 게임의 특정 부분에 초점을 두어 참여하도록 한다. 학습 과제의 마지막 형태는 정식 게임이다. 정식 게임은 반드시 성인 수준의 게임일 필요가 없다. 정식 게임은 게임 자체 또는 거의 게임의 모든 요소를 갖춘 것으로서 학생이 최대한 참여로 전술과 기능을 연습하도록 발단 단계에 적합해야 한다.

초기 게임 형식

게임	게임 형식	평가 적용의 예
농구	3대 3 하프 코트	1. 수비 위치 2. 공과 관련 없는 움직임 3. 리바운드 위치 4. 수비수 사이의 의사소통
배구	2대 2	1. 공격에 대응한 수비 위치 2. 공격 패스 3. 팀 동료 간 의사소통 4. 서비스 전술
골프	퍼트-퍼트	1. 서기와 조준 라인 2. 공 속도의 판단 3. '일시 중단'의 판단
라크로스	하프 필드 스크리미지 (한 팀은 공격만 하고, 다른 팀은 수비만 함)	1. 수비 위치 수립 2. 수비 3. 공과 관련 없는 움직임 4. 수비의 빈 공간 발견하기 5. 팀 동료 간 의사소통

변형 게임

게임	변형	초점
배드민턴	오버헤드 스매시를 허용하지 않는다.	1. 공격의 정확성과 터치 샷 2. 랠리를 오래 하기
플로어 하키	모든 선수들이 퍽을 접촉할 때까지 골을 향해 슛을 할 수 없다.	1. 패스 2. 팀워 3. 의사소통
축구 (초등학교)	경기장의 폭과 길이를 반으로 줄이고, 골대의 크기를 줄인다.	1. 공을 접하고 수비를 할 수 있는 기회 증가 2. 공과 관련 없는 움직임 3. 슛의 정확성
프리스비	잡은 후 갖고 있는 시간을 늘린다.	1. 원반과 관련 없는 움직임 2. 패스 판단 3. 의사소통

① 과제 제시

과제 제시는 전술 문제를 고안하고 상황적인 학습 과제의 중요성을 설명하기 위해 활용된다. 중요한 점은 학생에게 해답을 주지 않고 전술 관련 상황에 대한 충분한 정보를 제공하는 것이다.

구분	내용
초기 게임 형식	• 게임 형식이 원형 게임에 어떻게 관련되는지, 전술적 측면에 왜 중요한 것인지를 설명해야 한다. • 게임 형식을 보고 이해하는데 필요한 정보만 제시한다. 그런 후 학생이 하나 이상의 해답을 찾을 수 있도록 연역적 질문을 활용한다. • 과제 구조를 설명하고, 학습 과제 내의 의사결정과 기술 연습에 학생을 적극적으로 참여시키며, 그 상황에서 인지 수준과 숙련 정도를 평가하기 위해 학생을 관찰한다. • 이 단계는 교사와 학생으로 하여금 독립적이고 반복적인 학습 과제를 통해서 개발시키고자 하는 전술 인지와 기술 영역을 규명하게 하는 데 목적을 둔다.
기술 연습	• 기술 연습은 직접 교수에서 했던 방식으로 제시된다. • 교사는 학생이 배울 움직임 패턴을 설명하고 시범보이며, 학생에게 언어적 단서를 제공한다. • 다른 차원에서 교사가 학생으로 하여금 기능의 전술적 중요성과 그 기능이 초기의 게임 형식 과제의 전술 문제를 해결하는데 사용되는 방법을 인식하도록 돕는다. • 교사는 기술을 수행하는 방법뿐만 아니라, 학생이 게임 형식으로 돌아가거나 변형 게임 또는 정식 게임으로 진행할 경우 그것을 '왜', '어떻게' 해야 하는지를 설명해야 한다.
변형 게임	• 변형 게임은 정식 게임의 전술 및 수행의 복잡성을 줄이기 위해서 고안되었으며, 학생이 특정한 부분에 초점을 맞추는 여러 번의 시도가 허용된다. • 변형 게임의 과제 제시는 정식 게임과 어떤 관련이 있는지, 규칙이 '왜', 그리고 '어떻게' 변경되었는지, 변형 게임의 전술적 목표에 대한 설명이 포함되어야 한다. • 전술적인 목표들을 진술함으로써 교사는 변형 게임에서 제시된 하나 이상의 전술 문제에 접근하도록 한다.
정식 게임	• 정식 게임의 과제 제시는 변형 게임의 한 형태처럼 보인다. • 게임 단계를 설정하고, 전술적 목표를 설명하며, 게임이 시작되기 전 학생이 해결해야 하는 전술 문제들을 부과한다.

② 과제 구조

과제 구조는 모형의 각 단계에서 교사가 계획한 과제 유형에 의해서 결정되는데, 여기에 게임 형식, 기술 연습, 변형 게임, 정식 게임이 포함된다.

구분	내용
초기 게임 형식	• 게임 형식은 변형 게임 또는 정식 게임의 맥락에서 일어나는 일반적인 상황에 대한 모의 상황으로 볼 수 있다. • 교사는 전술 인지, 의사결정, 기타 필요한 기술을 연습하고 평가하기 위해 그 상황에 대한 합리적인 대표성을 학생에게 제공하는 학습 과제를 구성한다. • 과제 구조의 목표는 학생이 필요한 전술적 의사결정을 수행할 수 있도록 여러 차례 반복 연습하게 하는 것이다.

기술 연습	• 학생이 전술적 의사결정을 하는데 필요한 기능을 개발할 수 있도록 많은 기술 연습이 고안되어 있다. 또한 개별 연습, 2인조 연습, 소집단 연습, 대집단 연습 등 다양한 과제 구조가 활용될 수 있다. • 기술 연습 지도는 연습 시작 전에 교사가 전술 문제를 학생에게 부과하는 것 말고는 직접 교수 모형처럼 보인다. • 과제 구조는 학생이 단순히 여러 번 반복하여 연습하기보다는 전술적인 결정을 할 수 있는 기회를 학생에게 많이 제공해야 한다.
변형 게임	• 변형 게임의 과제 구조는 '대표적'이면서 동시에 '과장'되어야 한다. • '대표적'이라는 의미는 학생이 실제 환경에서 수행하고 실제로 전술을 결정할 수 있도록 변형 게임이 정식 게임과 매우 유사해야 한다는 뜻이다. 과제 구조는 전술적 결정과 기술을 독립적으로 연습할 수 있는 기회를 많이 제공하도록 게임의 특정 부분을 부각시켜야 한다. • '과장'은 전형적으로 예측할 수 없는 게임의 흐름 속에서 발생하는 다른 사태의 가능성을 제거하거나 줄임으로써 학생이 이러한 사태에 초점을 맞추도록 돕는다. 이 구조는 정식 게임의 복잡함을 줄이고 지도할 전술적 및 기술 지식에 대해 보다 많은 "티칭 모멘트"를 제공하게 된다. • 변형 게임의 과제 구조는 기술 과제와 정식 게임 사이를 직접적으로 연결시키는 가교 역할을 하기 때문에 중요하다. 이는 학생의 게임 중심 의사결정 능력을 발전시키며, 나중에 정식 게임을 수행할 때 종종 실제 상황에서 기술을 적용하도록 한다.
정식 게임	• 학생이 변형 게임에서 탁월한 능력을 지속적으로 보일 경우에만 정식 게임을 하게 한다. • 교사는 변형 게임에서 학생의 지식에 대해 공식적 · 비공식적인 평가를 할 수 있으며, 이에 따라 정식 게임을 과제 구조로 채택할지를 결정한다. • 정식 게임의 과제 구조는 스포츠 지도에 활용되는 연습 대형과 같이 보일지 모른다. 교사는 게임 중에 발생하는 '티칭 모멘트'를 관찰해야 하고, 전술 인지, 전술적 결정, 또는 게임 기술의 초점이 적절하다면 지도할 시기를 포착해야 한다. 그러나 각각의 지도할 적당한 시기는 경기가 순간적으로 멈출 때 학생에게 전술 문제를 부과할 수 있어야 한다.

전술 게임 모형에 매우 유용한 게임 과제에 대해 교사가 구조화하고 간섭할 수 있는 방법(Metzler)	
즉흥적인 재생	교사는 게임을 멈추고 바로 직전의 수행으로 돌아간다. 그래서 선수들은 자신들의 전술적 결정을 반성하고 변화시킬 수 있는 기회를 가질 수 있다. 실제의 경기 결과만이 점수에 반영된다.
선수 – 코치	교사는 전략상의 목적과, 학생의 전술 및 기술 연습을 증진시키기 위해 게임의 특정 부분을 조작하기 위해 게임에 참여한다. 예를 들면, 교사는 소프트볼 게임에 참여하여 양 팀에서 투수 역할을 맡고, 특정한 상황이 발생하도록 의도하면서 공을 던진다. 농구 경기에서 교사는 어느 한 팀의 포인트 가드로 게임에 참여하여 게임의 속도를 조절하기 위해 포지션을 활용한다.

모의상황	게임이 진행되는 동안, 교사는 경기를 멈추고 전술 인지와 의사결정이 발생하기 전에 이들을 점검하기 위한 질문을 한다. 예를 들어, 테니스 복식게임에서 교사는 한 경기자에게 "동료가 너의 구역인 네트 쪽으로 가야할 경우 넌 어떻게 하겠니?"라는 질문을 해 본다. 소프트볼 게임에서 주자가 1아웃에 1루와 2루에 있는 상황에서 교사는 우익수에게 "만약 네가 멀리 높게 날아가는 공을 잡는다면 어떻게 하겠니?"라고 물어본다.
TV 분석가	교사가 게임에서 나타나는 패턴을 인식한 후에, 게임을 멈추고, "무슨 일이 일어나고 있지? 그것을 어떻게 바꿀 수 있을까?"라고 질문을 한다. 예를 들어, 축구 경기에서 어느 한 팀이 몇 번씩이나 골을 향해 돌진해서 슛을 했다면, 교사는 수비팀에게 "너희 팀은 그 일을 멈추게 하기 위해 어떻게 해야 하겠니?"라고 묻는다.

- 정식 게임 구조의 주요 특징은 전술 인지, 전술적 의사결정, 기술 수행에 지속적인 초점을 두는 것으로 볼 수 있다. 정식 게임의 구조는 단순히 "그냥 게임하기"와 구별된다.

③ 내용 전개

㉠ 전술 게임 모형에서 내용 조직의 중심은 전술적 문제이고, 이는 게임 중에 일어나는 전형적인 상황을 의미하는 것으로서 기능과 전술적 지식의 동시 적용을 요구한다.

㉡ 내용은 특정 영역의 요구에 부응하는 전술적 인지와 그것에 적합한 실행에 근거하며 개념적 관점에서 개별적으로 규정된다.

(3) 학습 참여 형태

① 학생이 기능을 연습할 때 동일한 과제에서 개별적으로 참여한다. 각 학생은 연습 공간과 필요한 장비를 가진다.

② 게임 유사 상황과 변형 게임에서의 참여 형태는 소집단으로 이루어진다. 각 집단은 전술 문제에 초점을 맞추는 모의 상황 또는 변형 게임이 가능하도록 충분한 수의 학생으로 구성되어야 한다.

③ 정식 게임의 참여 형태는 수행중인 게임에 의해서 혼자, 짝, 소집단, 대집단 등으로 결정될 것이다.

(4) 교사와 학생의 역할 및 책임

역할 및 책임	전술 게임 모형에서의 책임 주체
수업 시작	대개 교사가 학급 전체를 대상으로 첫 번째 과제와 전술 문제를 제시하면서 수업을 시작한다.
과제 제시	교사가 과제를 제시한다. 전술적 상황을 학생에게 보여주기 위해서 교수 매체를 활용할 수 있다.
전술 문제 제시	교사는 각 모의 상황의 학습 과제 단계를 설정하고 전술 문제를 학생에게 제시한다.

전술 문제 해결	학생은 전술 문제를 해결하기 위해서 혼자 또는 소집단에서 문제에 대해 생각한다.
수업 기구의 배치 및 회수	대부분의 학습 과제가 소집단의 구조를 활용하기 때문에 모든 학생 집단은 필요한 기구들을 사용하고 반환할 수 있다.
과제 구조	학생은 교사의 지시를 따라서 각 과제를 설정한다.
평가	교사는 각 과제에 대한 평가 방법을 설계해야 한다. 설계가 이루어지면 학생 또는 교사에 의해서 활용된다.

(5) 교수 · 학습 과정의 검증

① 교사 기준

기준	검증 방법
전술 문제를 각 학습 과제의 핵심으로 활용한다.	전술 문제가 작성된 내용 목록을 점검한다.
학생의 지식을 평가하기 위해서 각 단원의 분절을 게임 형식으로 시작한다.	단원 계획을 점검한다.
게임 형식으로부터 필요한 전술과 기술 영역을 규명한다.	각 단원의 일부에서 전술적 영역 목록을 작성할 수 있으며 각 게임 형식을 관찰한 후 지식을 지필 평가할 수 있다.
연역적인 질문을 활용하여 학생이 전술 문제를 해결할 수 있도록 한다.	1. 교사의 교수 · 학습 과정안을 점검한다. 2. 질문 목록과 학생의 반응을 작성한다.
모의 상황으로 설정한 학습 과제에 대해 의사소통을 분명히 한다.	학생이 과제를 조직하는 것을 관찰한다. 학생은 교사의 지시에 따라서 신속하게 과제를 설정하고 참여한다.
상황 학습 과제 동안 높은 비율의 안내와 피드백을 활용한다.	교사의 수업 상호작용의 내용과 빈도를 기록한다.
수업의 전술 문제를 포함하는 학습 정리를 한다.	1. 교사의 교수 · 학습 과정안을 점검한다. 2. 교사가 수업 말기에 실시하는 이해 여부 점검의 횟수를 기록한다.
평가	1. 교사의 단원 및 차시 과정안을 점검한다. 2. 교사가 만든 전술적 의사결정 및 기술 수행에 관한 체크리스트를 점검한다. 예 게임 수행 평가 도구

② 학생 기준

기준	검증 방법
전술 문제에 관한 연역적인 질문에 대해 생각할 수 있는 시간이 학생에게 제공된다.	1. 교사의 대기 시간 활용을 관찰한다. 2. 각 학생이 대답해야 하는 횟수를 기록한다.
모의 상황 학습 과제의 설정 방법을 이해한다.	학생이 과제를 조직하는 것을 관찰한다. 학생은 교사의 지도를 따라, 신속하게 과제를 설정하고 참여한다.

모의 상황의 전술적 의사결정을 만든다.	1. 각 학습 과제 동안 교사의 질문에 대해 학생이 답한 정답과 오답을 기록한다. 2. 각 학습 과제 동안 학생의 전술적 의사결정과 기술을 관찰한다.
게임 변형은 발달 단계적으로 적합하다.	학생의 참여를 관찰한다. 게임 변형은 너무 단순하거나 복잡한 것이 아닌가?
과제 전개에 따라 진도가 나갈 때, 학생의 전술적 지식이 발전할 수 있다.	게임 형식, 변형 게임, 정식 게임을 게임 수행 평가 도구를 가지고 모니터한다. 학습 과제의 복잡성이 증가할수록 나타나지 않는 게임 수행 요소를 기록한다. 과제의 복잡성이 증가할 때마다 가끔 누락되는 요소가 있을 것이나 그것은 일시적인 현상이다.
학생은 전술 인지, 의사결정, 상황 기술을 학습한다.	게임 수행 평가 도구 또는 다른 실제 평가 방법을 가지고 학생을 평가한다.

(6) 학습 평가

전술 게임 모형의 학습 목표는 학생이 게임 또는 게임 유사 학습 활동에서 전술 문제를 구성하고 수행하는 것이라고 볼 수 있다. 이는 게임 상황에서 무엇을 하고 어떻게 정확하게 수행할 것인가에 대한 지식을 결합한 것이다. 잘 설정된 목표는 교사로 하여금 이 모형을 활용하여 더 타당하고 실제적인 평가 기법을 고안할 수 있도록 돕는다. 게임 진행 동안 전술적 결정을 만들고 수행하는 학생의 능력에 초점을 맞추어야 한다. 평가는 게임 진행을 관찰함으로써 이루어지기 때문에 실제적이라고 볼 수 있다.

① 게임 통계치의 평가

㉠ 팀의 경기를 보다 잘 평가하려면 경기 내용을 요약한 게임 통계를 살펴보아야 한다.

㉡ 게임 통계는 선수가 골을 넣은 횟수와 지역, 공 소유 시간, 실책의 횟수와 양 팀의 반칙 수에 대한 정보가 반영되어 있다.

㉢ 게임 통계에 기초하여 각 선수의 포지션에 따른 여러 측면을 평가하는 것이 가능하다.

② 전략적 의사 결정과 기술 수행의 평가

㉠ 학생의 게임 수행을 게임 통계로 평가하는 것이 유용하지만, 이 정보는 교사에게 경기 중 학생이 전술적 결정들을 어떻게 수립하고 실천했는지를 알려주지 못한다.

㉡ Griffin, Mitchell, Oslin이 개발한 게임 수행 평가 도구(GPAI)는 학생의 전술적 지식을 평가하기 위해 여러 유형의 게임에 적용할 수 있는 기본적인 평가 기법이다.

㉢ GPAI는 게임의 7가지 공통 수행 요소를 포함하고 있다.

㉣ 특정 게임에서 GPAI를 활용할 때 교사는 7가지 요소 중 어떤 요소가 게임에 적용되는지를 파악하고, 각 요소에서 좋은 전술적 의사결정과 수행을 나타내는 한 가지 이상의 기준을 결정한다.

ⓜ GPAI는 각 요소의 세 가지 수행 측면, 의사 결정의 적절성(적절함/부적절함), 기술 수행의 효과성(효과적임/비효과적임), 보조의 적절성(적절함/부적절함)에 초점을 맞춘다. 그런 다음 교사는 게임 과정에 있는 각 학생을 관찰하고, 선택된 요소에 해당하는 전술적 지식과 기술 수행의 적절성과 효과성을 기록한다.

ⓑ Griffin, Mitchell, Oslin은 학생의 게임 수행 점수는 비율일 뿐, 결코 백분율이나 절대수가 아님을 강조한다.

ⓢ 이 게임 수행 점수는 적절성/부적절성과 효율성/비효율성 사이의 균형을 나타낼 뿐, 게임 상황에서 긍정적인 사례수가 많은 학생이 반드시 긍정적인 사례수가 적은 학생보다 높은 점수를 받게 됨을 의미하지 않는다.

ⓞ 최고의 GPAI 점수는 학생이 부정적인 사례수보다 긍정적인 사례수를 많이 가질 때 나타날 수 있다. 이 점수는 학생이 좋은 전술적 의사결정을 하고 부정적인 의사결정의 빈도를 줄이는데 일조를 할 수 있다.

ⓙ 좋은 게임 수행이 많다고 해서 반드시 훌륭하다고 볼 수 없다. 각 긍정적인 전술적 시행의 실수를 줄여 나가는 것이 훨씬 더 중요하다.

게임 수행 평가 도구 요소

요소	수행 평가 기준
돌아오기	수행자가 기술 시도를 하면서 홈 또는 제자리로 적절하게 돌아오기
적응하기	게임 진행에 필요한 수행자의 공격적인 움직임과 수비적인 움직임
의사결정하기	게임 중에 공을 가지고 수행할 내용에 대한 적절한 선택하기
기술수행하기	선정된 기술의 효과적인 수행
보조하기	소속팀이 공을 가지고 있을 때 패스를 받을 수 있는 위치로 움직이기
커버하기	공을 가지고 있는 팀원이 경기를 하거나 공에게 다가갈 때 지원하기
가드/마크하기	공을 가지고 있거나 그렇지 않은 상대 팀원에 대해 수비하기

축구에서 GPAI의 활용 예

관점	기준
의사결정	1. 경기자는 상대 선수가 근처에 없는 팀 동료에게 패스를 시도한다. 2. 경기자는 적절한 시기에 슛을 시도한다.
기술실행	수용 : 패스의 통제 및 공을 찰 준비하기 패스 : 공을 목표 지점까지 패스한다. 슈팅 : 공이 머리 높이 아래 있고 목표를 향한 위치에 있다.
보조하기	경기자는 공을 가지고 있는 사람 옆에 따라가거나, 패스를 받을 수 있는 적절한 위치로 이동하면서 보조한다.

10분간의 3 : 3 게임에 대한 GPAI

구분	의사결정		기술실행		보조하기	
이름	적절함	부적절함	효율적임	비효율적임	적절함	부적절함
A학생	○○○○○○	○	○○○○○○	○	○○○○○○○	○○○○
B학생	○○○○	○	○○○○○	○	○○○	○
C학생	○○○	○○○	○	○○	○○○○○	○○
D학생					○○○	○
E학생	○○	○	○○○	○	○○○○	○○○
F학생	○○○○	○○○	○○○○	○○	○○○○○○	○○

10분간 시합에 대한 A학생의 GPAI 점수

항목	계산법
게임 참여	적절한 의사결정 수 + 부적절한 의사결정 수 + 효과적인 기술 실행의 횟수 + 비효과적인 기술 실행의 횟수 + 적절한 보조 움직임의 횟수
의사 결정	적절한 의사결정 수 ÷ (적절한 의사결정 수 + 부적절한 의사결정 수) × 100
기술 실행	효과적인 기술 실행의 횟수 ÷ (효과적인 기술 실행의 횟수 + 비효과적인 기술 실행의 횟수) × 100
보조 하기	적절한 보조 움직임의 횟수 ÷ (적절한 보조 움직임의 횟수 + 부적절한 보조 움직임의 횟수) × 100
게임 수행	(의사결정 + 기술실행 + 보조하기) ÷ 3(사용된 항목 수)
A학생의 GPAI 평가	게임참여 = 6 + 1 + 6 + 1 + 7 = 21 의사결정 = 6 ÷ (6 + 1) × 100 = 86 기술실행 = 6 ÷ (6 + 1) × 100 = 86 보조하기 = 7 ÷ (7 + 4) × 100 = 64 게임수행 = (86 + 86 + 64) ÷ 3 = 79

4. 교사 전문성 및 상황적 요구 조건

(1) 교사 전문성

① 발달 단계에 적합한 수업

㉠ 전술적 의사 결정을 수행하기 위해 필요한 순간 상황의 전술 문제와 기능의 복잡성은 학생의 발달 수준과 일치되어야 한다.

㉡ 교사들은 각 전술적 상황에서 개념과 기술을 분석하고, 학생이 지식을 습득할 수 있도록 적절한 게임 형식, 기능, 변형 게임을 설계할 수 있어야 한다.

㉢ 변형 게임에서 정식 게임으로 진행할 때 가장 중요한 2가지 의사결정이 이루어진다. 그것은 정식 게임이 너무 어렵거나 감당하기 힘들어 보이는 시기와 변형 게임으로 되돌아가는 시기를 결정하는 것이다.

② 학습 영역과 목표

㉠ 전술 게임 모형은 인지적 영역과 심동적 영역의 상호작용에 기초한다.

㉡ 교사는 학생이 연역적 질문을 통해 전술 문제를 해결하고, 그 후에 다양한 과제 구조 유형 안에서 전술적 의사결정을 하도록 학생을 지도한다.

㉢ 교사는 전술 문제를 조사하여 학생에게 설명하는 방법을 숙지해야 한다. 이 문제 해결은 주요 수업 목표가 되며, 전술적 학습 진도의 기초를 형성한다.

㉣ 교사는 이 수업 목표를 활성화시킬 수 있는 학습 과제로 전술 문제들을 전이시킬 필요가 있다.

③ 과제 분석 및 내용 전개

㉠ 과제 분석은 게임을 능숙하게 하는 데 필요한 전술적 지식과 기술에 근거하기 때문에, 과제 분석의 과정은 학생의 발달 단계를 고려하여 각 게임의 전술적 요구 사항 분석으로 시작된다.

㉡ 교사는 게임 형식, 기술 연습, 변형 게임, 원형 게임의 4가지 주요 과제 구조에 대해서 학생의 준비 상황을 정확하게 평가할 수 있어야 한다.

㉢ 학생이 게임 형식에 있는 동안 교사는 어떤 전술적 지식과 기술이 가장 필요한지를 평가해야 한다. 그런 후에 그 지식을 증진시키기 위한 계열성을 계획한다.

㉣ 무엇보다도 학생의 발달 단계에 맞도록 고려되어야 하며, 각 학습 과제의 복잡성과 신체적 요구 사항의 조정이 이루어져야 한다.

④ 체육 교육 내용

㉠ 교사는 전술 게임 모형을 활용하여 지도하는 게임에 대해 탁월한 전문성을 가져야 한다.

㉡ 교사는 전술적 요구 사항을 확인하고, 전술 문제를 형성하며, 발달상으로 적합한 게임 형식과 변형 게임을 설계할 수 있을 만큼 각 게임에 대해 잘 알고 있어야 한다.

㉢ 교사는 모든 경기자의 위치와 게임 흐름 중 발생할 수 있는 가장 전형적인 전술 상황을 알고 있어야 한다.

⑤ 평가

㉠ 전술적 지식은 인지적 영역 및 심동적 영역에서 나타나고, 그 지식은 게임이나 게임 유사 상황에서 제시될 필요가 있기 때문에, 전술 게임 모형에서 평가는 학생이 적극적으로 참여하는 동안 실제 평가 기법으로 수행된다.

㉡ 교사는 GPAI를 활용할 수 있거나, 교사 자신의 게임 평가 체크리스트를 설계해야 한다.

(2) 핵심적인 교수 기술

① 수업 계획

㉠ 단원 계획은 단원이 시작되기 전에 계획되어야 할 필요가 있다. 그러나 대부분의 계획은 교사가 학생의 초기 전술적 지식과 기능을 평가할 때 수립된다.

㉡ 교사의 계획은 전술적 지식과 기술을 판단하고자 활용하는 첫 번째 게임 형식에 앞서서 수립되어야 한다.

㉢ 전술 문제는 초기 게임 형식 후의 모든 학습 과제의 출발점이 된다.

② 시간 및 수업 운영

㉠ 학습 과제는 게임 상황을 모의 상황으로 설계해야 하기 때문에, 교사는 각 기능 연습, 게임 형식, 변형 게임의 상세한 계획을 수립할 필요가 있다. 훌륭한 계획은 학생의 참여율을 높이고 상황 게임 기술의 연습 기회를 학생에게 많이 제공할 수 있다.

㉡ 모든 학생이 수업에서 움직임의 손실을 유발할 가능성을 줄일 수 있도록, 능동적으로 참여하고 과제 사이의 이동이 효율적으로 이루어질 수 있는 학습 과제를 계획해야 한다.

③ 과제 제시 및 과제 구조

㉠ 전술 게임 모형의 과제 제시는 각 과제가 시작되기 전, 전술 문제를 해결하기 위한 연역적 질문 활용이 추가된다는 것만 제외하고 직접 교수의 과제 제시와 유사하다.

㉡ 과제 제시는 연습할 기술이나 상황의 전술적 중요성과 수립해야 하는 주요한 전술적 의사결정에 대한 설명을 포함한다.

㉢ 교사는 연역적 질문을 한 다음 '답변 시간의 제공' 기법을 활용해야 한다. 이는 해결 방안이 공개되기 전에 학생 스스로 자신의 해결 방안을 탐색할 수 있는 기회를 가져야 하기 때문이다.

④ 의사소통

㉠ 전술 게임 모형에서는 많은 상황 학습 과제가 제시되기 때문에 의사소통 기술이 중요시 된다.

㉡ 과제는 연습 상황과, 수립할 주요 전술적 의사결정에 대한 충분하고 명확한 설명을 요구한다.

⑤ 교수 정보

㉠ 대부분의 교수 정보는 학생이 연습하는 동안 언어적 상호작용 형태로 교사에 의해 제시된다. 이때 교사에게 요구되는 기술은 전술 문제에 대한 해답을 학생에게 '말하지 말고 질문해야 하는' 시기를 인식하는 것이다.

㉡ 학생이 상황 학습 과제를 연습할 때 교사는 높은 비율의 언어적인 안내와 피드백을 제공해야 한다.

⑥ 수업 정리와 종료

㉠ 수업에서 학생에게 제시된 전술 문제들이 수업 정리 단계의 초점이 된다. 교사는 이 문제들을 재진술하여 학생이 정확히 반응하는지 점검할 필요가 있다. 또한, 수업 정리는 다음 차시에 계획된 전술 문제와 학습 과제를 예습하는데 활용될 수 있다.

㉡ 수업이 끝날 때 곧바로 용·기구가 적절한 장소로 회수될 수 있도록 충분한 시간이 주어져야 하고 정리 정돈으로 수업을 마친다.

(3) 상황적 요구 조건

전술 게임 모형은 거의 모든 체육 교육 내용에서 활용될 수 있다. 이때 중요한 요구 조건은 학생이 기다리지 않고 모두 참여할 수 있도록 충분한 기구와 수업 공간이 확보되어 있어야 한다는 점이다.

(4) 모형의 선정과 변형

전술 게임 모형은 게임 상황에서 학생이 전술적 결정을 내리고 실행하는 방법을 지도하기 위해 설계되었다. 이 게임은 공식적인 형태의 스포츠 또는 전술적 지식을 요구하는 게임 형식이 될 수도 있다.

5. 지도 계획 시 주안점

(1) 항상 내용은 기술이 아닌 전술적 문제에 근거해야 함을 기억한다. 예를 들어, 농구 수업의 초점은 '슛하기'가 아니라 '슛을 하기 위한 열린 공간으로 이동하기'가 되어야 할 것이다.

(2) 게임 형식을 가능한 단순하게 할 뿐만 아니라 실제 게임과 유사하게 만든다. 즉, 완전한 형태의 게임에 가까운 요소들을 포함하고 있어야 한다.

(3) 학생들이 너무 오랫동안 한 게임에 참여하지 않도록 유의한다. 한 가지 이상의 전술적 문제들이 규명되고 나면 다른 게임으로 이동한다. 예를 들어, 3 : 3 배구를 15점제로 하지 않는다. 그 이유는 15점제로 하면 시간이 많이 소요되기 때문이다. 점수가 몇 번만 나도 전술적 문제들은 거의 구체화된다.

(4) 학생들에게 생소한 게임을 하게 될 경우 전술적 문제가 무엇이 될지를 예상하고 시간에 맞추어 학습 과제를 배치할 수 있어야 한다.

(5) 가능한 한 학생들로 하여금 그들 스스로 전술적 문제를 발견하도록 한다. 만약 학생들이 스스로 전술적 문제를 해결하고 게임의 어떤 측면에서의 개선을 요구하게 될 경우, 학생들은 보다 더 학습 과제에 충실할 수 있을 것이다.

(6) 유사 학습 과제들은 어느 정도 실제성을 가지고 있어야 하며, 전술적 문제에 초점을 맞추어야 함을 인식해야 한다. 예를 들어, 학생들로 하여금 단순히 소프트볼을 잡으라고 하면 안 된다. 그보다는 그 과제에 몇 가지 요소를 부과하여 게임 상황을 만들어야 한다.

(7) 학생들이 전술적 문제에 대해서 고안해 낸 몇 가지 예상 해답을 실습해 볼 수 있도록 시간을 부여해야 한다.

(8) 평가는 실제 경기 상황에서 이루어져야 한다. 이 모형에서는 평가를 위한 기능 검사를 실시하지 않는다.

8 개인적 · 사회적 책임감 지도 모형

통합, 전이, 권한 부여 및 교사와 학생 관계

1. 개요

(1) TPSR(Teaching for Personal and Social Responsibility) 모형의 중심 사상은 체육에서 가르쳐야 하는 내용의 대부분이 학생 스스로와 타인에 대한 책임을 어떻게 져야 하는지 그 방법을 연습하고 배우는 기회들을 제공해야 한다는 것이다. 즉, 책임감과 신체 활동(기능과 지식)이 별개의 학습 성과가 아니므로, TPSR 모형에서 동시에 추구되고 성취되어야 한다는 것이다.

(2) TPSR 모형에서는 신체 활동이 이루어지는 환경에서 개인의 책임감을 인식하고 수용하며 실천하는 것이 가장 중요하면서도 유일한 학습 결과이다.

(3) TPSR 모형은 일반적인 체육 프로그램 내용에서 적용될 수 있으며 다른 수업 모형들과도 혼용되어 활용될 수 있다.

(4) TPSR 모형 전략과 학습 활동은 개인적 · 사회적 발달이 주된 학습 목표일 때 이용된다.

(5) TPSR 모형은 학생이 부적절한 행동 양식과 서투른 의사결정을 보일 때만 사용되는 "결핍" 모형이 아니다.

(6) TPSR 모형의 전략은 모든 학생들이 연습하고 긍정적 행동을 배우며 바람직한 의사결정 습관을 발달시키도록 안전한 학습 환경을 제공할 수 있다.

개인적 · 사회적 책임감 지도 모형은 Hellison이 대도시 불우한 청소년들에게 신체 활동을 매개로 책임감을 가르치기 위해서 개발한 모형으로, TPSR(Teaching for Personal and Social Responsibility) 모형이라고도 한다. 개인적 · 사회적 책임감 지도 모형은 Hellison의 5단계 '책임감 발달 수준'을 바탕으로 학생 개개인을 위한 체육 프로그램을 구성하여 개인적 · 사회적으로 책임감 있는 행동을 촉진시키는 것을 목적으로 한다. 5단계 '책임감 발달 수준'은 학생들의 책임감 수준을 진단하고, 그에 따른 개인적 학습 프로그램을 구성하고, 구성된 프로그램을 실행해 나가는 데 준거로 작용한다. 개인적 · 사회적 책임감 지도 모형은 체육에서 가르치는 신체 활동의 대부분이 학생 자신과 타인에 대한 책임을 연습하고 배우는 기회들을 제공해야 한다고 본다. 따라서 TPSR 모형은 학생들에게 일련의 계열화된 체육 활동에 참여하게 하여 교사 및 동료 학생들과 다양한 상호작용을 하게 함으로써 개인적 · 사회적인 책임감을 함양시키고자 하며, 수업을 진행해 나가는 동안 교사와 학생들 간, 그리고 학생들 간에 목적의식을 가진 대화와 상호작용이 많이 발생한다.

2. 이론적 기초

(1) 이론적 배경 및 근거

① TPSR 모형은 명확한 교수 · 학습의 이론적 배경이 미약하다.

② TPSR 모형은 이론적 배경의 기초는 미약하지만, 체육 프로그램에서 그 필요성과 활용에 대한 탄탄한 근거를 가지고 있다.

㉠ 체육 프로그램 내용(스포츠, 체력)은 '안전한' 수업 환경과 자격을 갖춘 교육 전문가의 지도 아래서, 학생 스스로나 타인에 대한 책임을 지고 긍정적인 개인적 · 사회적 선택을 하는 방법들을 배울 수 있는 기회를 제공한다.

㉡ 안전한 수업 환경은 학생들이 학교 밖의 삶과 관련된 심각한 결과들과는 별개로 자신과 타인을 도울 수 있는 선택 사항을 배우고 실천하게 한다.

㉢ 학생들이 학교 체육 환경에서 긍정적인 선택을 하듯이 교사들은 학생들이 학교 밖의 환경에서도 동일하게 긍정적 선택을 할 수 있는 방법을 직접적으로 가르칠 수 있다.

③ TPSR 모형을 지지하는 다른 근거는, 학교 프로그램에서 가르치는 대부분의 활동들(특히 개인 및 팀 스포츠와 관련된 활동들)의 내재적인 특성에서 알 수 있다.

㉠ 스포츠에서의 성공과 실패는 대개 노력, 준비, 지지, 공유의 부분이 어떻게 조합되는지에 따라 달라진다.

㉡ 팀 스포츠는 팀 구성원들이 각 개인적 임무를 수행하고 팀 목표 달성을 위해 공동으로 일하며, 개인 스포츠 선수의 경우에도 주요 타자(코치, 트레이너, 후원을 해주는 사람들)에게 의존하게 된다. 선수는 단지 이 팀에서 가장 두드러진 팀원일 뿐이다. 결국 팀의 모든 구성원들은 팀의 성공에 필요한 자신의 역할을 인지하고 책임을 진다.

㉢ 체육 프로그램들은 학생 자신의 삶과 건강하고 안전한 생활환경의 조성에 영향을 미치는 의사결정 기술을 학습할 수 있는 지속적이고 의미 있는 기회를 제공할 수 있다.

㉣ TPSR 모형은 이와 같은 학습 기회를 최적화할 수 있는 수업 계획을 제공할 수 있다.

(2) 교수 · 학습에 관한 가정

① 교수에 관한 가정

㉠ 자신과 타인에 대한 책임감은 높은 수준의 교육적 의도를 가질 때 지도될 수 있다. 즉 교사는 운동 기능, 지식, 체력, 무용을 가르치는 다양한 방법들과 마찬가지로, 인식된 전략과 진전 과정을 통하여 이 결과들을 증진시킬 수 있다. 교사는 "학생이 어느 수준에 있는가?"에서 출발하여 합리적으로 계획된 계열에 따라 나아가게 된다.

㉡ 교사들이 책임감과 의사결정 학습을 체육 프로그램의 내용 학습과 별개로 취급해서는 안 된다. 즉, 또 다른 학습 결과로 취급하거나 개별적으로 추구하는 것은 바람직하지 않다.

㉢ 최상의 수업은 학생들이 신체 활동 환경에서 긍정적으로 개인적 · 사회적 의사 결정을 할 수 있도록 권장하고 그러한 결정을 수행하도록 도와주는 것이다.

② 학습에 관한 가정

㉠ 학습은 학습자 중심으로 이루어져야 한다. 활동 내용은 교육적으로 의미가 있어야 하며 긍정적인 의사결정을 연습할 수 있는 다양한 기회를 제공해야 한다.

㉡ 수업의 구조화는 책임감을 어느 정도 수준에서 지도할 수 있도록 계획할 수 있는 반면, 학습자들이 동일하게 향상할 것이라는 예상은 하지 말아야 한다. TPSR 모형에서는 교사에 의하여 적절히 조절만 된다면 성공과 실패도 학생들에게 다른 차원의 기회를 제공하는 것이다.

(3) **모형의 주제**: 통합, 전이, 권한 위임, 교사-학생의 관계

① 통합(integration)

㉠ 통합이란 교사가 신체 활동 내용의 학습과 개인적・사회적 책임감의 학습을 서로 분리하지 않는 것이다.

㉡ TPSR 모형에서 교사는 책임감의 학습 기회를 제공하는 내용에 학생을 참여시킴으로써 이러한 학습 결과들 간의 연계성을 도모할 수 있다.

② 전이(transfer)

㉠ 전이란 학생들이 체육관이라는 상대적으로 통제된 환경에서 책임감을 갖게 되다가, 학교 방과 후 및 지역 공동체와 같이 예측이 다소 힘든 환경에서 긍정적인 의사결정을 할 수 있게끔 교사가 학생들을 인도하는 것이다.

㉡ 즉, 학생들이 통제된 환경에서 책임 있게 행동하던 모습을 다소 예측하기 힘든 환경에서도 긍정적인 의사결정을 하는 모습으로 전이할 수 있도록 교사가 학생들을 인도하는 것을 의미한다.

③ 권한 위임(empowerment)

㉠ 권한 위임이란 학생이 삶에서 통제 가능한 많은 부분들을 광범위하게 자성적으로 인지하고 실천하도록 배우는 것이다.

㉡ 이 관념은 학생들이 자신이 삶의 조난자가 아니라 삶에서 생겨나는 많은 것들을 책임지는 주체적 입장이라는 것을 알도록 해준다.

④ 교사-학생의 관계(teacher-student relationship)

㉠ 교사-학생의 관계는 TPSR 모형에서 가장 기본적인 요소이면서 교사들이 배우고 적용하기 가장 어려운 부분이기도 하다.

㉡ TPSR 모형에서 이루어지는 상호작용의 대부분은 경험, 정직, 믿음 및 의사소통에 의해 형성되는 개인적 대인 관계에 기초한다.

㉢ 관계 진척이 되려면 시간도 걸리고 교사와 학생 모두 감정적으로 상처를 입을 수도 있지만, 교사와 학생의 관계가 일단 구축되고 나면 TPSR 모형의 상호학습 과정을 통하여 동등한 파트너 입장으로 옮겨가는 쌍방의 문이 열리게 된다.

(4) 학습 영역의 우선 순위와 영역 간 상호작용

① 학습 영역의 우선 순위

㉠ TPSR 모형은 총체적인 수업 접근을 도모한다.

㉡ 정의적 학습을 운동 수행 및 인지적 지식과 함께 일괄적으로 통합함으로써 3가지 주된 학습 영역의 결과를 향상시키려고 한다. 정의적 부분이 다른 영역보다 우위에 있는 것은 아니다.

㉢ 영역의 우선순위는 현재의 학습 활동을 어디에 중점을 두느냐에 따라 결정되며, 수업과 단원에서 여러 번 바뀔 수 있다.

㉣ 초기의 학습 영역의 우선순위는 인지적 또는 심동적 영역에서 교사가 언급한 학습 목표에 의하여 결정된다. 그러나 계획된 학습 과제에서 이루어지는 학습 참여는 개인적 · 사회적 기술들을 발달시킬 기회를 갖게 하고, 이 목표가 우선순위가 되는 것이다. 즉, 학생들은 여전히 처음과 동일한 기술 연습에 참여하지만, 다른 사람들의 안전을 고려하고, 착하게 행동하며, 타인을 돕는 것과 같은 목표가 강조되게 된다.

② 학습 영역 간 상호작용

㉠ TPSR 모형에서는 3가지 영역이 역동적이고 종종 예측 불가능한 방식으로 상호작용한다.

㉡ 왜냐하면 영역의 우선 순위가 언제든지 전환될 수 있으며 영역 간 상호작용도 그럴 수 있기 때문이다.

(5) 개인적, 사회적 책임감 수준

① TPSR 모형에서 교사는 항상 내용이 인지적 · 정의적 영역의 결과에 의해 규정되는 것이 아님을 명심해야 한다. 즉, 내용은 신체 활동 환경에서 개인적 · 사회적 책임감의 수준이 높아지는 모습이 나타나는 학생 학습에 의하여 결정된다.

② TPSR 모형에서 "보다 나아진다는 것"은 보다 나은 긍정적인 의사결정을 하고, 개별 학생들과 주변 사람들에게 긍정적인 영향을 미치는 행동을 하는 것이다.

③ 학생의 속성이 현재 발달된 수준과 시간이 지남에 따라 향상되는 것은 모두 TPSR 모형의 5가지 수준에 토대하고 있다.

④ 교사들은 항상 학생들의 현재 수준보다 한 단계 높은 수준의 목표를 설정해야 함을 알아야 한다. 그래서 수준 3에서 의사결정하고 행동하는 학생들은 이미 수준 2의 의사결정과 행동들을 보여주고 있다.

학생의 준비도를 가리키는 책임감 수준

수준	특징	의사결정과 행동의 사례
5	일상생활로의 전이	• 일상의 삶에서 적용하기 • 타인(특히, 어린이)에게 좋은 롤모델되기
4	돌봄과 리더십	• 돌봄과 연민 • 민감성과 수용성 • 내면의 힘
3	자기 방향 설정	• 과제의 독립적 수행 • 목표 설정의 진화 • 동료 집단의 압력에 저항할 수 있는 용기
2	참여와 노력	• 자기 동기 부여 • 새로운 과제에 대한 탐색 노력 • 어려움을 극복할 수 있는 용기
1	타인의 권리와 감정 존중	• 자기 통제 • 평화로운 갈등 해결 시도 • 협동적인 동료를 포용하고 함께 하기

(6) 학생의 발달 요구 사항

대부분의 수업 모형에서는 모형의 설계에 맞게 학생들이 참여하고 학습을 준비하고 수용하는 것이 일반적인 현상이다. 그런데, TPSR 모형에서는 학생의 학습 준비와 수용 자세가 고정된 일련의 속성이 아니라 기본적으로 설계가 가능한 부분이기 때문에, 이 모형은 의도적으로 학생 학습의 준비와 수용 자세를 바꾸려는 노력을 시도한다.

① 학습 준비도

㉠ 단원 내용을 학습하려는 학생의 신체적 · 인지적 준비와 신체 활동 내용뿐 아니라 개인적 · 사회적 책임감도 배울 준비가 되어 있어야 한다.

㉡ 교사는 각 학생의 현재 책임감 수준을 나타내는 범주에 근거하여 준비와 수용을 결정할 것이다. 일단 교사가 각 학생의 현재 수준 또는 한 학급의 모든 학생에 나타나는 우위 수준을 파악하면, 그 수준에 맞는 개인적 · 사회적 책임감을 발달시키는 수업 내용과 전략을 선택하게 된다. 즉 학습 준비는 이 모형에서 교사를 위한 출발점으로 이용되며, 모든 수업의 의사결정도 학습 준비로부터 시작된다.

② 학습 선호도

㉠ 학생의 수용도 TPSR 모형에서는 역동적이다. 교사는 각 학생이 회피적/참여적, 경쟁적/협력적, 의존적/독립적인 정도를 판단할 것이며, 학생들이 참여적, 협력적, 독립적인 방향으로 옮겨갈 수 있도록 내용과 특정 전략을 결정하는 출발점으로 삼을 것이다.

㉡ TPSR 모형은 8가지 모형 중에서 학생의 준비와 수용을 다양한 방식으로 변화하려고 유일하게 시도하고 있는 모형이다. 이 모형의 주된 목적은 학생이 내용과 책임감을 학습하고, 모형에서 일어나는 과정에 몰입하려는 의도를 높이려고 교사가 준비 정도를 조정하려는 것이다.

(7) 모형의 타당성

① 연구 타당성

TPSR 모형에 대한 광범위한 연구는 거의 없지만, 모형을 통하여 개인적 · 사회적 기술과 책임감을 가르치는 것이 효과적이라고 보는 유용한 결과들이 나오고 있다. 이 결과들은 원래의 환경(학교 체육이나 여타 프로그램)에서 발생하여 보다 커다란 공동체의 환경으로 전이될 수 있다.

② 실천적 지식의 타당성

Hellison 등은 체육 프로그램에서 개인적 · 사회적 책임감을 가르치려고 노력하면서, '실행되는 것'에 따라 다양한 방식으로 모형을 발전시켜 왔으며, 교사들은 광범위한 맥락들 속에서 이 모형의 성공 근거들을 많이 제공하고 있다.

③ 직관적 타당성

TPSR 모형의 토대는 직관적으로 그것을 타당화하는 근거로 활용될 수 있다. 즉, 만약 체육교사가 학생의 개인적 · 사회적 책임감의 긍정적 유형을 발달시키려고 하면, 그러한 결과들은 다른 필수 내용처럼 직접적으로 고려되고 학습되어야 한다.

3. 교수 · 학습의 특징

(1) 수업 주도성(수업 통제)

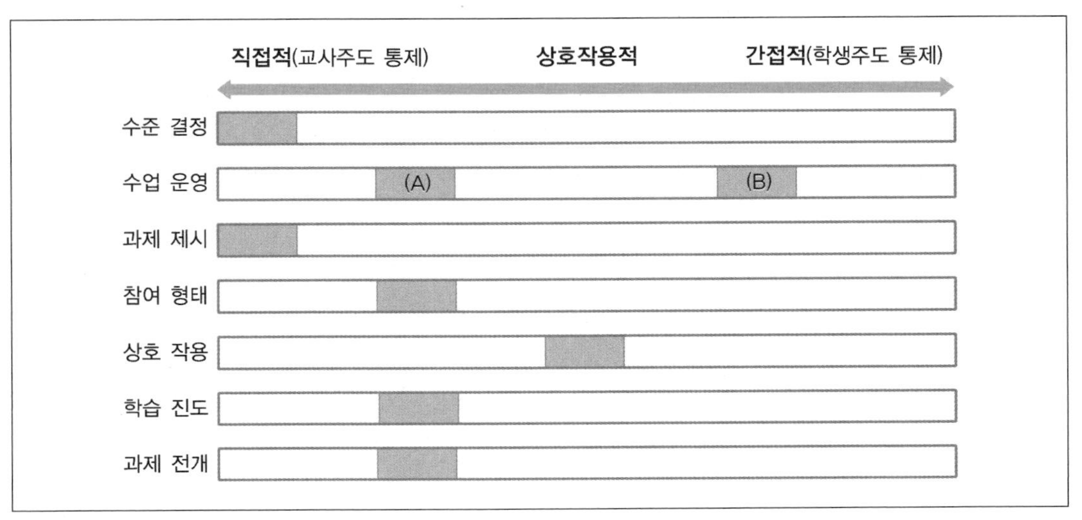

① 내용 선정

㉠ 교사는 학생들의 현재 수준을 파악한 후, 각 수업에서 강조할 '수준'을 결정한 다음, 적절한 학습활동을 계획한다.

㉡ 이 '수준'은 다른 수업 모형처럼 전형적인 인지적 및 심동적 내용이 아니며, 개인적, 사회적 책임감에 기초한 것임을 기억해야 한다.

② 수업 운영

㉠ 학생들이 낮은 수준의 책임감을 가지고 있을 때 교사는 수업 관리와 관련된 의사결정과 행동들에 대한 직접적인 통제를 하게 된다(A).

㉡ 학생이 높은 수준의 책임감을 나타내면, 교사는 학생들에게 수업 관리 운영을 넘어선 투입과 통제를 위임한다(B).

③ 과제 제시

㉠ TPSR 모형에서 개인적 · 사회적 책임감을 언급하는 과제 제시는 전형적으로 교사의 관찰과 학생의 현재 수준 평가에서 출발한다.

㉡ 이를테면, 교사는 많은 학생들이 배구 경기에서 심판과 논쟁을 벌이는 것을 관찰한 후, 수업하는 학생들이 모두 주목할 수 있도록 경기를 중단시킬 수 있다. 그 교사는 그러한 행동이 수준 2(참여와 노력)의 직설적 표현이라고 언급하면서 지금쯤이면 학생들이 다음 수준(자기 방향 설정)에 있어야 하지 않느냐고 이야기한다. 결국 그 교사는 현행 수준에 맞는 과제 제시로 학생들에게 계획을 설명하며 경기의 다음 15분 동안을 목표-설정 계획으로 이용하기로 결정한다.

④ 참여 형태

㉠ TPSR 모형은 다양한 참여 유형을 이용하지만, 교사는 학생이 어떻게, 언제 참여하게 될지 결정한다.

㉡ 교사는 개인적 · 사회적 책임감을 증진시키기 위한 적절한 전략은 물론이고, 학생의 현행 수준도 알기 때문에 참여 유형을 결정하여 학생에게 알려준다.

㉢ 교사는 학생에게 통제권을 위임하며, 학생들은 높은 수준의 책임감을 갖고 의사결정을 내린 후 실행할 수 있는 능력을 보여준다.

⑤ 상호 작용

㉠ TPSR 모형의 특징 중 하나는 바로 교사가 학생들과 항상 상호작용한다는 점에 있다. 즉 이 모형의 가장 중요한 주제 중 하나가 교사와 학생의 관계이다.

㉡ 교사와 학생의 관계는 교사와 학생 사이의 언어적 및 비언어적 상호작용의 일상적 형태에서 형성된다.

㉢ 학생 안전이 즉각적으로 위협당하는 경우에만 교사가 직접적으로 학생들에게 일부 행동을 수정하도록 하거나 혹은 중단하도록 지시한다.

㉣ 모든 다른 상황에서 교사는 무엇을 위한 행동인지 학생이 알 수 있도록 하고 그 결과를 이해하도록 하며 새로운 행동 양식들을 협의하도록 허용하는 방식으로 학생과 상호작용한다.

㉤ 교사의 역할은 여러 측면에서 상담자와 유사하다. 교사는 학생이 무엇을 하며 자신의 삶과 주위 사람들에게 어떠한 영향을 미치는지 스스로 이해하도록 도와주고 새로운 행동 양식들을 시작할 수 있도록 격려한다.

⑥ 학습 진도

㉠ 교사는 학생이 다음 수준으로 언제 옮겨갈지 그 시기를 결정한다.

㉡ 학생이 현재의 수준에서 의사결정 및 행동 측면에서 일관성 있는 패턴을 보이면, 교사는 개인적 · 사회적 발달에 조금 더 향상될 수 있도록 다음 수준에 해당하는 전략을 활용하기 시작한다.

⑦ 과제 전개

㉠ TPSR 모형에서 학습 과제는 각 수준에 맞게 계획된다. 한 수준에 있는 모든 과제들은 개인적 · 사회적 발달에 대한 복잡성과 책임감도 동일한 수준으로 가진다.

㉡ 교사는 그 방식에 따라 정의적 발달에서의 향상을 추구하는 동시에 각 수준의 수많은 과업들을 계획한다.

㉢ 한 과제에서 다음 과제로 전환하는 결정은 학생이 각 과제에 얼마나 잘 대응하고 언제 예상대로 과제를 잘 성취할 것인지 교사가 생각하는 바에 달려있다.

개인적 · 사회적 책임감 지도 모형의 포괄성
• TPSR 모형은 모든 학생들이 어느 수준이든 배치되어 현재의 개인적 · 사회적 발달에 따라 학습하기 때문에 포괄적이라고 볼 수 있다. • 학생들이 궁극적으로 달성하기를 희망하는 책임감 수준을 스스로 결정하고 그 수준에 도달하기 위해 책임감을 떠맡게 될 때 TPSR 모형의 포괄성은 더욱 촉진된다.

(2) 학습 과제

TPSR 모형에서의 내용은 다른 수업 모형에서의 내용과 다르기 때문에, TPSR 모형에서의 내용은 매우 독특한 특성이 나타난다. Hellison은 그것을 학습 과제라고 부르기보다 전략이라고 하며, 교사가 학생들에게 다섯 가지의 각 수준 안에서 의사결정과 행동하는 것을 배울 기회를 제공하고 있다.

① LEVEL 1 전략: 자기 통제(타인의 권리와 감정 존중)

전략	목적	과제 제시
포괄	모든 사람이 참여하고 그 과정에서 굴욕감을 받지 않을 권리가 있다는 것을 학생들이 이해하도록 하기	팀 선발의 안내 지침 설정 1. 팀은 모두에 의해 공정하게 합의될 것 2. 팀 구성원이 선택됨에 따라, 모두 다음 선택에 대한 결정권 있음("팀장 단독" 결정 아님) 3. 팀은 남학생과 여학생을 번갈아 선택할 것 4. 팀의 선택을 조롱하지 말 것 5. 모든 사람은 경기 동안 각 포지션에서 경기할 것

아코디언 법칙	학생들이 안내 지침을 따르면 선호하는 활동을 할 수 있다는 것을 이해시킴. 그렇지 않은 경우 선호 활동은 중단됨. 따라서 선호 활동은 5분간 지속할 수도 있고, 혹은 수업 내내 지속될 수도 있음	다음 상황이 발생할 때까지 활동은 지속됨 1. 3가지 중대 반칙 발생 시 2. 6가지 경미 반칙 발생 시 3. 학생 안전이 위협받는 경우
불참 과정	개별 학생별로 이뤄지는 것으로, 참여 여부에 대한 결정을 스스로 내리도록 함. 규칙은 사전에 수립되며 학생들이 결과를 예상할 수 있음. 부정 행동을 하게 되면, 결과는 교사에 의하여 통제될 것	1반칙 : 교사로부터 신호를 받는 경우(경고) 2반칙 : "통제 불가 혹은 현재 불참" 3반칙 : 학생은 지정된 시간 이후에만 불참 및 복귀 4반칙 : 교사와 학생이 교정 계획을 협의할 때까지 불참 5반칙 : 학교 관리나 가정에 위탁
할머니 법칙	현재는 관심이 저조한 활동에 참여하도록 하다가 나중에 관심 많은 활동들을 할 수 있도록 함	교사 : "나는 여러분이 에어로빅을 좋아하지 않는다는 것을 알아요. 그렇지만 만약 여러분이 불평 없이 15분간 에어로빅을 하면, 남은 시간에는 농구를 할 수 있어요."
실수 없는 연속 5일	수준 1의 의사결정과 행동에서의 일관성 촉진. 현재의 수준에서 0 수준으로 '퇴보'하는 것을 방지하기 위함	학생에게 수준 1에서 긍정적 의사결정과 행동 목록을 제공. 이것은 그들의 개인적 계획임. 만약 학생이 연속 5일간 반칙 없이 계획을 잘 따라주면 수준 2로 진전 가능

② LEVEL 2 전략 : 참여

전략	목적	과제 제시
과제 수정	학생들이 기능 및 체력 과제에 대해 상이한 난이도 수준을 이해하도록 함	기본 과제와 적절한 난이도 수준으로 시작하기(예 10m 떨어진 곳에서 축구 패스 수행 과제). 일단 학생들이 10분간 수행하고 나면, 다른 10분간 과제는 보다 쉽거나 어렵게 변형될 것. 매번 기본 과제가 바뀔 때마다 학생들 반응과 참여 수준에 주목
자기 진도에 맞는 도전	기능 또는 체력 과제에서 학생 능력을 이해하도록 함	학생에게 일련의 학습 과제(예 배구 서브, 범핑, 셋팅)를 주고, 각 과제를 성공적인 수행에 맞추어 10회 시도하도록 함. 그때부터 학생들은 배구에서 자신의 최적 포지션이 어디인지 이해하기 시작함
열심히 하는 정도	학생들 자신의 노력과 참여에 대한 등급을 매기도록 하기	학생들에게 학습 과제를 주며 10분간 연습하도록 함. 10분이 끝날 무렵에 각 학생들에게 참여 수준의 등급을 매기도록 함. 1은 참여/노력이 전혀 없음, 10은 참여/노력이 최고 수준. 다음 활동은 이전 활동에 따른 학생 수준에 따라 팀을 구성

권유를 통한 교수법	권한 위임하여 학생 스스로 선택	패스 기능에 대한 5가지 수준별 스테이션을 설치. 학생들이 성공에 맞는 도전 수준을 결정하게 한 후, 그들이 스스로 수준을 결정하는 방법을 논의하게 함

③ LEVEL 3 전략: 자기 책임(자기 방향 설정)

전략	목적	과제 제시
과제 수행의 독립성	교사의 직접적 감독 없는 수행으로 개별적 의사결정과 행동을 촉진	1. 테니스 서브 학습에 대하여 일련의 과제 카드를 읽고 따라함 2. 교사의 지시가 없어도 학생들이 본시 학습 전에 스트레칭 완수 3. 각 학생들은 자신의 심장 활동이 15분간 목표 심박수를 유지하도록 함
목표 설정 계획	개인 목표 충족을 위하여 독립성을 충분히 상회할 것	1. 정해진 무게 감량을 위해 학생 스스로의 계획을 설계하고 수행함. 원하는 무게 감량은 학생에게 달려 있음 2. 학생들은 연속적으로 "반칙 없는 날"의 수를 설정하고 도달. 횟수는 학생에게 달려 있음
상담 시간	학생의 의사결정, 행동, 목표 사이의 관계를 이해하도록 함	1. 교사는 학생이 비합리적인 목표를 설정하는 것을 인지하고, 현실적인 목표 설정과 도달 과정을 명확히 하도록 학생들과 대화 2. 때때로 한 학생이 목표를 충족시키는데 실패한 다른 학생들을 잘못하여 비난함. 교사가 이를 인지하면, 실패 원인에 대한 학생 자신의 결정과 행동을 짚어주기 위해 학생들과 대화하고, 향후 통제력을 좀 더 갖도록 도움

④ LEVEL 4 전략: 배려

전략	목적	과제 제시
동료 교수	학생들이 타인에 대한 감수성을 발달시키고 책임감을 수용할 수 있는 기회 제공	1. 교사는 학생의 짝을 결정하거나 모둠을 결정. 이 중 한 학생은 리더로 선정 2. 교사는 리더들에게 과제를 설명하고, 리더 학생은 자기의 해당 모둠에서 지도하도록 함 3. 교사는 훌륭한 리더의 자질에 대하여 리더와 토의함 4. 교사는 리더에게 모둠원들과 함께 수행하도록 지시함 5. 교사는 모범적인 훌륭한 리더십의 사례를 찾아 끝날 때쯤 이를 강조함

집단 목표 설정	집단의 목표를 달성하기 위해 독립	1. 교사는 4~6명의 모둠을 형성하되 가능한 이질적 모둠으로 형성 2. 교사는 현행 체력 단원 목표를 모든 모둠에게 설명함. 모둠은 그 목표에 도달할 때까지 2주의 기간을 제공받음 3. 각 모둠은 논의 과정을 통하여 적절한 목표를 설정 4. 교사는 각 모둠에 도전적이면서도 현실적인 목표를 설정하도록 돕기 위해 자문을 함

⑤ LEVEL 5 전략: 전이

전략	목적	과제 제시
지역 사회의 자원 봉사자	교사의 직접적인 감독이 없는 환경에서 발달시킬 수 있는 기회 제공	1. 교사는 파트 타임제의 자원봉사 코치들을 찾는 몇몇 공동체 조직을 확인 2. 학생들에게 한 단체를 선택하여 방과 후 1주 1일 2시간씩 자원봉사 하게 함 3. 교사는 봉사 시간에 대하여 체육 이수 증명을 제공
학급 리더	학생들에게 다른 학생들이 다음 수준에 도달할 수 있게 돕도록 허용	교사는 수준 5인 학생이 수준 2의 학생으로 구성된 모둠에게 학습 동기 유발 발언을 하도록 요구

(3) 학습 참여 형태

① TPSR의 모든 학습 전략들이 신체 활동 내용에 토대를 두고 있고, 기초 요구사항에 근거하여 활용되고 있다. 그래서 교사는 기술 발달, 게임, 운동 등을 포함하는 수업을 계획하면서 상황이 요구하는 대로 TPSR 전략들 중 하나를 사용한다. 그러므로 TPSR 모형에서 참여 형태는 각 상황에 따라 매우 독특하다. 예를 들면, 어떤 경우에 교사는 인지 토크를 한 학생에게만 할 수 있으며, 다른 경우에는 전체 학생을 대상으로 할 수 있다.

② 모든 TPSR 모형에서 공통적인 참여의 특징은 교사와 1인 이상의 학생 간 또는 두 사람 이상의 학생 간의 대화에 있다. 대화를 통해 모든 참여자가 의사결정 과정에서 듣고 질문하며 공유할 수 있다.

(4) 교사와 학생의 역할 및 책임감

운영 또는 책임감	TPSR에서 책임 있는 개인/사람
수업 시작	교사가 수업을 시작하고 학생들이 어느 수준에서 학습을 할 것인지 결정하여 수업의 개요를 설명한다.
과제 제시	교사는 수업 활동 내용에 대한 과제를 제시한다.
개인적·사회적 발달과 관련된 문제점 확인	교사는 활동 내용에 참여하는 학생들을 관찰하며 TPSR 전략이 요구되는 행동들을 확인한다.

TPSR 학습 활동 선택	교사는 확인된 문제점에 근거하여 어떠한 TPSR 학습 활동이 상황에 적합한지 결정한다. 교사는 관련 학생들에게 왜 TPSR 활동이 당장 필요한지 알려준다.
TPSR 활동의 매개 변수 설정	교사와 관련 학생들은 참여 기간, 참여 목적, 참여 성과를 결정하기 위해 TPSR 활동에 대해 논의한다.
문제 해결	학생들은 많은 노력, 열린 대화, 타인 존중의 자세로 TPSR 활동에 참여할 책임이 있다.
학습 결과 평가	교사는 학생들에게 문제 해결을 위해 그들에게 요구되는 것을 명확히 설명하며, 해결을 위한 수행 노력을 평가해야 한다.

(5) 교수 · 학습 과정의 검증

① 교사 기준

기준	검증 방법
교사는 신체 활동 내용의 일상적 수업을 계획한다.	교사는 수업 계획서를 점검한다.
교사는 각 학생의 책임감 수준을 알고 있다.	교사는 현재의 수준을 포함한 모든 수준에서의 각 학생의 향상 과정 기록을 갖고 있다.
교사는 필요한 TPSR 학습 활동을 규명한다.	교사는 신체 활동 내용에서 학생들을 관찰하며 TPSR 학습 활동 중 하나를 활용할 필요 행동에 주목한다.
교사는 TPSR 활동에 대한 필요성을 설명한다.	교사의 설명을 관찰한다.
교사는 TPSR 활동에 대한 기대를 명확히 설정한다.	교사는 자주 이해 여부를 확인한다.
학생들에게 의사결정 과정과 목표 설정 과정에 참여하도록 한다.	1. 교사가 학생들과 상호작용 하는 것을 관찰한다. 2. 학생들에게 의사결정과 목표 설정 과정의 참여 기회를 제공 받았다고 느끼는지 질문한다.
개인적 · 사회적 책임감에 대한 학생의 발전 과정을 토의하기 위해 학습 정리 및 종료를 실시한다.	1. 교사의 수업 계획을 점검한다. 2. 학습 정리와 종료 부분에서 교사가 학생과 상호작용하는 것을 관찰하고 기록한다.

② 학생 기준

기준	검증 방법
학생들은 자신의 수준을 알고 있다.	1. 학생들이 자기 수준을 이야기하도록 한다. 2. 학생들이 자신의 수준에서 제시할 수 있는 행동과 의사결정의 사례를 제공하도록 한다.
TPSR 학습 활동이 필요한 이유를 이해한다.	교사 설명이 이루어질 때 학생들을 관찰하여, 교사가 관찰한 내용과 일치하는지를 확인한다.

TPSR 활동을 성실하게 노력하면서 참여한다.	학생이 TPSR 활동에 참여하는 동안 관찰하고 노력을 기울이는 사건을 주시한다.
학생들은 퇴보하지 않는다.	수준에 부합하는 학생 행동을 관찰하고 현재 수준보다 낮은 수준의 행동을 보이는 학생 행동에 주목한다(간혹 퇴보가 있을 수 있으나 자주 일어나지 않음).

(6) 학습 평가

TPSR 모형의 평가는 5가지 수준의 책임감에 기초한다. 학생들은 각 수준(특히 현재의 자기 수준)에서 어떠한 행동들이 나타나는지 알아야 하고, 자기 수준의 행동들을 일관성 있게 제시할 수 있어야 한다. 현행 수준에서 일관성을 보일 때 점차 다음 수준의 의사결정과 행동을 보여줄 기회가 주어질 수 있다. 이 모형에서 학생들이 책임감 수준 자체에 대해서만 아는 것으로 충분하지 않고 학생들은 적절한 의사결정과 행동을 통하여 책임감 수준의 향상도를 나타내야 한다. TPSR 모형에서 평가의 많은 부분은 학생 자신의 학습 활동 내에서 이루어지므로 실제 평가가 되어야 한다.

① 책임감 수준에 따르는 지식의 평가

㉠ 교사는 학생에게 각 수준의 의사결정 사항이나 행동이 각 수준에 해당하는 문구와 잘 맞는지 묻는 간단한 지필 검사를 할 수 있다.

㉡ 교사는 학생들에게 특정 수준의 의사결정과 행동의 사례를 범주화하게 함으로써, 학생 이해에 대한 점검을 통하여 지식을 평가할 수 있다.

② 학생의 의사결정과 행동의 평가

㉠ 5가지 책임감 수준들은 TPSR 모형에서 학생의 의사결정과 행동을 평가하기 위한 루브릭을 설계하는데 활용될 수 있다.

㉡ 학생들이 어떻게 활동하고 이 활동이 각 수준의 특성에 따라 일치 또는 불일치하는 사례들을 찾아냄으로써, 학생들의 현재 수준을 규정짓는 적절한 의사결정과 행동 능력을 평가할 수 있다. 이 평가들은 교사, 학급 반 동료 및 자기 평가에 의해 이루어질 수 있다.

㉢ 예를 들어, 자기 방향 설정의 수준 3단계에 있는 학생들은 수업에서 다음과 같은 의사결정과 행동들을 제시해야 한다.

ⓐ 과제의 독립적 수행

ⓑ 목표 설정의 진화

ⓒ 동료 집단의 압력에 저항할 수 있는 용기

㉣ 만약 수준 3에 해당하는 지침이 준수된다면, 특정 사례들을 '반성하고 상기시키기' 위하여 교사는 수업 종료 즈음 몇 분을 할애할 수 있다.

ⓐ 나는 교사의 도움 없이 일상적 스트레칭을 마쳤다.

ⓑ 스트레칭이 끝나고 나서, 즉시 나의 연습 과제를 실행하기 시작했다.

ⓒ 수업 종료 전에 다섯 개의 훌륭한 서브를 연속적으로 해내리라 결심하였다.

ⓓ A는 내가 연습을 멈추고 B에게 농담을 하도록 시켰지만, 나는 A에게 안 된다고 말하고 계속 연습에 임하였다.

㉤ 체크리스트를 활용하여 학생이 학급에서 수준에 맞는 의사결정 또는 행동을 하는지 알 수 있다. 예를 들어, 수준 1에 있는 한 학생이 수업 동안 동료 학생에게 목록에 나온 행동들이 관찰되는지 기록해 줄 것을 부탁할 수 있다.

이름 :	수준 :	날짜 :

• 나는 다른 사람을 방해하지 않고 참여하였다.
예_______ 아니오_______

• 나는 다름 사람들과 안전하게 참여하였다.
예_______ 아니오_______

• 나는 경기가 순조롭게 진행되지 않을 때 자기통제력을 이용하였다.
예_______ 아니오_______

• 나는 다른 사람들과 의견이 다를 때 합리적이고 온화한 방법으로 갈등을 해결하였다.
예_______ 아니오_______

관찰자 : (   )

학생이 수업 중 수준에 맞는 의사결정과 행동을 하는지에 대한 평가 목록

㉥ 또 다른 효과적인 전략으로 행동 계약이 있다. 교사와 학생에 의하여 협의된 계약에서, 학생에게(가지 수준 내에서) 기대하는 것과 어떤 결과들이 성공인지 아니면 실패인지를 매우 명확하게 진술하고 있다. 이것은 교사와 학생에 의해 단순히 구두상이 아닌, 서명을 받아 하는 실제 계약이다.

날짜 : ________________

나 __________(학생 이름)는 수준 2에서 __________(날짜)부터 __________(날짜)까지 연속적으로 반칙 없는 날들을 닷새 이상 보낼 것이라는 것에 동의한다. 만약 그러한 날이 연속적으로 일어나면, __________(교사 이름)은 그 다음 주 동안 자기 선택 활동을 하도록 허용해 줄 것이다. 반칙 없는 날들은 __________(교사 이름)에 의하여 수준 2의 안내 지침에 따라 평가받을 것이다.

서명 : __________(학생)

__________(교사)

수준 2의 행동 계약

ⓢ TPSR 모형에서는 교사들이 평가할 때 학생과 협의하는 것이 바람직하다. 그 과정에 참여함으로써 학생들은 체육에서 그들에게 직접적인 영향을 미치게 될 의사결정을 할 수 있다. 학생들은 TPSR 모형의 가장 핵심이라고 할 수 있는, 즉 책임감이 따르는 실제적인 의사결정을 내리는 방법도 배울 수 있다.

4. 교사 전문성 및 상황적 요구 조건

(1) 교사 전문성

① 신체 활동 내용

㉠ TPSR 모형을 활용하는 교사는 다양한 방식으로 신체 활동 내용에 대해서 알아야 한다. 즉, 어떻게 잠재적인 내용 영역이 책임감의 5가지 수준에서 적합하게 활용될 수 있는지 알 필요가 있다.

㉡ 학생들의 책임감 발달을 위하여 각 수준에 맞는 기회를 제공할 수 있는 내용은 무엇인지 알 필요가 있다.

② 학생 발달

㉠ TPSR 모형에서 우수한 교사는 아동과 청소년 발달, 특히 정서적 성숙과 사회적 기술에 대한 많은 지식을 갖고 있다.

㉡ 학생들이 단순히 어떤 수준에서 의사결정과 행동을 통제할 만큼 성숙되지 않았다면, 교사는 학생들이 그 수준에 억지로 도달하지 않도록 해야 한다.

③ 환경 요인

㉠ 개인적 · 사회적 책임감과 관련하여 드러내는 학생들의 많은 행동과 태도들은 학교에서 학습된 것이 아니라, 가정이나 지역 사회에서 학습된 것이 학교 환경으로 전이되는 것이다.

㉡ TPSR 모형에서 교사는 학생들의 문제를 총체적으로 검토하기 위하여 학생 행동에 영향을 미칠 수 있는 요인에 대한 확고한 이해가 필요하다.

④ 의사 소통

㉠ TPSR 모형 수행의 핵심은 교사와 학생들 간의 대화이다.

㉡ 교사는 명확하고, 직접적이며, 솔직하고 일관성 있게 의사소통해야 한다.

⑤ 학생에게 권한 위임

㉠ TPSR에서 중요한 학습 결과 중 하나는 학생에게 신체 활동 환경에서 자신들의 의사를 결정하고 수행하도록 권한을 부여하는 것이다. 이는 교사가 학생들이 그러한 결정을 하도록 돕고 학생들이 긍정적 · 부정적 결과들을 모두 경험하도록 허용한다는 것을 의미한다.

㉡ TPSR 모형에서 교사는 학생들에게 자신들의 많은 의사결정을 할 만한 허용범위를 제공할 뿐 아니라, 그들이 도출한 학습 결과의 선택권을 반영할 기회도 같이 제공하도록 준비해야 한다.

(2) 핵심적인 교수 기술

TPSR 모형에서는 교사에게 2가지 교수 기술을 요구한다. 첫 번째 교수 기술은 체육 수업에서 교사가 학생들에게 가르쳐야 하는 기술과 지식에 관련된 신체 활동의 내용과 관련된다. 두 번째 교수 기술은 TPSR 모형에서 학생들의 개인적 · 사회적 책임감을 발달시킬 때 요구된다. 이 기술들은 수업에서 책임감 발달을 증진할 기회가 있을 때 기초 요구 사항으로 활용될 것이다.

① 상담하기

㉠ TPSR 교사는 관찰 대상 학생의 행동과 사회적으로 적합한 행동 사이의 차이를 이해할 수 있는 '상담자'와 같아서, 그 부분의 문제점을 학생들이 인지하고 의사결정을 향상시키도록 도와준다. 이 과정은 단계가 있다.

ⓐ 학생들의 행동과 그 행동의 부정적인 결과에 대해 인지하기
ⓑ 학생들이 현존하는 문제점을 인정하기
ⓒ TPSR 모형의 수준들 중 하나에 그 행동을 배치하기
ⓓ 향상을 위한 목표 설정하기
ⓔ 향상을 위한 협의 계획 조정하기
ⓕ 향상을 위한 학생의 노력 지원하기
ⓖ 퇴보를 방지하기 위한 정기적인 반성과 상호작용을 촉진하기

㉡ 단계들은 계열성을 갖고 있더라도 학생의 학습 진도는 이 계열성을 따라가지는 못할 것이다. TPSR 교사는 "언제 앞으로 나아갈지", "어느 시기에 앞의 단계로 되돌아가야 할지"를 알도록 할 필요가 있다.

② 경청과 질문

㉠ 상담 과정에서 중요한 부분은 듣는 것, 즉 학생들에게 의사결정과 행동을 설명할 기회를 제공하고 그들의 관점을 듣는 것이다.

㉡ TPSR 교사는 자신의 관점을 명확히 이야기할 수 있도록 고도의 숙련된 질문을 할 수 있어야 한다. 특히 정서에 관해서 모든 학생들이 스스로 명확하게 표현하는 것은 아니므로, 학생이 어렵게 느끼는 것을 할 수 있도록 시작점(entry point)을 제공해야 한다.

③ 진실성 보여주기

㉠ TPSR 모형에서 교사는 학생들의 신뢰를 얻는 방식으로 학생과의 상호작용에서 진실성을 보여주어야 한다.

㉡ 학생들에게 진실함을 보여주고 진실로 신뢰를 얻는 또 다른 방법은 단순히 말하는 것이 아니라 실천하는 것이다.

④ 농담과 유머 감각의 활용

㉠ 개인적 특성은 TPSR 모형에서 기술적으로 적용될 필요가 있다. 교사와 학생들은 다양한 TPSR 전략에서 높은 수준의 위험을 감수한다.

㉡ TPSR 교사는 학생을 덜 위협하는 교수 과정을 진행하는 방법과 TPSR 전략을 쾌활하고 가끔은 익살스럽게 활용하는 방법을 알고 있다.

⑤ 반성

㉠ TPSR 모형에서 교사는 지속적으로 학생들이 자신의 결정과 행동을 반성하도록 요구한다.

㉡ 예상치 못한 많은 의사결정과 행동이 요구되는 상황들이 있기 때문에 교사들은 훌륭한 자기반성 습관과 기술을 개발시켜야 한다.

(3) 상황적 요구 조건

① TPSR 모형은 어떠한 환경에서도 사용될 수 있고 어떠한 신체 활동 내용과도 결합될 수 있다.

② TPSR 모형을 활용하기로 결정할 때, 교사는 시설, 장비, 시간 및 내용과 같은 맥락적 요소들을 고려하지 않으며, 추가적으로 책임감 발달이 필요한지 결정하기 위하여 학생들의 현재 개인적 · 사회적 책임감 수준을 평가함으로써 TPSR 모형의 활용을 결정한다.

(4) 모형의 선정과 변형

① 교사가 학생의 개인적 · 사회적 발달에 초점을 두는 경우에 이 모형은 기초 요구 사항으로 활용될 수 있다. 이 모형을 선택하는 첫째 원칙은 모형에 대한 요구를 확인하는 것으로 이루어질 수 있다. 즉 책임감 수준을 검토하고 학생들의 현행 수준을 관찰함으로써 이루어질 수 있다. 만약 관찰을 통하여 학생들이 자기 연령에 적합한 수준으로 발달되지 못하는 것으로 밝혀지면, 교사는 TPSR 모형 전략과 학습 활동들을 활용할 수 있다.

② TPSR 모형은 학년 수준에 따른 모형의 변형에 관한 지침이 없다. 교사들은 그들이 선택한 어느 수준에서든 모든 모형을 활용할 수 있다. 교사가 각 TPSR 전략과 학습 활동을 적용하는 방식으로 변형이 이루어진다.

5. 지도 계획 시 주안점

(1) 항상 각 학생의 현행 수준을 알고, 학급에서 가장 많이 나타나는 수준에 맞춰서 대부분의 수업 활동을 계획하라.

(2) TPSR 모형 전략을 활용하기 위해서는 충분한 시간이 필요하다. 이 모형에서는 학습 과정이 학습 진전으로 연결되므로, 그 전략에 쓸 충분한 시간을 제공하라.

(3) 학생이 보다 낮은 수준에서 행동하고 의사결정을 할 때는 “퇴보”를 예상하고 계획해야 예측이 가능하다.

(4) 가능한 서면 계약서를 이용하라. 서면 계약서는 교사와 학생이 하려고 동의하는 것에 대한 모든 의구심을 불식시키며 잠정적으로 부정적 상호작용을 방지한다.

(5) 개인적·사회적 학습은 이 모형에서 다른 학습 결과들에 비하여 우위에 있다. 학생 유형이 의사결정에 초점을 맞출 필요를 나타낼 때, 기술 발달과 같은 부분에 시간이 걸리는 것을 두려워하지 말라.

(6) 다른 학습 영역과 같은 방식으로 개인적·사회적 학습을 발달시켜라. 즉, 학생의 현재 수준에서 시작하고 거기서부터 쌓아가라. 너무 많은 것을 급하게 기대하지 말라.

TPSR 모형에서는 독특한 학습 과제뿐만 아니라, 체육 수업 구조의 요소도 독특하다. 각 수업은 5가지 요소를 포함하고 있다(Hellison).	
관계 시간	교사와 개별학생 사이의 개인적 상호작용이 짤막하게 이루어진다. 수업 전 또는 수업 후에 가능하며, 학생들은 그 교사가 자신들의 개인적 수준을 파악하고 있다는 점을 인지하게 된다. 이 상호작용의 내용은 생일을 기억하거나, 외모(옷차림, 머리 손질 등)에 대한 칭찬이 포함된다.
인지 토크	인지 토크는 공식적으로 수업이 시작될 때 이루어진다. 교사는 학생들에게 그룹을 만들어, 함께 의사결정을 해야 하는 중요성에 대해 각인시킨다. 또한, 각 수업에서 강조하는 수준이 무엇이며, 해당 수준이 의미하는 내용을 파악하도록 강조하게 된다.
신체 활동	신체활동은 수업에서 매우 중요한 부분이며, 이 신체활동은 수업에서 학습해야 할 기술, 게임 및 다른 신체활동을 포함한다. 신체활동이 이루어지는 동안 학생들은 각 TPSR 수준에서 학습 및 연습 기회를 제공받고, 교사는 개별적 상호작용 및 그룹 상호작용을 할 수 있는 ‘티칭모멘트’를 갖게 된다.
그룹 미팅	그룹 미팅은 수업이 거의 끝날 즈음에 이루어진다. 그룹 미팅의 목적은 교사에게는 주요 학습 결과 및 TPSR 수준에 연관된 수업을 리뷰할 수 있는 시간을 제공한다. 예를 들면, 교사는 초기 플로어 하키경기 동안 학생들이 2수준에서 수업을 잘하고 있기 때문에 칭찬할 수 있다. 또한, 학생들에게 다음 차시 수업에 대한 예고를 할 수 있는 시간으로 활용할 수 있다.
자기 반성 시간	그룹 미팅 후, 교사는 학생들에게 자신들의 의사결정과 행동에 대해 간단한 자기평가를 할 수 있는 기회를 제공할 수 있다. 이 자기반성은 자신들의 의사결정과 행동이 어떻게 해당 TPSR 수준과 연결될 수 있는지에 대한 내용이 포함된다. 또한, 이 시간은 학생들이 자신의 다음 목표 설정을 위한 시간으로 사용될 수도 있다.

최병식
전공체육
체육교육학 II
체육교수론

Chapter

11

체육 교수 스타일의 이론

Chapter 11 체육 교수 스타일의 이론

1 교수 스펙트럼의 형성 과정

1. 패러다임의 전환

Mosston은 교수・학습에 대한 사고 방향을 형성하는 3가지 주요 쟁점 사항을 도출하였다. 이 쟁점 사항에 대한 이해는 Mosston의 새로운 패러다임이 출현하는 기초를 제공한다.

(1) 대비 접근 → 비대비 접근

① 모스턴은 일반적으로 교육적인 아이디어는 어떤 현상에 '대비하여' 제시되어 왔음을 발견하였다.

② 이 대비 접근은 내용 영역을 확장하는 역할을 한다. 체육에는 '행위' 대 '기능', '게임' 대 '체력', '스포츠' 대 '레크레이션' 등이 있다.

③ 이 아이디어들은 교육의 방향을 재정립하고 재설정하기 위해 활용되는 위기 상황, 개인적인 선호, 정치적 개입, 유행, 단기간의 움직임으로부터 나온다.

④ 이 교육적 줄다리기식 현상은 분절과 분리를 창출하는 결과를 낳고 있다. 또한 이 대비 접근은 아이디어들을 통합・연계시켜서 광범위한 구조로 체계적으로 접근하는 교수・학습의 전문화에 도움이 되지 못한다.

⑤ 대비 접근이 교육학적 아이디어를 거부하기 때문에 교육의 실제는 제한을 받는다.

⑥ 대비 접근의 제한점에 대해 알게 된 모스턴은 새로운 아이디어를 시스템으로 수용하여 연결시키는 통일된 틀을 추구하기 시작하였고, 그러한 비대비 시스템은 어느 교육적인 아이디어도 거부하지 않고 전체를 포괄할 수 있다.

(2) 개인적인 지식 체계 → 보편적인 지식 체계

① 대비 접근 및 순환 접근은 교사들에게 교육학적 아이디어를 지속적으로 포기하도록 요구한다.

② 오늘날의 교실은 각 교사의 주관적인 방법으로 교육 이론을 실천하는 특징을 가지고 있다.

③ 개인적인 주장은 주관적인 해석과 편견을 가져오기 때문에, 교육적 실천을 제한하는 단점이 있다.

④ 모스턴은 개인적인 선호도와 행동을 뛰어넘는 교수 행동의 지식 체계를 추구하게 되었다.

⑤ 그러한 접근은 개인적인 해석이나 편견을 배제하고 보편적인 교육학적 아이디어를 존중한다.

(3) **일관성 없는 용어 활용 → 일관성 있는 용어 활용**

① 모스턴은 교육학적 접근 방법을 조사하면서 일상적으로 활용되는 용어들이 종종 일관성이 없거나 통일되지 않았음을 알게 되었다.

② 용어 활용의 비일관성이 혼란을 야기시키고 교육 현상에 대한 잘못된 해석을 유도하기 때문에 교육적 실천이 제한된다.

③ 모스턴은 교육 현상, 용어, 정의 및 시행 절차를 정확히 규명하는 체계적인 수업 접근 방법을 추구하였다.

2. 스펙트럼

(1) 개인적인 지식 체계를 뛰어넘는 수업의 지식 체계는 무엇일까? 이에 대한 탐구심은 모스턴으로 하여금 교수 행동은 일련의 의사결정이라는 발견을 하도록 한다.

(2) 의사결정은 교사의 의사결정 초점에 관계없이 모든 교수·학습 상황에서 항상 이루어진다.

(3) 어느 교수·학습 행동에 따른 모스턴의 구체적인 의사결정 규명은 비판적이고 핵심적인 발견으로 볼 수 있다.

(4) 이 발견은 교수 스펙트럼에 관한 체계적이고 보편적인 접근 방법을 형성하게 되었다.

(5) 누가, 언제, 어떤 결정을 하는가에 따른 특정한 의사결정이 내려질 때, 모스턴은 상호배타적인 학습 목표가 양산됨을 확인하였다.

(6) 스펙트럼의 구조는 기본적으로 모든 교수 스타일의 장점을 강조한다. 어떤 스타일도 다른 스타일보다 중요하거나 우월하지 않다.

(7) 스펙트럼의 목적은 교사에게 어느 한 가지 교수 행동으로 수업하기보다는 활용 능력을 갖추도록 하는데 있다.

(8) 스펙트럼은 '가르치는 일'을 의도적으로 학습과 연계시키기 위해 수행해야 하는 구체적인 행동을 결정하는 의사결정의 총체이다.

(9) 스펙트럼에서 교수·학습 과정은 교육의 다양한 기능을 성취할 수 있는 도구이다.

(10) 교수·학습 행동은 가치롭고 도전적인 학습 경험을 창안하는데 모든 교사들이 활용할 수 있는 도구가 될 수 있다.

(11) 교사의 전문적, 실천적 지식과 신념은 교사가 교실 환경을 조성하는데 근거가 되는 의사결정 원천이 된다.

(12) 스펙트럼은 교사들이 가지고 있는 도구를 조사하고 교수・학습과정에서 활용방법을 배우기 희망하는 교사들에게 유익할 수 있다.

(13) 스펙트럼은 교사들에게 광범위한 교육적 기회를 학습자에게 제공할 수 있는 학습 환경을 조성하는데 필요한 기본적・이론적 지식을 제공한다.

2 스펙트럼 개관

1. 교수・학습의 틀

스펙트럼은 보편적이면서 통합된 틀로 간주되고 있다. 틀(framework)은 '부분이 연결, 통합된 구조'로 정의되고, 보편성은 '모든 곳에서 어느 경우에도 적용 가능'한 것, 통일성은 '충돌 이론을 단일화하기 위한 하나의 단위'를 의미한다.

2. 스펙트럼의 개요

스펙트럼의 기본 전제는 "교수는 의사결정이라는 한 가지 통일된 과정에 의해 이루어진다"이다.

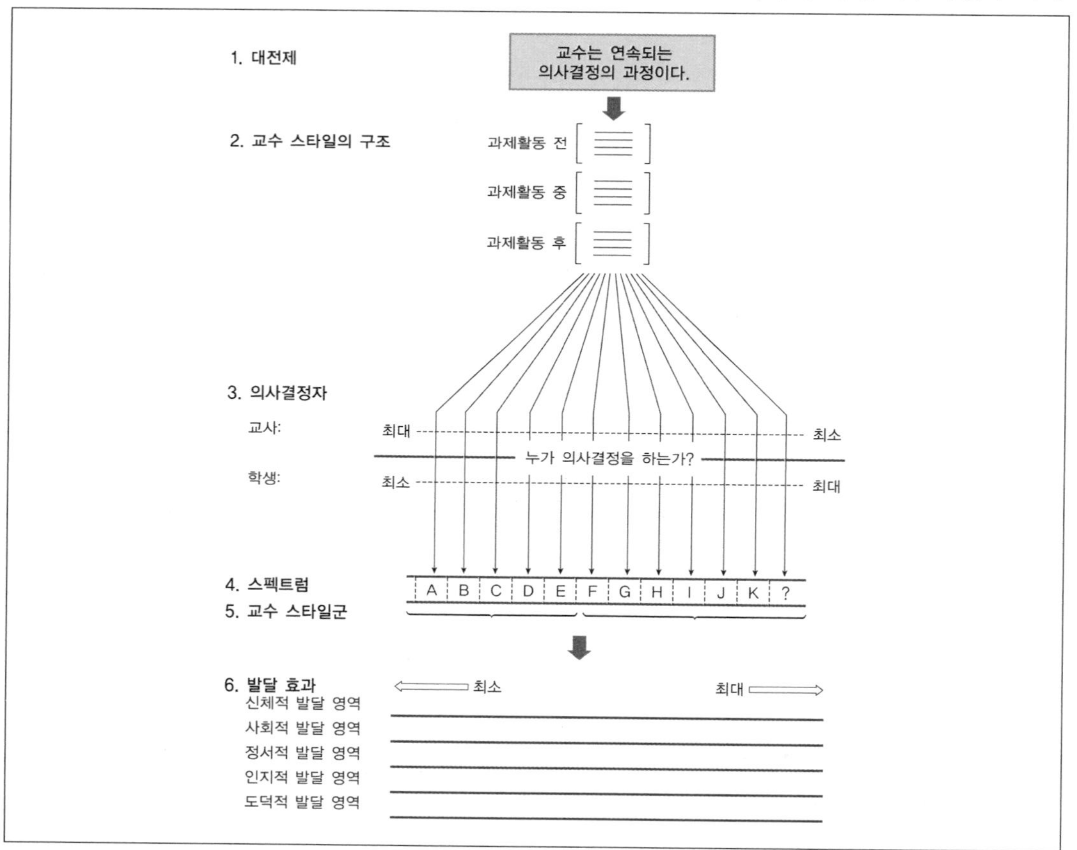

스펙트럼의 구조

(1) 스펙트럼의 6가지 가정

① 대전제

㉠ 스펙트럼의 전체 구조는 '교수는 연속되는 의사결정의 과정이다'라는 전제에서 시작된다.

㉡ 모든 의도적인 교수 행위는 사전에 이루어진 의사결정 선택 사항의 결과로 볼 수 있다.

② 교수 스타일의 구조

㉠ 교수 스타일의 구조는 교수·학습 상호작용에서 이루어지는 수많은 의사결정 범주로 구성된다.

㉡ 각 스타일의 구조는 3개의 군(set)으로 묶여진 다수의 의사결정 사항으로 구성되어 있다. 이 3개의 군은 '과제활동 전 결정군', '과제활동 중 결정군', '과제활동 후 결정군'으로 구성되어 있다.

ⓐ 과제활동 전 결정군은 교수학습이 진행되기 전에 반드시 이루어져야 하는 결정 사항으로 구성되어 있다.

ⓑ 과제활동 중 결정군은 실제 교수·학습 상황에서 이루어지는 결정 사항을 포함하고 있다.

ⓒ 과제활동 후 결정군은 교수학습의 평가와 관련된 결정 사항이 다루어지고 있다.

㉢ 이와 같은 구조는 어떤 결정 사항이 각 의사 결정군 내에서 이루어지는지에 대해 묘사하고 있다.

③ 의사결정자

㉠ 교사와 학생 모두 교수 스타일의 구조 속에서 의사결정을 할 수 있다.

㉡ 대부분 또는 모든 결정 사항이 한 쪽에 의해서만 내려질 때는 그 사람의 의사결정 권한(또는 책임)은 최대이고, 다른 사람의 경우는 최소가 된다.

④ 스펙트럼

㉠ 누가, 무엇에 대한, 어떤 의사결정을 언제 내리는가를 파악함으로써 11가지 교수 스타일의 특징적인 구조를 제시할 수 있고, 이들 중간에 존재하는 다양한 변형들을 파악할 수 있다.

㉡ 11가지 스타일에서 특정한 의사결정 사항들이 교사에게서부터 학생에게로 체계적으로 옮겨지고, 그것에 따라 새로운 목표가 추구된다.

⑤ 교수 스타일군

㉠ 교수 스펙트럼의 구조는 인간의 2가지 기본 능력('모방' 능력, '창조' 능력)을 반영하고 있다.

㉡ A에서 E까지의 교수 스타일군은 기존 지식의 재생산을 강조하는 수업 방식을, F에서 K까지의 교수 스타일군은 새로운 지식을 생산하는 능력을 강조하는 수업 방식을 나타낸다.

㉢ 두 가지 교수 스타일군을 구분하는 선을 '발견 역치'라고 한다. 발견 역치는 각 스타일군의 경계를 구분하는 역할을 한다.

㉣ 스타일 A~E

ⓐ 기초 기능의 습득, 절차와 모형의 모방, 전통 문화의 유지를 위해 만들어졌다.

ⓑ 교수 활동은 기존 지식을 다루는 암기, 회상, 파악, 분류 등과 같은 인지 활동을 주로 한다.

ⓒ 이 지식에 포함되는 것들로는 사실 자료, 날짜, 사건, 순서, 이벤트, 절차, 규칙 등과 같은 것이다. 또한 음악, 무용, 스포츠 등을 하기 위해서 필요한 지식도 포함된다.

㉤ 스타일 F와 G는 한 가지 정확한 개념의 '발견'을 북돋우는 수업 방식들이다.

㉥ 스타일 H에서 K까지의 군은 '창의성' 개발과, 새로운 개념과 대안적인 '발견'을 위한 방식들이다.

㉦ 스타일 F~K는 학생으로 하여금 문제 해결, 합리적 사고, 창조 등의 활동을 하도록 만든다.

㉧ 각 스타일은 학생의 발전에 나름대로의 독특한 공헌을 하며, 따라서 어떤 스타일이 다른 스타일 보다 우수하다는 주장은 옳지 않다.

㉨ 교수 스펙트럼은 특정한 목적을 얻기 위한 올바른 스타일의 선택에 도움을 주는 안내 지도로서, 한 스타일에서 다른 스타일로 신속하고 정확하게 옮겨가는 데 도움을 주는 안내자 역할을 한다.

⑥ 발달 효과

㉠ 모든 수업 이벤트는 학습자들에게 한 가지 이상 발달 경로의 참여와 구체적인 학습 발달의 기회를 제공한다.

㉡ 비록 한 가지 발달 경로가 때때로 다른 경로보다 강하게 작용할지라도 모든 발달 경로는 항상 동시에 그 기능을 하게 된다. 실제로 한 경로에만 해당하는 경험을 개별적으로 구분하는 것은 불가능하다.

㉢ 각 경로(인지적, 사회적, 정서적, 신체적, 도덕적/윤리적)는 에피소드의 교수·학습 특징을 나타내는 구체적인 내용에 따라 선택되고 결합될 수 있는 많은 특성들을 가지고 있다.

㉣ 스펙트럼은 각 교수·학습 행동이 학습자의 발달 경로에 미치는 영향을 조사할 수 있는 한 가지 틀을 제공한다.

3. O-T-L-O 관계

(1) 교사와 학습자 사이의 상호작용은 항상 특정한 교수 행동, 학습자 행동 및 성취 목표를 반영한다. 교수 행동(T), 학생 행동(L), 목표(O) 사이의 유대 관계는 복잡하게 얽혀있다. 항상 T- L-O는 단위로써 존재한다.

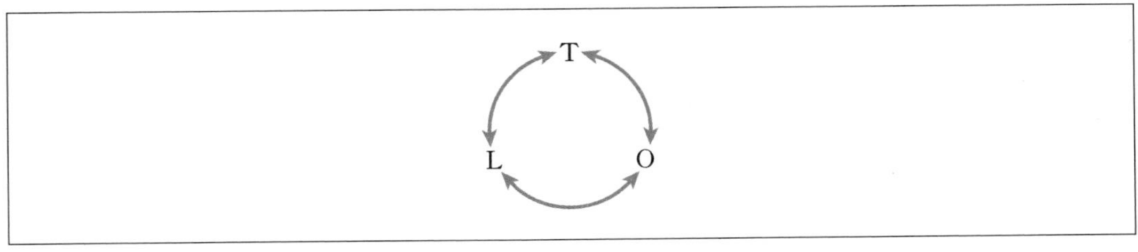

T-L-O 관계

(2) 각 스타일은 교사의 특정 행동(교사가 하는 의사결정), 학습자의 특정 행동(학생이 하는 의사결정), 성취 목표로 정의되기 때문에 각 스타일은 독특한 T-L-O 관계 구조를 가지고 있다.

(3) 교사와 학생의 상호작용에는 교과내용 목표와 행동 목표라는 두 가지 목표가 존재한다.

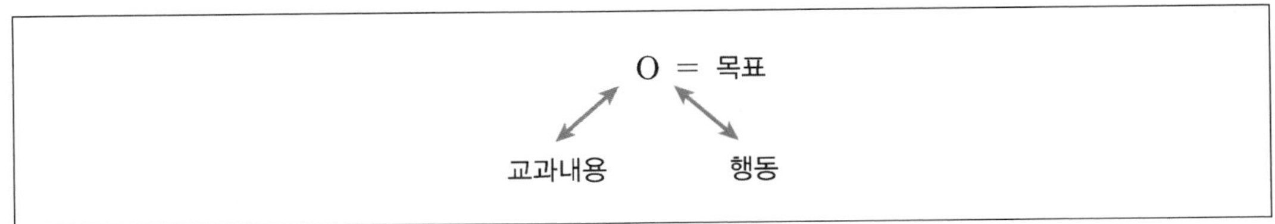

두 가지 목표군

① 첫 번째 목표는 특정한 에피소드 내용에 속하는 교과내용 목표(테니스 서브하기, 농구 드리블하기 등)를 포함한다.

② 두 번째 목표는 인간의 행동 목표(협동, 정직, 자기 통제, 자기 평가 등)를 포함한다.

(4) 모든 수업에는 분절적인 교과내용 및 행동 목표가 항상 존재한다. T-L 의사결정 관계는 교과내용과 행동 목표에 도달할 수 있는 목표의 종류를 결정한다. 역설적으로, 교사와 학습자간의 실제적인 상호작용이 이루어지기 전에 특정 목표(교과내용, 행동)를 설정하는 것은 교수·학습 행동이 목표를 달성할 가능성을 높게 한다.

(5) 목표는 에피소드 상황에서 성취되어야 하는 사전 진술문이다. 그러나 에피소드 말기에 항상 교과내용과 행동의 학습 결과가 존재한다.

(6) 의도된 에피소드 목표는 교사와 학습자의 특정 행동(의사결정)에 대한 선택을 유도한다. 이 상호작용은 항상 교과내용과 행동에서 학습 결과를 생산해 낸다. 따라서 단일 에피소드의 전체 과정을 총괄하는 최소한의 교육적 단위는 목표의 흐름과 상호작용, 교수 행동, 학습 행동 및 학습 결과(O-T-L-O)로 구성된다.

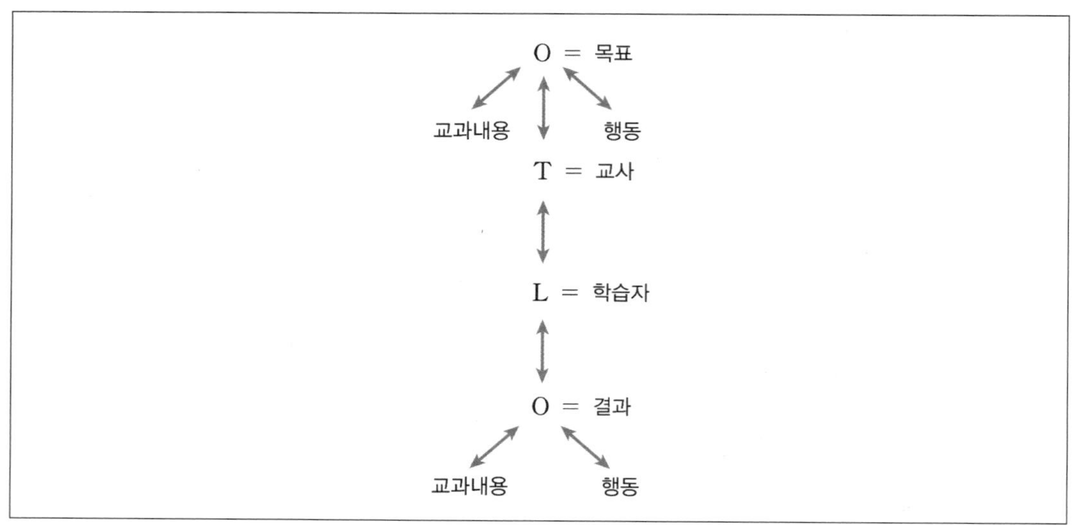

⊙ O-T-L-O의 교육적 단위

(7) 에피소드 목표는 교수 행동에 영향을 미치고, 순차적으로 그 다음 학습 행동과의 상호작용에 영향을 미친다. 이 상호작용은 교과내용과 행동의 학습 결과로 축적된다.

(8) 논리적으로 성공적인 교수-학생 에피소드에서 학습 결과는 목표와 일치될 것이다. 성공적인 에피소드는 의도와 행동이 일치되는 것을 의미한다.

4. 스펙트럼의 필요성(스펙트럼 수업 틀이 개발되고 활용되는 4가지 이유)

(1) 개인 스타일의 주장

① 자신이 선호하는 교수 방법, 즉 성공적인 교수 행동을 가져오는 개인 스타일을 발전시켜 나갈 것이다.

② 개인 스타일은 우리 자신이 누구이고, 수업을 어떻게 해야 하며, 학생과의 관계성에 대해 믿고 있는 것은 무엇인지에 대한 독특한 총합으로 볼 수 있다. 사람들은 이것을 독특한 스타일의 총체라고 부른다.

③ 이 개인 스타일은 성공적인 지도 사례와 실패 경험을 거치면서 변화되지만, 일반적으로 본래의 개인 스타일이 그대로 남아있게 된다.

④ 이러한 현실은 두 가지 관점을 도출한다.

㉠ 이 개인 스타일이 티칭의 모든 것이라는 점이다. 즉 '나는 나의 방식대로 가르친다'는 것을 의미한다.

㉡ 자신의 특수성(성공 사례)이 교사의 선택과 학생의 잠재력을 제한할 수 있다는 점이다.

(2) 학생 집단의 다양성

① 학생은 서로 다른 방식으로 공부하고 서로 다른 요구와 희망을 가지고 있으며, 서로 다른 문화적 배경을 가지고 있다.

② 실제로 다양성은 우리 학교 사회의 특징이고, 우리는 이 다양성을 알고 있고, 경험하고 있다. 우리는 이점을 인정하고 때때로 존중해야 한다.

③ 좀 더 많은 학생에게 다가가고자 하는 교사는 여러 가지 출발점을 배워야만 하고, 이를 위해 교사는 교수 스타일의 다양한 선택 사항을 배워야 한다.

(3) 복합적인 교육 목표

① 학교 교육과정은 광범위한 인간의 능력 범위를 총괄하는 다양한 목적과 목표를 가지고 있다.

② 체육은 조정 경기의 통일성과 동시성, 혹은 체조와 같은 정확한 동작 수행에서부터 자유형 수영과 현대 무용의 개별화된 동작까지 목표 범위를 포괄한다.

③ 목표는 스프링보드 다이빙의 미적 체험에서부터 하이킹의 자연 감상, 또는 펜싱의 개인 기술 또는 전략에서 단체 스포츠의 협동심과 전략에 이르기까지 범위가 넓다.

④ 광범위한 목표의 범위는 다양한 교수 스타일을 요구하게 된다.

⑤ 각 스타일은 특정한 학습 행동을 유도하는 교수 행동의 구조를 구성하고 있다. 두 가지 목표가 지속적으로 상호작용할 때 특정 목표가 성취된다.

⑥ 개인 스타일 이상의 수업 레퍼토리를 확대하고 좀 더 많은 목표를 가지고 학생에게 다가가려는 사람들은 부가적인 교수 스타일을 배우고, 그 스타일을 적용하고자 하며 이를 통합할 준비가 되어 있다고 볼 수 있다.

(4) 통합적인 수업 구조의 필요성

① 모든 인간은 모방과 창조적인 사고 능력을 가지고 있다. 모든 교과내용은 이 능력을 도출하여 발달시킬 수 있고, 모든 활동은 이 능력을 반영하고 있다.

② 모든 활동, 모든 스포츠, 모든 교과는 모방을 유인하는 스타일을 활용하여 지도되는 측면과, 창조를 유인하는 스타일을 활용하여 지도할 수 있는 측면을 모두 가지고 있다. 모든 스타일은 교수・학습의 복합적인 상황에 따라 좌우된다.

③ 예를 들면, 농구 기술을 지도할 때 스펙트럼의 모방 부분에 해당하는 스타일이 가장 적합할 수 있다. 만일 이 에피소드의 목표가 패스나 슛의 심동적 기술 발달에 초점을 두고 있다면 지시형이나 연습형 스타일이 적합하다. 만약 파트너와의 협력 기술이 학습 목표로 추가될 경우, 상호학습형 스타일이 가장 적합할 수 있다. 독자적인 연습과 평가가 가능하다면, 자기점검형 스타일이 소개될 수 있다. 과제가 수준별 학습 원리를 지향하고 있다면 포괄형 스타일이 활용될 수 있다.

④ 심동적 영역의 여러 가지 목표는 지시형과 연습형 스타일을 활용함으로써 많은 학생들이 체육 학습 과제를 성취할 수 있지만, 다른 발달적인 측면, 요인 및 교육 목표를 고려한다면 이 두 스타일만으로는 심동적 영역의 모든 목표를 성취할 수 없다.

⑤ 교수·학습의 다양성을 추구하는 이유는 모든 활동(체조, 수영, 스키 등)을 통해서 체육의 전체 목표를 달성하기 위함이다.

⑥ 모든 활동은 미지의 것을 발견할 수 있는 기회를 제공한다. 구기게임에서는 새로운 전략을 고안할 수 있는 가능성이 있고, 체조에서는 새로운 움직임의 구성을 가능하게 하며, 무용에서는 새로운 동작을 만들 수 있는 가능성을 가지고 있다. 이와 같은 학습 행동이 수업의 목표가 될 때 창조성을 유인할 수 있는 교수 스타일이 요구된다.

⑦ 모방과 창조라는 목표를 도달하고자 하는 교사는 필수적으로 교수 스타일군을 활용함으로써 스펙트럼의 모든 스타일을 배우고 활용해야 한다.

⑧ 스펙트럼을 활용함에 있어 교사의 역할은 각 스타일의 구조를 이해하고, 그것을 교수 행동의 레퍼토리에 통합할 수 있는 방법을 습득하는 것이다. 또한 다른 학생을 대상으로 다른 과제를 활용하여 그 스타일을 실행해 보며, 스타일 활용을 정련화하는 것이다. 최대의 도전 과제는 각 스타일의 본래 목적에 맞는 활용 방법을 배우는 것이다.

3 교수 스타일의 구조

교수 스타일의 구조는 교수·학습 실행에서 이루어지는 의사결정의 범주로 볼 수 있다. 모스턴은 모든 수업 상황에서 3가지 군으로 이루어져 있는 의사결정을 조직화하였다. 전체 목적에 따라 3가지 의사결정군의 특징이 규명될 수 있다.

목적에 따른 스타일의 의사결정

의사결정군(3가지 군)		전체 목적
과제활동 전 결정군	{☰}	의도 − 목표
과제활동 중 결정군	{☰}	행위 − 실행
과제활동 후 결정군	{☰}	평가 − 피드백

3가지 의사결정군은 ‘시기’(time)보다는 ‘목적’(purpose)에 따라 구성될 것이다. 3가지 결정군을 수업 전, 중, 후에 이루어지는 의사결정으로 제안하는 것은 정확한 개념이 아니다. 즉 시기는 개념적으로 3가지 결정군을 정의하거나 구분 짓는 요인이 아니다. 그것은 계획, 실행, 평가라는 의사결정의 목적에 의한 것이다.

1. 과제활동 전 결정군

1. 에피소드 목표	• 이 의사결정은 에피소드의 의도, 목적 또는 목표에 대한 것이다. • 다음은 교사의 질문이다. – 나는 어느 방향으로 나가고 있는가? – 이 에피소드를 통해 학생이 무엇을 학습하고자 하는 것인가? – 이 에피소드에서 얻고자 하는 구체적인 결과는 무엇인가(O-T-L-O)?
2. 교수스타일 선정	에피소드 목표를 성취하기 위한 구체적인 의사결정 패턴을 규정한다(O-T-L-O).
3. 학습스타일 예측	• 이 항목에 대한 결정은 2가지 방법으로 이루어질 수 있다. – 교수 스타일이 먼저 선정되면, 학습 스타일의 예측은 선택된 교수 스타일을 그대로 반영하면 된다. – 학생의 요구가 먼저 고려되면, 이 요구가 교수 스타일의 선택을 결정한다(L-T-O). • 이 2가지 방법은 때때로 학생에게 교수 스타일에 합치되는 행동을 수행하도록 요구한다. 이 접근 방식은 교수 스타일이 기초하고 있는 '비대비적' 토대에 근거한다. '비대비적' 토대란 어떤 스타일도 다른 스타일과 비교하여 보다 효과적이거나 가장 우수하다고 단정지을 수 없다는 가정이다. 각 스타일은 각각 독특한 장점과 단점이 있다. 목적은 교사와 학생이 에피소드의 목표에 따라 한 스타일에서 다른 스타일을 넘나들도록 만드는 것이다.
4. 지도 대상	수업 에피소드의 참가자에 대한 결정 사항을 다룬다. 교사는 전체 학급, 학급의 일부 또는 개별 학생을 지도할 수 있다.
5. 교과 내용	• 이 범주는 무엇을 가르치고 무엇을 가르치지 않을 것인가에 대한 결정 사항을 다룬다. 교과 내용의 지식과 제시 방식에 대한 의사결정을 수반한다. – 교과내용의 주제/내용/초점 – 과제의 양 – 과제 활동의 질 – 과제 활동 순서
6. 지도 시기	• 이 의사결정은 다음과 같은 항목에 대한 것이다. : 어느 시기, 어느 정도의 속도와 기간은? – 특정 과제의 시작 시간 – 과제 활동의 속도와 리듬(과제 수행 속도) – 기간(과제당 소요 시간 길이) – 과제당 정지 시간 – 인터벌(과제 사이의 시기, 과제 내 여러 부분들, 또는 수업 에피소드 사이의 거리) – 전체 수업 또는 1차시 수업 에피소드 종료
7. 의사소통 방식	수업 에피소드에 사용될 의사소통 방식(시각, 청각, 촉각)에 대한 의사결정이다.
8. 질문의 처리	질문을 어떻게 처리할 것인가에 대한 의사결정이다.

9. 수업 운영	교재, 공간, 시간 등 다양한 수업 관리와 조직상의 문제에 대한 결정을 내린다.
10. 수업 장소	이 의사결정은 교사와 학습자의 정확한 위치(지점)에 대한 사항이다.
11. 자세	이 의사결정은 과제 수행 동안 신체 부위의 자세 등에 관련된 사항들을 다룬다.
12. 복장	이 의사결정은 복장, 두발, 화장, 안전 기구 착용 등에 관련된 사항을 다룬다.
13. 제한점	이 의사결정은 장소, 시간, 위치, 인터벌, 자세 및 복장과 외모 등에 관련된 제한점
14. 수업 분위기	수업 상황에서 발생하는 사회적, 정서적 상황을 말한다. 이 상황은 항목 1에서 13까지의 전체 결정 사항에 의해 좌우된다.
15. 평가 절차와 자료	이 의사결정은 과제활동 후에 이루어지는 평가 사항에 관하여 다룬다.
16. 기타 사항	스펙트럼의 구조는 개방적이다. 만약 다른 결정 사항들이 발견된다면 의사결정 항목에 포함될 수 있다.

2. 과제활동 중 결정군

이 결정군은 실제적인 상호작용과, 과제 수행과 관련된 의사결정을 다룬다. 이 의사결정은 행위(실행)를 규정한다.

1. 과제활동 전 의사결정의 실행 및 준수	과제활동 중 상호작용 동안 과제활동 전 결정군의 1~14항목에 관하여 내려진 의사결정을 어떻게 실천으로 옮길 것인가에 대한 의사결정 사항을 포함한다.
2. 의사결정의 수정	계획에 따른 수업 진행이 항상 완전하지 않기 때문에 예기치 못한 일이 발생할 수 있다. 이런 경우, 문제를 야기시킨 의사결정 사항을 수정하고 계속 진행하거나, 문제가 심각해지고 의사결정 사항이 즉시 이 상황을 해결할 수 없으면 에피소드를 종료하고 다른 활동으로 옮겨 가야 한다.
3. 기타	스펙트럼의 구조는 개방적이다.

3. 과제활동 후 결정군

이 결정군에서는 과제활동 중에 행한 과제 활동의 평가와 학생들에게 제공한 피드백 적절성에 대한 평가를 다룬다. 또한 이 결정군은 과제활동 전 결정군과 과제활동 중 결정군 사이의 일관성을 평가하는 사항을 다루고 있다. 이 평가는 후속 에피소드에 필요한 사항에 대한 의사결정을 다룬다. 이 의사결정은 모든 평가 절차에서 나타나는 순서에 따라 이루어진다.

1. 과제활동 중 결정군에서의 수행 정보 수집	정보 수집은 관찰, 청취, 촉각, 후각 등을 통하여 이루어진다.
2. 평가 기준 정보에 대한 평가	의사결정은 기준, 준거 또는 모델에 비추어 비교, 대조, 결론을 내리는 과정에서 이루어진다.
3. 학습자에게 피드백 제공	의사결정은 피드백을 제공하는 방법, 학습자에게 과제 수행과 학생들이 내린 의사결정에 대한 정보 및 가치 판단을 제공하는 방법에 관한 사항을 다룬다.

4. 질문 처리	의사결정은 질문을 어떻게 처리할 것인가에 관한 사항을 다룬다. 질문에 대한 반응을 인정하고 사용될 피드백의 형태에 관한 사항도 다루고 있다.
5. 선택한 교수 스타일의 평가	의사결정은 사용된 교수 스타일의 효과성과 학생에게 미친 영향을 다룬다.
6. 예측한 학습 스타일에 대한 평가	5번에 대한 의사결정과 관련하여 의사결정은 학생이 수업 에피소드의 목표를 성취하였는가를 확인하는 사항을 다룬다. 5번과 6번은 수업 의도와 실행이 어느 정도 일치하였는지에 대한 정보를 제공한다.
7. 수정 사항	에피소드 평가에 기초하여 의사결정은 구체적인 의사결정 사항이나, 후속 에피소드에 필요한 수정 사항을 다룬다.
8. 기타 사항	스펙트럼의 구조는 개방적이다.

4 피드백

피드백의 일반적 정의	학생이 어떻게 하고 있는지를 설명하기
피드백이 학습 과정에 필수적인 이유	첫째, 교과내용, 행동 또는 운영체계를 강화하거나 변화시킨다. 둘째, 자아개념을 형성한다.
4가지 유형의 피드백	• 가치적 진술(긍정적 또는 부정적) • 교정적 진술 • 중립적 진술 • 불분명한 진술
피드백의 형식	기호(등급 문자, 수, 퍼센트, 등위), 동작(손동작, 머리 움직임, 얼굴 표현), 언어 행동(구두, 지필 언어와 구절)

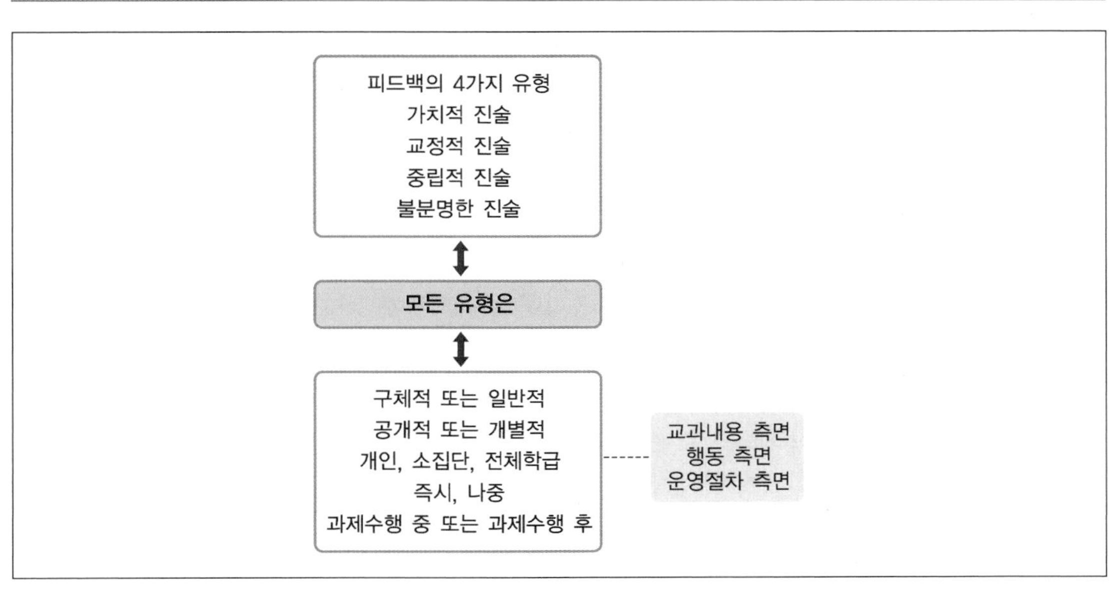

피드백 개요

1. 피드백의 유형

(1) 가치적 피드백

① 가치적 피드백의 성격

㉠ 가치적 피드백은 긍정적이거나 부정적인 판단(가치) 단어가 표현되어야 한다.

㉡ 가치적 진술은 일반적 또는 구체적인 메시지를 전달할 수 있다.

㉢ 비구체적 피드백은 좋고 나쁜 측면을 가리키지 않으며, 승인이나 불승인의 전체적인 메시지를 내포하지 않는다. 일반적인 메시지는 특정 부분을 강화하고 복사하여 변화를 시도하지 않고 전체적인 경험을 설명할 때 충분하다. 무엇이 훌륭하고 그렇지 않은가에 대한 내용을 정확히 진술하지 않는 비구체적인 피드백은 잘못된 해석에 대한 가능성을 열어주고, 비구체적인 진술이 적절할지라도 종종 이러한 코멘트의 잘못된 해석은 의도하지 않는 과제 수행, 행동 및 감정을 유도하게 된다.

㉣ 구체적인 피드백은 모사, 변화 또는 세부 사항, 과정 또는 절차에 대한 특별한 관심이 대두될 때 바람직하다. 구체성은 학습자에게 진술의 의도를 이해하고 초점화하도록 하는 인지적, 정서적 과정을 활성화한다. 진술이 구체적일수록 메시지는 더 정확하고 효과적으로 전달된다.

비구체성	구체성
• 아주 좋아. • 훌륭해. • 훨씬 낫다.	• 상대방이 모욕감을 느끼게 했을 때 아주 잘 참아냈다. 잘했어. • 포크댄스에서 스텝과 팔 동작을 아주 훌륭하게 해 냈다. • 손가락에 공을 세워 균형을 잘 잡았다.

피드백의 구체성과 발달 경로
다양한 발달 경로에 대한 적절하고 지지적이며 구체적인 피드백은 한 가지 전반적인 자아개념을 형성해 나간다. 비구체적인 피드백 진술은 학습 초점을 제시하지 않는다. 따라서 학습자가 피드백의 의미와 시사점을 해석(또는 잘못된 해석)하게 된다.

② 가치적 피드백의 초점

㉠ 가치적 피드백이 사용될 때는 교사가 대상을 정한다.

㉡ 가치적 피드백은 비록 학습자가 수용자이고 피드백에 영향을 받는 사람일지라도 교사의 가치 체계에 기초하여 판단이 표출되고 확산된다.

③ 단점 → 상호의존성이 발달될 수 있다.

㉠ 한 가지 피드백이 배타적으로 사용될 때 내재적 책임감이 나타난다. 의존성은 긍정적 또는 부정적인 피드백이 배타적으로 과도하게 나타날 때 발달될 수 있다.

㉡ 과도한 긍정적인 가치 피드백은 기준을 낮아지게 하며, 오히려 긍정적인 자아존중감을 발달시키기보다는 가치에 대한 왜곡된 관점으로 인해 자신의 가치를 낮게 설정하는 결과를 초래한다.

④ 가치적 피드백과 '나' 진술

두 가지 언어적 행동의 선택은 '나' 가치 진술에 존재한다.

㉠ 첫 번째 언어 선택은 다른 사람들이 당신에 대하여 의사결정을 할 수 있도록 가르친다. "내 생각에 너는...", "내가 알기에 너에게 가장 좋은 것은..."는 가치 제공자는 다른 사람들에게 표출되고, 이 경우 다른 사람들의 의견과 감정은 한 사람의 자아개념을 형성하고 '자아 감각'은 외부 판단을 통해 얻어진다. 이 의존성-강화의 선택 사항의 예는, "너는 어떻게 생각하는지 말해 보렴", "그것을 어떻게 했는지 말해보렴", "내가 어떻게 했지?" 등이다. 의존성은 한 가지 발달 영역에 종속되거나 모든 영역에 포함될 수 있다.

㉡ 두 번째 언어 선택 사항은 성인의 만족도를 승인하나 그 가치를 학습자에게 이동하려고 한다. 학습자의 가치로 이전하는 언어 선택의 예는, "정말 네가 자랑스럽다"를 "너는 네 자신을 자랑스럽게 생각해야 한다", "너는 틀렸어"를 "너의 행동이 틀렸어" 등의 진술이다.

(2) 교정적 피드백

① 교정적 피드백을 규정하는 2가지 기준

㉠ 실책과 관련이 있다.

㉡ 실책 규명과 수정을 포함한다.

실책 관련	실책 규명과 수정
• 틀렸다. • 아니야.	• 다음번에 스쿠버다이빙을 할 때 물 표면에 있는 것처럼 지속적으로 호흡해라. • 공이 라켓을 칠 때 손목이 지탱하지 못했어. 확실히 손목과 그립을 잡고 공의 힘에 대비해라.

② 교정적 피드백의 초점

㉠ 이 피드백의 초점은 가치 판단 없이 실책에 두게 된다.

㉡ 실책은 3가지 기대 측면, 즉 교과내용, 행동, 운영절차 중 어느 곳에서도 발생할 수 있다.

③ 단점 → 실책의 지나친 강조

㉠ 교정적 피드백의 과다사용은 실책에 대한 선입견을 유도한다. 실책 규명은 한 개개인에 대한 고려보다 실수를 훨씬 더 중요하게 생각하도록 한다. 교정적 피드백의 과다한 사용은 개개인에게 새로운 시도를 하는 것을 방해하는 원인이 된다.

㉡ 실책에 대한 지나친 지적은 오히려 학습자들로 하여금 교수·학습 활동을 통하여 자신의 발달을 포기하는 원인을 제공하여 결과적으로 사회로부터의 이탈을 초래할 가능성이 있다.

(3) 중립적 피드백

① 중립적 피드백의 성격

㉠ 중립적 피드백은 종종 의미가 없고 실제성이 없는 것으로 간주된다.

㉡ 중립적 진술은 학습자의 수용을 인정한다.

㉢ 중립적 피드백은 결론을 도출하지 않는다.

㉣ 최종 평가 결정에 대한 기회가 의도적으로 학습자에게 이양된다. 이 피드백 유형의 초점은 학습자이다.

㉤ 적절한 중립적 피드백은 평가 기술을 개발하는데 인내, 다양한 반응 및 행위의 수용, 독립, 자기 의존, 자신감을 가르칠 수 있다. 중립적 피드백은 학습자가 자아정체성을 개발하는 기본이 된다.

② 중립적 피드백에 포함되어 있는 기준

㉠ 사실적으로 행동을 기술한다.

㉡ 판단이나 수정 지시를 하지 않으나, 피드백 진술(특히 중립적 진술)의 의미를 변경할 수 있다.

㉢ 이 진술은 다른 피드백 형태로 옮겨가는 특징을 가지고 있다.

③ 단점 → 이탈의 원인

㉠ 중립적 피드백은 수용자에게 개별적인 이탈 감정을 경험하게 한다.

㉡ 고립과 고독은 승인 여부 또는 교정적 피드백의 결여로 나타난다.

(4) 불분명한 피드백

① 불분명한 피드백의 성격

㉠ 불분명한 피드백의 일반적인 특성은 해석이 필요하거나 그렇지 않으면 잘못된 해석의 가능성을 가지고 있다는 점이다.

㉡ 불분명한 피드백 진술은 구체적인 가치 판단을 나타내지 않고, 실수를 규정하거나 명확한 수정을 하지도 않고, 사실적으로 이벤트를 인정하지 않는다.

㉢ 불분명한 진술들은 학습자에게 교사의 지적에 대한 의미 해석을 위임하게 된다.

㉣ 불분명한 피드백은 학습을 방해하고, 구체적인 자료나 정확한 기대 행동을 요구할 때 잘못된 이해에 대한 원인이 되기도 한다.

② 구체적이지 못한 가치와 불분명한 피드백의 연관성

㉠ 불분명한 피드백 진술은 구체적인 입장이나 판단을 피하고 있다.

㉡ 유의할 점은 많은 비구체적인 가치 피드백은 불분명한 피드백이라는 점이다.

③ '아주 좋아, 나쁘지 않아'

㉠ 비구체적인 가치 진술의 가장 보편적인 내용은 '좋아/나쁘지 않아'일 것이다.

㉡ 이 표현은 교사에게는 안전한 입장을 주게 되나 학습자에게는 애매함의 상태로 다가간다. 학습자는 '아주 좋아/나쁘지 않아'의 정확한 의미를 생각하게 될 것이다.

ⓐ 긍정적인 자아개념을 갖고 있는 학습자들은 이 표현을 우호적으로 해석할 것이다.

ⓑ 그렇지 않은 학생들은 이 표현에 대해 부정적인 의미를 가지게 될 것이다. 이러한 학습자들은 비구체적이고 모호한 피드백을 수용할 여지가 없기 때문에 그들은 자주 이 진술을 부정적인 피드백으로 왜곡하게 될 것이다.

④ 불분명한 피드백의 초점

㉠ 이 피드백 유형은 명확하지 않고 학습자에게 교사의 의미를 해석하거나 추측하도록 만든다.

㉡ 따라서 초점은 구체적이지 못하고 불확실하다.

⑤ 단점 → 신뢰감을 저하시킨다.

㉠ 빈번히 불분명한 피드백을 경험하는 학습자들은 내용을 이해하지 못하는 데에 대한 책임감을 가지게 될지 모른다.

㉡ 학습자들은 이해, 사고, 해석할 수 있는 자신의 능력을 의심하기 시작한다. 과도한 불분명한 피드백은 실망과 좌절감을 증대시킨다.

피드백의 특징

유형	기준	목적	초점
가치적 진술	• 판단언어(긍정적이든 부정적이든)	• 판단 결정: 만족도 정도, 평가 • 가치, 기준 • 감정 표현	• 가치적 진술의 제공자
교정적	• 실수와 관련 • 실수를 규정하고 수정을 제공 • 수정 사항만 규정	• 실수, 이탈점, 문제를 규정 • 과제 재연습 • 운동 수행의 정확성에 초점 – 실책 최소 • 교과내용, 행동 및 운영절차에 대한 운동 수행 기준과 세부 사항의 명료화 ▸주의: 과도한 사용은 실책에 대한 선입견을 증폭시킨다.	• 실수 – 교과내용, 행동이나 운영절차
중립적	• 판단을 유보한 인정 – 사실적 – 기술적 – 무판단적	• 객관성 표출 • 이벤트 인정 • 발행한 일의 규명: 사실적인 기술 • 무판단적인 상호작용의 수립 • 지속적인 의사소통의 승인 • 무의미하며 상호 논쟁적인 순간을 회피하기 • 기회 제공을 노출하지 않기(난처함, 긴장 등) • 타협 기술의 지지 • 개인적 관심, 인정, 청취 태도 표출 ▸주의: 과도한 사용은 이탈과 소외 감정을 커지게 한다.	• 피드백 진술의 수용자(중립적 진술은 수용자에게 진술의 의미를 선택하고 결정하도록 만든다)

불분명함	• 해석 또는 잘못된 해석의 여지를 가지고 있는 진술	• 모든 발달 영역에서 안전한 분위기를 조성 • 학습자에게 피드백을 해석하도록 함 • 중립적 자세를 취함 • 정확한 정보 제공을 피함 • 효율적인 학습을 저해 • 갈등과 잘못된 이해를 유도할 수 있는 기회를 만듦 ▶ 주의: 신뢰에 대한 그릇된 관점과, 잘못된 이해에 대한 부적절한 생각이 발달될 수 있다.	• 불확실함 • 진술이 올바르게 혹은 잘못 해석될 수 있기 때문에 불확실함 • 이 피드백이 의도적으로 사용될 때는 제공자에게 초점이 주어지게 된다.

피드백 유형별 장점과 단점

가치적 피드백 : 판단 수행	장점	단점
긍정적	• 칭찬을 듣는 것이 기쁘다. • 보상적이고 강화적이다. • 과제 수행 반복에 의지를 줄 수 있다. • 학습자에게 교사가 어떻게 느끼고 있는지를 알도록 한다.	• 지속적이고 풍부한 긍정적 피드백은 효과성을 상실하게 된다. 바로 학생들은 과제 시도, 과제 수행이 보상 피드백과 연결됨을 알게 된다. 습관적으로 몇몇 교사들은 모든 상황에서 최상의 것을 수여한다. 이 단어들은 곧 그 의미를 상실하게 되고 점차적으로 학습자들은 과제 수행의 질을 낮추게 된다. • 학습자는 정서적으로 가치 피드백에 의존하고 있다. 이것은 지속하기 어려운, 항상 최고가 되려는 욕구를 보장하려고 한다. • 상호의존성이 발달해 간다.
부정적	• 학습자에게 교사의 가치 체계에 대해 공지한다. • 임시적으로 원하지 않는 행동을 멈추게 된다. • 학습자에게 부정적 가치 단어가 현실의 부분임을 상기시킨다.	• 듣기에 거북하다. • 얼만큼 좋지 않은 것인지, 어느 정도 잘못 읽은 것인지, 얼마만큼 잘못 쓴 것인지에 대해 반복적으로 듣는 것이 가혹스럽다 등등 • 학습자는 이 피드백을 실수가 아닌 개인적 사항으로 인식할지도 모른다.
교정적 피드백 : 관심이 실수로 연결된다.	장점	단점
실수 규명	• 학습자는 재시도를 하도록 요청받는다. • 학습자는 실수가 존재하는 것을 인식한다.	• 학습자가 실수를 교정할 수 없다면 좌절로 이어지게 된다. • 학습자에게 문제가 너무 오래 지속될지 모른다.

수정 지시	• 수정 사항 정보가 가능하다. • 학습자는 실수가 발견되는 영역에 초점을 두게 된다. • 어림짐작이 없다. • 교정적 과제 수행이 일어날 가능성이 높다.	• 학습자는 교정 사항에 접근하지 못한다.
중립적 피드백 : 사실적, 기술적, 무판단적	장점	단점
	• 교사가 과제 수행을 인정하는 것을 가리킨다. • 교사와 일부 학습자 사이에 의사소통 창구가 열린다(초기 중립적 진술은 일부 학습자에게 덜 위협적이다). • 학습자의 의존성을 줄인다. • 긴장이나 갈등 동안 체면을 세워 줄 수 있다. • 즉각적인 상황 해결에 대한 요구가 지연된다. • 항상 가치 또는 교정적 진술을 기대하는 학습자를 독립시킬 수 있다. • 자기평가 개발을 증진할 수 있다. • 학습자에게 교사의 관점과 무관하면서 자신의 역할을 평가할 수 있는 선택 사항을 제공한다.	• 첫 번째 사용될 때 교사와 학습자 모두가 황당하게 느낄 수 있다. • 초기에 교정적 또는 가치 피드백을 받는 데 익숙해 왔던 학습자에게 혼란을 가져올 수 있다. • 일부 학습자에게 교사는 자신의 의견을 강요하는 원인이 될지 모른다. 이렇게 말할지 모른다. "예, 그러나, 왜 그것을 선호하지요?" • 몇몇 학습자에게 교사가 관심이 없다는 느낌을 줄지 모른다.
불분명한 피드백 : 해석이나 오해의 소지가 있는 진술	장점	단점
	• 몇 가지 사회적 상황에서 안전한 분위기를 창출한다. • 기타	• 효율적인 학습과 정확한 과제 수행을 방해한다. • 기타

5 인지

체육 교사는 자신들이 사고(인지적) 기능을 지도하고 있다는 사실을 인식해야 한다. 체육 교과의 독특한 특성은 인지 과정의 신체적(가시적) 표현이라는 점이며, 교사가 학생들이 인지 과정에 참가하는 것을 관찰할 수 있는 기회를 제공할 수 있는 교과는 거의 없다. 운동 기능이 신체적 발달 영역을 제시하는 패턴으로 옮겨가기 전, 운동 기능은 인지 과정이라고 볼 수 있으며, 초기 단계의 모든 운동 기능은 집중적인 인지적 노력을 요구한다. 효율적으로 기능을 습득하고 움직임 패턴을 학습하는 데 반드시 사고과정이 필요하다. 운동기능이 정확하게 패턴화되고 자동적으로 연결될 때, 운동 기능 발달에 대한 인지적 노력은 새로운 활동의 신체적 요구에 대한 지원 역할로 옮겨 간다.

1. 인지 : 대전제

(1) 3가지 기본 사고 과정은 기억, 발견, 창조이다.

(2) 기억 과정은 학습의 모방 측면, 즉 이전 지식을 회상하고 재생할 수 있도록 한다. 이 지식은 사실, 날짜, 이름, 사건, 일상 행동, 절차, 규칙, 사전 모형을 포함한다. 모든 스포츠나 신체 활동에 대한 정보 또는 신체 움직임의 재생은 기억 과정에 의존하게 된다.

(3) 발견 과정은 기억과는 달리 학습자에게 이전에 알지 못했던 정보를 인식하도록 한다. 이 지식은 개념, 실체, 원리, 이론 사이의 관계에 해당된다. 신체 움직임, 게임, 전략, 안무 또는 움직임 해석 모두 발견 과정에 포함된다.

(4) 창조 과정은 상식적으로 알려져 있거나 예측되는 반응 이상의 새롭고 독특하거나 고유한 것으로 인식되는 반응을 말한다. 창조하는 단어는 독특함과 독창성을 보증하는 가치적 단어로 제시되고 있다. 따라서 창의적인 것으로 간주되는 반응은 인지적 반응으로 창출될 수 있다.

(5) 발견과 창조 사이의 경계선은 분명하지 않지만 이 세 가지 과정의 상호작용이 사고 구조의 기본이 된다.

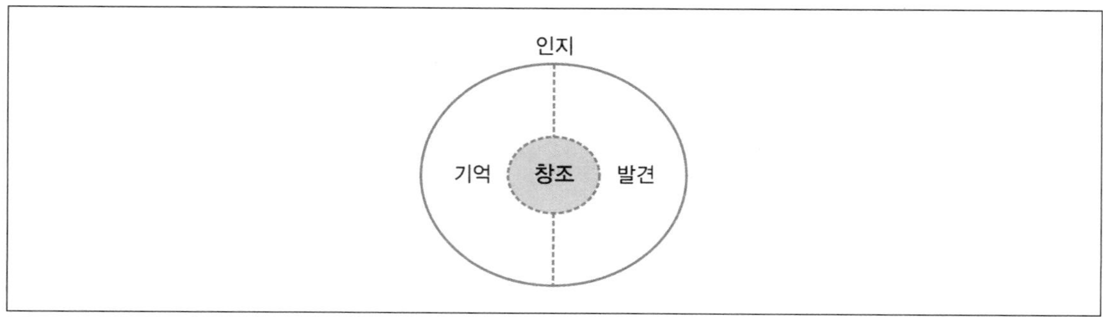

사고의 3가지 기본 과정

2. 의식적인 사고 과정의 일반 모형

의식적인 사고과정의 단계와 순서

- S(Stimulus) = 자극(유인)
- D(Dissonance) = 인지적 부조화
- M(Mediation) = 매개
- R(Response) = 반응(해답이나 해결)

사고는 어떠한 것이 기억, 발견, 창조에 관여하기 위해 뇌를 유인할 때 이루어진다. 그 유인은 알고자 하는 요구를 불러일으키는 불안정한 상태나 흥분을 유도하는 특별한 자극으로 볼 수 있다. 그 자극은 사람을 인지적 부조화 상태로 이동시킨다. 알고자 하는 요구는 부조화를 줄이는 해답, 해결책이나 반응에 대한 탐색을 시작하도록 동기 유발시킨다. 탐색은 기억 과정, 발견 과정, 창조 과정 또는 모든 3가지 과정에서 이루어진다. 사고 과정의 흐름에서 이 단계는 매개로 볼 수 있다. 매개가 마무리될 때 반응은 해답, 해결, 새로운 아이디어 또는 새로운 움직임 패턴 형태로 양산된다.

의식적인 사고과정에 내재되어 있는 모형

S(자극) → D(인지적 부조화) → M(매개) → R(반응)

(1) 자극(S)

① 자극은 사고 과정을 유인한다.

② 어떤 이벤트도 자극으로 활용될 수 있는데, 이벤트에 관계없이 항상 자극은 사람의 마음속에 질문으로 남아있게 된다.

③ 질문은 인지적 부조화를 유도하고 결국 해답을 찾으려는 욕구를 가지도록 한다.

④ 모든 질문은 기본적인 사고 과정 범주(기억, 발견, 창조) 중의 하나에 할당될 수 있다.

⑤ 몇몇 질문은 기억을 유인하고, 다른 질문은 발견을 유인하며, 또 다른 질문은 창조를 유도한다.

⑥ 자극은 다음 단계(인지적 부조화)로의 참여를 유도한다.

(2) 인지적 부조화(D)

① 인지적 부조화는 불안정하거나 흥분 상태, 해답을 찾고자 하는 욕구에 의해 나타나는 상황을 말한다.

② 자극(질문)이 흥미, 욕구, 지식 수준과 관련이 있을 때 인지적 부조화 상태에 들어간다.

③ 부조화는 학습자들에게 알고자 하는 욕구를 실행으로 옮길 때 응해지고 다음 단계(매개)로 옮겨 간다.

④ 부조화는 강도에 따라 다른데, 너무 미묘하거나 반응이 자동적이어서 부조화가 나타나지 않을 수도 있고, 매개 단계를 충동하거나 동기 유발하는데 인지적 혹은 정서적으로 방해가 될 수 있다.

⑤ 자극이 학습자와 관계가 없다면 질문을 무시하고 인지적 부조화 상태에 들어가지 않을 것이며, 이러한 현상은 알고자 하는 욕구와 탐색하고자 하는 욕구의 결여로 비롯된다.

(3) 매개(M)-구체적인 인지 기능의 탐색

① 매개에 해당하는 예로는 명명하기, 분석하기, 비교하기, 대조하기, 구성하기, 모델링하기, 범주화하기 등이 있다.

② 매개는 특정한 자극(질문)을 유인하는 구체적인 인지 기능을 활성화한다.

③ 각 인지 기능은 3가지 기본적인 사고 과정(기억, 발견, 창조) 중에 어느 것에 의해서도 활성화될 수 있다.

④ 매개 동안 기억, 발견, 창조를 통한 구체적인 인지 기능의 활용은 자극이나 질문의 본질에 의존하게 된다.

(4) 인지 기능의 2가지 역할

① 매개가 이루어지는 동안 구체적인 인지 기능은 다음 2가지 역할 중의 하나를 담당하게 된다.

㉠ 중심적인 인지 기능

㉡ 보조적인 인지 기능

② 모든 자극(질문)은 중심적인 인지 기능을 한다. 그러나 모든 인지 기능이 중심적인 기능을 하는 것이 아니라 대부분은 적절히 그 역할을 하기 위해 다른 인지 기능의 보조를 필요로 할 때가 있다.

③ 학습자에게 다양한 역할의 인지 기능을 개발할 수 있는 경험을 제공하는 것이 중요하다. 따라서 좀 더 복합적인 인지 기능이 필요하게 된다.

④ 중심적인 인지 기능은 보조적인 인지 기능에 의존하게 된다. 예를 들면, 무엇과 무엇을 비교하시오?, 이 경우 비교는 각 움직임을 관찰하고 각 움직임의 순서를 인식하며 패턴을 규명하고 유사성을 발견하는 기능에 의존하게 된다.

(5) 일시적인 순서 체계

① 보조적인 인지 기능은 동시에 작용하지 않으며, 정보 수집은 항상 중심적인 인지적 기능으로 흐른다.

② 매개 중 형성되는 일시적인 순서 체계는 질문과 반응 사이의 교량 역할을 한다.

③ 일시적인 순서 체계는 그 당시에 필요한 정보를 제공하기 위해 활용되며, 학습자가 인지적 부조화 상태로 남아있는 한 지속적으로 유지된다.

④ 해결방안이 모색되면 일시적인 순서 체계는 소멸되고 학습자는 인지적 일치 상태로 되돌아가게 되며 에피소드 참여는 종료된다.

⑤ 일시적인 순서 체계는 일시적인 관계 형성으로 볼 수 있다. 또 다른 자극이 다른 인지 기능에 목적을 두고 있을 때 서로 다른 일시적인 순서 체계가 형성된다.

⑥ 다른 보조적인 인지 기능은 새로운 에피소드의 목적으로 활용되기 위해 매개가 이루어지는 동안 필요할 때 동원될 것이다.

⑦ S → D → M → R과 중심 기능과 보조 기능 사이의 계열성과 상호작용은 사고 과정이 지속적으로 최종 반응으로 옮겨가도록 한다.

⑧ 중심적인 인지 기능은 고립적으로 이루어지지 않는다. 이것은 반응을 창출하는 데 도울 수 있는 보조적인 인지 기능을 선택적으로 활용한다.

⑨ 자극은 중심적인 인지 기능을 유도하고, 보조적인 인지 기능은 바람직한 반응을 도출하는 데 필수적이다.

⑩ 자주 바람직한 반응을 도출하지 못했던 학습자들은 한 개 이상의 보조적인 인지 기능을 발달시키지 못했거나 혼돈해 왔다.

⑪ 보조적인 인지 기능에 대한 숙달 없이는 학습자들이 자극에 대해 성공적으로 반응할 수 없게 된다.

⑫ 중심적인 인지 기능을 수행하도록 학습자들을 채근하기보다는 질문을 수정하여 부족한 보조적인 인지 기능을 규명하고, 잘못된 개념과 의미를 명료화하고, 학습자에게 친숙하지 않은 인지 기능을 활용하여 연습하도록 한다.

⑬ 각 중심적인 인지 기능은 보조적인 인지 기능을 실행할 수 있는 학습자의 능력에 달려 있기 때문에 교사가 인지 기능을 숙지하고, 서로 다른 중심적인 인지 기능을 강조할 수 있는 과제를 조작하는데 능숙하며, 학습자들이 어려움에 봉착하는 구체적인 인지 기능을 발견하는데 민감해질 필요가 있다.

(6) 반응(R)

① 중심적인 인지 기능과 보조적인 인지 기능 사이의 상호작용은 반응을 유도한다.

② 필요한 시간의 길이에 관계없이 매개 단계는 반응이 활성화될 때 종료된다.

③ 반응은 기억, 발견, 창조의 결과로 나타날 수 있으나 항상 중심적인 인지 기능의 영역 안에 있게 된다.

④ 반응의 속도, 양, 질은 주어진 인지 기능에 대한 학습자의 경험, 특정한 교과내용 영역의 사전 지식, 학생들의 독특한 능력이나 재능에 따라 달라진다.

3. 수렴형 사고와 확산형 사고

(1) 3가지 기본적인 사고 과정과 구체적인 인지 기능의 흐름은 2가지 통로, 즉 수렴형 사고와 확산형 사고 중 하나로 이루어진다.

(2) 학습자에게 1가지 질문에 대한 1가지 정확한 해답을 기억하도록 요구하는 수렴식 사고 과정이 가능하다.

(3) 학습자에게 1가지 질문에 몇 가지 정확한 해답을 기억하도록 요구하는 확산형 사고 과정에 참여시킬 수 있다.

(4) 발견 과정에 참여할 때 학습자가 단일 해결책이나 단일 개념을 발견할 수 있도록 유도하는 수렴형 통로를 수반한다(유도발견형, 수렴발견형).

(5) 동일한 문제에 대해 복합적인 해결책을 발견하는 확산형 통로가 가능하다(확산발견형 등).

(6) 유사하게 창조성의 특성은 단일 반응을 유도하는 수렴형 반응에 연관될 수 있거나, 다양하고 새로운 반응을 양산하는 확산형 통로를 수반할 수 있다.

(7) 모든 선택 사항－수렴형과 확산형 기억, 발견, 창조－은 의식적인 사고 흐름에 대한 일반 모형에서 기술되는 순서를 유지한다.

(8) 자극은 매개 단계 동안 거치는 통로를 결정하는 인지적 부조화를 순서적으로 유발한다. 수렴형 또는 확산형 통로가 될 것이다. 매개가 끝날 무렵, 단일 반응(R)이나 복합 반응(Rx) 형태로 나타나는 결과는 기억, 발견 또는 창조성으로부터 발산된다.

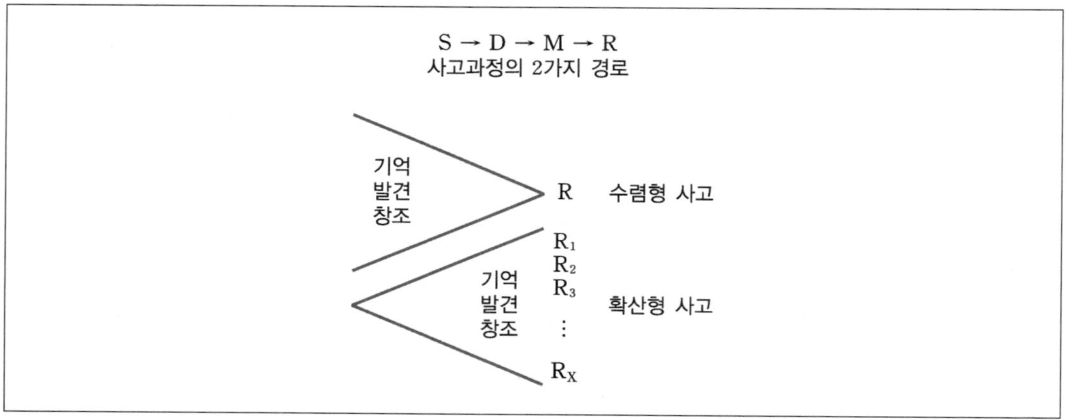

사고 과정의 2가지 경로

4. 발견 역치

(1) 스타일 A~E는 모방(기억)에 대한 인간 능력을 나타내고, 스타일 F~K는 창조(발견)에 대한 인간 능력을 제시한다.

(2) 기억을 유발하는 행동 군집과 발견을 유도하는 행동 군집 사이에 "발견 역치"라고 불리는 이론적이고 비가시적인 구분선이 존재한다.

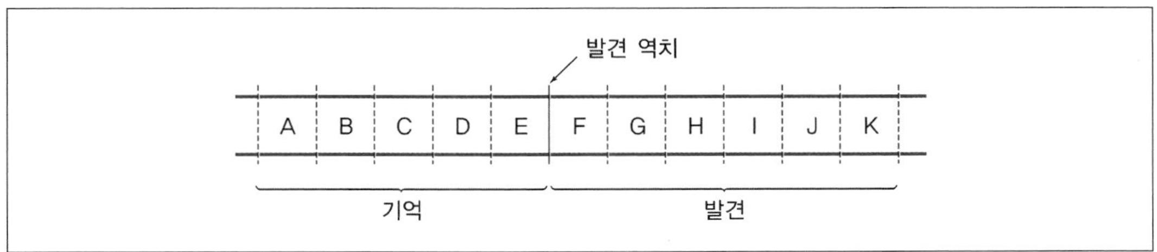

발견 역치

(3) 교수 행동(A~E)의 기억 군집에서 교사는 다양한 인지 기능에 적극적으로 참여할지 모르나, 교사의 역할은 습득된 지식이나 기술을 전달하는 것이고, 학습자의 역할은 지정된 인지 기능에서 지식이나 기술을 재생하는 수용자가 되는 것이다.

(4) 모사군 내에서 이루어지는 학습자의 비교하기, 순서 만들기, 적용하여 문제풀기 등은 학습자가 비교하기를 기억하고, 순서를 회상하며, 정확하게 적용하여 문제를 풂으로써 이루어진다. 즉, 학습자는 모델이 되는 내용을 재생산(복사)함으로써 임무를 수행하게 되는 것이다.

(5) 에피소드 의도가 발견(스타일 F~K)으로 옮겨갈 때 교사와 학습자는 자신들의 행동을 변화시킴으로써 발견 역치를 넘게 된다.

(6) 교수・학습 행동은 학습자들이 발견 역치로 옮겨가고 발견 과정에 참여하는 서로 다른 자극(질문)을 소개할 때 이동하게 된다.

(7) 학습자 행동은 움직임을 설계하거나, 정보의 순서를 정하거나, 의도된 인지 기능을 적극적으로 발견해 감으로써, 적극적인 창조(발견의 생성)로 이동하게 된다.

(8) 창조 역치로 이동하기 위해서 교사와 학생은 또 다시 자신들의 행동을 변화시켜야만 한다.

(9) 교수・학습 행동은 학습자들이 창조적인 과정에 참여하기 위해 이동하는 서로 다른 자극(질문)으로 전환된다. 아니면 학습자들은 교수 행동에서 창조적인 과정을 자극하기 위한 질문을 스스로에게 던지기도 한다.

5. 인지 기능과 언어적 행동

인지적 명료성을 위해서 교사들이 다양한 인지 기능, 조작적 정의 및 언어 행동에 친숙해질 필요가 있다.

(1) 인지 기능과 언어적 행동

기능	조작적 정의	언어적 행동
기억		
복사, 모방	정확히 모델을 복사하고 재생산하기, 동일하거나 유사한 재표현	1. 정확히 ~을 복사하라. 2. 기술 순서, 움직임 패턴, 기능 연습을 따라 해라. 3. 각 행동, 움직임, 소리를 모방하라. 4. 나의 행동, 움직임을 흉내 내어 그대로 정확히 따라해 보라.
비교	다양한 항목(a, b, c)에 유사하고 구체적인 특성을 조사하고 규명하기	1. 무엇이 동일하지? 2. a, b, c와 동일한 것은 무엇이지? 3. a, b, c를 비교해 보라.
대조	다양한 항목(a, b, c)에 서로 다른 구체적인 특성을 조사하고 규명하기	1. 이 항목들이 어떻게 다르지? 2. a, b, c와 동일한 것은 무엇인지? 3. a, b, c를 비교해 보라.
정렬(기억)	참고 기준, 지정된 준거에 따라 일렬로 정렬하기	1. 이것을 ~순서로 위치시킨다. 2. 이것을 가장 긴 것부터 짧은 것까지 정렬한다. 3. 역사적인 사건을 시대적으로 정렬시킨다.
분류, 군집	공동의 준거나 범주에 의해 항목을 함께 묶는다.	1. 각각을 해당 집단에 위치시킨다. 2. 움직임, 항목, 사실, 이벤트를 규명하는 그룹으로 군집화시킨다. 3. ~으로 분류한다. 4. 생리적인 특성에 따라 움직임의 유형을 분류한다.
의견	개별적인 선호, 사고, 좋아함, 싫어함의 표현	1. 어떻게 생각하지? 2. 너의 의견은 어때? 3. 원하는 방식대로 움직여라. 4. 그 움직임을 어떻게 생각하니?
발견		
정렬(발견)	항목이나 움직임의 순서를 정렬하기 위해 결정할 수 있는 준거, 기준을 만들기	1. 이것들(움직임, 항목, 아이디어, 날짜, 이벤트 등)을 순서로 연결할 수 있는 참고 사항(움직임, 기능, 요인, 성격, 기준 등)을 만들어라. 2. 이들 움직임, 기능, 항목이 일련의 순서로 놓일 수 있도록 가능한 기준을 만들어라. 3. 이들 항목(움직임, 기능)이 함께 연결될 수 있는 패턴을 규명하라. 패턴은 순서를 의미한다.

범주	항목이나 움직임을 서로 다른 그룹으로 범주화한다. 각 그룹은 공통된 속성을 가지고 있다.	1. 한 집단이 다른 집단에서 나타나지 않는 공통된 요인을 공유할 수 있도록 이들 활동, 행위, 움직임, 기능, 목표를 두 집단에서 정렬시킨다. 2. 이 항목을 범주화한다.
상상	특정한 정신적 이미지를 형성하기. 알고 있는 사항 이상의 무언가를 만들기	1. 이 소리를 표현할 수 있는 가능한 움직임은 무엇인가? 2. 이미 만들어진 것으로부터 서로 다른 움직임, 사진, 스토리, 해결을 도출해라.
가상	가상을 위한 상상하기가 시도될 수 있다. 일반적으로 환상과 상상을 강조하는 것을 가상해 보아라.	3. …에 대하여 상상하라. 4. …에 대하여 가상해 보아라.
설계	설계를 위해, 초점에서 산출한 정신적 이미지를 상상할 필요가 있다.	5. 3명의 학생들이 함께 할 수 있는 패스 전략 4가지를 설계하라.
해석	가능한 의미를 어떤 것으로 속성하기. 해석은 이미 알고 있는 것 이상의 무언가를 만들어낼 수 있는 상상에 의존하고 있음을 유의하라.	1. 3가지 서로 다른 해석을 만들어 보아라. 2. 포크댄스가 나타내는 감정을 해석해 보아라. 3. 음악에 맞추어 해석적인 무용 동작을 만들어 보아라.
문제 해결	장애, 쟁점, 상황, 불일치를 해결할 수 있는 해결책을 만들기. 문제를 극복하기. 많은 문제 해결 상황이 상상에 의존함을 유의하라.	1. 3가지 가능한 해결책을 만들어 보아라. 2. 통합할 수 있는 대안적인 게임을 설계해 보아라. 3. 제한된 상황에서 문제에 대한 3가지 해결책을 만들어 보아라. 4. 제공된 책자를 활용하여 새로운 것을 설계해 보아라. 5. 새로운 움직임 패턴을 형성하기 위해 서로 다른 기술을 연결하라. 3가지 다른 패턴을 만들어 보아라.
가설	움직임, 이벤트, 쟁점 또는 사건에 대한 가설을 세우기. 그런 다음 가설의 정확성을 검증하기 위해 정확한 조사 연구를 수행하기	1. 항목 a와 항목 b 사이의 관계는 무엇인가? 2. 만약 ~ 발생한다면 가능한 결과는 무엇인가? 3. 그 원인에 대해 어떤 일이 발생할까?
정당화	입장, 행위, 상황, 또는 결정을 설득하기 위한 지원적인 증거를 만들고, 행동의 합법화를 위한 증거를 제공하기	1. 수행된 행동을 지지할 수 있는 추론/증거를 만들기 2. 결정/입장을 정당화하기 3. 증거와 함께 자신의 입장을 구체화하기
기타		

(2) 언어적 행동과 불분명한 인지적 진술

불분명한 인지적 진술은 인지적 해석이나 잘못된 해석에 대한 여지를 남겨두지 않거나 거의 사용할 필요가 없게 된다. 다음의 예는 학습자에게 인지적 과정에 참여 또는 비참여를 선택할 수 있도록 한다. 이들은 구체적인 사고 기능에 대해 선택한다.

① 할 수 있니...?

㉠ 이 불분명한 진술은 '아니오'라는 반응을 가져온다.

㉡ 이 불분명한 진술은 학습자에게 인지적으로 비참여의 의지를 허용한다.

② 할 수 있는 만큼 많이 하라. ... 몇 개 할 수 있니?

㉠ 이 진술은 학습자에게 한 가지만을 하도록 하거나 전혀 하지 않도록 한다. 중지 다음에 다시 참여하지 않는 것에 대해 괜찮다는 생각을 하도록 한다.

㉡ 수량에 대한 언급은 실제적인 인지적 참여와 적절한 피드백을 위해 중요하다.

③ 질문에 '너'라는 말을 포함하는 것

㉠ 질문에 '너'라는 인칭대명사는 각 학생에게 바람직한 의미에서 인지적 한계를 규정할 수 있도록 한다.

㉡ 질문에 '너'라는 언급은 학습자에게 자신의 과거 경험에 따라 반응을 개별화하고, 비판하며, 정당화할 수 있는 여지를 제공한다.

㉢ 인지적 의도가 이미 결정된 입장이나 의견 이상의 가능성을 확산적으로 파악하려고 할 때 질문에 '너'라는 대명사를 포함시키는 것은 의도하는 결과와 반대되는 현상을 초래할 수 있다.

㉣ "너는 시합에서 공을 어떻게 패스하겠니?"에서 "공을 이동시킬 수 있는 패스 3가지를 구상해 보라"로 언어적 행동을 변경하는 것은 개인적 선호에 국한하지 않는 패스 방법을 생각하도록 할 수 있다. 이것은 학습자에게 확산적 반응을 허용하고, 다른 사람의 아이디어를 수용할 수 있도록 한다.

㉤ 질문이 개인의 신념과 의견에 대한 우선 순위를 묻고자 할 때 '너'라는 대명사를 포함시키는 것이 적절하고 필요하다. 치료 상담, 신뢰 형성, 우정 증진이 '너'로부터 출발하는 사고와 감정 표현에 의존할지라도, 대부분의 수업에서 질문 내용은 '너'를 포함함으로써 방해받게 된다.

6. 다른 관점에서 본 창의성

(1) 창조 과정은 예측 불가능하고 평범하지 않으며 비정상적인 속성을 가지고 있다. 이것은 창조적 특성을 나타내는 독특함이라고 볼 수 있다.

(2) 모방과 창조 과정과는 달리 창의성은 독특성을 발현하기 위해 상호 배타적인 관계를 형성하지 않는다.

(3) 창조적 반응은 기억이나 발견으로부터 비롯된 구체적인 인지 기능과 밀접하다. 창조적 기억과 창조적 발견에 대한 개념은 생소할지 모른다. 그러나 창의성은 모든 기억과 발견적인 인지 기능에서 가능하다. 모든 인지 기능에서 독특한 반응을 만들어 내는 것이 가능하다.

(4) 예를 들면, 일부 무용수들은 상상에 의해 자신의 독창적인 움직임을 만들고 있고, 다른 무용수들은 전문 무용수의 동작을 한 치의 오차 없이 정확하게 모방하고 있다. 예술적인 측면에서 볼 때 두 가지 경우 모두 창조적이라고 볼 수 있다. 하나는 창조적인 모방이며, 다른 하나는 창조적인 상상력으로 볼 수 있다.

(5) 구성(designing)은 발견적인 인지 기능이라고 볼 수 있다. 구성이 독특하고, 독창적이며, 기존에 알고 있거나 예측 가능한 것 이상의 속성을 가지고 있다면 창조적인 구성으로 볼 수 있다.

(6) 창조적 과정은 우리 각자의 중심적이고 선호하는 인지적 영역 안에서 이루어진다. 선호하는 인지적 영역 안에서 독특하고 예측할 수 없는 반응을 만들어 내기 위해 각 개인들을 격려하는 것은 새로운 창조적인 기회와 가능성을 제공하는 일이 된다.

7. 인지와 답변 대기 시간

(1) 기억 질문은 발견 질문보다는 단기간적인 답변 시간을 필요로 한다.

(2) 중심적인 인지 기능의 활성화를 필요로 하는 보조적인 인지 기능이 많아질수록 교사의 답변 대기 시간은 더 길어지게 된다.

(3) 즉각적인 기억에 의존하는 반응은 최소한의 답변 시간으로 가장 잘 연습될 수 있는 반면, 발견에 의존하는 반응을 위해서는 교사의 답변 대기 시간이 길어져야 한다.

(4) 학습자가 사고 과정과 인지 기능에 능숙할 때 학생의 답변 시간은 짧아진다.

8. 교과내용의 설계

(1) 과제 활동지

① 체육 수업에서 가장 유용한 교재 중의 하나는 한 가지 이상의 과제 참여를 포함한 과제 활동지(학습지 또는 디토(ditto)라고 불린다)이다. 과제 활동지는 과제 설명, 인지적 강조점, 학습자의 기대 행동을 제시하고 있다.

② 과제 활동지는 정보의 근원으로, 학습자는 과제 활동지에 따라 활동에 참여하고 완수하는 책임감을 가진다.

③ 과제 활동지의 사용은 과제 전개 내용과 교사와 학습자 간의 상호작용 측면에 몇 가지 시사점을 가진다. 이는 교사를 대상으로 하는 학습자의 속임수 행동을 줄일 수 있다.

④ 이미 속임수 행동을 알고 있는 학생들은 교사의 초기 설명을 무시한 다음, 학급이 과제에 참여하는 동안 교사를 불러 또 다른 개별적인 설명을 요구할 수 있다. 이것은 교사의 시간을 혼자서 독점하는 경우가 된다. 이러한 상황이 벌어질 때 학급 관리는 중심을 잃게 되고 순회하면서 관찰하고 피드백을 제공해야 하는 교사의 시간을 빼앗는 결과를 가져온다.

⑤ 예를 들면, 속임수 행동을 도모하는 학습자가 "선생님, 설명해 주신 것을 잊어 먹었어요." 이렇게 말할지 모른다. 이때 교사는 그 학생의 요청을 무시할 수도 없고, 다시 설명하기 위해 그 학생에게만 매여 있을 수도 없다. 이때 교사는 좌절감을 느끼거나, 다시 설명해야만 한다는 강박 관념에 사로잡히게 될지도 모른다.

⑥ 과제 활동지가 사용되고 학습자가 설명의 명료함을 요청할 경우 교사와 학습자 간의 상호작용은 달라진다. 학생들이 "과제 활동지에 적혀 있는 설명이 무엇을 뜻하는 것이죠?"라고 하면, 교사는 과제 활동지에 근거하여 학습자와 다른 관계를 만들어 갈 수 있다.

⑦ 교사가 "이제 설명이 명확하니?" 학생이 "예"라고 대답하면 교사는 "시작할 준비가 됐지?"라고 말할 것이고, "아니오"라고 대답하면 "어느 부분이 명확하지 않지?"라고 말할 것이다. 교사는 적절한 반응을 제공한 다음 이동한다.

⑧ 과제 활동지를 사용할 때와 그렇지 않을 때의 관계는 다르다. 왜냐하면 상호작용은 학습자에 의한 속임수 행동을 줄이는 언어적 행동에 근거하고 있기 때문이다.

과제 활동지의 목적
• 교사에 대한 학습자들의 의존성을 축소하고 스스로 과제에 참여할 수 있는 기회를 제공할 수 있다. • 과제를 제시하고 학습자에게 수행할 과제를 기억할 수 있도록 한다. • 과제 참여 시간의 효율성을 높이고 교사・학습자 간의 의사소통을 발전시킨다. • 교사에 의한 반복적인 설명의 수를 줄일 수 있다. • 교사의 초기 기대 내용을 학습자에게 전달할 수 있다. • 학습자에게 구체적인 서면 형태의 지시 사항을 지킬 수 있도록 한다. • 학습 진도를 기록할 수 있다(선택적).

6 모방중심(A~E) 스타일의 공통점

각각의 스타일은 고유한 목적과 함축적인 의미를 갖고 있지만, 모든 스타일에 공통적으로 적용되는 개념, 문제점, 특징들이 존재한다.

1. 과제식 교수, 학습 센터, 스테이션 교수

(1) 과제식 교수(task teaching), 학습 센터(learning centers), 스테이션 교수(station teaching)는 교수 스타일을 의미할 때 사용되는 용어이다. 이런 용어들은 "여러 학생들이 동시에 다른 과제를 연습한다"는 의미를 모두 내포하고 있지만 수업 운영 측면에서 약간 차이가 있다.

① 과제를 설명하는 과제 활동지, 과제 카드, 포스터를 제공한다. 하지만 다른 것들은 제공하지 않는 경우도 있다.

② 한 스테이션에서 다양한 과제를 제공한다. 하지만 다른 것들은 단지 한 과제만을 제공하는 경우도 있다.

③ 과제에 대한 선택권을 제공한다. 다른 것들은 그렇지 않은 경우도 있다.

④ 학생들은 학습 진도 카드를 작성해야 한다. 다른 것들은 그렇지 않은 경우도 있다.

⑤ 학생들은 스테이션을 이동한다. 어떤 것은 학생들이 희망하는 스테이션 수를 선택하는 경우도 있다.

⑥ 장비가 부족할 때 사용한다. 다른 것들은 장비를 사용하지 않는 경우도 있다.

⑦ 동일한 주제를 다룬 과제에 중점을 둔다. 다른 것들은 서로 관련 없는 주제를 다룬 과제에 중점을 두는 경우도 있다.

⑧ 신호에 따라 다른 스테이션으로 이동한다. 다른 것들은 시간을 단위로 사용하는 경우도 있다. 또 다른 것들은 다른 스테이션으로 이동하기 전에 평가 기준에 제시되어 있는 내용을 달성하도록 되어 있다.

⑨ 교사로부터 완전히 독립적이다. 다른 것들은 그렇지 않은 경우가 있다.

⑩ 학생들의 다양한 능력 수준을 고려하여 과제를 설계한다. 다른 것들은 그렇지 않은 경우가 있다.

⑪ 학생들은 혼자 과제를 수행해야 한다. 다른 것들은 집단 또는 파트너가 필요한 경우가 있다.

(2) 각 스테이션/센터/과제식 활동을 계획할 때 도움이 되는 개념

① 다른 교수·학습 행동

② 여러 신체 능력(근력, 정확성, 평형성, 유연성, 민첩성)

③ 발달 경로

④ 인지적 조작 능력
스테이션 모방, 스테이션 설계, 스테이션 비교

⑤ 사회적 상호작용
소집단, 1:1 파트너, 개인 활동

⑥ 내용 주제
계열화된 내용 또는 무작위로 추출된 내용

⑦ 다중 지능 강조
언어, 음악, 미술, 미학, 수학, 논리적 활동에 중점을 둔 신체적 참여

⑧ 인지 연습
시각, 청각 또는 운동 지각적인 활동을 통해 전달되는 신체 참여

⑨ 위의 개념들의 결합

2. 수업 조직 시 주의 사항

(1) 효율성

① 효율적인 학습은 단위 시간과 활동의 양 사이의 적절한 비율에 의해 좌우된다. 과제를 익히고 적합한 과제수행 수준에 도달하기 위해서 학습자는 과제를 반복해서 연습해야 한다.

② 학습자는 과제를 수행하고, 피드백을 받고, 추가 과제를 수행해야 한다. 그 다음 문제는 교사가 효율적으로 시간을 사용하기 위해 어떻게 수업을 조직하느냐이다.

③ 체육에서 이슈는 효율적인 수업 상황을 만들기 위해 학습자, 장비, 공간, 이용 가능한 시간을 어떻게 조직하느냐이다.

(2) 4개의 수업 조직 방법

학습자 수, 시간, 공간 사용을 변형시킨 4개의 수업 조직이 가능하다.

① 단일 스테이션-단일 과제

㉠ 이 수업 구조는 학습자가 장소(한 개의 스테이션)를 선택하고 자신이 선택한 스테이션에서 한 과제를 수행하는 방법이다.

㉡ 교사가 학습자에게 특별한 과제를 시범을 보이고 설명하면, 학습자는 자신이 선택한 장소로 돌아가 계획한 시간으로 과제를 수행한다(양 결정).

② 단일 스테이션-다 과제

㉠ 이 수업 구조는 한 장소(스테이션)에서 연속적으로 한 가지 이상의 과제를 수행하는 방법이다.

㉡ 교사가 2개 또는 그 이상의 과제를 시범보이고 설명하면, 학습자는 한 과제를 수행한 후 다른 과제를 수행한다.

> **과제 1.** 교사의 시범과 같이, 한 지점에서 오른손으로 50번 드리블한다.
> **과제 2.** 교사의 시범과 같이, 한 지점에서 왼손으로 50번 드리블한다.
> **과제 3.** 교사의 시범과 같이, 한 지점에서 60번 드리블한다. 이때 10번씩 손을 바꾸어 가면서 한다.
> (이 경우 각 학습자는 한 장소에서 3개의 연속적인 드리블 기술을 연습할 기회를 가질 것이다.)

③ 다 스테이션-단일 과제

㉠ 이 수업 구조는 각 학습자가 제공된 장소(스테이션)에서 과제를 연습하며, 과제를 완수하면 다른 스테이션으로 이동하여 새로운 장소에서 한 개의 과제를 수행하는 방법이다.

㉡ 학습자의 스테이션 이동은 스테이션 수와 계획된 과제에 의해 결정된다.

㉢ 이 수업 구조는 학생에게 제공할 용·기구가 부족할 때 효율적이다.

㉣ 이 방법은 웨이트 트레이닝에서 가장 많이 사용하고 있는 수업 구조이다. 다양한 종류와 무게의 웨이트 트레이닝 기구가 여러 스테이션에 배치되어 있으며 학습자는 각 스테이션에서 과제를 수행한 후 다음 과제로 이동한다.

④ 다 스테이션-다 과제

㉠ 이 수업 구조는 학습자가 각 스테이션에서 한 개 이상의 과제(다른 과제)를 수행하는 방법이다.

㉡ 각 스테이션마다 다른 과제를 제시한다. 이점이 다른 수업 조직과의 차이점이다.

[스테이션 1]
과제 1. 20번 세트 슛하기
과제 2. 20번 후크 슛하기

[스테이션 2]
과제 1. 벽에 있는 목표물에 25번 연달아 체스트 패스하기
과제 2. 벽을 향해 25번 연달아 바운스 패스하기

[스테이션 3]
과제 1. 하얀색 선에서 정해진 길을 따라 앞으로 드리블하면서 가기
과제 2. 하얀색 선에서 정해진 길을 따라 뒤로 드리블하면서 가기
과제 3. 위와 같은 방법으로 옆으로 드리블하기

3. 시범

(1) 시범은 모방형 스타일에서 신체 활동을 지도할 때 중요하지만, 창조형 중심 스타일에서 시범을 보이는 것은 부적절하다.

(2) 시범은 모형, 즉 수업 내용의 이미지를 제공하므로, 시범을 보이는 주요한 이유는 수업 내용의 모방과 이해이다.

(3) 시범을 통해서 정확한 기준을 제공하는 것은 교수와 평가에 중요하다.

(4) 시범은 모방중심 스타일에서 교과 내용을 학습자에게 제공할 때 적합한 방법이다. 지시형 스타일은 다른 스타일에 비해 시범에 가장 많이 의존하며 포괄형 스타일은 가장 적게 의존한다.

(5) 지시형 스타일에서 교수의 의무는 시범으로부터 시작된다. 교사가 시범을 보이면 학생들은 관찰해야 한다. 교사가 시범 보인 과제를 학습자가 반복해서 따라하는 방법은 모방중심 스타일에서 사용하는 방법이다.

(6) 좋은 시범은 다음과 같은 점을 강화시켜 준다.

① 과제 활동의 전체적인 이미지를 제시한다.

② 신체 활동의 다양한 측면과 움직임의 통합 과정에 대한 시각적인 이미지를 제공한다.

③ 성공적인 과제수행에 필요한 모형을 만든다.

④ 시간을 절약한다. 설명은 종종 너무 길고 지루하고 명확하지 않다. 간단한 시범은 전체 스토리를 빠르게 이야기한다.

⑤ 기술 결과와 운동 기술에 대한 학습자의 인지에 영향을 준다.

⑥ 관리의 의미가 있으며, 강력한 동기 부여를 한다.

⑦ 전문가, 리더 그리고 권위자로써 운동 수행자의 위치를 강화시킨다.

⑧ 인간 운동의 미적 감각을 불러일으킨다.

⑨ 학습자가 활동의 중요한 세부 활동에 관심을 갖도록 한다.

⑩ 효율적이다. 시범자는 '보여주고 설명하기'를 하며, 학습자는 시범자를 열심히 따라하게 된다.

⑪ 시범은 목적에 적합한 이상적인 움직임을 설명할 수 있다(배구 서브에서 팔의 움직임, 펜싱에서 포워드 런지 등).

⑫ 제시된 활동에 적용되는 연속적인 움직임을 보여준다.

⑬ 정확한 실행 결과에 초점을 맞춘다.

⑭ 교사가 학습자의 과제 수행을 판단할 수 있는 기준을 제공한다.

(7) 시범을 잘 사용하면, 학습 목표는 성취될 것이다. 시범은 많은 체육교수방법 관련 문헌에서 다루고 있는 학습방법이다. 실질적으로 체육교수방법 관련 문헌에서 이 유명한 4단계를 사용하고 있다. 학습자가 과제를 실행(연습)하고 시범에 대한 피드백을 제공(3단계와 4단계)받는 방법은 특정 교수 스타일을 결정한다.

① 1단계 – 시범

② 2단계 – 설명

③ 3단계 – 실행

④ 4단계 – 평가

7 체육 교과 내용 설계의 실제

1. Mosston의 발달 움직임 개념

(1) 개념의 초점

① 모든 신체적 학습 경험은 신체 발달 요소(민첩성, 유연성, 근력, 지구력, 균형감각, 정확성 등)에 의거한 것이어야 한다.

② 신체 발달 요소는 개발될 수 있다.

(2) 인간의 움직임 범주(Mosston)

① 지정된 가치(Assigned Value)

㉠ 지정된 가치는 '아름다움'과 '좋은 폼'의 움직임 경험들에 속하는 가치이다.

㉡ 지정된 가치는 무용가나 안무가들이 움직임을 수행하는 경우처럼 감정, 아이디어, 분위기가 중요한 가치 기준이 되는 경우이다. 이러한 가치들은 무용가 개인이나 주어진 사회의 상상이나 의견에 의해 결정된다.

㉢ 지정된 가치의 다른 예로는 체조 선수, 아이스 스케이트 선수, 다이빙 선수들처럼 '아름다움'이나 '좋은 폼'을 평가하기 위한 평가 기준이 이미 주어진 기준을 성취하기 위해서 특히 노력해야 하는 경우를 들 수 있다.

㉣ 움직임에 대한 평가는 세부적인 움직임 자체의 정확성은 물론이고, '아름다움'이나 '좋은 폼'에 대해서도 평가한다.

② 기능적 가치(Functional Value)

㉠ 기능적 가치는 규칙의 지배를 받는 움직임들에 해당되는 것이다.

㉡ 이 가치는 대체적으로 코치의 영역에 속한다. 선수, 코치, 운동 경기는 모두 일련의 엄격한 규칙과 특별한 목표/결과의 지배를 받는다. 규칙과 목표가 주어진 움직임의 가치를 결정한다.

㉢ 경기(농구, 축구, 배구 등)는 운동 경기의 규칙의 지배를 받는 것이지, 결정된(지정된) 기준들의 지배를 받는 것이 아니다.

㉣ 기능적 움직임은 결과에 만족하거나 목표를 성취했을 경우에만 그 가치를 인정받는다.

③ 내재적 가치(Intrinsic Value)

㉠ 내재적 가치는 신체 발달을 위해 의도적으로 설계된 움직임에 해당된다.

㉡ 가치 본질에 대한 예는 근력, 민첩성, 균형 감각, 유연성, 정확성 등과 같은 신체 발달 요소의 발달에 도움이 되는 움직임에 관한 발달 개념과 일치한다. 이러한 가치들은 내재적 가치로 다루어지는데, 이것은 문화적 배경, 개인의 감정, 개인의 인격, 운동 수행을 결정하는 일련의 제한적인 규칙들과는 관련이 없기 때문이다.

㉢ 한 세트의 팔굽혀 펴기 운동은 한국 어린이, 미국 성인, 농구 선수, 수영 선수 등 모두의 어깨 근육과 팔 근육의 발달을 도와주며, 무릎을 높이 들고 하는 줄넘기 운동은 그 운동을 하는 어떤 사람이라도 그 사람의 민첩성을 증진시킨다.

㉣ 가치 본질은 움직임의 신체 발달의 공헌도에 따라 그 가치가 부여된다.

(3) 움직임의 3차원 분류

① 첫 번째, 신체 특성 발달을 위한 신체특성 차원
근력, 민첩성, 유연성, 균형감각, 리듬감, 지구력, 교치성 등

② 두 번째, 신체의 해부학 차원
주어진 움직임으로 발달을 이룰 수 있는 신체의 해당 부분이나 해당 부위로 어깨의 삼각근, 하지근 등

③ 세 번째, 신체 부위 발달을 위한 움직임 차원
굽히기, 멀리뛰기, 돌기, 던지기 등

움직임의 3차원 분류

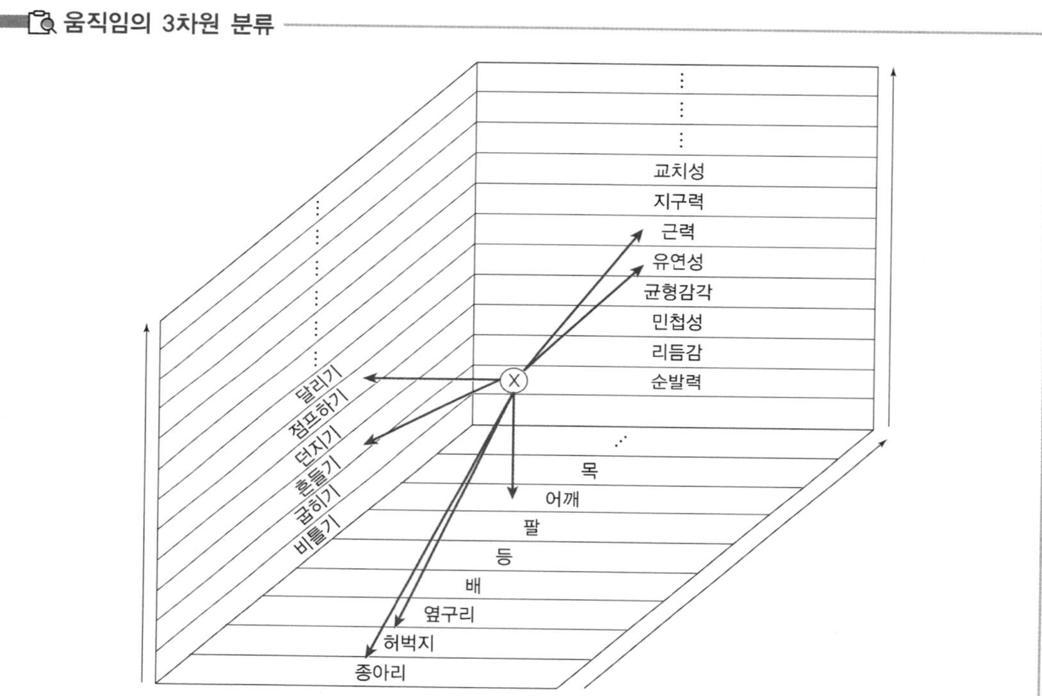

어떤 종류의 움직임이라도 3차원 움직임 관점으로 분석할 수 있고 분류할 수 있다. 위의 표에서 ×점으로 표기된 것은 한 발로 홉하기이다. 해부학적 차원에서의 부위는 다리이고, 움직임의 종류는 홉이나 점프이고, 이것은 근력 발달에 해당한다. ×점을 팔의 스윙 동작이나 팔 돌리기 동작으로 바꾸어 생각해보면, 표에서 어깨, 스윙, 유연성 발달을 찾아볼 수 있다. 움직임의 3차원 분류는 바람직한 신체 발달, 학습자의 참여 증가, 3차원의 모든 부분의 발달을 도전해보는 기회 제공 등의 필요에 따라 널리 사용될 수 있다. 교사들은 3차원 분류법을 활용하여 모든 측면들을 경험할 수 있는 수업 내용을 선택할 수 있다. 체육 교수법적 측면의 프로그램(체력운동, 게임, 스포츠 등)에 중점을 두지 않고서도 3차원 모델은 수업 내용 선정에 지침으로 적용할 수 있다.

수업 스타일 선정 시 고려 사항
• 언제나 T-L-O를 생각하라. • 한 수업에서 이루어지는 수업 에피소드에 관해 생각하라. • 에피소드가 성취하고자 하는 목표가 무엇인지 결정하라. • 모방을 목적으로 하는 과제를 선택했는지, 창조를 하도록 하는 과제인지 생각하라. • 학생의 어떤 행동을 개발시키기를 원하는가? • 교과내용의 목표와 학생 행동을 함께 연결시켜 본다. 이것을 통하여 맞는 수업 스타일이 선정된다.

01. 지시형 스타일
02. 연습형 스타일
03. 상호학습형 스타일
04. 자기점검형 스타일
05. 포괄형 스타일
06. 유도발견형 스타일
07. 수렴발견형 스타일
08. 확산발견형 스타일
09. 자기설계형 스타일
10. 자기주도형 스타일
11. 자기학습형 스타일

최병식
전공체육
체육교육학 II
체육교수론

Chapter

12

체육 교수 스타일

12 체육 교수 스타일

1 지시형 스타일

1. 개념

(1) 지시형 스타일의 특징은 '정확한 수행'이라고 할 수 있다. 정확한 수행이란 교사가 지시하는 대로 운동을 수행하거나 반응을 보이는 것을 말한다.

(2) 교사의 역할은 과제활동 전 · 중 · 후의 모든 사항을 결정하는 것이다.

(3) 학습자의 역할은 교사가 내린 결정 사항들에 대하여 교사가 지시하는 대로 따르는 것이다.

(4) O-T-L-O(목표-교사-학습자-결과)는 교수 · 학습의 기본적인 단위이다.

① 지시형 스타일에서 교사와 학습자가 각각 맡고 있는 특정한 역할(의사결정)은 특별한 결과를 창출한다.

② 결과들은 미리 예측한 일련의 목표들과 비교해 볼 수 있는데, 교사와 학습자 간의 의사결정 관계는 추구하는 목표와 실제 수업 행동 사이에 나타나는 적합성(일치성) 정도를 결정하도록 만든다.

③ 어떤 목표가 일단 설정되면, 지시형 스타일의 의사결정 구조를 통하여 그 목표들을 달성할 수 있게 된다.

지시형 스타일의 의사결정 구조를 볼 수 있는 예	
• 싱크로나이징	• 고전 발레
• 아이스 스케이팅	• 조정 경기
• 단체 미용체조	• 오케스트라 연주
• 치어리더들의 응원	• 팀 훈련
• 군사 퍼레이드 행진	• 합창
• 무대에서 연기하는 것	• 군악대에 참여하는 것
• 스퀘어 댄스, 포크 댄스, 라인 댄스	• 공중 곡예
• 항공모함에 비행기를 착륙시키는 것	• 밴드 행진
• 새로운 단어 또는 다른 언어로 발음하는 것	• 정밀 낙하
• 결혼식, 취임식, 장례식 등과 같은 공식 행사의 참가	• 기타

(5) 모스턴은 다음에 보여주는 어떤 행동을 본떠서 이 스타일의 명칭을 부여했을 수도 있다. 정확한 연습, 신병 훈련, 리더 따라 하기, 모방 연습, 복창 연습, 신호에 대한 반응, 즉각적인 반응 연습 등

교과내용 목표	• 제시된 모델을 빠르게 모방할 수 있다. • 정확하고 정밀하게 수행할 수 있다. • 결과를 즉각적으로 성취할 수 있다. • 동시에 수행할 수 있다. • 사전에 결정된 모델을 유지할 수 있다. • 교과 내용상의 기술을 숙달할 수 있다. • 문화적 전통과 의식을 보존할 수 있다. • 시간을 효과적으로 사용할 수 있다. • 더 많은 수업자료를 활용할 수 있다.
행동 목표	• 그룹의 기준에 맞추어 개개인을 사회화한다. • 모두 일체가 되도록 한다. • 모두 획일적이 되도록 한다. • 그룹 정체성과 자부심 세우기-소속감을 느끼게 한다. • 단체 정신을 강화한다. • 신호에 따른다. • 구체적인 미적 기준에 도달한다. • 습관과 일상적인 일들을 보다 발전시킨다. • 문화적 전통, 관례, 의식들을 보존한다. • 그룹 또는 개인들을 통제한다. • 안전에 따르는 절차를 가르친다. • 특정 종류의 훈련을 한다.

2. 지시형 스타일의 구조

(1) 교수 · 학습 스타일을 규정하는 것은 누가, 어떤 결정을, 언제 하는지의 차이에 따라 달리 정해진다. 모든 교수 · 학습 스타일에는 양측에 의사결정자(교사, 학습자)가 있다.

(2) 교사와 학습자는 스타일의 구조에서 최소에서 최대 의사결정을 할 수 있다.

(3) 지시형 스타일의 특징은 교사가 최대의 의사결정을 하고, 학습자가 최소의 의사결정을 할 때 시작된다. 지시형 스타일에서 학습자가 내릴 수 있는 유일한 결정이란 "예, 나는 그것을 하겠습니다" 혹은 "아니오, 나는 그것을 하지 않겠습니다" 중에서 선택하는 일이다.

(4) 지시형 스타일의 본질은 '교사의 자극과 학습자의 반응'인데 이 둘 사이는 직접적이고 즉각적으로 일어난다.

(5) 교사에 의한 자극은 학습자의 모든 행동에 앞서 미리 제시되며, 학습자는 교사가 제시한 모델을 모방한다. 그러므로 어떤 학습의 구조 속에 나타나는 모든 결정들(교과내용 선정, 수업 장소, 자세, 시작 시간, 속도와 리듬, 정지 시간, 지속 시간, 인터벌, 피드백 등)은 교사가 결정하게 된다.

에피소드(episode)
동일한 학습 목표에 도달하기 위해 교사와 학습자가 같은 교수・학습스타일에 참여하는 시간 단위를 의미한다. 대부분의 수업은 하나의 에피소드로 이루어지기도 하지만, 특정한 교수 스타일(O-T-L-O)을 나타내는 특정한 목표와 과제(활동)를 가지고 있어 여러 에피소드로 이루어지기도 한다.

3. 지시형 스타일의 실제

(1) 에피소드의 이해

① '교사가 모든 결정을 하고, 학습자는 그 결정사항에 반응하는 관계'의 본질적인 측면을 볼 수 있어야 지시형 스타일이라고 할 수 있다.

② 교사가 각각의 움직임에 대해 지시 신호를 주면, 학습자는 교사의 지시에 따라 움직임을 수행하게 된다.

③ 지시형 스타일을 사용하고자 하는 교사는 의사결정 구조(지시형 스타일의 구조), 의사결정의 계열성, 지시 신호와 기대되는 반응 사이의 관계, 과제의 적합성, 학습자들의 능력(움직임을 합리적으로 정확하게 수행할 수 있고, 시범을 그대로 따라 할 수 있는 능력) 등을 충분히 이해해야 한다.

(2) 지시형 스타일의 실행

과제활동 전 결정군	• 과제활동 전에 하는 의사결정 목적은 계획을 세우기 위해서이다. • 계획을 세우는 동안, 선정된 교수・학습 행동이 일치하도록 의사결정이 이루어진다. • 구체적인 교수・학습 행동의 선택은 과제 목표와 행동에 대한 의사결정에 따라 결정된다.
과제활동 중 결정군	• 과제활동 중의 의사결정 목적은 학습자들이 수업에 적극적으로 참여하도록 하고, 과제활동 전에 결정된 의사결정 사항들을 따르고 실행하기 위해서이다. 즉, 과제활동 중이란 교사의 교수・학습 의도가 실제 행동으로 옮겨져 실행되는 시간이다. • 모든 스타일에서 에피소드 동안 기대 행동이 연속 설정되는 것은 당연하다. 학습자들은 과제 수행과 관련된 기대 행동을 인지해야 하며, 교사와 학습자 관계를 이해해야 한다. • 교사는 모든 에피소드에서 기대행동을 제시할 책임이 있다. • 어떤 스타일에서도 학습자들이 다음의 세 가지 기대 행동을 달성할 수 있도록 해야 한다. − 교과: 내용 − 행동: 교사와 학습자의 역할/의사결정 − 세부 운영절차: 수업 시 필요한 용・기구, 수업 시간, 수업 장소, 그 외의 고려사항

	• 교과에 대한 기대 행동은 수업에서 어떤 내용이 다루어져야 하는지를 설정한다. • 행동에 대한 기대 행동은 교사와 학습자들이 그 과제에 참여하는 동안 어떻게 행동하도록 기대되어지는지에 초점을 둔다. • 수업 운영절차는 수업 환경과 과제에 대한 여러 세부사항들과 범위 등을 가리킨다. 수업 운영절차에 대한 예로 수업 용·기구의 분배, 학습자 조직, 수업할 장소의 범위, 스테이션별 운동 형태, 시간 제한, 복장, 다른 과제, 환경 등이 있다. • 학습자들에게 교과, 행동, 수업 세부 운영절차의 세 기대 행동을 서로 합하여 제시하는 것보다는 각각의 영역별로 나누어서 전달하는 것이 좋다.
과제활동 후 결정군	• 과제활동 후에 일어나는 의사결정은 학습자의 역할과 과제 수행에 대해 교사가 피드백을 제공하는 것이다. • 지시형 스타일을 경험해 보는 것은 하나의 활동을 경험해 보는 것이라고 할 수 있다. 모델을 따라 각 과제를 수행할 때 되풀이되는 움직임은 신체적 발달을 촉진시킨다. • 에피소드에서 학습자들은 많은 시간 동안 적극적으로 참여하게 된다. 교사가 사용하는 최소의 시간은 세 가지 기대 행동들과 관련되어 있다. • 이 스타일에서 적극적 과제 참여 시간은 매우 높다.

4. 함축적 의미

지시형 스타일의 함축적 의미
• 교사는 전 학급이 동시에 수행할 수 있는 경험을 계획하고, 이를 성공적으로 수행한다. • 교사는 학습자들의 발달에 있어 효과적인 자극-반응 경험을 계획한다. • 교사는 운동을 수행함에 있어서 안전성, 숙련성, 정확성을 갖출 수 있는 어떤 원리를 세우는 것이 필요하다는 사실을 인식한다. • 학습자들은 자극-반응 관계 내에서 신체적 운동 기술들을 배우고 발달시킨다. • 교사는 학급 학생들이 결속력을 지니도록 한다. • 학습자들은 학급 내에서 자신의 역할 및 친구와의 협력 관계를 인식한다. • 학습자들은 교사의 전문성을 인정하고 교사의 결정을 수용한다.

5. 교과내용 선정 시 고려사항

교과내용 선정과 관련된 지침 사항
• 교과내용이 확정되면 단일 기준이 설정된다. • 교과내용은 즉각적인 회상과 반복되는 연습을 통하여 가장 잘 학습된다. • 교과내용은 요소별로 나누어져서 자극-반응 절차를 거쳐 모방되거나 짧은 기간으로 나누어 학습될 수 있다. • 회상 속도가 크면 클수록 학습자는 교과내용의 다른 측면에 대해서도 움직임이 더욱 능숙해질 것이다. • 개인차는 고려되지 않으며, 교과내용이 그대로 모방되는 모습을 볼 수 있다. • 빈번한 모방을 하는 가운데 그룹에 속한 개인들은 서로 단결하면서 과제를 수행한다.

6. 지시형 스타일의 특징

(1) 교사는 지시형 스타일의 본질을 정확하게 인식해야 한다. 한 사람이 다른 사람들을 위하여 모든 결정들을 내리는 이러한 관계는 학습자의 정서 상태, 반응 능력, 학습 과제의 본질 및 목적을 충분하게 이해하면서 사용되어야 한다.

(2) 지시형 스타일에는 몇 개의 유형이 있다.

① 개인 발달과 관련된 것이다. 스텝을 배운다거나, 에어로빅을 배우는 것 등은 지시형 스타일의 모든 구성 요소, 즉 높은 과제 참여 시간, 반복 학습, 높은 일치도 및 정확성, 안정성을 보여주고 있다. 하지만 스텝을 익히거나 에어로빅댄스에 참여하는 중요한 목적이 이러한 구성 요소에 있는 것이 아니라 개인의 발전(체력증진, 체중감량, 아름다운 몸 등)을 추구하기 위하여 참여하는 것이다. 지시형 스타일에 참여한 경험들은 이런 목적을 잘 성취하도록 해준다.

② 하위 문화나 문화적 의식들에 참여하는 것이다. 예를 들면, 에어로빅댄스 수업에 참여하는 또 다른 이유로써 사회적으로 허락된 환경 및 활동에 참여하려고 하는 참여 의식을 들 수 있고, 태권도를 배우는 많은 학습자들은 지시형 스타일의 행동뿐만 아니라 개인적 또는 문화적 차원에서 경험해 보지 못했던 여러 태도나 의식 등을 배우게 된다.

③ 위험성이 높은 스포츠를 들 수 있다. 안전을 최우선으로 생각하는 경우, 트레이닝을 하는 동안 지시형 스타일에 강조하는 행동은 필수적이다. 등산, 스쿠버 다이빙과 같은 활동을 할 때 지시형 스타일의 에피소드들은 특별한 신체적 반응 및 적절한 장비의 활용을 중시한다. 또한 통제된 에피소드들은 스트레스와 공포에 대처할 수 있는 능력을 기르도록 설계된다.

④ 문화적/미학적 경험을 들 수 있다. 다양한 댄스를 배우는 데에는 정확한 동작 수행과 제시된 모델을 그대로 모방하는 것이 중요하다. 댄스는 미학적 가치와 더불어 문화적 기준 유지 등의 의미를 함께 지니고 있다.

⑤ 스포츠 중의 경쟁적인 경험에서 볼 수 있다. 수중 발레는 고도의 정확성, 동시성, 미학적 가치를 투사한다는 점에서 지시형 스타일을 요약해서 보여주고 있다. 또 다른 예로는 체조 경기에서의 규정 종목 부분을 들 수 있으며, 조정 경기 역시 고도의 동시성과 정확성을 지닌 경기라고 할 수 있다.

(3) 지시형 스타일의 장점을 최대한 활용하기 위해서는 학습이 이루어지고 있을 때 다음의 몇 가지 요소들을 통합할 수 있어야 한다.

① 통합하여야 할 요소들이란 구체적으로 교과내용의 선정, 과제 학습 시간, 수업의 절차, 적합한 피드백, 학습자와의 적절한 정의적 관계 등을 말한다.

② 지시형 스타일을 단순히 시간을 효율적으로 활용하는 스타일이나 정확한 스타일로만 이해해서는 안 된다. 지시형 스타일은 앞에서 인용된 몇몇의 요소들을 결합한 스타일이라고 할 수 있다.

(4) 교사는 행동의 감정적 맥락을 인식하는 것이 필요한데, 이런 것을 발전시키거나 혹은 저해시키는 요인들이 있다.

① 교사가 자신이 가진 권위를 남용할 때이다. 이때 교사는 통제와 질책의 목적을 가지고 이러한 행동을 하게 된다. 이런 종류의 교수 행동이 만연되면, 학습자는 부정적인 감정이 들게 되며 교수·학습 스타일, 교사, 교과내용 등 모든 것을 거부하게 될 것이다.

② 교사가 애정, 매력, 관심을 가지고 사용할 때이다. 이때 지시형 스타일은 초라해지는 것이 아니라 오히려 교사의 행동이 학습자들의 동기 유발을 시켜주고, 자아의식을 고양시키고, 공동체 의식을 발전시키게 되는 것이다.

7. 지시형 스타일에서의 유의 사항

지시형 스타일에서 에피소드가 그 목적을 달성하지 못하는 경우
• 교사가 지나치게 말을 많이 하거나, 학습자들이 적극적으로 참여할 시간이 거의 주어지지 않는 경우 • 운동을 수행할 때 학습자들이 일치성을 보이지 않는 경우 • 교사가 지시 신호를 너무 짜증나게 주거나 중복하여 주는 경우 • 똑같은 과제를 지나치게 반복하는 경우 • 1~2명의 학습자들이 수행에 어려움을 겪고 있을 뿐인데 학습 전체의 행동을 중단시키는 경우 • 교사가 오직 한 장소에만 머물러 있는 경우 • 기대 행동에 대한 소개를 불분명하게 할 경우

8. 발달 경로

(1) 발달 경로는 교수·학습의 의미가 유래하는 원천이며 다양성이 창출될 수 있는 도구이다. 각각의 교수·학습 스타일은 특정한 목표를 강조하는 결정들, 즉 발달 경로에 속하는 특성들에 의하여 규정될 수 있다. 학습자들은 교수·학습 스타일에 관한 의사결정을 할 기회가 있으며 또한 이들을 발전시켜 나갈 수 있다.

(2) 스타일의 의사결정 배분정도를 변화시키지 않고도 발달상의 강조점을 변경시키는 것이 가능하다. 강조점이 변경되면, 학습자들이 교수·학습 스타일을 확대하는 특성들 속에서 학습 경험이 제공되어지도록 각 스타일의 변형이 창조되어진다.

(3) 교수·학습 스타일의 변형은 다른 발달 경로들에 대한 특성이 강조되고, 의사결정 배분이 특정한 스타일에 일치될 때 만들어지게 된다.

(4) 지시형 스타일에 참여하는 동안 어떤 특정한 사회적 특성들을 강조하는 것은 가능하다. 의사결정 배분이 지시형 스타일을 유지하는 한, 사회적 상호작용을 강조하는 과제(볼룸 댄스, 현대무용과 같은 안무가 이루어진 집단 댄스)는 여전히 이 스타일을 강조한다.

(5) 정서적 · 윤리적 · 인지적 경로에의 공헌을 강조하는 스타일의 변형은 지시형 스타일의 의사결정 배분에 사용되어지도록 창안될 수 있다. 하나의 교수 · 학습 스타일 내에 있는 스타일 변형과 관련된 아이디어는 각각의 스타일에 대한 관점을 보다 확장시켜주고, 다양한 학습 경험을 할 수 있는 보다 많은 가능성을 제공한다.

9. 지시형 스타일의 변형

(1) 교사가 같은 교수 · 학습 스타일에서 여러 변형 가능성을 계획할 때, 발달 경로상의 다양한 특성을 강조함으로써 학습자들에게 다양한 학습 기회를 제공한다. 교수 · 학습 스타일의 의사결정 배분이 계속 유지되는 동안, 같은 교수 · 학습 스타일을 사용하더라도 변형을 다양하게 계획할 수 있도록 학습하는 것은 강조점/목표들(발달 경로상의 특성들)에 대하여 의사결정을 내리는데 필요하다.

(2) '낙하산 들어 올리거나 내리기', '낙하산 흔들기', '낙하산 둥글게 감기' 등 이러한 활동들은 오직 신체적 경로에 모두 초점을 맞추고 있어서 다른 발달 경로와는 관련이 없다. '중앙으로 달려간 뒤 다시 뒤로 달려가라'와 '타인의 공간을 방해하지 말고 중앙으로 달려가서 자기 자신만의 공간을 확보해 보아라'의 경우 전자는 신체적 활동만을 강조하지만, 후자의 경우 특정한 인간 특성(예 자기 조절 같은 특성)을 추가할 수 있게 된다.

(3) 이처럼 과제들이 발달 경로상에 있는 서로 다른 특성들과 결합하도록 계획되었을 때, 교수 · 학습에 있어서 새로운 예상이 전망된다. 교사가 발달 경로에 따른 다양한 특성을 강조하도록 계획할 때, 체육 교육 및 성격 발달 둘 다의 목적을 달성하기 위한 풍부한 경험을 제공할 수 있도록 해야 한다.

2 연습형 스타일

1. 개념

(1) 연습형 스타일의 특징은 '피드백을 포함한 기억/모방 과제를 학습자가 개별적으로 연습하는 것'이라고 할 수 있다.

(2) 교사의 역할은 모든 교과내용과 이에 따른 세부 운영절차를 결정하고 피드백을 학습자에게 개별적으로 제공하는 것이다.

(3) 학습자의 역할은 9가지 특정 사항을 의사결정 하는 한편, 기억/모방 과제를 개별적으로 수행하는 것이다.

(4) 연습형 스타일은 새로운 실재성을 확립하고 지시형 스타일에 비해 학습의 새로운 환경을 제공하며, 또 다른 일련의 목표에 도달하도록 한다.

(5) 이 스타일의 O-T-L-O(목표-교사-학습자-결과) 관계는 특정한 의사결정 사항 몇 가지가 교사로부터 학습자에게 이양됨으로써 이루어진다. '시간 및 장소에 대한 의사결정을 누가 하는가?'와 관련된 의사결정의 이전은 교사와 학습자 사이, 학습자와 과제 사이, 학습자들 사이에 새로운 관계를 형성하도록 한다.

(6) 연습형 스타일은 모든 학교 상황에서 주류를 이루고 있다. 학습자는 개인적으로 과제를 연습하고 교사로부터 피드백을 받는다. 이러한 교수・학습 행동의 지표는 발달 경로에 따라 각각의 다른 특성들이 강조될 수 있다.

(7) 기존의 교수 스타일보다 연습형 스타일의 수업이 다양하다고 볼 수 있는데, 이러한 다양성을 위한 의사결정의 배분은 연습형 스타일을 잘 나타내고 있다.

교과내용 목표	• 과제를 스스로 연습할 수 있다. • 과제 수행에 필요한 기억과 관련된 인지 활동을 활성화할 수 있다. • 개별적인 연습을 통하여 내용을 학습하고 이를 내재화할 수 있다. • 숙련된 운동 수행은 과제의 반복 학습과 관련 있음을 이해할 수 있다. • 숙련된 운동 수행은 피드백 관련 지식과 관련 있음을 이해할 수 있다.
행동 목표	• 9가지 의사결정을 실시해 봄으로써 학습자의 독자성을 초보적 수준에서 경험하게 한다. • 9가지 의사결정 내에서 운동 기술을 발전시킨다. • 자신의 의사결정을 연습형 스타일에 적용하여 실현한다. • 각 의사결정의 결과에 대하여 책임지는 자세를 학습한다. • 9가지 범주 내에서 의사결정 하는 타인의 권리를 존중해야 함을 학습한다. • 교사와 학습자 사이에 개인적이며 사적인 관계를 시작한다. • 9가지 의사결정 및 결정의 주체 이전에 대한 신뢰를 발전시킨다.

2. 연습형 스타일의 구조

	지시형(A)		연습형(B)
과제활동 전	(T)		(T)
과제활동 중	(T)	→	(L)
과제활동 후	(T)		(T)

(1) 연습형 스타일을 계획하기 위해서는 의사결정의 변화 즉, 누가, 언제, 어떠한 의사결정을 해야 하는가와 같은 일이 반드시 일어나야 한다.

(2) 연습형 스타일에서는 9가지 특정 의사결정 사항들이 과제활동 중에 교사로부터 학습자에게로 이전된다.

—◇ 9가지 의사결정 사항 ◇—

1. 수업 장소	2. 수업 운영	3. 시작 시간
4. 속도와 리듬	5. 정지 시간	6. 질문
7. 인터벌	8. 자세	9. 복장과 외모

(3) 과제활동 전, 과제활동 후 의사결정 사항들은 변화하지 않고 교사가 모두 결정한다.

(4) 과제활동 전과 과제활동 후 사항들을 교사가 모두 결정하고, 과제활동 중 9가지 의사결정은 학습자에게 이전한다. 학습자의 역할은 교사가 설계한 과제를 수행하면서 9가지 사항들을 과제활동 중에 의사결정 하는 것이다.

(5) 과제활동 후 교사는 두 가지 종류의 피드백을 학습자에게 제공하게 되는데, 하나는 학습자의 수행을 관찰하면서 부여하게 되는 과제와 관련된 피드백이며, 다른 하나는 9가지 결정 범주 안에서 내리게 된 학습자의 의사결정과 관련된 피드백이다.

(6) 9가지 의사결정 이전은 교사와 학습자 양쪽 모두에게 서로 다른 행동을 이끌어낼 수 있는 개별화 과정의 시작을 나타낸다. 교사는 학습자를 9개의 범주 안에서 자신이 내린 결정에 책임을 지는 개별 수행자로 보기 시작해야 한다.

(7) 교사는 학습자에게 의사결정을 이양하는 시기에 대하여 잘 알고 있어야 하며, 학습자의 모든 움직임, 모든 과제, 모든 활동들 하나하나에 일일이 지시 내리는 것을 자제해야 한다.

(8) 학습자는 과제를 스스로 연습하고, 상호작용하며, 교사에 의하여 결정된 세부 운영절차 내에서 9가지 의사결정 방법을 학습할 기회를 갖게 되고, 과제를 연습하는 것과 관련하여 시간 관리에 대한 결정을 학습한다.

(9) 연습형 스타일의 원래 명칭은 과제형 스타일이었지만, 이 명칭은 모든 교수·학습 스타일이 과제를 포함하고 있다는 이유로 바뀌게 되었다. Mosston은 한 개인이 과제를 연습할 때마다 9가지 의사결정 사항들이 필연적으로 이루어진다는 사실을 알아내고 연습형 스타일이라 명명하기에 이르렀다.

3. 연습형 스타일의 실제

(1) 에피소드의 이해

① 교사는 의사결정의 이동에 대한 개념, 9가지 의사결정과 그 의미, 이러한 의사결정의 이동에 따라 다른 학습목표가 만들어질 수도 있다는 것 등을 모든 학습자에게 설명해 주어야 한다. 이러한 설명은 각 에피소드를 명확히 만들어 주는 기대 행동을 정립시킨다.

② 교사는 교과내용, 역할/기대행동, 수업운영절차에 대해 설명한다. 이 세 가지 기대 행동이 일단 학습자에게 전해지면, 학습자는 교사의 관찰 하에서 9가지 사항들에 대한 의사결정을

시작한다. 학습자는 과제 수행에 필요한 용구를 챙기며, 과제 수행의 장소를 정하고, 짧은 시간 내에서 과제를 수행해 나가기 위한 활동들을 정착시켜 나갈 것이다. 교사는 이때 각 학습자 개개인과 개별적으로 만나기 시작한다.

③ 연습형 스타일이 지시형 스타일과 대조를 이루는 것 가운데 하나는 시간과 관련된 인식이다.

㉠ 운동 수행에 필요한 신호를 보내거나 단서를 주는 행동은 모든 지시형 스타일에서 필수 요소이다. 학습자들은 운동 수행을 정확하게 성취하기 위한 지시나 신호를 받았을 때 이에 대한 반응을 한다.

㉡ 연습형 스타일에서 가장 중요하게 학습해야 할 사항은 시간을 결정하고, 자신과 타인이 과제를 습득하는데 필요한 시간의 중요성을 자각하는 인식을 발전시키는 것이다.

④ 연습형 스타일의 수업의 본질은 교사와 학습자간의 일련의 특별한 관계에 있다. 교사는 과제에 대한 기대행동, 행동사항/의사결정 사항, 세부 운영절차 등을 학습자에게 제시한다. 반면에, 학습자는 일정 시간 내에서 9가지 의사결정을 수행하며 교사는 학습자의 수행을 관찰하고 피드백을 제공한다.

Chapter 12

(2) 연습형 스타일의 실행

과제활동 전 결정군	• 지시형 스타일에서처럼 교사의 역할은 과제활동 전 모든 사항을 결정하는 것이다. • 연습형 스타일은 두 가지 점에서 지시형 스타일과 주요한 차이가 있다. – 실제 수업 상황에서 발생하게 될 몇 가지 의사결정 이전 사항에 대해 충분히 인식해야 한다는 것이다. – 연습형 스타일에 알맞은 과제를 선택하는 것이다.
과제활동 중 결정군	• 교사와 학습자가 개인별로 상호작용하는 동안 에피소드 내의 각 이벤트들이 전개된다. • 제공될 학습 경험의 필요성 및 관점은 세 가지 기대 행동인 교과내용, 행동, 세부 운영절차에 의하여 결정된다.
과제활동 후 결정군	• 교사와 학습자간 일대일 개인 상호작용이 끝난 후 부가적인 의사결정 사항들이 이루어질 수 있다. • 수업을 회고해 보고 평가해 보는 것은 반성적 교수를 위해 반드시 필요하며, 또한 다음 수업에 있을 상호작용의 준비를 위해 필요하다.

연습형 스타일(B)의 특징
• 이 교수·학습 스타일의 목적은 교사가 학습자 개개인에게 과제를 스스로 연습할 수 있는 시간을 제공하고, 피드백을 개별적으로 제공해 주는데 있다. • 학습자의 역할 – 과제수행하기 – 9가지 의사결정 사항 수행하기 • 교사의 역할 – 학습자의 질문에 알맞은 답을 제공하기 – 학습자의 수행에 관한 정보 수집하기 및 개별적으로 피드백 제공하기

4. 함축적 의미

연습형 스타일의 함축적 의미
• 교사는 의사결정을 신중하게 내리는 것에 가치를 둔다. • 교사는 학습자의 9가지 의사결정 사항을 신뢰한다. • 교사는 교사와 학습자 모두 하나의 교수 스타일에 한정하여 가치를 부여해서는 안 된다는 생각을 수용한다. • 학습자는 과제를 연습하면서 9가지 의사결정을 할 수 있다. • 학습자는 개별화 과정의 참여자로서 자신이 내린 의사결정 결과에 대해 책임질 수 있다. • 학습자는 처음으로 독립성을 경험할 수 있다.

5. 교과내용 선정 시 고려사항

연습형 스타일에서 반드시 고려해야 하는 두 가지 점은 첫째, '어떤 종류의 과제가 연습형 스타일에 적합한 것일까'이고, 둘째는 '연습형 스타일을 시행하기 위해 과제를 어떻게 조직하고 계획할 것인가'이다.

(1) 과제의 종류

① 연습형 스타일에서 각 에피소드에 적합한 과제의 성격

㉠ 변하지 않고 어떠한 틀에 고정되어 있으며, 특정한 모형에 따라 수행될 수 있는 과제라야 한다.

㉡ 움직임 혹은 반응들은 그 움직임이 '정확한가', '정확하지 않은가'의 두 가지로 확연히 구분되어야 한다.

② 체육 교육에서 많은 활동은 고정된 과제로 구성되어 있다. 대부분의 경우, 많은 활동들은 과제의 구조를 규정함으로써 활동의 기초를 이루고 있다.

㉠ 단거리 달리기를 하기 위해 교사가 스타팅 블록에서 스타트 자세를 시범을 보일 때, 그 시범은 하나의 모형이 되며, 고정된 표준이 되는 것이다. 연습형 스타일에서 학습자는 개인적으로 그 자세를 변형하거나 수정하지 않고 교사의 시범에 준하여 그 자세를 모방하는 연습이 이루어지기를 기대하는 것이다.

㉡ 다이빙에서 '한 바퀴 반 앞돌기' 과제에 대한 설명이 끝나면, 모든 학습자들은 미리 정한 기준에 의거하여 거기에 알맞은 다이빙 연습을 하게 된다.

㉢ 테니스에서 포핸드 스트로크 시험을 보일 때, 모든 학습자들은 시범에 준하여 같은 자세로 연습할 것이 기대된다.

③ 학습자에게 과제에 대한 설명과 시범을 보여줌으로써, 교사는 운동수행의 '정확성'에 대한 피드백을 제공한다. 교사는 올바른 시범이 된 모형과 학습자의 운동 수행을 비교한다.

④ 과제가 고정화되는데 필요한 최소한의 세 가지 결정요인

㉠ 운동 과학적, 운동 역학적 원리들

운동 과학적 원리들은 과학적 분석에 기초하여 정확한 자세와 움직임의 협응력을 확립시켜준다. 이러한 분석은 주어진 과제를 달성하는데 있어서 어떠한 움직임과 자세가 가장 적합한지 우리에게 정확하게 말해준다.

㉡ 교사나 코치의 과거 경험

교사나 코치의 관찰에 의해 제공되는 지식은 무시할 수 없다. 수년에 걸쳐 특별하고 미묘한 통찰력을 개발하여 정확한 일련의 움직임을 고안해 냈으며, 그 결과 과제를 성공적으로 달성해 왔다. 교사나 코치의 지식은 운동 수행의 정확성을 확립하는데 매우 중요한 역할을 제공한다.

㉢ 심미적 기준

일반적으로 심미적 기준은 문화적 일체감에서 비롯된다. 이는 전통 의식 및 관습의 보존과 계승으로 발전된다. 특정한 자세, 움직임, 그리고 일련의 움직임들은 매력적이고, 아름답고, 상징적인 것으로 여겨져 왔는데, 이러한 것들은 '전통'으로 유지되고 발전되어 왔다. 이런 의미에서, 유형화된 움직임이 이 목적에 적합하다. 이렇게 움직임을 정확하게 하기 위하여 미리 마련해 놓은 기준을 달성하거나, 또는 특정 기준을 고수하는 활동은, 예를 들면 치어리더의 동작, 팀 훈련, 군악대 행진, 체조 시범, 전통 무용 등이 있다. 어떤 규정된 기준을 수행하는 모습은 지시형 스타일에서, 이러한 수행을 연습하는 것은 주로 연습형 스타일에서 볼 수 있다.

⑵ 과제활동지의 설계

① 과제활동지/과제카드의 목적

과제활동지를 준비하는 목적은 과제 참여 시간의 효율성을 높이고, 교사와 학습자간 의사소통을 보다 효율적으로 하기 위함이다. 과제활동지의 활용은 학습자들의 운동수행을 증진하도록 해주며, 과제활동 중의 9가지 의사결정 사항에 대한 학습자들의 책무성에 공헌하게 된다.

과제활동지의 목적
• 학습자가 과제를 기억하도록 도와주기 위함이다. • 교사가 설명을 반복해서 되풀이하는 수고를 줄여주기 위함이다. • 처음 설명 들었을 때, 학습자가 주의를 집중하도록 가르치기 위함이다. • 과제활동지에 제시된 특정 지시를 그대로 따라하면 정확한 운동 수행을 할 수 있다는 사실을 가르치기 위함이다. • 학습자의 발달 사항을 기록하기 위함이다.

② 과제활동지의 설계

㉠ 효율적인 과제활동지는 학습자들이 무엇을, 어떻게 수행해야 할 것인가에 대해 꼭 필요

한 정보를 담아야 한다. 과제활동지는 항상 과제 그 자체에 초점을 맞추거나, 주어진 에피소드 동안 수행되어야 하는 과제에 초점을 맞추어야 한다.

ⓛ 과제활동지는 과제의 자세한 부분까지 설명해야 한다.

ⓒ 과제의 양을 확인할 수 있어야 한다(특정 운동 반복 횟수, 거리, 시간량 등).

ⓡ 두 가지 언어 행동 형태 가운데 한 가지를 사용한다.

ⓐ "왼손은 야구 배트의 아래쪽에 두고, 오른손은..."(한정적)

ⓑ "네가 수행해야 할 과제는 몸을 감싸 안은 자세로 앞구르기를 3회 연속 한 다음 쪼그려 앉은 자세로 마치는 것이다"(비한정적)

ⓜ 과제활동지 내에 학습자들의 운동 수행 발전 내용, 피드백에 대한 내용, 적절한 정보 등을 기록할 수 있는 공간을 마련한다.

성명 ______________ 스타일: A Ⓑ C D

학급 ______________ 과제활동지 번호: # ___

날짜 ______________

일반적인 교과내용 – 특정 주제

학습자 공지사항: ______________________

과제설명 (또는 그림)	과제의 양	향상도, 기타정보	피드백 (피드백을 주는 주체)
1. ______ a. ______ b. ______ 2. ______ a. ______ b. ______ 3. ______ a. ______ b. ______			

⊙ 과제활동지의 일반적 예

과제활동지에 제시해야 할 내용

- 신상 정보와 관련된 것: 성명, 학급, 날짜 등
- 교수・학습 스타일: 위 예는 연습형 스타일이다. 같은 과제활동지에 A, C, D 등의 스타일이 함께 표기된다.
- 과제활동지의 번호: 과제활동지가 활용될 경우를 대비하여 과제활동지를 순서대로 잘 보관하게 해준다.
- 일반적 교과내용: 활동이나 스포츠 명칭을 기입한다. 예 배구, 체조 등
- 특정 주제: 연습해야 할 스포츠의 특정 과제 예 서브, 배영 등
- 학습자 공지 사항: 학습자에게 활동 목적을 설명하고, 관련 정보나 필수 사항을 제시하게 된다.
- 과제 설명: 이 공간은 각 과제나 과제의 부분적인 내용들을 설명하는데 유용하다. 필요하다면 과제를 직접 눈으로 볼 수 있도록 좋은 자세를 보여주는 사진 및 그림이 제시될 수 있다. 비디오 역시 과제활동지와 더불어 과제 속의 동작을 설명하는데 활용될 수 있다.
- 과제의 양: 제시된 과제와 관련되어 사용할 단위를 나타낸다. 예 반복 횟수, 과제 수행을 위한 시간의 길이, 총 시도 횟수 중 성공한 횟수 등
- 향상도: 학습자나 교사가 이미 완료 또는 완료하지 못한 과제를 표시하고, 다음 수업에 대한 안내를 한다.
- 피드백: 피드백을 주는 주체가 누구인가를 다룬다.

6. 연습형 스타일의 특징

(1) 연습형 스타일의 이론적 구조는 9가지 의사결정 사항이 교사로부터 학습자에게 이양되는 것이라고 할 수 있다. 그러나 체육 교육에서 어느 정도 설명이 필요한 두 가지 결정 사항이 있는데 첫 번째는 자세이고, 두 번째는 복장 및 외모이다.

① 자세

모든 다른 교실 수업에서나 실험 과목에서 자세는 학습 상황에 적응되었다는 특징을 나타낸다. 하지만 체육 교육에서 자세는 교과내용의 한 부분이다. 과제를 설명할 때에는 학습자의 자세를 포함시켜 설명해야 하며, 운동 수행 동안에 이 자세는 유지되어야 하는 것이다. 그러므로 자세에 대한 결정은 체육 교육에서 고정된 과제를 연습하는 동안에는 이양되지 못하는 결정 사항인 것이다.

② 복장과 외모

이것은 경우에 따라 제도상의 의사결정 사항이기도 하다. 예를 들면, 학교 당국이 체육복에 관한 결정을 내리기도 하고, 어떤 특정 스포츠 활동은 안전 장비에 관해 이미 제도적으로 규정된 것(보호 장비, 안전 장비 등)이 있으며, 어떤 스포츠의 복장은 그 스포츠의 진행과 규칙에 적합하도록 규정되어 있다(레슬링, 유도, 현대 무용, 육상 경기 등).

(2) 많은 학습자가 과제수행이나 의사결정 과정에서 같은 오류를 범한다면, 교사가 의사결정을 조정하는 것이 바람직하다. 학급의 활동을 중지시키고, 교사 주위로 학습자들을 집합시킨 다음, 시범이나 설명을 반복한 뒤, 학습자를 제자리로 돌려보내 계속 학습시킨다. 단체로 피드백을 주는 이러한 회상(recalling) 기법은 학습자들에게 다음과 같이 몇 가지 유익한 점을 제공한다.

① 같은 실수를 범하는 학습자에게 동시에 피드백을 주는 것은 시간을 절약하게 해준다.

② 교사와 학습자들 간에 거리를 가깝게 하는 것은 편안한 분위기를 조성한다. 이것은 피드백을 전달하기 위해 교사가 고함을 칠 때와는 다른 분위기를 만들어 낸다.

③ 이 시간 동안 학습자는 질문을 할 수 있고, 교사는 이를 통하여 학습자들이 모두 이해하고 있는지 또는 대부분의 학습자가 이해하고 있는지의 여부를 확인할 수 있다.

④ 올바르게 수행하고 있는 학습자에게도 강화는 유익하다.

(3) 개인 연습을 위해 연습형 스타일이 계획될 때부터 학습자간 의사소통은 최소한으로 억제해야 한다.

(4) 초등학교에서 연습형 스타일을 시행할 때 시작 단계에서 두 가지 현상이 발생할 수 있다. 첫째는, 개개인들이 이제까지 학습한 것을 교사에게 보여주기 위하여, 그리고 피드백을 받기 위하여 교사 주변을 계속하여 맴돈다. 두 번째, 학습자들은 하나의 운동 수행이 끝나면 멈춰 서서 교사가 자신에게 피드백을 주기를 기다린다. 두 가지 상황에 있어서 학습자의 행동을 다루는 가장 빠르고 자연스러운 방법은 학습자와 함께 고찰해 보는 것이다. 그렇게 함으로써 교사는 학습자 개개인에게 학급의 다른 학습자와 마찬가지로 관심을 가지고 있다는 것을 재확인시켜 준다.

(5) 과제의 선정은 연습형 스타일에서 요구하는 행동에 적합해야 한다. 만약 어떤 학습자가 과제에 지속적으로 참여하지 못하거나, 빈번하게 도움을 필요로 하거나, 수행한 과제가 거의 부정확하거나, 혹은 교사와 학습자의 비율이 교사와 학습자의 잦은 개인적 접촉에 부적합한 수준이라면 선정된 과제는 연습형 스타일에 별 도움이 되지 않는다.

(6) 학습자의 운동 수행 수준이 다양할 경우, 교사는 능력에 따라 작은 그룹이나 개인별로 과제를 내줄 수 있다. 과제를 수준별로 내주는 것은 학습자가 적극적으로 과제를 수행하는데 도움을 준다.

(7) 학습자에게 선택권을 주는 또 다른 상황은 예를 들면, 다섯 가지의 과제 중 세 가지를 선택하는 방법을 활용할 수 있다. 교사는 과제 설계와 관련하여 어떠한 교과내용으로 수업할 것인지 결정하고 나면, 학습자는 현재의 에피소드에서 어떤 과제를 선택할 것인가를 결정하는 것이다.

(8) 서성거리는 행동은 하지 말아야 한다. 교사가 일정 시간 동안 학습자를 관찰하고 말 한마디 없이 학습자 곁을 떠날 경우 학습자는 교사의 행동이 무엇을 의미하는지 궁금해 할 것이며 이러한 상호작용은 과제수행 증진에 바람직하지 못하고 학습자의 정서에 긍정적 영향을 주지 못한다. 또한 학습자를 계속 관찰하고, 일정 시간동안 학습자 곁에 머무르며, 끊임없이 피드백을 제공하는 경우가 있는데, 이렇게 교사가 주의 깊게 지속적으로 학습자를 살펴보는 행동은 학습자의 의사결정과 개인 연습을 주저하게 만드는 원인이 될 수 있다.

(9) 학습자가 때때로 정해진 시간 이전에 학습을 마치게 될 경우에 대비하여 계획을 세워야 한다. 이러한 현상은 지시형 스타일을 제외하고 모든 교수·학습 스타일에서 일어날 수 있다.

(10) 연습형 스타일(혹은 다른 스타일에서도 마찬가지로)에서 유용한 도구 중 하나는 벽걸이 궤도이다. 벽걸이 궤도는 수행해야 할 일련의 과제를 제시해 주고, 각 단계에서 수행해야 할 과제 및 의사결정 사항들을 일깨워 준다. 벽걸이 궤도와 과제활동지, 슬라이드 등은 학습자에게 과제에 대한 정보를 주는 역할과 함께 의사결정을 함에 있어서 학습자의 역할을 알려주는 일을 한다. 벽걸이 궤도는 정보를 제공하는 교사의 업무를 경감시켜 줌으로써 결과적으로 학습자에게 피드백을 제공할 시간적 여유를 만들어 준다.

(11) 교수와 학습자의 고유한 역할을 구분하고, 다양한 교수·학습 프로그램, 절차, 전략, 모형과 관련된 의사결정을 함으로써 교사가 스펙트럼 내에서 이러한 제안들을 수용할 수 있게 해준다.

7. 발달 경로

(1) 연습형 스타일의 변형

① 학생 초대 전략은 연습형 스타일의 변형으로서 감성적 발달 경로를 강조하는 하나의 예를 보여준다. 이러한 교수법은 학습자에게 두 가지(또는 그 이상) 과제 사이에서 선택하여 과제를 연습하도록 권유한다.

② 학습자가 스스로 과제를 선택하도록 유도하는 것은 감정적으로 좋은 느낌을 갖도록 해준다. 여기서의 가정은, 만약 학습자가 자신이 연습하기를 원하는 과제를 선택한다면 그들은 좀 더 인지적으로 몰두하게 된다는 것이다.

③ 교사는 학습자가 선택하게 될 과제를 확인하고, 운영절차를 준비하며, 피드백을 제공하고, 학습자는 연습하게 될 과제를 결정한다.

(2) 연습형 스타일을 위한 과제활동지의 예

① 예시 1 – 양궁

성명 ______________　　　　스타일: A Ⓑ C D

학급 ______________　　　　과제활동지 번호: # ____

날짜 ______________

양궁 – 슈팅

학습자 공지사항: 아래 프로그램에서 보여주는 바와 같이 과제를 수행하세요. 6발 모두 사격한 후, 가장 높은 점수부터 낮은 점수까지 기록하고, 발사한 전체의 숫자 및 총점을 기록하세요.

예를 들면

						발사수	점수
9	6	6	4	0	0	4	24

과제

A. 10 야드:

						발사수	점수

B. 20 야드:

						발사수	점수

C. 30 야드:

						발사수	점수

D. 40 야드:

						발사수	점수

이 과제활동지는 학습자들에게 자신의 운동수행 결과를 기록하도록 한 예를 보여준다.

② 예시 2 – 농구

성명 ______________　　　　스타일: A Ⓑ C D

학급 ______________　　　　과제활동지 번호: # ___

날짜 ______________

농구 – 슈팅과 드리블링

학습자 공지사항: 아래에 설명한 대로 각 과제를 수행한 뒤 결과를 표시하고, 완료된 과제는 기록을 하세요.

슈팅의 기준			
과제 설명	운동 기술	단서	일반적 실수
손바닥을 위로 향하여, 웨이터가 접시를 손바닥 위에 올려놓듯이 균형을 잡으시오. 농구 골대에서 팔꿈치 위치는 다트를 던지듯이 하시오. 〈슛-준비자세〉	Set-Up 슈팅하는 손 슈팅하지 않는 손 정렬 시선 다리 균형 슈팅동작 손가락 허리	손가락을 편다. 손가락은 위로-마치 웨이터가 접시를 나르듯이 균형 잡기 손바닥이 측면 벽을 향하도록 함. 오직 손가락만 골에 닿도록 함 팔, 눈, 손이 마치 다트를 던지듯이 골바구니를 향하여 정렬함 골대 가장자리의 뒷부분을 겨냥함 살짝 무릎을 구부리고 엉덩이를 약간 뺀다. 몸이 골바구니와 직각이 되도록 함 중간 손가락과 집게 손가락으로 볼에 회전을 줌 굽바이 하듯이 허리를 움직이기	공을 손바닥으로 잡음 볼을 한쪽으로 밀기 팔의 각도 45° 팔꿈치가 옆으로 밀림 다리를 사용하지 않아서 나타나는 힘의 부족 볼을 던진다. 부적절하게 동작되는 허리 동작
과제	횟수	완료 결과	날짜 교사의 피드백
A. 1. 슛팅-파울 라인에서 2. 슛팅-골바구니 왼쪽 45°에서 3. 슛팅-골바구니 오른쪽 45°에서 4. 원핸드 슛팅-파울라인에서 5. 원핸드 슛팅-골바구니 오른쪽에서 6. 원핸드 슛팅-골바구니 왼쪽에서	 25개 25개 25개 25개 15개 15개		

이 과제활동지는 내용이 설명되어 있으며, 과제 계획에 대한 지시 사항을 담고 있다. 이처럼 생생한 정보는 움직임 전반에 걸친 개관 및 특정한 자세를 보여주며, 학습자들이 독자적으로 연습할 수 있도록 지침을 제공해준다. 교사는 학습자 사이를 순회하면서 내용에 대한 피드백을 제공한다.

⑶ 연습형 스타일에 적합하지 않은 과제활동지의 예

줄넘기 과제활동지

	할 수 있음	할 수 없음		할 수 있음	할 수 없음
보통의 줄넘기			긴 줄넘기		
두 번 뛰기			앞으로 뛰기		
한 번 뛰기			뒤로 뛰기		
사이드 스윙			점프		
사이드 스트래들			나가기		
더블 언더			B-볼 뛰기 10회		
스키어			프리스비 잡기		
벨			포고볼		
로커					

이 과제활동지는 연습형 스타일에서 적합하지 않는 과제활동지의 예이다. 그 이유는 다음과 같다.

- 첫째, 상세한 설명, 그림, 과제의 세부 부분들이 제시안 됨
- 둘째, 횟수 등이 명시되지 않음
- 셋째, 평가에 대한 결정(할 수 있다/할 수 없다)이 학습자에게 이전되어 있음

3 상호학습형 스타일

1. 개념

⑴ 상호학습형 스타일의 특징은 '특정 기준에 의하여 주어진 사회적 상호작용 및 피드백'이라고 할 수 있다.

⑵ 교사의 역할은 모든 교과내용 및 기준을 정하고, 세부 운영절차와 관련된 결정을 내리며, 관찰자에게 피드백을 제공하는 것이다.

⑶ 학습자의 역할은 동료와 함께 짝을 이루어 움직임을 수행하는 것이다. 이때, 한 명의 학습자는 주어진 과제를 수행하고, 연습형 스타일에서 살펴본 바 있는 9가지의 의사결정을 내리는 한편, 다른 한 명의 학습자는 교사가 개발해 놓은 과제활동지를 사용하여 즉각적이고, 지속적인 피드백을 제공하는 관찰자의 역할을 맡게 된다.

(4) 처음 연습이 끝나면 학습자와 관찰자는 서로 역할을 교대하게 된다. 이러한 상호 행동을 본떠서 상호학습형 스타일이라는 명칭을 부여하게 된 것이다(수행자 1과 관찰자 1의 역할은 수행자 1이 관찰자 2가 되고, 관찰자 1은 수행자 2로 서로 역할을 바꾸게 되는 것이다).

(5) 상호학습형 스타일의 구조는 새로운 O-T-L-O(목표-교사-학습자-결과)관계를 만들어 낸다. 이렇게 특정 행동 내에서 제시되는 새로운 목표들은 동료 간의 사회적 관계와 즉각적 피드백을 위한 환경을 강조한다.

교과내용 목표	• 지정된 관찰자와 수행자의 역할을 계속 반복함으로써 특정 교과내용을 자기 것으로 소화해 낼 수 있다. • 주어진 과제와 관련된 단계, 계열성, 구체적인 것들을 가시화할 수 있다. • 달성해야 할 과제의 기준을 활용하여 운동 수행을 비교, 대조, 평가하는 방법들을 학습할 수 있다. • 실수를 확인하고 즉각적으로 수정하는 방법을 연습할 수 있다. • 교사 없이도 과제를 수행할 수 있다.
행동 목표	• 사회성 및 상호 작용 기술을 보다 확장시킨다. • 상호작용 관계를 증진시킬 수 있는 대화 기술을 연습한다. • 동료와 함께 피드백을 주고받는 방법을 학습한다. • 운동을 수행함에 있어서 인내하고 참으며, 타인과의 차이점을 받아들인다. • 감정 이입을 개발한다. • 사회적인 매너를 학습한다. • 과제를 넘어서는 사회적 유대감을 개발한다. • 타인과 상호작용/사회화하는 것을 신뢰한다. • 동료가 성공하는 것을 보면서 보상(감정)을 경험해 본다.

2. 상호학습형 스타일의 구조

	지시형(A)		연습형(B)		상호학습형(C)
과제활동 전	(T)		(T)		(T)
과제활동 중	(T)	→	(L)		(L_d)
과제활동 후	(T)		(T)	→	(L_o)

(1) 상호학습형 스타일에서는 더 많은 의사결정 사항들이 교사로부터 학습자에게 이양된다. 의사결정 이양은 과제활동 후 상황에서 즉각적 피드백의 원리에 유의하면서 이루어진다.

(2) 과제가 어떻게 수행되었는가를 학습자가 빨리 알게 되면 알게 될수록, 자신이 행한 과제수행을 올바르게 교정할 기회는 더욱 더 많게 된다. 따라서 피드백을 즉각적으로 제공하기 위한 교사 대 학생의 최상 비율은 교사 한 명당 학습자 한 명이라고 할 수 있다. 상호학습형 스타일에서는 이러한 것이 가능하도록 학습자를 조직하게 된다.

(3) 학습자 중 한명은 직접 과제를 수행하는 수행자(d : doer)로 지명되며, 나머지 한 명은 이를 관찰하는 관찰자(o : observer)가 된다. 교사(T)가 역할에 따른 기대 행동을 하고 있는 한 쌍에 개입하게 될 때, 교사와 학습자 사이에는 삼각관계가 형성된다.

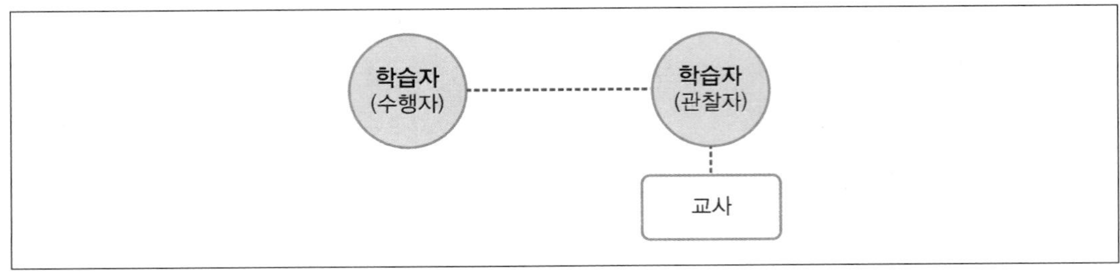

상호학습형 스타일에서의 삼각 구도

(4) 수행자의 역할이 오직 관찰자와 의사소통 한다는 것을 제외하면 다른 것은 연습형 스타일과 동일하다. 관찰자의 역할은 수행자에게 계속적인 피드백을 제공하며, 만약 필요하다면 교사와 의견을 교환하는 것이다.

(5) 교사의 역할은 수행자와 관찰자를 모두 지켜보지만 의사소통은 오직 관찰자하고만 하게 된다.

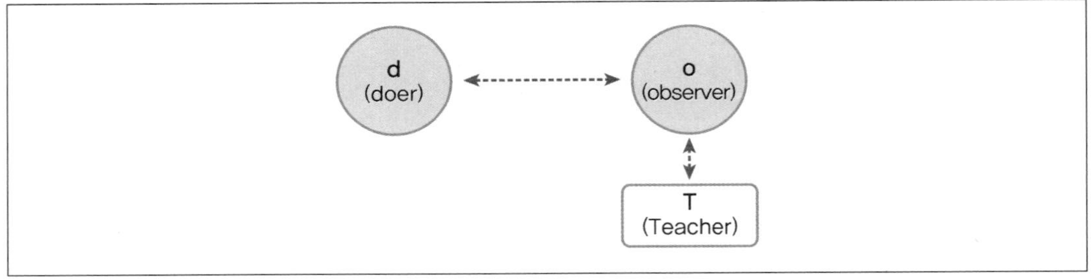

상호학습형 스타일에서 볼 수 있는 의사소통 방향

(6) 교사는 과제활동 전 모든 사항에 대한 결정을 내리고, 수행자는 수업 상황에서 9가지 사항들에 대해서 의사결정을 내린다. 의사결정의 이양은 관찰자가 피드백에 대한 결정을 내리는 과제활동 후 상황에서 이루어진다.

(7) 관찰자의 역할을 간섭하지 않기 위해서 교사는 수행자와 의사소통하지 않는다. 교사는 절대로 관찰자의 역할을 간섭해서는 안 되며, 과제활동 후 결정군에서 관찰자에게 몇몇 의사결정 사항들이 이양되어야 한다.

(8) 관찰자가 수행자에게 피드백 주는 데에는 5단계를 거치게 된다. 이 5단계는 수행 평가의 역할을 부여받은 사람은 누구에게나 필수적인 것일 뿐만 아니라 피드백 제공 과정에서 본질적인 것이다.

① 기준을 아는 것 – 과제에 대한 기대 행동들

② 수행자의 운동 수행을 관찰함

③ 수행자의 운동 수행을 과제 기준에 비추어서 비교 및 대조해 보는 것

④ 같은 것과 다른 것에 관한 결론을 도출하는 것

⑤ 운동수행의 결과를 수행자에게 알려줌

(9) 교사는 학습자에게 기준에 대한 정보를 제공한다. 기준이 공개되면, 관찰자는 수행자의 과제 수행을 정확하게 관찰하고, 이에 대한 정보를 수집한 뒤 제시된 기준에 준하여 과제 수행을 비교 및 대조해 본다. 이 단계에서는 관찰자에게 수행자의 수행 정확도에 대한 정보가 제공된다. 이제 관찰자는 수행자에게 결과를 알려주고 적합한 피드백을 제공할 준비를 한다.

3. 상호학습형 스타일의 실제

상호학습형 스타일은 교수・학습과정에서 교사가 피드백에 대한 의사결정권을 학습자에게 이양하는 첫 번째 스타일이다. 따라서 학습자는 동료와 피드백을 주고받을 때 이를 책임 있게 사용하는 방법을 배워야만 한다. 교사가 연습형 스타일에서 명령이나 지시내리는 행동을 자제해야 하는 것과 마찬가지로, 상호학습형 스타일에서 교사는 수행자에게 피드백을 제공하는 것을 자제해야 한다.

(1) 에피소드의 이해 및 실행

과제활동 전 결정군	연습형 스타일에서 보여준 교사의 의사결정에 추가하여 교사는 다음과 같은 것에 특별한 관심을 가져야 한다. • 교과내용의 선정 및 계획 • 관찰자를 위한 과제활동지/과제 카드의 계획 • 에피소드에 필요한 적합한 운영절차의 결정
과제활동 중 결정군	• 교사의 주요 과제는 이 스타일에서 맡게 될 새로운 역할 및 관계 상황을 설정하는 것이다. • 도입 부분에서 교사는 상호 관계의 필요성에 대해 설명한다. • 수행자와 관찰자의 새로운 관계에 대해 명확하게 이해될 때 학습자들은 기꺼이 자신들의 역할에 참여하게 된다. • 이 스타일에서 모든 연령의 학습자들은 특정 과제를 학습하는 동안 긍정적인 사회적 특성과 피드백 기술이 향상된다.
과제활동 후 결정군	• 과제활동 후 결정군 중 수행자의 운동 수행에 대한 피드백의 권한이 관찰자에게로 이양된다. • 에피소드의 마지막 부분에서 교사는 관찰자 역할을 부연 설명하고, 학급 전체를 대상으로 수업 정리를 한다.

4. 함축적 의미

상호학습형 스타일의 함축적 의미
• 교사는 관찰자와 수행자 사이에 일어나는 사회화 과정을 바람직한 교육 목표의 하나로 인정한다. • 교사는 학습자들 간에 서로 정확하고 객관적인 피드백을 제공할 수 있도록 지도하는 것이 중요하다는 사실을 인식한다. • 교사는 상호학습형 스타일의 에피소드에서 피드백 제공의 권한을 학습자에게 줄 수 있다. • 교사는 과제를 수행하는 학습자(수행자)에게 직접 피드백을 주고 싶은 마음을 억제할 수 있는 새로운 수업 방식을 익힌다. • 교사는 학습자에게 지시형 스타일과 연습형 스타일에서의 행동을 뛰어넘는 보다 확장된 행동을 학습시키며, 학습자들이 부가적인 의사결정을 할 수 있도록 이들을 연습시키는데 필요한 시간을 기꺼이 제공한다. • 교사는 학습자에게로 이전된 부가적 의사결정 사항에 대한 학습자들의 결정을 믿는다. • 교사는 학습자들에게 정보, 평가, 피드백 등을 부여하는 유일한 존재가 아니라는 사실을 받아들인다. • 학습자는 부여받은 상호 역할에 참여하며 자신에게 부여된 의사결정권을 갖는다. • 학습자는 학습과정에서 자신의 역할을 적극적으로 확장시킬 수 있다. • 학습자는 지시형 스타일과 연습형 스타일에서 알고 있는 교사 역할과는 다른 교사의 역할을 이해하고 수용한다. • 교사의 계속적인 참관이 없어도 학습자는 서로간의 상호관계 속에서 과제활동지를 사용하면서 학습할 수 있다.

5. 교과내용과 과제활동지의 선정 및 계획

(1) 과제활동지

① 상호학습형 스타일에서 과제활동지(혹은 과제카드)는 에피소드의 성공과 실패를 좌우하는 요소라고 할 수 있다.

② 과제활동지는 관찰자의 행동 지침을 결정한다.

③ 과제활동지는 수행자가 자신의 수행에 관하여 정확하게 알 수 있도록 한다.

④ 과제활동지는 교사에게 관찰자와의 상호작용을 위한 구체적인 토대를 제공한다.

⑤ 수행자와 관찰자 모두 오직 한 가지의 과제활동지가 필요하다.

⑥ 과제활동지에 포함되어야 하는 5가지 사항

㉠ 명확한 과제 설명: 과제를 세분화하여 계열성에 따라 구분해서 설명한다.

㉡ 운동 수행 중에 발생할 수 있는 특정 문제: 교사는 이전의 경험을 통해 수행 중 발생할 수 있는 잠재적 문제점을 다룬다.

㉢ 과제를 보여주는 그림이나 스케치

㉣ 피드백으로 사용되는 언어적 행동의 예들: 상호학습형 스타일의 초기 경험에 유용하다.

ⓜ **관찰자의 역할을 다시 환기시킴**: 초기 에피소드에서 유용하다. 학습자가 일단 관찰자로서 적합한 행동을 보여주고 나면, 과제활동지에 더 이상 역할을 환기시키는는 내용을 포함시키지 않아도 된다.

⑦ 최근 교수 단서(teaching cues)의 사용을 강조하고 있는데, 교수 단서란 지시형 스타일에서 의미하는 '시간 결정'이 아니고 오히려 기술의 주요 요소들을 재확인해 보는 것이라고 할 수 있다(Fronske). 교수 단서는 운동 기술의 평가 기준(rublics)이라고 할 수 있다.

(2) 고려사항

① 언어 행동

㉠ 짝을 이루고 있는 학습자들 사이를 순회하면서 교사가 가져야 하는 관찰의 초점은 짝 사이에 오고가는 말을 귀담아 듣는 것이다.

㉡ 교사는 학습자들이 짝에 대해 험담하거나, 성급해 하거나, 미숙한 조언을 하거나, 피드백 제공이 지연되거나, 관찰자가 수행자의 행동을 무시할 때 즉시 반응을 보여 주어야 한다.

㉢ **관찰자가 부정확한 피드백을 제공하는 경우**: 교사는 관찰자에게 기준을 참조하게 하고, 수행자가 수행한 것과 제시된 기준을 비교해 보도록 한다.

㉣ **관찰자가 언어를 남용(예 "넌 바보야")할 경우**: 교사의 역할은 지켜야 할 한계점들을 알려주고, 수행자와 관찰자 모두의 품위를 지키도록 하는 것이다. 교사는 학급의 도덕적 체계를 확립해야 한다.

ⓜ **관찰자가 침묵하는 경우**: 교사는 운동수행 및 개입 행동에 대하여 관찰자에게 질문을 하라고 한다.

② 짝을 결정하는 다양한 방법들

학습자에게 짝을 지어주기 위한 다양한 방법들
• 모든 학습자를 한 줄로 세운 뒤 둘씩 세면서 짝을 맞추어 준다. • 이름이나 성의 가나다 순서에 따라서 짝을 맞추어 준다. • 교사가 임의로 짝을 정해 준다. • 학습자들이 자신의 짝을 스스로 선택하도록 한다(학습자 선택). • 키가 비슷한 학습자끼리 짝을 맞추어 준다. • 체중이 비슷한 학습자끼리 짝을 맞추어 준다. • 옆 사람과 짝을 맞추어 준다. • 운동 기술 수준에 따라 짝을 맞추어 준다.

㉠ 다양한 방법들 중에서 상호학습형 스타일의 목적에 가장 잘 부합하는(수행자와 관찰자 간의 의사소통 발달) 짝 선택 방법은 학습자가 스스로 자기 짝을 선택하는 것이다.

㉡ 사람들은 보통 자신이 알고 있거나 좋아하는 사람과 같이 작업하기를 선호한다. 초기에 스스로 짝을 선택하도록 허용하는 것은 학습자로 하여금 자신의 새로운 경험과 역할에 집중하도록 해준다.

㉢ 처음에 학습자들이 자신의 짝을 선택하면 에피소드는 더욱 신속하게 시작되며, 더욱 생산적으로 지속된다. 또한 자신이 좋아하고 믿는 친구와 더불어 피드백을 주고받는 행동은 이를 좀 더 손쉽게 만들어 준다.

㉣ 하지만, 상호학습형 스타일의 목적 가운데 하나는 사회적 발달이므로, 가능한 빨리 학습자들은 여러 다른 사람들과 어울려 학습해야 한다. 한 학년 동안 여러 번 짝을 바꾸게 되는데, 이는 모든 학습자들과 한 번씩 짝을 해보면서 서로가 상호작용 하는 과정을 통하여 사회적 기술이 개발되는 것을 경험하게 된다.

㉤ 초기의 에피소드에서 달성되어야 할 첫 번째 목표는, 수행자와 관찰자로서의 역할에 적합한 행동을 하는 것이다. 이것은 초기 에피소드의 주요 초점이 된다. 스스로 짝을 선택하는 방법은 사회적-감정적 갈등 상태를 최소한으로 줄이면서 목표에 좀 더 빠르고 안정적으로 도달하게 해준다.

㉥ 몇 개의 에피소드가 진행된 후 새로운 짝을 선택하도록 해야 한다. 새로운 짝과의 협력 관계는 하나 혹은 두, 세 개의 에피소드까지 지속될 수 있다. 그리고 사회적 차원을 넓혀 가면서 다시 새로운 짝을 선정하는 일이 반복된다.

㉦ 짝을 바꾸지 않으면 이 스타일에서 추구하는 목표의 성취가 어렵다. 서로 다른 사람들끼리 사회적 상호작용 시 일반적으로 초기에 일어날 수 있는 거북스러움을 조절하는 방법을 배우는 것이 이 스타일의 목적인 것이다.

6. 상호학습형 스타일의 특징

(1) 상황파악(With-it-ness)

① 교사는 한 개인에게 개별적으로 피드백을 제공하는 동안에도 학급의 다른 구성원들을 계속 인식하고 있어야 한다. 자신들의 활동 및 상호작용을 교사가 계속해서 관찰하고 있다는 것을 학습자가 인식하는 것은 필요하다.

② 학습자가 자기 짝과의 행동에서 어떤 일탈 행동을 하고 있는 것을 교사가 관찰하게 된다면, 교사는 관찰자에게 피드백을 제공하고 난 뒤 즉시 이 문제를 다루기 시작해야 한다. "문제가 뭔데?"라는 식으로 질문해서는 안 된다. 이러한 질문을 할 경우 교사는 양쪽 모두에게 여러 가지 이야기를 듣게 되며, 또한 양쪽 모두에게 비난받을 수도 있다.

③ 학습자가 처리할 수 있는 문제에 대해 교사는 관여하지 않도록 한다. 교사는 변덕스럽거나, 함부로 판단하지 않아야 하고 학습자가 자신의 역할에 다시 충실할 수 있도록 도와야 한다.

④ 교사가 학습자들이 구성한 짝과 짝 사이를 순회할 때에는 반드시 무작위로 하여야 한다. 시계 방향이나 반시계 방향 혹은 자신과 가장 가까이 있는 짝 등과 같은 정형화된 방식은 피해야 한다.

⑤ 과제를 명확하게 하기 위해 학습자가 질문을 던지기 시작할 때 교사는 질문을 위한 신호 및 절차 등의 체계를 미리 세워야 한다. 그것은 누가 도움을 필요로 하는지를 명확하게 알 수 있도록 해준다. 이러한 절차가 없다면, 교사는 가끔 몇몇의 학습자들(수행자와 관찰자)에게 둘러싸일 수 있는데 그들은 다양한 질문을 해서 교사의 관심을 얻으려고 한다.

⑥ 상호학습형 스타일에서 모든 학습자들은 수행자와 관찰자로서 각자의 고유 역할에 대해 관심을 기울인다. 에피소드의 마지막에 가서 교사는 학습자가 자신의 역할을 어떻게 수행했는지에 대한 피드백을 제공한다.

(2) 잘못된 인식

① 상호학습형 스타일에 대한 몇 가지 잘못된 인식이 교사에게 존재하고 있음을 간혹 찾아볼 수 있다.

㉠ 머리가 좋은 학생이 머리가 나쁜 학생과 짝을 이룬다 : 이는 '지적 능력' 수준차를 고려하지 않고 설계되었기 때문이다. 하지만, 이는 짝을 이룬 학습자들이 자신의 역할 안에서 동등하게 활동하는 환경을 만들어주는 것으로 오히려 주요 장점이라고 할 수 있다. 짝을 이룬 모든 학습자들은 교수·학습 스타일의 사회적 맥락 내에서 자신의 능력을 활용할 기회를 갖게 되며, 상호작용의 과정 가운데 자신의 감정을 알맞게 조절하는 기회를 갖게 된다.

㉡ 상호학습형 스타일에서는 교사는 할 일이 없다 : 학습자들의 사회화, 의사소통 기술, 관찰자로서의 새로운 행동, 짝으로부터 피드백을 받는 자로서의 새로운 행동 등에 대한 지도 등 교사는 더 많은 일을 하게 된다.

㉢ 상호학습형 스타일은 수행 기준에 준하여 운동수행을 비교하고 대조하는데 어려움을 느끼고 있는 학습자를 위한 것이 아니다 : 오히려 이러한 행동은 인지적 방식의 학습 기회가 더 필요한 학습자에게 아주 적합하다. 상호학습형 스타일의 협동적 특성은 대부분의 학습자들을 상관없이 함께 참여하게 만든다.

㉣ 관찰자는 수행자를 평가해서는 안 된다 : 관찰자가 수행자에게 피드백을 주는 행동이 교수·학습 스타일 자체를 평가하는 것이 아니다. 학습자 각자의 역할은 과제수행의 증진을 위하여 과제활동지를 가지고 피드백을 제공하는 것이다.

② 상호학습형 스타일을 적용할 때 일반적으로 발생하는 미숙함이나 불편함 등을 다소 쉽게 해결해 주는데 도움이 되는 내용들이다.

㉠ 새롭게 대두되는 행동은 소그룹 학습자들을 중심으로 즉시 알려준다.

㉡ 초기 몇 번의 에피소드 동안에 과제를 선택할 때 새로운 역할에 초점을 맞추기 위하여 특별한 과제를 선택할 필요는 없다.

㉢ 한 짝을 학습 전체에게 먼저 시범 보임으로써 새로운 행동을 소개하는 것이 가능하다.

㉣ 새로운 행동을 처음 시도할 때, 새로운 행동/의사결정 기대 행동을 전하고 이를 연습할 시간이 필요하다.

(3) 소그룹

① 소그룹이 구성되는 2가지 이유

㉠ **소그룹 안에서 학습이 이루어지는 것 자체가 과제의 본질이 되는 경우**: 축구에서 기술과 공격 전술을 습득하기 위해 공을 패스하는 데 3명의 선수가 필요할 수 있다. 또는 체조에서 안전을 위해 수행자 옆에 두 명의 보조자가 친구를 보조하게 된다.

㉡ **준비된 운동 기구의 수보다 학습자가 더 많아서 기구가 부족하게 될 때 구성적 필요에 의해서 소그룹이 조직되는 경우**: "1그룹은 평균대, 2그룹은 평행봉에서 연습하세요" 등과 같은 이야기를 체육관에서 종종 듣게 되는데, 이러한 경우 하나의 그룹으로 학습이 이루어진다기보다는 실제로 하나의 기구를 중심으로 그룹이 조직된다(그러므로, 이것은 연습형 스타일이다).

② 상호학습형 스타일의 맥락 속에서 소그룹

㉠ 만일 학급의 총인원이 홀수여서 3명으로 이루어진 소그룹이 필요한 경우에는 남은 학습자 한 명을 한 쌍의 짝에 같이 묶어 줄 수 있다. 두 명의 수행자와 한 명의 관찰자, 혹은 두 명의 관찰자와 한 명의 수행자로 구성할 수 있다.

㉡ 학급이 홀수인 경우 생각할 수 있는 또 다른 방법은 짝이 없는 학습자에게 연습형 스타일로 연습하도록 하며, 이 학습자에게는 교사가 직접 피드백을 제공하는 것이다.

㉢ 이미 구성된 짝이 서로 사회적, 정서적으로 맞지 않기 때문에 함께 수업을 하기를 서로 원하지 않는 때, 이런 경우 남는 인원이 두 명이 되는데 이 각각의 학습자는 다른 두 쌍과 함께 3인조 그룹을 구성하게 된다.

7. 발달 경로

(1) 상호학습형 스타일의 변형

① 상호학습형 스타일의 변형은 대부분은 사회적 발달에 초점을 맞춘 연습형 스타일이다. 예를 들면, 동료 교수, 짝 학습, 협동 학습-협력, 짝 확인, 직소 및 개인교사-학습자 학습과 같은 것은 '나는 너를 지도하고 너는 나를 지도한다'를 기본 모형으로 하고 있다.

② 스펙트럼 상에서 보여주는 상호 행동의 목표는 다음과 같은 것을 가르치기 위해서이다.

㉠ 피드백을 본질적으로 부여하는 과정(인지적 경로)

㉡ 사회적 의사소통을 증가시키는 피드백 기술들(사회적 경로)

㉢ 피드백을 주고받을 때 지켜야할 인내심과 참을성(정서적 경로)

㉣ 사회화 및 의사소통 경험(사회적 경로)

㉤ 과제 수행의 정확성(신체적 및 인지적 경로)

③ 동료 관계를 채택하는 많은 상호학습형 스타일의 변형을 살펴보면 대부분 교사를 포함하고 있지 않은데 사실 교사는 관찰자를 안내하는 과제활동지를 학습자에게 제공하고, 피드백 기술 및 의사소통 기술, 혹은 상호작용 관계 등을 제공하는 역할을 한다. 이러한 행동들은 의사결정 분배 및 목표에 있어서 연습형 스타일에 보다 더 가깝다고 할 수 있다. 교사가 제공하는 과제활동지 없이 학습자가 독단적으로 내리는 피드백은 이상하며, 상호학습형 스타일의 목표에 도달할 수 없을 것 같다.

상호학습형 스타일(C)의 특징
• 이 교수·학습 스타일의 목적은 자기 짝과 함께 상호 관계 속에서 학습하며, 교사가 제공한 수행기준에 준하여 짝에게 피드백을 제공하는 것이다. • 학습자의 역할 – 수행자 및 관찰자의 역할 선택하기 – 수행자로서 과제 수행하기(연습형 스타일처럼 수행함) – 관찰자로서 수행 기준에 준하여 수행자의 운동수행을 비교·대조하며 결론을 내린 뒤 피드백 제공하기 – 과제를 성공적으로 수행한 뒤 역할 교대하기 • 교사의 역할 – 관찰자의 언행 관찰하기 – 관찰자에게 피드백 제공하기 – 관찰자의 질문에 답변하기

(2) 과제활동지의 예

성명 ______________　　　　스타일: A B Ⓒ D E

학급 ______________　　　　과제활동지 번호: # _____

날짜 ______________

테니스

수행자는

10회에 걸쳐 샷을 연습한다. 각각의 샷이 끝난 뒤에 관찰자에게 피드백을 받을 것

관찰자는

1. 수행자의 운동 수행을 관찰한 뒤, 아래의 과제활동지를 사용하여 수행자의 운동 수행을 분석하고, 피드백을 제공하라.
2. 각각의 연습(10회 샷)이 끝난 후 피드백을 제공하라.
3. 과제가 완료되면 역할을 바꾸어라.

관찰자의 언어적 행동에 대한 예: 처음에는 잘 된 부분에 대해 칭찬해주고, 그 다음 실수한 부분에 대해 교정적 피드백을 제공하라.

1. "라켓을 낮은 곳에서 높은 곳으로 스윙하거라. 잘했구나!"
2. "공은 막았지만, 라켓이 뒤로 기울어지지 않았구나."
3. "발이 모여 있구나, 왼발을 앞으로 뻗어라."

스핀 및 스매시				
과제 설명	운동 기술	단서	대안적 단서	일반적 실수
라켓은 높은 곳에서 낮은 곳으로 스윙함 라켓을 뒤쪽으로 기울임	톱스핀	라켓은 낮은 곳에서 높은 곳으로 스윙 캔디 케인 스윙	라켓헤드의 수직면으로 스윙 J스윙	스윙 레벨
	백스핀	라켓은 높은 곳에서 낮은 곳으로 스윙함	라켓을 뒤쪽으로 기울인다.	스윙 레벨
볼을 커트함		공을 컷트함		
〈백스핀〉	오버헤드 스매쉬	서브하듯이 공을 친다.	서브를 넣는 자세를 참조한다.	
		라켓을 목 뒤로 앞쪽의 왼발에 힘을 싣는다. 왼쪽 손으로 공을 가리킨다.		양발 혹은 뒤쪽 발에 힘이 실림 공에 대한 초점을 잃어 공을 놓침
관찰자 1의 조언			관찰자 2의 조언	

4 자기점검형 스타일

1. 개념

(1) 자기점검형 스타일은 학습자가 과제를 수행하고 스스로 평가한다는 특징이 있다.

(2) 교사의 역할은 교과내용, 평가 기준, 수업 운영절차 등을 모두 결정하는 것이다.

(3) 학습자의 역할은 과제를 독립적으로 수행하고, 교사가 마련한 평가 기준에 따라 자신의 과제 수행을 스스로 점검하는 것이다.

(4) 자기점검형 스타일의 의사결정(O-T-L-O)에서 학습자는 이전의 스타일에 비해 많은 책임감을 갖게 된다. 이러한 특징은 '개인 연습'과 '자기 평가'라는 두 측면을 강조한다.

(5) 많은 신체 활동과 스포츠는 학습자에게 자신의 과제 수행에 대한 내적 피드백을 제공한다. 과제 수행의 시각화는 학습자에게 과제 수행 결과를 제공한다. 아래 표에 제시된 스포츠 또는 신체 활동들은 학습자에게 자신의 과제 수행 결과에 대한 피드백을 내재적으로 제공한다. 활동의 시각화는 최종 결과를 알려준다.

자기점검형 스타일을 적용할 수 있는 과제	
• 스케이트보딩	• 서핑
• 저글링	• 농구 슛
• 양궁	• 줄 뛰어넘기
• 다트	• 볼링
• 골프	• 줄 오르기
• 높이가 높은 평균대	• 팔굽혀펴기
• 제한된 공간에서 공을 던지고 잡기	• 다리를 뻗어 발가락 바닥에 대기

(6) 학습자가 과제 수행 기준(과제 수행 지식)에 대해 많이 알수록 의미 있고 정확한 자기 피드백(결과 지식)을 제공 받을 수 있다. 과제 수행에 대한 자기 평가는 다음 연습에서 이전 과제를 그대로 수행할 것인지 아니면 신체 위치 또는 방식을 바꾸어 연습할 것인지를 안내한다.

(7) 많은 과제는 학습자에게 내적 피드백을 제공하지 않으므로, 명확한 최종 결과를 제공하지 않는 덜 시각적인 과제를 제시할 때에는 학습자가 새로운 의사결정을 하고 행동 목표를 성취할 수 있도록 명확한 평가 기준을 제공해야 한다.

(8) 이 스타일의 의사결정은 인지적 참여를 강조한다. 의사결정권은 운동 감각에 대한 자각 능력 향상과 정확한 신체 위치 평가를 위해 학습자에게 이동한다.

(9) 자기점검형 스타일에서 학습자는 내용에 친숙하게 된다. 다른 사람에 의존하지 않고 과제를 연습하는 것, 연습에서 장단점을 평가하고 잘못을 바로 잡는 능력은 어른스런 행동의 필수 요소라 할 수 있다.

교과내용 목표	• 과제를 독립적으로 수행할 수 있다. • 개별적으로 과제를 연습하고 평가하면서 신체 활동의 운동 감각에 대한 자각력을 개발할 수 있다. • 평가와 피드백 기술 연습에 함축되어 있는 결과를 연습할 수 있다. • 자신의 과제 수행에 대한 오류를 수정할 수 있다. • 과제 참여 시간을 증가시킬 수 있다. • 자동적인 과제 수행이 되도록 수업 내용을 숙달할 수 있다.
행동 목표	• 교사와 파트너에게 덜 의존하게 되며 자신의 피드백과 내용 숙달에 의존하기 시작한다. • 자신의 과제 수행을 확인할 수 있는 평가 기준을 사용한다. • 자신의 과제 수행에 대한 정직성을 유지한다. • 자신의 한계에 도전한다. • 과제 수행에서 자신의 유능감에 대한 자기 인식을 얻을 수 있다. • 개인 동기와 독립심을 발달한다. • 내적 동기를 수용할 수 있도록 피드백 기술을 개발한다. • 과제활동 중 결정군과 과제활동 후 결정군에서 의사결정권이 학습자에게로 이동하여 개별화 과정을 유지한다.

2. 자기점검형 스타일의 구조

	지시형(A)	연습형(B)	상호학습형(C)	자기점검형(D)
과제활동 전	(T)	(T)	(T)	(T)
과제활동 중	(T) →	(L)	(L_d)	(L)
과제활동 후	(T)	(T) →	(L_o) →	(L)

(1) 자기점검형 스타일의 특징적 행동은 상호학습형 스타일에서 발전된 것이다. 동료가 평가 기준에 기초하여 피드백을 제공하는 의사결정이 각 학습자에게로 이동한다. 그래서 이 스타일의 명칭을 자기점검형이라고 칭한다.

(2) 자기점검형 에피소드의 가장 두드러진 측면은 두 개의 이전 스타일, 즉 연습형 스타일과 상호학습형 스타일에서 발전된 것이다. 궁극적으로 학습자는 그런 기법을 사용하여 스스로 평가할 수 있는 능력을 익힌다.

① 연습형 스타일에서 학습자는 과제를 수행하는 방법을 배운다.

② 상호학습형 스타일에서 학습자는 평가 기준 사용과 동료에게 피드백을 제공하는 방법을 배우게 된다. 자기점검형 스타일에서 학습자는 같은 자기 평가 기술을 사용한다.

(3) 자기점검형 스타일의 특징은 연습형 스타일에서 과제를 개별적으로 연습할 수 있는 학습자의 능력과 비교, 대조, 결정 내리기의 상호학습형 스타일 과제활동 후 의사결정에 영향을 받는다.

(4) 자기점검형 스타일 구조에서 의사결정권 이동은 학습자가 자신의 과제 수행을 평가하는 과제활동 후 결정군에서 발생한다.

(5) 이 스타일에서 교사의 역할은 과제활동 전 결정군에서 교과내용, 평가 기준, 수업 운영 절차에 대한 모든 결정을 하고, 과제활동 중에 학습자와 대화하는 것이다. 학습자는 과제활동 중 결정군에서 연습하고, 과제활동 후 결정군에서 자신의 과제 수행을 평가한다.

3. 자기점검형 스타일의 실제

교사는 학습자가 핵심적인 내용을 이해하고 자신의 과제수행 정도를 모형에 기초하여 비교/대조하고 과제를 스스로 연습하면서 자기 의존적이 되도록 기회를 제공한다. 이 행동은 초보자나 특정한 운동 기능, 활동, 내용에서 어느 정도 성공을 경험하지 못한 학습자에게는 적합하지 않다. 기본 과제수행 능력이 부족한 학생들이 자기 평가 방법을 사용하는 것은 아직 이르다. 학습자가 과제에 익숙해도, 어떤 신체 부위가 언제 과제를 수행하는지를 운동 감각적으로 기억한다는 것은 매우 어렵다.

(1) 에피소드의 이해

① 학습자들은 체육관, 운동장 또는 무용실 등에 흩어져서 과제를 수행하다가, 잠시 멈추어 교사가 제시한 평가 기준과 자신의 과제 수행을 비교한 후 다시 과제를 수행한다. 학습자는 자신의 과제 수행을 수정 또는 지속하거나 새로운 과제로 이동한다. 이러한 활동은 학습자가 처음으로 의사결정을 하도록 허락된 행동이다.

② 학습자는 그런 의사결정에 참여하면서 여러 보조 행동에 참여해야 한다.

㉠ 학습자는 잠시 멈추어 교사가 마련한 평가 기준을 읽고 이해한다.

㉡ 과제를 수행한 학습자는 잠시 멈추어 자신의 과제 수행에 대해 생각한다. 학습자는 자신의 과제 수행에 대해 마음속으로 평가하게 된다.

과제활동 전 결정군	• 교사는 모든 과제활동 전 의사결정 즉 교과내용, 평가 기준, 수업 운영절차가 적절한지에 대해 결정한다. • 과제활동 전 결정군에 대한 의사결정을 하면서 교사는 일대일 상호작용이 요구되는 사건, 학습 내용의 계열성, 수업 내용 전달 방법, 수업 자료와 장비 등에 대해 사전에 머릿속으로 연습할 수 있다.

과제활동 중 결정군 및 과제활동 후 결정군(수업 예시안)	
교과내용 제시	교과내용 1. 과제를 제시한다. 2. 평가 기준을 제시한다.
행동 제시	3. 교사는 스타일의 기대 행동과 목표에 대해 이야기한다. 4. 교사는 학습자의 역할을 제시한다. • 과제를 개별적으로 연습한다. • 평가기준에 맞추어 자신의 과제수행을 점검한다. 5. 교사는 학생의 역할을 설명한다.

운영절차 제시	운영절차의 기대 행동 6. 교사는 에피소드에 필요한 세부항목을 결정한다. • 수업 장소 • 시간 • 과제 용지에 필요한 용·기구/수업 자료 수거 장소 • 평가 기준에 필요한 용·기구/수업 자료 수거 장소 • 용·기구/수업 자료의 반환 장소 • 인터벌 • 자세 • 복장과 외모
이해 점검을 위한 질문	활동을 시작하기 전에 기대 행동의 이해 정도를 입증해 보여야 한다. "더 궁금한 것 있니?" 이 질문에 답한 후, 학습자는 활동을 시작한다.
행동, 과제 참여, 과제 수행	7. 학습자는 과제를 연습하는 동안 미리 결정된 의사결정을 하기 시작한다. 과제를 수행하면서 학습자는 과제 연습(과제활동 중)과 자신의 과제 수행 점검(과제활동 후)을 실시한다.
피드백 (과제활동 후)	8. 각 학습자는 과제활동지를 사용하면서 과제를 수행한다. 각 학습자는 자신의 학습 진도에 맞추어 언제 과제활동지를 사용하여 자기평가를 실시할 것인지 결정한다. 9. 과제활동 후 결정군에서 교사의 역할 • 학습자의 과제 수행을 관찰한다. • 학습자가 과제활동지를 사용하여 자기 평가를 실시하는 것을 관찰한다. • 자기점검 과정에서 과제수행의 효율성과 정확성을 알아보기 위해 개별 학습자와 대화한다. • 학습자가 자기 평가를 실시하면 피드백을 제공한다.
정리	10. 이 새로운 행동의 핵심 사항에 대해 이야기하면서 수업을 정리한다. 자기 평가 역할에 관해 전체 학급을 대상으로 이야기한다.

자기점검형 스타일(D)의 특징
• 이 교수·학습 스타일의 목적은 과제를 수행하고 학습자 스스로 자신의 과제 수행을 점검하는 것이다. • 학습자의 역할 – 과제를 수행한다. – 연습형 스타일의 9가지 요인에 대해 의사결정 한다. – 평가 기준을 사용하여 자신의 과제 수행을 점검한다. • 교사의 역할 – 교과내용과 평가 기준을 준비한다. – 학습자의 질문에 대답한다. – 학습자와 의사소통한다.

4. 함축적 의미

자기점검형 스타일의 함축적 의미
• 교사는 학습자의 독립성을 존중한다. • 교사는 자기-모니터링 시스템을 개발할 수 있는 학습자의 능력을 존중한다. • 교사는 학습자가 자기 점검 과정을 정직하게 수행한다고 믿는다. • 교사는 과제 수행과 자기 점검 과정에 중점을 둔 질문을 할 때 인내심을 가져야 한다. • 학습자는 개별적으로 과제를 수행하고 자기 점검 과정에 참여할 수 있다. • 학습자는 기술 향상을 위한 피드백으로 자기 점검 방법을 사용할 수 있다. • 학습자는 자신의 한계, 성공 그리고 실패를 확인할 수 있다.

5. 교과내용과 과제활동지의 선정 및 설계

(1) 체육에서 모든 과제가 자기 평가에 도움이 되는 것은 아니다. 교과내용 선정 기준은 학습자가 과제활동 후 자기 평가에 참여하기 전에 일부 과제를 능숙하게 수행해야 한다는 것이다.

(2) 학습자가 새로운 과제를 배울 때 자기 평가를 정확하게 하는 것은 어렵고 때때로 불가능하다. 이런 상황에서는 자기점검형 스타일보다는 상호학습형 스타일이 더 적합하다.

(3) 또 다른 문제점은 과제수행의 정확한 기록 부족이다. 학습자는 자신의 과제 수행을 떠올리면서 명확한 평가 기준에 따라 과제 수행을 평가해야 한다. 이것은 많은 학습자에게 매우 어려우며 특히, 초보자들에게는 불가능하다. 초보자가 새로운 기술을 배울 때, 각 신체 부위의 자세한 상태를 기억하는 것은 거의 불가능해 보인다.

(4) 새로운 활동을 배울 때 과제 수행에 대한 정확한 정보로 운동 감각을 사용할 수 없다. 운동 감각은 과제수행에 대한 일반적인 감각을 제공하지만, 과제 수행 능력을 향상시키는데 요구되는 정확한 정보를 제공하지 않는다. 그런 종류의 과제에서 자기점검형 스타일을 사용하는 것은 적합하지 않다. 외부로부터 피드백을 제공받는 상호학습형 스타일을 사용하는 것이 더 적합하다.

(5) 움직임 자체보다 움직임 결과로 최종 결과를 얻는 과제는 자기점검형 스타일에 적합하다. 농구는 기술에 상관없이 성공 여부로 과제수행 결과를 판단한다. 창던지기는 창던지는 폼과 상관없이 창이 날아간 거리로 결정한다. 신체 움직임과 최종 결과 사이의 관계는 과제수행자에게 즉각 피드백을 제공하며 특정한 평가 기준을 사용한 자기 점검의 사용을 가능하게 한다(과제에 대한 내적 피드백이 제공되는 상황이다).

(6) 운동 기술을 계열성 있게 나열하고 정확한 과제 수행에 필요한 단서를 제공하며 자주하는 실수를 적어 놓은 관련 문헌은 자기점검형 스타일에 필요한 평가 기준을 준비할 때 매우 중요하게 사용된다.

6. 자기점검형 스타일의 특징

(1) 언어적 행동

교사의 언어적 행동은 이 스타일의 의도를 반영해야 하며 교사와 학습자의 역할을 지원해야 한다. 교사와 학습자의 의사소통 목적은 다음과 같다.

① 학습자가 평가 기준에 기초하여 자신의 운동 수행을 비교 대조할 수 있다는 것을 확인할 수 있다.

② 각 학습자가 자신의 과제 수행에 대해 이야기하는 것을 들을 수 있다.

③ 질문을 통하여 학습자가 자신의 과제 수행과 평가 기준 사이의 차이를 알도록 유도할 수 있다.

④ 학습자가 자신의 과제 수행과 평가 기준 사이의 차이점을 모른다면 차이점을 확인시켜 줄 수 있다.

(2) 과제 설계 방법

① 모든 학습자를 위한 단일 과제: 교사는 모든 학생에게 동일한 과제를 부여한다.

② 차별화된 과제: 교사는 각 학습자에게 각기 다른 과제를 부여한다.

(3) 과제활동지

① 과제활동지 양식은 중요하다.

② 과제가 복잡할수록 학습자가 종이와 연필만을 가지고 자기 평가에 참여하는 것은 점점 어려워진다. 비디오 녹화는 좋은 방법이지만, 시간이 소요되는 단점이 있다.

③ 각 움직임을 세부적으로 분류할 수 있는 과제는 평가 기준이 적힌 용지만을 사용해도 괜찮다. 각 학습자는 여러 부분의 내용을 적어 놓은 자신만의 과제활동지가 필요하다.

④ 상호학습형 스타일에 맞게 설계된 평가기준을 자기점검형 스타일에서도 사용할 수 있다. 수행 평가 기준은 바뀌지 않으며, 행동/의사결정에 대한 기대 행동만 바뀐다.

성명 ____________　　　　　　　　　　　　스타일: A B C Ⓓ E

학급 ____________　　　　　　　　　　　　과제활동지 번호: # _____

날짜 ____________

축구

학생 주의사항: 세 가지 과제가 있습니다. 각 과제는 여러분이 펀팅(럭비에서 공이 땅에 닿기 전에 차는 것)을 연습할 수 있도록 설계되었습니다.

스테이션 1: 펀트의 기술을 연습하는 것입니다(공 거리가 중요한 것이 아니다). 아래의 평가 기준에 맞추어 여러분의 과제 수행 능력을 평가하세요.

스테이션 2와 3: 펀팅과 공을 정확하게 날리는 것입니다. 스테이션 2와 3에서 볼의 비행 기술과 기록 그리고 지정된 목표물에 볼을 얼마나 정확하게 보냈는지를 평가합니다.

펀팅				
과제 설명	운동 기술	단서	대안적 단서	일반적 실수
스컹크를 잡는 것과 같이 공을 잡는다.	기법 손의 위치	스컹크를 잡는 것과 같이	공을 멀리 잡기	가슴 가까이 공을 잡는다.
공을 떨어뜨린다.	공 떨어뜨리기	공을 떨어뜨리기		
	다리차기	배구의 언더핸드 서브와 같이 풋볼킥과 같이 무릎 아래에서 공을 차지 위해 몸 아래에서 다리 흔들기	킥하는 발 뒤로 당기기	잠시 정지하지 않고 서있는 자세에서 다리를 흔든다.
공을 차는 다리를 뒤로 당긴다.	다리 지지	공을 떨어뜨리면서 동시에 다리 지지하기		공이 너무 위에 있을 때 차거나 또는 너무 낮게 있을 때 발끝으로 공을 찬다.

피드백

7. 발달 경로

(1) 자기점검형 스타일의 변형

① 개별화 교수의 수업 자료에 개별 학습자에게 필요한 평가 기준, 실수 분석, 그리고 기대 행동 평가에 대한 내용이 포함되어 있다면, 개별화 교수는 자기점검형 스타일의 좋은 예가 된다.

② 개별화 교수에 동료 교수를 통합시키면, 이 스타일은 자기점검형 스타일의 의사결정(또는 목표)과 다르다. 과제 연습과 평가에 대한 독립성은 자기점검형 스타일의 대표적인 변형이다.

③ 과제 수행 능력 향상과 자기 평가 기술 개발은 교사가 만든 평가 기준에 의해 이루어진다. 자기점검형 스타일의 초기 에피소드에서 준비된 평가 기준이 없다면 학습자는 자기 평가를 실시할 수 없다. 학습자가 과제를 유능하게 수행할 때에는 평가 기준 없이도 신뢰성 있는 자기 평가가 가능하다.

④ 학습자가 동료와 함께 또는 집단에서 과제를 수행할 때, 자기 평가는 어렵다. 그러므로 자기점검형 스타일의 목표와 의사결정을 강조하기 위한 목적으로 집단을 통합한 설계 변형은 조심스럽게 시험되어야 할 필요가 있다.

⑤ 학습자가 준비가 되어 있다면 사회적 영역 발달 경로를 강조한 자기점검형 에피소드는 가능하다.

⑥ 다양한 자기점검형 스타일의 변형과 비대비에 의한 접근 방법으로 교수·학습 경험을 접근하는 것은 학습자 참여를 증가시킨다.

교수 · 학습 행동의 에피소드

에피소드 #	교수 · 학습행동
1	자기점검형 스타일: 과제를 개별적으로 연습하고 평가 기준을 이용하여 자기-점검을 한다.
2	소집단에서 상호학습형 스타일: 각 학습자는 과제를 수행하고 집단 구성원들은 평가 기준을 사용하여 피드백을 제공한다.
3	자기점검형 스타일: 집단의 의견을 원본의 자기 평가 코멘트와 비교한 다음 과제와 자기 평가를 연습한다.

누가적인 목표는 학습자가 자기 평가 의사결정을 시험하도록 유도하는 사회적 상황을 만든다. 이 설계 방법은 자기점검형 스타일에서 다른 점을 강조한다. 이것은 집단 상호작용과 집단 간 의존성을 증가시켜 사회적 소외감을 없애준다. 개인적인 과제 참여 시간은 감소하지만 피드백은 증가한다. 자기점검형 행동의 의사결정과 목표를 강화시킨다.

5 포괄형 스타일

1. 개념

(1) 포괄형 스타일의 특징은 다양한 기술 수준에 있는 학습자가 자신들이 수행할 수 있는 난이도를 선택하면서 동일한 과제에 참여한다는 것이다.

(2) 교사의 역할은 과제의 난이도 선정, 교과내용과 수업 운영절차에 대한 모든 의사결정을 하는 것이다.

(3) 학습자의 역할은 자신이 성취 가능한 수준을 조사하고, 시작점을 선택하여 과제를 연습하며 필요에 따라 과제 수준을 수정하며 평가 기준에 맞추어 자신의 수행을 점검하는 것이다.

'포괄은 연속적인 참여를 보장한다'라는 말은 포괄형 스타일의 전체 목표를 요약한 것이다.

(4) 포괄의 개념

① 수평으로 줄잡기는 개인차를 배제시킨다.

수평으로 줄잡기

② 경사진 줄잡기는 항상 모든 사람을 포괄한다. 경사진 줄은 포괄의 조건(동일한 과제에서 난이도를 선택하는 것)을 만드는 목표를 성취시킨다.

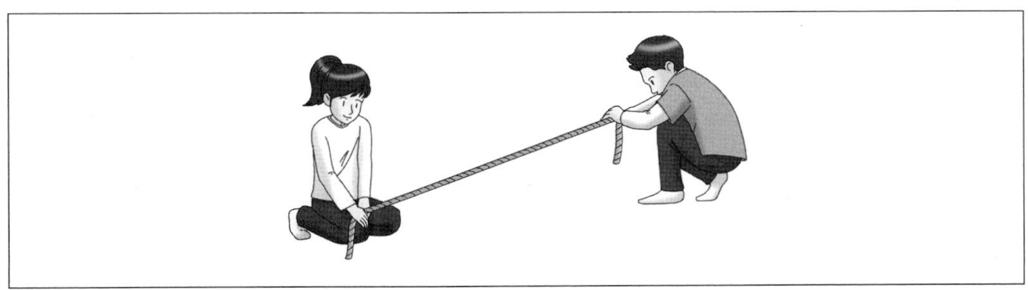

경사지게 줄잡기

교과내용 목표	• 학습자의 개별적인 과제 수행 능력을 인정할 수 있다. • 동일한 과제에서 학습자가 다양한 내용 시작점을 선택할 수 있도록 여러 선택 사항을 제공한다. • 연속적인 참여 기회를 제공하여 학습자의 내용 습득을 증가시킬 수 있다. • 내용을 수정하는 데 필요한 의사 결정 기회를 제공할 수 있다. • 질 높은 과제 참여 시간을 증가시킬 수 있다. • 평가 과정을 강화시킬 수 있다.

행동 목표	• 초기 과제 수행 기준을 선택하여 과제의 시작점에 필요한 의사결정을 경험한다. • 수행 기준안을 사용하여 자기 평가 기술을 연습한다. • 연속적인 내용 참여를 유지할 수 있는 내용 수정 의사결정을 경험한다. • 과제 수행 능력에 대한 개인의 차이를 인정한다. • 자신이 생각하는 이상적인 기술 수준과 현재 자신의 과제 수행 능력 사이의 차이 또는 일치를 수용하는 능력을 배운다. • 자기 신뢰감을 내면화하는 기술을 연습한다. • 정직하게 자기 평가를 실시하고 적절한 수준을 선택할 수 있도록 연습한다.

2. 포괄형 스타일의 구조

	지시형(A)		연습형(B)		상호학습형(C)		자기점검형(D)		포괄형(E)
과제활동 전	(T)		(T)		(T)		(T)		(T)
과제활동 중	(T)	→	(L)		(L_d)		(L)	→	(L)
과제활동 후	(T)		(T)	→	(L_o)	→	(L)	→	(L)

(1) 포괄형 스타일에서 교사의 중요한 역할 중의 하나는 과제활동 전 결정군에 대한 의사결정을 하고 과제활동 중 결정군에서 학습자의 역할 이동을 예상하는 것이다.

(2) 학습자는 과제활동 중 결정군에서 자신의 과제활동 수준을 선택하는 교과내용 시작점을 결정한다.

(3) 과제활동 후 결정군에서 학습자는 자신의 과제활동을 평가하고 어떤 수준을 계속 수행할 것인지를 결정한다.

경사지게 줄잡기에서의 학습자 의사결정
1. 자신에게 적합한 줄의 높이를 찾던 학습자에게 경사지게 줄잡기는 도움이 될 것이다. 2. 학습자는 자기 평가를 실시한 후 출발점을 스스로 결정한다. 3. 학습자는 몇 발자국 뛰어간 후 선택한 높이의 줄을 뛰어 넘는다. 학습자는 자신이 뛰어넘을 수 있는 성취 가능한 줄의 높이를 알 것이다. 처음에 과제 수준을 선택할 때 학습자는 늘 성취 가능한 난이도를 선택할 것이다. 4. 학습자는 자신이 선택한 첫 번째 줄의 높이에서 성공했다는 것을 알 것이고(과제활동 후 결정군), 그 후 세 개의 선택권을 갖는다. • 같은 높이를 반복해서 뛰어넘을 수 있다. • 더 높은(보다 어려운) 위치를 선택할 수 있다. • 더 낮은(덜 어려운) 위치를 선택할 수 있다. 학습자가 어떤 선택을 하든지 상관없다. 가장 중요한 것은 학습자가 성취 가능한 높이를 선택한다는 것이다. 5. 학습자는 몇 발자국 걸어간 후 선택한 높이의 줄을 뛰어넘는다. 6. 학습자는 평가 기준에 기초하여 자신의 줄 뛰어 넘기 결과를 평가한다(과제활동 후 의사결정). 다시 세 개의 선택권(같은 높이 선택, 더 높은 높이 선택, 낮은 높이 선택)을 갖는다. 7. 학습자의 선택에 따른 다양한 수준의 연습 과정이 계속된다.

3. 포괄형 스타일의 실제

(1) 에피소드의 이해

① 선택의 개념을 강조하는 과제 수정을 통하여 포괄이 발생할 수 있는 시범을 보인 후 다른 과제로 이동한다. 모든 학생들을 포함시키기 위해 설계한 새로운 과제를 연습하도록 학생들에게 요청한다.

② 이전 행동에서와 같이 학습자는 흩어져서, 과제활동지를 집어들은 후 수업 장소를 선택한다. 그 다음 학습자는 교사가 제공한 여러 과제의 난이도를 조사한 후 자신에게 맞는 개별 출발점을 결정한다.

③ 학습자에게 시작 시간과 초기 난이도를 선택할 수 있는 기회가 제공된다. 교사는 학습자 사이를 순회하면서 각 학습자에게 개별 피드백을 제공한다. 이때 교사는 과제 수행에 대한 세부 사항에 대해서가 아니라 의사결정에 대해 피드백을 제공한다.

④ 교사는 학습자가 선택한 수준에 대해 가치가 담긴 피드백 제공을 피하고 가치중립적인 피드백을 제공하는 것이 중요하다. 학습자에게 선택한 과제의 수준이 좋았는지 나빴는지 이야기하는 것은 교사의 역할이 아니다. 학습자의 역할은 교사에게 도움을 요청하지 않고 자신에게 적합한 수준을 선택하는 것이다.

⑤ 포괄형 스타일의 목표는 학습자가 자신이 가장 잘 수행할 수 있는 교과내용 수준을 적절하게 선택하도록 가르치는 것이다. 이 행동은 인지적 발달과 신체적 발달뿐만 아니라 정의적 발달을 강조한다. 이 행동은 감정, 자아상, 학습자의 수행 수준을 촉진시킨다.

⑥ 교사는 과제를 수행할 때, 자주 발생하는 학생의 잘못에 주의를 기울여야 한다. 학습자가 선택한 수준과 관계없이, 학습자에게 과제에 대해 질문하고 한 번 이상 과제 수행을 점검해야 한다.

⑦ 학습자가 과제활동하는 것을 보기 위해 기다리거나 몇 분 후에 되돌아가서 학습자의 과제활동에서 잘못이 발견되었다면 확인시켜 주고, 만약 그렇지 않다면 과제 수행에서 발생할 수 있는 잘못을 명확하게 설명한 후 다음 학습자에게로 이동해야 한다.

(2) 포괄형 스타일의 실행

과제활동 전 결정군	• 점진적으로 어려워지는 내용 계열성은 학습자가 교과내용에 참여하도록 이끈다. • 포괄형 스타일에서는 내용에 대한 선택 사항이 많고 여러 감정이 드러날 수 있기 때문에 학생의 능력에 대해 폭넓은 전제를 할 필요가 있다.

포괄형 스타일의 수업예시안	
포괄 개념을 소개하는 상황 설정	• 포괄의 개념을 소개한다. • 교사는 포괄의 개념을 소개하는 상황을 설정한다. '경사지게 줄잡기'를 활용한 에피소드는 포괄의 개념을 이해하고 내면화하는 데 적합하다.

행동 제시	교사 1. 주요 목표를 이야기한다. 모든 학습자를 포괄시키기 위해 동일한 과제를 다양한 난이도로 제공한다. 2. 학습의 역할 기대 행동 서술 • 선택할 과제 수준에 대해 조사하기 • 과제 수행의 시작점으로 초기 수준을 선택하기 • 과제 수행하기 • 평가 기준과 비교하여 자신의 과제 수행 평가하기 • 다른 수준으로 이동할 것인지 결정하기 3. 교사의 역할 기대 행동 서술 • 수준을 선택하고 과제를 수행하는 학습자 관찰하기 • 학습자의 질문에 답하기 • 학습자와 의사소통하기 포괄형 스타일의 특징은 학습자가 이 스타일의 교수·학습 행동을 상기시키는데 도움이 된다.
교과내용 제시	교과내용 교사는 다음 내용을 제시한다. 1. 교과내용, 다양한 난이도, 난이도를 결정하는 요인, 과제활동지를 제공한다. 시범을 보이면서 수업 내용을 전달하고 필요하다면 대화로 내용을 전달한다. 2. "개별 프로그램"(과제활동지) 3. 아래의 내용에 대한 교과내용 세부 운영절차 • 질 • 다른 수준으로 이동하기 전에 각 수준의 정확한 반응 수 • '점검 절차' 체크 방법
운영절차 제시	운영절차의 기대 행동 교사는 에피소드의 제한점을 확인한다. 이 스타일에서 제한점에 대한 의사결정은 다음의 범주 모두 또는 어느 한 가지에 적용될 수 있다. • 수업 자료를 집고 "개별 프로그램"과 과제활동지를 반납한다. • 시간 • 수업 장소 • 인터벌 • 복장과 외모 • 자세
이해점검을 위한 질문	활동하기 전에 기대 행동의 이해여부를 확인한다. 이해 여부를 확인하기 위해 어떤 질문을 할 것인지? 질문은 언제 시작하고, 처음에 어떤 질문을 할 것인지? 다음 질문은? 그런 질문의 목적은 포괄형 스타일의 초기 성공률을 높이기 위한 것이다. 학습자의 나이와 이전 성공 정도는 초기 활동을 검토하는 질문을 하는 데 필요한 것이다. 일단 기대 행동을 확인하면 행동으로 옮긴다. 시작할 준비가 되어 있을 때 시작한다.

행동, 과제참여, 과제수행	수업자료 조직 방법에 의존하여 학습자는 (모든 수준이 포괄된) '개별 프로그램'을 선택하거나 다양한 선택사항을 조사하기 시작한다. 그 다음 출발 수준을 선정한다. 학습자는 과제를 끝마친 후 자신의 과제수행 정도를 점검할 것이다(과제활동 후). 학습자는 과제를 수행하기 시작한다. 일부 학습자는 잠시 멈추고 다른 과제로 되돌아가서 난이도를 조정할 것이다. 그런 학습자는 더 쉽거나 어려운 난이도를 선택하거나 같은 난이도에 머무르기도 할 것이다. 학습자는 자신의 위치로 되돌아가서 계속 과제를 수행한 후 자신의 과제 수행을 최종적으로 점검할 것이다(과제활동 후).
과제활동 후 피드백	학습자 과제활동지에 기초하여 자신의 과제 수행을 평가하고 난이도를 결정한 후 과제의 이해 정도를 점검하기 위해 질문을 한다. 교사 다양한 난이도의 과제를 조사하고 수업 자료를 수집한 후 과제에 참여하는 학습자의 행동을 관찰한다. 의문이 생기면 교사는 질문할 수 있다. 또한, 교사는 학습자 사이를 개별적으로 순회하기 전에 학습자가 과제에 참여할 수 있는 기회를 갖도록 기다린다. 교사는 학습자의 과제 수행과 수준 선택에 대해 이야기한다. 학습자가 여러 번 실수를 하면 교사는 학습자에게 과제를 계속 수행하지 말고 평가 기준을 점검해 보라고 제안한다(교사는 실수한 내용에 대해 이야기하지 않는다). 교사는 학습자가 자신의 과제 수행에 대해 평가할 수 있도록 질문한 후 다른 학습자에게 이동한다.
정리	에피소드 끝에 교사는 전체 학급을 대상으로 출발 수준 선택, 선택한 과제 수정, 자기점검에 대한 피드백을 제공한다.

포괄형 스타일(E)의 특징

- 이 교수 · 학습 스타일의 목적은 과제에 참여하고 과제를 수행할 수 있는 난이도를 선택하고 자신의 활동을 스스로 점검하는 것을 배우는 것이다.
- 학습자의 역할
  - 연습형 스타일의 9가지 의사결정을 할 수 있다.
  - 여러 난이도의 과제를 조사할 수 있다.
  - 자신에게 적절한 수준을 선택할 수 있다.
  - 과제를 수행할 수 있다.
  - 교사가 준비한 평가 기준에 기초하여 자신의 과제 수행을 점검할 수 있다.
  - 과제의 이해 정도를 점검하기 위해 교사의 질문에 답할 수 있다.
- 교사의 역할
  - 과제와 다양한 과제 난이도를 준비할 수 있다.
  - 과제에 적합한 평가 기준을 준비할 수 있다.
  - 학습자의 질문에 대답할 수 있다.
  - 학습자와 의사소통을 시작할 수 있다.

4. 함축적 의미

포괄형 스타일의 함축적 의미
• 이 스타일을 사용한다는 것은 교사가 배제보다는 포괄과 참여의 개념을 철학적으로 수용한다는 것을 의미한다. • 일부 교사는 모든 학생을 포함시키기 위해 세부적으로 계획하는 반면, 또 다른 교사는 배제되는 경향이 있는 일부 에피소드를 계획하여 비대비 개념에 대한 자신의 생각을 확장시킨다. • 학습자가 자신이 생각하는 이상적인 수준과 현재 자신의 실력 사이의 차이를 발견할 수 있도록 수업 상황을 만들어야 한다. • 학습자는 이상과 현실 사이의 차이를 수용하면서 그것을 줄일 수 있는 방법을 배워야 한다. • 자신의 현재 수준에서 그 과제를 수행할 수 있는가를 알아야 한다.

5. 교과내용의 선정과 설계

(1) 개별화 프로그램

여러 과제와 난이도로 이루어진 개별화 프로그램은 연속적인 에피소드로 설계되어야 한다. 포괄형 스타일에서 한 개의 에피소드는 이 행동의 장점을 습득할 수 있는 기회를 충분하게 제공하지 않는다. 독립심을 가르칠 때에는 많은 시간이 필요하지만 개별화 프로그램을 통해 이 목표를 달성할 수 있다. 개별화 프로그램은 과제를 여러 수준으로 나누어 제시하기 때문에 난이도 개념을 먼저 이해하는 것이 도움이 된다.

① 난이도 개념

㉠ 경사지게 줄잡기: 줄의 높이는 동일한 과제를 다양한 난이도로 학생들에게 제공한다. 과제는 높이와 상관없이 줄을 뛰어넘는 것이다. 학생들 간의 개인차는 난이도를 결정하는 줄의 높이에서 발생한다.

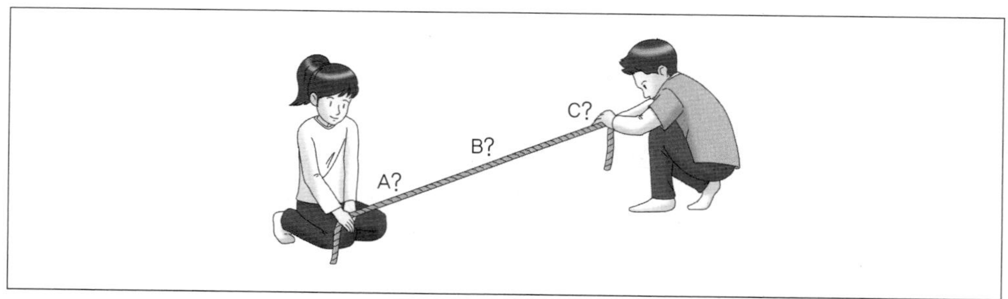

포괄형 스타일로 설계된 과제

학습자에게 줄의 A, B, C지점은 다른 수준의 난이도를 의미한다. A, B지점보다는 C지점 높이의 줄을 뛰어넘는 데 더 많은 노력이 늘 요구된다. 줄을 뛰어넘는 사람들의 능력과는 상관없이 이것은 사실이다. 경사진 줄 뛰어넘기의 사례에서 난이도를 결정하는 요소는 줄의 높이이다. 줄의 높이를 다양하게 하는 것은 같은 과제를 다양한 난이도로 제시하는 것이다.

㉡ 농구 골대 슛하기(난이도에 영향을 주는 요소)

ⓐ 거리: 농구 골대에 골을 넣는 과제에서 거리는 난이도에 영향을 미치는 내적 요소이다.

ⓑ 농구 골대의 높이: 다양한 농구 골대 높이는 다른 학습자에게 출발점 역할을 하는 다양한 난이도를 만든다.

ⓒ 림의 직경: 다양한 림의 직경은 농구 골대 안으로 공을 성공적으로 슈팅하는 데 필요한 여러 상황을 만든다.

ⓓ 공의 크기

ⓔ 공의 무게

ⓕ 슛의 각도: 슛이 일어나는 곳으로부터 농구 골대 위치는 다양한 난이도를 제공한다.

ⓖ 난이도에 영향을 미치는 또 다른 요소 추가하기

㉢ 체육수업에서 배제와 포괄 에피소드를 통합하여 교육 원리를 증명할 수 있는 기회가 많다. 학생이 활동에서 배제되었을 때, 실패감 뿐만 아니라, 체육에 대해 부정적인 생각을 갖기 시작한다. 포괄형 스타일의 에피소드를 자주 제공하는 것은 학습자가 자신이 수행할 수 있는 난이도에 참여하도록 독려하기 위함이다.

㉣ 출발점에서 성공할 수 있는 정당한 기회와 과제에 대한 연속적인 향상은 끊임없는 참여를 보장한다. 사람들은 활동에 참여하지 않고 그 활동을 배울 수 없다. 배제는 거부의 토대가 되고, 포괄은 참여를 유발한다.

② 난이도를 결정하는 요소 확인하기

포괄형 스타일에 적합한 과제를 준비하기 원하는 교사가 직면한 주요 질문 중의 하나는 선택한 과제에서 요소를 어떻게 확인할 수 있느냐?이다. 여기에는 두 가지 절차(과제 분석 – 3개의 설계 방법, 점검 목록표)가 고려되어야 한다.

㉠ 과제 분석: 모든 과제는 세 가지 방법 중 하나로 설계한다.

<table>
<tr><td>전통적인 설계 방법</td><td>① 선의 증가는 매우 적고 연속적인 난이도로 이루어졌다.
② 선택 사항의 범위는 활동 고유의 내적 요소로부터 나온다(경사지게 줄잡기의 경우에 줄의 높이이다).
③ 제공된 수준에 대한 성공적인 과제수행은 낮은 수준의 난이도에 대한 성공을 보장한다(역학적인 원리가 이 스타일 설계의 토대가 된다).
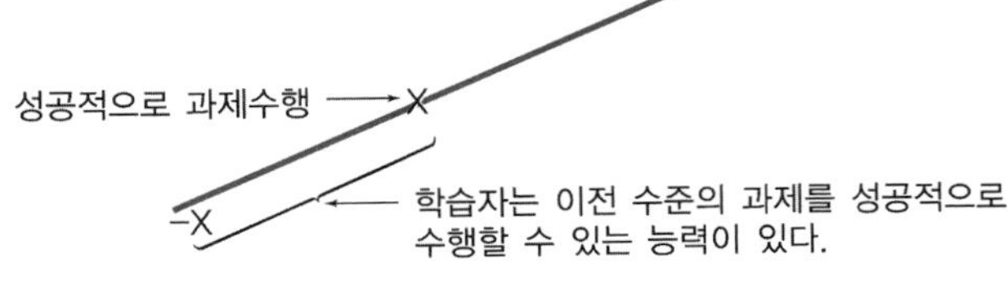

〈전통적인 설계에서 성공적인 과제 수행〉</td></tr>
</table>

<table>
<tr><td>반 전통적인
설계 방법</td><td>① 선의 증가는 점진적이지만 연속적이지 않다. 즉 단계들 사이에 예외적인 차이가 있다.
② 내적 요소는 단계적인 난이도를 제공하지 않는다. 관련 난이도의 확인이 항상 가능하지 않다.
③ 제공된 수준에서의 과제수행은 논리적으로 덜 어려운 난이도의 성공을 항상 보장하지 않는다. 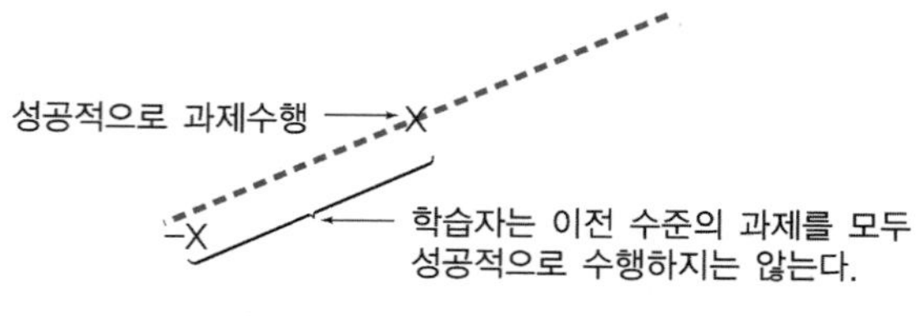

성공적으로 과제수행
학습자는 이전 수준의 과제를 모두 성공적으로 수행하지는 않는다.
-X
〈반 전통적인 설계에서 성공적인 과제 수행〉</td></tr>
<tr><td>누적
설계 방법</td><td>① 선의 증가는 일정하지 않다.
② 외적 요소가 난이도를 제공한다.
③ 제공된 수준에 참여하기 위해, 학습자는 모든 이전 수준을 성공적으로 수행해야 한다. 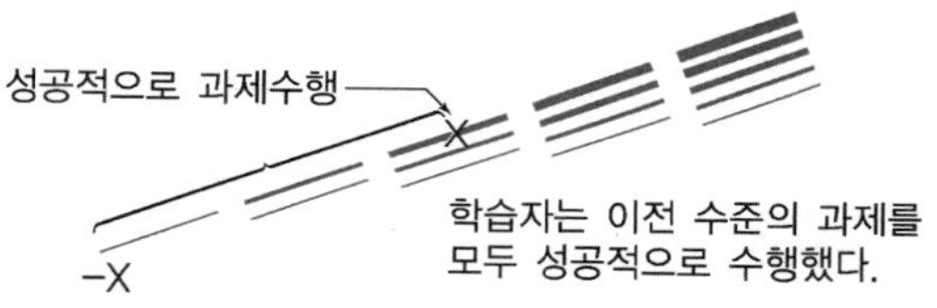

성공적으로 과제수행
학습자는 이전 수준의 과제를 모두 성공적으로 수행했다.
-X
〈누적 설계에서 성공적인 과제 수행〉</td></tr>
</table>

㉡ 점검목록표

ⓐ 점검목록표는 "선택한 과제에서 요소를 어떻게 확인할 수 있을까?"라는 질문에 답할 때 고려해야 하는 두 번째 절차이다.

ⓑ 점검목록표는 전통적인 설계 방법과 누적 설계 방법에서 사용하기 적합하다.

ⓒ 점검목록표는 선택한 과제에서 선택한 요소를 확인할 때 교사를 안내하는 역할을 한다.

ⓓ 점검목록표는 체육관련 과제 설계에 영향을 주는 내적 요소와 외적 요소에 대한 사고방식을 제공한다.

점검목록표

과제명 : ______________________

- 주요 요소와 지원 요소 순위 정하기
- 범위 확인하기

외적 요소	범위
______ 반복 수 ______ 시간	
내적 요소 ______ 거리 ______ 높이 ______ 장비 무게 ______ 장비 크기 ______ 목표물 크기 ______ 속도 ______ ? ______ ? ______ 자세	

점검목록표

6. 포괄형 스타일의 특징

(1) 운동기능이 높은 학생들의 감정적인 구조는 잘했다는 피드백을 자주 받기를 원한다. 각 학습자는 자신이 수행한 과제에 대해 자기 스스로 OK해야 하기 때문에 운동기능이 높은 학생들은 포괄형 스타일로 이동하기를 꺼려한다.

(2) 포괄형 스타일의 에피소드에서 모든 학습자를 동등하게 인정하는 것을 운동 기능이 높은 학생들은 수용하기 상당히 어려울 것이다.

(3) 교사에 대한 감정적인 의존성을 없애려면 학습자는 독립적으로 학습에 참여하고 행동에 대한 모든 의사결정을 내려야 한다.

(4) 자주 배제되었던 학생들은 이 스타일이 과제에 포괄되어 참여했던 첫 번째 경험일 것이다. 그런 학생들은 다음과 같은 이유 때문에 이 행동에 참여한다.

① 수업에서 자주 배제되었던 학생들에게 성공과 참여를 보장해 주는 출발점을 제공한다.

② 학습자는 끊임없는 진보와 발달 기회를 발견한다.

(5) 이 교수·학습 행동은 많은 학습자가 과제에 참여하도록 유도하기도 하지만, 장애 학생들에게 더 적합하다. 훌륭한 포괄형 에피소드를 경험한 학생은 모든 학생들은 소중하며 공평한 학습 기회를 가져야 한다는 것을 배운다. 일단 학생이 학습 과정에서 안전감을 느낀다면, 다른 스타일을 그 다음에 할 수 있다. 모든 학생이 비대비 실제를 경험하는 것이 필요하다.

(6) 포괄형 스타일에서 출발점을 결정하는 것은 굉장히 개인적인 일이다. 출발점에 대한 조사와 선택에 대한 학습자의 권리는 존중되어야 할 것이다.

(7) 포괄형 스타일은 경쟁의 존재를 없애지 않고 단지 다양한 형태로 제시한다. 단일 평가 기준에 따라 다른 사람과 경쟁하는 대신, 다양한 과제 수행 기술을 가지고 있는 많은 학습자가 경쟁할 수 있도록 여러 평가 기준을 만들어야 한다.

(8) 포괄형 스타일의 가장 중요한 특징은 포괄의 힘일 것이다. 체육 수업에서 배제에 의해 야기되는 잘못은 다양한 수업 운영과 교수 행동에 의해 감소될 것이다.

7. 발달 경로

(1) 교수 스타일의 결합

① 교수 스타일의 변형은 각 스타일의 주요 의사결정 구조 안에서 학습 목표를 확장시키는 반면 스타일 결합은 특정한 학습 경험을 만들기 위해 두 개(또는 그 이상) 스타일의 주요 목표를 통합한다. 스타일의 결합은 다른 스타일에 포괄 아이디어(여러 난이도로 과제를 설계하는)를 적용한다.

② 설계 변형과 스타일 결합은 교수와 학습에 다양성과 창의성을 더한다. 교수 스타일을 만들어내고 결합할 수 있는 자유가 있다고 해서 아무렇게나 해서는 안 된다. 모든 설계 변형은 의사결정을 분석하고 전반적으로 질 높은 교육 경험에 공헌해야 하며 "학습자가 무엇을 배워야 하는가? 전반적인 학습목표가 무엇인가?"와 같은 질문에 답해야 한다.

지시형 스타일/포괄형 스타일	• 첫 번째 스타일 이름(또는 문자 명칭)은 주요 학습 목표를 의미하며, 두 번째 스타일은 이름(또는 문자 명칭)은 스타일이 설계 변형으로 통합되는 특정 측면을 가르친다. • A/E 에피소드의 주요 목표는 정확한 과제 수행이다. 과제는 '경사지게 줄잡기 원리'에 기초하여 배치되며, 각 학습자는 자신의 출발점을 선택한다.
상호학습형 스타일/포괄형 스타일	• 파트너와 교사가 제공하는 평가 기준에 맞추어 기술을 평가하는 상호작용형 스타일의 특징과 학습자가 출발점을 선택하고 내용 난이도의 범위를 선택하는 포괄형 스타일의 특징을 결합시킨 것이다. • C/E 에피소드에서 수행자는 자신의 시작 수준을 선택하고 관찰자는 피드백을 제공하기 위해 평가 기준을 사용한다. 학습자가 역할을 바꿀 때, 새로운 수행자는 시작 수준을 선택하고 선택한 수준에 맞도록 피드백을 제공받는다.
연습형 스타일/포괄형 스타일	• 연습형 스타일에서 교사는 학습자가 연습할 수 있도록 과제를 확인하고 포괄형 스타일에서 교사가 동일한 과제에서 다양한 난이도로 과제를 설계하면 학습자는 자신의 출발 수준을 결정한다.

	• B/E 에피소드에서 교사는 과제를 여러 난이도로 구분하여 제시한다. 그러나 이 에피소드에서 교사는 학습자의 능력을 평가하고 특정한 난이도의 과제를 연습하도록 학습자에게 과제를 할당한다. • 이 에피소드에서 교사는 모든 학습자가 과제에 참여할 수 있도록 과제를 여러 난이도로 나누어 제시하는 것에는 찬성하지만 학습자가 출발점을 결정하는 것을 원하지 않기 때문에 이 설계 변형에서 강조하는 학습 목표는 포괄형 스타일보다는 연습형 스타일과 더 유사하다. • '수준별 교수'라는 용어는 학생이 개인차에 맞도록 지도 방법을 변형하라는 의미로 사용되고 있다. 이 방식은 교사가 수업에서 존재하는 다양성을 수용하여 학습 집단 또는 개별 학습자에게 다양한 과제를 제시하도록 격려한다. 이 방식의 목표는 포괄식 행동 목표와 관련 있지만, 의사결정을 누가 할 것인가에 대한 문제에서, 학습자가 어떤 과제를 수행할 것인가를 가르치는 사람은 교사이다. 추가적으로 과제는 동일한 과제에서 난이도의 개념을 사용하여 계획하지 않는다. 동일 주제라도 과제는 서로 관련이 없다. 그러므로 개별화 지도에서 학습자와 교사의 행동에 의해 향상되는 목표는 연습형 스타일의 목표와 유사한다.
자기점검형 스타일/ 포괄형 스타일	• 학습자가 할당된 집단에서 자신이 수행한 과제를 스스로 평가할 수 있도록 교사가 위에 제시된 연습형 스타일/포괄형 스타일로 바꾼다면, 결합된 스타일의 의사결정 구조는 대표적인 자기점검형 스타일/포괄형 스타일이다. • D/E 에피소드에서 교사는 집단의 과제 수행 능력에 기초하여 각 집단에게 다른 과제를 할당하고 자기 점검을 수행할 수 있도록 평가 기준을 만들어 제공한다. 그 외의 목표는 자기점검형 스타일과 같다. 포괄형 스타일의 특징적인 의사결정과 목표가 주요 학습 목표는 아니지만 내용을 설계할 때 교사를 안내하는 역할을 한다.

A~E 스타일은 모방적(기억) 인지적 과정을 강조하는 교수·학습 행동을 대표한다. F 스타일에서부터 제시하는 교수·학습 행동군(학습자가 발견하고 내용을 창조하는)은 창조성을 높일 것이다. 창조성을 강조하는 교수·학습 행동군에서 각 행동은 발견의 다른 측면을 강조할 것이다.

6 유도발견형 스타일

1. 개념

(1) 유도발견형 스타일의 특징은 미리 예정되어 있는 해답을 학습자가 발견하도록 유도하는 일련의 계열적이며, 논리적인 질문을 설계하는 것이다.

(2) 교사의 역할은 학습자가 발견해야 할 목표 개념을 포함한 일련의 계열적인 질문을 설계하는 일이며, 모든 교과와 관련된 의사결정을 하는 것이다.

(3) 학습자의 역할은 교사에 의해 주어진 질문에 대한 해답을 발견하는 것이다. 학습자는 교사가 제시한 문제에 대한 해답을 발견하는 동안 교사가 정해준 과제 내에서 배우는 내용의 일부분에 대해서만 의사결정을 내릴 수 있다.

(4) 학습자를 발견의 과정으로 끌어들이는 행동을 유도발견이라고 부른다(Katone). 이 행동에서 가장 중요한 본질은 연속적인 질문을 통해 그에 부응하는 해답을 이끌어내는 교사와 학습자 간의 특별한 관계에 있다.

(5) 교사에 의해 부과되는 각 질문은 학습자로 하여금 정확한 해답을 발견해내도록 유도한다. 이 연속적인 과정(수렴 과정)의 누적적인 효과로 학습자는 필요한 개념, 원리 또는 지식을 발견하게 된다.

(6) 학습자가 본 수업에서 알아야 할 개념을 이미 알고 있다면, 이러한 유도발견 수업은 의미가 없어지고, 연습형 스타일의 성격을 띠게 된다.

구분	내용
교과내용 목표	• 주어진 질문간의 상호 연관성을 발견할 수 있다. • 목표의 개념, 원리, 아이디어를 발견할 수 있다. • 보다 논리적인 광의의 개념으로 유도하는 단계적인 과정을 거치면서 목표 개념과 원리를 발견할 수 있다.
행동 목표	• 발견 역치를 뛰어 넘는다. • 학습자가 수렴적인 사고를 나타내는 개념과 원리를 발견하도록 유도한다. • 학습자가 교사에 의해 주어진 질문과 본인이 발견한 해답 사이의 정확한 인지적 관계를 의식한다. • 목표를 도달하는 단계가 정확하고, 논리적이고, 최소한의 단위로 이루어진다. • 발견의 과정이 효율적이며 생산적이며, 정서적인 분위기 속에서 이루어지도록 한다. • 학습자에게 '발견의 희열'을 경험토록 한다.

2. 유도발견형 스타일의 구조

	포괄형(E)		유도발견형(F)
과제활동 전	(T)		(T)
과제활동 중	(L)	→	(T_L)
과제활동 후	(L)	→	(T_L)

(1) 교사는 과제활동 전 결정군의 모든 결정권을 갖는다. 과제활동 전의 결정에는 목표, 목표가 되는 교과 개념, 목표하는 것을 발견하도록 학생들을 유도하는 논리적이며 계열적인 질문의 설계와 모든 운영 절차적 결정들이 포함된다.

(2) 이전의 스타일보다 많은 결정들을 학습자들이 과제활동 중에 할 수 있도록 허락된다. 해답을 발견해 가는 행동은 교사에 의해 선택된 교과 주제 내에서 교과내용의 부분적인 요소에 관해 학습자가 의사결정을 하는 것을 의미한다.

(3) 과제활동 중 결정군은 교사와 학습자가 상호작용하며 만들어 가는 일련의 의사결정의 과정이다.

(4) 과제활동 후 결정군에서 교사는 질문(단서)에 대한 학습자의 해답(반응)을 검토하고 확인한다. 과제에 따라서 학습자 스스로 자신의 해답을 확인할 수도 있다.

(5) 과제활동 중과 후 결정 단계에서 학습자와 교사가 지속적으로 서로 상호작용을 하면서 의사결정을 내리는 것이 이 스타일의 특징이다.

3. 유도발견형 스타일의 실제

유도발견형 스타일의 수업 에피소드가 일반적으로 매우 짧지만, 이것은 한 가지 이상의 질문을 요구한다. 에피소드는 미리 예정된 목표를 학습자가 발견하도록 논리적으로 유도하는 연속적인 질문들로 구성된다. 단지 질문을 하는 것만으로 유도발견형 스타일을 사용한다고 볼 수 없으며, 모든 교수・학습 행동 속에서 질문이 주어져야 하고, 질문의 종류는 선택된 교수・학습 목표에 상응하는 것이어야 한다. 유도발견형 스타일에서 질문은 학습자를 미리 예정된 목표로 인도하도록 이끄는 수렴적인 과정을 요구하는 질문이다. 이 유형은 교사와 학습자가 1:1 상황에서 가장 좋은 결과를 얻을 수 있다.

(1) 에피소드의 이해

① 계획 단계, 즉 과제활동 전 결정군은 주로 교과내용에 관한 결정을 말한다. 내용이 결정된 다음에 가장 중요한 것은 유도발견의 단계를 설계하는 것이다. 즉 학생이 최종 결과를 발견하도록 점진적으로 유도하는 질문의 순서(혹은 단서)를 결정하는 것이다.

② 각각의 질문과 그에 상응하는 반응과의 관계에서, 각 단계는 이전의 단계에서 얻어진 반응에 기초한다. 각 단계는 신중하게 경중을 가려보고 판단, 검증되어야만 하고, 그런 다음 특정 지점에서 차례로 확립되어야만 한다.

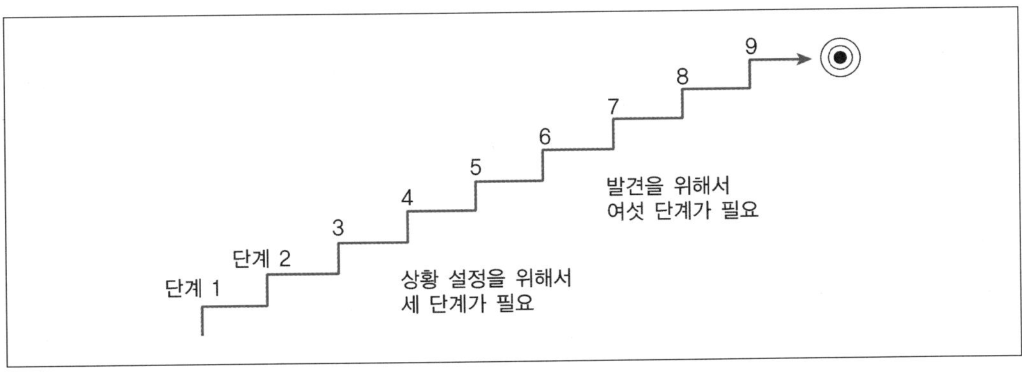

유도발견의 단계

③ 각각 단계별 내용 사이에는 내적으로 연관성이 있어야 한다. 연관성 있는 단계를 설계하기 위해서 교사는 주어진 단계에 대응하는 학생의 반응을 미리 예측해 볼 필요가 있다.

㉠ 만약 가능한 반응이 너무나 다양하고 혹은 주제를 벗어나는 것이라면 교사는 다른 단계를 설계할 필요가 있다. 새로운 단계는 이전 단계보다 더 작거나 근접한 단계이어야 하고 다양한 반응이 나올 경우의 수를 감소시켜야 한다.

㉡ 유도발견형 스타일의 이상적인 형식은 한 가지 단서에 오직 반응만이 나오도록 구성된 것이다.

④ 유도발견의 과정은 각 단계에서 S → D → M → R 관계를 구현한다.

㉠ 첫 번째 자극(S_1)은 학습자가 해답을 찾기 위해 인지적 부조화(D)와 매개(M)의 과정으로 움직이도록 설계된다. 학습자가 준비가 되면 해답(R_1)을 찾아내게 된다.

㉡ 두 번째 자극(S_2)을 계속해서 제시한다. 이것 역시 학습자를 매개의 과정으로 끌어들이고, 이것을 통해 두 번째 해답(R_2)을 발견해 낸다.

㉢ 계속해서 마지막 자극(S_n)까지 제시되면서 최종적으로 목표했던 예상된 해답을 유도해 내게 된다. 이 마지막 반응(R)은 발견된 개념을 진술하는 것으로 표현되거나 혹은 움직임으로 표현된다.

⑤ 과제활동 중에는 설계의 순서를 검증하게 된다. 학생의 반응이 잘못되는 경우는 개별적인 단계나 혹은 전체의 순서가 적절하게 설계되지 못한 것을 나타낸다. 학습자가 목표 개념을 발견하는 데 실패할 때 학습자에 대해 어떤 가정을 내리거나 판단하는 것을 피해야 한다.

⑥ 유도발견형 스타일을 성공적으로 실행하기 위해서는 완전한 설계와 더불어 다음과 같은 몇 개의 규칙을 반드시 준수해야 한다.

㉠ **해답을 결코 말하지 말 것**: 이 규칙이 가장 중요하다. 교사가 학생보다 먼저 답을 말한다면 하나의 작은 발견들을 서로 연결시키는 학생들의 전체적인 인지 과정을 제지시키게 된다.

㉡ **항상 학습자의 반응을 기다릴 것**: 학습자에게 충분히 생각할 탐색의 시간 제공하기 위해 대답을 할 때까지 기다리는 것이다. 교사는 학생들의 인지적 조정 과정의 속도를 인정하고, 충분히 생각해서 해답을 구할 수 있도록 기다려야 한다.

㉢ **피드백을 자주 제공할 것**: 교사는 학생들이 정확한 경로로 해답을 찾아가고 있음을 나타내는 피드백을 계속적으로 제공해야 한다.

㉣ **수용적이며 인내하는 분위기를 조성하고 유지할 것**: 이 규칙은 정의적인 자각을 요구한다. 교사는 인내심과 포용력을 보여주어야 한다. 이것은 과정의 유연한 흐름을 유지시킨다. 질책이나 조급함은 학습자의 좌절과 불편함을 유발시키고, 결국 학습 과정을 중단시키게 된다. 정서적 측면과 인지적 흐름은 유도발견 학습의 과정 동안 서로 얽히며 밀접한 관계를 맺는다.

⑦ 유도발견학습에서 수업의 과정은 교사와 학생간의 인지적 영역과 정의적 영역의 섬세한 상호작용의 과정이다. 교사와 학생은 교과내용을 통해 서로 밀접하게 결속된다. 각각의 단계에서 생겨나는 긴장과 예상은 마지막 발견이 일어났을 때 비로소 누그러지게 된다.

⑧ 정답이 주어지지 않은 채 몰랐던 것을 발견하게 된 학생에게는 학습이 일어났으며, 수업의 목표가 달성된 것이다.

⑨ 과제활동 중 결정군에서 교사는 다음 요인들을 반드시 알아야 한다.

㉠ 목표 또는 표적

㉡ 단계 계열의 방향

㉢ 각 단계의 크기

㉣ 단계간의 상호 관계

㉤ 순서 진행의 속도

㉥ 학습자의 정서

⑩ 유도발견형 스타일에서의 피드백은 독특하다.

㉠ 각 단계에서 학습자가 성공적인 행동을 나타내도록 강화하는 것이 학습과 성취에 대한 긍정적인 피드백이다. 과정이 완성되고 목표가 성취되는 바로 그 사실과 교과내용의 학습이 전체 평가의 한 형식이 된다.

㉡ 각 단계에서 학생의 즉시적이며 정확하고 만족스러운 반응이 개인적인 평가의 대상이 된다. 즉각적이며 긍정적인 강화는 더 많은 것을 학습하게 하고, 해결하도록 지속적인 동기를 부여한다.

(2) 유도발견형 스타일의 실행

과제활동 전 결정군	• 과제활동 전 결정군에서 교사의 역할은 다음과 같은 결정들을 하는 것이다. – 수업 에피소드의 구체적인 표적(학습자에 의해 발견되어질 개념) – 학습자에게 발견의 사슬을 환기시킬 질문의 단계와 순서 – 각 단계의 크기 – 유도발견의 과정으로 학습자가 참여하게 될 에피소드의 선정
과제활동 중 결정군	• 일단 교사가 교과와 관련된 에피소드를 설정하면, 교사와 학습자간의 상호작용은 시작된다. 이때 교사는 행동이나 혹은 수업에서 성취해야 할 행동 기대를 진술하지 않는다. 즉, 다시 말해서 "오늘은 개념을 발견하게 될 거야"라고 말하지 않는다. 이러한 언어 행동은 학생들을 내용의 과정으로 인도하기도 전에 인지적 보조 상태로 만들게 된다. • 질문에 상응하는 해답을 발견하는 기쁨은 학습자와 교사 모두를 활기차게 한다. 학습자가 단계별로 준비된 질문에 반응해 가는 과정을 통해 관계를 발견하고 개념을 깨달아 감을 지켜보는 것이 교사에게 주어지는 최대의 보상이다.
과제활동 후 결정군	• 교사는 학습자의 반응(대답)들을 수시로 확인하고, 표적에서 벗어난 반응이 나올 경우 조정 의사결정을 한다. • 학습자는 교사의 피드백을 수용하고, 피드백이 과제의 계열성과 관련되는 경우에는 재차 확인한다. • 교사는 수업 정리 시에 목표 내용을 발견한 학습자의 성취를 치하한다.

4. 함축적 의미

유도발견형 스타일의 함축적 의미
• 교사는 발견 역치를 넘을 수 있다. • 교사는 논리적이며 수렴적인 발견을 가치 있는 교육 목표로 설정한다. • 교사는 교과내용의 구조를 연구하여 적절하고 계열성 있는 질문을 설계하도록 노력해야 한다. • 교사는 알려지지 않은 것을 실험하는 것에 대한 위험을 기꺼이 감수해야 한다. 유도발견형 스타일에서의 수행의 책임은 전적으로 교사에게 있다. 교사는 학습자가 정확한 반응을 할 수 있도록 명확한 질문을 설계할 책임이 있다. 학습자의 수행은 교사에 의해 준비된 것과 관련된다. • 교사는 교과내용의 적절한 양상들을 발견해 나가는 학생의 인지적 능력을 신뢰해야 한다. • 교사는 이 교수·학습을 촉진하는 데 필요한 변화에 적절히 대처해야 한다.

5. 교과내용의 선정과 설계

(1) 과제 선정하기 전의 5가지 고려사항

① 학습자는 다음 범주 안에서 아이디어를 발견할 수 있다.
  ㉠ 개념
  ㉡ 규칙을 지배하는 원리
  ㉢ 존재 사이의 관계
  ㉣ 순서 혹은 체계
  ㉤ 원인과 결과의 관계
  ㉥ 한계

② 발견되어야 할 주제나 목표는 학습자들이 모르는 것이어야 한다. 이미 알고 있는 사실을 발견할 수는 없다.

③ 발견되어야 할 주제와 목표가 사실, 날짜, 특정의 단어, 이름 또는 전문 용어여서는 안 된다. 이러한 정보의 범주는 발견될 수 없다.

④ 몇몇 내용 주제는 이 스타일에 적절하지 않을지도 모른다. 종교적인 이슈, 성교육, 정치학 등 인문·사회과학 분야에서 사용될 때는 주의가 필요하다. 이러한 주제들은 개인의 견해나 혹은 특정 신념 및 가치 체계와 관계되는 문화적인 측면에 의존하기 때문이다. 유도발견 스타일이 이미 예정되어 있는 표적을 향해 학습자는 이끌어 가는 과정이기 때문에 교사는 학습자가 생각하고 있는 신념과 가치와는 반대되는 생각이나 원리를 진술하도록 설득하거나 유도하는 결과를 초래할 수도 있다.

⑤ 목표(표적) 개념은 발견될 수 있는 것이어야 한다.

> 체육에서 자주 사용되는 유도발견 학습을 위한 에피소드로는 운동 역학, 움직임의 과학적 원리, 움직임 위치에 따른 변화와 각 위치 간의 관계 등의 주제들이 있다.

6. 유도발견형 스타일의 특징

(1) 인지적 경제성

① 유도발견은 인지적 경제성을 위해 설계된다.

㉠ 유도발견의 특별한 구조는 주제로부터의 이탈이나 인지적 방황을 용납하지 않는다.

㉡ 이 구조는 지배적인 인식의 작용을 사용하게 하여 최대한의 효율성으로 학습자를 표적 개념으로 이끌어 간다.

② 유도발견형 스타일은 기억에 많은 영향을 미친다. 어떤 사람이 스스로 어떤 것을 발견하고자 할 때 기억의 기회가 최대가 될 수 있다(Bruner).

③ 유도발견은 학습자가 두려움, 특히 실패에 대한 두려움을 극복해가면서 점차적으로 노력을 경주하는 과정 속에서 이루어지며, 성공감은 자신감을 심어주고 학습을 계속적으로 이끌어 가게 하는 동인이 된다.

(2) 집단 또는 개별적 유도발견의 실행

① 유도발견형 스타일은 집단에서 사용될 때 물론 성공할 수도 있지만, 이 스타일은 1대 1의 상황에서 최고의 결과를 낳는다.

㉠ 집단 내의 많은 학습자들이 이 과정으로부터 많은 혜택을 얻을 수 있지만 학습자들의 발견의 속도가 항상 일치하지 않기 때문에 한 학습자가 해답을 발견하는 순간(순서의 어떤 단계에서든지) 그것을 큰 소리로 외칠 때, 그 해답을 듣는 다른 학습자들은 수용자가 되어버린다. 즉 나머지 학습자들에게는 발견의 과정이 실패로 돌아가게 된다.

㉡ 다양한 학습자들이 각각 다른 시점에서 발견을 경험하면 발견의 경험은 집단에 귀속된다. 그러므로 이 과정의 큰 이점은 학습자들이 개별적으로 단계를 통과하고 참여할 때 최대로 실현될 수 있다.

② 교수 운영적 절차는 성공적인 유도발견의 과정을 이끄는 중요한 요인 중의 하나이다. 다음과 같은 과정을 제외하고 1대 1과정을 위한 조건을 만들어 내기는 어렵다.

㉠ 교사가 한 명의 학습자와 시간을 보낼 때

㉡ 과제 해결을 위해 컴퓨터 프로그램을 사용할 때

㉢ 다른 스타일로 지도하는 과정 중 학생들과의 사적이며 개별적 피드백 시간을 가질 때

③ 유도발견은 새로운 주제를 소개할 때 매우 유용하다. 학습자들이 학습 과정에 흥미를 갖고 참여하게 되고 세부적인 것에 대해 궁금증을 갖게 된다.

유도발견형 스타일(F)의 특징
• 이 교수·학습 스타일의 목적은 논리적인 순서로 설계된 질문에 대한 해답을 찾아가는 과정을 통해 미리 정해진 개념을 발견하는 것이다. • 학습자의 역할 – 질문 또는 단서를 경청한다. – 각 단계별 질문에 대한 해답을 발견한다. – 목표 개념을 구성하는 최종적인 해답을 발견한다. • 교사의 역할 – 각 학습자에게 작은 발견을 가져오는 일련의 질문을 설계한다. – 주기적으로 피드백을 학습자에게 제공한다. – 학습자의 개념 발견을 인정한다.

7. 발달 경로

(1) 유도발견형 스타일을 전개하고 설계를 변화시켜 가는 과정은 다음 변수들을 조작함으로써 이루어진다.

① 제공되는 단서의 수를 포함하여 교사가 제공하는 교과내용의 양과 학습자가 제시하는 내용의 비교

② 발견 질문에서 기억 질문의 비율

③ 학생들의 사회적 상호작용과 개별적인 생산물과의 비교

(2) 설계변화의 과정에서 교사의 설명과 기억 질문 그리고 동료 상호작용을 많이 포함하면 할수록 설계는 유도발견형 스타일을 나타내지 않고 연습형 스타일로 나타나게 된다.

(3) 탐구 수업은 구체적인 교수·학습 행동으로 불리어져 왔다. 그러나 이 교육학적 용어는 문헌과 수업에서 일치되지 않게 사용된다. 의사결정과 내용 설계에 기반을 둔 몇몇 탐구 수업의 예들은 유도된 연습 스타일을 나타내고, 어떤 것들은 연습 스타일 혹은 확산발견형 스타일을 나타내기도 한다. 일반적인 용어인 탐구라는 용어가 구체적인 인지 작용을 지시하지 않기 때문에 그것을 다양한 교수·학습 행동에 적용할 수 있었다.

(4) 유도발견에서의 설계 변화는 이 스타일의 이론적인 한계를 확대할 수 있다. 그러나 그것은 미리 예정된 개념을 학습자가 발견하도록 유도한다는 전제에는 반드시 부합되어야만 한다.

(5) 유도발견의 설계는 변화될 수 있다. 그리고 불안정한 학습자들에게 기억을 회상하게 만들고 발견의 과정을 신뢰하도록 함으로써 그들을 기쁘게 만들 수 있다.

8. 유도발견형 스타일의 예시

(1) 예시 1 – 축구

학습 목표 : 길게 높이 뜨는 볼 차기에서 발가락 끝으로-차기(toe-kick)에 대한 발견
질문1 : 멀리 떨어진 사람에게 공을 패스하고 싶을 때 어느 정도의 거리로 차야 할까?
대답1 : 길게 차기! (맞았어!)
질문2 : 너와 팀 동료 사이에 상대 팀 선수가 있고, 그 근처에 또 다른 팀 동료는 아무도 없다고 가정해 보자. 너는 네 팀 동료에게 어떻게 하면 공을 안전하게 찰 수 있을까?
대답2 : 공이 높이 뜨도록 차야 해요! (맞아!)
질문3 : 공을 높게 뜨도록 차기 위해서는 공의 어느 부분을 차야 할까?
대답3 : 가능한 한 낮은 부분을요. (그렇지)
질문4 : 달리고 있을 때, 발의 어느 부분이 공의 가장 낮은 부분에 편안하게 닿을까?
대답4 : 발가락이요! (훌륭한 대답이야. 우리 한 번 움직임으로 시도해 보자!)

(2) 예시 2 – 발달적 움직임, 댄스, 체조

학습 목표 : 신체 균형에서 무게 중심과 기저면의 효과를 발견한다.
질문1 : 균형이 무엇인지를 아세요?
대답1 : 응답은 동작으로 나타난다. 여기에는 언어적 답변이 필요 없다. 몇몇 학생들은 다양한 균형 자세를 스스로 취한다. 그리고 몇몇 학생들은 정상적이지 않으면서 좀 더 수준이 요구되는 비스듬하게 움직이는 자세를 취할 것이다. 모든 학생들에게 균형을 설명하게 할 기회가 주어진다.
질문2 : 최대한의 균형을 요하는 자세를 취해 보세요(때때로 최대라는 단어보다는 가장이라는 단어를 사용할 필요도 있다).
대답2 : 여기에서의 반응들도 다양하다. 몇몇 학생들은 다양한 직립 자세를 취할 것이고 그리고 몇몇은 미식축구, 레슬링, 혹은 다양한 기계체조 묘기에서 본 것처럼 낮은 자세를 취할 것이다. 이 질문을 반복하는 것이 필요할지도 모른다.
질문3 : 이것이 여러분들에게 가장 균형 잡힌 자세인지 한번 확인해 봅시다(각 학생들을 가볍게 밀어봄으로써 확인한다. 그런 다음 균형 자세를 전복시킨다).
대답3 : 짧은 기간 내에 몇몇 학생들은 매우 낮은 균형 자세로 바닥과 가까워질 것이다. 몇몇 학생들은 아예 마룻바닥에 드러누울지도 모른다(이러한 자세는 가벼운 밀기로 전복시키기 가장 어려운 자세가 될 것이다).
질문4 : 이제는 조금 덜 균형 잡힌 자세를 잡아보세요.
대답4 : 대부분의 학생들은 기저면의 크기를 감소시킴으로써 새로운 자세를 취할 것이다. 이것은 종종 지지하는 손을 제거하는 방법, 반듯하게 드러누운 자세에서 머리를 세우는 자세, 혹은 반듯이 드러누운 자세에서 한쪽 방향으로 구르는 자세 등으로 나타난다.

질문5 : 여러분들은 여전히 덜 균형 잡힌 새로운 자세로 움직일 수 있겠습니까?

대답5 : 지금 학생들의 움직임 탐색 과정은 진행되고 있다. 모든 학생들은 신체와 마루 사이에 접촉하는 면적을 덜 차지하는 자세를 취할 것이다. 몇몇 학생들은 마룻바닥에서 뛰어오르기 시작할 것이다. 균형을 점점 감소시켜 나가는 두세 단계의 활동을 하는 동안 학생들 대부분 신체와 바닥 사이의 접촉면을 최소화하는 방향으로 신체의 자세를 높은 자세로 변화시켜 갈 것이다(질문 6, 7 그리고 8).

질문6 : 가장 균형 잡기 어려운 자세를 취해 볼 수 있을까요?

대답6 : 대부분의 학생들이 한발 발가락 끝으로 마루에 서 있는다. 몇몇 학생들은 팔을 들어올린다. 때때로 어떤 학생은 한 손으로 심지어는 손가락 하나로 서있는 것을 제안하기도 할 것이다.

7 수렴발견형 스타일

1. 개념

(1) 수렴발견형 스타일에 대한 정의는 미리 결정되어 있는 정확한 반응을 수렴적 과정을 통해 발견하는 것이다.

(2) 교사의 역할은 탐색되어야 할 목표 개념을 포함한 교과내용을 결정하는 것이며, 학습자에게 던져 줄 단일 질문을 계획하고 구성하는 것이다.

(3) 학습자의 역할은 추리력, 호기심, 논리적 사고를 동원해 문제에 대해 논리적으로 연결된 해답을 발견하는 것이다.

(4) 유도발견형 스타일에서 교사는 기대하는 반응을 유도하기 위해 타이트하게 구성된 질문을 준비하였다. 그러나 수렴발견형 스타일에서는 학습자가 스스로 질문을 만들고 논리적 연결을 구성해 궁극적으로 기대되는 반응(해답)을 발견해야 한다.

(5) 학습자들이 문제 해결을 위해 여러 다른 접근 방법을 사용할 수도 있지만, 논리와 이성적 사고라는 규칙을 사용함으로써 결국 동일한 반응을 발견해내게 된다. 한편 과제의 구조에 따라 다양한 인지 기능을 사용하게 된다.

교과내용 목표	• 한 개의 질문에 대한 한 개의 정답 혹은 한 개의 문제에 대한 한 개의 해답을 탐색할 수 있다. • 논리적인 최종 반응으로 수렴되는 내용의 연계성을 발견할 수 있다. • 다양한 사고의 유형을 개발할 수 있다.
행동 목표	• 수렴적인 발견을 통해 한 가지의 바른 반응을 도출한다. • 논리적, 이성적, 연속적인 문제 해결 기술을 활성화한다. • 인지적 작용을 동원하여 내용간의 위계를 형성하고 구체적인 순서를 구성하여 문제를 해결한다. • 극적인 발견 경험에 수반되는 인지적, 정서적 발산을 경험한다.

2. 수렴발견형 스타일의 구조

	유도발견형(F)		수렴발견형(G)
과제활동 전	(T)		(T)
과제활동 중	(T_L)	→	(L)
과제활동 후	(T_L)	→	(L_T)

(1) 수렴발견형 스타일에서 의사결정의 변동은 과제활동 중 결정군 안에서 일어난다. 학습자는 다음과 같은 결정을 하게 된다.

① 한 가지 물음에 대한 한 가지 정답 혹은 한 가지 문제에 대한 한 가지 해답을 찾기 위해 밟아가야 할 단계

② 일련의 질문들과 질문의 순서(이는 수렴발견을 유도발견과 구별되게 하는 단계로서, 유도발견에서는 학습자가 아닌 교사가 각 단계의 결정을 한다)

③ 발견할 반응(해답)으로 수렴하기 위한 인지 기능의 선택. 학습자는 해답을 탐색하고 구성하는 데에 있어서 자율적으로 여러 가지 다양한 인지 능력을 발휘할 수 있어야 한다.

(2) 과제활동 후 결정군에서 학습자는 추리과정, 시행착오, 혹은 자신이 선택한 해법이 문제해결에 도움을 주었는지를 돌아보는 것으로 반응을 확인한다. 교사는 과제에 따른 평가용지를 준비해 학습자들이 자신의 해결 방법을 확인하는데 사용할 수 있도록 한다.

(3) 교사의 역할은 모든 과제활동 전 결정을 내리는 것이며, 기대하는 인지적/신체적 발견을 이끌어 낼 수 있도록 문제를 설계하고 배열하는 데에 초점을 두어야 한다. 학습자들에게 문제를 제시한 후, 과제활동 중 결정군에서 교사의 역할은 과연 학습자들이 발견 과정을 향해 제대로 가고 있는가를 관찰하는 것이다. 교사는 학습자가 해답을 발견할 때까지 인내심을 갖고, 학습자가 스스로 하도록 기다리는 자세가 필요하다. 발견적 사고는 시간을 요구하는 과제이다.

(4) 과제활동 후 결정군에서 교사는 학습자들이 탐구하고 시행착오를 겪어보고 해답을 충분히 검토해 본 후에 그 해답을 확인하기 위한 질문을 하는 것으로 이 과정에 참여하게 된다.

3. 수렴발견형 스타일의 실제

(1) 유도발견형 스타일의 특징과는 달리 수렴발견형 스타일에서는 행동 기대가 진술된다.

(2) 수렴발견형 스타일에서는 교과의 내용이 학습자에 의해 만들어지기 때문에, 교사의 설명 시간은 비교적 짧다. 교사는 상황 설정을 하게 되지만, 학습자는 과제에 대한 해답을 논리적 단계를 거쳐 스스로 찾아간다.

(3) 과제가 갖는 특성을 감안해서 과제를 소개하기 전에 기대하는 행동을 먼저 제시하는 것이 좋다. 질문이 보다 적절하고 도전적일수록 학습자는 더 빨리 자극을 받아 답을 찾기 위해 노력하게 된다(인지적 부조화 상태). 학생들이 과제를 수행하는 도중, 행동 기대를 전달하기 위해 사고 과정을 중지하도록 하는 것은 방해와 주의 산만의 요인이 된다.

(4) 던져질 질문이 자동적으로 원하는 사고과정을 이끌어낸다면, 도대체 왜 행동 기대를 제시하는가? 라는 의문을 가질 수 있을 것이다. 기대되는 행동을 소개하는 이유는 학습자의 인지 능력에 초점을 맞추게 하기 위해서이다.

(5) 단지 정확한 한 가지 해답을 발견하는 것은 학습자에게 오직 하나의 성취만을 이루도록 하는 것이다. 하지만 학습자가 복잡한 사고과정을 통해 논리적 절차를 밟아가며 문제를 단계별로 해결해 나간다면 자신의 논리적 수용 능력에 대해 대단한 자부심을 느끼게 될 것이다.

(6) 교수 · 학습 행동 목표는 학습자들이 다음과 같은 자기 능력을 깨닫도록 하는 것이다.

① 질문 만들기

② 계열성에 맞는 정보의 선택

③ 내용의 결합과 연결

④ 정보의 수렴

⑤ 올바른 반응의 발견

4. 교과내용의 선정과 설계

(1) 체육은 수렴발견을 가능케 하는 수많은 과학적 개념(생리학, 생체 역학 등)을 갖고 있다. 수렴발견에서의 과제를 선정하도록 하는 일반적 가이드라인으로서 다음과 같은 기준을 사용해야 한다.

① 질문 혹은 상황이 오직 한 가지 정확한 반응만을 유도하는가?

② 과제가 수렴적 사고를 유도할 수 있는가?

③ 발견 과정은 학습자가 확인해 볼 수 있게끔 되어 있는가?

④ 과제는 움직임의 역학적 분석을 나타내는가?

⑤ 과제는 움직임의 계열성을 발견하도록 유도하는가?

⑥ 과제는 학습자로 하여금 과제수행 중 자신의 한계를 발견하도록 하는가?

(2) 과제의 예

① 과제 1

자세와 움직임 속도가 심박수에 미치는 영향

다음 제시된 활동에 나와 있는 각 동작을 하고, 이 운동이 끝나는 즉시 심박수를 측정한다. 각 운동 사이에는 2~3분씩 굽힌 자세로 휴식을 취한다.

활동	심박수
1. 2분간 누워 있는다(침묵, 이완).	
2. 1분간 앉아 있는다.	
3. 2분간 차려 자세를 취한다.	
4. 체육관을 천천히 한 바퀴 걷는다.	
5. 체육관을 빠르게 한 바퀴 걷는다.	
6. 체육관을 조깅으로 한 바퀴 돈다.	
7. 체육관을 중간 속도로 한 바퀴 돈다.	
8. 체육관을 전력으로 한 바퀴 뛴다.	
9. 1분간 줄넘기를 한다.	
10. 거수 도약, 앉았다 일어서기, 팔굽혀 펴기를 각각 20초씩 연속적으로 한다.	

1. 자세를 바꿈에 따라 심박수가 어떻게 변하는가?
2. 3번(차렷 자세)에서 4번(천천히 걷기)으로 바꿈에 따라 심박수가 어떻게 변하는가?
3. 위에서 얻은 정보에 근거하여 심박수와 운동 형태의 관계에 대해 결론지어 보시오.

② 과제 2

균형 자세에 관련된 법칙

교사는 학생들에게 다음의 요구를 함으로써 본 에피소드를 시작하도록 한다. “바닥에 가까운 자세를 취하시오.”

1. 바닥에 닿는 신체 부위가 여섯 군데가 되도록
2. 바닥에 닿는 신체 부위가 네 군데가 되도록
3. 바닥에 닿는 신체 부위가 두 군데가 되도록
   ① “각 자세에서 수 초간 균형을 잡고, 균형 능력에 어떠한 변화가 있는지 주시합시다.”
   ② “이번에는 두 부위로 바닥을 딛고 몸을 최대한 높이 뻗어 수직 균형 자세를 취해봅시다.”
   ③ “다음은 한 부위로 바닥을 딛고, 비수직 자세를 취해 봅시다.”
   ④ 학습자들에게 법칙을 설명하도록 지시한다. “위의 각 설계에서 자신의 균형에 대한 정보를 사용하여 균형 자세에 영향을 미치는 법칙을 말해 보시오.”

5. 함축적 의미

수렴발견형 스타일의 함축적 의미
• 교사는 '발견 역치' 너머로 학생과 함께 새로운 발걸음을 떼게 된다. • 교사가 교과내용을 전달하는 차원에서 벗어나 학습자 스스로 교과내용을 구성하게 된다. • 교사는 학습자가 수렴적 사고를 통해 스스로 발견해 낼 것이라는 믿음을 갖게 된다. • 교사는 모든 학습자가 위계적인 인지 작용으로 수행 능력을 발달시킬 것이라는 믿음을 갖게 된다. • 각 학습자들은 발견 과정에 참여할 수 있으며, 수렴적 사고 기술을 발달시킬 수 있다. • 교사는 수렴발견 과정을 통해 학습자들이 문제 해결 방식을 배울 수 있다는 믿음을 갖게 된다.

6. 수렴발견형 스타일의 특징

(1) 표준화된 시험

① 대부분의 표준화된 시험은 점수 부여 방식이 한 가지의 정답만을 요구하기 때문에 연습형 스타일과 수렴발견형 질문들로 구성되어 있다.

② 연습형 스타일의 질문은 학습자가 무엇을 기억할 수 있는가를 측정하는 반면, 수렴발견형 스타일의 질문은 학습자가 알고 있는 정보를 얼마나 잘 계열화해서 적용할 수 있는가를 측정한다. 이 두 가지는 모두 매우 다양한 인지 작용을 다룬다.

(2) 모방중심 스타일의 결정

① 발견형 스타일에서는 모사 스타일군(A~E)에서 강조한 의사결정은 언급되지 않았다. 발견형 스타일을 소개할 때 수업 장소, 인터벌 등의 결정을 논하는 것은 적절하지 않기 때문이다.

② 각 스타일의 초점은 이전 행동에 있는 것이 아니라 새롭게 접하게 되는 결정과 대상에 집중되어 있다. 이런 관점에서 스펙트럼은 계열적이면서 누적적인 것이다.

③ 대부분의 수렴발견형의 에피소드는 짧다. 이러한 에피소드는 최소의 시간이 할당된다. 짧은 수렴발견형 에피소드가 끝난 후에는 발견된 에피소드 목표를 강화하기 위해 추가적인 과제가 뒤따라야만 한다.

수렴발견형 스타일(G)의 특징
• 이 교수 · 학습 스타일의 목적은 기대되는 반응에 이르도록 논리와 추론 기술, 질문의 구성과 연결을 통해서 문제의 해결 방법을 발견해 가는 데 있다. • 학습자의 역할 – 문제 혹은 질문 검토 – 인지 작용을 사용해 해결 절차를 전개한다(이를 통해 질문에 대한 해답, 목표 반응에 이르게 된다). – 과정이나 해결 방법을 적절한 내용 기준과 비교해 확인한다. • 교사의 역할 – 문제 혹은 질문 제시 – 학습자가 해답을 찾아가는 과정을 옆에서 지켜본다. – (필요 시) 해답을 가르쳐 주는 것이 아니라 피드백이나 단서를 제공한다.

7. 발달 경로

(1) 이 스타일에서의 모든 설계 변화는 다음의 두 가지 변수에 의해 이루어진다.

① 단서의 수

② 협동의 기회 – 다른 사람과 혹은 그룹 안에서 문제 해결

(2) 표준 스타일에서 단서가 제공되지 않았지만, 설계 변화에서는 단서가 주어진다. 단서는 적절히 사용된다면 논리적 사고를 강화하고 내용에 대한 개념 이해를 도울 수 있지만, 내용간의 연결과 다음 질문을 만드는 과정은 학습자가 해야 할 과제로 남겨 놓는다.

(3) 단서를 지나치게 많이 사용하면 학습자에 의해 발견되어야 할 내용이 노출되고 마는 역효과를 얻게 되어 연습형 스타일의 성격을 띠게 된다.

(4) 협동형으로 설계 변화를 시키는 목적은 학생들이 서로의 사고 과정을 공유하고 피드백을 주고 받을 수 있는 기회를 제공하고자 하기 위해서이다. 이것의 단점은 학습자들이 제공하는 피드백을 항상 신뢰할 수 없다는 점이다.

8. 교수 스타일의 결합

수렴형 스타일/ 포괄형 스타일	• 최우선 목표는 수렴형 발견이며, 과제는 다양한 난이도로 설계되고 학습자는 과제 수행의 시작점을 결정하게 되며, 자신의 수행을 직접 평가하게 된다. • 수렴형 질문/상황은 경사지게 줄잡기의 원리로 구성되며, 이러한 디자인의 가변성은 학습자로 하여금 수렴발견의 최우선 목표에 이르도록 한다.
수렴형 스타일/ 지시형 스타일	• 최우선 목표는 시간 제한적 수렴발견이다. 제한된 시간이라는 변수는 논리, 이성, 인지 작용의 결합을 동원한 수행의 정확성을 나타낸다는 점에서 수렴형 발견을 더욱 완벽하게 한다. • 본 결합에서는 다양한 경쟁 상황을 이끌어 낼 수 있다.
수렴형/ 포괄형/ 지시형 스타일	• 수렴발견형 스타일이 최우선 목적이다. 그러나 과제는 개인의 수준 차에 따른 난이도 조절과 제한된 시간 내에서의 수행이라는 조건 속에서 접근될 수 있다. • 이 결합에서 설계를 변화시킬 수 있는 가능성은 무한하다. 설계 변화를 통해 즐겁게 학습을 할 수 있고 도전 경험을 할 수 있다. 다차원적인 속성과 발달 경로를 강조할 수도 있다.

8 확산발견형 스타일

1. 개념

(1) 확산발견형 스타일의 특징은 구체적인 인지 작용을 통해 어느 한 문제 혹은 상황에서 확산적인 반응을 발견하는 것을 의미한다.

(2) 교사의 역할은 학습자에게 전달해야 할 교과에 대한 특정 문제와 주제를 결정하는 일이다.

(3) 학습자의 역할은 특정 문제에 대한 다양한 설계/해답/반응을 발견하는 것이다.

(4) 확산발견형 스타일은 스펙트럼에서 고유한 위치를 차지한다. 학습자가 처음으로 교과내용에 관한 선택권을 갖게 된다. 이전까지의 스타일들에서는 교사가 교과내용과 관련된 구체적인 과제들에 대한 결정을 내렸다. 학습자에게는 그것을 그대로 따라하거나 주어진 문제에 대한 해답을 발견하는 일만 허용되었다.

(5) 이 스타일에서는 약간의 한계 내에서 학습자가 주어진 교과내용과 관련된 세부 과제에 대한 결정을 내릴 수 있게 된다. 확산발견형 스타일은 알고 있는 것 이상을 창조하는 능력과 다양하게 뻗어나가는 확산적인 사고 능력을 개발하는 데 목적을 둔다.

(6) 체육, 스포츠, 댄스 분야는 발견하고, 설계하고, 새로운 것을 창조해 낼 수 있는 기회가 매우 풍부하다. 여러 가지 가능한 움직임, 갖가지 움직임들의 다양한 조합, 공을 패스하는 여러 가지 방법, 다양한 전략, 댄스 안무, 혹은 부가적인 도구의 사용 등 인간 운동의 변화와 그 다양성은 무한하다. 즉, 확산발견형 스타일로 할 수 있는 수업 장면들은 수없이 많다. 다른 교수・학습 스타일과 확산발견형 스타일을 연계시킬 수 있는 가능성 또한 무한하다.

(7) 이 스타일은 발견적 인지 작용의 많은 측면들을 활성화시킬 수 있다. 그 중에서도 체육활동 내의 확산적 발견의 수업 장면에서 지배적으로 작용하는 인지 작용은 '설계하기'이다. 신체적 움직임은 상규적 활동의 설계, 전략 혹은 기구를 사용하는 움직임 등 여러 가지 문제를 해결할 수 있게 한다. 모든 신체적 활동에서 움직임의 설계는 가능한 것의 경계와 한계를 확장하기 때문에 확산발견형 스타일의 학습 과제로 매우 바람직한 과제이다.

(8) 확산발견을 위한 수업 에피소드는 신체 활동의 수행에서 학습자의 상상력을 확장시키는데 없어서는 안 될 필수 불가결한 것이다. 확산발견 없는 학습자들의 경험은 다양한 활동/스포츠 속에 있는 이미 알고 있는 움직임, 기본 기술 그리고 기초적인 전략을 모방하는 데 그치도록 한다.

(9) 발견의 인지적 초점을 포함하는 자극(S)속에서 학습자는 인지적 부조화(D)의 상태가 된다(이때 알고자 하는 욕구가 생긴다). 이러한 욕구는 학습자가 문제를 해결할 수 있도록 다양한 해법을 매개(M)하도록 이끈다. 이러한 탐색은 발견을 이끌어내고 그리하여 다양한 반응(R)을 생성하게 한다.

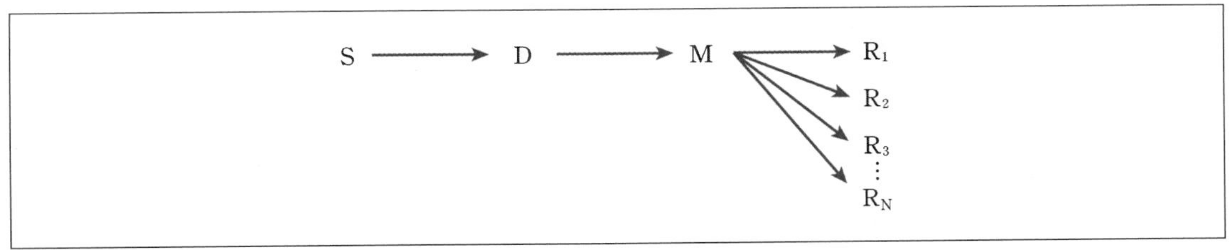

확산발견형 스타일의 모델

교과내용 목표	• 하나의 질문 혹은 문제에 대해 다양한 반응을 생성하고 발견할 수 있다. • 구체적인 인지 작용을 통해 확산적인 생산의 경험을 체험할 수 있다. • 교과내용 영역에 존재하는 대안적인 가능성을 발견함으로써 내용 영역을 확장할 수 있다. • 고정된 사고의 틀 속에서 벗어나 열린 마음으로 문제와 이슈에 대해 사고하고 관망할 수 있다. • 해결책을 찾아내고 특정 목적을 위해 그것들을 조직하는 능력을 개발할 수 있다.
행동 목표	• 질문을 만족시키는 다양한 반응의 생성, 즉 확산적 발견에 참여한다. • 인지적 문제 해결을 통해 확산적 사고를 활성화한다. • 대안적인 사고를 정서적, 인지적, 사회적으로 충분히 수용한다. • 한 가지 문제나 이슈에 대해 다양한 방식으로 접근이 가능하다는 사실을 수용한다. • 다른 사람의 아이디어를 수용한다. • 아이디어를 생산함으로써 인지적, 정서적 충만감을 느낀다. • 적절할 때, 감환 과정(Reduction Process)에 참여한다.

2. 확산발견형 스타일의 구조

	유도발견형(F)		수렴발견형(G)		확산발견형(H)
과제활동 전	(T)		(T)		(T)
과제활동 중	(T_L)	→	(L)	→	(L)
과제활동 후	(T_L)	→	(L_T)		(L_T)

(1) 과제활동 전 결정군에서 교사는 모든 의사결정을 하게 된다. 질문(S)의 중요성을 강조하는 것은 학습자의 논리적인 해답의 발견 과정을 촉발시킨다.

(2) 과제활동 중 결정군에서 질문이 진술되고 그 질문이 교과내용에 적절할 때, 감환 과정을 위한 준거가 제시된다.

(3) 과제활동 후 결정군에서 학습자는 교사로부터 다양한 반응들에 대한 중립적인 피드백을 제공받거나 혹은 확산적 과정의 참여에 대한 가치관련 피드백을 제공받게 된다.

(4) 과제활동 중 결정군에서 학습자는 다양한 움직임 설계/해결/아이디어의 발견에 대한 결정을 내리게 된다.

(5) 과제활동 후 결정군에서 학습자는 선택한 과제와 준거에 적절한 평가를 결정하게 된다.

3. 확산발견형 스타일의 실제

학습자들은 확산적인 해답을 발견해내는 것보다 수렴적인 정확한 반응을 생성해내는 것에 더 익숙하기 때문에 새로운 기대를 소개하는 것이 필요하다. 이 유형에서는 확산적 발견의 의미와 암시, 어느 한 가지 반응만이 정확한 해답이 될 수 없다는 사실, 교사와 학습자의 새로운 역할(교사와 학습자 모두 부과된 질문에서 도출된 다양한 반응들을 수용해야만 한다) 등을 강조하는 것이 중요하다.

(1) 에피소드의 이해

① 교사는 확산적 발견을 촉진하는 에피소드를 연출할 때 합리적인 방식으로 대안적 해결책을 미리 생각해서 에피소드를 연출해야 한다. 교사는 학습자들이 해야 할 새로운 역할을 소개하고 문제에 대한 그들의 생각이나 해결 방법이 상황 내에서 받아들여질 수 있음을 확신시켜 준다.

② 교사의 질문은 학습자의 인지적 발달 영역을 자극할 수 있는 구체적인 학습 내용에 초점을 맞춰 설계된다. 질문은 구술이나 기록 형식 혹은 다른 조직적인 형식을 사용하여 제시될 수 있다.

③ 그런 다음, 수업 운영적 차원에서 필요한 주의 사항들이 전달된다. 교사의 수업 운영에 관한 주의 사항이 전달되고 나면 학습자들은 체육관 안에 흩어져서 문제에 대한 다양한 해결 방법을 모색하기 시작한다. 이 때 학습자들이 움직임에 대해 탐구, 연구하며 자신들의 대안적 설계를 평가해 볼 수 있도록 충분한 시간이 주어져야 한다.

④ 교사는 학습자들의 반응이 나올 때까지 기다려야만 한다. 학습자들의 반응이 나오기 시작하면, 교사는 순회하면서 중립적인 피드백을 제공하게 된다. 교사의 승인 신호는 학습자들의 반응이 수용되어졌다는 뜻으로 받아들여질 수 있다. 이것은 학습자들에게 확산발견의 과정을 계속적으로 이행할 수 있도록 용기를 북돋아준다. 이 단계에서 교사의 역할은 위협적이지 않는 분위기를 조성하여 더 많은 반응을 수용하고, 환기시키는 일이다. 학습자들 간의 의사소통을 통해서 보다 많은 확산적 발견이 일어나도록 분위기를 조성해 주어야 한다. 이러한 분위기의 수업은 많은 설계/문제해결/생각들을 창출해낸다.

⑤ 교사는 학습자들의 개별적인 반응에 교정적, 가치관련 피드백을 제공하는 것을 삼가 함으로써 생각의 흐름이 끊기지 않도록 유지시켜야 한다. 교정적인 피드백이 주어질 수 있는 유일한 시간은 원래의 질문과 관련되지 않으며, 확인될 수 없는 반응을 할 때에만 주어진다. 교정적 · 언어적 피드백은 인지적 과정을 강화시키고자 할 때 사용한다.

⑥ 본질을 벗어날 경우 그것을 올바르게 바로잡아 주어야 한다. 반응은 문제의 본질에 적합한 것이어야 한다. 피드백은 창조 그 자체의 과정을 향해 주어져야 한다.

⑦ 어떤 과제는 다양한 해답을 요구하기도 한다. 그러나 주먹구구식으로 산출된 반응은 다시 체계적으로 조직되어 다음의 내용을 명확히 하는 준거로 사용된다. 반응에 대한 처치는 증명, 중립적 승인, 시작 시의 반응의 수를 감소시켜 나가는 선택의 과정을 포함할 수 있다.

⑧ 에피소드의 마지막에 교사는 정리를 위해 그들을 소집한다. 정리 시에는 확산 발견 과정 참여에 대한 피드백을 학습자들에게 제공하게 된다.

(2) 확산발견형 스타일의 실행 방법

과제활동 전 결정군	• 교사는 수업 전에는 과제 설계에 특별히 주의를 집중해야 한다. 교사는 특정 요소, 계열성, 활동 구조를 선택하기 위해 충분한 안목을 가지고 있어야 하며, 확산적 창조성이 풍부한 과제를 잘 선택해야 한다. 과제의 결정은 다음의 내용을 포함한다. – 일반적인 단원 내용에 관한 결정 예 텀블링, 골프, 현대무용, 등 – 에피소드의 중심이 되는 구체적인 과제에 관한 결정 예 백핸드스프링, 펏, 회전 등 – 다양하고 확산적인 해결책을 이끌어 낼 구체적인 문제/상황/질문의 설계에 관한 결정
과제활동 중 결정군	• 교사는 과제활동 전 결정군에서의 결정들을 이행한다. • 이 스타일의 교과적 요구와 함축적 의미 때문에 이 스타일이 실행되는 방식은 매우 다양하다. • 이 스타일을 사용하는 몇 가지의 과제는 단일 에피소드를 채택할 때 효과를 거둘 수 있는 반면, 다른 한편의 과제들은 탐구되어야 할 과제와 주제들에 장시간이 요구되는 일련의 여러 에피소드들이 사용되기도 한다.
과제활동 후 결정군	• 학습자들은 선택된 과제와 기준에 근거하여 생성한 반응들에 대한 평가 의사결정을 한다. • 교사는 학습자들의 반응들을 수용하고, 중립적 피드백을 사용하며, 확산발견적 과정에 대해 가치적 피드백을 제공한다. 교사는 정리 시에 학생들이 교과내용에 대해 성취한 확산발견적 반응들을 치하한다.

4. 함축적 의미

확산발견형 스타일의 함축적 의미
• 교사는 발견의 역치를 넘어 창조의 단계로 학습자를 이끈다. • 교사는 과제 내에서 학습자가 창조해내는 새로운 설계의 가능성을 수용한다. • 교사는 학습자의 새로운 반응과 아이디어를 미리 판단하지 말고 수용한다. • 교사는 각 인지 작용이 하나의 기술이며, 연습에 의해 길러질 수 있다는 개념을 수용한다. • 교사는 발견적 인지 작용을 활성화시킴으로써 학습자의 수행이 개선될 수 있다는 믿음을 갖는다. • 교사는 학습자의 발견의 과정을 위해 충분한 시간을 제공한다. • 학습자는 인지적 창조와 신체적 수행 사이의 관계를 학습할 수 있다. • 학습자는 교과의 지평을 확장시킬 수 있는 새로운 아이디어를 창조해 낼 수 있다. • 학습자는 특정한 문제와 이슈들은 하나 이상의 해답과 견해를 가질 수도 있다는 것을 이해한다. • 학습자는 아이디어를 창조해내는 동안 당황하지 않도록 교사를 믿어야 한다. • 학습자는 동료 학생이 제안한 아이디어와 해결책들을 너그럽게 수용해야 한다.

확산발견형 스타일(G)의 특징
• 이 교수 · 학습 스타일의 목적은 구체적인 인지 작용을 통해 다양한 해답을 발견하는 것이다. • 학습자의 역할 – 연습형 스타일의 9가지 과제활동 중 결정군을 실행한다. – 확산적인 반응을 생성해낸다(같은 질문에 대한 다양한 해답). – 반응들의 타당성을 확인한다. – 특정 과제 내에서 그 반응들을 평가하고 확인한다. • 교사의 역할 – 질문할 문제를 결정 – 반응의 수용 – 특정 과제에 대한 검증 자료 제공

5. 교과내용의 선정과 설계

(1) 이 스타일에서 에피소드를 설계할 때 고려되어야 할 것은 경험이 교과와 관련이 있는지, 시간과 노력을 들일 만한 가치가 있는지, 확산발견에 적합한지 등을 살펴보는 것이다.

① 일부 스포츠들은 움직임 설계가 고정되어 있다. 설계가 고정되어 있는 움직임이나 기술은 경험과 생체 역학적 원리에 의해서 결정된 것이므로 확산발견을 위한 운동으로는 무익한 것이 될 수 있다(보트에서 노 젓는 움직임 등에서 대안을 끌어내기 위해 문제를 설계하는 것은 창조적이지도 못하고 스포츠의 수행에 유용하지도 않다).

② 움직임의 원리와 스포츠에서 다양성과 대안을 발견할 수 있는 활동들이 있다(다양한 움직임의 연결, 유형, 루틴, 댄스, 전술, 전략 등을 발견하는 것이 이 스타일에서 가장 적합하고 바람직한 학습 경험이 될 수 있다).

(2) 모든 인지작용은 하나의 인지적 작용이 지배하는 체육에서 좋은 효과를 내기 위해 사용될 수 있다. 확산발견 스타일을 체육에서 사용할 때 가장 널리 이용되는 발견적 인지 작용은 '설계하기'이다.

① 설계하기는 움직임이나 스포츠 수행에 있어서 많은 도움이 된다. 설계에 있어서 수업 에피소드는 단순할 수도 있고 복잡할 수도 있다. 이것들은 한 가지의 문제/상황으로 사용될 수도 있으며, 연속적인 문제/상황으로 사용될 수 있고, 혹은 몇 개의 에피소드가 엮인 프로그램의 설계가 될 수도 있다.

② 설계하기에서의 초점은 학습자들이 다른 대안적인 반응을 산출할 수 있도록 하는 것이다(구르기를 하더라도 방향, 자세, 리듬, 움직임의 연결 등에 초점을 두고 다양하게 변화를 주어 구를 수 있다).

(3) 이 스타일의 수업 초기에는 대부분의 학습자들이 기억하고 있는 반응을 하게 된다. 하지만 기억하고 있는 것이 모두 소멸되고 나면 잠시 머뭇거리게 되고 그런 다음 발견의 역치를 지나 익숙하지 않은 반응을 산출하게 된다.

(4) 어떤 학습자는 판단 중지와 인지적 정지 상태에 도달하게 된다. 그들은 새로운 생각이나 아이디어를 발견해 내는 일에 어려움을 겪게 된다. 이러한 학습자들은 충분한 시간과 격려 그리고 이러한 행동에서의 다양한 경험이 필요하다.

(5) 확산발견에서의 첫 번째 반응이 기억을 상기하는 일이기 때문에 일시 정지에 빨리 도달하기 위해 다음의 기법을 사용하는 것이 효과적이다.

① 전체 학습자를 대상으로 기억하고 있는 것들을 모두 상기시키도록 한다. 이러한 행동은 확산의 의미와 반응의 수용을 강화하고, 전체 그룹을 판단 정지 지점을 향해 인도한다.

② 전체 학습자들이 더 이상 기억한 것들을 상기시키는 데 주저하게 되면, 교사는 그룹 활동을 제지하고 익숙하지 않은 것의 산출, 새로운 해답에 대한 목표를 상기시킨다.

③ 그런 다음 학습자들을 개별적으로 작업하게 하거나 혹은 작은 그룹으로 해결책을 모색해 보도록 지도한다. 일시 중지에 도달하자마자 학습자들은 확산적 발견을 시작하게 된다.

(6) 확산발견형 스타일에서는 원래의 한 가지 문제/상황에 다른 변수들을 계속 추가하면서 학습자들의 교과 참여를 확장시켜 나간다. 학습자들이 일단 성공하게 되면, 교사는 이전의 것과 관련되면서도 다른 변수들에 초점을 둔 다양한 과제를 계속해서 제시한다. 이러한 과정의 결과로서 학습자들은 특정 과제에 대한 다양한 움직임을 발견하고 수행할 수 있게 된다. 또한 주어진 과제의 다양한 변수 가운데 존재하는 상호 연관성을 파악할 수 있게 된다.

(7) 질문 형식과 질문 내용의 초점은 학습자들이 이 스타일의 목표를 성취하고자 할 때 매우 중요하다. 또한 학습자들이 발견의 역치를 뛰어넘기 위해서는 많은 시간이 필요하다.

① 지시형에서부터 포괄형 스타일까지는 이미 알려진 내용에 대한 즉각적인 반응을 요구한다.

② 유도발견형과 수렴발견형 스타일은 미리 결정되어 있는 정확한 반응을 유도해 내기 위해 생각할 시간을 제공한다.

③ 확산발견형 스타일은 정답이 마련되어 있지 않은 해결책을 발견하는 데 필요한 시간이 학습자 개개인의 능력에 따라 다르게 소요된다. 개별 학습자들은 정의적, 인지적, 신체적 수행에서 서로 다른 페이스와 리듬으로 진행해 나간다. 학습자들의 확산적 발견의 양과 질은 학습에 참여한 시간과 연습의 정도에 의해 좌우된다.

(8) 구체적인 발견적 인지 작용을 나타내지 않고, 한 가지 단일 반응을 발견토록 하는 질문/상황은 확산발견형 스타일에 적합하지 않다.

확산발견형 스타일의 과제를 만들 때 주의할 점

- 창조적인 인지적 작용을 나타내도록 하라.
  - 학습자의 기억에 의존한 활동을 하게 해서는 안 된다.
- 발달적 초점과 내용이 분명한 교과 변수를 나타내라.
  - 큰 질문을 피하라.
- 학습자들이 해결해야 할 확산적 반응의 구체적인 양을 언급하라.

확산발견형 스타일에서 학습자들이 하는 경험
• 이미 알고 있는 것 이상의 인지적인 반응들을 생산해낸다. • 같은 질문/상황에서 다양한 확산적인 발견을 경험한다. • 과제 변수에 따라 반응을 평가한다. • 적절한 시기에 P-F-D 과정을 사용하여 반응을 검토한다.

6. P-F-D 과정: 해답(반응)의 처리

(1) 교수・학습 행동의 핵심은 다양한 해답을 발견해 내는 것이다. 그러나 동시에 과제를 완성하고 특별한 의미에 도달하기 위해 특정 해답을 감소시키거나 다른 해답들을 과감하게 버리는 작업을 통해 최선의 해답을 찾아내는 일도 필요하다.

(2) 체육에서 발견된 해답이나 해답의 처리는 교과의 목표에 의해 좌우된다.

(3) 감환 과정에는 몇 가지 단계가 있다. 맨 처음 시작되는 질문은 특별한 제한 없이 다양한 해결책을 강구하도록 한다. 그런 다음 이러한 반응들의 가능한 수준을 제시한다. 학습자들은 이 과제 내에서 어떤 설계가 가능한지 인지적으로 탐구하게 된다. 학습자의 역할은 알고 있는 것, 보아왔던 것 이상의 발견, 즉 새로운 영역을 발견하는 것이다.

① '가능한'(Possible) 아이디어가 창출되면 감환의 과정이 시작된다.

② 다음 단계에서 가능한 아이디어들은 특별한 준거를 사용해서 검토된다. 준거에 의한 감환 과정은 교사가 학생들에게 아이디어를 채택하거나 혹은 과감히 버려야 할 때 어떤 기준으로 결정해야 하는지를 경험토록 하는 중요한 학습 경험이다. 이러한 경험을 통해 학생들은 선정 과정을 결정하는 기준을 배우게 된다.

③ 선택의 과정은 검토 과정, 즉 기준에 의거한 감환 과정의 결과이다. 이 두 번째 수준은 가능한 반응들을 실행 가능한 수준으로 감소시킨다. '가능한'으로부터 '실행 가능한'(Feasible) 단계로의 진전은 '감환의 과정' 혹은 '여과'로 명명된다.

④ 기준에 따른 감환의 과정은 가능한 해답으로부터 실행 가능한 설계로의 합리적인 선택을 유도한다.

⑤ 다음 단계는 또 다른 기준을 적용하여 실행 가능한 설계로부터 '바람직한'(Desirable) 설계를 선택하는 과정을 말한다. 각각의 실행 가능한 설계들 가운데 어떤 것이 가장 바람직한 것인지 특별한 기준에 맞춰 검토하게 된다.

⑥ 실행 가능한 기준에서 바람직한 기준으로 감환 과정은 두 가지 요인을 확보한다. 첫째, 다양한 설계들이 제시되고, 둘째, 실행 가능한 기준과 바람직한 기준의 차원에서 가장 최선은 어떤 것인지 최종 결정을 위해 검토된다.

(4) P-F-D 과정은 정서적 혹은 경쟁적 반응의 가능성을 감소시키고자 사용된 동의된 기준에 따라 이루어질 때 최선의 해결책을 선정하는 합리적인 과정이 될 수 있다.

감환 과정(P-F-D 과정)
다양하게 제시된 해결책들 중 가능한(Possible) → 실행 가능한(Feasible) → 바람직한(Desirable) 해결책으로 검토해 가는 과정

(5) **수업에서 감환 과정의 사용**

① 감환의 과정을 사용할 때 이 스타일-확산생산적 발견-의 이론적 의도를 유지하는 것이 중요한다. 학습자들이 가능한 해답들을 발견해 내기 전에 감환의 기준이 미리 제공되어서는 안 된다. 만약 시작 단계에서부터 이러한 기준이 제공되게 되면 학생들의 확산적인 사고를 방해할 수도 있다.

② 어떤 기준이나 조건 없이 확산발견적 과정으로 이끌어 갈 질문을 구성하고 개발하는 일이 이 스타일에서 가장 중요한 일이다. 학습자들이 일련의 가능한 아이디어들을 창출해 낸 다음에 교사는 실행 가능한 아이디어를 선정하기 위한 기준을 제공해야 한다.

(6) **확산발견형 스타일과 재생산(모사) 스타일**

① 확산발견형 스타일은 영감, 생산, 창조의 경험을 구현한다. 이것은 발견한 아이디어를 수행하거나 적용 혹은 세련화하도록 연습할 시간을 제공하지 않는다. 발견한 아이디어를 적용하거나 모방하는 행위는 교수·학습 에피소드의 초을 스펙트럼의 재생산 측면으로 변화시킨다.

② 확산발견형 스타일에서 춤, 체조 등의 새롭고 창의적인 활동을 개발한 사람들은 재생산 스타일을 이용하여 정확한 동작과 세련된 동작을 위해 많은 시간 연습할 수 있다.

③ 이처럼, 발견형 스타일과 모사(재생산)형 스타일 간에는 적대적인 관계라기보다도 우호적인 관계가 존재한다. 두 과정 모두 교육적 과정을 위해서 필요하다.

7. 확산발견형 스타일의 특징

(1) **운동 기능이 뛰어난 학습자**

① 운동 기능이 뛰어난 학습자, 특히 특정 스포츠에 대해 전문적인 수준에 도달한 학습자는 일반적으로 재생산 스타일과 특히 지시형 스타일과 연습형 스타일에 익숙하다.

② 운동 기능이 뛰어난 학습자들은 이미 잘 알려진 활동이나 스포츠 분야에서 두각을 나타낸다. 이들은 확산발견의 경험을 할 때 규칙의 영역 밖으로 벗어나는 것에 대해 주저하기도 한다.

③ 기능이 뛰어난 학습자를 위한 이 스타일의 초기 경험은 학습자의 수행 능력을 신장시킬 수 있는 내용이어야 한다. 따라서 운동 수행의 목표와 관련되는 경험을 제공한다.

(2) 정의적 영역

① 각 스타일은 학습자의 다양한 발달 영역을 필요로 한다. 확산 창조적 발견은 특히 정의적 영역에서 고유한 조건을 생성해 낸다.

② 모든 학습자는 발견의 과정에서 경험하게 되는 기쁨과 스트레스를 모두 경험해보고 이를 잘 처리해야 한다. 즐거움은 새로운 아이디어, 즉 자신만의 고유한 아이디어를 창조해냄으로써 얻어진다. 이 때 주체성은 이 스타일의 성공을 위해 가장 필요한 정서이다. 이전 스타일보다 훨씬 더 큰 학습자의 주도성 발휘가 요구된다.

③ 학습자는 새로운 것을 발견하라는 요구와 직면했을 때 스트레스를 겪는다. 교사는 학습자들의 정서적 개인차에 따라 적절히 대처할 수 있는 능력을 개발해 나가야 한다.

(3) 인지적 창조 능력과 신체적 수행 능력

① 신체적 제한점

㉠ 학습자는 때때로 문제에 대한 대안적 해결책을 마련하지만 그것을 실제적으로 수행할 신체적 능력이 따르지 못할 때가 있다. 이러한 상황은 인지적 과정은 창조적으로 기능하였지만 신체적 능력의 상황에 부딪힌 경우다.

㉡ 이러한 문제를 해결하는 한 가지 방법은 학습자에게 두 가지 군의 해결책을 구별하여 제시하는 것이다. 한 가지 군은 학습자의 모든 인지적 상상력을 포함하는 해결책이고, 나머지 한 가지 군은 학습자가 실제로 수행할 수 있는 해결책을 제시하는 것이다.

㉢ 이 두 가지 능력의 차이를 좁히는 대안적인 방법으로 학습자가 자신이 수행할 수 없는 해결책을 기술이 뛰어난 친구에게 대신 해달라고 부탁하는 방법을 사용할 수 있다. 이것은 재생산 과정으로 분류된다. 이것은 가능한 인지적 해결책을 실천 가능한 해결책으로 변모시킨다.

② 문화적 제한점

㉠ 문화적 제한점이란 많은 사람들의 동의에 의해 부과된 것들을 말한다. 이는 게임의 규칙이라고도 불리운다. 규칙이란 항상 '할 수 있는 것'과 '하지 못하는 것'을 한정한다. 즉 특정 활동에서 수행의 제한점을 의미한다.

㉡ 확산발견형 스타일에서 활동의 목적은 규칙 내에서 다른 사람들과 경쟁하도록 하는 것이 아니라 지식의 한계에 도전하도록 하는 것이다. 발견의 목적은 모르는 것 이상으로 발전하는 것, 즉 기존의 경계선을 넘어 나아가는 것이다. 이러한 탐구와 확장의 느낌은 체육에서 모든 학습자가 경험할 수 있다.

(4) 집단

① 확산발견형 스타일은 집단 상호작용의 기회를 제공한다. 그룹 단위로 일반적인 문제를 해결할 때 해결책을 마련하기 위해 놀라울 정도로 힘이 응집되게 된다.

② 이 스타일에서 집단 참여는 사회적, 정서적, 인지적 영역의 균형적인 상호작용을 요구한다.

③ 상호작용의 과정은 다음과 같은 요소들을 포함한다.

㉠ 모든 학습자들에게 해결책을 제안할 기회의 제공

㉡ 모든 학습자들이 해결책을 시도해 볼 기회의 제공

㉢ 해결책의 수정과 결정

㉣ 적절한 해결책 보완을 위한 활동

㉤ 적절하지 못한 해결책에 대한 관용

㉥ 수용의 분위기

8. 발달 경로

(1) 설계 변형과 교수 스타일의 결합

① 이 행동에서의 설계 변화는 발달 경로에 따라 학습자에게 다양한 확산적 발견의 기회를 제공한다.

② 확산발견형 스타일의 목표가 개인적인 차원에서의 발견에 주목적을 두고 있지만 확산적 발견에서 학습자가 다른 학습자의 아이디어나 의견을 수용하거나 검토하려면 사회적 상호작용은 필수적으로 수반된다.

③ 체육, 무용, 그리고 드라마에서 가장 자주 사용되는 스타일간의 결합은 확산발견과 지시형 스타일의 조합이다. 이 조합은 생산의 독창성과 실행의 완성을 강조한다(연극, 응원 순서, 행군대의 패턴 등). 확산적 발견을 통해 떠오른 새로운 아이디어는 지시형 스타일을 통해 모방되며 숙달된 신체적 수행으로 연결된다.

④ 확산발견/지시형 스타일은 대안적 설계를 신속하게 해야 하는 상황 즉, 개인이나 집단이 정해진 시간 내에서 바람직한 해결책을 반드시 설계해야 하는 경쟁적인 상황일 때 조합될 수 있다. 각 그룹은 문제를 해결할 확산적인 설계를 창조해낸다. 해결책이 결정되기 전에 그룹/개인은 시간/기구의 변수 내에서 바람직한 다양한 해결책을 강구한다. 시간 요인은 이러한 경험을 유동적으로 만든다. 그러므로 이것은 지시형 스타일로 볼 수 있지 연습형 스타일은 아니다. 학습자들은 정확한 확산적 반응을 하기 위해 애쓰게 된다. 이 조합을 통해 확산발견형 스타일 에피소드에서 추구하는 일련의 목표들이 성취된다.

⑤ 확산생산식 스타일은 포괄형 스타일과도 조합될 수 있다. 과제의 복잡성(변수, 위험 요인, 기구의 사용 등)과 난이도의 수준을 조절하여 적용될 수도 있다.

⑥ 교사가 관습과 인습의 경계를 뛰어 넘어 스타일간의 다양한 조합을 설계할 때 학생들의 학습 기회는 더욱 커지게 된다.

(2) 정리

① 알아 가는 것, 탐구로 이끌고 발견을 가져오게 하는 인지적 과정에 불을 밝히는 방법에는 여러 가지 많은 방법들이 존재하지만 확산발견의 과정은 자기 동기화된 인내력을 기르게 한다.

② 확산발견형 스타일은 두 가지 측면에서 끝이 없는 과정이다.

㉠ 체육 교과 내용 그 자체가 너무 방대하고 무한하기 때문에 거기에는 항상 다른 해결 방법, 움직임, 공을 패스하는 방법, 상대방의 방어를 무너뜨리는 수많은 방법들이 존재한다. 그래서 교과내용의 문제는 늘 유동적이 된다.

㉡ 발견의 과정은 자기-영속적인 과정이다. 새로운 해결책을 모색하는 행동은 발견의 과정을 정당화한다. 발견의 기쁨은 너무나 강력해서 발견 행동 그 자체가 학생들로 하여금 더 많은 해결책과 대안, 아이디어를 모색하도록 동기를 유발하는 촉진제가 된다.

③ 확산발견의 과정은 인지적 측면과 신체적 측면 두 부분 모두를 개발하도록 제안한다. 이 교수·학습 행동은 인지적 및 신체적 차원에서 학습자들의 능력 차이를 좁힐 수 있는 스타일이다.

9 자기설계형 스타일

1. 개념

(1) 자기설계형 스타일의 특성은 어떤 문제나 쟁점의 해결을 위한 학습 구조의 발견에 대한 독립성 확립이다.

(2) 교사의 역할은 학습자가 학습 주제를 결정하기 위한 세부적인 공통 교과내용을 선정하는 것이다.

(3) 학습자의 역할은 공통 교과내용에 따른 의사결정 과정을 결정하는 것으로서 공통 교과내용 안에서의 학습자 고유의 초점에 따른 질문 만들기, 학습 진행 방법 및 학습 진행 절차를 확인할 수 있는 질문 만들기, 해답/움직임 발견하기, 학습을 위한 운동 수행 범위를 설정하기 등이다.

(4) 자기설계형 스타일은 학습자에게 더 많은 책임을 부여하는 측면에로의 변화이며 발견 학습의 시점을 넘어서는 한 단계 진보된 단계를 보여준다.

① 유도발견형 스타일에서는 학습 진행 과정에서의 특수한 반응이 학습자에게 나타나지만, 그 학습자의 반응은 교사가 주도면밀하게 제시하는 여러 질문이나 실마리 등과 같은 자극들에 의해 나타나는 장면들에 한정된다.

② 수렴발견형 스타일에서는 단 하나의 정답을 발견해내는 학습 과정에서만 학습자의 독립성이 많이 허용된다. 학습자는 학습의 각 단계에서 독립적인 학습 자극을 교사에게 요구하지 않기 때문에 교사에 대한 의존도가 실제로는 감소한다. 수렴발견형 스타일은 구조적으로나 현실적으로나 학습자와 교사간의 끈끈한 유대 관계를 유지하고 있는데, 이것은 교사가 질문이나 문제점들을 계획하기 때문이다.

③ 확산발견형 스타일에서는 교사는 특정한 문제를 설계하는 의사결정을 하고, 학습자들은 해당 문제에 대한 다양한 해결책/움직임/반응 등을 만들거나 나타낸다.

④ 자기설계형 스타일에서 교사는 교과 내용분야에 대해서만 결정권을 갖기 때문에 학습자들의 자율권은 더욱 커진다. 학습자들은 결정된 교과 내용 범위 내에서 질문들을 만들고 문제점들을 발견하며, 그 해결 방안들을 모색하게 된다.

(5) 자기설계형 스타일 이상의 스타일 목표들은 한 에피소드나 한 시간의 수업 상황에서는 성취될 수 없는 것들이다. 자기설계형 스타일의 학습 목표가 제대로 성취되려면 일정 기간 이상의 수업 시간을 포함한 여러 학습 과정들이 이수된 후에, 학습자의 창조적 학습 경험 및 모방적 학습 경험이 모두 녹아 들어가서, 학습자 개개인에 의해 개별적으로 구조화되는 과정이 필수적이다.

(6) 자기설계형 스타일에서 학습자들은 학습자 개인의 학습 주제를 지원할 수 있는 여러 가지 소단원 학습식 교수·학습 경험들을 직접 설계하기 시작한다. 자기설계형 스타일에서 학습자 개개인은 자신의 개인적 프로그램에 맞추어 학습이 경험되기 때문에 학습자 자신이 일련의 학습을 설계하고, 순서를 결정하고, 학습과 학습을 연결하는 책임을 지게 된다.

(7) 자기설계형 스타일은 교육과정에 포함되지 않는 교과내용을 선정해서는 안 되며, 학습자나 교사가 원하는 것을 모두 선택할 수 있다는 것도 아니고, 과제 학습식 교수 방법도 아니다.

① 학습자 개개인의 인지적인 능력과 창조적인 능력을 극대로 발휘할 수 있도록 동기 유발시킬 수 있는 고도로 훈련된 교수·학습 방법이다.

② 이것은 어떤 한 쟁점의 구성 요소를 발견하고, 그 구성 요소간의 관계를 찾아내며, 그 구성 요소 간에 있을 수 있는 여러 가지 질서나 연속 체계의 가능성을 타진해보면서 그 학습 쟁점을 실험해보고 탐색하는 하나의 체계적인 모델이다.

③ 자기설계형 스타일은 학습자들이 관련 쟁점에 대한 구조를 쉽게 발견할 수 있도록 도와준다.

(8) 자기설계형 스타일을 통해서 학습자들은 이전의 스타일을 모두 연습할 수 있는 기회를 제공받을 수 있음은 물론이고 수업과 관련된 상황에서는 그것들을 활용할 수 있는 길을 찾을 수 있게 된다. 이 스타일은 학습 행동이 충분한 시간을 필요로 한다.

교과내용 목표	• 학습자 고유의 아이디어를 발견하고, 창조하며, 조직할 수 있다. • 교과내용을 수업의 연장 상황에서 다양한 쟁점으로 활용할 수 있다. • 학습 쟁점을 관찰하고 탐색하는 체계적인 진행 과정에 적극적으로 참여한다. • 학습자 고유의 운동 수행 및 평가의 준거를 세울 수 있다.
행동 목표	• 운동 수행 및 생각에 대한 개인차를 수용한다. • 학습자는 관련 학습 시간에 독자적인 경험을 더 많이 갖게 된다. • 학습자의 자발성을 유도하는 기회를 제공한다. • 과제 수행에 대한 인내와 끈기를 위한 훈련이 된다.

2. 자기설계형 스타일의 분석

	수렴발견형(G)		확산발견형(H)		자기설계형(I)
과제활동 전	(T)		(T)		(T)
과제활동 중	(L)	→	(L)	→	(L)
과제활동 후	(L_T)		(L_T)	→	(L)

(1) 교사는 과제활동 전 상황에서의 의사결정권을 갖는다. 교사의 수업 계획은 두 개의 범주로 나눌 수 있는데, 하나는 공통 학습 주제를 선정하는 것이고, 다른 하나는 기대되는 새로운 학습 목표들에 대한 설명을 준비하는 것이다.

(2) 과제활동 중 상황에서 교사는 두 가지의 기대되는 학습 목표들을 학습자들에게 전달하고 학습자들과 이 학습 목표들과 서로 상호작용이 일어날 수 있도록 돕는다.

(3) 과제활동 후 상황에서 교사는 학습자들을 도와주고, 경청해주고, 질문을 유도하고 질문에 답해주며, 학습자들이 학습 내용을 숙지하여 학습 활동에 만족스럽게 참여하는 것과 학습자들의 의사결정 과정에 적합한 피드백을 제공해준다.

(4) 과제활동 중 상황에서의 학습자의 새로운 역할은 학습자 스스로 자신이 선택한 교과내용들과 관련된 모든 형태의 행동과 이에 따른 논리적인 결정을 하는 것으로, 교과내용에 따른 학습 목표를 선택하고, 학습자 자신의 학습 프로그램을 설계하고 연구하는데 도움이 되는 질문들과 수업 진행 방식들을 선택하며, 학습 평가의 범주를 결정하며, 교사가 고시한 내용을 지킬 수 있는 수업 과정을 결정하는 것이다.

(5) 과제활동 후 상황에서의 학습자들의 역할은 자신이 선정한 학습 범주에 따라서 얻어진 자신들의 결론들을 증명하고, 수정하며, 그 결과들을 교사들과 서로 나누고, 학습 활동에 대해 최종 평가하는 것 등이다.

3. 자기설계형 스타일의 실제

과제활동 전 결정군	• 교사는 다음 사항에 초점을 맞추어 의사결정을 해야 한다. – 수업에 참여하는 학습자의 학습 시간 배정 – 이 스타일에서 기대되는 학습 효과를 알려주는 방법 및 학습자들의 독립성 확보가 보장된 새로운 스타일의 학습 활동에 참여할 수 있도록 유도하는 방법 결정 – 학습자들로부터 질문과 해답을 얻어낼 수 있는 범위내의 공통 교과내용 결정 예 체육 활동 전체 영역 중의 한 영역(구기, 수상 활동 등)
과제활동 중 결정군	• 자기설계형 스타일에 도전하여 성공하면, 학습자들은 성취감, 자신감, 자존감을 얻게 된다. • 학습자들은 특정 주제를 해결하는 과정을 시작한다. 학습자들은 특정 주제와 탐구를 이끌어 갈 일련의 질문들을 설정하고, 대안들을 탐색하고, 자신의 개별 프로그램을 설계하고, 자신의 아이디어들을 연습해보고, 수정을 가하고, 새로운 탐구·연결·대안을 시도하며, 자기 활동에 대한 평가 기준을 설정한다. • 교사는 학습 조력자로서 학습자들의 요청과 질문에 응한다. 교사는 학습자들의 운동 수행/해결책들을 관찰하고, 문제해결 과정을 관찰하고, 질문에 답변하며, 학습자가 계획한 것과 실제 행동 간에 불일치가 있을 경우 주의를 환기시켜 준다.
과제활동 후 결정군	• 학습자들은 자신들이 만들어낸 아이디어나 해답을 평가 기준에 의거하여 자기 평가한다. • 교사는 개별 프로그램을 설계하고 생산해 낸 학습자들의 성취를 칭찬한다.

4. 교과내용 선정 시 고려사항

(1) 자기설계형 스타일은 학습에 대한 기초 정보나 전반적인 자료들을 제공하지 않는다.

(2) 자기설계형 스타일의 교과내용은 학습 요소들 간에 서로 새롭게 연결되고, 결합되며, 비교될 수 있도록 충분히 조절되고 관찰된 것으로 다양하게 제공되어야 한다.

(3) 자기설계형 스타일로 모든 연령층의 학습자들에게 적합한 학습 내용을 설계할 수는 있다 하더라도, 해당 학습 내용에 대한 경험이 없거나 창조형 교수 스타일들을 경험하지 못한 학습자들로부터는 자기설계형 스타일을 통한 창조적이고 생산적인 바람직한 학습 활동을 기대하기 어렵다.

(4) 자기설계형 스타일은 대단원 학습 단위의 수업 시간이 확보되어야만 소기의 학습 목표에 합당한 학습 효과를 얻을 수 있다. 학습자들은 자신들의 아이디어를 발견하고, 창조하며, 조직화하는 데에 집중할 수 있는 충분한 시간적 여유가 필요하다.

(5) 학습자들에게서 학습 계획과 학습 행동의 모순점을 발견했을 때나 학습자와 나누고 싶은 의견이 있을 때 학습자와 의사소통을 하는 방법으로 지시나 설명보다는 질문법을 사용하는 것을 기본으로 한다. 가치적 피드백 또는 교정적 피드백의 구성 요소는 학습자가 그들의 학습 평가를 만들었을 때마다 한 번 정도의 빈도로 하는 것이 적당하다.

(6) 자기설계형 스타일의 학습 진행 과정, 학습 결과, 최종 평가 등에 대해 교사와 충분한 의사소통 과정을 거친 학습자들에게 의사결정권을 옮기는 것이다.

5. 함축적 의미

자기설계형 스타일의 함축적 의미
• 학습자들의 자율성은 중요한 교육 목표들 중의 하나로서, 자율적인 학습자가 되어 가는 과정이 이 스타일에서 분명하게 나타나야 한다. • 교사와 학습자 모두가 '자율성'이라는 이 스타일의 학습 목표를 알고 있어야 하며 이를 인정해야 한다. • 교사와 학습자 모두가 의사결정의 이동 과정에 함께 참여해야 한다. 교사와 학습자 모두 학습자의 자율성에 대한 중요성을 인정해야 한다.

6. 자기설계형 스타일의 특징

(1) 학습 내용 및 학습 시간 배분의 다양성

① 이전 여러 교수 스타일과 마찬가지로 자기설계형 스타일의 교수 내용 역시 단순하거나 복합적인 것 중의 하나이다.

② 새로운 학습에 대한 기대 효과 역시 점진적으로 얻어지는 방법이, 파격적이고 비약적이고 집중적인 방법을 통해 얻게 되는 기대 효과보다 효과적이다.

③ 복합적인 학습 효과를 기대하는 것은 짧은 에피소드 형태의 학습 초기에서는 피하는 것이 좋다.

④ 학습자들이 그들이 기대하는 학습 효과를 사전에 알고 수업에 임하게 되면 학습 기술 개발, 과제 집착력, 학습 동기 유발 등이 훨씬 용이해진다.

⑤ 새로운 학습 활동에 요구되는 적합한 수준의 전반적인 교수 스타일이 충분히 경험되지 않은 상태에서 학습자가 새로운 학습 활동을 경험하게 되면 수업 시간은 낭비되고, 학습자의 불안 정도는 가중되며, 학습자는 인지적 영역에서 좌절감을 경험하게 된다.

(2) 에피소드의 계획

① 자기설계형 스타일은 학습자들로 하여금 다른 교수·학습법을 사용하여 일련의 형태로 정렬한 에피소드들을 다시 재정렬 하기 위해서 다양하게 생각하고, 계획하며, 설계하는 것을 요구한다.

② 교사가 학습자들에게 다양한 학습 목표들과 다양한 학습 행동을 허용하고 개발할 수 있도록 격려하고, 이에 필요한 정보를 끊임없이 제공해주며, 이를 제대로 유지시킬 수 있도록 지속적인 도움을 주었을 경우에만 학습자가 개별적으로 계획한 학습 목표들과 바람직한 학습 행동들에 정확하게 접근하여 그에 따른 소기의 학습 효과를 얻을 수 있다.

(3) 자기설계형 스타일의 두 가지 제한점

① 시간

㉠ 이 스타일의 가장 큰 부담은 학습자 개개인의 개별 프로그램을 인식하고 이를 위한 교사와 학습자간의 의사소통에 필요한 시간 확보이다.

㉡ 학습자 개개인의 수업 결과를 위한 적절한 지원 및 피드백 제공에 필요한 시간을 지혜롭게 찾아내어야 한다.

② 인지적 영역의 개인차 및 평가

㉠ 이론적으로는, 자기설계형 스타일에서 개별 학습자들은 시간별 수업 평가 및 단원 평가의 범주를 결정할 수 있다. 학습 과정에서 어느 정도는, 이 형태의 피드백을 제공하는 학습법에서 교사의 지침 없이도 전반적인 학습 과정에 대한 의사결정을 할 수 있을 것이다.

㉡ 그러나 소단원 학습의 초기 단계에서는 학습자들이 그들의 학습 평가 계획을 세우는데 도움이 되는 필요한 지침들을 제시해주고, 구체적인 의사결정 범위를 결정해주며, 세부적인 학습 기대 결과들을 제공해 줄 필요가 있다. 이때 연습형 스타일로 되돌릴 우려가 있는 피드백을 제공하지 않도록 유의해야 한다. 이런 경우는 교사의 피드백 준거가 고정되어 있거나 지나치게 구체적일 때 발생할 수 있다.

㉢ 학습자가 자기 평가를 할 수 있는 의사결정들을 이끌어내고 그것을 신뢰하는 것은 학습자에게나 교사들에게나 모두 새로운 현실이다. 수업 중에서의 각각의 결정에 대한 충분한 대화는 학습 경험의 전반적인 성공 여부와 직결된다.

자기설계형 스타일(I)의 특징
• 이 교수·학습 스타일의 목표는 학습자들 각자가 학습 프로그램을 설계하고, 개발하며, 학습 프로그램을 조직화하여 학습자 개개인에게 적합한 일련의 에피소드별 수업 과제들을 제시할 수 있도록 하는데 있다. • 학습자의 역할 – 해당 학습의 중심이 되는 학습 목표 선정 – 학습 목표에 적합한 질문들과 쟁점들을 규정 – 질문들을 구성하고, 학습 과제들을 체계화하며, 자기설계형 스타일로 설계하기 – 학습 목표에 관련된 자료 수집하기, 질문에 답하기, 그 해답들을 타당성 있는 지적 구조물에로의 조직화 – 학습 이론으로만 내재되어 있던 것을 자신이 실제로 쉽게 다룰 수 있는 학습 주제로 변화시켰다는 것을 전제로 한 해당 학습 문제의 해답 및 학습 결과들에 대한 증명 • 교사의 역할 – 학습자들이 학습 목표를 선택할 수 있는 공통 학습 주제 범위 선정 – 학습자의 학습 진행 상황 관찰 – 학습자들의 주기적인 학습 질문들과 그 해답들에 경청하기

7. 발달 경로

(1) 스타일의 변형

① 자기설계형 스타일에서는 사회성 성장 채널을 강조하는 것이 가능하다. 한 사람의 짝, 또는 모둠의 일원으로서 학습 활동을 할 때 우리가 먼저 설정한 학습 목표와 학습 주제의 경계선이 변할 수 있다 하더라도 하나의 사회성 영역 측면에서 볼 때는 학습 경험에 새로운 장점을 추가할 수 있는 것과 동시에 학습에의 부담이 증가하는 것이 사실이다.

② 자기설계형 스타일에서 학습자의 사회화가 때로는 가치 있는 것이긴 하지만, 무엇보다 중요한 것은 학습자들이 책임감을 경험하고, 만족감을 느끼며, 이 스타일을 설계하는 데에 필요한 다양하고 복합적인 학습 활동을 경험하는 것이다.

③ 자기설계형 스타일에서의 학습 행동에 관한 모든 형태의 스타일의 변형들은 교사가 만들어서 제시하는 학습 준거에 초점을 맞춘다. 교사가 준거들을 많이 제시할수록 더 많은 학습 경험들이 연습형 스타일로 환원되어 버린다.

10 자기주도형 스타일

1. 개념

(1) 자기주도형 스타일의 특징은 학습의 설계에 대한 책임과 학습 경험 등에 대한 학습자의 주도에 있다.

(2) 학습자의 역할은 학습 초기부터 자율적으로 이루어지며 학습자들이 과제활동 전 상황에서 모든 결정을 하며, 과제활동 중의 교수·학습 활동은 물론이고, 과제활동 후 상황에서도 학습 평가 기준을 결정하는 것이다.

(3) 학습 활동에 투입된 교사들은 교과내용에 관한 전문성이 검증된 사람들로서, 교사의 역할은 학습자들이 학습 경험을 통해서 자진해서 결정한 사항들을 가능한 한 최대로 수용해주며, 학습자들을 지원해주며, 학습자들의 요청이 있을 때에만 교수·학습 활동에 참여한다.

(4) 자기주도형 스타일의 가장 기본적인 학습 목표는 학습자들의 학습 욕구에 자율권을 부여하는 것이다.

구분	내용
교과내용 목표	• 학습자 개인에게 허용되는 권위 • 학습자가 선택한 학습 경험 초기 단계부터 학습자들이 발견하고, 창조하고, 개발한 아이디어들 중에서 교과내용을 선택할 권리 • 이미 경험한 다양한 학습 경험 중에서 선택하여 시도할 수 있는 권리
행동 목표	• 자율적 선택권 • 학습자 개인에게 허용되는 권위 • 학습자 자신의 학습 경험을 창조하는데 책임감 있는 도전을 선택할 권리 • 다른 학습자들에게 이미 제시되었던 학습 행동의 한계를 뛰어 넘고자 하는 욕구를 가질 권리

2. 자기주도형 스타일의 분석

	확산발견형(H)		자기설계형(I)		자기주도형(J)
과제활동 전	(T)		(T)	→	(L)
과제활동 중	(L)	→	(L)	→	(–) (–) (–)
과제활동 후	(L_T)		(L)		(L)

(1) 자기주도형 스타일의 학습자가 개별적으로 교사에게 접근하여 자신들만의 학습 경험에 대한 학습 설계를 스스로 해보고자 하는 요구가 허용되는 학습 환경에서만 실천이 가능한 스타일이다.

(2) 이 스타일의 이미지 중에서 가장 핵심적인 부분은 학습자들의 학습 의도에 관한 것으로, 이것은 학습자들이 한번 시도해보고자 하는 의지적인 면에서의 학습 경험뿐만이 아니라, 학습 활동 이후에 대한 책임까지 스스로 감수할 수 있는 것까지를 말한다.

(3) 이 스타일은 학습 행동이 시작되는 시점에서부터 학습자들이 개별적으로 교수 행동을 주도하는 첫 번째 스타일이다.

① 학습자 개개인은 자신의 자아 발달을 위해 학습 활동을 시작하고, 조사하고, 학습 프로그램을 설계하기 위한 일련의 준비가 되어 있다.

② 학습자는 스스로 의사결정식 스타일을 대단원 학습에 적용하고 싶다는 의견을 교사에게 표명한다. 이것은 학습자들의 준비성과 능력에 따라 학습자들과 교사에게 하나의 다른 학습 현실을 창조하는 시점이 된다(다른 학습 현실 : 교수・학습과정의 도입 부분에 대해서 학습자들이 최대한의 책무성을 부여받는다는 것).

③ 학습자는 자신의 학습 활동 범위를 교사에게 요청할 수 있다.

(4) 수업 시간 중의 교사의 역할은, 모든 에피소드 학습이 진행되는 동안에 학습자가 실제로 모든 의사결정을 할 준비가 되어있다는 현실을 그대로 받아들여야 한다. 교사는 그 후에도 수업에 필요한 자료들을 언제든지 제공해줄 수 있도록 이에 대한 '준비 완료'인 역할을 감당해야 하며 학습자들에게 유용한 안내자나 조언자가 되어야 한다.

(5) 교사는 학습자들이 의도했던 것과 실제로 다르게 학습 활동이 진행되고 있다는 것을 발견하게 되면 어쩔 수 없이 학습자에게 개입해서 질문을 시도해 보아야 한다.

(6) 교사는 학습자들이 자신의 학습 계획을 성공적으로 수행하고 있는지에 대해서 확실하게 알고 있어야 하며, 학습자들의 학습 행동에서 학습자의 학습 계획과 어긋나거나 불일치하는 부분을 발견하게 되면 그 부분에 대해서 즉시 학습자들에게 질문해야 한다.

3. 자기주도형 스타일의 실제

(1) 자기주도형 스타일에서의 교사와 학습자 사이의 관계에 대한 주된 내용은 학습자들이 자율적이고 창조적인 학습 활동에 참여하는 데 필요한 아이디어가 있다는 것과 능동적으로 동기유발을 일으킬 수 있는 학습자 개개인에게 권위를 부여하는 것이다.

(2) 자기주도형 스타일은 수업 진행과 의사결정 과정에 능숙하여 이를 다른 학습자들에게 설명할 수 있는 학습자들에게 특히 적합하다. 이와 더불어 학습자들에게는 개인적인 동기 유발과 지적 호기심, 그리고 학습 활동을 수행하는데 필요한 정서적 인내심이 요구되며, 장애물에 맞설 뿐 아니라 이를 극복하며, 예상되는 학습 결과를 얻을 때까지 기다릴 줄 알아야 한다.

(3) 이 스타일은 상당히 오랜 기간의 학습 시간을 필요로 한다. 수 주일 또는 그 이상의 시간이 허용되는 대단원 단위의 학습 시간을 필요로 한다.

(4) **자기주도형 스타일의 실행 방법**

① 과제활동 전 학습자의 역할

㉠ 교과내용 측면과 학습 행동 측면에서 학습자들의 공통적인 수업 계획과 개별적인 수업 계획을 시도한다.

㉡ 학습자 공통의 교과내용 분야를 결정하고, 선택한 분야 내에서 특정한 분야를 주의 깊게 찾고, 과제활동 참여를 유도할 수 있는 질문들을 만들며, 세부 학습 계획을 수립한다.

㉢ 학습자들의 과제활동 계획과 학습 계획을 가장 잘 성취해낼 수 있는 교수 스타일을 선별한다.

㉣ 대단원 단위의 학습 단원을 순서대로 정리한다.

㉤ 세부적인 의사결정 사항을 만든다.

㉥ 남아있는 과제활동 전 의사결정 사항을 완성한다.

㉦ 학습 활동의 보조 자원으로서 교사의 도움을 필요로 하는 시기와 방법을 결정한다.

> 교사들은 과제활동 전의 의사결정 과정에서 제외된다. 이 과제활동 상황에서는 학습 계획에 대한 의사결정권이 학습자에게로 이양된다.

② 과제활동 중 학습자의 역할

㉠ 각각의 에피소드의 과제활동 중 의사결정을 완성한다. 이것은 과제활동 전 상황에서 만들어진 의사결정들과 교사의 학습 활동 참여 방법에 대해서 적용하는 것을 포함하고, 더 나아가 학습자들은 한 에피소드 학습에서 교사로부터 하여금 스타일의 선택권을 부여 받는다. 예를 들어, 학습자들은 "지시형 스타일의 교수 기술을 저에게 가르쳐 주세요" 또는 "저는 _____에 대해 특별한 개념을 이해해야 할 필요성이 생겼는데요, 유도발견형 스타일을 사용하여 저에게 가르쳐 주세요"라고 교사에게 요구할 수 있다. 교수 스타일을 선택하는데 있어서의 학습자들의 자율권 행사에 관한 표식은 아래와 같다.

(−) (−) (−)

이것은 과제활동 중 교사로부터 스타일의 선택권을 부여 받는다는 것을 의미한다. 자기주도형 스타일이 학습자와 교사 양측이 서로가 혼연일체가 되어 의사결정에 대한 다양한 기술들을 익숙할 정도로 알고 있는 경우에 극대의 효과를 얻을 수 있다는 것은 분명하다.

㉡ 하나의 교수 스타일의 지속 기간을 결정하고, 대단원 학습에서 자기주도형 스타일을 어떤 특정한 시점에 어떻게 적용시킬 것인가를 결정한다.

③ 과제활동 중 교사의 역할

㉠ 학습자들이 주도한 의사 결정들을 수용하고 학습자들이 마련한 학습 계획을 인정하며 이에 적합한 공통 학습 조건을 학습자들에게 제공한다.

㉡ 학습자들이 설정한 산발적인 매개 변수들을 확인하여 확정짓는다.

㉢ 학습자들이 실행하기 원하는 교과내용의 범위가 교사가 모르는 범위의 경우라면 학습자들에게 교내 외의 다른 학습 자원을 소개해 준다.

㉣ 학습자의 요청을 수용하여 이에 답한다.

④ 과제활동 후 학습자의 역할

㉠ 학습자들이 선택한 자신의 교과내용을 그대로 실천하기 위한 과제활동 전 상황의 의사결정을 완성한다. 학습 평가에 대한 의사결정은 학습자들이 사전에 선택한 범주 내에서 이루어진다.

㉡ 학습자 자신의 학습 행동 결과에 따른 과제활동 후 상황에 대한 의사결정을 한다.

㉢ 모든 개별 에피소드의 학습 목표 성취도에 대한 과제활동 후 상황에 대한 의사결정을 한다.

⑤ 과제활동 후 교사의 역할

㉠ 학습자들이 설계한 결정 사항들을 인정하고 수용한다.

㉡ 학습자들의 학습 계획과 실제 수업 상황에서 차이점과 모순이 발견되었을 경우에 학습자들에게 경각심을 불러일으킨다.

4. 교과내용 선정 시 고려사항

(1) 교사들이 교과내용을 선택할 수 있는 것은 학습자들의 요청이 있을 때만 가능하다.

(2) 이 교수 행동에서는 교사들은 학습자들이 자신들의 학습 경험을 위해 학습자 자신들이 선택한 교수 행동을 실천할 수 있도록 교사 자신들이 지원해 줄 수 있는지의 여부에 해당되는 부분에만 결정권을 갖는다.

5. 함축적 의미

자기주도형 스타일의 함축적 의미
• 이 스타일을 사용하여 일정 기간 동안 학습을 수행할 수 있는 학습자들은 자신들의 모든 성장 채널을 발달시킬 수 있고 발달시키기 위한 수많은 의사결정을 수행할 수 있는 능력이 있어야 한다. • 교수 스펙트럼이 점진적인 것이라고 인정한다면, 어떤 한 사람이 자기주도형 스타일을 활용하여 과제활동을 성공적으로 수행하고 있는 경우에는 교수 스펙트럼이 교사와 학습자 양측에 골고루 잘 이양시키는 능력과 이전의 모든 스타일들의 장점들을 통해서 학습 효과를 얻는 능력이 탁월하다는 것을 증명하는 것이다.

6. 자기주도형 스타일의 특징

(1) 자기주도형 스타일의 교수 행동을 실시할 때의 성공 여부는 학습 활동을 수행하는 학습자들의 능력에 전적으로 달려 있다.

(2) 학습 주제를 벗어난다거나, 학습 시간과 학습 내용 면에서 바람직한 범위를 넘어선다거나, 자기 능력보다 지나치게 욕심을 내는 등의 현상은 모두가 학습자들에게 일어날 가능성이 충분한 학습 장애이다.

(3) 자기주도형 스타일을 사용하여 학습자들을 격려하고 교사 자신은 겸손해질 수 있다.

자기주도형 스타일(J)의 특징
• 이 교수・학습 스타일의 목표는 학습자들에게 그들 자신의 학습 경험을 시도해볼 수 있는 기회를 제공하는 것이다. • 학습자의 역할 – 교수 스타일을 주도해 본다. – 학습자 자신을 위한 학습 프로그램을 설계한다. – 자기주도형 스타일로 과제활동을 수행한다. – 교사의 과제활동 참여 방법을 결정한다. • 교사의 역할 – 학습자들이 자신들의 학습 경험을 주도하고자 하는 학습자들의 의사결정을 인정한다. – 학습자들에게 필요한 공통의 학습 조건을 제공한다. – 학습자들의 학습 진행 과정과 학습 결과를 인정한다. – 학습자들의 학습 계획과 실제 학습 활동과의 모순점이나 다른 점이 발견될 경우 학습자들에게 경고한다.

7. 발달 경로

(1) 교수 스타일의 변형

① 자기주도형 스타일에서의 가장 빈번한 변형은 사회성 발달 경로에 강조점을 두는 것이다. 두 명 또는 그 이상의 학습자들이 교사에게 그들의 학습 경험을 함께 하고 싶다는 의견을 피력할 수 있다. 이런 상황이 발생하였을 때, 교사는 학습자 개개인의 학습 활동 역할을 분명하게 규정지어줄 필요가 있다.

② 일반적으로 학습자들이 자기주도형 스타일로 학습 활동을 시작할 경우에는 학습자들은 학습 활동에서의 자신의 역할과 기여도에 대해서 이미 충분히 고려하고 있는 것으로 인정된다.

③ 자기주도형 스타일은 연합형 스타일이 적절하지 않다. 자기설계형 스타일이나 자기주도형 스타일로의 교수 활동은 이 두 스타일의 구조상 이전 학습 활동에 대한 의사결정권이 주로 학습자들의 능력에 의존하기 때문이다. 학습자들이 이전의 교수 스타일의 특성과 연합형 스타일의 경험이 많은 학습자일수록, 자들의 학습 활동에 이 두 스타일을 더 적절하게 적용할 수 있다.

Chapter 12

11 자기학습형 스타일

1. 개념

(1) 자기학습형 스타일은 학교 현장에 존재하지 않는다. 자기학습형 스타일의 특성은 학습에 대한 학습자의 개인적 열망 및 개별적인 학습 집착력에 한정한다.

(2) 자기학습형 스타일의 구조는 각 개인이 교수·학습 활동에 교사나 학습자로 참여하여 모든 의사결정 과정 즉, 과제활동 전 상황, 과제활동 중 상황, 과제활동 후 상황에 참여하는 것이다.

(3) 자기학습형 스타일의 교수 행동이 이루어지면, 개인별로 계획을 세운 교과내용과 학습 행동 목표를 개개인이 스스로 성취하게 되는 것이다. 이 교수 행동은 규정지어진 교육 과정 내의 목표들이 아니고 개인들이 스스로 선택한 개별적인 교수·학습 목표이다.

(4) 이 교수 행동은 한 사람의 교사에 의한 수업 상황에서는 시도하거나 배정할 수가 없는 것으로, 학교 현장에서는 존재할 수 없는 교수 스타일로 학습자 자신이 자기 자신을 가르치게 되는 상황에서 존재하는 것이다.

(5) 자기학습형 스타일을 실시하는 개인은 학생, 과학자, 건축가, 작곡가, 화가, 안무가, 탐험가 등일 수도 있다.

2. 자기학습형 스타일의 분석

	자기설계형(I)		자기주도형(J)		자기학습형(K)
과제활동 전	(T)	→	(L)	→	(L)
과제활동 중	(L)	→	(-) (-) (-)	→	(L)
과제활동 후	(L)		(L)	→	(L)

자기학습형 스타일의에서는 학습 활동을 위한 3과정의 의사결정의 결정권이 모두 교사에게서 학습자에게로 이양된다.

3. 자기학습형 스타일의 함축적 의미

(1) 자기학습형 스타일의 궁극적 목표는 학습자 개개인의 인성 발달에 학습자들이 직접 참여할 수 있는 능력의 개발에 있다.

(2) 교육계에서는 학습자들이 진정한 자유인으로 성장할 수 있도록 학습자들을 그들의 성장의 정점으로까지 이끌어 줄 수 있는 스타일로 자기학습형 스타일이 가장 적합하다는 것으로 인식되어진 시절이 있었다.

(3) 그러나 교수 스펙트럼에서는 학습 목표 측면에서 '자유'에 대해서 약간 다른 관점을 가진다. 지시형 스타일의 사용으로 인해 얻을 수 있는 학습 목표는 한정적 범위에서 뿐이다. 지시형 스타일에서의 의사결정 과정은 그 구조상 인간 행동의 한 부분적인 측면에서만 학습 효과가 나타날 뿐이다.

(4) 이와 비슷하게 자기학습형 스타일에조차도, 비록 그 스타일이 가지고 있는 모든 장점에도 불구하고, 자기학습형 스타일 그 자체 하나만을 볼 때는 역시 한계점이 보인다. 자기학습형 스타일 역시 인간의 교육 경험의 일부분만 표현할 수 있을 따름이다.

(5) 각 스타일들과의 관련성이 고려된 연합형 교수 이론이 채택되어야 한다. 교수 스타일 전체를 사용하는 총체적 교수 스펙트럼이 확장형 교수법을 위한 초석으로 사용될 수 있다. 이러한 확장형 교수법은 인간의 성장 발달에 대한 다른 한 형태의 비전(한 개인의 학습자가 가능한 한 모든 스타일을 성공적으로 적용시킬 수 있으며 전반적인 교수 스펙트럼에서 학습과 교수 양쪽 모두의 측면에서 역할 이동이 언제든지 가능한 상태)을 수용하는 것이다.

최병식
전공체육

체육교수론 **체육교육학 II**

초판인쇄 | 2023. 1. 16. **초판발행** | 2023. 1. 20. **편저자** | 최병식
표지디자인 | 박문각 디자인팀 **발행인** | 박 용 **발행처** | (주)박문각출판
등록 | 2015년 4월 29일 제2015-000104호
주소 | 06654 서울특별시 서초구 효령로 283 서경 B/D **팩스** | (02)584-2927
전화 | 교재 주문 (02)3489-9400, 동영상 문의 (02)3489-9500

저자와의
협의하에
인지생략

정가 37,000원
ISBN 979-11-6987-086-3 / ISBN 979-11-6987-084-9(세트)